宝鸡市考古研究所　编著

宝鸡旭光墓地

文物出版社

图书在版编目（CIP）数据

宝鸡旭光墓地 / 宝鸡市考古研究所编著. -- 北京：
文物出版社，2023.12

ISBN 978-7-5010-8218-6

Ⅰ.①宝… Ⅱ.①宝… Ⅲ.①墓葬（考古）-发掘报告
-宝鸡 Ⅳ.①K878.85

中国国家版本图书馆CIP数据核字（2023）第196250号

宝 鸡 旭 光 墓 地

编　　著：宝鸡市考古研究所

责任编辑：张晓雯　秦　彧
责任印制：张　丽

出版发行：文物出版社
社　　址：北京市东城区东直门内北小街2号楼
邮　　编：100007
网　　址：http://www.wenwu.com
经　　销：新华书店
印　　刷：天津图文方嘉印刷有限公司
开　　本：889mm×1194mm　1/16
印　　张：32.75
版　　次：2023年12月第1版
印　　次：2023年12月第1次印刷
书　　号：ISBN 978-7-5010-8218-6
定　　价：580.00元

The Cemetery at Xuguang, Baoji

by

Baoji Municipal Institute of Archaeology

Cultural Relics Press

目 录

插图目录

彩版目录

第一章　概述

第一节　地理环境

宝鸡地处关中平原西部，东连咸阳，南接汉中，西北与甘肃省的天水和平凉毗邻。东西长156.6千米，南北宽160.6千米，总面积18117平方千米。宝鸡自古为中原与西南、甘青文化交流之地，南经散关通巴蜀，西越陇坂接甘青。陇海铁路、宝成铁路、宝中铁路、连霍高速、陇汉高速在此交会，是中国境内亚欧大陆桥上第三个大十字枢纽。

宝鸡有着特殊的区位环境，地质构造复杂，地貌差异大，南、西、北三面环山，以渭河为中轴向东拓展，山、川、塬兼备。秦岭群峰与渭河平原互为映衬，构成了宝鸡市的地貌主体。位于宝鸡市太白县境内的秦岭主峰太白山海拔3767米，是中国大陆中东部的最高山峰。

宝鸡属于暖温带半湿润气候，全年气候变化受东亚季风控制。冬季天气寒冷干燥；夏季湿热多雨和炎热干燥天气交替出现；秋季降温迅速又多阴雨连绵，是关中降水量最多的地区。河流网排列以秦岭为界，分属黄河、长江两大水系。黄河水系河流主要是以渭河为干流的渭河水系，长江水系以嘉陵江上游河段为主干。

宝鸡古称陈仓，是黄河流域早期文明的重要地区，得天独厚的地理环境，孕育了发达的古代文明。七八千年前，炎帝部族在此繁衍生息，孕育了以关桃园、北首岭遗址为代表的辉煌史前文明。3000年前，膴膴周原滋养了周朝的兴盛，在这片土地上深深地烙下了青铜文明的印记。2700年前，赳赳老秦越过陇山，跨马扬鞭来到了这片土地，开启了秦人悲怆而又奋进的一段传奇。

宝鸡，人文荟萃，物华天宝，人杰地灵，彪炳史册。周公在此著《周礼》，燕伋在此尊师重道，张载在此创立关学，留下了"为天地立心，为生民立命，为往圣继绝学，为万世开太平"铿锵之音。唐至德二年（757年），改称宝鸡。宝鸡的地名虽然起于唐代至德年间，但最早的文化渊源却在周秦时期。从周朝的凤鸣岐山，到秦文公获"若石"变石鸡；从秦人的鸟图腾崇拜，到祭祀"陈宝"；从"陈宝鸡鸣"，到唐朝易陈仓为凤翔、再易为宝鸡，可以说有着一脉相承的历史渊源。

宝鸡境内的文物资源丰富，被誉为"青铜器之乡"。"中国"之名最早见于1963年出土于宝鸡贾村镇的西周重器何尊，其造型雄奇，铜尊内底部铸有一篇122字的铭文，铭文中"宅兹中国"

是"中国"一词的最早文字记载，距今有 3000 多年的历史。宝鸡的民间艺术更是多姿多彩，独具一格。皮影、木偶、剪纸、刺绣、社火、脸谱、泥塑、草编等都始终散发着周秦文化的遗风古韵，闪烁着中华文明的奇光异彩。

马营镇地处宝鸡市行政中心区南 2.5 千米处，南依秦岭，北俯渭水，西起茵香河，东至清水河，总面积 177 平方千米。马营镇历史悠久，相传唐贞观年间，尉迟敬德响应太宗李世民"刀枪入库，马牧南山，文治天下，发展生产"的旨意在此牧马扎营，垦荒种粮，繁衍生息而得名。据 2022 年发掘的宝钛北宋宣和五年（1123 年）砖雕墓出土的买地券，北宋时期这里属于凤翔府宝鸡县散关乡。

旭光村是马营镇的一个行政村，南依秦岭，地处渭河南岸的第二级台地。旭光墓地地势南高北低，东沙河自南向北流经墓地东侧，与渭河北岸 4 千米的斗鸡台墓地（戴家湾墓地）隔河相望，西距石鼓山墓地约 5 千米。近年来，由于城市的扩张，这里的地形地貌已发生了很大变化，所谓的东沙河，其实是一条水泥浇筑的水渠，平时水量不大，而水渠两岸尽是些废弃的厂房，残垣断壁，一片狼藉。河流上游东西两侧，西有燃灯寺，东有黄家山，有一个叫沙河沟的地名，想必此河得名与此地名有关。小河流经旭光村、马营镇街道后东北折，最终注入渭河。由于城市化，原来的旭光村落已不存在，村民四处安家（图一）。

从早年的卫星照片来看，在所谓的旭光村墓地以南还能看到一条南北向的冲沟，从秦岭北麓由南向北延伸的两个台塬之间冲出，突然在墓地所在地南端消失，推测应该是早年平整土地时回填了冲沟，致使小河变成水渠。

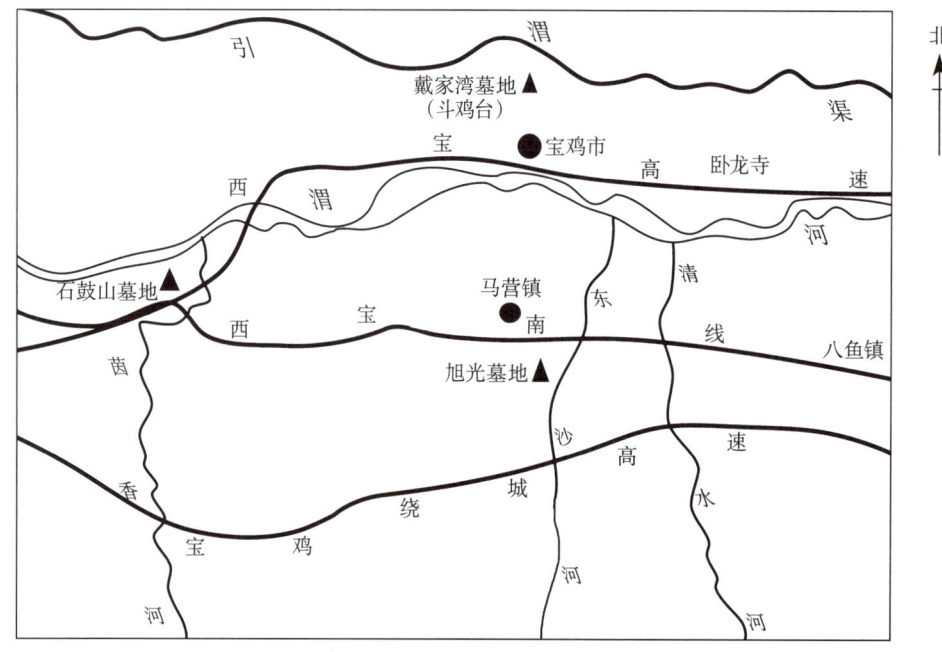

图一　墓地地理位置示意图

　　根据目前可查到的 1979 年 5 月航摄、1980 年 10 月调绘、1982 年第一版的 1:5 万的宝鸡市地图（9-48-59-丙），可以看到今天所说的东沙河位置有一条南北向的河流，注入渭河。墓地西侧为马营公社驻地所在地，在驻地东南部有一条西南—东北向的断崖，断崖与南北向的河流（即东沙河）形成一个三角形台地，此断崖与二级台地的等高线重合，台地向北延伸，止于东西向的 310 国道，墓地正处于此台地的北端。据当地人讲，墓地所在地早年曾是旭光村某生产队的饲养室和打谷场所在地，改革开放后这里成了民营企业集聚地，小工厂林立。从 1987 年陕西省民政厅编制的《宝鸡市行政区划图》《宝鸡县行政区划图》看[1]，在今天的水渠流经的位置，没有河流标注，倒是其西约 2 千米处有一条南北向的鸡山渠，上游有鸡山水库及鸡山电站。1998 年国家文物局主编的《中国文物地图集·陕西分册》中的宝鸡市金台区、渭滨区文物图上，[2] 在今天东沙河位置有一条河流，却不见西边的鸡山渠。联系到鸡山渠、鸡山水库及鸡山电站推测，这条鸡山渠是人工渠，现在已不存在。东沙河早年只是一条冲沟，由于农田基本建设，填沟造田，为了排洪，修建了水渠，即今天的东沙河。

　　在东沙河东侧约 1.5 千米有一条河，为清水河，是这一带比较大的河流，从南向北注入渭河。两岸遗址遍布。东岸有清庵堡遗址、高崖遗址、安家碾遗址；西岸有温泉遗址、郭家西遗址、郭家遗址、永清堡遗址、堡北遗址。根据第三次文物普查，在旭光村附近有旭光遗址、旭光墓地、旭光东遗址、旭光东南遗址及旭光西遗址。由于城市快速发展，特别是宝鸡南站的修建，旭光村一带的地形、地貌及村落已面目全非，完全一派城市风光。

第二节　发现与发掘经过

　　旭光墓地位于宝鸡南站东北约 600 米处，墓地所在地属于渭河的二级台地，从卫星照片看，墓地西北早年是一条西南—东北走向的断崖，与东边南北向的旭黄路围成一个三角形台地，如果以墓地南端的东西向路为界（东西向路南为新挖的深约 5~6 米深坑），台地残留面积约 30000 平方米。因修建住宅区，台地西部约 12800 平方米已被挖去，形成 5~6 米深的大坑。所有发掘的墓葬都在我们此次钻探的约 6400 平方米范围内。目前东侧还保留有约 10000 平方米的台地（彩版一，1）。

　　早在 1984 年，宝鸡市博物馆就在原宝鸡县下马营乡旭光村（现隶属宝鸡市高新区马营镇）清理了一座西周土圹竖穴墓，随葬器物主要有铜甗 1 件、铜簋 1 件、陶鬲 3 件、陶罐 1 件、串饰 1 组。我们推测，此墓位置大致在 2019~2020 年发掘的东沙河西路墓地的北端断崖一带。

　　旭光墓地包括旭光村墓葬、吾悦广场项目建设涉及墓葬及东沙河西路墓地。由于吾悦广场

［1］陕西省民政厅：《宝鸡市行政区划图》《宝鸡县行政区划图》，西安地图出版社，1987 年。
［2］国家文物局：《中国文物地图集·陕西分册》，西安地图出版社，1998 年。

项目建设涉及墓葬和东沙河西路墓地位于旭光村墓葬北，且紧挨着，从地理位置看，实际上为同一地点；从墓葬时代看，绝大多数墓葬时代相当，因此，为了便于研究，我们统称旭光墓地。

旭光墓地田野考古发掘工作从 2018 年 11 月开始，2020 年 3 月结束；发掘古墓葬共计 77 座，其中先周墓葬 3 座，西周墓葬 42 座，东周墓葬 28 座，汉墓 1 座，唐墓 1 座，宋墓 2 座[1]（图二；彩版一，2）。先周、西周、东周墓葬出土器物 521 件（组），其中先周、西周 321 件（组），东周 200 件（组）。

一　旭光村墓葬发掘

旭光村墓葬发掘从 2018 年 11 月 16 日开始，到 2019 年 1 月 8 日结束，此次为抢救性考古发掘，共发现墓葬 8 座，其中西周墓葬 5 座，战国墓葬 3 座。

2018 年 11 月 14 日，宝鸡高新区旭光村发现一件西周青铜器，宝鸡市考古研究所及时赶到现场。发现文物之地为旭光工业园一废弃的工厂，属规划中的城市公共用地，约 10 亩，大部分范围地面覆盖约 30 厘米厚的混凝土（即水泥地面）；北部为废弃的厂房；南部堆有大量建筑及生活垃圾；西边为吾悦广场建筑工地（为一深约 6 米的大坑）。经调查，据说是因开挖寻找地下水管漏水部位，回填开挖的沟槽时，在回填土中发现一件青铜卣。

为搞清文物出土情况，宝鸡市考古研究所随即派专业人员进行勘探。铜器出土点周围貌似黄土地面，但新覆盖的土下却为大面积水泥面，难以钻探。11 月 16 日我们开始先对挖开的沟槽进行清理，11 月 29 日沟槽清理结束，历时两个星期。

原来挖掘机在这里破开混凝土层，挖了一个东西—南北向的"十"字形沟槽。沟槽深约 4.5 米，东西长约 9.5 米，宽 3.5 米，南北超过 10 米，宽 4 米。沟槽回填物中有大量的大块混凝土块，工作难度极大。

在清理沟槽填土时发现青铜当卢 1 件、马衔 1 件、马镳 2 件。在距地表深约 2 米处"十"字形沟槽交汇的东南角发现墓葬底部一角，残留南北长 0.45 米，东西宽 0.6 米，有板灰和朱砂痕迹，应为被破坏墓葬的东南角（编号 M1）。推测青铜卣、车马器应出自墓葬（M1）。从发现的青铜器看，应是一座重要的商末周初墓葬，遗憾的是该墓葬已被彻底破坏，情况不明。

11 月 27 日，在 M1 东约 5.5 米处勘探发现一座墓葬（M2），南北向，开口于水泥地面下。为做好文物保护工作，宝鸡市考古研究所决定立即开展抢救性考古清理发掘工作，并及时申报了考古发掘执照〔考执字（2019）第（049）号〕。为保证工地文物安全和清理工作顺利进行，现场设置围板墙封闭工作场地，搭设三个值班帐篷，安装安全监控系统（现场监控及远程监控系统、红外光墙报警系统及保证供电的 UPS 供电系统），并配备有专业的文物保护人员及基础设备，以及时保护出土文物安全。

---

[1] 汉以后墓葬数量较少，且保存不好，故不做介绍。

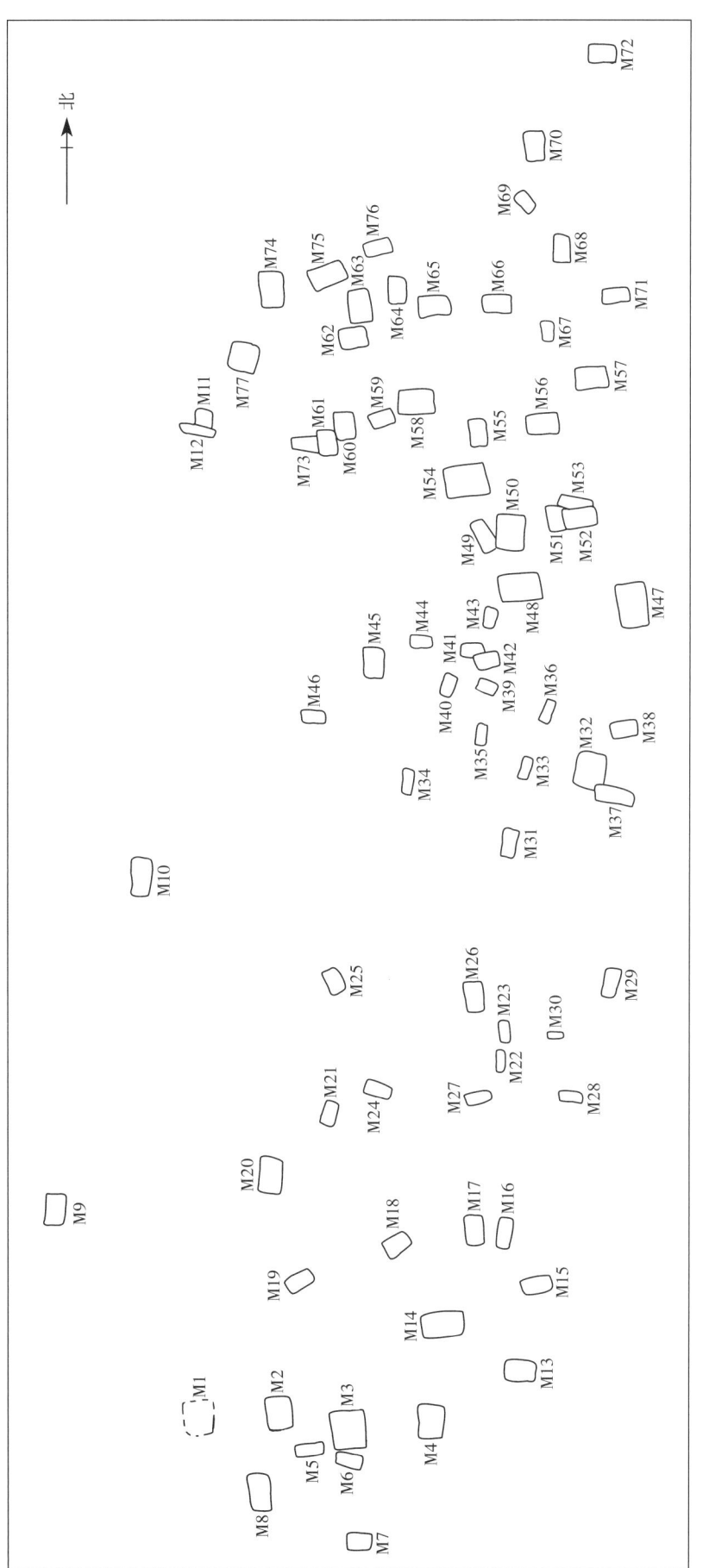

北

M72

M70

M69

M76
M75
M74
M63
M65
M68
M62
M64
M66
M67
M71
M57

M11
M12
M77
M61
M59
M73
M58
M55
M56
M60
M54
M53
M50
M49
M52
M51
M47

M45
M44
M43
M48
M46
M41
M42
M40
M39
M36
M35
M38
M34
M33
M32
M37
M31

M10

M25
M26
M23
M30
M29

M21
M22
M24
M27
M28

M9
M20
M17
M16
M18
M19
M15
M14

M1
M2
M3
M13
M5
M4
M6
M8
M7

0 ⊢⊢⊢⊣ 16 米

图二 墓地总平面图

2018 年 12 月 6 日起在宝鸡新城万博房地产开发有限公司的大力支持下，我们揭掉 30 厘米厚的混凝土层，对可以钻探的地方进行了详细勘探。随着勘探面积的扩大，又发现了 6 座墓葬。至 2019 年 1 月 8 日，共发掘清理墓葬 8 座，其中西周墓葬 5 座，战国墓葬 3 座。西周墓葬中，出土青铜提梁卣的墓葬（M1）已被破坏，仅残留东南一角，为周初墓葬；其余 4 座（M2、M3、M4、M8）均为竖穴土坑墓，深 3~4 米，面积 6~10 平方米，均有熟土二层台，一椁一棺，葬式为直肢葬，头向朝北，无腰坑，呈"一"字排列，整齐有序。西周墓葬均随葬青铜器，一般为一鼎一簋一觯。3 座战国墓葬（M5、M6、M7）均为竖穴土坑墓，深 2.7 米，面积约 3 平方米，均为屈肢葬，无腰坑，头向朝西。随葬陶器 M5、M7 为一罐一鬲一盆，M6 为一鬲一盆。

此次抢救性考古发掘，出土各类文物 103 件（组），质地有原始瓷、陶、青铜、金、玉、骨、玛瑙、绿松石等，其中青铜礼器 10 件（有铭文者 4 件）。

我们先后邀请陕西省考古研究院孙周勇、张天恩、田亚岐，中国社会科学院考古研究所宋江宁，中国国家博物馆游富祥，陕西师范大学曹玮，复旦大学王辉，西北大学史党社等专家来工地指导发掘工作。

二　吾悦广场建设涉及墓葬发掘

吾悦广场建设涉及墓葬发掘从 2019 年 3 月 27 日开始，4 月 16 日结束，发掘墓葬 4 座，其中西周 3 座（M9~M11），宋代 1 座（M12）。

旭光村墓葬抢救性考古发掘结束后，我们在做好出土文物的保护和资料整理工作的同时，始终把此地及其周围列为重点区域，持续关注，有情况及时跟进、展开工作。

2019 年 2 月下旬，我们巡查时，发现位于旭光村墓葬北边吾悦广场建设工地东部断崖上部部分地段具备考古勘探条件，随即与吾悦广场建设方沟通并进行考古勘探，勘探地面积约 2000平方米，勘探发现 4 座墓葬。我们及时向宝鸡市文物局汇报了勘探结果，也与吾悦广场建设方进行联络，协商了开展考古发掘事宜。发掘地点位于马营镇旭光村旭黄路西约 70 米，东距东沙河约 80 米，西为断崖，南距 2018 年发掘的 M2 约 20 米，北至土壕断崖。这里原为村民住宅和厂房区，现已全部拆除，地表建筑垃圾、住宅地基、水泥地面等均已清除。由于本次发掘的墓葬与 2018 年发掘墓葬处于同一台地、南北紧邻，应属同一个古墓群，因此本次墓葬编号延续上年发掘墓葬编号依次排序。本次发掘的 4 座墓葬，由南向北依次编号为 M9、M10、M11、M12，其中 M12 打破 M11。除 M12 为竖穴墓道洞式墓以外，其余 3 座墓葬均为形制相同、大小稍有差异的南北向竖穴土圹墓。出土随葬器物 8 件（组），分别为 M9 出土陶鬲 1 件、蚌器 1 组，M10 出土陶鬲 1 件、蚌壳 1 组、铜泡 1 件，M11 出土陶鬲 1 件、陶罐 1 件、骨器 1 组。依据墓葬形制和随葬器物特征，M9、M10、M11 时代为西周时期。M12 为一座竖穴墓道洞式墓，墓道打破 M11，方向呈东南—西北。墓道位于墓室东南，填土中含有大量石块。无棺，墓室内人骨散乱摆放，头骨置于墓室南侧中部，边有直径约 0.6 米的大石头，腿骨以上骨骼零乱无规律，属于非正常死亡者，无随葬物。依墓葬形制推测 M12 的时代不早于宋代。

三　东沙河西路墓地发掘

东沙河西路墓地位于 2018~2019 年发掘的旭光村墓葬北、吾悦广场建设涉及墓葬东侧。墓地略呈南北向长方形，南部略宽，北部略窄，地势南高北低，东沙河自南向北流经墓地东侧。

2019 年 7 月，受宝鸡市高新区管委会委托，宝鸡市考古研究所对东沙河西路（宝鸡市高新六路延伸段）建设涉及区域进行了考古勘探。这里原为废弃工厂所在地，地层扰动严重，瓦砾夹杂在地层中，对考古勘探造成一定难度，勘探地面积 3885 平方米，发现 50 座墓葬。勘探结束后，在高新区管委会积极配合下，宝鸡市考古研究所开展了考古发掘工作。田野发掘工作〔考执字（2019）第（994）号〕从 2019 年 10 月 8 日开始，因受疫情影响，2020 年 3 月结束。最终清理墓葬 65 座，其中先周 3 座，西周 34 座，春秋战国 25 座，汉代 1 座（M77），唐代 1 座（M37），宋代 1 座（M18）。由于 2018 年发掘的 8 座墓葬、2019 年春发掘的 4 座墓葬与本次发掘区为同一处墓地，为了便于后期整理，本次发掘在墓葬编号上延续 2018、2019 年的发掘编号，从 M13 开始自南向北依次编号。先周、西周、东周墓葬出土器物 410 件（组）。M77（汉）出土陶罐 1 件，五铢钱 1 组 25 枚；M37（唐）无随葬品；M18（宋）出土铜钱 2 枚（熙宁元宝、元丰通宝各一枚）。

对出土人骨进行性别、年龄的鉴定以及颅骨、牙齿和肢骨等的测量和观察工作，是进行体质人类学研究的基础。为此，特邀请西北大学陈靓、凌雪教授在考古工地现场做体质人类学方面的鉴定。此外，还邀请了陕西省考古研究院、故宫博物院、陕西省文物局等领导专家来工地指导工作。

旭光墓地发掘领队为宝鸡市考古研究所辛怡华，参加考古勘探和发掘工作的有刘军社、辛怡华、王颢、胡望林、史勇、张程、冯焱、刘子豪、陈恩乾、刘军户、杨富科等；现场文物保护为宝鸡青铜器博物院杨倩、白丹、徐文婷；现场人骨鉴定为陈靓、凌雪教授。

2020 年 3 月，田野发掘工作全部结束，随后即转入室内的文物资料和发掘报告的编写工作。参加资料整理的有辛怡华、胡望林、王颢、张程、辛宇、郭龙、王含、王俏，西北大学文化遗产学院研究生李怡彤等，绘图由陈恩乾、刘军户、胡望林完成，摄影由龙剑辉、王颢、胡望林完成，拓片由杨富科完成。

第二章　先周、西周墓葬

第一节　墓葬综述

本次共发掘先周、西周墓葬45座，墓葬之间未见打破关系，分三次发掘，涉及三个建设项目，从地理位置看，实际上为同一地点；从墓葬时代看，绝大多数墓葬时代相当，因此，当时应为同一个墓地。据调查，1984年在旭光村发掘的2座墓葬（84M1、84M2）方位大致位于旭光墓地的西北角，应属于同一个墓地，故收编于本书，但其出土的器物未统计在本次发掘器物之内。

一　墓葬形制

清理地表扰土层后，即暴露出墓葬。1座（M1）因破坏深度不详外，墓葬普遍不深，最深的如M45深4.5米，最浅的如M43、M46、M69仅0.5米。深度＜2米的墓葬23座（M16、M21、M22、M23、M24、M27、M28、M30、M31、M33、M35、M36、M39、M41、M43、M44、M46、M49、M51、M53、M59、M69、M73），深度2~3米的墓葬13座（M2、M8、M9、M10、M11、M17、M25、M32、M34、M40、M50、M55、M60），深度≥3米的墓葬8座（M3、M4、M20、M26、M29、M45、M63、M74），表明此地曾经历过土地平整。所发掘的45座先周、西周墓葬，除（M1）被破坏，形制不明外，其余均为竖穴土坑墓，无腰坑，墓葬底部有熟土二层台。

（一）墓葬方向

墓葬方向，以头向为准。

（1）头向北墓27座，有M2、M3、M4、M8、M9、M10、M11、M17、M20、M21、M22、M23、M25、M26、M29、M32、M33、M34、M35、M36、M40、M43、M45、M49、M51、M60、M69。

（2）头向南墓5座，有M16、M31、M55、M63、M74。

（3）头向东墓2座，有M24、M39。

（4）头向西墓9座，有M27、M28、M30、M41、M44、M46、M53、M59、M73。

（5）头向不明墓 2 座，有 M1、M50（二次葬）。

（二）墓圹大小

大多数为中小型墓，以长 2~3、宽 1~1.5 米的墓葬数量最多。

（1）长大于 3 米，宽大于 1.5 米的 13 座，有 M2、M3、M4、M8、M17、M20、M31、M32、M45、M50、M60、M63、M74。

（2）长 2~3、宽 1~1.5 米的 28 座，有 M9、M10、M11、M21、M22、M23、M24、M25、M27、M28、M29、M30、M33、M34、M35、M36、M39、M40、M41、M43、M44、M46、M49、M51、M53、M59、M69、M73。长 2~3、宽大于 1.5 米的 3 座，有 M16、M26、M55。

（3）不明 1 座，M1。

（三）二层台

M1 因破坏情况不明，M36、M69 无二层台，其余墓葬底部均有熟土二层台，即在木椁与墓坑壁之间填土夯实形成的二层台，大部分随葬品均位于二层台上，个别二层台上有殉牲。

二　葬具、葬式

（一）葬具

葬具均为木质，以一棺墓为主，一棺一椁墓数量较少，个别墓葬在椁板或随葬品上有席纹痕迹，说明埋葬时有的在棺椁之上盖有席子。

（1）一棺一椁墓

共 16 座，M2、M3、M4、M8、M11、M16、M20、M26、M31、M32、M45、M50、M55、M59、M63、M74。

（2）一棺墓

共 28 座，M9、M10、M17、M21、M22、M23、M24、M25、M27、M28、M29、M30、M33、M34、M35、M36、M39、M40、M41、M43、M44、M46、M49、M51、M53、M60、M69、M73。

（3）葬具不明

1 座，M1。

（二）葬式

1 座墓葬被破坏、1 座墓葬葬式不明，余 43 座墓中二次葬 1 座，合葬墓 1 座，单人仰身直肢葬 41 座。

单人仰身直肢葬 41 座，M2、M3、M4、M8、M9、M10、M11、M16、M17、M20、M21、M22、M23、M24、M25、M26、M27、M28、M29、M30、M31、M33、M34、M35、M36、M39、M40、M41、M44、M45、M46、M49、M51、M53、M55、M59、M60、M63、M69、M73、M74。

二次葬 1 座，M50。

双人合葬墓 1 座，M32。

情况不明墓葬 2 座，M1、M43。

三　殉牲

1 座，M32 在西北二层台及椁盖板上殉葬羊 2 只。

四　随葬器物

本次发掘的 45 座西周墓中，有 3 座墓葬（M21、M49、M69）没有出土器物，另外 42 座墓葬中出土有陶器、原始瓷器、铜器、金箔、玉器、石器、漆器（无法提取）、骨器、蛤蜊、蚌器等共计 321 件（组）。陶器以鬲、罐为主，铜器有礼器、兵器和铜车马器，铜礼器有鼎、簋、觯、鬲等，陶器和铜礼器大部分出土于二层台上。车马器有的放置于二层台上，有的放置于棺椁之间，有的放置于填土中，主要有车軎、车辖、銮铃、马镳、车轴饰等。串饰大部分位于墓主颈部，兵器有的放置于棺盖上，有的在填土中。

（一）铜器

138 件（组）。主要有铜礼器、车马器、兵器等。

1. 铜礼器

31 件。出自 13 座墓葬中，有鼎、簋、觯、鬲、提梁卣、提梁壶、斗等。

鼎　12 件。出自 9 座墓葬中，均为圆鼎。分别为 M2∶2、M3∶2、M4∶1、M17∶1、M20∶6、M32∶1、M32∶2、M45∶2、M55∶1、M74∶18、M74∶23、M74∶24。

簋　10 件。出自 6 座墓葬中，除一座为方座簋外，其余均为圆簋。分别为 M2∶1、M3∶3、M26∶1、M45∶1、M55∶2、M74∶19、M74∶20、M74∶21、M74∶22、M74∶25。

鬲　2 件。出自 2 座墓葬中。分别为 M26∶3、M31∶1。

觯　4 件。出自 4 座墓葬中。分别为 M2∶3、M4∶3、M20∶5、M26∶2。

卣　1 件。为 M1∶1。

壶　1 件。为 M4∶2。

斗　1 件。为 M8∶1。

2. 车马器

65 件（组）。有车辖、车軎、马镳、泡、马衔、当卢、弓形器、车轴饰等。

车軎　8件。出自3座墓葬中。分别为M3：01、M3：02、M31：6、M31：7、M32：01、M32：08、M32：09、M32：011。

车辖　3件（组）。出自2座墓葬中。分别为M3：14（2件）、M31：10、M31：11。

马衔　1件。为M1：4。

马镳　2件（组）。出自2座墓葬中。分别为M1：2（1组2件）、M3：6（1组8件）。

当卢　5件（组）。出自4座墓葬中。分别为M1：3、M3：7、M26：17、M26：19、M63：1。

弓形器　2件。出自2座墓葬中。分别为M26：16、M74：7。

车轴饰　1件（组）。为M3：04。

銮铃　13件。出自3座墓葬中。分别为M26：20、M26：21、M31：4、M31：5、M31：8、M31：9、M32：02、M32：03、M32：04、M32：05、M32：06、M32：07、M32：010。

策柄　2件。出自同一座墓葬。分别为M74：6、M74：17。

尖状器　1组。为M3：8。

泡　26件（组）。出自10座墓葬中，有圆泡、方泡和兽头形泡，其中圆泡22件（组），方泡3件，兽头形泡1件（组）。分别为M3：03、M3：05、M3：07、M3：9、M3：10、M3：11、M3：15、M3：16、M10：3、M16：1、M17：5、M26：7、M26：12、M26：13、M26：15、M26：24、M31：01、M31：15、M32：4、M32：8、M32：15、M32：19、M33：1、M63：2、M74：11、M74：15。其中M3：03、M3：07、M3：16为方泡，M3：05兽头形泡，余均为圆泡。

扣形器　1件（组）。为M3：06。

3. 兵器

36件。有戈、戟、钖、钺、刀。

戈　28件（组）。出自15座墓葬中。分别为M3：5、M16：2、M16：3、M17：4、M22：1、M26：6、M26：8、M26：9、M26：11、M31：02、M31：03、M32：3、M32：7、M32：9、M32：14、M33：2、M33：6、M36：1、M41：2、M44：1、M46：2、M50：1、M63：3、M74：3、M74：5、M74：9、M74：10、M74：14。

戟　4件，出自2座墓葬中。分别为M32：5、M74：1、M74：4、M74：13。

钖　2件，出自2座墓葬中。分别为M3：1、M32：13。

钺　1件。为M74：8。

刀　1件。为M74：12。

4. 其他

6件（组）。有面具、铜鱼、璇玑状饰、铜镜。

面具　1件。为M32：12。

铜鱼　2组。出自同一座墓葬。分别为M29：5（9件）、M29：9（12件）。

璇玑状饰　1组。为 M32：11（2 件）。

铜镜　2件。出自同一座墓葬。分别为 M74：2、M74：16。

（二）陶器

66件，其中器形有鬲、簋、罐、壶等，其中以鬲、罐为主，簋、壶数量极少，鬲均为手制，罐均为轮制，表面绝大部分磨光。

鬲　41件。出自 32 座墓葬中，以联裆鬲为主，仅 1 件桶形鬲、1 件高领袋足鬲。分别为 M2：5、M3：4、M4：4、M8：2、M9：1、M10：1、M11：1、M17：2、M17：3、M20：1、M20：2、M22：3、M23：1、M24：4、M25：1、M26：4、M26：5、M28：2、M29：3、M29：12、M30：2、M31：2、M31：3、M32：10、M33：3、M33：4、M35：1、M39：1、M39：2、M40：1、M41：1、M43：2、M45：3、M45：4、M46：1、M51：1、M53：1、M55：3、M55：4、M59：1、M73：2。

罐　19件。出自 19 座墓葬中，有折肩罐和圆肩罐两类。分别为 M2：6、M4：5、M8：3、M11：2、M20：4、M22：2、M24：3、M27：1、M28：1、M29：1、M30：1、M34：1、M40：2、M43：1、M45：5、M53：2、M55：5、M60：1、M73：1。

簋　2件。出自 2 座墓葬中。分别为 M24：1、M29：2。

壶　1件。为 M24：2。

觯　1件。为 M45：8。

纺轮　2件。出自 2 座墓葬中。分别为 M29：4、M30：01。

（三）原始瓷器

1件。

瓿　1件。M2：4。

（四）玉器

35件。有玉璧、璜、琮、环、玲、手握、戈、斧、蚕、鸟、蝉、鸭、饰件、长条形器、玉片。

璧　3件。出自 3 座墓葬中。分别为 M2：7、M3：17、M4：12。

璜　3件。出自 3 座墓葬中。分别为 M2：17、M4：10、M8：8。

琮　1件。为 M20：3。

玲　1件。为 M55：10。

手握　2件。出自同一座墓葬。分别为 M3：19、M3：20。

戈　4件。出自 2 座墓葬中，其中 1 件曲援戈，3 件直援戈。分别为 M4：9、M4：13、M4：20、M50：2。

斧　1 件。为 M3：18。

鱼　10 件。出自 3 座墓葬中。分别为 M2：8、M2：9、M2：12、M2：13、M2：14、M2：15、M2：16、M4：14、M8：6、M8：7。

凤鸟　1 件。为 M8：4。

鸟　1 件。为 M8：14。

鸭　1 件。为 M26：18。

蚕　1 件。为 M2：10。

蝉　1 件。为 M4：11。

玉饰　2 件。出自 2 座墓葬中。分别为 M3：21、M32：16。

圆饼形饰　1 件。为 M8：5。

长条形饰　1 件。为 M8：13。

玉片　1 件。为 M55：9。

（五）串饰

17 件（组）。出自 11 座墓葬中。分别为 M2：18、M4：15、M4：21、M4：22、M4：23、M8：9、M20：8、M29：11、M34：2、M43：3、M45：9、M51：2、M53：4、M55：6、M55：7、M55：8、M55：12。

（六）其他

64 件（组）。有金箔片、绿松石、骨器、砺石、石器、蚌鱼、海贝、蚌泡、蛤蜊、蚌壳、龟甲。

金箔片　1 组。为 M4：6。

绿松石片　1 组。为 M4：7。

砺石　1 件。为 M4：19。

柱状石器　1 件。为 M8：12。

石杵　1 件。为 M32：17。

石器　1 件。器形不明。为 M31：16。

骨器　7 件（组）。出自 6 座墓葬中。分别为 M4：8、M11：3、M26：23、M40：3、M45：11、M60：3、M60：6。

骨饰　1 组。为 M45：10。

蚌鱼　2 组。出自 2 座墓葬中。分别为 M4：16、M29：6。

海贝　9 件（组）。出自 8 座墓葬中。分别为 M8：15、M20：7、M26：10、M29：7、M32：6、M32：18、M43：4、M55：11、M60：5。

蚌泡　13 件（组）。出自 9 座墓葬中。分别为 M2：11、M3：12、M4：18、M4：24、M4：25、

M8：11、M17：6、M17：8、M26：22、M29：8、M31：12、M31：17、M60：2。

蛤蜊　16组。出自11座墓葬中。分别为 M2：19、M4：17、M8：10、M20：10、M24：5、M29：10、M29：13-1、M30：3、M31：04、M31：13、M31：14、M31：18、M31：19、M45：7、M53：3、M60：4。

蚌器　1件。为 M9：2。

蚌壳　7组。出自7座墓葬中。分别为 M3：13、M10：2、M17：7、M26：14、M33：5、M44：2、M45：6。

螺壳　1件。为 M29：13-2。

龟甲　1组。为 M20：9。

五　器物组合

（一）铜器组合

出土铜礼器墓葬13座，器形主要有鼎、簋、觯、鬲等，组合不固定，可以说几乎一墓一组合。

三鼎五簋墓1座（M74）。

两鼎墓1座（M32）。

一鼎一簋一觯墓1座（M2）。

一鼎一簋墓3座（M3、M45、M55）。

一鼎一壶一觯墓1座（M4）。

一鼎一觯墓1座（M20）。

一鼎墓1座（M17）。

一鬲一簋一觯墓1座（M26）。

一鬲墓1座（M31）。

一斗墓1座（M8）。

一卣墓1座（M1），该墓被破坏，情况不明。

（二）陶器组合

单鬲墓11座（M3、M9、M10、M23、M25、M32、M35、M41、M46、M51、M59）。

单罐墓3座（M27、M34、M60）。

一鬲一罐墓11座（M2、M4、M8、M11、M22、M28、M30、M40、M43、M53、M73）。

一鬲一簋一罐一壶墓1座（M24）。

两鬲墓5座（M17、M26、M31、M33、M39）。

两鬲一罐墓2座（M20、M55）。

两鬲一罐一觯墓 1 座（M45）。

两鬲一簋一罐墓 1 座（M29）。

不出土陶器墓葬 5 座（M16、M36、M44、M50、M63），情况不明 2 座（M1、M74）。

第二节　墓葬分述

（一）M1

1. 墓葬形制

为寻找地下漏水水管，挖掘机在此挖了一个"十"字形沟槽，在回填沟槽时从回填土中发现一件铜卣。沟槽深约 4.5 米，东西沟槽长约 9.5、宽 3.5 米，南北沟槽长约 10、宽 4 米。因铜器出土点周围为大面积混凝土地面，故先对开挖的沟槽进行清理。在清理东西向沟槽填土时又发现铜当卢 1 件、马衔 1 件、马镳 1 件。在距地表约 2 米的"十"字形沟槽交汇处东南角发现墓葬一角，残存南北长约 1、东西宽约 0.5 米，并有朱砂、棺椁灰痕迹，应为被破坏墓葬的东南角（编号 M1）。

2. 随葬器物

共 4 件（组）。均为铜器，有卣、当卢、马衔各 1 件，马镳 1 组。

卣　1 件。

M1：1，卣身呈椭圆形，带盖，提梁出土时已残缺。提梁上饰斜角顾首夔纹，两端饰高浮雕大弯曲角兽首，以环耳和器体套接。盖拱顶，折沿，盖钮呈四瓣花蕾状，花瓣饰蝉纹。子母口，束颈，垂腹，圈足近底处起浅台。整器自盖至圈足起四道钩齿状扉棱，纹饰均以云雷纹衬地。盖顶饰两组团龙纹，两两相对，盖沿饰一周蛇纹。器颈部饰顾首夔纹，前后纹饰带正中各饰一个浮雕兽首。腹部饰两组两两相对的卷龙纹，大突目，张口，獠牙突出夸张，利爪，卷尾，全身突出首尾，成团龙状。圈足饰两组两两相对蛇纹，蛇圆脸圆目，蛇身弯曲成"S"形。盖高 11.5、盖钮高 4.5、腹径 15.9×14.4、圈足高 3.5、圈足径 12.3×11.8、通高 29 厘米（图三；彩版二、三）。

马镳　1 组。

M1：2，共 2 件。镳体作曲身夔龙形，首部呈方环形，中部有圆形穿用以纳衔，背面有半环钮，可穿皮革。M1：2-1，长约 10.0 厘米（图四，3；彩版四，1）。

当卢　1 件。

M1：3，整体呈薄片状，顶部似两个犄角，两犄角凸起，犄角下部隆起呈圆泡状，长方形柄中部有一个长方形凸起，背面柄部凸起位置有一个梁钮。长约 18.5 厘米（图四，1；彩版四，2）。

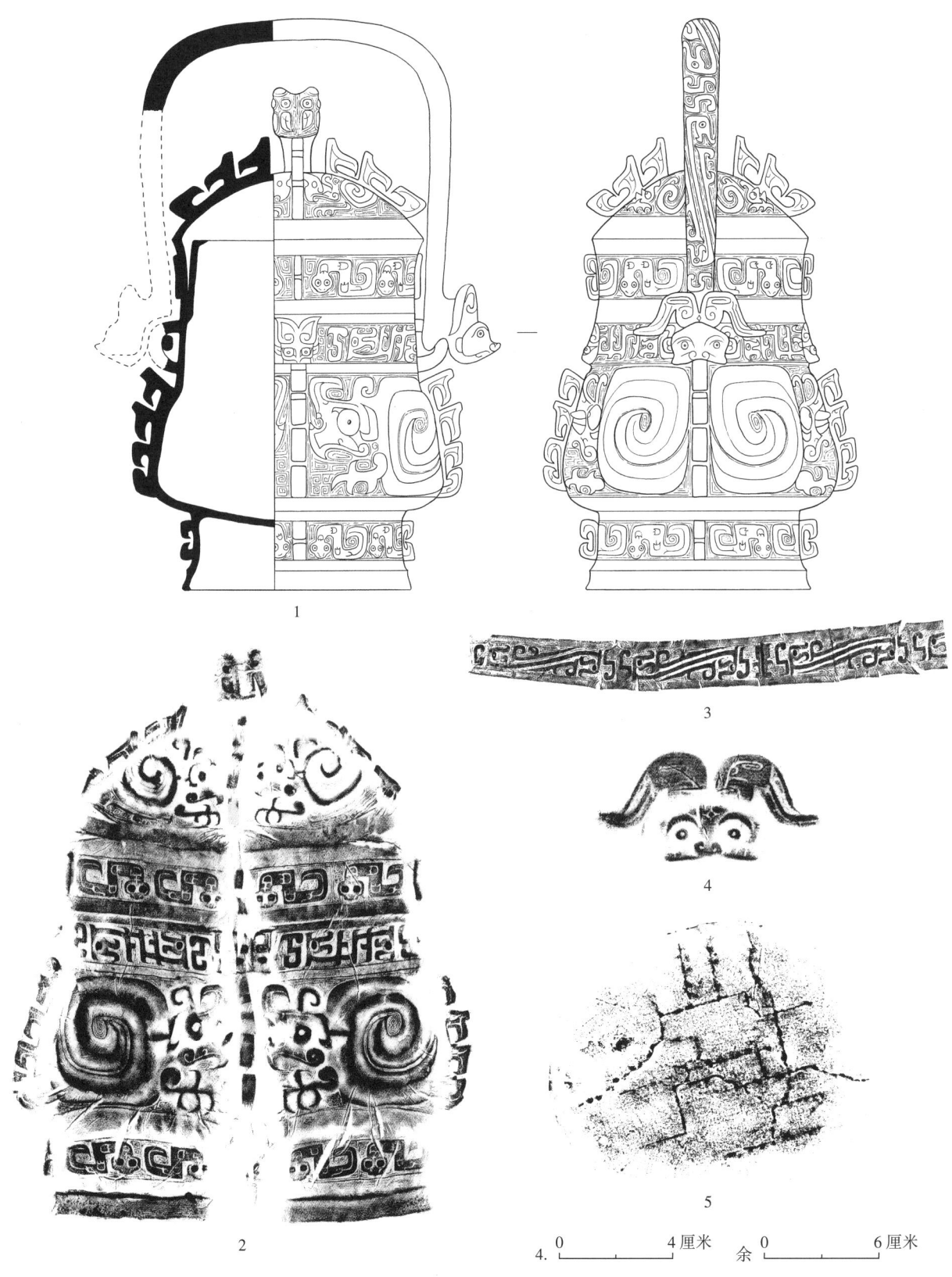

图三　M1 出土铜卣（M1∶1）

1.卣　2.卣拓片　3.提梁拓片　4.提梁兽头拓片　5.底部拓片

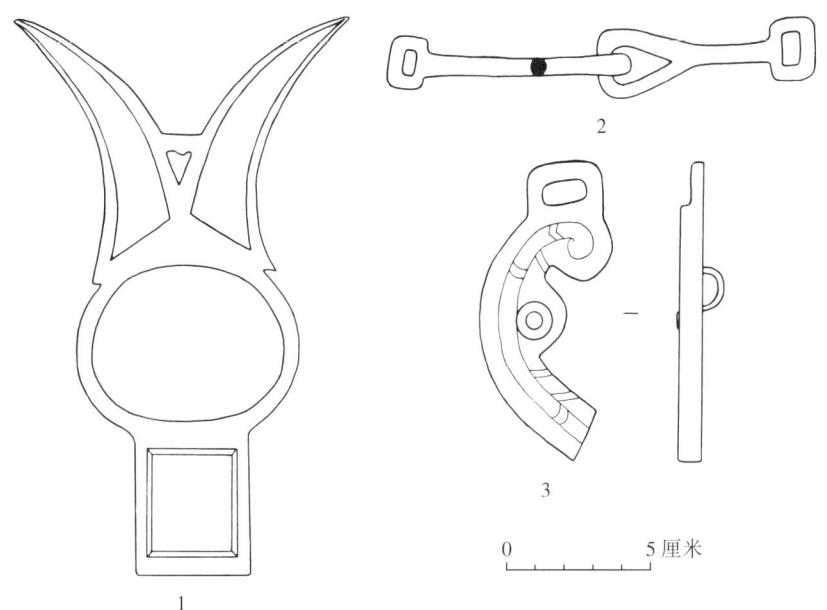

图四　M1 出土铜器

1. 当卢（M1：3）　2. 马衔（M1：4）　3. 马镳（M1：2-1）

马衔　1件。

M1：4，由两节带柄铜环相套而成，中部两圆环相套接，两端环呈方形。长14.6厘米（图四，2；彩版四，3）。

（二）M2

1. 墓葬形制

长方形竖穴土坑墓，方向355°。四壁竖直，长3.10、宽2.26、深2.70米。竖穴内填五花土，土质较疏松。竖穴底部四周有熟土二层台，东西两侧二层台较宽，南北较窄，宽0.2~0.46、高0.8米（图五；彩版四，4）。

2. 葬具

竖穴底部有单层木椁，南北两端椁木出头，木椁外填土夯实，待放入木棺后用方木封盖椁室，盖板共12块。椁盖板呈东西向排列，腐朽严重，从现存迹象判断，长1.4~1.48、宽0.2~0.25米。椁室内有木棺1具，木棺腐朽严重，呈南北向长方形，长2.0、宽0.7米，详细结构不可辨。

3. 人骨

棺内葬1人，人骨腐朽严重，从现存迹象判断，仰身直肢，头北脚南，性别不明，墓主身上撒有朱砂。

4. 随葬器物

共19件（组）。北二层台上随葬器物自东而西依次为铜簋、铜觯、铜鼎、陶鬲各1件；西

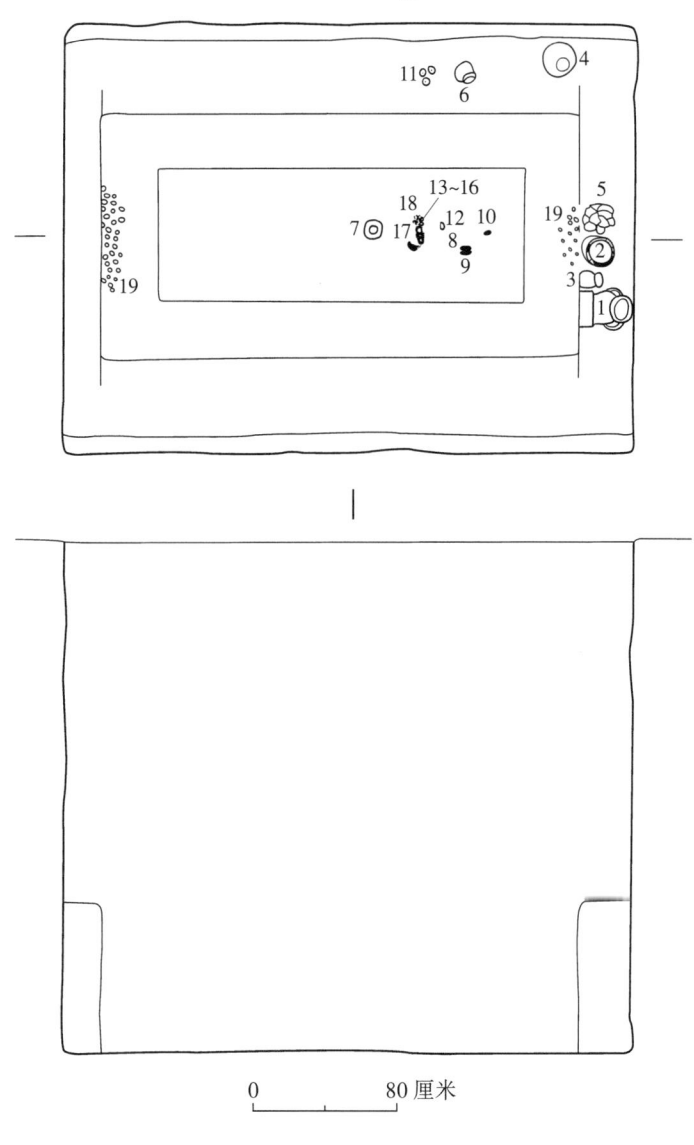

图五　M2 平、剖面图

1. 铜簋　2. 铜鼎　3. 铜觯　4. 原始瓷瓶　5. 陶鬲　6. 陶罐　7. 玉璧　8、9、12~16. 玉鱼　10. 玉蚕　11. 蚌泡　17. 玉璜　18. 串饰　19. 蛤蜊

二层台北端随葬有原始瓷瓶、陶罐、漆器各 1 件，漆器镶嵌有蚌泡；墓主颈部放置玉蚕 1 件，胸部放置串饰 1 组、玉璜 1 件、玉鱼 7 件，腹部放置玉璧 1 件；南、北棺椁之间放置有大量蛤蜊。

（1）铜器

3 件。均为礼器，有鼎、簋、觯各 1 件。

鼎　1 件。

M2：2，口微敛，平折沿，方唇，立耳，垂腹，圜底，三柱足较高，柱足内侧平。腹部饰一周凸弦纹，器底有烟炱。腹内侧铸有铭文"白（伯）𠤾作旅鼎"两行 4 字。口径 13.6、腹径 14、通高 15.2 厘米（图六；彩版五）。

簋　1 件。

M2：1，侈口，平沿，薄尖唇，颈微束，深腹微鼓，圜底，高圈足，圈足下连有方座。器身两侧有对称兽耳环耳，环耳下有钩状垂珥，上部兽首圆目，吻部前伸。腹部饰两组对称兽面纹，兽面以乳丁为目，以扉棱为鼻梁，卷角，阔鼻。兽面额上有高浮雕兽首，兽耳直立，圆目，吻部突出。

圈足饰两组两两相对夔纹。方座四侧面均饰兽面纹，兽面以乳丁为目，卷角，阔鼻，台面四角饰分解兽面纹。全器无地纹。圈足底部有菱形范铸痕迹。口径 19.0、腹径 19.0、圈足径 15.2、方座边长 16.7×17、通高 22.6 厘米（图七；彩版六、七）。

觯　1 件。

M2：3，侈口，尖圆唇，束颈，垂腹，圈足。颈部饰一周云雷纹。内底部铸有铭文 5 字："亚郰其　父己。"口径 6.4、腹径 7.2、圈足径 5.2、高 12.1 厘米（图八；彩版八）。

（2）陶器

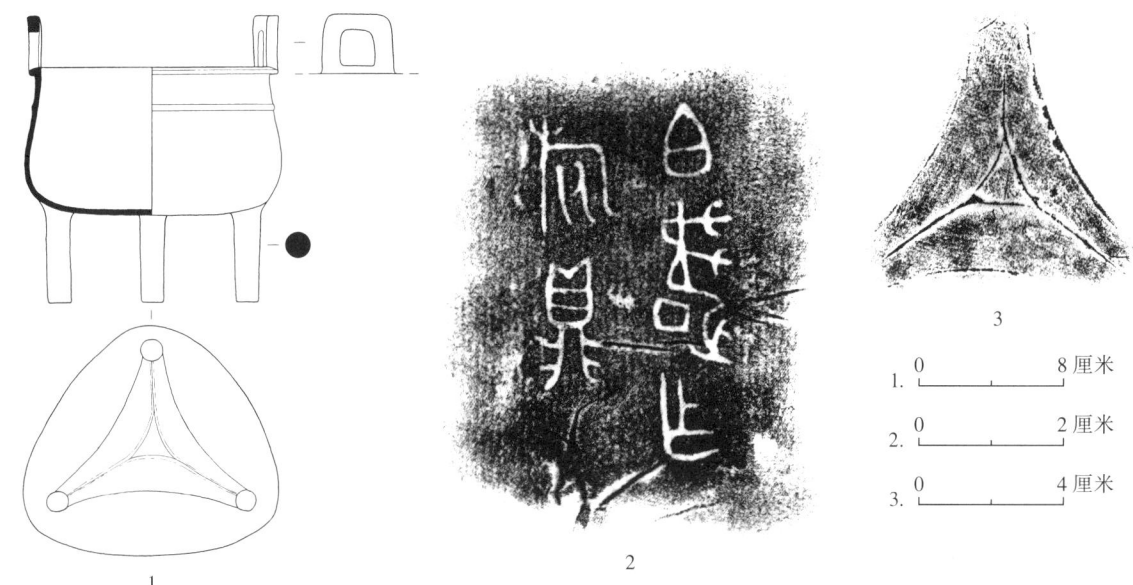

图六　M2 出土铜鼎（M2：2）

1. 鼎　2. 腹内侧铭文拓片　3. 底部拓片

2 件。有鬲、罐各 1 件。

鬲　1 件。

M2：5，夹砂红陶。侈口，尖圆唇，束颈，微鼓腹，联裆，裆部较矮，三足较肥硕。颈部以下饰竖向绳纹。口径 11.4、腹径 14.2、高 14.0 厘米（图九，1；彩版九，1）。

罐　1 件。

M2：6，夹砂灰陶。敛口，平沿内斜，尖圆唇，束颈，圆肩，鼓腹，平底。通体素面。口径 6.4、腹径 10.6、底径 6.0、高 8.0 厘米（图九，3；彩版九，2）。

（3）原始瓷器

1 件。

瓿　1 件。

M2：4，由盖与器体两部分组成，器盖呈碗状倒扣于器体之上。盖侈口，斜直腹，弧顶，顶上有两个对称的长条状钮。器敛口，尖圆唇，鼓腹，圈足。器体及器盖施青釉，盖及器体上腹部饰数道弦纹，上腹部有两两相对的四个半月状系，因烧制原因穿孔未通。口径 5.6、腹径 18.2、圈足径 12.4、通高 16.0 厘米（图九，2；彩版九，3）。

（4）玉器

10 件，均为墓主随身饰件，有璧、璜、鱼、蚕等。

璧　1 件。

M2：7，白玉质，玉质较差，器表有黑色斑点。圆形扁平状，外缘不甚规则，中部有圆形孔。直径 13.0、好径 5.1、厚约 0.5 厘米（图一〇，1；彩版一一，1）。

图七　M2 出土铜簋（M2：1）

1.簋　2.底部拓片　3.方座台面纹饰拓片　4.簋纹饰拓片　5.器耳纹饰拓片

璜　1件。

M2：17，白玉质。中部略鼓，两侧较薄，两端齐平，璜体约为圆周的三分之一，两端各有一个圆形穿孔。当为串饰的一部分。长6.6、宽0.9、厚0.3厘米（图一〇，2；彩版一〇，1）。

鱼　7件。其中 M2：8 和 M2：9、M2：12 和 M2：13、M2：14 和 M2：15 分别为同一块玉

料制作而成的两件玉鱼，大小相近，形制略有差异。

M2：8、M2：9，青玉质，形制相近。鱼体扁平呈长条状，腹背较平直，以阴线雕刻出鱼目、鱼嘴、鱼鳃、鱼鳍及鱼尾，口眼之间有一圆孔。M2：8，鱼口微张，长6.9、宽1、厚0.4厘米（图一〇，7；彩版一〇，2）。M2：9，长6.5、宽1.1、厚0.4厘米（图一〇，8；彩版一〇，2）。

M2：12、M2：13，白玉质，形制相近。扁平状，较宽短，腹背较平直，以阴线雕刻出鱼眼、鱼鳃、鱼鳍及鱼尾。M2：12，器表有黑斑，鱼脊前端下有一圆孔。长6.3、宽2.2、厚0.3厘米（图一〇，6；彩版一〇，3）。M2：13，鱼脊前端下有一圆孔。长6.6、宽2、厚0.4厘米（图一〇，11；彩版一〇，3）。

M2：14、M2：15，白玉质，形制、大小相同。扁平状，整体似鱼，背部较直，腹部略呈圆弧状。长3.4、宽1.4、厚0.2厘米（图一〇，4、3；彩版一〇，4）。

M2：16，白玉质，玉质较差。体形较小，背部弯曲，尾部无明显分界，鱼眼为一小圆孔。长4.5、宽1.5、厚0.2厘米（图一〇，9）。

蚕　1件。

M2：10，白玉质，玉质较差。头上额两圆目凸起，背部较直，腹部略有弧度，尖尾，身分5节，口部有圆形穿孔。长1.8、宽0.6、厚0.5厘米（图一〇，10；彩版一〇，5）。

（5）贝蚌器

2组。

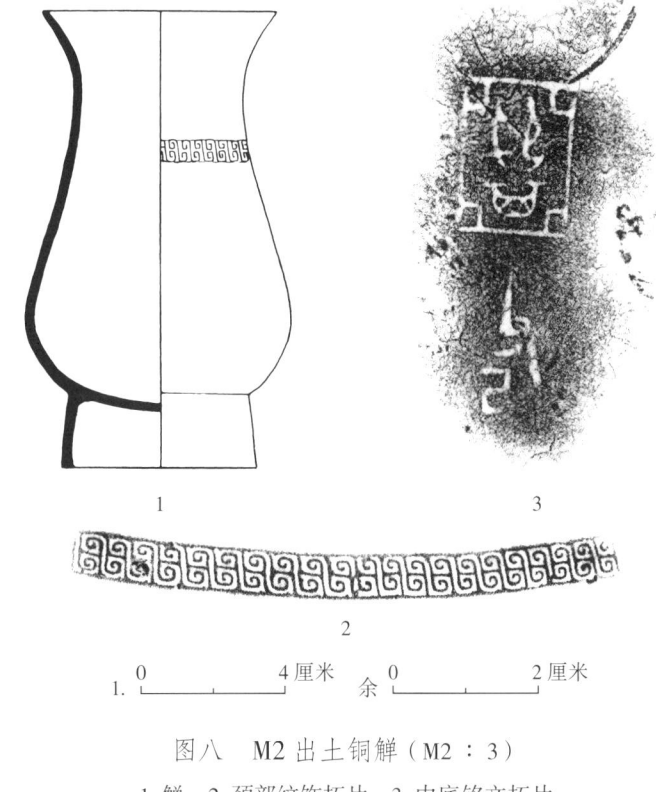

图八　M2出土铜觯（M2：3）

1. 觯　2. 颈部纹饰拓片　3. 内底铭文拓片

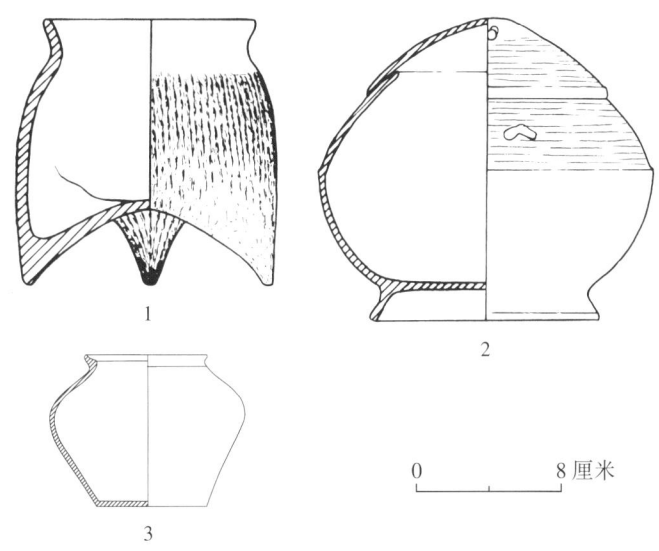

图九　M2出土陶器、原始瓷器

1. 陶鬲（M2：5）　2. 原始瓷瓿（M2：4）　3. 陶罐（M2：6）

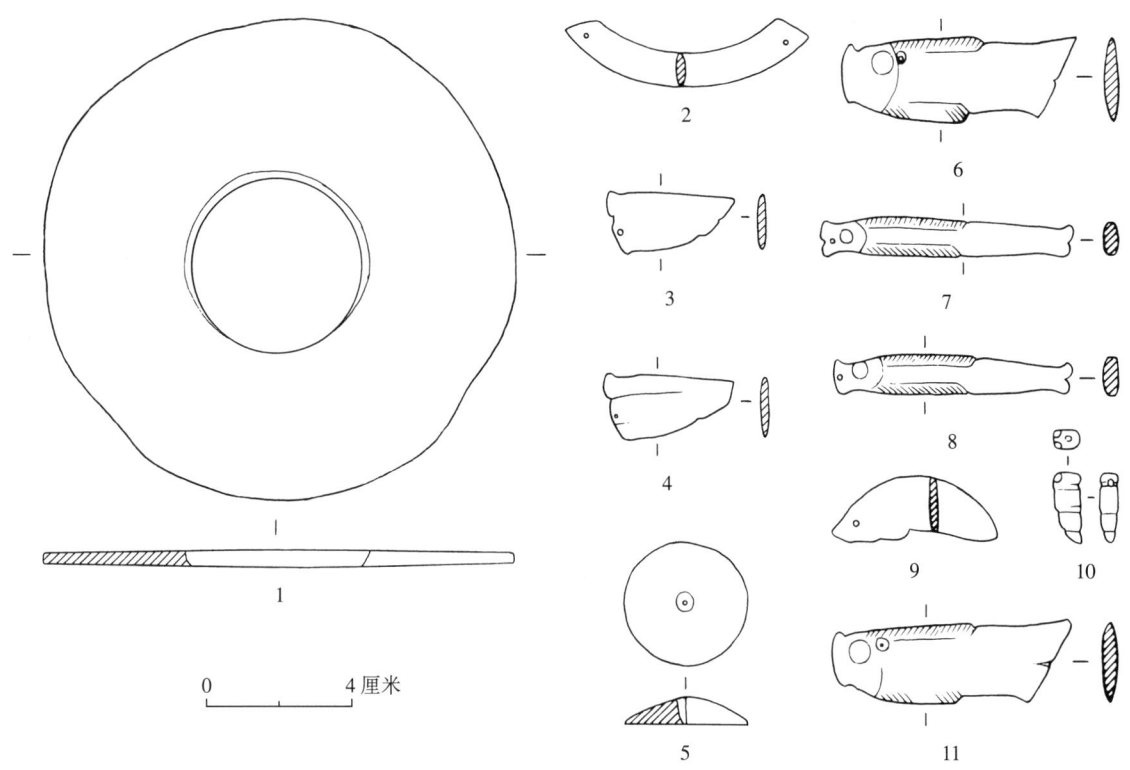

图一〇　M2 出土器物

1. 玉璧（M2：7）　2. 玉璜（M2：17）　3、4、6~9、11. 玉鱼（M2：15、M2：14、M2：12、M2：8、M2：9、M2：16、M2：13）　5. 蚌泡（M2：11-1）　10. 玉蚕（M2：10）

蚌泡　1 组。

M2：11，位于西二层台北部，已腐朽，可见绘有黑色线条的红色漆器残片，具体器形不明，存有蚌泡 6 件。蚌泡形制一致，大小相同。圆形，馒头状，中部有圆孔。直径 3.4、孔径 0.4、厚 0.7 厘米（图一〇，5；彩版一一，2）。

蛤蜊　1 组。

M2：19，分置于棺内墓主足端及南北棺椁之间。

（6）串饰

1 组。

串饰　1 组。位于墓主胸部。

M2：18，共 536 颗。骨质，均呈乳白色，圆柱形，大小不一。直径 0.2~0.4、长 0.3~0.5、孔径 0.1 厘米（彩版一一，3）。

（三）M3

1. 墓葬形制

位于 M2 东约 4.8 米。长方形竖穴土坑墓，方向 355°。长 3.36、宽 3.50、深 3.70 米。竖穴东、西两壁有斜坡状生土台，西侧生土台距墓口约 0.7、宽 0.7 米，东侧生土台距墓口约 1.1、宽 0.56 米。

竖穴底部四周有熟土二层台，东、西两侧较宽，南、北两端较窄，宽 0.3~0.7、高约 0.6 米（图一一；彩版一二）。

2. 葬具

竖穴底部有单层木椁，椁室盖板腐朽严重，可辨有 12 块，长 1.44~1.64、宽 0.2~0.27 米。椁室及二层台上铺有席子。椁室内有木棺 1 具，木棺腐朽严重，长 2.6、宽 1.1 米。

3. 人骨

棺内葬 1 人，骨骼腐朽严重，仰身直肢，头北脚南，身高约 1.8 米，性别不明。墓主身上撒有朱砂。

4. 随葬器物

共 28 件（组），其中填土中出土 7 件（组），编号为 M3：01~M3：07。生土二层台往下至距墓口 1.5 米处填土内放置有铜车軎、车轴饰、方泡等车马器，其中方泡排列较为整齐，略呈南北向长条状分布，在其北端东西两侧出土有车辖、车轴饰各 2 件。未发现车厢、车轮迹象。墓底北二层台上放置有铜鼎、铜簋、蚌壳（M3：13，体型较大，长 36、最宽处 20 厘米，由于墓室塌陷，填土错位，出土时已碎片化）、铜圆泡、铜戈（内及部分援部，援尖位于棺椁之间的西南角）、漆器各 1 件（漆器上镶嵌有蚌泡），二层台西北角放置有一堆车马器，东二层台中部紧贴墓室东壁放置漆盾 1 件（盾上有铜钖 1 件），东二层台北端放置陶鬲 1 件，棺椁之间东北角、东南角放置有车马器。墓主头下出土环形玉璧 1 件，墓主腹部随葬玉器 1 件，墓主左右手各有玉手握 1 件，墓主颈部出土串饰 1 件。

（1）铜器

20 件（组），可分为礼器、车马器、兵器。

1）礼器

2 件。有鼎、簋各 1 件。

鼎　1 件。

M3：2，内置动物骨头。口微敛，平沿外折，方唇，立耳，鼓腹，圜底，三柱足，柱足内侧平。上腹部饰三组列旗兽面纹。口径 17.4、腹径 17.8、通高 20.6 厘米（图一二；彩版一三）。

簋　1 件。

M3：3，侈口，尖圆唇，束颈，鼓腹，圜底，高圈足。器身两侧有对称兽首环耳，环耳下有钩状垂珥，上部兽首圆目，突鼻，耳呈丝带状。颈部前后有两个对称的浮雕兽首，兽首竖耳，小圆目，阔鼻。兽首两侧各饰两两相对的凤鸟纹，以云雷纹衬地。腹部饰一周直棱纹。圈足前后饰简化兽首，兽首两侧各饰两两相对蛇纹，以云雷纹衬地。器内底铸有铭文"猷白（伯）作宝尊彝"两行 6 字，外底有范铸时留下的菱形纹饰。口径 18.2、圈足径 15.4、高 13 厘米（图

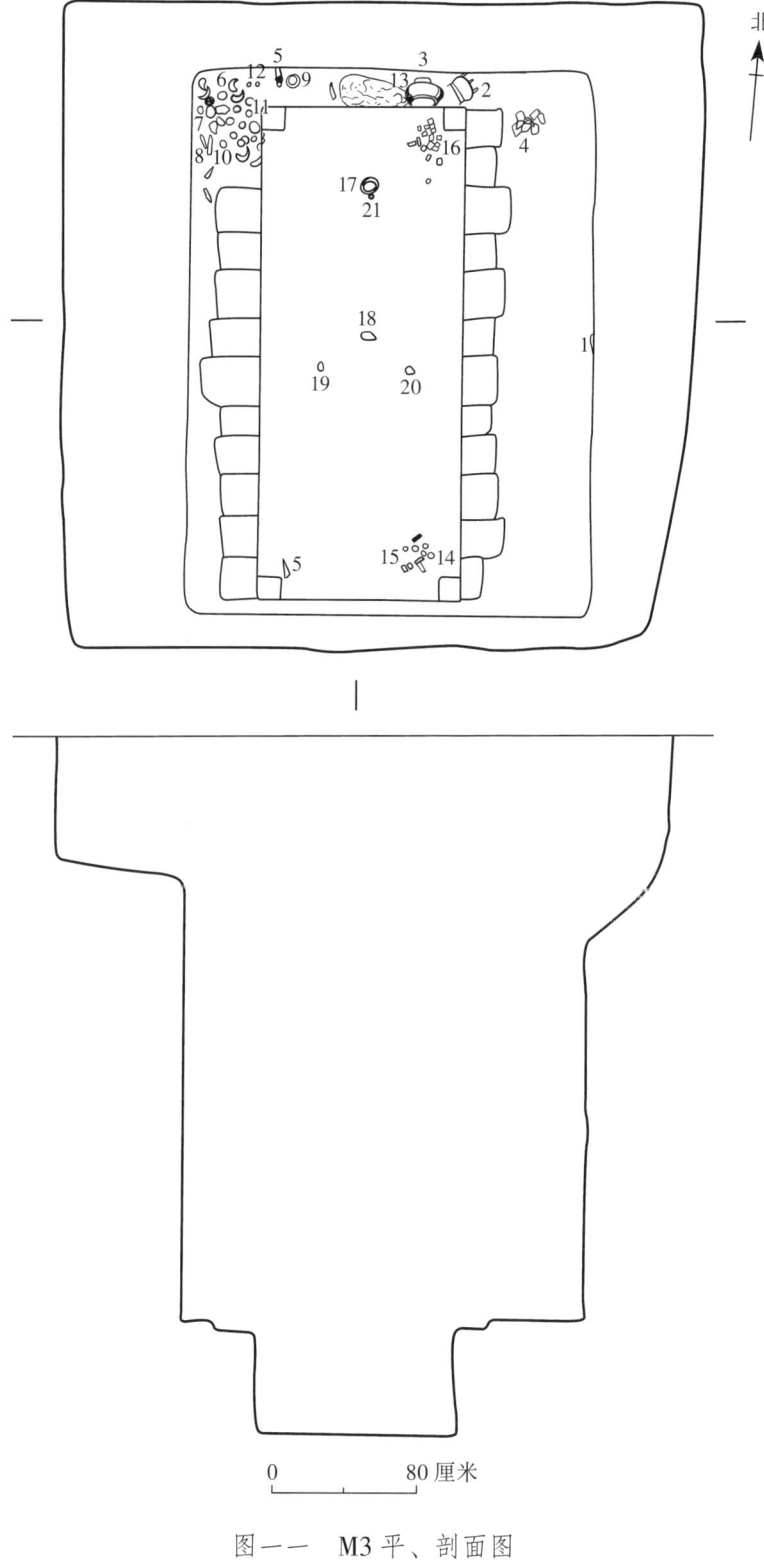

图一一　M3 平、剖面图

1. 铜铴　2. 铜鼎　3. 铜簋　4. 陶鬲　5. 铜戈（内部和援部分开）　6. 铜马镳
7. 铜当卢　8. 铜尖状器　9~11、15. 圆铜泡　12. 漆器蚌泡　13. 蚌壳　14. 铜
车辖　16. 方铜泡　17. 玉璧　18. 玉斧　19、20. 玉手握　21. 玉饰

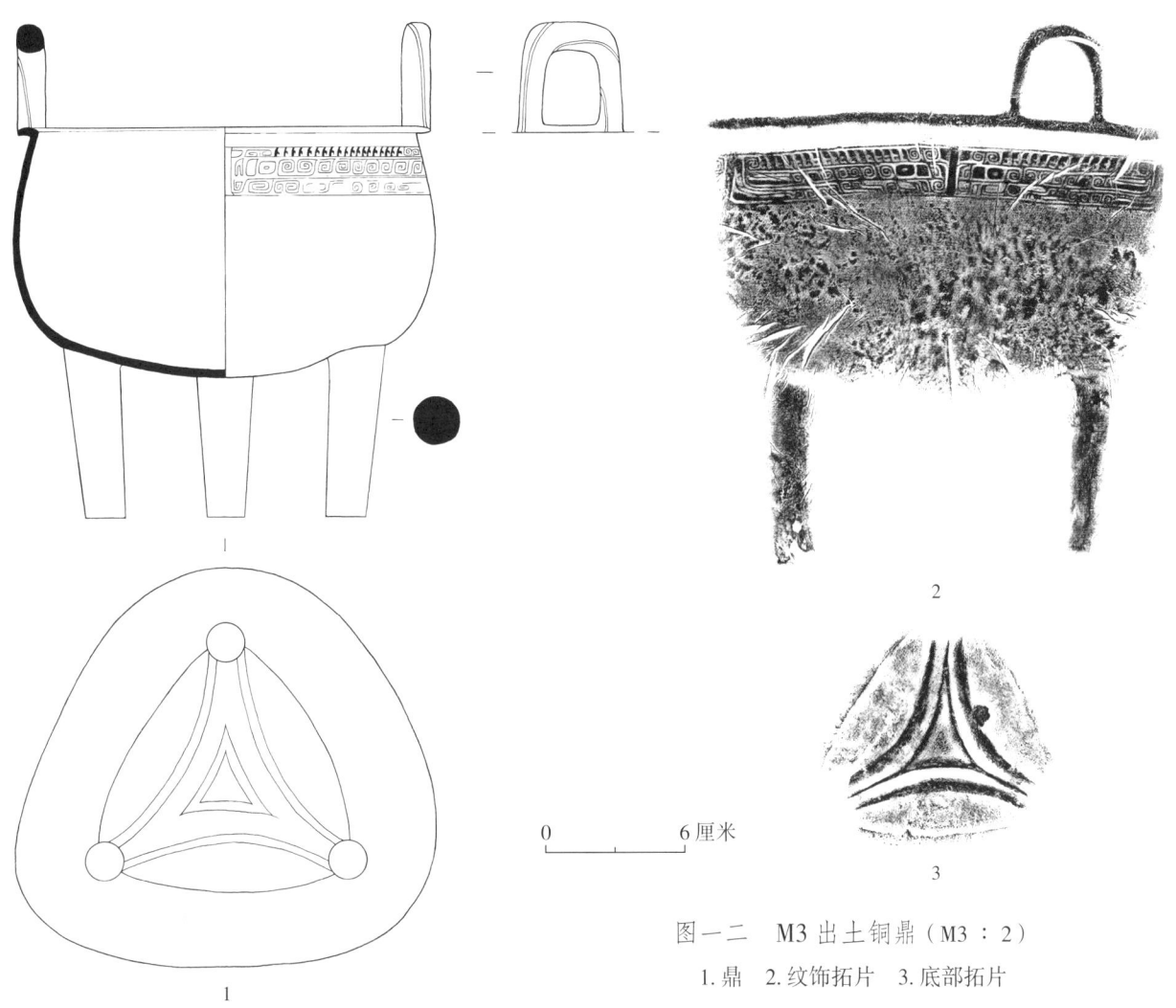

图一二　M3 出土铜鼎（M3：2）

1. 鼎　2. 纹饰拓片　3. 底部拓片

一三；彩版一四至一六）。

2）车马器

17 件（组）。部分出土于填土中（编号前加 "0"），其余出土于西北角二层台上及棺椁之间。器形有车軎、车辖、车轴饰、马镳、当卢、圆泡、方泡、兽头形泡、扣形器、尖状器等。

车軎　2 件。

M3：01、M3：02，形制、大小相同。体呈圆柱状，中空，軎首呈圆弧状，口部有长方形辖孔。軎首上有两道凹弦纹，軎身有四组长方形装饰，内填凸起菱形纹饰，中部有一道凸棱。长 12.3、直径 4.8 厘米（图一四，1；彩版一七，1）。

车辖　1 组。

M3：14，共 2 件。形制、大小相同。由辖首和辖键两部分组成。辖首有穿孔，首端有梁钮。辖键呈扁长条形，末端斜直。M3：14-1，长 10.3 厘米（图一四，14；彩版一七，3）。

马镳　1 组。

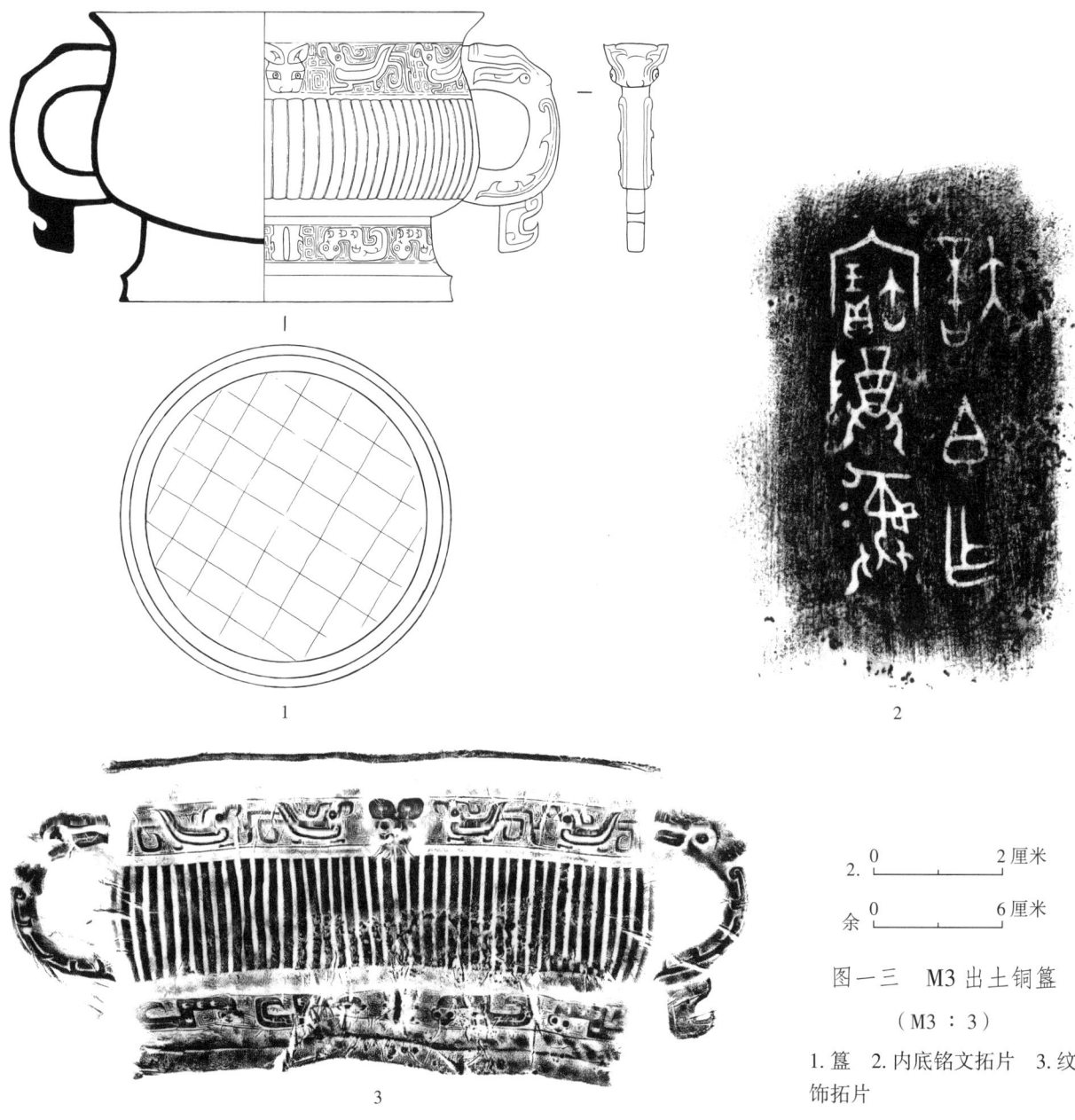

2. ├0─────────2厘米┤

余 ├0─────────6厘米┤

图一三　M3 出土铜簋

（M3：3）

1.簋　2.内底铭文拓片　3.纹饰拓片

　　M3：6，共 8 件。形制相同。呈半月形。由两瓣相合而成，首部有一长方形孔，中部有一个方形孔，用以纳衔，镳体边缘较薄，正面中部略鼓，背面内凹。正面饰鱼鳞状纹饰。M3：6-1，长 11.8 厘米（图一四，3；彩版一七，2）。

　　当卢　1 组。

　　M3：7，共 4 件。形制、大小相同。整体呈薄片状，顶部呈三角形，两犄角凸起，犄角下部隆起呈圆泡状，长方形柄中部有一个长方形凸起，柄部背面有一个小钮。M3：7-1，长 29、宽 5.3~11.2 厘米（图一四，4；彩版一七，4）。

　　车轴饰　1 组。

图一四　M3 出土铜器

1. 车軎（M3：01）　2. 车轴饰（M3：04-1）　3. 马镳（M3：6）　4. 当卢（M3：7-1）　5. 尖状器（M3：8-1）　6~8. 方泡（M3：03-2、M3：07-1、M3：16-1）　9. 扣形器（M3：06-1）　10~13. 圆泡（M3：15-1、M3：10-1、M3：11-1、M3：9）　14. 车辖（M3：14-1）　15. 兽头形泡（M3：05-1）　16. 戈（M3：5）

M3：04，共 2 件。形制、大小相同。由一端粗一端细的椭圆形管和一块舌板组成。管横截面作杏仁状，上端较细尖，下部钝圆，管口有三道凸棱。舌板近方形，由管沿处向外扩折。管身以管脊为中线，饰浮雕兽面纹，兽面圆目，阔鼻，卷角；两侧分饰凤鸟纹，凤鸟低首，利爪。舌板上饰浮雕兽面纹，兽面凸鼻，椭圆目，两角竖立内勾，鼻梁竖直作铲状。M3：04-1，长 19.4 厘米（图一四，2；彩版一八，1）。

尖状器　1 组。

M3：8，共 4 件。形制、大小相同。平面近圭形，正面中部呈三角状鼓起，边缘较平，背面内凹。M3：8-1，长 17.6、宽 3.2~5.3 厘米（图一四，5；彩版一八，3）。

扣形器　1 组 2 件。

M3：06，形制、大小相同。长方形，中空，有长条形穿孔。M3：06-1，长 3.1、宽 2.9 厘米（图一四，9；彩版一八，2）。

泡　8 组 106 件。有圆泡、方泡、兽头形泡。

圆泡　4 组 31 件。

M3：15，1 组 5 件。形制、大小相同。圆形，正面中部隆起，其中 3 件（M3：15-2）背面有直梁，2 件（M3：15-1）背面为"十"字形梁。直径 3.4 厘米（图一四，10；彩版一九，1）。

M3：9，1 件。圆形，正面中部隆起，背面内凹，两侧沿上有对称圆孔。直径 11.2、高 2 厘米（图一四，13；彩版一九，2）。

M3：11，1 组 22 件。形制、大小相同。圆形，正面中部隆起，背面有"十"字形梁。M3：11-1，直径 5.2 厘米（图一四，12；彩版一九，4）。

M3：10，1 组 3 件。形制、大小相同。圆形，正面隆起似三层台状，背面有直梁。M3：10-1，直径 2.2 厘米（图一四，11；彩版一九，3）。

方泡　3 组。

形制相同，大小不一。长方形，正面中部有三个方形凸起，边缘较平，背面中部有一道横梁。

M3：16，共 67 件。M3：16-1，长 4.9、宽 2.9 厘米（图一四，8；彩版二〇，3）。

M3：07，共 2 件。M3：07-1，长 4.8、宽 2.9、高 0.8 厘米（图一四，7）。

M3：03，共 4 件。正面浮雕兽面纹，兽面圆眼，阔鼻，竖耳。M3：03-2，长 8.5、宽 4.9、高 1.4 厘米（图一四，6；彩版二〇，1）。

兽头形泡　1 组。

M3：05，共 2 件。形制、大小相同。正面略鼓，兽头浮雕，椭圆目，嘴大张，竖耳，两角弯曲上扬；阴面内凹，中部有一横梁。M3：05-1，长 6.6、宽 5 厘米（图一四，15；彩版二〇，2）。

钖　1 件。

M3：1，漆盾的附件。漆盾木质腐朽，仅留痕迹，髹有红漆，镶嵌铜钖 1 件。盾宽 0.67、高 1.3 米（彩版二一，5）。铜钖圆泡状，正面隆起，两侧宽沿上有两组 4 个对称的长方形孔。直径 19.8、高 1.3 厘米（图一五，3）。

3）兵器

1 件。

戈　1 件。

M3：5，出土时残断为两部分（内及部分援部位于北二层台西部，援尖位于棺椁之间的西南角），可复原。直援略下弧，锋尖略圆钝，中脊不明显，短胡一穿，短直内，内末端平齐。通长 22、宽 4.8、内长 4.7 厘米（图一四，16；彩版二〇，4）。

（2）陶器

1 件。

鬲　1 件。

M3：4，夹砂红陶。侈口，尖圆唇，束颈，腹微鼓，联裆，裆部较低矮，足尖较圆钝。通体饰竖向细绳纹。口径 12.4、腹径 10.8、高 11.4 厘米（图一五，1；彩版二一，1）。

（3）玉器

5 件。有璧、斧、玉饰各 1 件，玉手握 2 件。

璧　1 件。

M3：17，青玉质，玉质较差。扁平圆环状，中部有圆孔。直径 9.4、好径 6.0、厚约 1.2 厘米（图一五，2；彩版二一，2）。

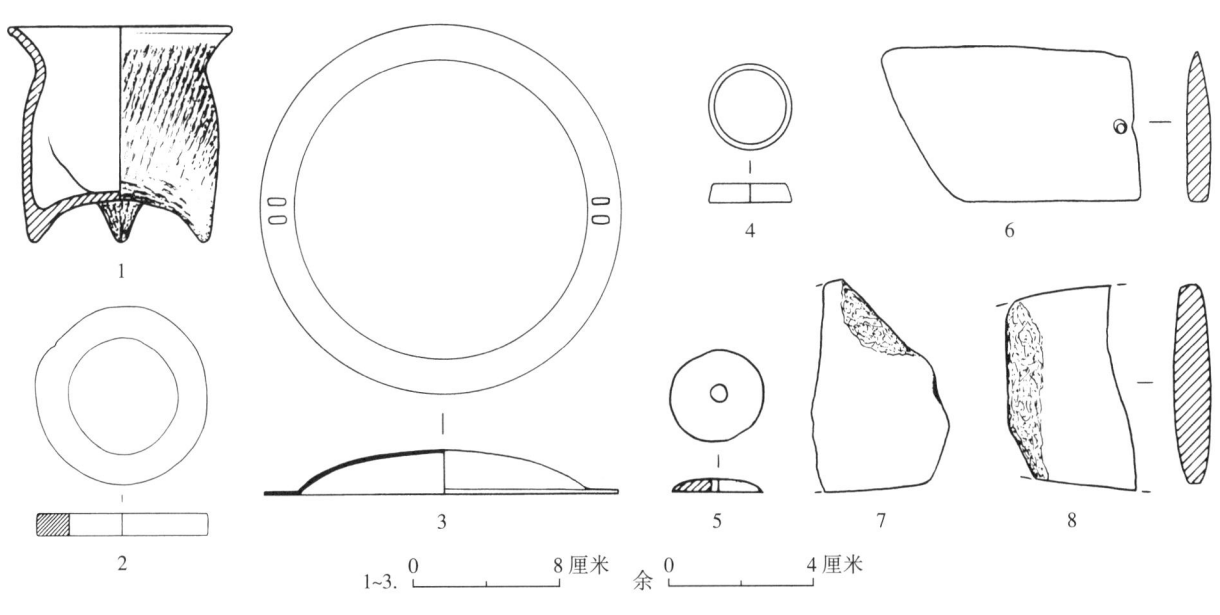

图一五　M3 出土器物

1. 陶鬲（M3：4）　2. 玉璧（M3：17）　3. 漆盾上铜钖（M3：1）　4. 玉饰（M3：21）　5. 漆器上蚌泡（M3：12-1）
6. 玉斧（M3：18）　7、8. 玉手握（M3：19、M3：20）

手握　2件。

M3：19、M3：20，白玉质，玉质较差。为同一件玉器打碎后分别放置于墓主左、右手处，整体平面呈长方形，剖面近椭圆形，边缘较薄。通长8.9、宽5.4、厚1.0厘米（图一五，7、8；彩版二一，3）。

斧　1件。

M3：18，白玉质，玉质较差。平面近梯形，扁平状，一端斜面，一端有穿孔，一侧面较薄。长7.0、宽4.2、厚0.6厘米（图一五，6；彩版二一，4）。

玉饰　1件。

M3：21，青玉质，玉质较差。圆形，扁平状，剖面近梯形。直径2~2.2、厚0.5厘米（图一五，4）。

（4）漆器

1件。器形不明。

漆器　1件。

M3：12，出土时已腐朽，二层台上紧贴竖穴北壁可见不规则红色漆皮痕迹，具体器形不明，仅存镶嵌的蚌泡3件。蚌泡圆形，阳面鼓起，阴面扁平，中部有圆形穿孔。M3：12-1，直径2.6、厚0.4厘米（图一五，5；彩版二〇，5）。

（5）贝蚌器

1组。

蚌壳　1组（M3：13）。放置于北二层台正中，长36.0、最宽处20.0厘米。出土时已碎片化。

（四）M4

1. 墓葬形制

位于M3东约6.4米。圆角长方形竖穴土坑墓，方向355°。口小底大，南北两端略向外倾斜。口长3.08、宽2.36米，底长3.20、宽2.48米，深4.10米。墓底四周有熟土二层台，北二层台宽0.4米，南二层台宽0.25米，东二层台宽0.56米，西二层台宽0.48米，二层台高1.2米（图一六；彩版二二，1）。

2. 葬具

墓底有木板构筑的单层木椁，椁顶坍塌，从腐朽痕迹看，共有盖板12块，长1.68~1.72、宽0.17~0.22、厚0.05~0.08米。椁内有木棺1具，木棺腐朽严重，长1.8、宽0.73米。

3. 人骨

棺内葬1人，仰身直肢，头北脚南，人骨上有大量朱砂，性别不明。

4. 随葬器物

共25件（组）。有金箔、铜器、陶器、玉器、漆器、贝蚌器、石器、骨、串饰等。二层

台东北角放置铜鼎、陶鬲、陶罐、
漆器各1件，西北角放置漆器1
件，漆器上镶嵌有圆形蚌泡（彩版
二二，2）。北二层台中部放置铜壶
1件、骨器1件、铜觯1件、漆器1件、
动物肋骨1件，其中骨器周边散落
有大量极小的绿松石片和3件已压
扁的管状金箔片，漆器上镶嵌有圆
形蚌泡（彩版二三；彩版二四，1）。
东二层台北部放置有蛤蜊。墓室东
北角放置砺石1件。墓主颈部放置
玉戈1件、玉璜1件、玉鱼1件、
玉蝉1件。串饰4组，其中墓主胸
部2组，墓主左手、右手处各1组。
墓土腹部放置玉璧1件，右手处放
置玉戈1件。

（1）铜器

3件。均为礼器，有鼎、壶、
觯各1件。

鼎　1件。

M4：1，出土时斜立于北二层
台内侧，器身因挤压变形，鼎口残破，
鼎足残断。鼎口及腹身截面呈桃圆
形，口微敛，平沿外折，方唇，立耳，
腹较浅，三柱足较高，足根部各有
一道扉棱。颈部饰六组兽面纹，兽
面均以扉棱为鼻梁，其中三道扉棱
较高，以云雷纹衬地。底部有烟炱
痕迹。口径22.6、腹径21.1、通高
24.3厘米（图一七；彩版二五）。

壶　1件。

M4：2，由盖和壶身两部分组成。壶身直口，方唇，束颈，鼓腹，圆底，圈足。提梁以环
钮与颈部环耳相套连，提梁两端有高浮雕羊头，羊角卷曲，圆目。器盖子口，盖面较平整，中

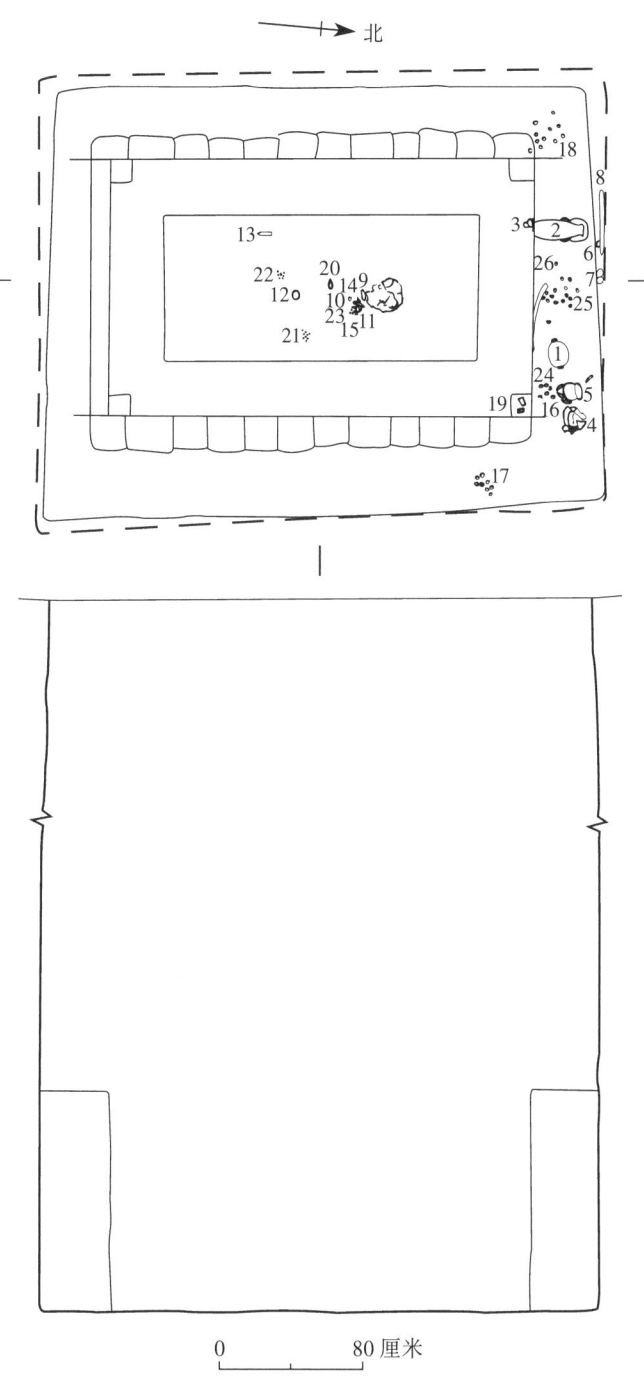

图一六　M4平、剖面图

1. 铜鼎　2. 铜壶　3. 铜觯　4. 陶鬲　5. 陶罐　6. 金箔片　7. 绿松石
片　8. 骨器　9、13、20. 玉戈　10. 玉璜　11. 玉蝉　12. 玉璧　14. 玉
鱼　15、21~23. 串饰　18、24、25. 漆器上蚌泡　16. 蚌鱼　17. 蛤蜊
19. 砺石

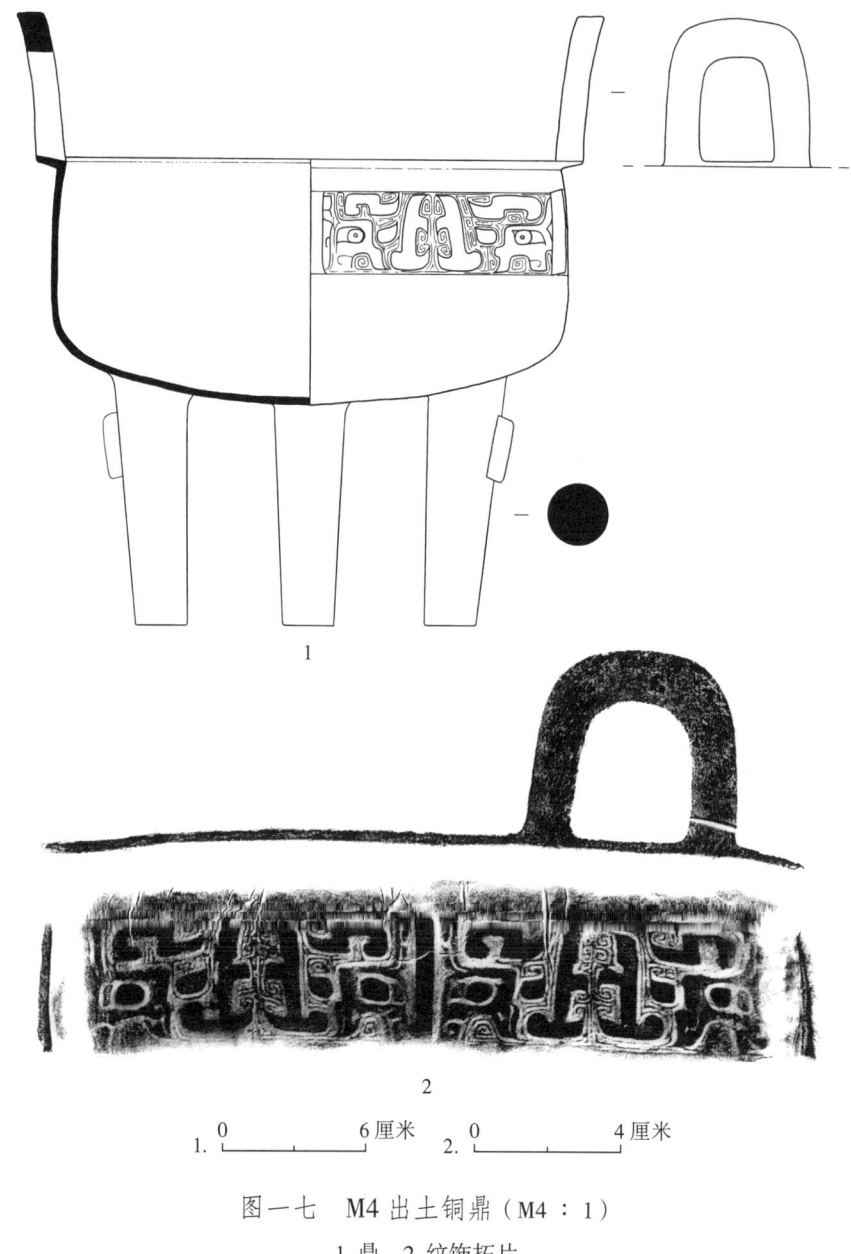

图一七　M4 出土铜鼎（M4：1）

1. 鼎　2. 纹饰拓片

部有圆形捉手，盖内铸有铭文"作尊彝"3字。口径9.8、腹径15.6、圈足径11.4、通高47厘米（图一八；彩版二六）。

觯　1件。

M4：3，觯体修长。侈口，尖圆唇，束颈，垂腹，高圈足。颈部有两道凸棱，圈足底部有凤鸟图案。圈足内壁铸有铭文"室白（伯）作旅"4字。口径8、腹径5.6、圈足径5.8、高13厘米（图一九；彩版二七）。

（2）陶器

2件。有鬲、罐各1件。

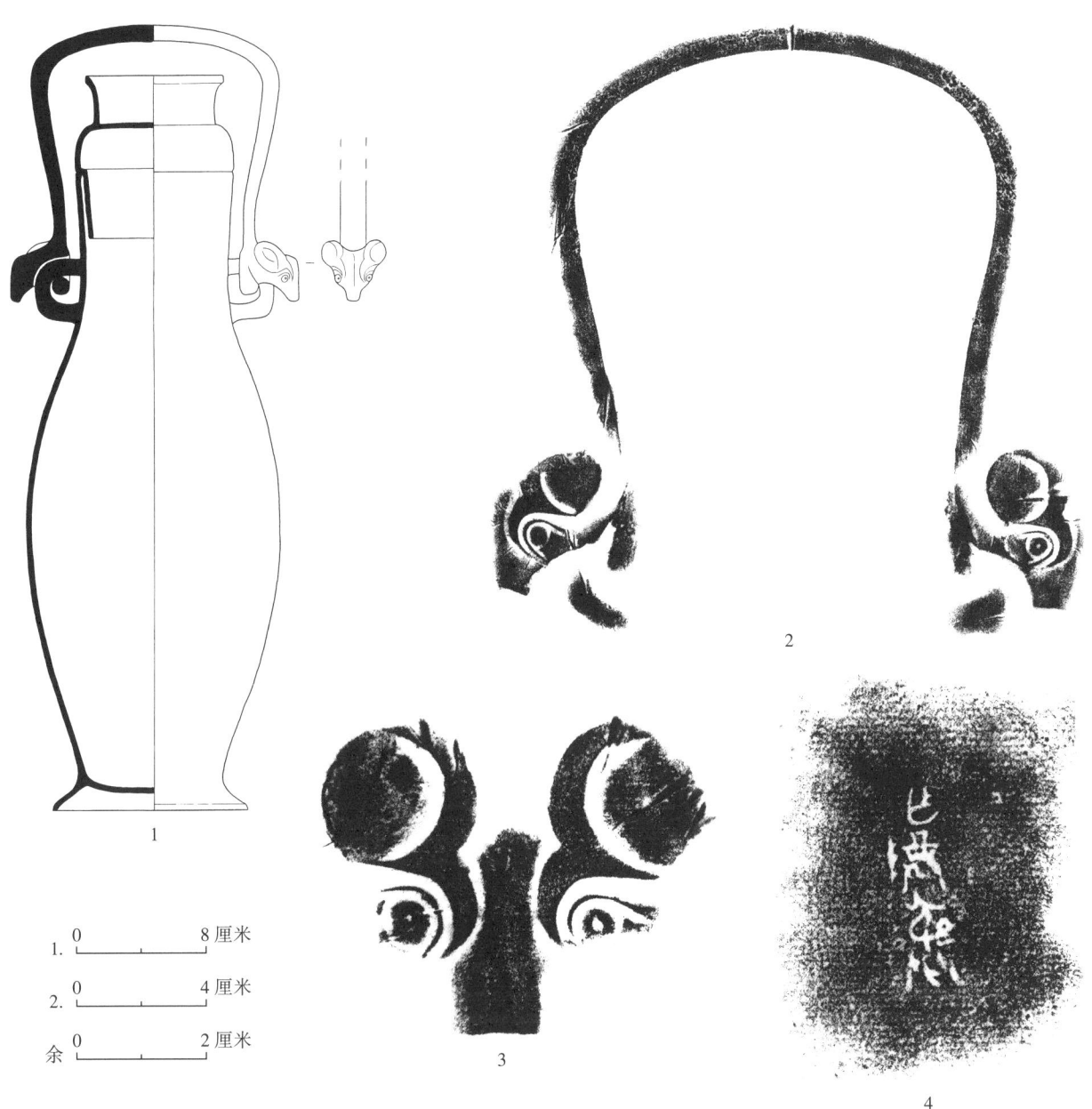

图一八　M4 出土铜壶（M4：2）

1. 壶　2. 提梁纹饰拓片　3. 提梁上高浮雕羊头拓片　4. 盖内铭文拓片

鬲　1 件。

M4：4，夹砂红陶。侈口，方唇，束颈，鼓腹，联裆，裆部较低，三足肥硕。颈部以下饰绳纹。口径 12.0、腹径 16.0、高 14.0 厘米（图二〇，1；彩版二八，1）。

罐　1 件。

M4：5，泥质灰陶。侈口，尖圆唇，束颈，圆肩，鼓腹，最大腹径位于上腹部，平底。肩部饰一周凹弦纹，上腹部有一周由四道红色短线组成的三角纹彩绘。口径 7.8、腹径 12.0、底径 6.4、高 10.8 厘米（图二〇，2；彩版二八，2）。

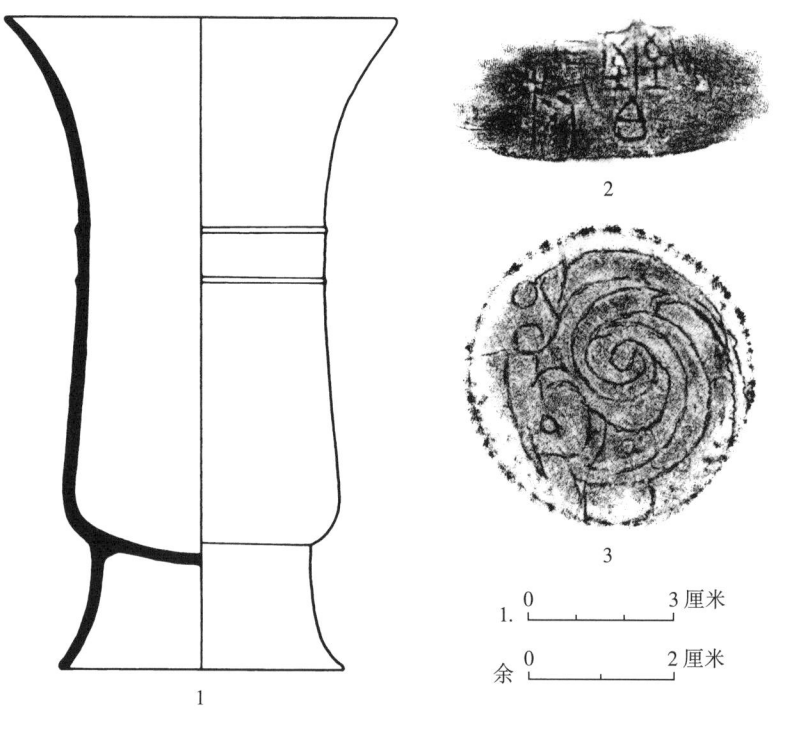

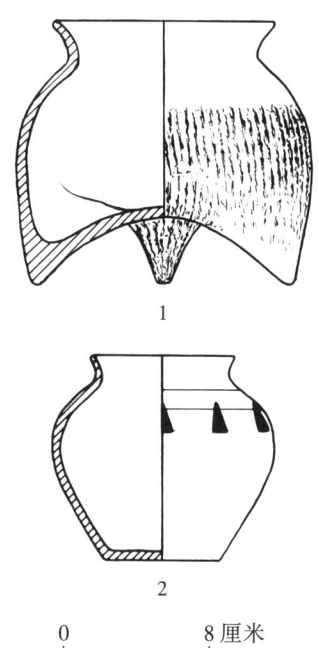

图一九　M4 出土铜觯（M4：3）　　　　　　　　　　　图二〇　M4 出土陶器

1.觯　2.圈足内壁铭文拓片　3.圈足底部凤鸟图案拓片　　　1.鬲（M4：4）　2.罐（M4：5）

（3）玉器

7 件。有璧、璜、戈、鱼、蝉。

璧　1 件。

M4：12，青玉质。圆形，扁平状，中心有一个圆孔。直径 5.6、孔径 1.2、厚 1.0 厘米（图二一，4；彩版二八，3）。

璜　1 件。

M4：10，白玉质。璜体约为圆周的三分之一，厚薄均匀，两端齐平，两面磨光，两端各有一个单面钻小孔。长 7.4、宽 2.0、厚 0.25 厘米（图二一，5；彩版二八，4）。

戈　3 件。

M4：9，白玉质。形体较小，曲援，三角形锋锐利，脊线不明显，两边有刃。直内，内与援分界明显，援内接合部有一个小圆穿。长 6.1、厚 0.3 厘米（图二一，1；彩版二八，5）。

M4：13，白玉质。长条状直援，三角形锋锐利，脊线不明显，两边有刃，援本有一个小圆穿。直内，内与援分界明显。通长 9.7 厘米，援长 8.4、援宽 2.8、穿径 0.3 厘米，内长 1.3、内宽 2.5 厘米（图二一，2；彩版二八，6）。

M4：20，白玉质。扁平状，前锋锐利，两边有刃，援本有一个圆形小穿。直内，内与援分界明显。通长 9.5 厘米，援长 8.0、援宽 2.8、穿径 0.2 厘米，内长 1.5、内宽 2.5 厘米（图二一，3；

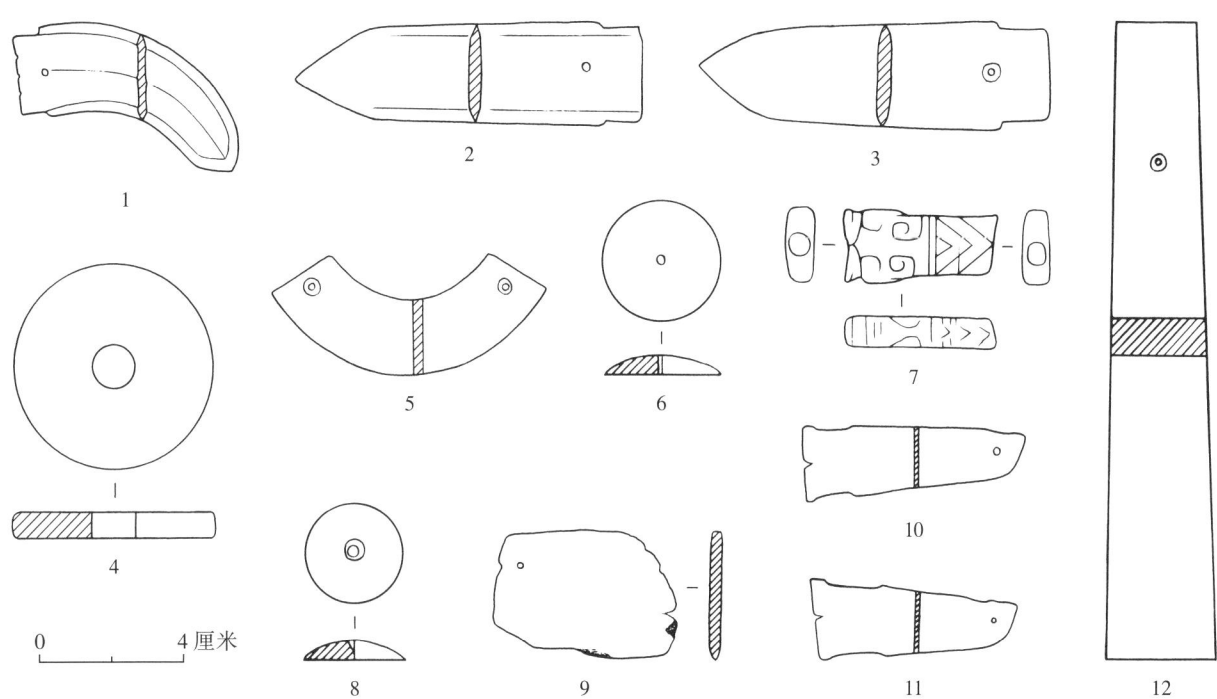

图二一　M4 出土器物

1~3. 玉戈（M4：9、M4：13、M4：20）　4. 玉璧（M4：12）　5. 玉璜（M4：10）　6、8. 漆器上蚌泡（M4：25-1、M4：24-1）　7. 玉蝉（M4：11）　9. 玉鱼（M4：14）　10、11. 蚌鱼（M4：16-1、M4：16-2）　12. 砺石（M4：19）

彩版二九，1）。

鱼　1件。

M4：14，略残。平面略呈梯形，扁平状，一端有单面钻圆孔。长 5、宽 3.1~3.4、孔径 0.2、厚 0.3 厘米（图二一，9；彩版二九，2）。

蝉　1件。

M4：11，白玉质。器体扁平，近长方形，中有纵向穿孔。器表以阴线雕刻卷云纹、弦纹、三角纹。长 4.2、宽 1.7~2、孔径 0.6、厚 0.7 厘米（图二一，7；彩版二九，3）。

（4）漆器

3件（M4：18、M4：24、M4：25）。出土时已腐朽，可见不规则状黑色胎体及红色漆皮痕迹，具体器形不明，仅存蚌泡（见彩版二三，2）。蚌泡形制大致相同，平面略呈圆形，正面外鼓，背面扁平，中心有圆孔。

M4：25，18件蚌泡，大小相同。直径 3.2、孔径 0.15、厚 0.5 厘米（图二一，6；彩版三〇，1）。

M4：24，6件蚌泡，大小相同。直径 2.8、孔径 0.6、厚 0.5 厘米（图二一，8；彩版二九，4）。

（5）石器

仅有 1件砺石。

砺石　1件。

M4：19，砂岩质。长条状，平面略呈梯形，上端有一单面钻圆孔。长16.8、上宽2.2、下宽3.0、厚1.0厘米（图二一，12；彩版二九，5）。

（6）贝蚌器

2组。

蚌鱼　1组。

M4：16，共29件，出土时围绕陶罐（M4：5）一周（彩版三〇，2）。形制基本一致，以蚌壳加工成鱼形，鱼嘴向上，嘴部均有圆形穿孔。M4：16-1，长6.1、宽1.3~1.8、厚0.2厘米（图二一，10）。M4：16-2，长5.8、宽1.2~2.2、厚0.2厘米（图二一，11）。

蛤蜊　1组（M4：17）。出土于二层台北部。

（7）串饰

4组。

串饰　4组。M4：15、M4：23，位于人骨胸部。

M4：15，共19颗，由绿松石及料珠串成。绿松石15颗，形制可分为三种：圆柱状12颗，长0.5~1、直径0.4、孔径0.1厘米；扁平状1颗，长0.7、宽0.6厘米；圆鼓状2颗，中部外鼓呈凸棱状，长0.7~0.9、最大径0.7、孔径0.1厘米。料珠4颗，中部外鼓，蓝色，长0.6~0.8、直径0.6、孔径0.4厘米（彩版三一，1）。

M4：23，共69颗，由玛瑙珠、绿松石珠、料珠（蜻蜓眼）、玉管、玉竹节、玉蝉、玉珠、玉贝串成。玛瑙珠29颗，形制可分为三种：圆柱状，中部有一道凸棱，22颗，长1.4~3.1、直径0.4~0.8、孔径0.4~0.6厘米；圆柱状2颗，长1.8、直径0.6、孔径0.4厘米；圆鼓状5颗，长0.3~0.7、直径0.8~1厘米。绿松石珠28颗，形制可分为四种：圆柱状21颗，长0.5~1.7、直径0.3~0.8、孔径0.1~0.2厘米；扁圆形3颗，长径0.4~0.8、短径0.4~0.6、孔径0.1厘米；圆柱状，中部有凸棱，3颗，长0.6~1、直径0.3~0.5、孔径0.1厘米；竹节状1颗，长1.2、直径0.6、孔径0.1厘米。料珠（蜻蜓眼）[1]3颗，均呈圆鼓状，最鼓处有2~4个凸点，长0.6~1、最大径1.1~1.3、凸点高0.2、孔径0.3~0.4厘米（彩版三一，右）。玉管2颗，乳白色，均呈圆柱状，长1.7~2.7、直径0.9、孔径0.3厘米。玉竹节2颗，乳白色，大小相同，长1.8、直径1、孔径0.4厘米。玉蝉3件，乳白色，均完整，其中2件仅有蝉尾，另1件玉蝉圆眼、嘴大张，体呈竹节状，直背，腹斜直，长3.3厘米。玉珠1颗，乳白色，算珠状，长1、直径1厘米。玉贝1颗，乳白色，贝状，正面略外鼓，背面平整，有竖向刻槽，长1.5、最宽处0.8、厚0.3厘米（彩版三一，2）。

---

[1] 选取与蜻蜓眼同出的M4中部分料珠碎片，通过扫描电子显微镜的背散射模式观察玻璃的内部结构，其化学成分除了石英砂的硅之外，主要为钠，符合古埃及风干法上釉的料珠特点，是埃及费昂斯的主要制作工艺（详见附录五）。

M4：21，共 62 颗，由玉竹节、玛瑙珠、绿松石珠、料珠串成。玉竹节 20 颗，乳白色，大小相同，长 0.7~1.4、直径 0.6、孔径 0.3 厘米。玛瑙珠 35 颗，均呈圆鼓状，中部略外鼓，高 0.4~0.8、直径 0.6~1.1 厘米。绿松石珠 1 颗，圆鼓状，高 0.5、直径 0.4 厘米。料珠 6 颗，圆鼓状，中部外鼓呈凸棱状，长 0.4~0.8、直径 0.4~0.6 厘米（彩版三二，1）。

M4：22，共 18 颗，由玛瑙珠、绿松石珠、玉珠、贝串成。玛瑙珠 10 颗，圆柱状，中部外鼓呈凸棱状，长 1.8~2.3、直径 0.6~0.8 厘米。绿松石珠 4 颗，长 1~1.4、直径 0.4~0.5 厘米。玉珠 2 颗，算珠状，大小相同，长 0.6、最大径 0.8、孔径 0.1 厘米。贝 2 颗，长 2.7、最宽 1.7 厘米（彩版三二，2）。

（8）其他

3 件（组）。

金箔片　1 组。

M4：6，共 3 件。已压扁，呈管状（彩版二四，2、3）。管状金箔一件放于骨器之上，两件夹在骨器之间。推测当初金箔是套在有机质物品之上。

骨器　1 件（M4：8）。与金箔片、小绿松石片出土于此二层台中部。功用不明。

绿松石片　1 组（M4：7）。

（五）M8

1. 墓葬形制

位于 M2 东南约 5 米。长方形竖穴土坑墓，方向 354°。长 3.30、宽 2.16、深 2.70 米。墓底四周有熟土二层台，北二层台宽 0.5 米，东二层台宽 0.64 米，西二层台宽 0.56 米，南二层台宽 0.42 米，二层台高约 0.8 米（图二二；彩版三三，1）。

2. 葬具

竖穴底部有木板构筑的单层木椁，木椁腐朽严重，椁盖板由 10 块木板横向平铺而成。椁室内有木棺 1 具，木棺腐朽严重，长 1.8、宽 0.68 米。

3. 人骨

棺内葬 1 人，仰身直肢，头北脚南，墓主身高约 1.7 米，性别不明。

4. 随葬器物

共 15 件（组）。有铜器、陶器、玉器、贝蚌器、石器、串饰等。北二层台东北部放置铜斗 1 件，中部放置陶鬲 1 件；东二层台北部放置陶罐 1 件。墓主颈部随葬串饰 1 件，胸部随葬玉凤鸟 1 件，腹部随葬玉饰 1 件。南端及北端棺椁之间各有 1 组海贝、蛤蜊。

（1）铜器

1 件。

斗　1 件。

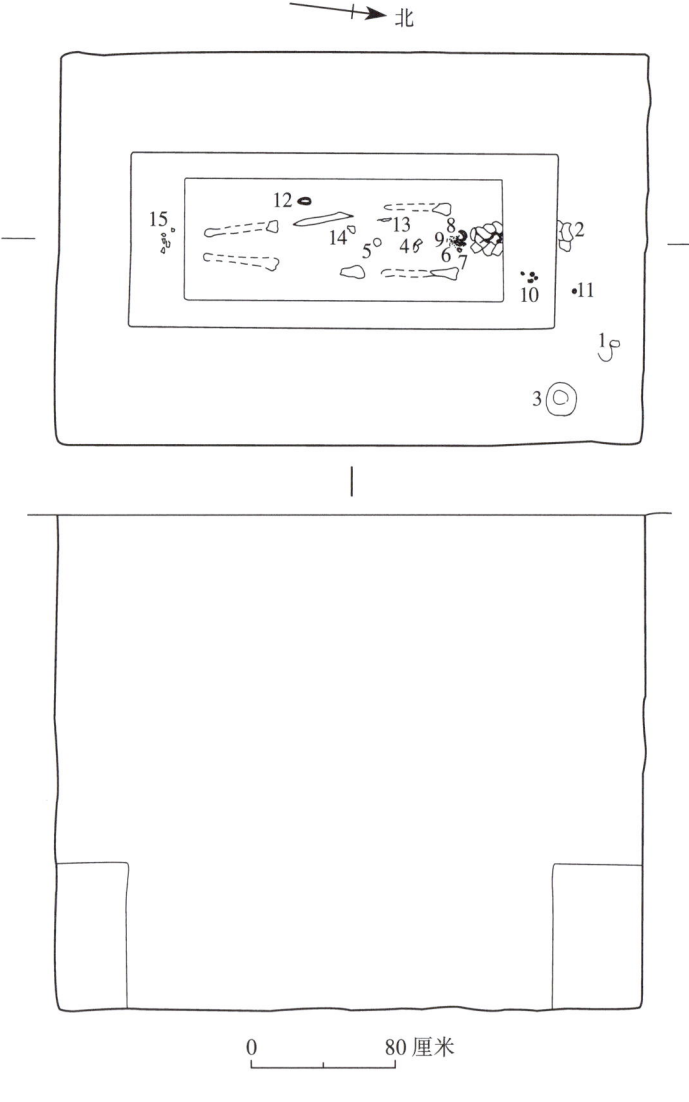

图二二　M8 平、剖面图

1. 铜斗　2. 陶鬲　3. 陶罐　4. 玉凤鸟　5. 圆饼形玉饰　6、7. 玉鱼　8. 玉璜　9. 串饰　10. 蛤蜊　11. 漆器上蚌泡　12. 柱状石器　13. 长条形玉饰　14. 玉鸟　15. 海贝

M8 : 1，斗身作小罐状，小口，微鼓腹，平底。曲柄扁平，下曲上翘，正中有一道凸棱，柄端变宽呈扇面状，柄端较锋利。曲柄弯曲处饰凸起的蝉纹。长 20.3、斗身口径 2.3、高 5.4 厘米（图二三，1；彩版三四，1）。

（2）陶器

2 件。有鬲、罐各 1 件。

鬲　1 件。

M8 : 2，夹砂红陶。侈口，方唇，束颈，鼓腹，联裆，裆部较低矮，三足圆钝。颈部以下饰竖向细绳纹。口径 14.6、高 13.6 厘米（图二三，2；彩版三三，2）。

罐　1 件。

M8 : 3，泥质灰陶。侈口，尖圆唇，束颈，溜肩，折腹，平底。上腹部饰五周凹弦纹。口径 9.2、最大腹径 16、底径 7、高 15.4 厘米（图二三，3；彩版三三，3）。

（3）玉器

7 件。有璜、玉鱼、玉凤鸟、玉鸟、圆饼形饰、长条形饰。

璜　1 件。

M8 : 8，白玉质。璜体约为圆周的三分之一，两端齐平，两面磨光，璜体厚薄均匀，两端各有一个两面对钻的圆形小孔。长 7.4、宽 1.8、厚 0.2 厘米（图二三，4；彩版三四，2）。

鱼　2 件。青玉质，形制相同。鱼体修长，较扁平，以阴线雕刻出鱼鳍、鱼鳃、鱼尾、鱼唇。

M8 : 6，长 7.9、宽 2、厚 0.2 厘米（图二三，6；彩版三四，3）。

M8 : 7，长 8.7、宽 1.3、厚 0.2 厘米（图二三，7；彩版三四，4）。

凤鸟　1 件。

M8 : 4，白玉质，上有水沁。器体扁平，整体作凤鸟状，以阴线雕刻出羽毛、凤尾、眼睛等，颈部有一个单面钻圆孔。长 9.4、宽 3~3.5、厚 0.3 厘米（图二三，5；彩版三四，5）。

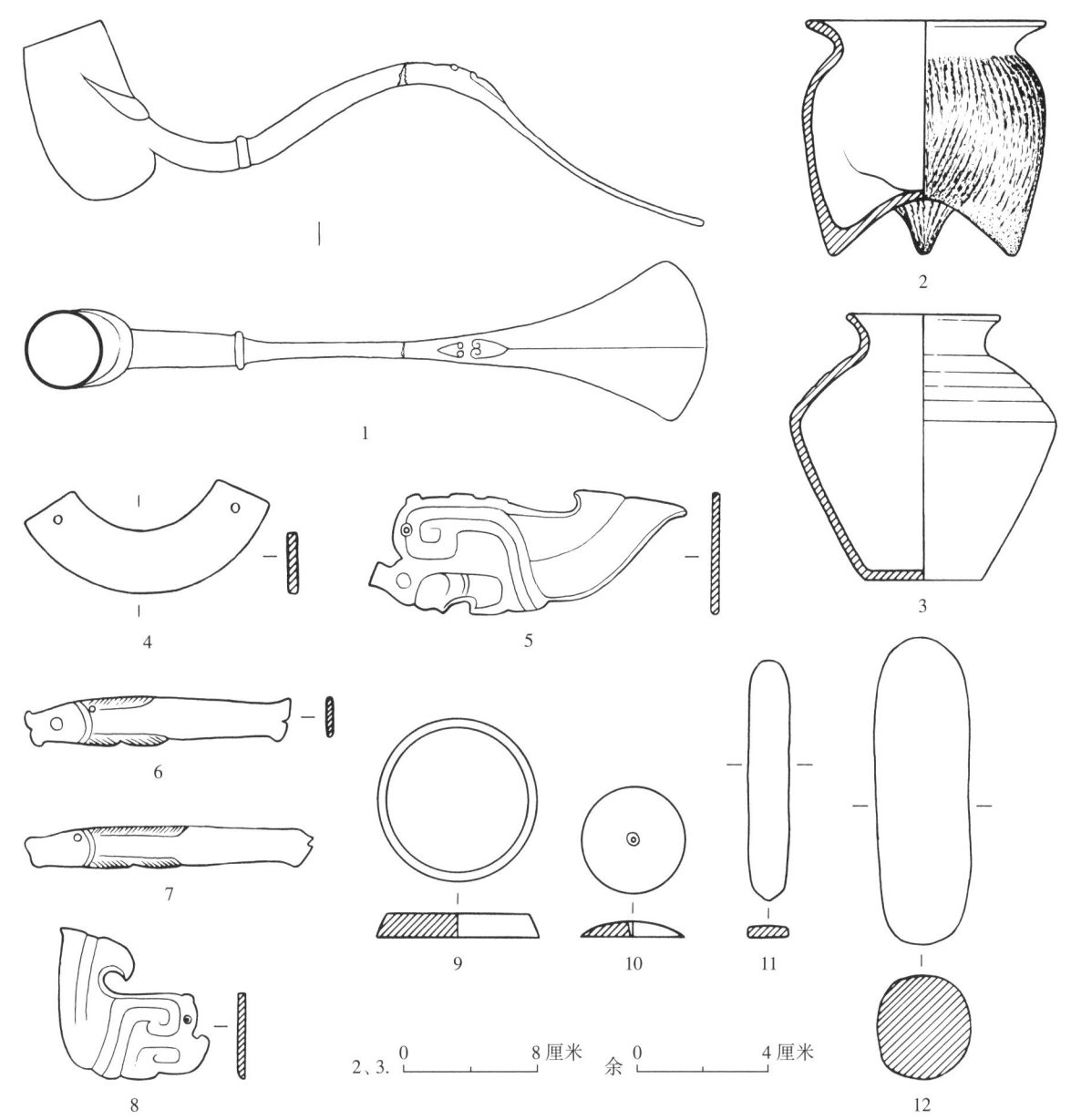

图二三　M8 出土器物

1. 铜斗（M8：1）　2. 陶鬲（M8：2）　3. 陶罐（M8：3）　4. 玉璜（M8：8）　5. 玉凤鸟（M8：4）　6、7. 玉鱼（M8：6、M8：7）　8. 玉鸟（M8：14）　9. 圆饼形玉饰（M8：5）　10. 漆器上蚌泡（M8：11-1）　11. 长条形玉饰（M8：13）　12. 柱状石器（M8：12）

鸟　1件。

M8：14，白玉质。器体扁平，整体作鸟状，以阴线雕刻出羽毛、鸟尾、眼睛等。长4.5、宽2.3~2.5、厚0.3厘米（图二三，8；彩版三四，6）。

圆饼形饰　1件。

M8：5，青玉质。圆形，剖面略呈梯形，两面光滑。厚薄与M2出土玉璧较为一致，大小与 M2 玉璧中部圆形孔基本一致，似为一块玉器上切割下来。上部直径 4.1、下部直径 4.8、厚 0.7 厘米（图二三，9；彩版三五，1）。

长条形饰 1 件。

M8：13，白玉质。长条形，扁平状，一端呈圆弧状，另一端作三角头单刃状，表面光滑。长 7、宽 1.2、厚 0.3 厘米（图二三，11；彩版三五，2）。

（4）漆器

1 件，出土时可见不规则状漆皮痕迹，腐朽严重，器形不可辨，仅残存 9 件蚌泡。蚌泡形制、大小一致。略呈圆丘状，中部鼓起，中间有单面钻圆孔。

M8：11-1，直径 3.2、厚 0.5 厘米（图二三，10；彩版三五，3）。

（5）石器

1 件。

柱状器 1 件。

M8：12，略呈圆柱状，表面光滑，两端呈圆弧状。长 9、直径 3 厘米（图二三，12；彩版三五，4）。

（6）串饰

1 组。

串饰 1 组。

M8：9，共 17 颗。由绿松石、玛瑙珠、陶珠、石珠、蛤蜊、贝壳串成。绿松石珠 7 颗，其中圆柱状 6 颗，大小不一，长 0.8~1.7、直径 0.4~0.5、孔径 0.3 厘米；绿松石兽头 1 颗，背面平整，正面略鼓，头中部及后部有三个呈"品"字形分布的圆孔，以阴线刻出嘴、鼻、眼，长 2.6、最宽处 1.2、高 0.6、孔径 0.1 厘米。玛瑙珠 4 颗，其中圆柱状 1 颗，中部略外鼓，长 1.7、直径 0.3、孔径 0.1 厘米；圆鼓形 3 颗，略呈扁平状，长 0.3、直径 0.5~1、孔径 0.2 厘米。陶珠 1 颗，蓝色，圆柱状，中部外鼓，长 0.4、直径 0.5、孔径 0.4 厘米。石珠 3 颗，黑色，圆柱形，大小不一，长 0.3~0.5、直径 0.2、孔径 0.1 厘米。蛤蜊 1 颗，长约 3 厘米，底部有圆形孔。贝壳 1 颗，中部有圆形孔，长 2.7、最宽处 1.4 厘米（彩版三五，5）。

（7）贝蚌器

海贝 1 组 4 枚（M8：15）。位于南端的棺椁之间，1 枚较完整。长 2.3、宽 1.6 厘米。

蛤蜊 1 组（M8：10）。位于北端的棺椁之间。长 3.2、宽 2.5 厘米。

（六）M9

1. 墓葬形制

位于墓地西南部。长方形竖穴土坑墓，方向 355°。长 2.40、宽 1.30、深 2.10 米。墓底四周有熟土二层台，宽 0.20、高 0.40 米（图二四）。

2.葬具

葬具为一棺，已腐朽。棺朽灰呈浅灰色，长1.80、宽0.70米，高度不明。

3.人骨

保存一般，头骨不存，葬式为仰身直肢，头向北，面向不明。男性。成年。

4.随葬器物

共2件（组）。有陶器1件，贝蚌器1组。

（1）陶器

鬲 1件。

M9：1，位于棺东北角。夹砂红陶。宽斜沿，敛口，鼓腹，分裆下接三锥形足。上腹部饰三道扉棱，腹部饰绳纹。口径13.6、高14.0厘米（图二五，2；彩版三六，1）。

（2）贝蚌器

蚌器 1组。

M9：2，共4件。M9：2-2，略残，长条形，扁平状，形状略似鱼。长14.1、宽3.6厘米（图二五，1；彩版三六，3）。

（七）M10

1.墓葬形制

位于墓地中西部。长方形竖穴土坑墓，方向352°。长2.80、宽1.50、深2.00米。墓底四周有熟土二层台，宽0.20~0.30、高0.40米（图二六）。

2.葬具

葬具为一棺，已腐朽。棺朽灰呈灰白色，长2.00、宽0.60米，高度不明。

3.人骨

保存很差，仅存头骨、椎骨与四肢

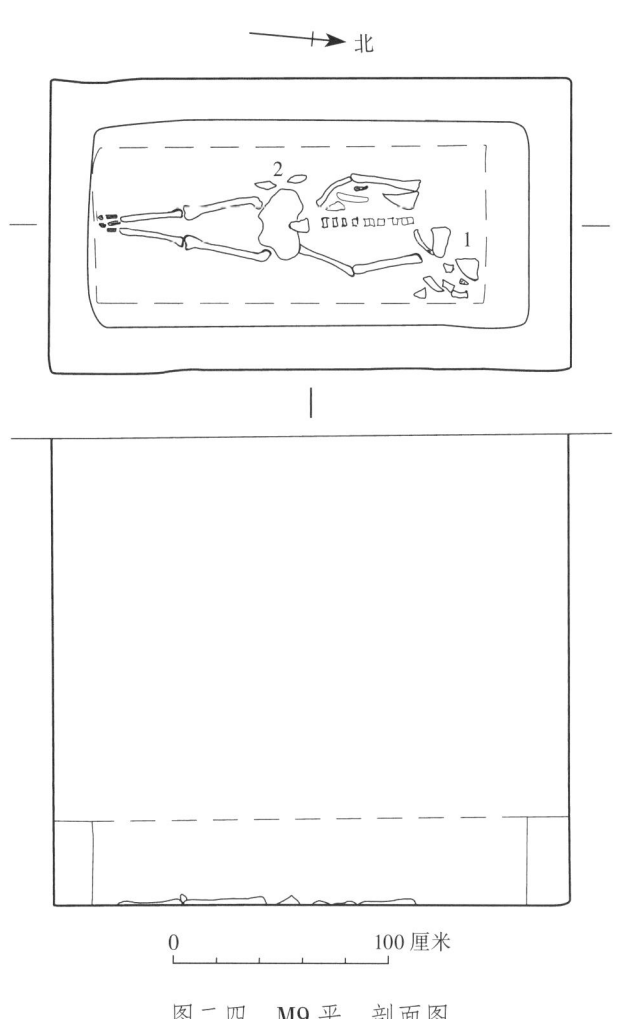

北

图二四 M9平、剖面图
1.陶鬲 2.蚌器

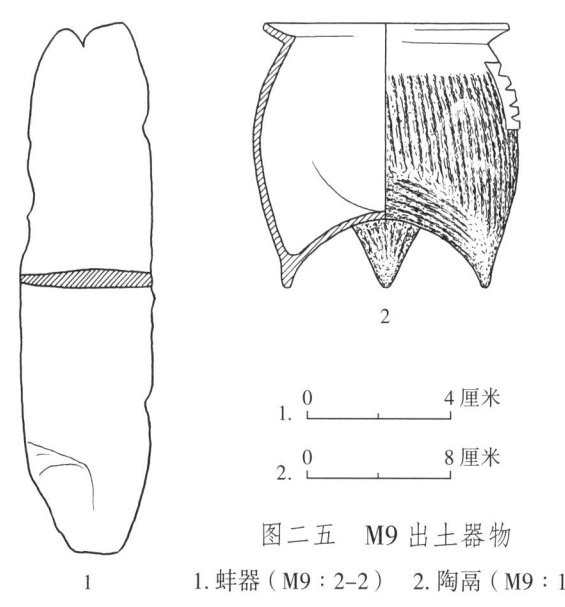

图二五 M9出土器物
1.蚌器（M9：2-2） 2.陶鬲（M9：1）

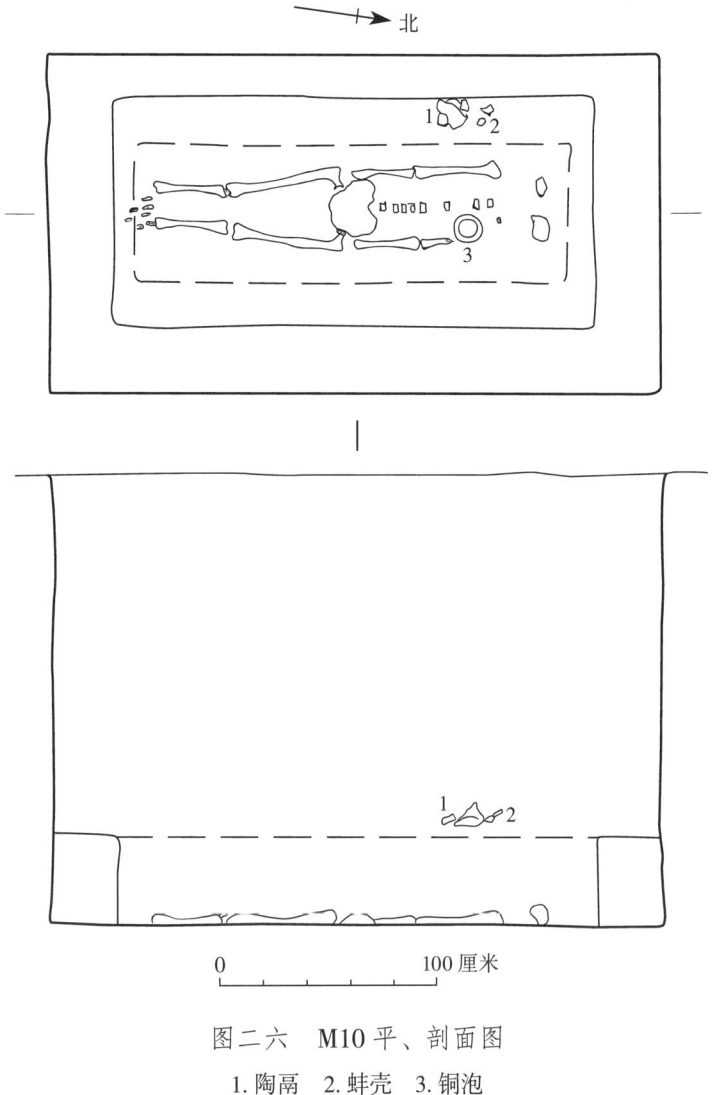

图二六　M10 平、剖面图

1. 陶鬲　2. 蚌壳　3. 铜泡

骨朽痕，葬式为仰身直肢，头向北，面向不明。

4. 随葬器物

共 3 件（组）。有铜器 1 件，陶器 1 件，贝蚌器 1 组。

（1）铜器

1 件。

泡　1 件。

M10：3，位于墓主胸部。圆形，正面隆起，边轮较宽，背面内凹，正中有一钮。直径 9.5、边轮宽 1.5、高 1.3 厘米（图二七，1；彩版三六，5）。

（2）陶器

1 件。

鬲　1 件。

M10：1，位于西侧二层台北部。夹砂褐陶。侈口，束颈，微鼓腹，分裆下接三锥形足。腹部饰绳纹。口径 10.0、高 11.2 厘米（图二七，3；彩版三六，2）。

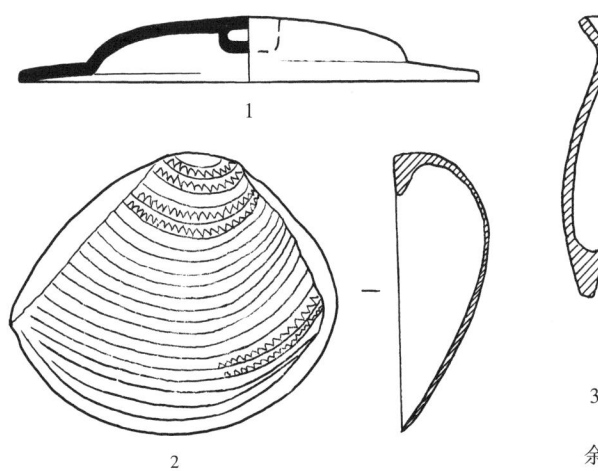
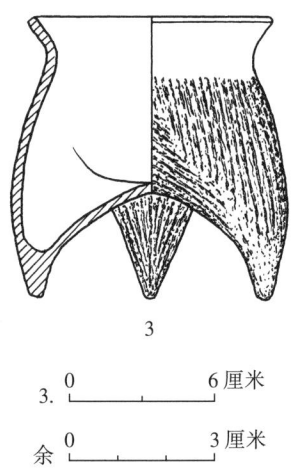

图二七　M10 出土器物

1. 铜泡（M10：3）　2. 蚌壳（M10：2-1）　3. 陶鬲（M10：1）

（3）贝蚌器

1组。

蚌壳　1组。

M10：2，共2件。位于西侧二层台北部。M10：2-1，略呈扇形，带有褐色波折形自然纹理。宽6.8、高1.9厘米（图二七，2；彩版三六，4）。

（八）M11

1. 墓葬形制

位于墓地西北部。长方形竖穴土坑墓，方向360°，被M12（宋墓）打破。长2.30、宽1.30、深2.00米。墓底四周有熟土二层台，宽0.20~0.30、高0.40米（图二八；彩版三七，1）。

2. 葬具

葬具为一棺一椁，均已腐朽。椁盖板朽灰呈白色，仅二层台南北两端可见，数量与尺寸不详。椁室长1.90、宽0.80、高0.40米。棺位于椁室中央，朽灰呈黑灰色，长1.76、宽0.60米，高度不明。

3. 人骨

保存一般，存头骨、椎骨与四肢骨，葬式为仰身直肢，头向北，面向东。

4. 随葬器物

共3件（组）。有陶器2件，骨器1组。

（1）陶器

2件。有鬲、罐各1件。

鬲　1件。

M11：1，位于西侧二层台中部偏北。无法修复。

罐　1件。

M11：2，位于西侧二层台中部。泥质灰陶。侈口，卷沿，束颈，圆肩，腹部斜收，平底内凹。肩部饰两道弦纹。口径9.4、最大腹径17.7、底径8.7、高16.6厘米（图二九，1；彩版三七，2）。

（2）骨器

1组。

M11：3，共2件。位于墓主左胸部。形制相近，大小相同。M11：3-1，整体略呈梯形，

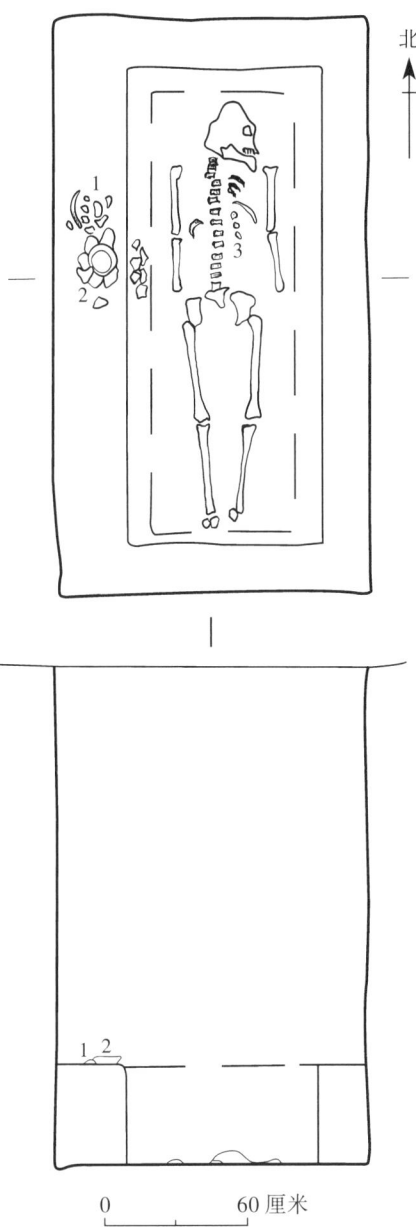

图二八　M11平、剖面图
1. 陶鬲　2. 陶罐　3. 骨器

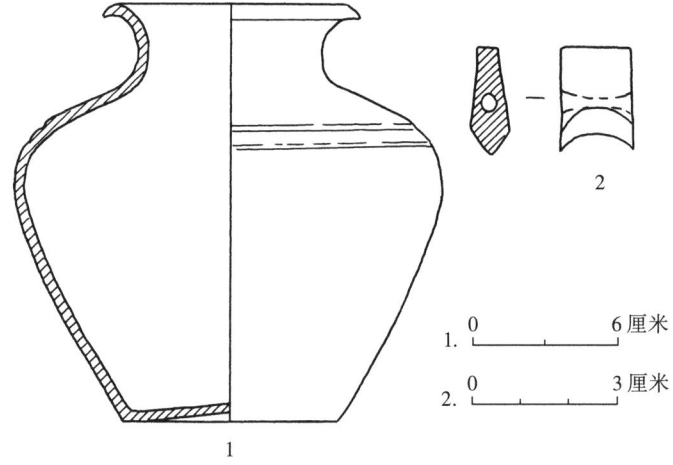

图二九　M11 出土器物

1. 陶罐（M11：2）　2. 骨器（M11：3-1）

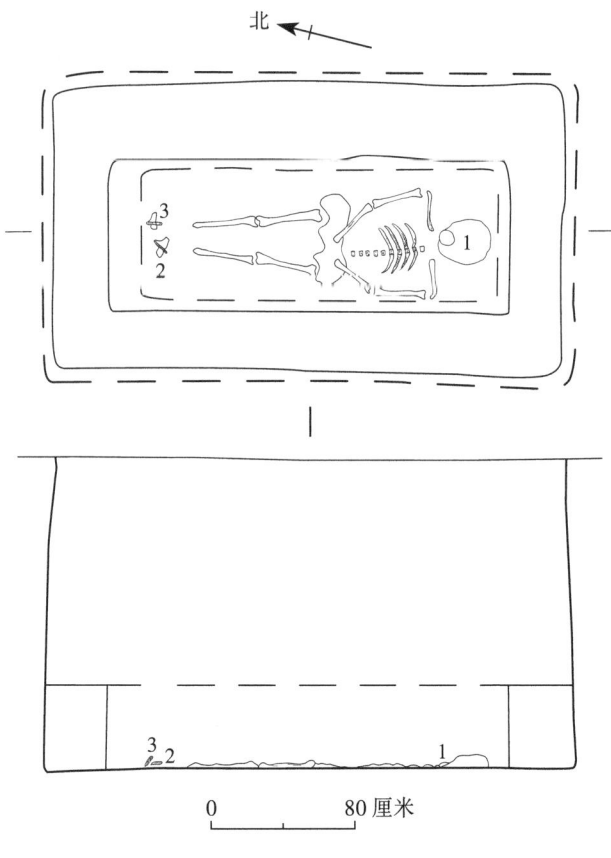

图三〇　M16 平、剖面图

1. 铜泡　2、3. 铜戈

一端较短略薄，一端较宽略厚，宽厚的一端开凹刃，并横贯一圆形穿孔。M11：3-1，长 2.1、宽 1.5、厚 0.4~0.8、孔径 0.3 厘米（图二九，2；彩版三七，3）。

（九）M16

1. 墓葬形制

位于墓地东南部。长方形竖穴土坑墓，方向 165°。口小底大，墓口长 2.80、宽 1.50~1.56 米，墓底长 2.92、宽 1.62~1.66 米，深 1.64 米。墓底四周有熟土二层台，宽 0.36~0.46、高 0.44 米（图三〇；彩版三八，1）。

2. 葬具

葬具为一棺一椁，均已腐朽。椁盖板朽灰呈白色，数量、尺寸不详。椁室长 2.20、宽 0.80、高 0.44 米。棺位于椁室偏南部，朽灰呈深灰色，长 2.00、宽 0.66~0.70 米，高度不明。

3. 人骨

保存较差，仅存朽痕。葬式为仰身直肢，头向南，面向不明。

4. 随葬器物

共 3 件。均为铜器，有戈 2 件，泡 1 件。

戈　2 件。均位于墓主脚趾骨处。

M16：2，表面有裂痕。直内，长援，中部起脊，锋部卷起，短胡，阑部有一穿。残长 16.0、内长 4.8、阑长 8.6 厘米（图三一，1；彩版三八，2）。

M16：3，直内，援残，起脊不明显，短胡，长阑，阑部有一穿，阑部有秘朽痕。残长 13.1、内长 5.5、阑长 8.8 厘米（图三一，2；彩版三八，3）。

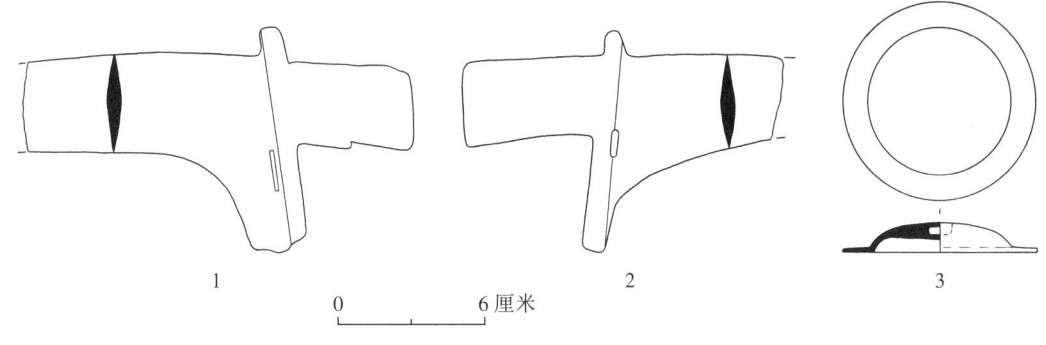

图三一 M16 出土器物

1、2.铜戈（M16：2、M16：3） 3.铜泡（M16：1）

泡 1件。

M16：1，位于墓主下颌骨处。圆形，正面隆起，有边轮，边缘不甚规整，背面内凹，内设桥形梁。直径8.0、边轮宽1.1、高1.2厘米（图三一，3；彩版三八，4）。

（一〇）M17

1. 墓葬形制

位于墓地东南部。长方形竖穴土坑墓，方向10°。长3.24、宽1.85~2.02、深2.50米。墓底四周有熟土二层台，宽0.42~0.54、高0.50米（图三二；彩版三九）。

2. 葬具

葬具为一棺，已腐朽，朽灰为黑灰色。根据朽痕判断，长2.00、宽0.68米，高度不明。

3. 人骨

保存较差，仅存头骨、椎骨与四肢骨朽痕。葬式为仰身直肢，头向北，面向不明。

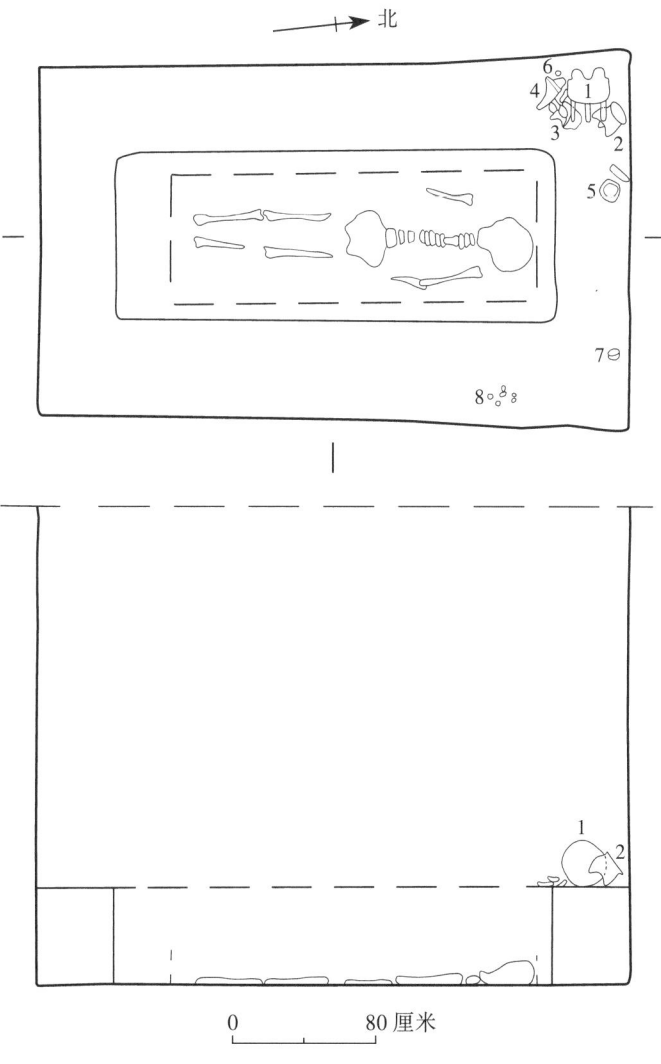

图三二 M17 平、剖面图

1.铜鼎 2、3.陶鬲 4.铜戈 5.铜泡 6、8.蚌泡 7.蚌壳

4.随葬器物

共8件（组）。有铜器3件，陶器2件，贝蚌器3件（组）。

（1）铜器

3件。有鼎、戈、泡各1件。

鼎　1件。

M17：1，位于二层台西北角。敛口，平沿外折，方唇，方立耳，鼓腹，底略圜，三柱形足。口沿下饰一周以扉棱为鼻的兽面纹。底部与足根有烟炱痕迹。口径19.4、腹径19.2、通高24.2厘米（图三三；彩版四〇）。

戈　1件。

M17：4，位于二层台西北角，出土时残断，援位于M17：5旁，已修复。直内，长援起脊，短胡，阑部有一长方形穿，内部有一"U"形穿；援尾部饰兽面纹，兽耳凸出器表。通长23.0、内长5.0、阑长9.9厘米（图三四，3；彩版四一，1）。

泡　1件。

M17：5，位于北侧二层台中部偏西处。圆形，中部圆形突起，边轮较宽，背面内凹，正中有一小钮。直径9.0、边轮宽1.0、高1.4厘米（图三四，4；彩版四一，2）。

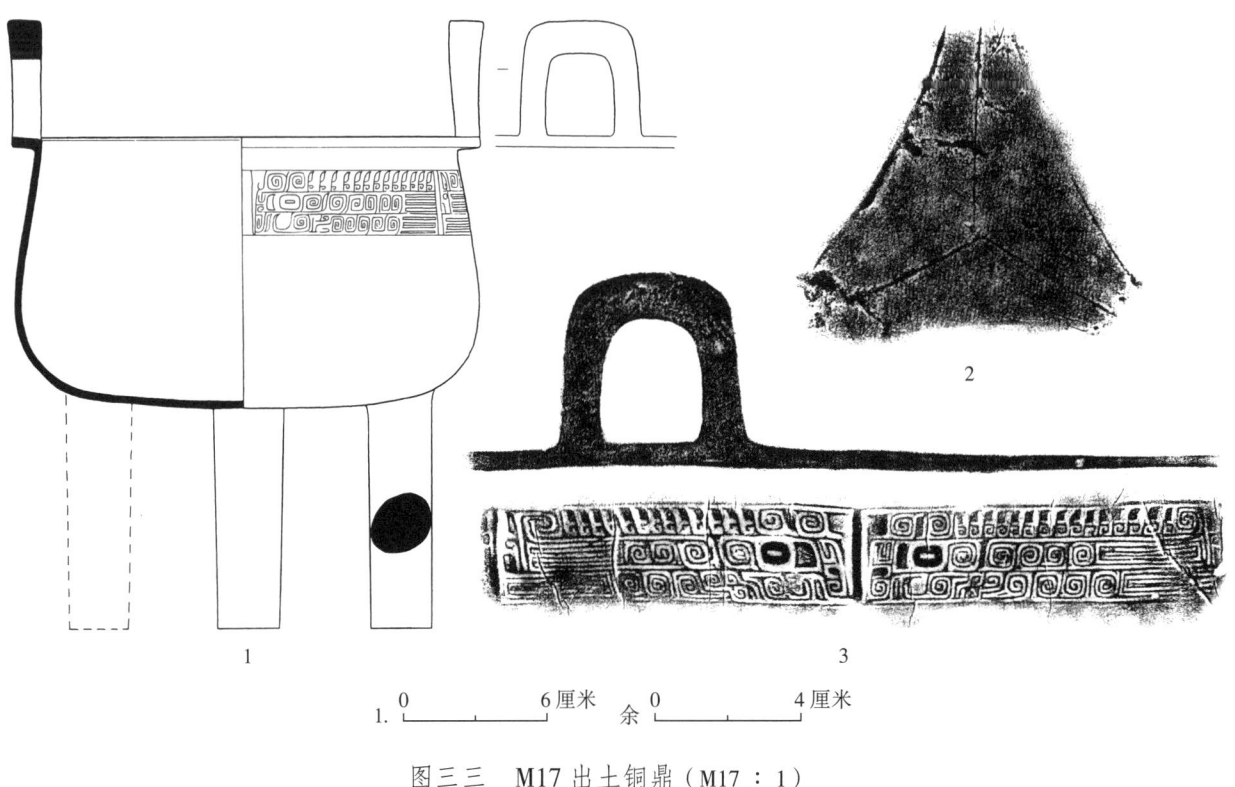

图三三　M17出土铜鼎（M17：1）

1.鼎　2.底部拓片　3.纹饰拓片

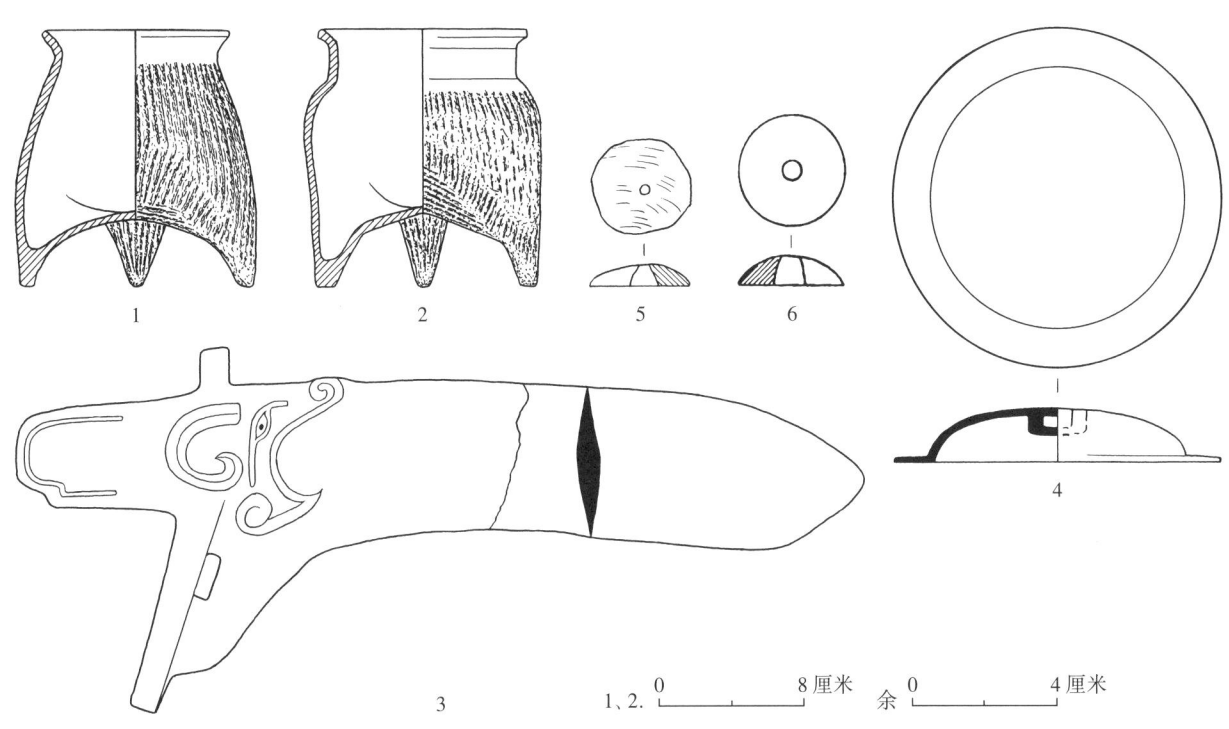

图三四　M17 出土器物

1、2.陶鬲（M17：3、M17：2）　3.铜戈（M17：4）　4.铜泡（M17：5）　5、6.蚌泡（M17：6、M17：8-1）

（2）陶器

2件。均为鬲。

鬲　2件。

M17：2，位于二层台西北角。夹砂褐陶。侈口，圆唇，直颈，肩略鼓，联裆下接三短足。腹部饰绳纹。裆部与腹部有烟炱痕迹。口径 11.4、高 13.6 厘米（图三四，2；彩版四一，3）。

M17：3，位于二层台西北角，出土时残碎，已修复。夹砂褐陶。侈口，圆唇，束颈，鼓腹，弧裆下接三短足。腹部饰绳纹。口径 10.0、高 13.6 厘米（图三四，1；彩版四一，4）。

（3）贝蚌器

3件（组）。有蚌泡 2件（组），蚌壳 1组。

蚌泡　2件（组）。形制相同，大小相近。

M17：6，位于二层台西北角。表面有磨损，呈圆形，正面微隆，背面平直，中部有一穿孔。直径 2.7、孔径 0.3~0.7、厚 0.6 厘米（图三四，5；彩版四一，5）。

M17：8，1组2件。位于东侧二层台北部。M17：8-1，表面无磨损。直径 2.9、厚 0.8、孔径 0.5~0.75 厘米（图三四，6；彩版四一，6）。

蚌壳　1组。

M17：7，共 2件。位于二层台东北部。M17：7-1，略呈扇形，带有褐色波折形自然纹理。

宽 5.0、高 1.2 厘米（彩版四一，7）。

（一一）M20

1. 墓葬形制

位于墓地南中部。长方形竖穴土坑墓，方向 26°。口小底大，墓口长 3.50、宽 2.00 米，墓底长 3.90、宽 2.50 米，深 3.60 米。墓底四周有熟土二层台，宽 0.40~0.74、高 0.90 米（图三五；彩版四二、四三）。

2. 葬具

葬具为一棺一椁，均已腐朽。椁盖板朽灰呈白色，共 11 块，两端盖板呈弧形，其余为长方形，长 1.76~1.90、宽 0.10~0.42 米。椁室长 2.64~2.86、宽 1.30~1.46、高 0.90 米。棺位于椁室中央，朽灰呈黑灰色，长 2.04、宽 0.74~0.80 米，高度不明。

3. 人骨

保存较差，仅存头骨、椎骨与下肢骨朽痕。葬式为仰身直肢，头向北，面向西。

4. 随葬器物

共 10 件（组）。有铜器 2 件，陶器 3 件，玉器 1 件，串饰 1 组，贝蚌器 2 组，龟甲 1 组。

（1）铜器

2 件。有鼎、觯各 1 件。

鼎 1 件。

M20：6，位于西侧二层台处。敛口，平沿外折，方唇，方立耳，鼓腹，分裆下接三柱形足。腹部饰云雷纹衬底的兽面纹。口径 16.8、通高 22.2 厘米（图三六；彩版四四）。

觯 1 件。

M20：5，位于墓室西北角填土内。侈口，束颈，鼓腹，圜底，圈足。颈部饰兽面纹，圈足上部饰一道回纹，间以乳丁纹。口径 7.0、圈足径 6.5、高 14.2 厘米（图三七；彩版四五，1）。

（2）陶器

3 件。有鬲 2 件，罐 1 件。

鬲 2 件。

M20：1，位于墓室西北角填土内。泥质灰陶。口沿残，平沿外折，方唇，束颈，微鼓腹，联裆下接三锥形足。上腹部饰一道弦纹，其下饰绳纹。口径 10.8、高 11.6 厘米（图三八，1；彩版四六，1）。

M20：2，位于墓室西北角填土内。泥质灰陶。形制、纹饰与 M20：1 近同，唯肩部更鼓。口径 10.6、高 11.8 厘米（图三八，2；彩版四六，2）。

罐 1 件。

M20：4，位于墓室西北角填土内。泥质灰陶，出土时残碎，无法修复。

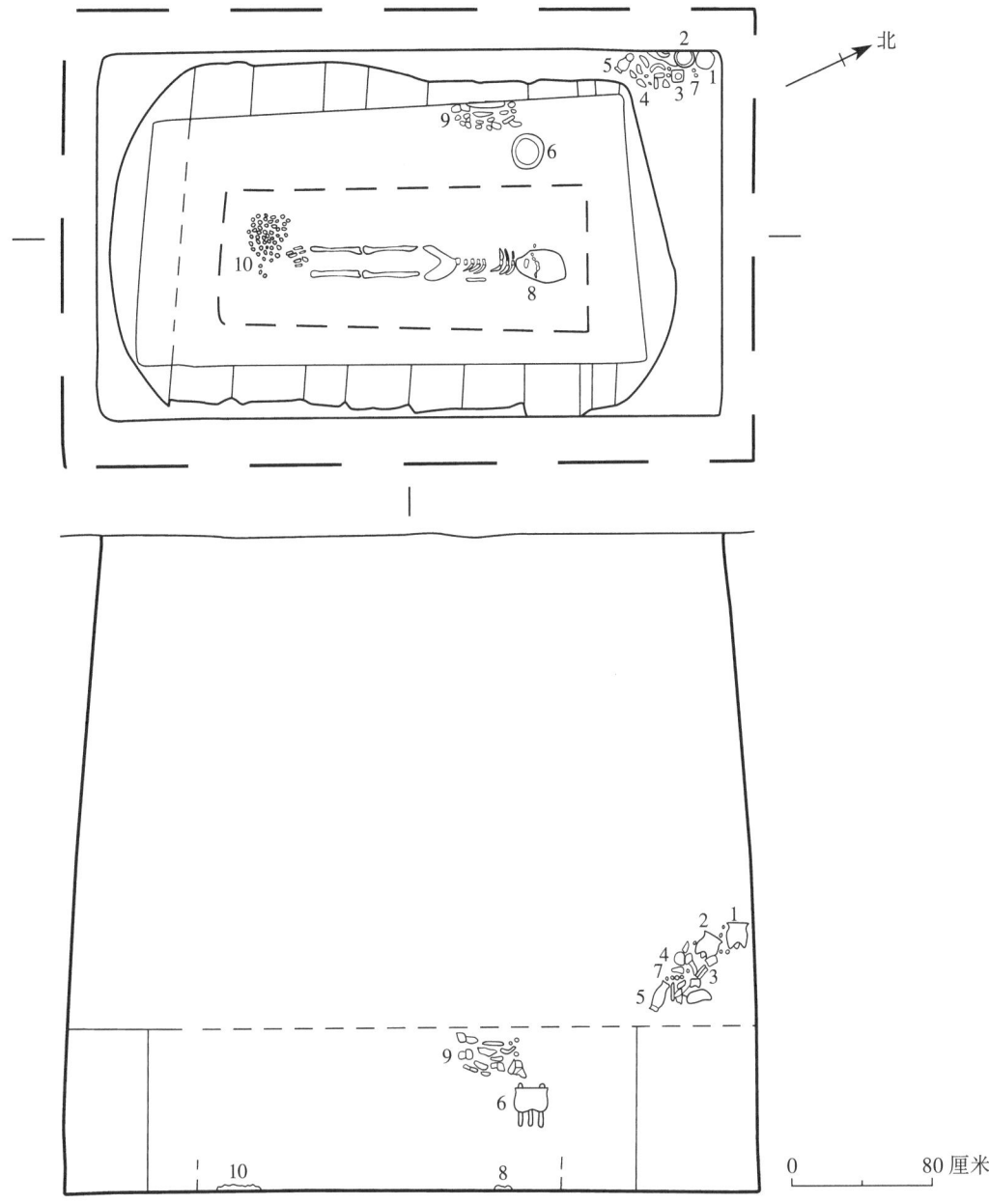

图三五　M20 平、剖面图

1、2.陶鬲　3.玉琮　4.陶罐　5.铜觯　6.铜鼎　7.海贝　8.串饰　9.龟甲　10.蛤蜊

（3）玉器

1 件。

琮　1 件。

M20：3，位于墓室西北角填土内。青玉质，玉质较差。矮方柱体，内圆外方，单节，上下两端有矮短的射，孔为两面对钻而成。外壁局部与孔内壁有朱砂痕迹。边长 4.8、高 3.4、孔径 3.2、射高 0.4 厘米（图三八，4；彩版四五，2）。

1

2

1. |0   8厘米| 2. |0   4厘米|

图三六　M20 出土铜鼎（M20：6）

1. 鼎　2. 纹饰拓片

（4）串饰

1组。

串饰　1组。

M20：8，共 19 颗。位于墓主颈部。由 9 颗绿松石珠、8 颗玛瑙珠、1 颗石珠、1 颗玉鸟组成。玛瑙珠均呈圆柱状，中部略外鼓，长约 1.2~2.3、直径 0.4~0.8 厘米；绿松石珠，有圆柱状和扁圆状，长约 1~1.4、直径 0.5~0.8 厘米；石珠，白色，圆柱状，长约 2.4、直径约 1.2 厘米；玉鸟，白玉质，

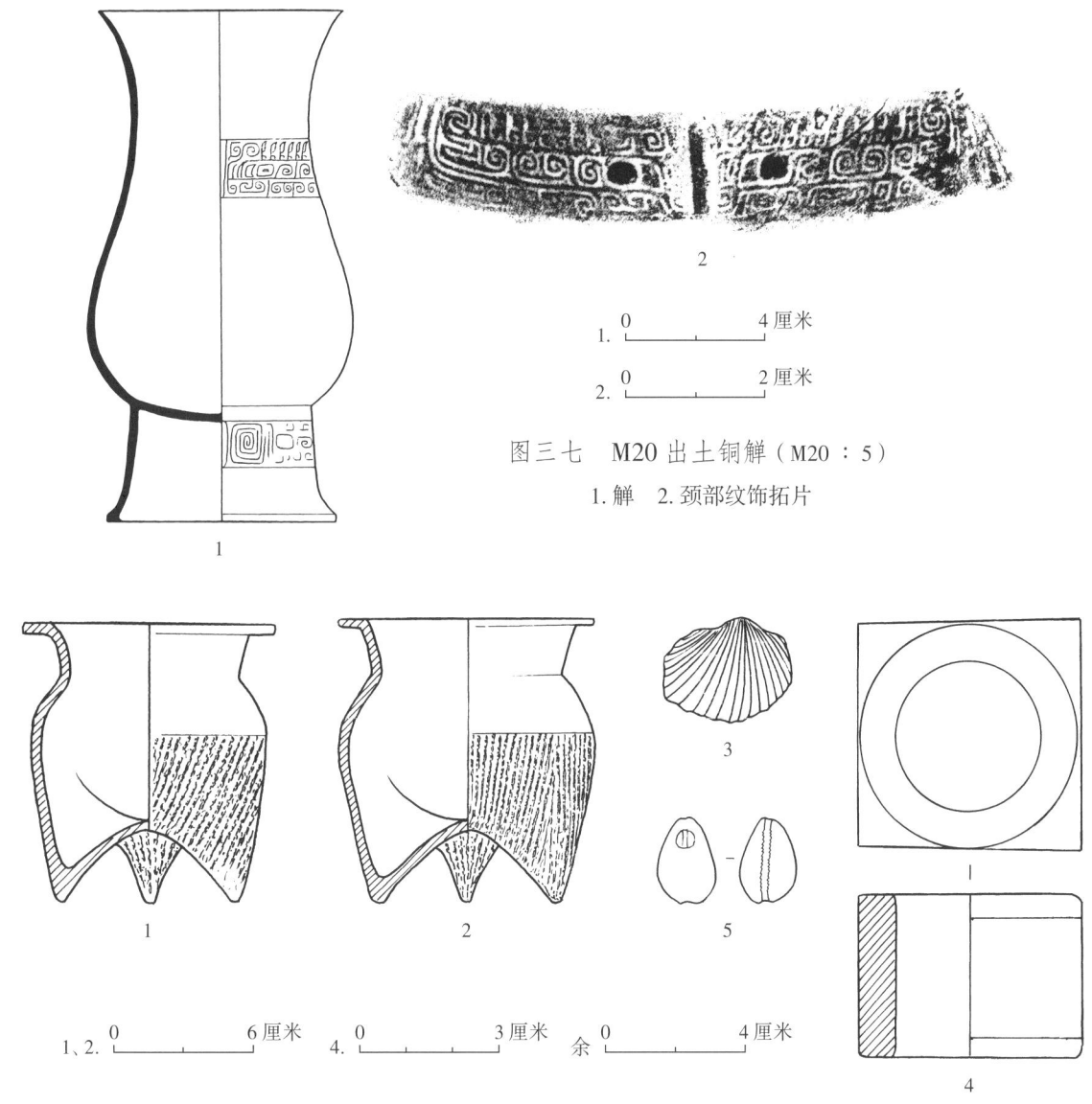

图三七　M20 出土铜觯（M20：5）
1. 觯　2. 颈部纹饰拓片

图三八　M20 出土器物
1、2. 陶鬲（M20：1、M20：2）　3. 蛤蜊（M20：10-1）　4. 玉琮（M20：3）　5. 海贝（M20：7-1）

尖喙，卷尾，扁平状，长约 4.8、宽约 1~2.6 厘米（彩版四五，3）。

（5）贝蚌器

3 组。有海贝、蛤蜊、龟甲各 1 组。

海贝　1 组。

M20：7，共 17 件。位于墓室西北角器物上。M20：7-1，正面中部有裂缝，呈齿状，背面磨平呈椭圆形孔。长 2.3、宽 1.6 厘米（图三八，5；彩版四六，3）。

蛤蜊　1 组。

M20：10，位于脚趾骨处。M20：10-1，略呈扇形，表面有波折形自然纹理。宽 3.7、高 2.9

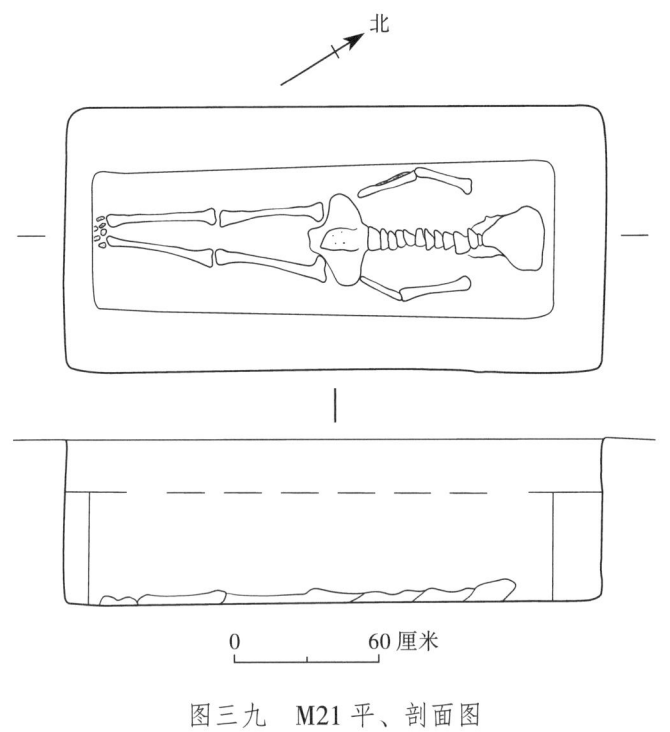

北

0   60厘米

图三九　M21 平、剖面图

厘米（图三八，3；彩版四六，4）。

龟甲　1组。

M20：9，位于西侧二层台偏北部。碎裂为50余片，大小不一，上有红色漆皮（彩版四六，5）。

（一二）M21

1. 墓葬形制

位于墓地南中部。长方形竖穴土坑墓，方向33°。长2.20、宽1.06、深0.64米（图三九）。

2. 葬具

葬具为一棺，已腐朽。位于墓室中部，长1.90、宽0.54~0.62米，原高不明。

3. 人骨

保存一般，葬式为仰身直肢，头向北，面向东。性别不明。30~35岁。

4. 随葬器物

无。

（一三）M22

1. 墓葬形制

位于墓地南部偏东处。长方形竖穴土坑墓，方向13°。口小底大，墓口长2.28、宽1.00米，墓底长2.30、宽1.24米，深1.90米。墓底四周有熟土二层台，宽0.18~0.28、高0.63米（图四〇）。

2. 葬具

葬具为一棺，已腐朽。棺位于墓室中央，长1.76、宽0.64~0.66米，原高不明。

3. 人骨

保存较差，葬式为仰身直肢，头向北，面向西。女性。20~30岁。

4. 随葬器物

共3件。有铜器1件，陶器2件。均出土于西侧二层台中部。

（1）铜器

戈　1件。

M22：1，位于西侧二层台中部。直内，长援，锋部因卷起残断，短胡，有阑。残长15.4、内长4.8、阑长9.1厘米（图四一，2；彩版四七，1）。

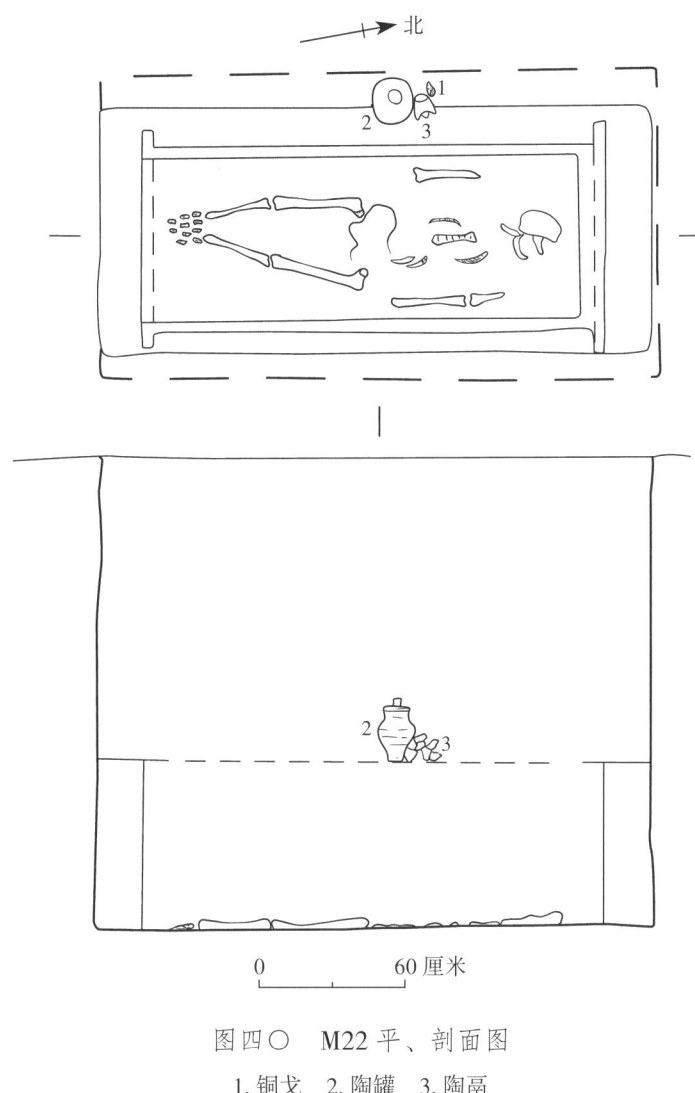

图四○　M22 平、剖面图

1. 铜戈　2. 陶罐　3. 陶鬲

（2）陶器

2 件。有鬲、罐各 1 件。

鬲　1 件。

M22：3，位于西侧二层台中部。夹砂灰陶。侈口，束颈，鼓腹，分裆下接三锥形足。腹部饰绳纹。口径 12.0、高 15.0 厘米（图四一，3；彩版四七，3）。

罐　1 件。

M22：2，位于西侧二层台中部。泥质灰陶。微隆盖上有圈状捉手，器侈口，束颈，折肩，腹部斜收，平底。盖与器身均饰彩绘，捉手与颈部饰一周、盖面与腹部饰两周圈状彩绘，肩部饰两周内填弧线的纹饰带，间饰两组圆

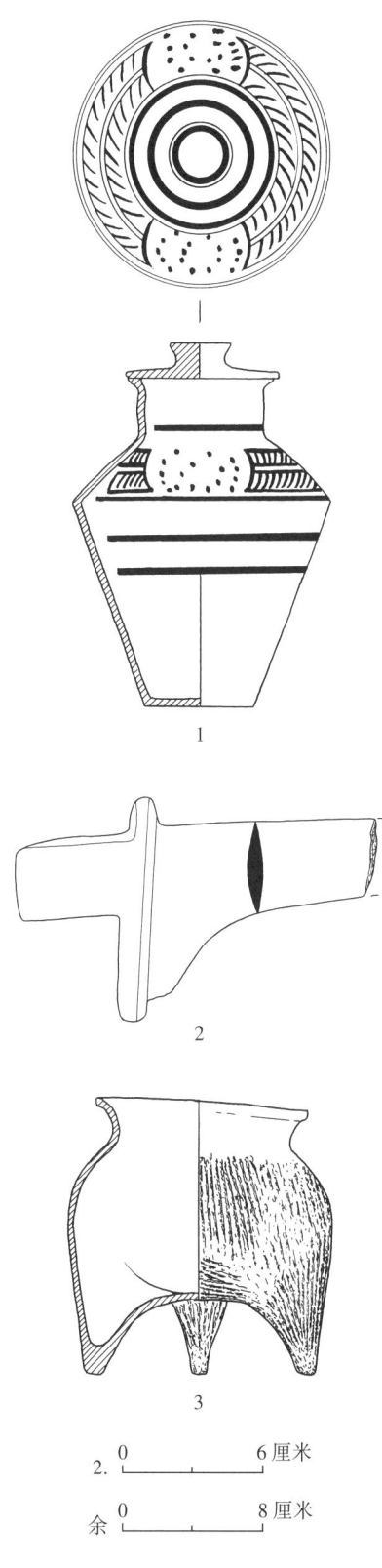

图四一　M22 出土器物

1. 陶罐（M22：2）　2. 铜戈（M22：1）

3. 陶鬲（M22：3）

点纹。口径 8.0、底径 6.0、通高 19.8 厘米（图四一，1；彩版四八）。

（一四）M23

1. 墓葬形制

位于墓地南部偏东处。圆角长方形竖穴土坑墓，方向 15°。长 2.50、宽 1.42、深 1.30 米。墓底四周有熟土二层台，宽 0.30~0.32、高 0.40 米（图四二）。

2. 葬具

葬具为一棺，已腐朽。棺位于墓室中央，长 1.70、宽 0.60 米，原高不明。

3. 人骨

保存很差，仅存头骨、椎骨、下肢骨，葬式为直肢，头向北，面向不明。

4. 随葬器物

1 件。为陶器。

鬲　1 件。

M23：1，位于南侧二层台中部。夹砂红陶。侈口，束颈，鼓腹，分裆下接三短足。腹部饰绳纹。口径 13.0、高 14.9 厘米（图四三；彩版四七，4）。

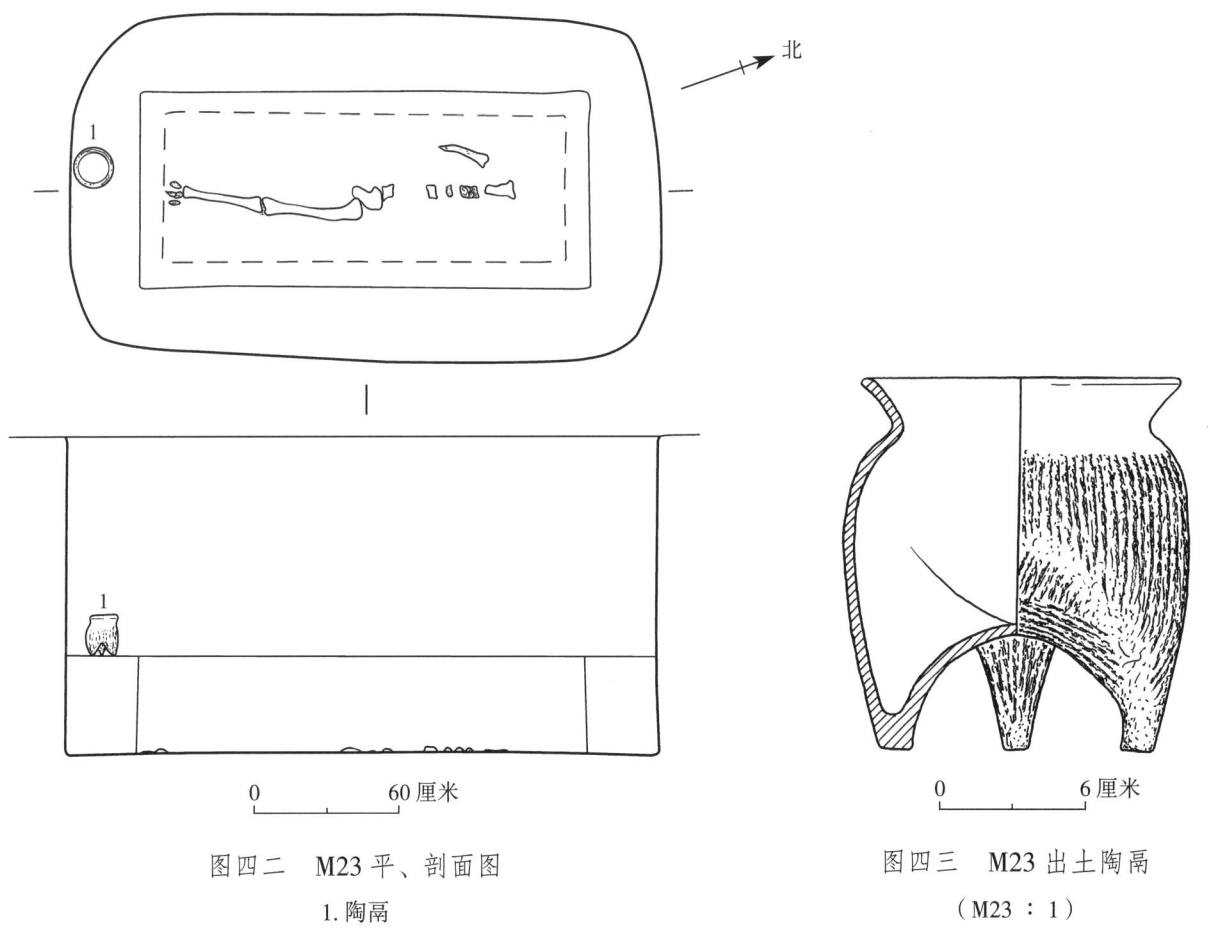

图四二　M23 平、剖面图　　　　　　　　图四三　M23 出土陶鬲
1.陶鬲　　　　　　　　　　　　　　　　　　　　（M23：1）

（一五）M24

1. 墓葬形制

位于墓地南中部。圆角长方形竖穴土坑墓，方向110°。长2.60、宽1.20~1.40、深1.70米。墓底四周有熟土二层台，宽0.22~0.30、高0.50米（图四四）。

2. 葬具

葬具为一棺，已腐朽。棺位于墓室中央，长1.80、宽0.60米，原高不明。

3. 人骨

保存极差，仅存头骨、骨盆与股骨朽痕，葬式应为直肢，头向东，面向不明。性别不明。成年。

4. 随葬器物

共5件（组）。有陶器4件，贝蚌器1组。

（1）陶器

图四四　M24平、剖面图

1. 陶簋　2. 陶壶　3. 陶罐　4. 陶鬲　5. 蛤蜊

4 件。有鬲、簋、罐、壶各 1 件。

鬲　1 件。

M24：4，位于南侧二层台东部。夹砂褐陶。侈口，束颈，鼓腹，平裆下接三锥形足。腹部饰绳纹。口径 11.4、高 13.0 厘米（图四五，2；彩版四七，5）。

罐　1 件。

M24：3，位于南侧二层台东部。泥质灰陶。侈口，束颈，圆肩，下腹斜收，平底内凹。肩部饰两道弦纹。口径 7.4、腹径 12.8、底径 6.4、高 10.6 厘米（图四五，5；彩版四七，6）。

簋　1 件。

M24：1，位于东侧二层台南部。泥质灰陶。高隆盖上有圈状捉手，器直口，圆肩，下腹斜收，平底，高圈足外侈。通体素面。盖径 15.6、口径 10.8、圈足径 11.4、通高 18.4 厘米（图四五，1；彩版四九，1）。

壶　1 件。

M24：2，位于二层台东南角。泥质灰陶。带盖，盖平顶，子口较长；器母口，口沿外加一道箍，直颈，鼓腹，下腹斜收，平底内凹，上腹部饰对称的长方形带孔耳。通体素面。口径 7.8、腹径 14、底径 6.2、通高 20.0 厘米（图四五，4；彩版四九，2）。

（2）贝蚌器

1 组。

蛤蜊　1 组。

M24：5，位于人骨左侧股骨处。M24：5-1，略呈扇形，表面有波折形自然纹理，尾部有一穿孔。宽 3.1、高 1.2 厘米（图四五，3；彩版四七，2）。

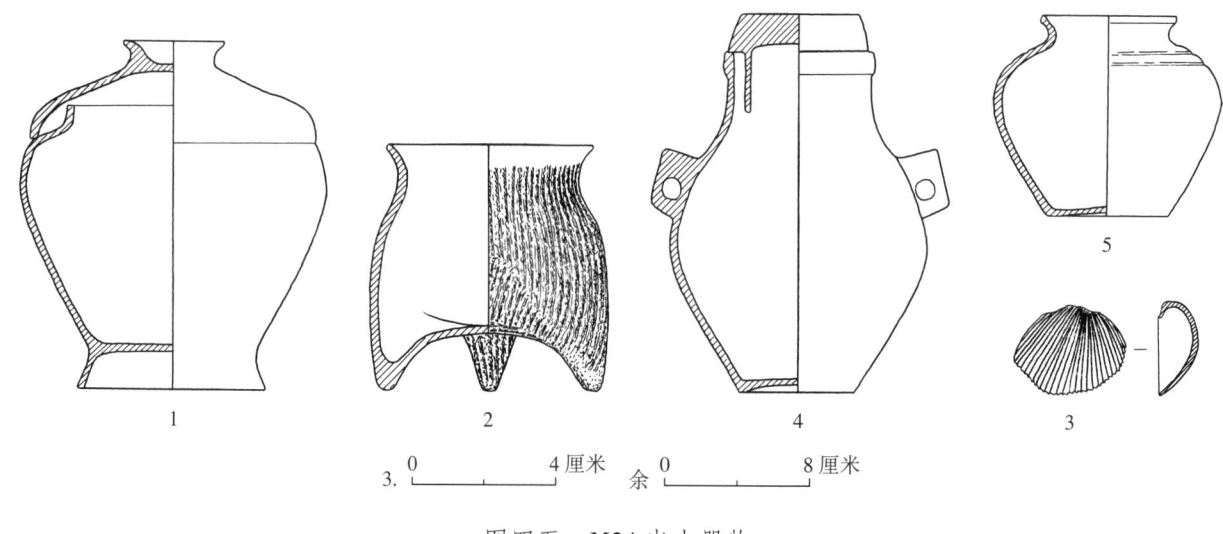

图四五　M24 出土器物

1.陶簋（M24：1）　2.陶鬲（M24：4）　3.蛤蜊（M24：5-1）　4.陶壶（M24：2）　5.陶罐（M24：3）

（一六）M25

1. 墓葬形制

位于墓地南中部。长方形竖穴土坑墓，方向335°。长2.66、宽1.30、深2.00米。墓底东、西、北部有熟土二层台，南部没有二层台，宽0.20~0.30、高0.40米（图四六）。

2. 葬具

葬具为一棺，已腐朽。棺位于墓室偏南，长2.10、宽0.60米，原高不明。

3. 人骨

保存较好，葬式为仰身直肢，头向北，面向西。男性。成年。

4. 随葬器物

1件。为陶器。

鬲　1件。

M25：1，位于二层台西北角。夹砂灰陶。侈口，束颈，微鼓腹，分裆下接三锥形足。腹部饰绳纹。口径11.4、高11.0厘米（图四七；彩版四九，3）。

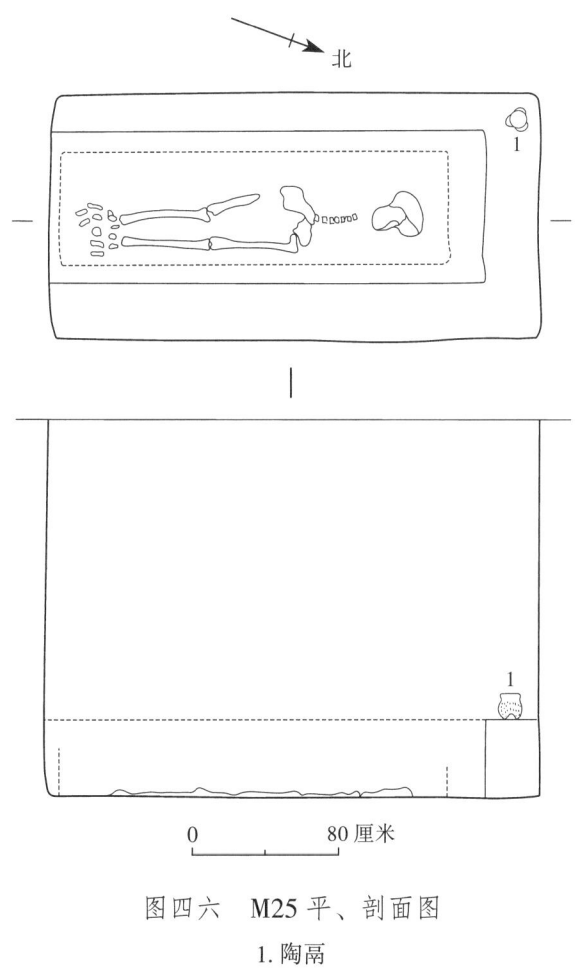

0　　　　　80厘米

图四六　M25平、剖面图

1. 陶鬲

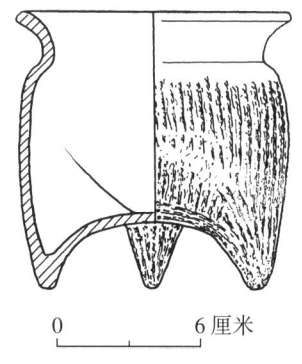

0　　　6厘米

图四七　M25出土陶鬲

（M25：1）

（一七）M26

1. 墓葬形制

位于墓地南部偏东处。长方形竖穴土坑墓，方向2°。口小底大，墓口长2.80、宽1.56~1.60米，墓底长3.10、宽1.96米，深3.60米。墓底四周有熟土二层台，宽0.52~0.66、高0.60米（图四八；彩版五〇）。

2. 葬具

葬具为一棺一椁，均已腐朽。椁盖板朽灰呈白色，仅二层台局部可见，数量与尺寸不详。椁室长1.80~1.88、宽0.80、高0.60米。棺位于椁室中央，朽灰呈黑褐色，根据朽痕判断，长1.70、宽0.56米，原高不明。

3. 人骨

保存较好，葬式为仰身直肢，头向北，面向不明。男性。成年。

4. 随葬器物

共24件（组）。有铜器17件（组），陶器2件，玉器1件，骨器1件，贝蚌器3件（组）。

（1）铜器

17件（组），可分为礼器、车马器、兵器。

1）礼器

3件。有簋、鬲、觯各1件。

簋　1件。

M26：1，位于二层台东北角。侈口，微鼓腹，圜底，圈足，半环形兽首耳下有珥，颈部置两个牺首。颈部饰相间的云纹与圆饼状纹，腹部饰直棱纹，圈足饰兽面纹。口径18.5、圈足径14.0、高13.0厘米（图四九；彩版五二、五三）。

鬲　1件。

M26：3，位于二层台东北角。侈口，束颈，方立耳，鼓腹，分档下接三柱形足。颈部饰一周兽面纹。口沿内壁铸铭1字："覃"。口径13.8、通高16.4厘米（图五〇；彩版五一）。

觯　1件。

M26：2，位于二层台东北角。侈口，束颈，鼓腹，圜底，圈足。颈部饰一周云纹，圈足饰一道弦纹。内底铸铭1行4字："亚若妇嫁"。口径6.4、圈足径5.2、高12.0厘米（图五一；彩版五四，1）。

2）车马器

10件（组），有弓形器、銮铃、泡、当卢。

弓形器　1件。

北 ←

0 ——— 60厘米

图四八　M26 平、剖面图

1.铜簋　2.铜觯　3.铜鬲　4、5.陶鬲　6、8、9、11+25.铜戈　7、12、13、15、24.铜泡　10.海贝　14.蚌壳　16.铜弓形器　17、19.铜当卢　18.玉鸭　20、21.铜銮铃　22.蚌泡　23.骨器

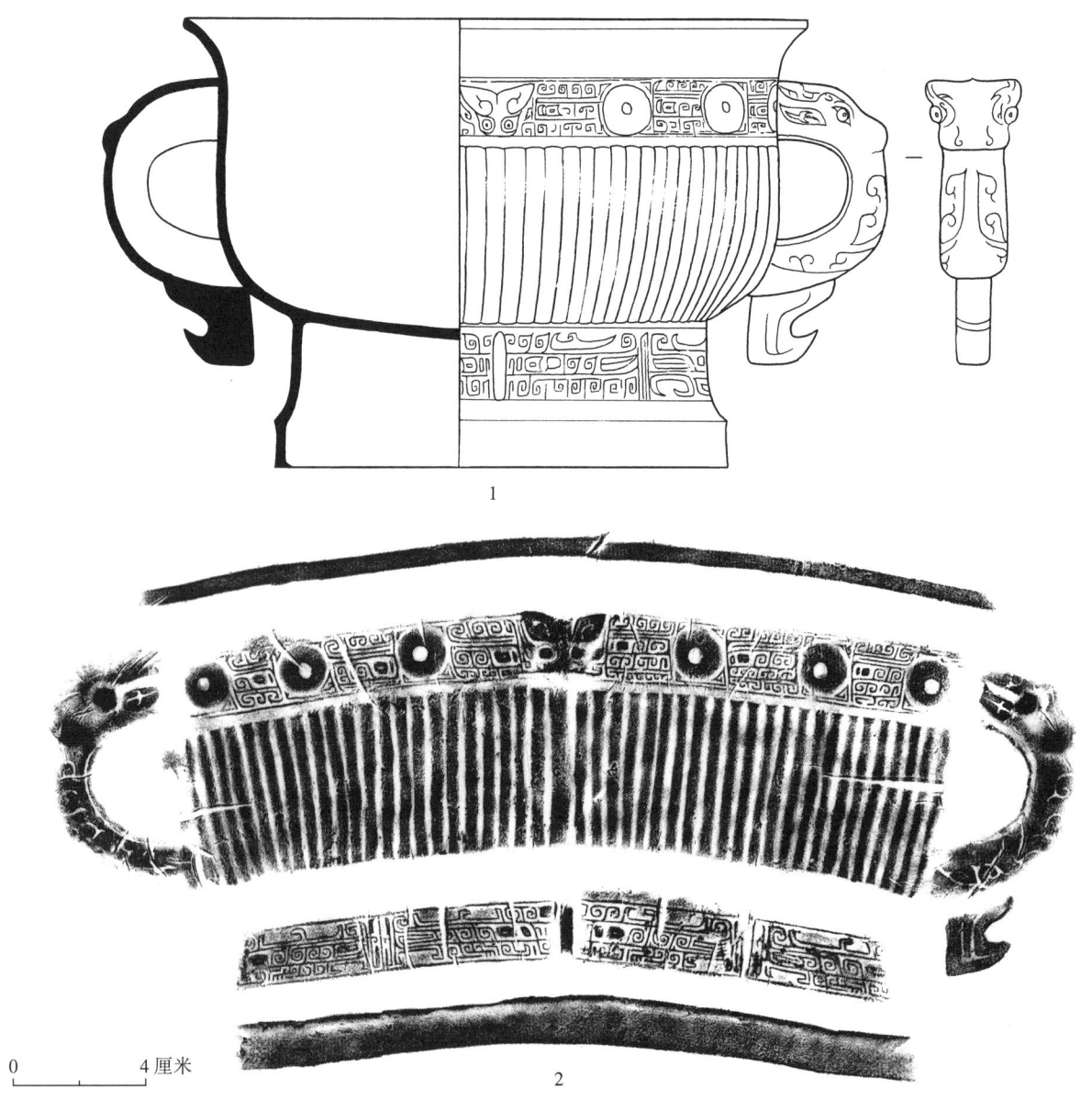

1

2

0 ⊢——⊢——⊢ 4厘米

图四九　M26 出土铜簋（M26：1）
1. 簋　2. 纹饰拓片

　　M26：16，位于棺内头骨北部。弓形，弓身内凹，折沿边，表面正中圆形突起，圆形中起小圆圈；弓身两端伸出连弧状曲臂，臂端有镂空小圆铃，内含弹丸，曲臂扁圆，与弓身相连的前段内可见范土。弓身饰对称的阴线蝉纹。弓身可见纺织物痕迹。通长 38.0 厘米（图五二，4；彩版五五，5）。

　　銮铃　2件（M26：20、M26：21）。均位于棺内人骨左侧骨盆处。形制、大小相同（彩版五四，2、3）。

　　M26：20，铃体圆形，正面与边沿镂空，背面圆形凸起，内含弹丸；铃体与銮座以三棱锥

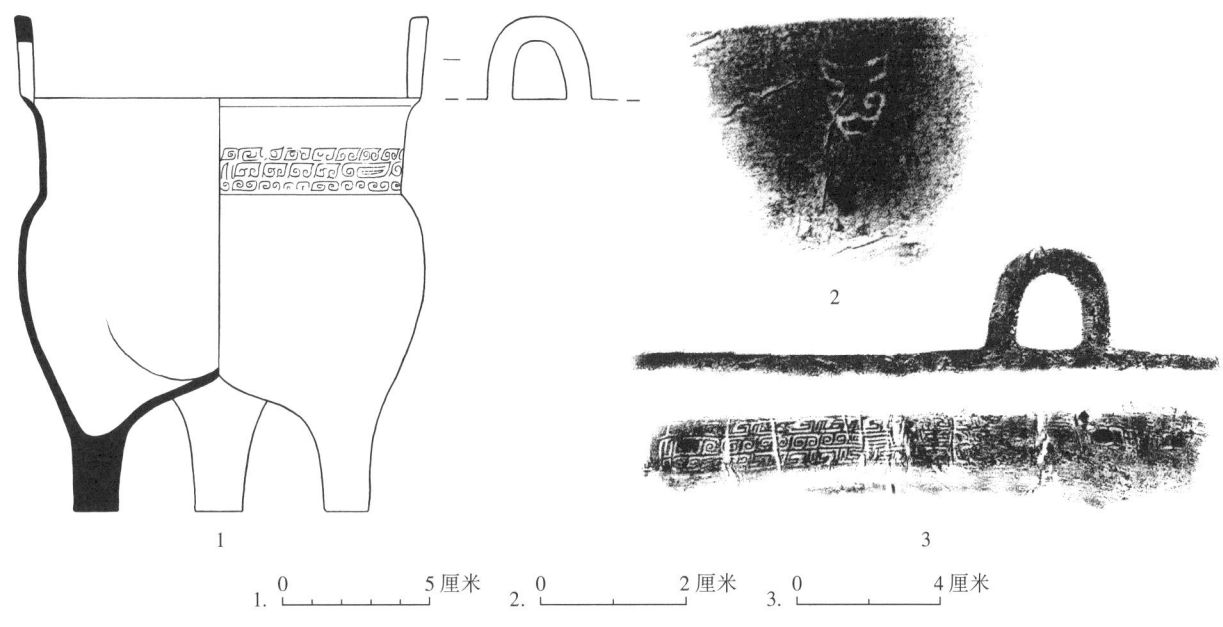

图五〇　M26 出土铜鬲（M26：3）

1.鬲　2.口沿内壁铭文拓片　3.纹饰拓片

状相连，銎座两侧近口部卯孔对穿。銎座各面均有四枚小椭圆形凸饰。通长 17.4 厘米（图五三，1）。

泡　5 件（组）。

M26：13，1 件。位于西侧二层台北部。圆形，中部圆形凸起，边轮规整，背面内凹，内设桥形钮。表面有席纹痕迹。直径 8.4、边轮宽 1.3、高 0.8 厘米（图五三，8；彩版五六，3）。

M26：7，1 件。位于东侧二层台中部。形制、大小与 M26：13 近同，边轮残。直径 8.9、边轮宽 1.6、高 0.9 厘米（图五三，11；彩版五六，1）。

M26：12，1 件。位于西侧二层台北部。

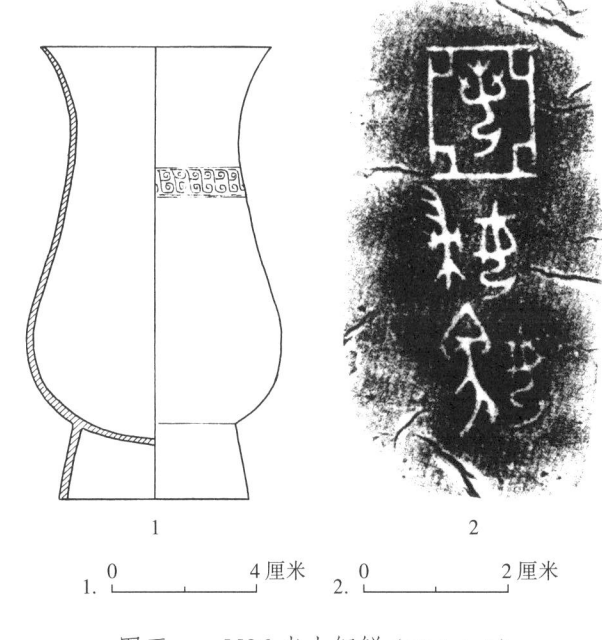

图五一　M26 出土铜觯（M26：2）

1.觯　2.内底铭文拓片

形制、大小与 M26：13 近同，边轮不甚规整。表面有席纹痕迹。直径 8.6、边轮宽 1.6、高 0.9 厘米（图五二，9；彩版五六，2）。

M26：15，1 组 18 件。位于棺内头骨北部。形制、大小近同。M26：15-1，圆形，正面微隆，边缘不甚规整，背面一侧设桥形钮。直径 4.8、高 0.8 厘米（图五三，2；彩版五六，5）。

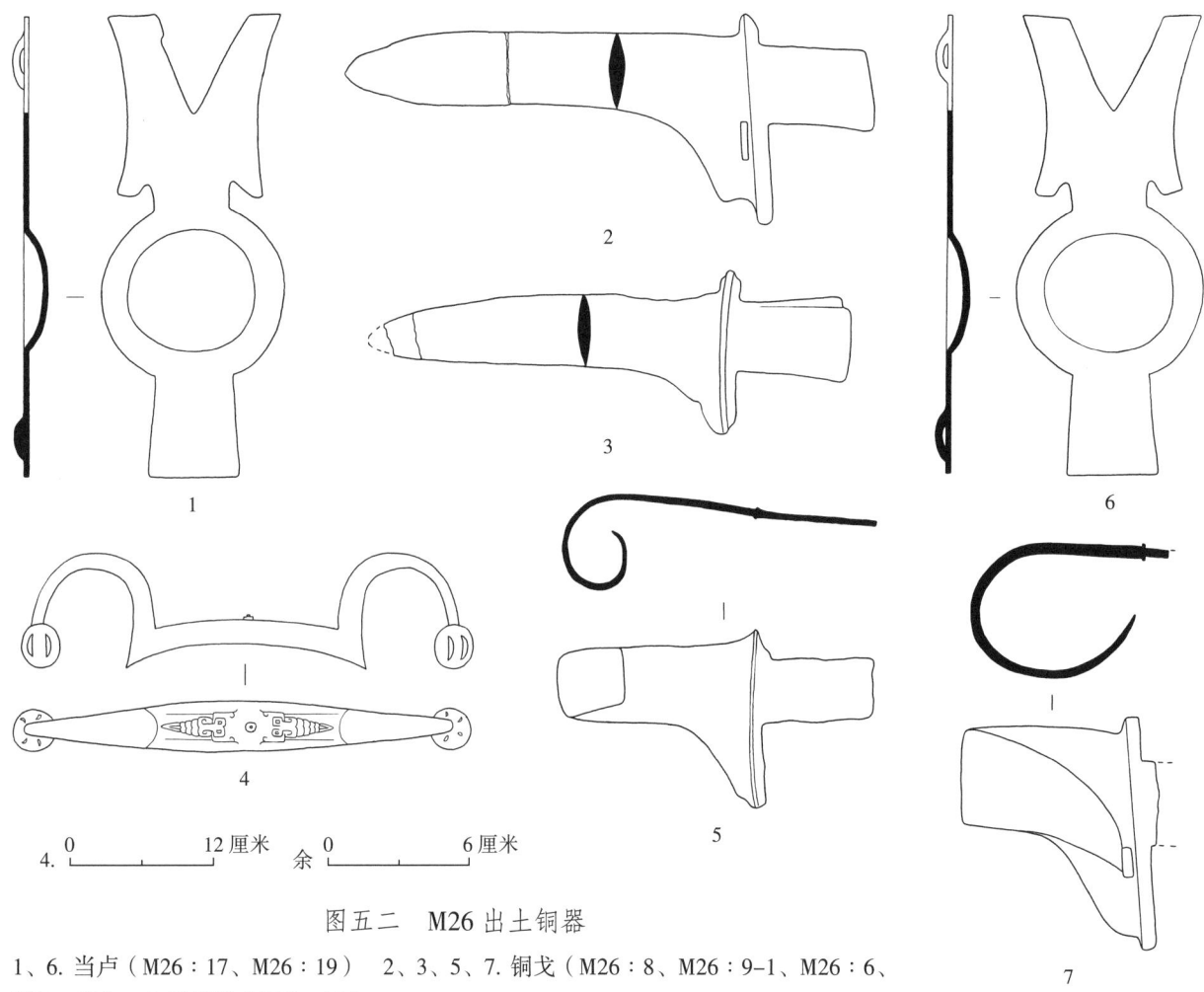

4. ├─0─────12厘米─┤　余├─0──────6厘米─┤

图五二　M26 出土铜器

1、6. 当卢（M26：17、M26：19）　　2、3、5、7. 铜戈（M26：8、M26：9-1、M26：6、
M26：11）　4. 弓形器（M26：16）

　　M26：24，1 组 2 件。位于二层台西南角。形制与 M26：13 相同，大小相异。表面均有纺织物痕迹。M26：24-1，直径 8.6、边轮宽 1.7、高 1.0 厘米（图五三，10；彩版五六，4）。

　　当卢　2 件。形制、大小相同。

　　M26：19，位于棺内人骨左侧肱骨处。顶部两犄角曲出，中呈圆泡状，下垂长方形鼻梁，两犄角背面各有一条凸筋，两犄角顶端、鼻梁下端各有一梁钮。表面有纺织物痕迹。通长 18.7、宽 7.6 厘米（图五二，6；彩版五七，2）。

　　M26：17，位于棺内头骨北部。形制与 M26：19 相同。通长 18.7、宽 7.6 厘米（图五二，1；彩版五七，1）。

　　3）兵器

　　4 件（组）。均为戈。

　　M26：6，1 件。位于东侧二层台偏北处。直内，援上卷，中部起脊，短胡，有阑。通长 13.1、内长 4.5、阑长 7.3 厘米（图五二，5；彩版五五，1）。

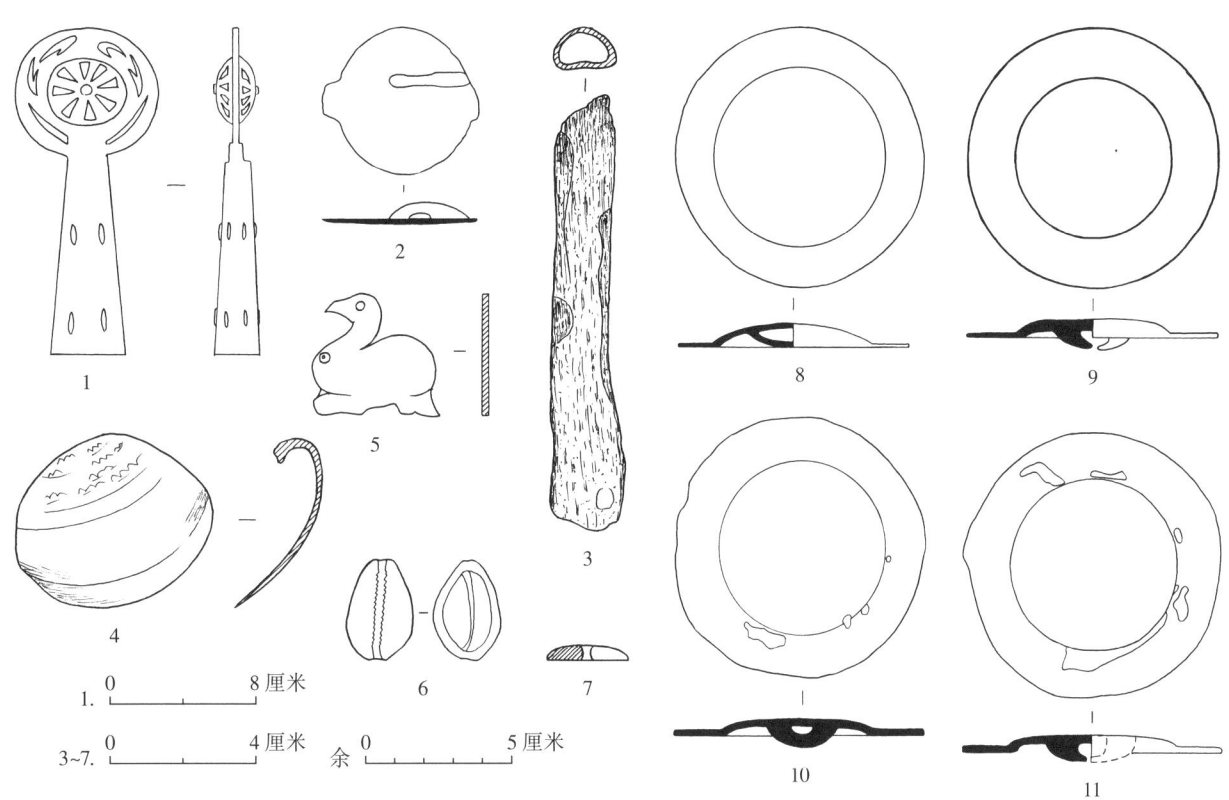

图五三　M26 出土器物

1. 铜銮铃（M26：20）　2、8~11. 铜泡（M26：15-1、M26：13、M26：12、M26：24-1、M26：7）　3. 骨器（M26：23）
4. 蚌壳（M26：14-1）　5. 玉鸭（M26：18）　6. 海贝（M26：10-1）　7. 蚌泡（M26：22）

M26：8，1 件。位于北侧二层台西部和 M26：15 上。直内，长援残断，中部起脊，短胡，阑部有一长方形穿。通长 22.1、内长 4.4、阑长 8.5 厘米（图五二，2；彩版五五，2）。

M26：9，1 组 2 件。位于东侧二层台中部和南部。形制、大小近同。M26：9-1，直内，长援，锋残，短胡，有阑。残长 19.1、内长 4.7、阑长 6.6 厘米（图五二，3；彩版五五，3）。

M26：11，与 M26：25 可合并为 1 件，位于西侧二层台东南及西南部。直内，援残断上卷，中部起脊，短胡，阑部有一长方形穿。残长 8.3、内残长 4.4、阑长 9.4 厘米（图五二，7；彩版五五，4）。

（2）陶器

2 件。均为鬲。

鬲　2 件。均位于二层台东南角。

M26：4，夹砂灰陶。侈口，圆唇，束颈，鼓腹，联裆下接三短足。腹部饰绳纹。器身有烟炱痕迹。口径 12.2、高 12.6 厘米（图五四，1；彩版五七，3）。

M26：5，夹砂灰陶。侈口，束颈，微鼓腹，平裆下接三短足，整体似桶形。腹部饰绳纹。口径 10.2、高 12.4 厘米（图五四，2；彩版五七，4）。

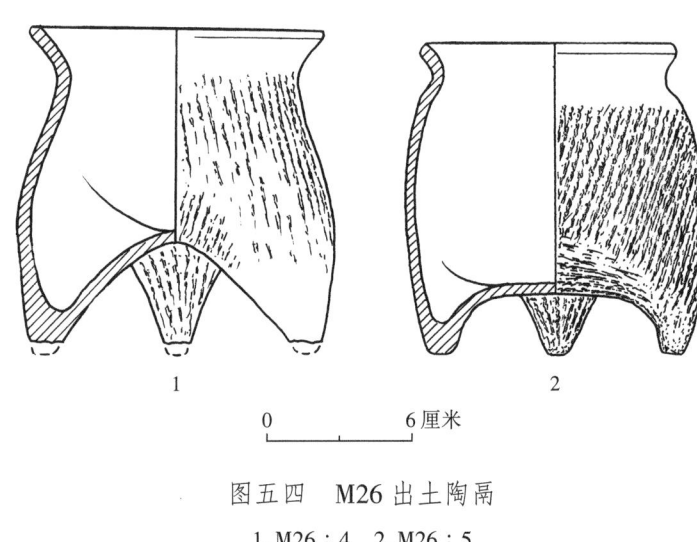

图五四　M26 出土陶鬲

1. M26：4　2. M26：5

（3）玉器

1 件。

鸭　1 件。

M26：18，位于人骨口部。青玉质，玉质一般。体态丰满，昂首挺立，腹前部有一穿孔。长 3.4、高 3.2、厚 0.2 厘米（图五三，5；彩版五八，1）。

（4）骨器

1 件。

骨器　1 件。

M26：23，位于西壁高于二层台处。长管状，一端残，一端有圆形穿孔。残长 11.5、直径 1.5~2.0、孔径 0.8~1.3 厘米（图五三，3；彩版五八，2）。

（5）贝蚌器

3 件（组）。有海贝 1 组，蚌泡 1 件，蚌壳 1 组。

海贝　1 组 14 枚。

M26：10，位于二层台东南角。M26：10-1，正面中部有裂缝，呈齿状，背面磨平呈椭圆形孔。长 2.7、宽 1.9 厘米（图五三，6；彩版五八，3）。

蚌泡　1 件。

M26：22，位于南侧二层台东部。表面有磨损，呈圆形，正面微隆，背面平直，中部有一对钻穿孔。直径 2.2、孔径 0.2~0.3、厚 0.4 厘米（图五三，7；彩版五八，4）。

蚌壳　1 组 2 件。

M26：14，位于北侧二层台西部。M26：14-1，略呈扇形，带有褐色波折形自然纹理。宽 5.2、高 2.4 厘米（图五三，4；彩版五八，5）。

（一八）M27

1. 墓葬形制

位于墓地南部偏东处。长方形竖穴土坑墓，方向 260°。口小底大，墓口长 2.30、宽 1.16 米，墓底长 2.30、宽 1.24 米，深 1.60 米。墓底四周有熟土二层台，宽 0.24~0.30、高 0.50 米（图五五）。

2. 葬具

葬具为一棺，已腐朽。棺位于墓室中央，朽灰呈浅灰色，长 1.62、宽 0.60 米，原高不明。

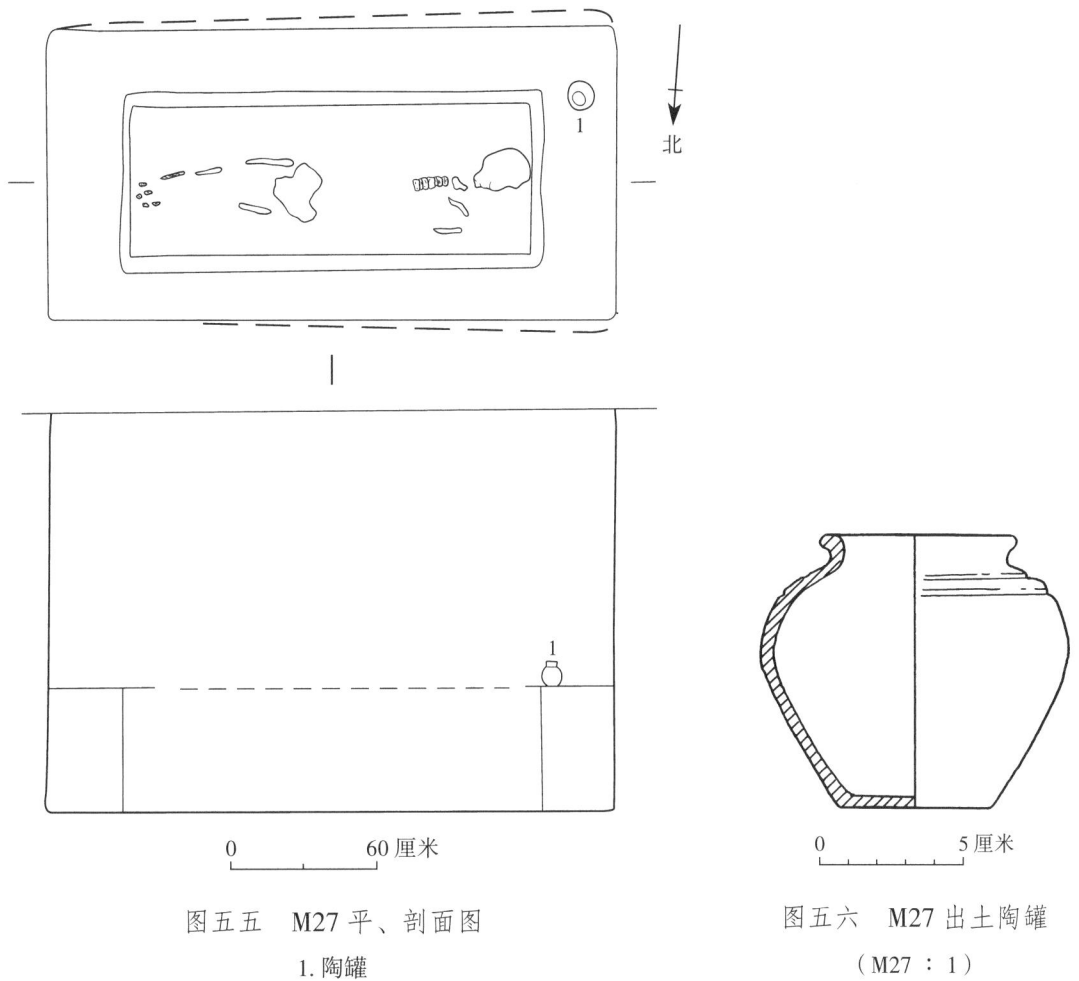

图五五　M27 平、剖面图
1. 陶罐

图五六　M27 出土陶罐
（M27：1）

3. 人骨

保存极差，仅存头骨、骨盆与脚趾骨朽痕，葬式应为仰身直肢，头向西，面向不明。女性。40~50 岁。

4. 随葬器物

1 件。为陶器。

罐　1 件。

M27：1，位于西侧二层台南部。泥质灰陶。侈口，圆肩，下腹斜收，平底。肩部饰两道弦纹。口径 6.4、腹径 10.6、底径 5.2、高 9.0 厘米（图五六；彩版五九，1）。

（一九）M28

1. 墓葬形制

位于墓地南部偏东处。长方形竖穴土坑墓，方向 278°。口小底大，墓口长 2.00、宽 1.00 米，墓底长 2.20、宽 1.20 米，深 1.30 米。墓底四周有熟土二层台，宽 0.24~0.26、高 0.36 米（图

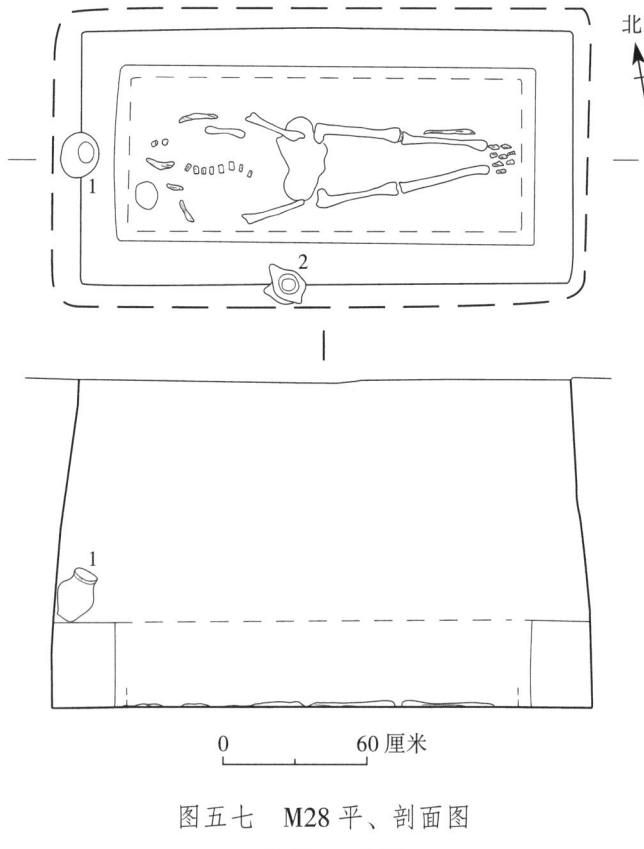

0　　　　　　60厘米

图五七　M28平、剖面图

1.陶罐　2.陶鬲

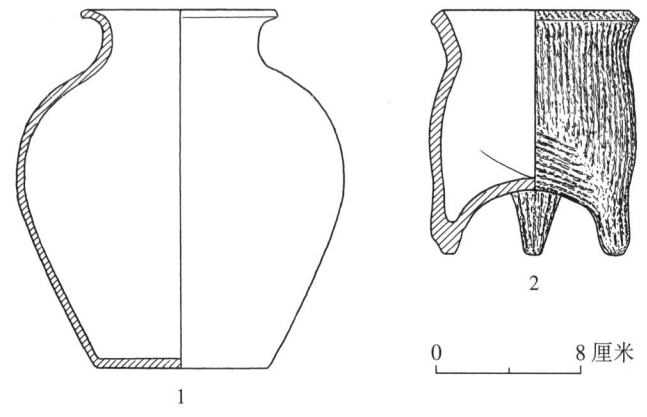

0　　　　　　8厘米

图五八　M28出土陶器

1.罐（M28：1）　2.鬲（M28：2）

五七）。

2.葬具

葬具为一棺，已腐朽。棺位于墓室中央，朽灰呈浅灰色，长1.60、宽0.60米，原高不明。

3.人骨

保存一般，葬式为仰身直肢，头骨破碎，头向西，面向不明。女性。40~50岁。

4.随葬器物

共2件。均为陶器，有鬲、罐各1件。

鬲　1件。

M28：2，位于南侧二层台中部。夹砂灰陶。侈口，斜沿，束颈，分裆下接三锥形足。口沿饰斜线纹，腹部饰绳纹。口径11.6、高13.0厘米（图五八，2；彩版五九，2）。

罐　1件。

M28：1，位于西侧二层台中部。泥质黑陶。侈口，束颈，圆肩，下腹斜收，平底。通体素面。口径10.4、腹径18.0、底径9.6、高19.0厘米（图五八，1；彩版五九，3）。

（二〇）M29

1.墓葬形制

位于墓地南部偏东处。长方形竖穴土坑墓，方向22°。口小底大，墓口长2.50、宽1.30米，墓底长2.60、宽1.60米，深3.00米。墓底四周有熟土二层台，宽0.20~0.40、高0.50米（图五九）。

2.葬具

葬具为一棺，已腐朽。棺位于墓室中央，朽灰呈白色，长1.80、宽0.80米，原高不明。

图五九　M29 平、剖面图

1. 陶罐　2. 陶簋　3、12. 陶鬲　4. 陶纺轮　5、9. 铜鱼　6. 蚌鱼　7. 海贝　8. 蚌泡　10. 蛤蜊　11. 串饰　13. 蛤蜊、螺壳

3. 人骨

保存一般，葬式为仰身直肢，头向北，面向西。性别不明。成年。

4. 随葬器物

共 14 件（组）。有铜器 2 组，陶器 5 件，串饰 1 组，贝蚌器 6 件（组）。二层台西南角有兽骨，应为动物的肋骨。

（1）铜器

2组。均为铜鱼。

铜鱼　2组。

M29：5，共9件。位于二层台西南角（彩版六〇，1）。M29：5-1，体长3.7、尾宽1.5、孔径0.2厘米（图六〇，10）。

M29：9，共12件。位于墓主左侧胫骨处。形制略同，大小相近。鱼体较短，薄片状，头部略窄，以孔为眼，尖尾略宽分叉（彩版六〇，2）。M29：9-1，体长4.0、尾宽1.6、孔径0.35~0.6厘米（图六〇，11）。M29：9-2，鱼体略内收。体长3.7、尾宽1.5、孔径0.25厘米（图六〇，12）。

（2）陶器

5件。有鬲2件，罐、簋、纺轮各1件。

鬲　2件。位于二层台东南角，其中一件（M29：12）无法修复。

M29：3，夹砂灰陶。侈口，束颈，圆鼓腹，分档下接三锥形足。腹部饰绳纹。口径11.6、

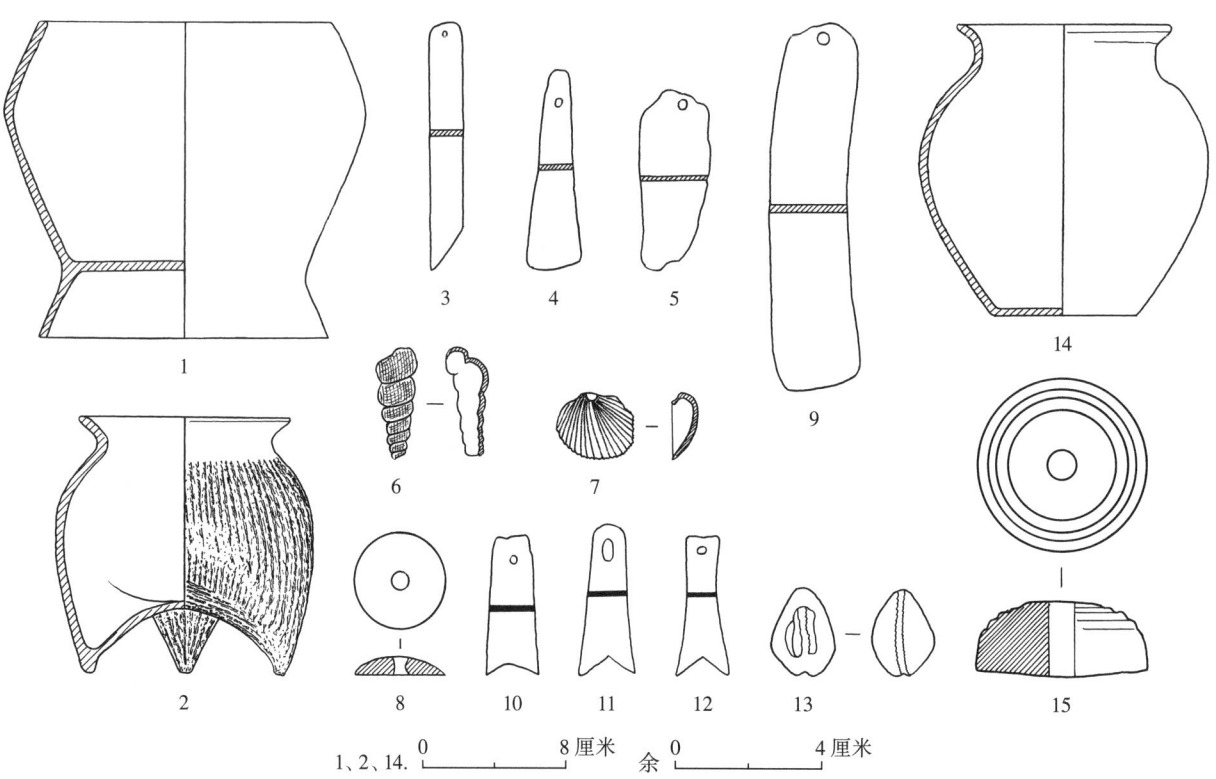

图六〇　M29出土器物

1. 陶簋（M29：2）　2. 陶鬲（M29：3）　3~5、9. 蚌鱼（M29：6-3、M29：6-1、M29：6-2、M29：6-4）　6. 螺壳（M29：13-2）　7. 蛤蜊（M29：13-1-1）　8. 蚌泡（M29：8-1）　10~12. 铜鱼（M29：5-1、M29：9-1、M29：9-2）　13. 海贝（M29：7-1）　14. 陶罐（M29：1）　15. 陶纺轮（M29：4）

高 13.6 厘米（图六〇，2；彩版五九，4）。

罐　1 件。

M29：1，位于二层台东南角。泥质灰陶。侈口，束颈，圆肩，下腹斜收，平底。通体素面。口径 11.6、腹径 16.0、底径 8.0、高 15.4 厘米（图六〇，14；彩版五九，5）。

簋　1 件。

M29：2，位于二层台东南部。泥质褐陶。敛口，下腹斜收，平底，高圈足外侈。通体素面。口径 16.0、圈足径 16.0、高 16.8 厘米（图六〇，1；彩版五九，6）。

纺轮　1 件。

M29：4，位于二层台西南部。泥质褐陶。圆形，顶部略平，周缘较正中略薄。正中有一圆形穿孔。身饰四周凹槽。直径 4.6、孔径 0.7、高 2.0 厘米（图六〇，15；彩版六一，1）。

（3）串饰

1 组。

串饰　1 组。

M29：11，位于棺内人骨颈椎处，由 3 颗不规则形绿松石珠组成，一端有两面对钻圆形孔。长约 1.6~2.1、宽约 1.1~1.8 厘米（彩版六一，2）。

（4）贝蚌器

6 件（组）。有蚌鱼、蚌泡、海贝各 1 组，螺壳 1 件，蛤蜊 2 组。

蚌鱼　1 组。

M29：6，共 17 件。位于二层台西南角。鱼体略呈等腰三角形 10 件，8 件残；宽短形 1 件，窄长条形 5 件，宽长条形 1 件（彩版六一，3）。M29：6-1，鱼体略呈等腰三角形。头部窄，尾部宽，以孔为眼。通长 5.2、宽 0.5~1.5、孔径 0.15、厚 0.15 厘米（图六〇，4）。M29：6-2，宽短形，尾部略残。头部略宽，以孔为眼，尾部略窄。残长 4.8、宽 1.0~2.0、孔径 0.25 厘米（图六〇，5）。M29：6-3，窄长条形。头部圆钝，以孔为眼，尾部残。残长 6.5、宽 0.9、孔径 0.15 厘米（图六〇，3）。M29：6-4，宽长条形，鱼体略弧。通长 9.7、宽 2.0~2.4、孔径 0.3 厘米（图六〇，9）。

蚌泡　1 组。

M29：8，共 8 件。位于棺椁之间东南角。形制、大小近同。M29：8-1，表面有磨损，呈圆形，正面微隆，背面平直，中部有一对钻穿孔。直径 2.5、孔径 0.3~0.5、厚 0.5 厘米（图六〇，8；彩版六一，4）。

海贝　1 组。

M29：7，共 13 枚。位于二层台西南部。M29：7-1，正面中部有裂缝，呈齿状，背面磨平呈椭圆形孔。长 2.3、宽 1.7 厘米（图六〇，13；彩版六二，1）。

螺壳　1 件。

M29：13-2，位于二层台上。身呈螺旋式，分七节。通长 3.0、宽 0.4~1.15 厘米（图六〇，6；彩版六二，2）。

蛤蜊　2 组。

M29：10，1 组。位于棺内脚趾骨南部。

M29：13-1，1 组。位于二层台上。M29：13-1-1，略呈扇形，表面有波折形自然纹理，尾部有一穿孔。宽 2.1、孔径 0.25、高 0.7 厘米（图六〇，7；彩版六二，2、3）。

（二一）M30

1. 墓葬形制

位于墓地中部偏东。长方形竖穴土坑墓，方向 280°。长 2.30、宽 1.00、深 1.10 米。墓底四周有熟土二层台，宽 0.08~0.20、高 0.4 米（图六一）。

2. 葬具

葬具为一棺，已腐朽。棺位于墓室中央，略向南倾斜，朽灰呈浅灰色，长 1.78、宽 0.42~0.50 米，原高不明。

3. 人骨

保存极差，仅存头骨与脚趾骨，葬式应为仰身直肢，头向西，面向上。男性。30~40 岁。

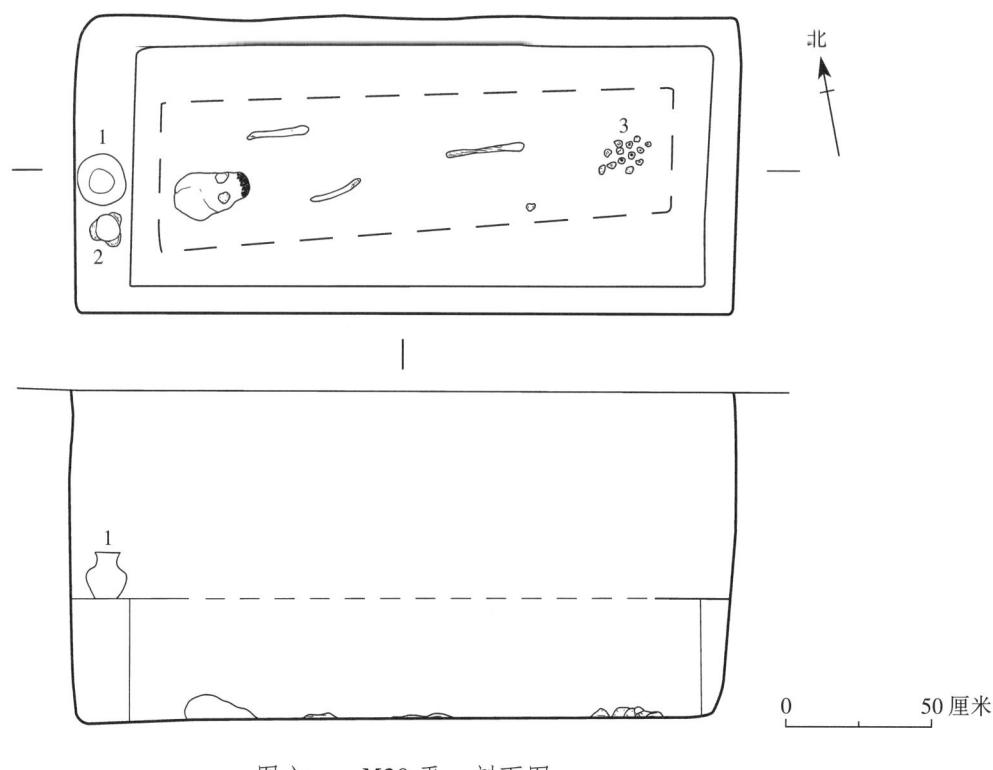

图六一　M30 平、剖面图

1. 陶罐　2. 陶鬲　3. 蛤蜊

4.随葬器物

共4件（组）。有陶器3件，贝蚌器1组。

（1）陶器

3件。有鬲、罐、纺轮各1件。

鬲　1件。

M30：2，位于西侧二层台南部。夹砂褐陶。侈口，束颈，鼓腹，分裆下接三锥形足。腹部饰绳纹。口径11.0、高12.6厘米（图六二，1；彩版六三，1）。

罐　1件。

M30：1，位于西侧二层台南部。泥质灰陶。侈口，束颈，圆肩，下腹斜收，平底。通体素面。口径11.8、腹径17.2、底径9.2、高15.8厘米（图六二，2；彩版六三，2）。

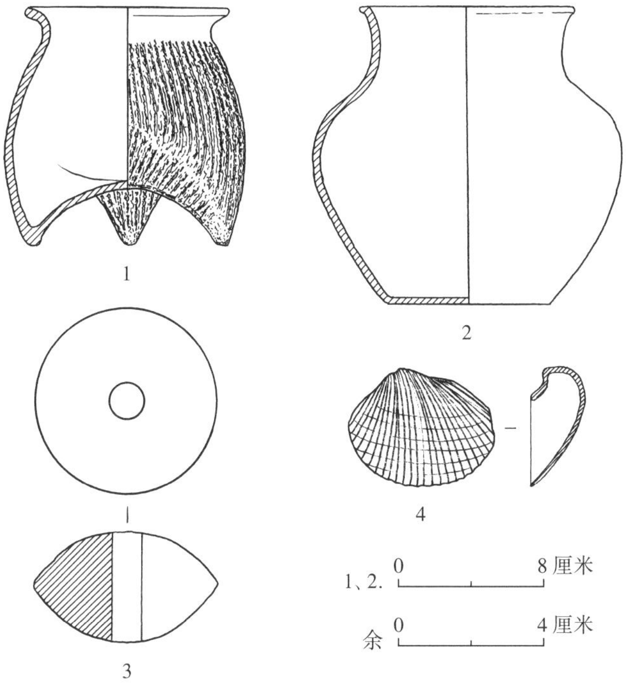

纺轮　1件。

图六二　M30出土器物

1.陶鬲（M30：2）　2.陶罐（M30：1）　3.陶纺轮（M30：01）
4.蛤蜊（M30：3-1）

M30：01，出土于填土中。泥质褐陶。器呈圆形，中有一孔，断面略呈椭圆形。通体素面。直径5.0、孔径0.8、高2.9厘米（图六二，3；彩版六三，3）。

（2）贝蚌器

1组。

蛤蜊　1组。

M30：3，位于人骨脚趾骨处。略呈扇形，表面有波折形自然纹理。M30：3-1，宽4.0、高1.5厘米（图六二，4；彩版六二，4）。

（二二）M31

1.墓葬形制

位于墓地中东部。圆角长方形竖穴土坑墓，方向196°。口大底小，墓壁向下内收0.80米后竖直向下。墓口长3.40、宽2.20~2.34米，墓底长2.60、宽1.60、深1.60米。墓底四周有熟土二层台，宽0.30~0.40、高0.60米（图六三；彩版六四、六五）。

2.葬具

葬具为一棺一椁，均已腐朽。椁盖板朽灰呈白色，仅西侧二层台局部可见，数量与尺寸不详。椁室长2.00、宽0.80、高0.60米。棺位于椁室中央，朽灰呈灰色，长1.64、宽0.56米，原高不明。

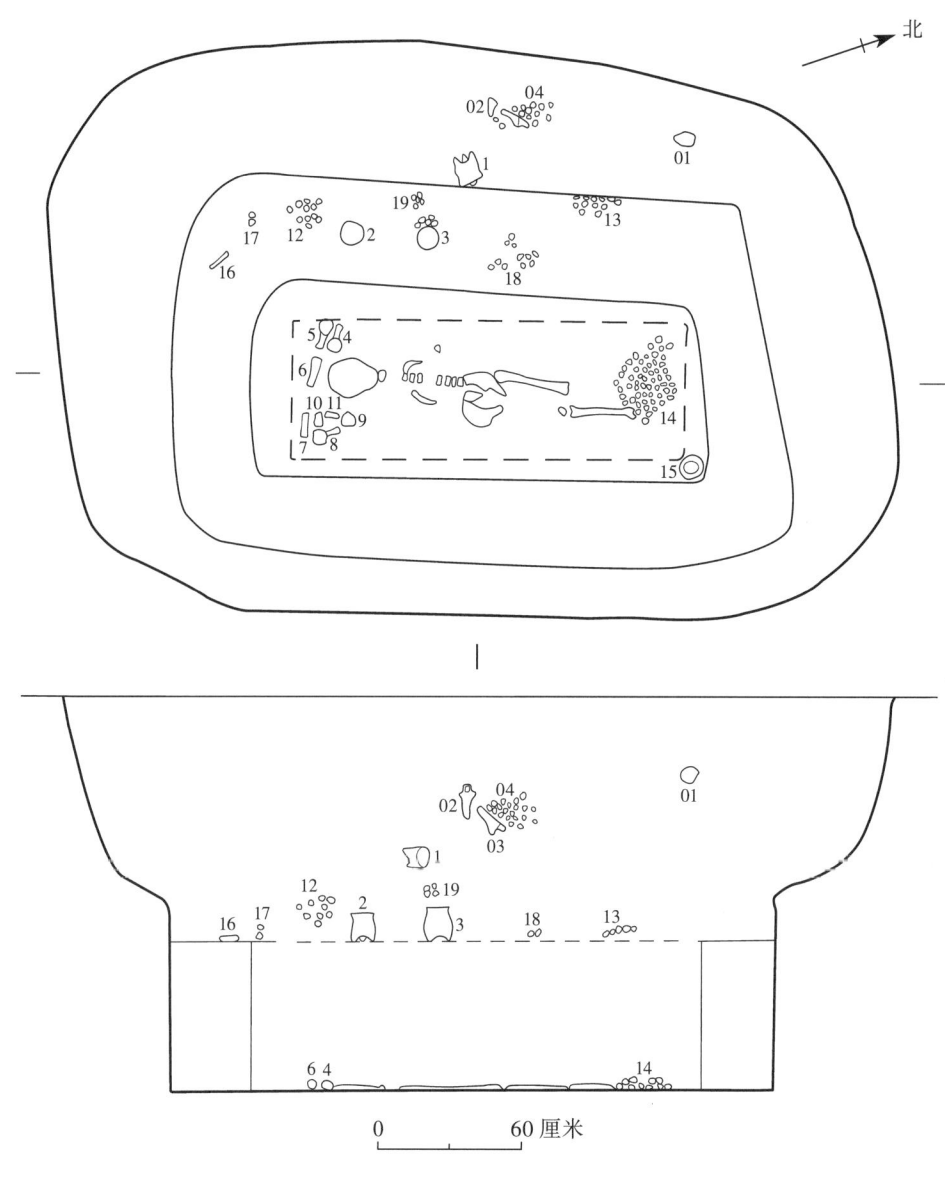

图六三　M31 平、剖面图

01.铜泡　02、03.铜戈　04.蛤蜊　1.铜鬲　2、3.陶鬲　4、5、8、9.铜銮铃　6、7.铜车軎　10、11 铜车辖　12、17.蚌泡　13、14、18、19.蛤蜊　15.铜泡　16.石器

3. 人骨

保存很差，仅存部分朽痕，葬式应为仰身直肢，头向南，面向不明。男性。成年。

4. 随葬器物

共 23 件（组）。有铜器 13 件，陶器 2 件，石器 1 件，贝蚌器 7 组。

（1）铜器

13 件。有鬲 1 件，戈 2 件，銮铃 4 件，车軎 2 件，车辖 2 件，泡 2 件。

1）礼器

1件。

鬲　1件。

M31：1，位于西侧二层台中部。侈口，束颈，方立耳，鼓腹，分裆下接三柱形足。颈部饰一周目云纹。口径13.2、通高15.1厘米（图六四；彩版六六）。

2）兵器

2件。

戈　2件。均出土于西侧填土中。

M31：02，直内，长援略弧，锋端因上卷残，有阑。残长23.2、内长5.4、阑长7.4厘米（图六五，1；彩版六七，1）。

M31：03，直内，长援，中部起脊，短胡，阑下端残并有一穿。内援相接处饰三道凸棱。通长22.3、内长4.3、阑残长7.6厘米（图六五，2；彩版六七，2）。

3）车马器

10件。有銮铃、车軎、车辖、泡。

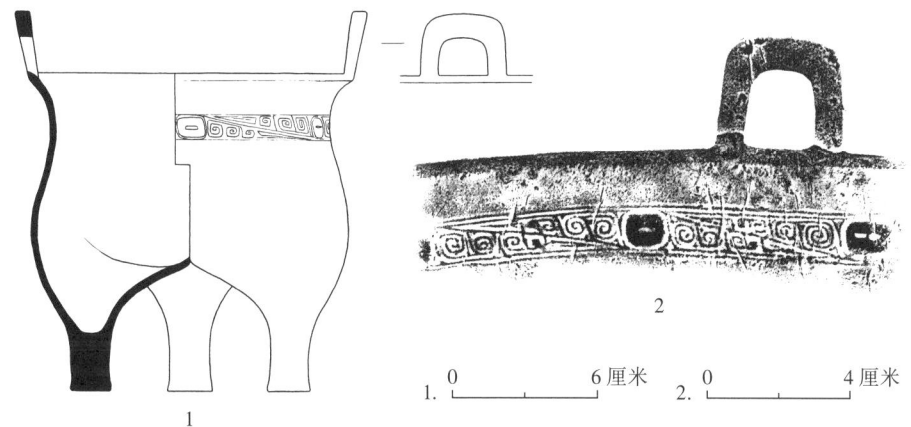

图六四　M31出土铜鬲（M31：1）

1. 鬲　2. 纹饰拓片

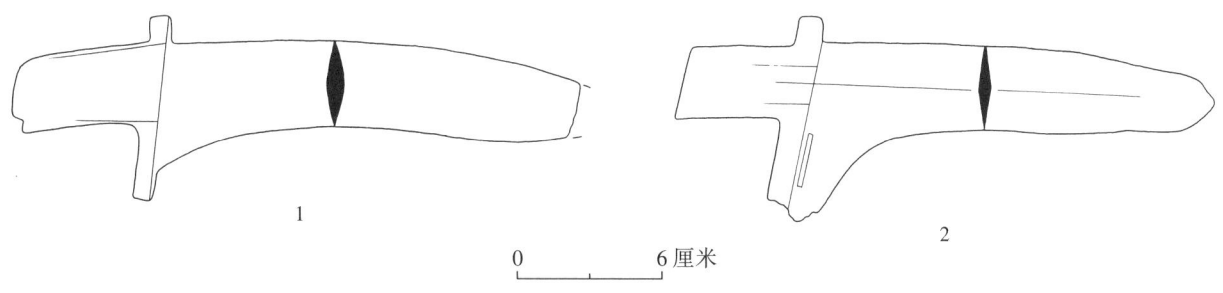

图六五　M31出土铜戈

1. M31：02　2. M31：03

銮铃　4件。其中M31:4与M31:5为一组,位于棺内西南角;M31:8与M31:9为一组,位于棺内东南角。

M31:4,铃体圆形,正面、背面与边沿镂空,内含弹丸;铃体与銮座以三棱锥状相连,銮座前后近口部卯孔对穿。銮座各面均有四枚小椭圆形凸饰。通长13.3厘米(图六六,1;彩版六八,1)。

M31:5,与M31:4形制相近,唯背面圆形凸起。通长14.9厘米(图六六,2;彩版六八,2)。

M31:8,形制与M31:5相同,唯銮座近口部对穿卯孔位于两侧。通长13.4厘米(图六六,3;彩版六八,3)。

M31:9,形制与M31:4相同。通长13.5厘米(图六六,4;彩版六八,4)。

车軎　2件(M31:6、M31:7),为一组。形制、纹饰与大小相同。

M31:6,位于棺内南部。圆形,筒状中空,外端三凸棱形封闭,中部有两对穿圆孔;軎身饰四组蕉叶纹,中部起脊,下部是四组牛首纹。通长13.8、口径5.4、孔径0.8厘米(图六七,1;

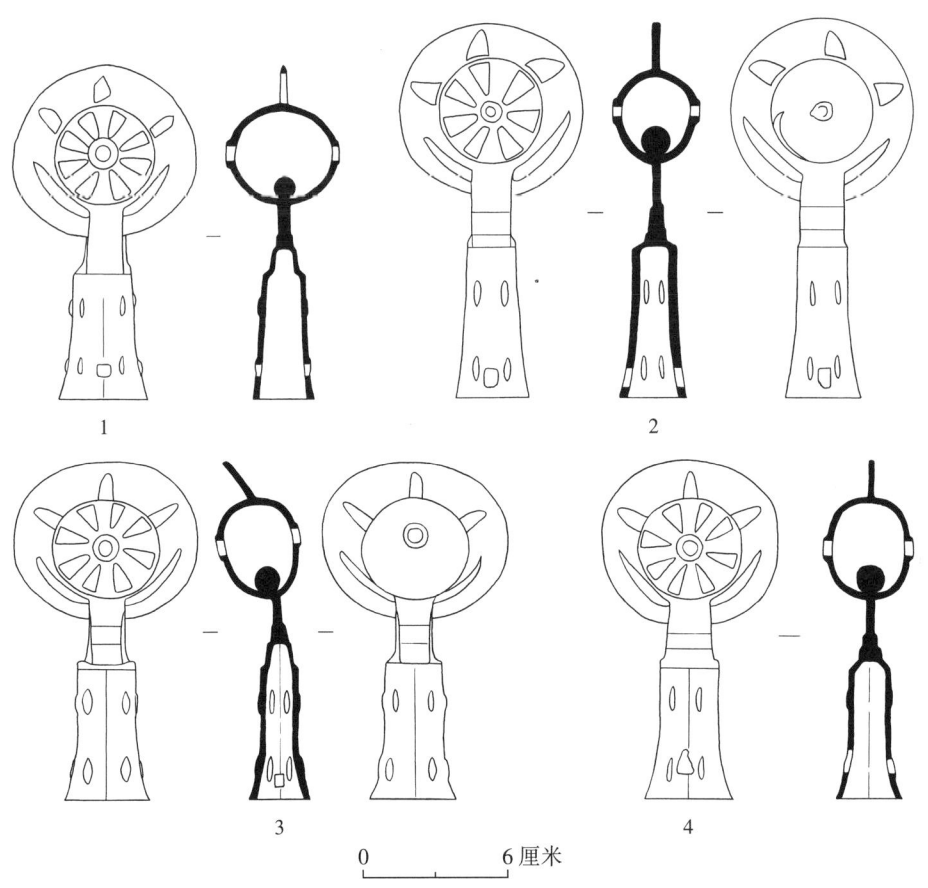

1　　　　　　　　　　　　　　　2

3　　　　　　　　　　　　　　　4

0　　　　　　6厘米

图六六　M31出土铜銮铃

1. M31:4　2. M31:5　3. M31:8　4. M31:9

彩版六七，3）。

M31：7，形制与 M31：6 相同。通长 13.2、口径 5.4、孔径 0.6 厘米（图六七，2；彩版六七，3）

车辖　2 件（M31：10、M31：11），为一组。均位于棺内东南角。形制、大小相同（彩版六七，4）。

M31：11，横截面略呈半圆形，底部内凹，顶部有两个尖状凸起，身横贯一长方形穿孔。通长 5.1、宽 5.2、高 2.4~3.9 厘米，孔长 1.5、宽 0.7 厘米（图六七，3；彩版六七，4）。

泡　2 件。形制相同，大小相近。

M31：01，出土于填土中。圆形，中部圆形凸起，边轮不甚规整，背面内凹，内设桥形钮。直径 7.5、边轮宽 1.1、高 1.2 厘米（图六七，9；彩版六三，4）。

M31：15，位于椁室东北角。直径 8、边轮宽 1.3、高 1.3 厘米（图六七，8；彩版六三，5）。

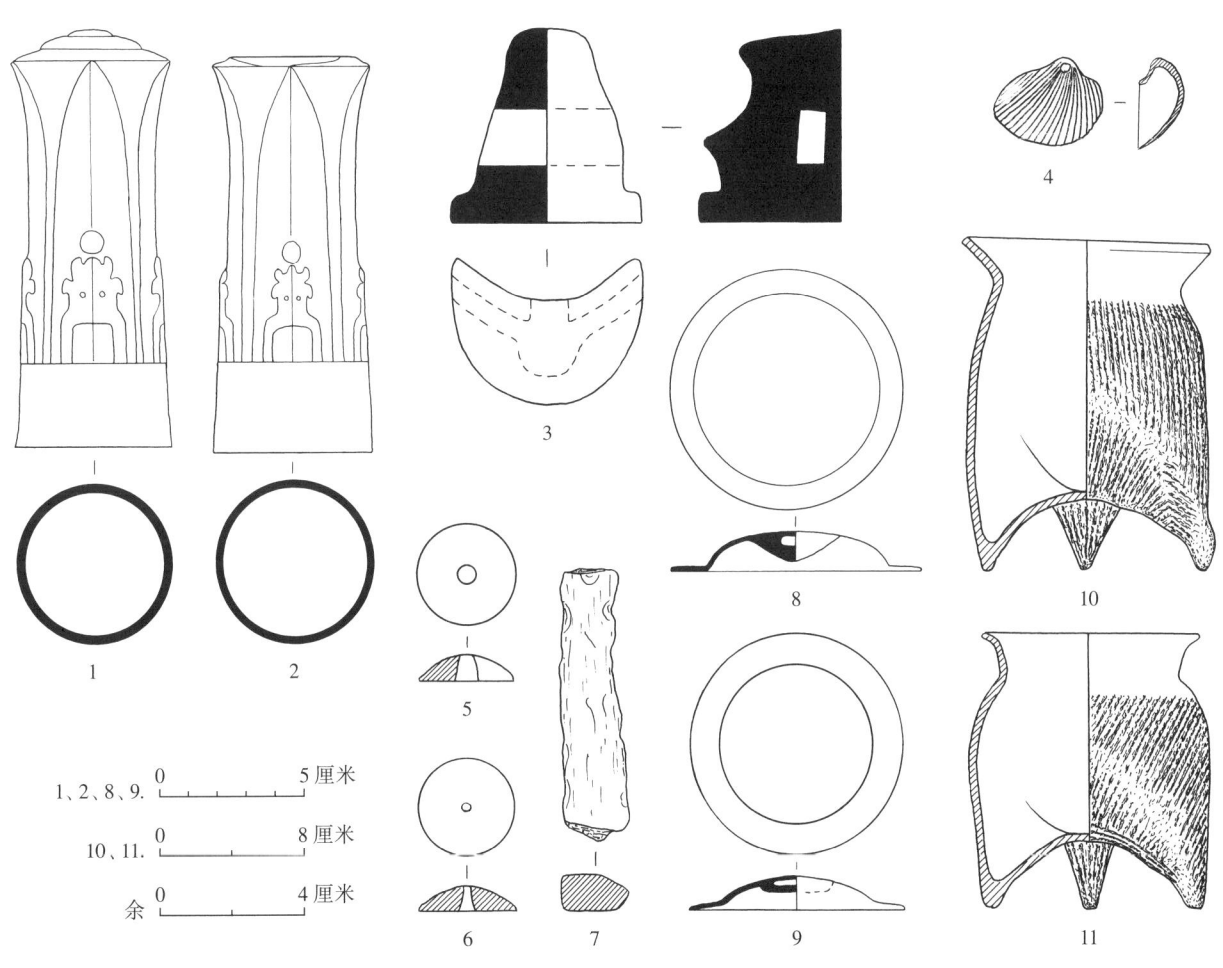

图六七　M31 出土器物

1、2. 铜车䡇（M31：6、M31：7）　3. 铜车辖（M31：11）　4. 蛤蜊（M31：04-1）　5、6. 蚌泡（M31：12-1、M31：17-1）　7. 石器（M31：16）　8、9. 铜泡（M31：15、M31：01）　10、11. 陶鬲（M31：3、M31：2）

（2）陶器

2件。均为鬲。

鬲　2件。

M31：2，位于西侧二层台偏南部。夹砂褐陶，侈口，束颈，肩部微鼓，分裆下接三短足。腹部饰绳纹。口径12.2、高14.6厘米（图六七，11；彩版六九，1）。

M31：3，位于西侧二层台中部。夹砂褐陶，侈口，束颈，微鼓腹，分裆下接三短足。腹部饰绳纹。裆与腹部有烟炱痕迹。口径13.4、高17.7厘米（图六七，10；彩版六九，2）。

（3）石器

1件。器形不明。

M31：16，位于南侧二层台西部。长条形，扁平状，一端较窄，一端较宽，周缘凹凸不平。长7.1、宽1.3~1.8、厚0.9厘米（图六七，7）。

（4）贝蚌器

7组。有蚌泡2组，蛤蜊5组。

蚌泡　2组。形制、大小近同。

M31：12，共12件。位于西侧二层台南部。M31：12-1，呈圆形，正面微隆，背面平直，中部有一穿孔。直径2.6、孔径0.4~0.6、厚0.7厘米（图六七，5；彩版六九，3）。

M31：17，共2件。位于二层台上。M31：17-1，呈圆形，正面微隆，背面平直，中部有一穿孔。直径2.6、孔径0.2~0.4、厚0.7厘米（图六七，6；彩版六九，4）。

蛤蜊　5组。形制、大小近同。

M31：04，位于西侧偏北部填土中。M31：04-1，略呈扇形，表面有波折形自然纹理，尾部有一穿孔。宽3.0、孔径0.25、高1.2厘米（图六七，4；彩版六九，5）。

M31：13，位于二层台西北部。

M31：14，位于棺内北部。

M31：18，位于二层台上。

M31：19，位于棺底部。

（二三）M32

1. 墓葬形制

位于墓地中东部。长方形竖穴土坑墓，方向30°。长3.60、宽2.60~2.88、深2.90米。墓底四周有熟土二层台，宽0.50~0.80、高0.90米。在西北二层台及椁盖板上殉葬羊两只，头向北，是唯一一座有殉牲现象的墓葬（图六八；彩版七〇、七一）。

2. 葬具

葬具为一棺一椁，均已腐朽。椁盖板朽灰呈白色，东侧二层台上共12块，西侧二层台上共

图六八　M32 平、剖面图

1、2.铜鼎　3、7、9、14.铜戈　4、8、15、19.铜泡　5.铜戚　6、18.海贝　10.陶鬲　11-1、11-2.铜璇玑状饰
12.铜面具　13.铜铴　16.玉饰　17.石杵

9 块，北部兽骨处未见朽灰；长 1.76~1.90、宽 0.12~0.30 米。椁室长 2.50、宽 1.40、高 0.90 米。棺位于椁室中央，朽灰呈黑灰色，长 2.34、宽 1.20 米，原高不明。

3. 人骨

共 2 具，东西并列，保存很差，仅存部分朽痕，葬式应为仰身直肢，头向北，面向不明。其中一具为中年男性，另一具无法鉴定。

4.随葬器物

共 30 件（组）。有铜器 26 件（组），陶器 1 件，玉器 1 件，石器 1 件，贝蚌器 2 件（组）。

（1）铜器

25 件（组）。有鼎 2 件，戈 4 件，戟 1 件，钖 1 件，车害 4 件，銮铃 7 件，泡 4 件（组），璇玑状饰 1 组，面具 1 件。

1）礼器

2 件。

鼎　2 件。均位于二层台西南角。

M32 : 1，平沿外折，敛口，方立耳，微鼓腹，圜底，三柱形足。口沿下饰一周兽面纹。器底与足部有烟炱痕迹。口径 22.0、通高 25.8 厘米（图六九；彩版七二）。

M32 : 2，残，形制与 M32 : 1 相同，口沿下饰一周简化兽面纹（彩版七三，1）。

图六九　M32 出土铜鼎（M32 : 1）

1.鼎　2.纹饰拓片

2）兵器

6件。有戈、戟、钖。

戈 4件。

M32：3，位于二层台西南角。直内，长援弯曲，中部起脊，锋端残，阑部有三穿。内援相接处饰三道凸棱。残长 21.3、内长 5.5、阑长 9.3 厘米（图七〇，1；彩版七四，1）。

M32：7，位于西侧二层台中部。直内，长援，中部起脊，脊中起棱，锋端上卷，中胡，阑部有三穿。通长 23.3、内长 5.8、阑长 10.4 厘米（图七〇，2；彩版七四，2）。

M32：9，位于东侧二层台中部略偏北。直内，三角形援残，中部起脊，锋端因上卷残断，援本部有一圆形穿，内部有一椭圆形穿。椭圆形穿两侧各饰两道凸棱。残长 21.6、内长 7.0 厘米（图七〇，3；彩版七四，4）。

M32：14，位于棺内西侧偏北部。直内，长援略弧，锋端因上卷残断，短胡，阑部有两穿。残长 19.1、内长 4.1、阑长 9.8 厘米（图七〇，4；彩版七四，3）。

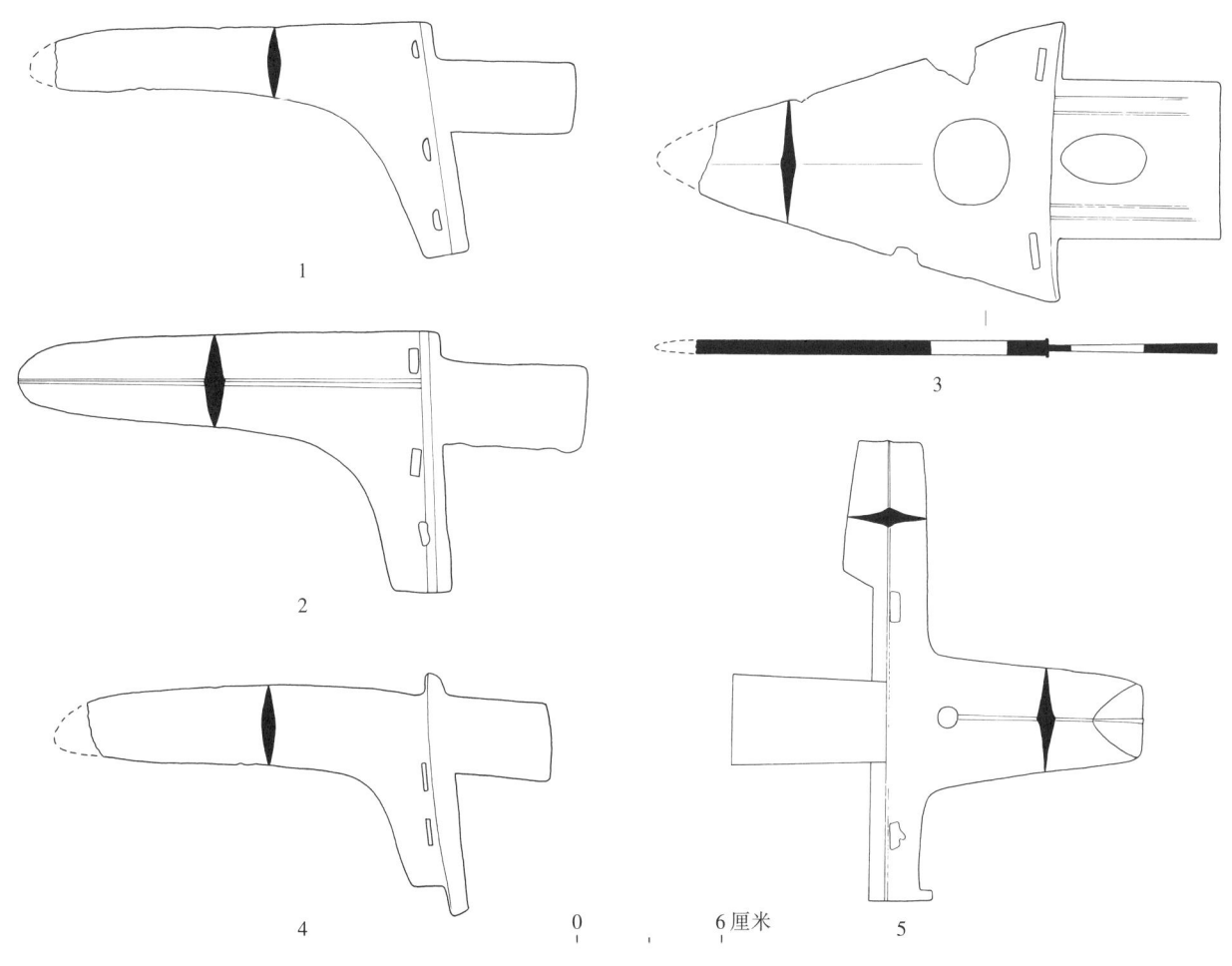

图七〇 M32 出土铜器

1~4. 戈（M32：3、M32：7、M32：9、M32：14） 5. 戟（M32：5）

戟　1件。

M32∶5，位于南侧二层台西部。戈、矛同体，锋部均卷起，直内，援中部起脊，短胡，长阑起脊直通矛尖，戈体援部有一圆形穿，阑部有两长方形穿。矛长18.3、戈长17.0、内长5.8厘米（图七〇，5；彩版七四，5）。

钖　1件。

M32∶13，位于二层台东北角。圆形，中部圆形凸起，边轮较宽，背面内凹，顶部透空，边轮上有两组四个不规则形穿孔。直径8.6、边轮宽1.3、顶部孔径2.2、边轮孔径0.35、高1.2厘米（图七一，1；彩版七五，1）。

3）车马器

15件（组）。有车軎、銮铃、泡。

车軎　4件。均出土于填土中。形制相同，大小差异。

M32∶01、M32∶011为一组。M32∶011，筒状中空，外端弧形封闭，表面被等分为12面，形成多棱体，口部有两对穿辖孔。通长23.0、外端径5.2、口径6.0、辖孔长2.6、宽1.0厘米（图七一，9；彩版七五，4）。

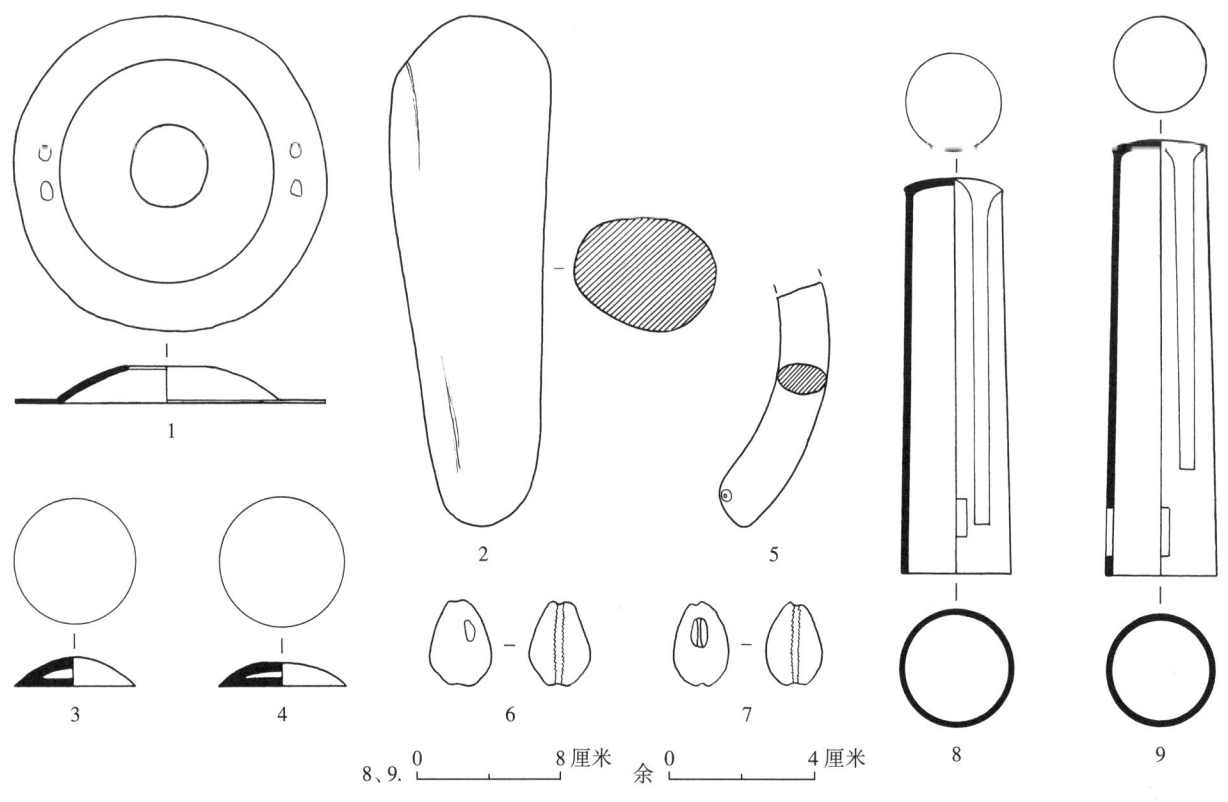

8、9　|0_____8厘米|　余　|0____4厘米|

图七一　M32 出土器物

1.铜钖（M32∶13）　2.石杵（M32∶17）　3、4.铜泡（M32∶15-1、M32∶19-1）　5.玉饰（M32∶16）　6、7.海贝（M32∶6-1、M32∶18-1）　8、9.铜车軎（M32∶08、M32∶011）

M32：08、M32：09 为一组。M32：08，通长 21.0、外端径 5.2、口径 6.0、辖孔长 2.0、宽 1.2 厘米（图七一，8；彩版七五，5）。

銮铃 7 件（M32：02~M32：07、M32：010）。均出土于填土中。4 件残，形制相同，大小略异（彩版七六）。

M32：02，铃体圆形，正面、背面与边沿镂空，内含弹丸；铃体与銮座以四棱锥状相连，銮座两侧近口部卯孔对穿。通长 15.8 厘米（图七二，4）。

M32：03，形制与 M32：02 相同。通长 16.5 厘米（图七二，5）。

泡 4 件（组）。

M32：4，1 件。位于二层台西南角。圆形，中部圆形凸起，边轮较宽，背面内凹，内设桥形钮。正面有席纹痕迹。直径 10.0、边轮宽 1.5、高 1.5 厘米（图七二，3；彩版七五，2）。

M32：8，1 件。位于东侧二层台南部。形制与 M32：4 相近。直径 8.9、边轮宽 1.6、高 1.2 厘米（图七二，2；彩版七五，3）。

M32：15，1 组 4 件。位于棺底北部。M32：15-1，圆形，正面凸起，背面内凹，内设桥形

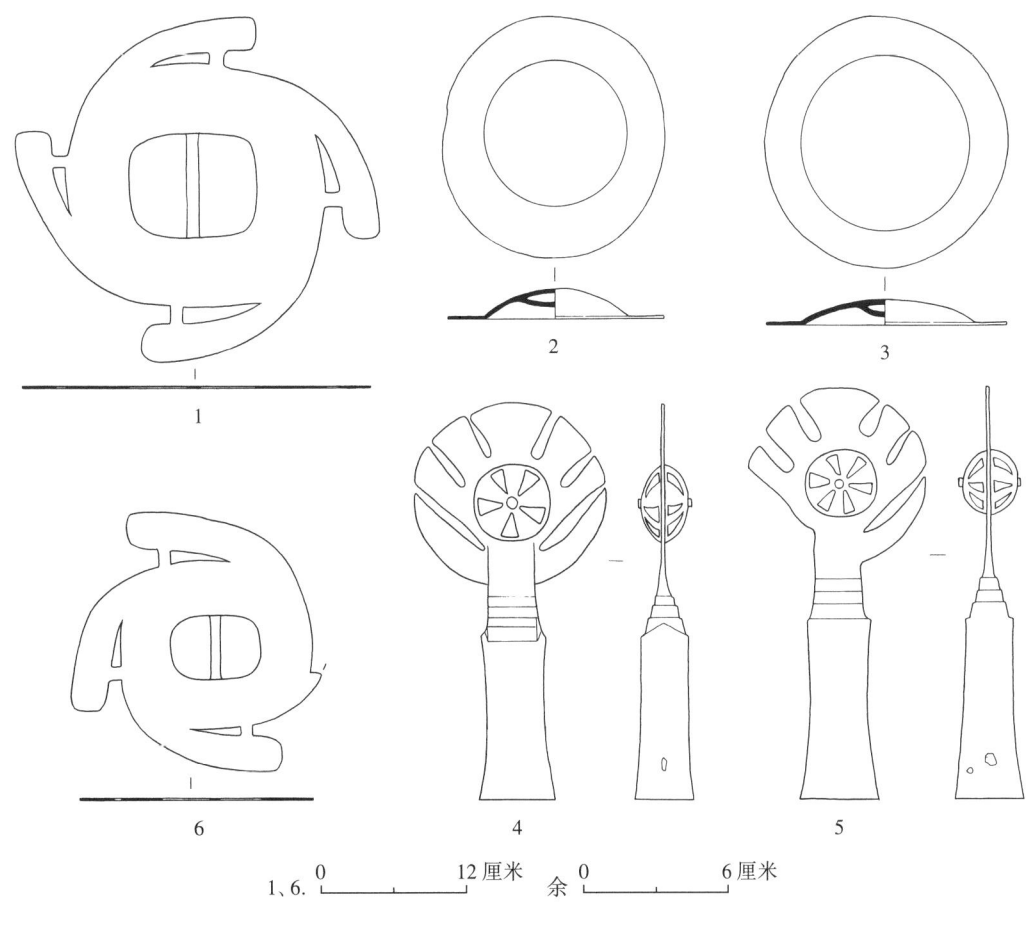

图七二 M32 出土铜器

1、6. 璇玑状饰（M32：11-1、M32：11-2）　2、3. 泡（M32：8、M32：4）　4、5. 銮铃（M32：02、M32：03）

梁。直径 3.3、高 0.8 厘米（图七一，3；彩版七七，1）。

M32：19，1 组 4 件。位于棺底南部。形制、大小与 M32：15-1 相近。M32：19-1，直径 3.5、高 0.65 厘米（图七一，4；彩版七七，2）。

4）其他

2 件（组）。有璇玑状饰、面具。

璇玑状饰 1 组 2 件。均位于墓葬东北部，上下一线，一件出土时紧贴墓葬东壁近北端，一件放置东二层台近北端处。形制相同，大小差异。

M32：11-1，器身呈环状椭圆形，中有一道梁，边沿伸出四条外轮，一条残，并有短柱与器身相连。器正面有席纹痕迹。长 29.8、宽 27.4 厘米（图七二，1；彩版七七，3）。

M32：11-2，残长 20.4、宽 20.8 厘米（图七二，6；彩版七七，4）。

面具 1 件。

M32：12，位于二层台东北角。残为 19 片，无法修复。造型为一兽面，臣字目，阔额，圆角，角上有两个一组的圆形穿孔（彩版七三，2）。

（2）陶器

1 件。

鬲 1 件。

M32：10，位于西二层台北部。夹砂灰陶，侈口，斜高领，束颈，分裆，三袋足下接锥形足尖，颈部有半环形双耳。颈部与腹部饰绳纹。口径 12.0、残高 14.1 厘米（图七三；彩版七八，1）。

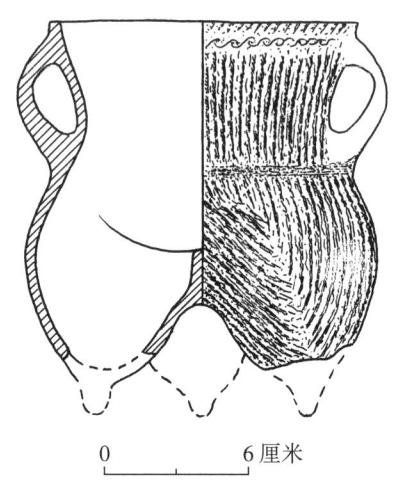

0 ___ 6 厘米

图七三 M32 出土陶鬲
（M32：10）

（3）玉器

1 件。

玉饰 1 件。

M32：16，位于棺内东北角、东侧头骨处。白玉质，玉质较好。形制似璜，截面呈椭圆形，一端残，一端呈弧形且有穿孔，穿孔系两面钻成。残长 6.8、宽 1.3 厘米（图七一，5；彩版七八，3）。

（4）石器

1 件。

石杵 1 件。

M32：17，位于墓主椎骨处。长条圆柱状，一端略细，一端略粗，两端均圆钝。长 13.6、最宽处 4.5 厘米（图七一，2；彩版七八，4）。

（5）贝蚌器

2 组。均为海贝。

海贝　2 组。形制、大小近同。

M32：6，共 10 枚。位于南侧二层台西部。M32：6-1，长 2.2、宽 1.5 厘米（图七一，6；彩版七八，5）。

M32：18，共 11 枚。位于棺内西部偏北。M32：18-1，正面中部有裂缝，呈齿状，背面磨平呈椭圆形孔。长 2.3、宽 1.5 厘米（图七一，7；彩版七八，6）。

（二四）M33

1. 墓葬形制

位于墓地中东部。长方形竖穴土坑墓，方向 26°。长 2.60、宽 1.30、深 1.90 米。墓底四周有熟土二层台，宽 0.30、高 0.30 米（图七四；彩版七九，1）。

2. 葬具

葬具为一棺，已腐朽。棺位于墓室中央，朽灰呈白色和黑灰色，长 1.90、宽 0.60 米，原高不明。

3. 人骨

保存很差，仅存头骨与四肢骨朽痕，葬式为仰身直肢，头向北，面向不明。

4. 随葬器物

共 6 件（组）。有铜器 3 件，陶器 2 件，贝蚌器 1 组。

（1）铜器

3 件。有戈 2 件，泡 1 件。

戈　2 件。

M33：2，位于东侧二层台东偏北。直内，长援，中部起脊不明显，锋部卷起，无胡，有阑。通长 17.4、内长 5.6、阑长 6.1 厘米（图七五，1；彩版七九，3）。

M33：6，位于北侧二层台西部。直内，长援，援与锋部卷

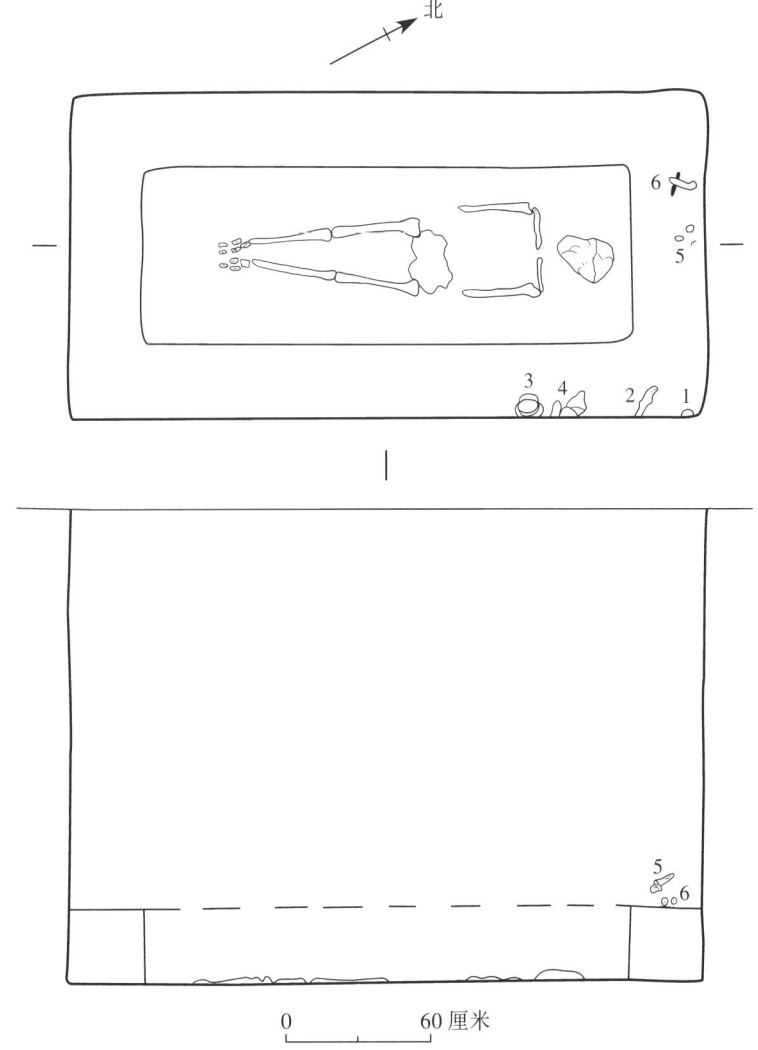

图七四　M33 平、剖面图

1.铜泡　2、6.铜戈　3、4.陶鬲　5.蚌壳
（棺的范围未绘出，图上人骨外为二层台）

起，中胡，有阑。通长 12.1、内长 4.9、阑长 9.4 厘米（图七五，2；彩版七九，5）。

泡 1 件。

M33：1，位于东侧墓壁北部。圆形，正面隆起，边轮残，背面内凹，内设一桥形钮。直径 8、边轮宽 1.1、高 1.2 厘米（图七五，3；彩版七九，6）。

（2）陶器

2 件。均为鬲。

鬲 2 件。

M33：3，位于东侧二层台偏北部。夹砂褐陶。侈口，束颈，鼓腹，分档下接三锥形足。腹部饰绳纹。口径 12.0、高 11.5 厘米（图七六，1；彩版七八，2）。

M33：4，位于东侧二层台偏北部。夹砂褐陶。侈口，束颈，鼓腹，分档下接三锥形足。腹部饰绳纹。口径 11.6、高 11.3 厘米（图七六，2；彩版七九，2）。

（3）贝蚌器

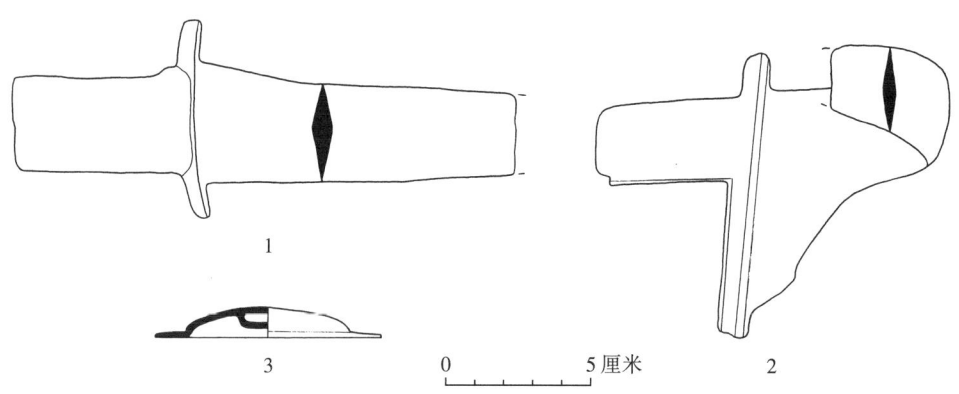

图七五 M33 出土铜器

1、2. 戈（M33：2、M33：6） 3. 泡（M33：1）

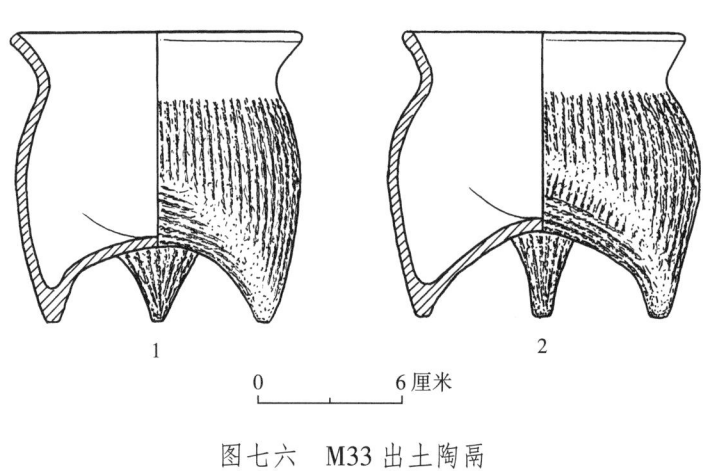

图七六 M33 出土陶鬲

1. M33：3 2. M33：4

1组。

蚌壳　1组。

M33：5，共2件。位于北侧二层台。略呈扇形，带有褐色波折形自然纹理。长5.3、宽4.2厘米（彩版七九，4）。

（二五）M34

1.墓葬形制

位于墓地中部。长方形竖穴土坑墓，方向14°。墓壁内凹0.04米，至二层台处与墓口同大。长2.50、宽1.30、深2.20米。墓底四周有熟土二层台，宽0.20~0.25、高0.50米（图七七）。

2.葬具

葬具为一棺，已腐朽。棺位于墓室中央，朽灰呈黑灰色，长1.90、宽0.75米，原高不明。

3.人骨

保存很差，仅存头骨、椎骨与下肢骨朽痕，葬式为仰身直肢，头向北，面向不明。

4.随葬器物

共2件（组）。有陶器1件，串饰1组。

（1）陶器

1件。

罐　1件。

M34：1，位于东侧二层台北部。泥质灰陶。侈口，束颈，折肩，下腹斜收，平底内凹。通体素面。口径9.9、腹径15.0、底径7.2、高15.6厘米（图七八，1；彩版八〇，1）。

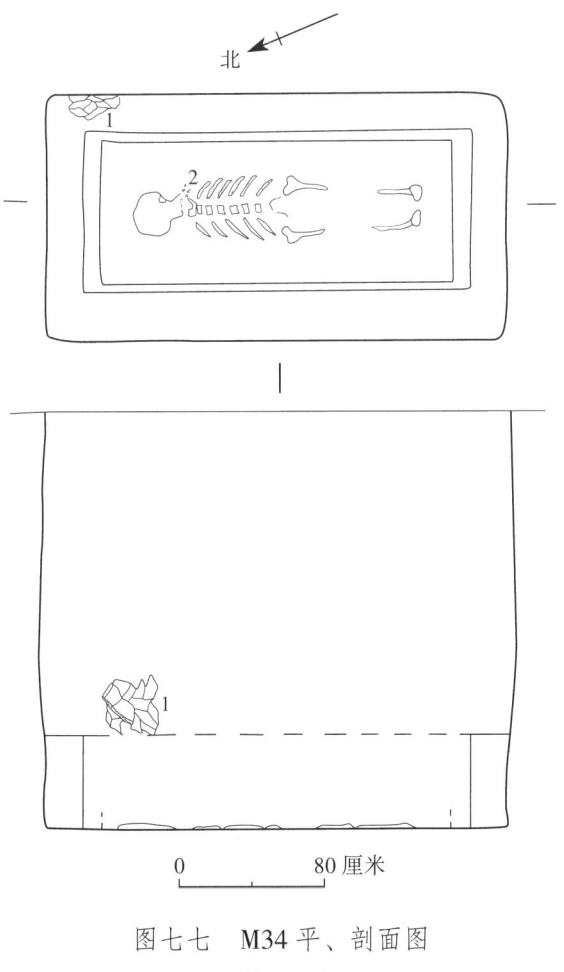

图七七　M34平、剖面图
1.陶罐　2.串饰

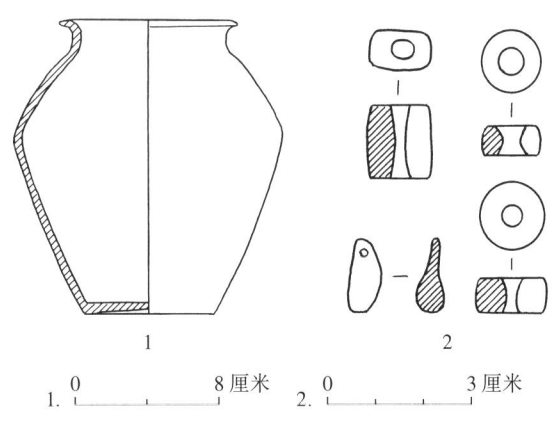

图七八　M34出土器物
1.陶罐（M34：1）　2.串饰（M34：2）

（2）串饰

1组。

串饰　1组。

M34：2，共4颗。位于墓主颈部。由2颗玛瑙珠、1颗绿松石珠、1颗石珠组成。玛瑙珠呈圆鼓状，长约0.6~0.7、直径1~1.2厘米，中部有两面对钻圆形孔；绿松石珠呈不规则形，长约1.4、宽约0.4厘米，一端有两面钻孔；石珠，白色，扁圆柱状，长1.6、直径1.2厘米（图七八，2；彩版八一，1）。

（二六）M35

1. 墓葬形制

位于墓地中东部。长方形竖穴土坑墓，方向20°。长2.20、宽1.20、深1.10米。墓底四周有熟土二层台，宽0.24~0.26、高0.30米（图七九）。

2. 葬具

葬具为一棺，已腐朽。棺位于墓室中央，朽灰呈黑灰色，长1.60、宽0.60米，原高不明。

3. 人骨

保存很差，仅存头骨、椎骨与下肢骨朽痕，葬式为仰身直肢，头向北，面向不明。

4. 随葬器物

1件。为陶器。

鬲　1件。

M35：1，位于北侧二层台西部。夹砂褐陶。口沿残，束颈，鼓腹，分裆下

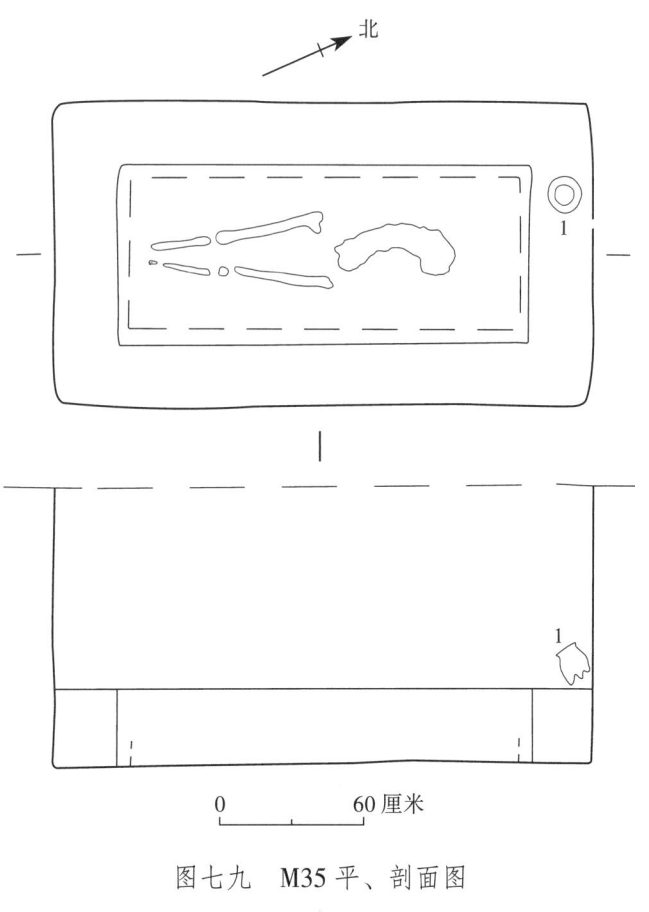

图七九　M35平、剖面图
1.陶鬲

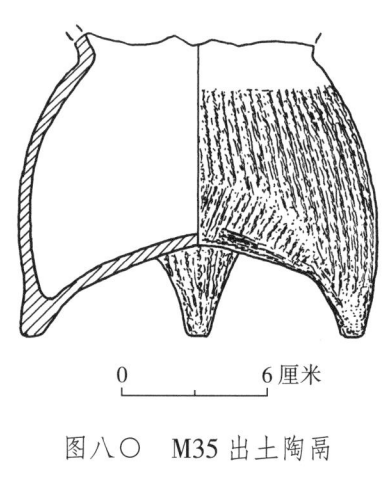

图八〇　M35出土陶鬲
（M35：1）

接三短足。腹部饰绳纹。残高 12.0
厘米（图八〇；彩版八一，5）。

（二七）M36

1. 墓葬形制

位于墓地中东部。圆角长方形
竖穴土坑墓，方向 26°。长 2.50、
宽 1.30、深 0.60 米。无二层台（图
八一）。

2. 葬具

葬具为一棺，已腐朽。棺位于
墓室中央，朽灰呈浅灰色，长 1.80、
宽 0.60 米，原高不明。

3. 人骨

保存很差，仅存头骨与骨盆朽
痕，下肢骨保存较好，葬式为仰身
直肢，头向北，面向不明。男性。
成年。

4. 随葬器物

1 件。为铜器。

戈　1 件。

M36 : 1，位于墓室填土西北
角。直内，援残，短胡，阑部有一
长方形穿。援本部饰兽面，兽耳凸
出器表。残长 10.3、内长 4.1、阑长 8.0
厘米（图八二；彩版八一，2）。

（二八）M39

1. 墓葬形制

位于墓地中东部。圆角长方形竖穴土坑墓，方向 126°。长 2.30、宽 1.60、深 1.10 米。墓底
四周有熟土二层台，宽 0.13-0.38、高 0.40 米（图八三）。

2. 葬具

葬具为一棺，已腐朽。棺位于墓室中央，朽灰呈白色，长 1.70、宽 0.80 米，原高不明。

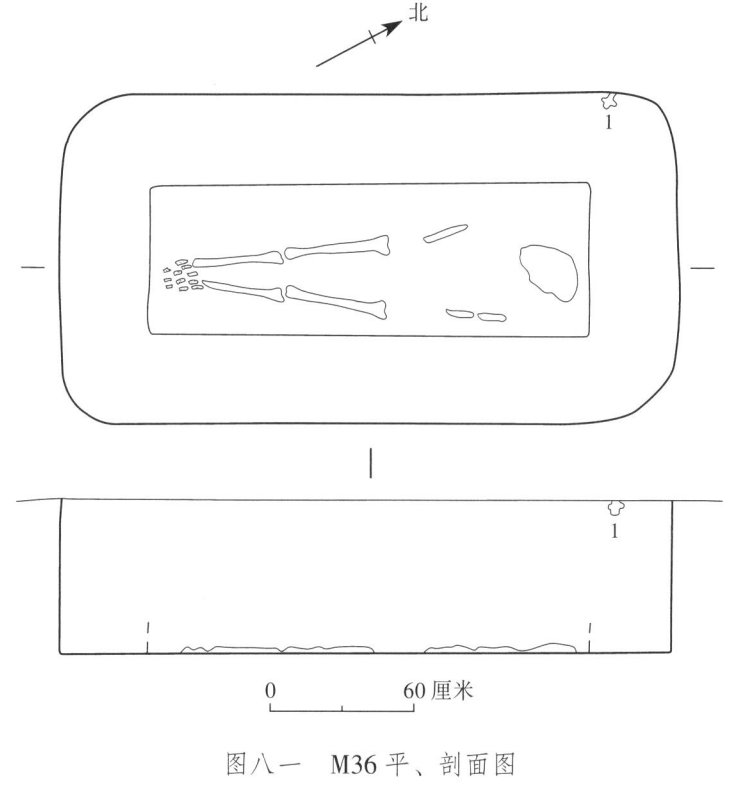

北

0　　　　60 厘米

图八一　M36 平、剖面图

1. 铜戈

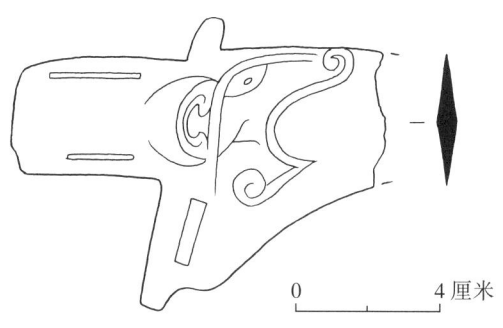

0　　　　4 厘米

图八二　M36 出土铜戈（M36 : 1）

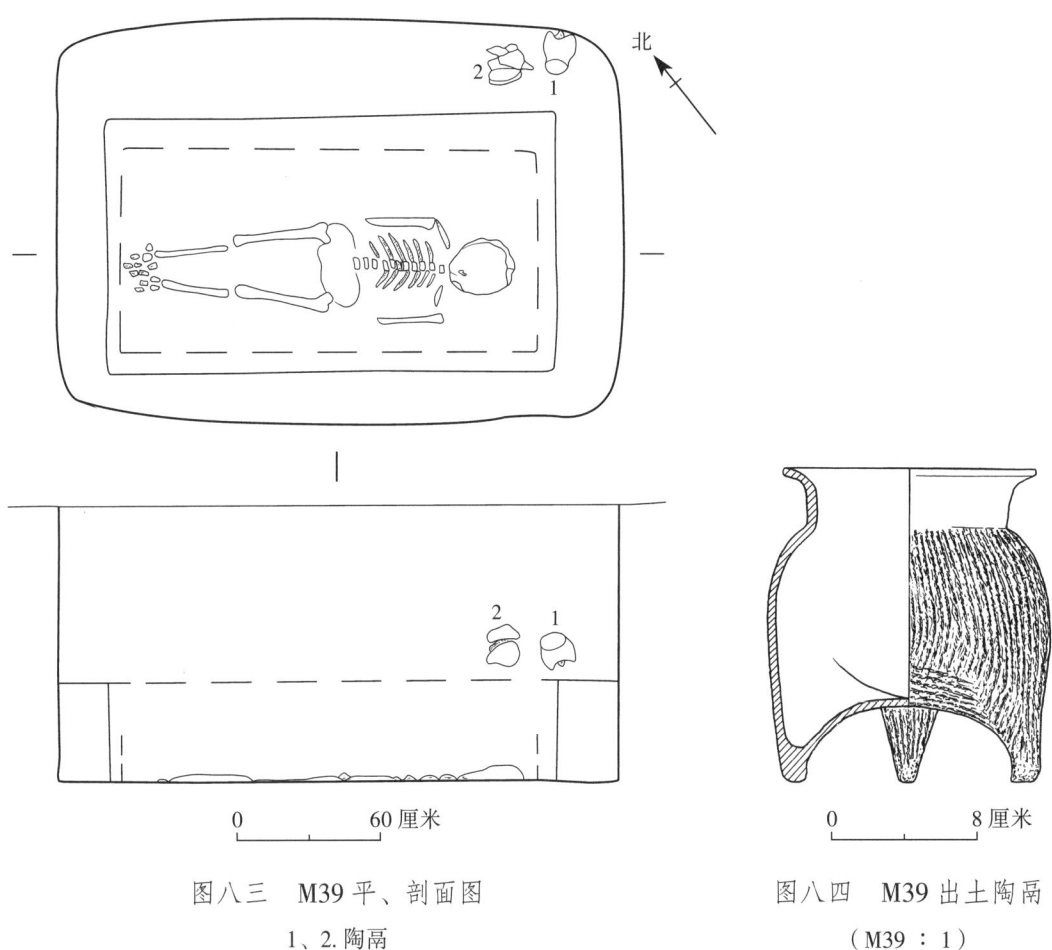

图八三　M39 平、剖面图
1、2. 陶鬲

图八四　M39 出土陶鬲
（M39：1）

3. 人骨

保存较好，葬式为仰身直肢，头向东，面向南。性别不明。15~20 岁。

4. 随葬器物

共 2 件。均为陶器。

鬲　2 件。位于二层台东北部，其中一件无法修复。

M39：1，夹砂褐陶。侈口，束颈较高，微鼓腹，分裆下接三短足。腹部饰绳纹。腹部与裆部有烟炱痕迹。口径 14.0、高 16.6 厘米（图八四；彩版八〇，2）。

M39：2，位于二层台东北部，无法修复。

（二九）M40

1. 墓葬形制

位于墓地中部。长方形竖穴土坑墓，方向 21°。长 2.40 米，北部宽 1.06 米，南部宽 1.26 米，深 2.40 米。仅墓室北部有熟土二层台，宽 0.20~0.40、高 0.50 米（图八五）。

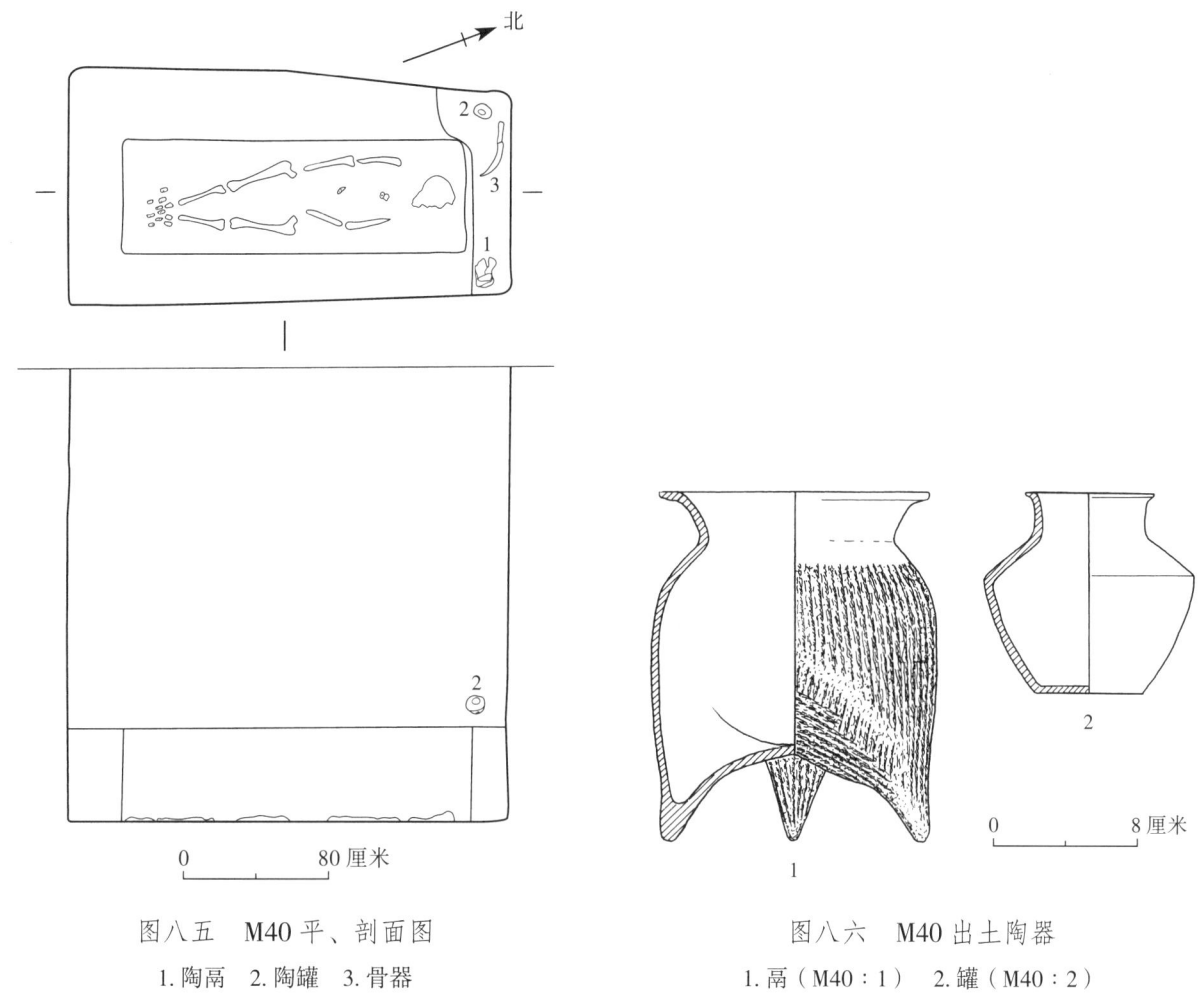

图八五　M40平、剖面图
1.陶鬲　2.陶罐　3.骨器

图八六　M40出土陶器
1.鬲（M40：1）　2.罐（M40：2）

2.葬具

葬具为一棺，已腐朽。棺位于墓室中央，朽灰呈黑灰色，长1.86、宽0.60米，原高不明。

3.人骨

保存很差，仅存头骨、椎骨与四肢骨朽痕，葬式为仰身直肢，头向北，面向不明。性别不明。成年。

4.随葬器物

共3件（组）。有陶器2件，骨器1组。

（1）陶器

2件。有鬲、罐各1件。

鬲　1件。

M40：1，位于二层台东北角。夹砂灰陶。侈口，束颈，微鼓腹，分裆下接三锥形足。腹部饰绳纹。口径14.8、高18.6厘米（图八六，1；彩版八〇，3）。

罐　1件。

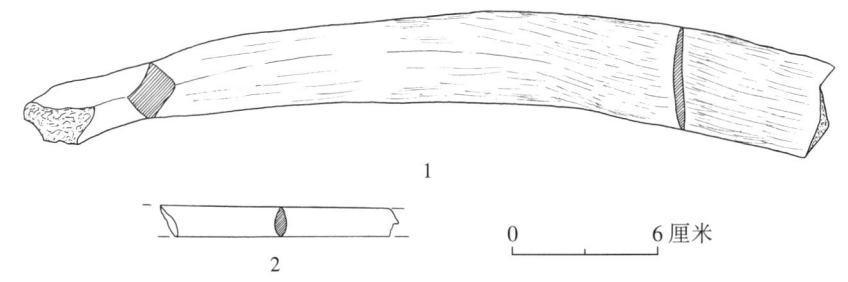

图八七　M40 出土骨器
1. M40：3-1　2. M40：3-2

M40：2，位于二层台西北角。泥质灰陶。侈口，束颈，折肩，下腹斜收，平底。通体素面。口径 7.2、腹径 15.6、底径 8.0、高 10.6 厘米（图八六，2；彩版八○，4）。

（2）骨器

1 组。

骨器　1 组 2 件。位于二层台西北部。

M40：3-1，整体呈弧形，两端均残。残长 33.0、宽 2.2~4.1 厘米（图八七，1；彩版八一，3）。

M40：3-2，呈长条形，扁平状，两端均残。残长 9.8、宽 1.2、厚 0.5 厘米（图八七，2；彩版八一，3）。

（二○）M41

1. 墓葬形制

位于墓地中部。圆角长方形竖穴土坑墓，方向 280°，被 M42 打破。长 2.60 米，东部宽 1.10 米，西部宽 1.30 米，深 1.20 米。墓底四周有熟土二层台，宽 0.16~0.36、高 0.30 米。

2. 葬具

葬具为一棺，已腐朽。棺位于墓室中央，朽灰呈浅灰色，长 1.92、宽 0.60 米，原高不明。

3. 人骨

保存很差，仅存头骨、椎骨与骨盆朽痕，葬式为仰身直肢，头向西，面向不明（图八八）。

4. 随葬器物

共 2 件。有铜器 1 件，陶器 1 件。

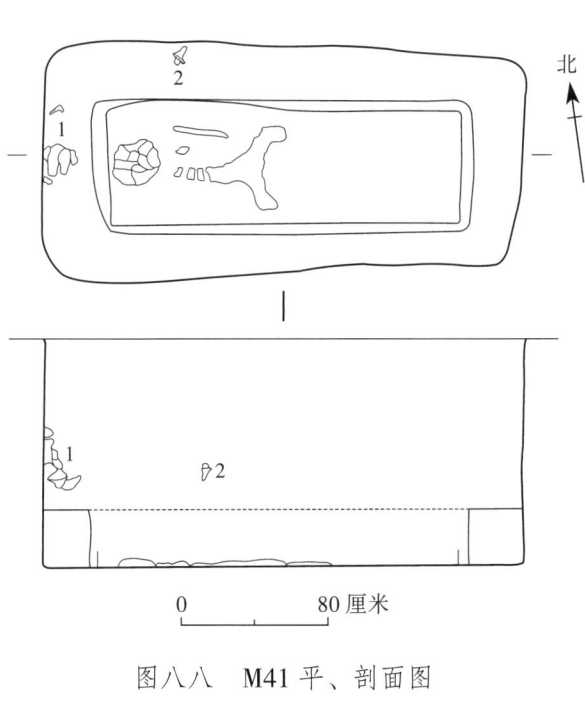

图八八　M41 平、剖面图
1. 陶鬲　2. 铜戈

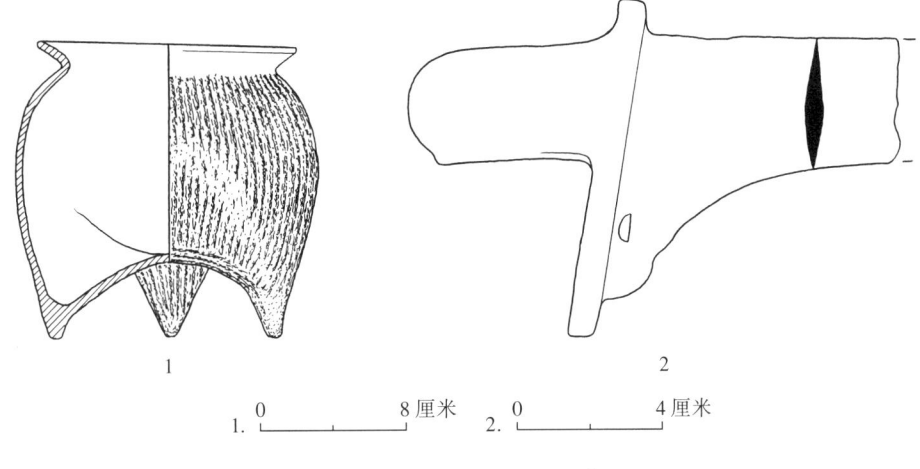

图八九　M41 出土器物

1.陶鬲（M41：1）　2.铜戈（M41：2）

（1）铜器

1件。

戈　1件。

M41：2，位于北侧二层台西部。直内，内尾呈圆弧状，援因卷起残断，中胡，阑部有一穿。残长 13.4、内长 5.1、阑长 9.0 厘米（图八九，2；彩版八一，4）。

（2）陶器

1件。

鬲　1件。

M41：1，位于西侧二层台中部。夹砂灰陶。侈口，束颈，圆鼓腹，分档下接三锥形足。腹部饰绳纹。口径 14.4、高 15.8 厘米（图八九，1；彩版八一，6）。

（三一）M43

1.墓葬形制

位于墓地中东部。圆角长方形竖穴土坑墓，方向 11°。长 2.00、宽 1.20~1.24、深 0.50米。墓底四周有熟土二层台，宽 0.08~0.30、高 0.24 米（图九〇）。

2.葬具

葬具为一棺，已腐朽。棺位于墓室中央，

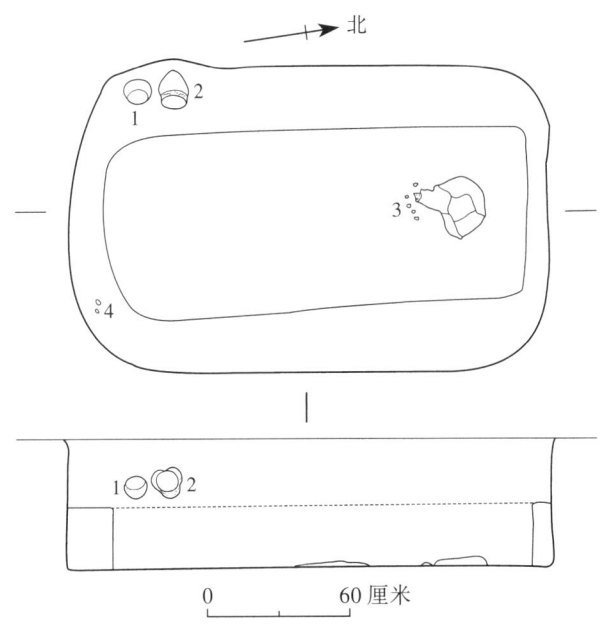

图九〇　M43 平、剖面图

1.陶罐　2.陶鬲　3.串饰　4.海贝

朽灰呈浅灰色，长 1.71、宽 0.75 米，原高度不明。

3. 人骨

保存很差，仅存头骨，葬式不明，头向北，面向西。女性。14~19 岁。

4. 随葬器物

共 4 件（组）。有陶器 2 件，玉器 1 组，贝蚌器 1 组。

（1）陶器

2 件。有鬲、罐各 1 件。

鬲 1 件。

M43：2，位于西侧二层台南部。夹砂灰陶。侈口，直颈较高，微鼓腹，分裆下接三锥形足。腹部饰绳纹。口径 12.8、高 14.0 厘米（图九一，1；彩版八二，1）。

罐 1 件。

M43：1，位于西侧二层台南部。泥质灰陶。侈口，束颈，圆肩，下腹斜收，平底内凹。肩部饰两道弦纹。口径 9.9、腹径 14.1、底径 7.5、高 10.8 厘米（图九一，4；彩版八二，2）。

（2）串饰

1 组。

串饰 1 组。

M43：3，共 5 颗。位于墓主颈部。石珠，白色，均呈圆柱状。M43：3-1，长 0.8~1.4、直径 0.8~1.1 厘米（图九一，3；彩版八二，3）。

（3）贝蚌器

1 组。

海贝 1 组。

M43：4，共 2 件。位于二层台上。M43：4-1，正面中部有裂缝，呈齿状，背面磨平呈椭圆形孔。长 2.3、宽 1.5 厘米（图九一，2）。

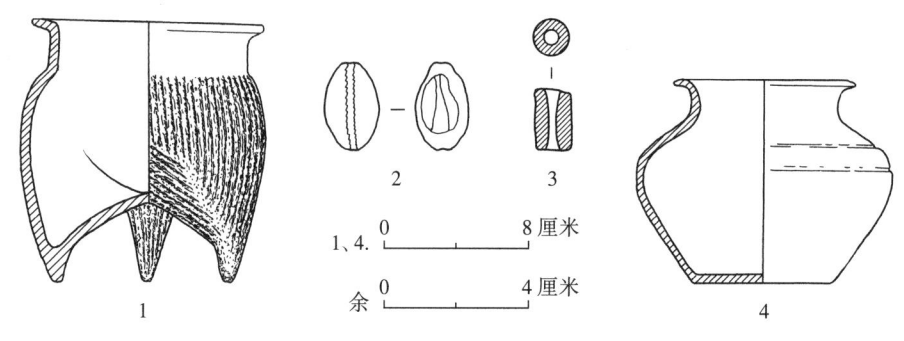

图九一   M43 出土器物

1. 陶鬲（M43：2）   2. 海贝（M43：4-1）   3. 串饰（M43：3-1）   4. 陶罐（M43：1）

（三二）M44

1. 墓葬形制

位于墓地中部。圆角长方形竖穴土坑墓，方向274°。长2.30、宽1.30、深0.90米。墓底四周有熟土二层台，宽0.15~0.20、高0.40米（图九二）。

2. 葬具

葬具为一棺，已腐朽。棺位于墓室中央，朽灰呈浅灰色，长1.80、宽0.70米，原高不明。

3. 人骨

保存很差，仅存头骨、左侧股骨头与脚趾骨，葬式为仰身直肢，头向西，面向北。性别不明。35~40岁。

4. 随葬器物

共2件（组）。有铜器1件，贝蚌器1组。

（1）铜器

1件。

戈　1件。

M44：1，位于二层台西北角。直内，援因卷起残断，中胡，阑部有一长方形穿。残长13.7、内长4.6、阑长9.8厘米（图九三，2；彩版八二，4）。

（2）贝蚌器

1组。

蚌壳　1组。

M44：2，共2件。位于北侧二层台西部。M44：2-1，略呈扇形，带有褐色波折形自然纹理。宽5.7、高2.6厘米（图九三，1；彩版八二，5）。

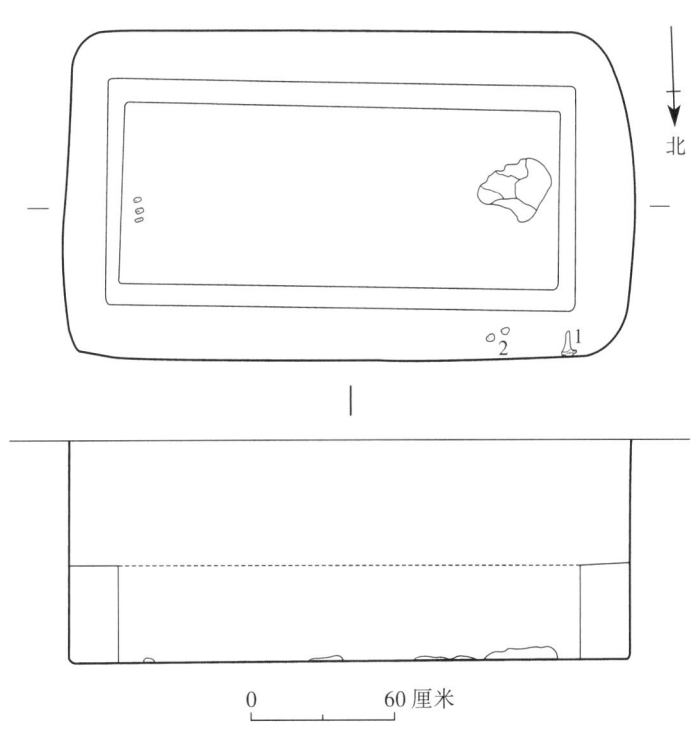

图九二　M44平、剖面图
1. 铜戈　2. 蚌壳

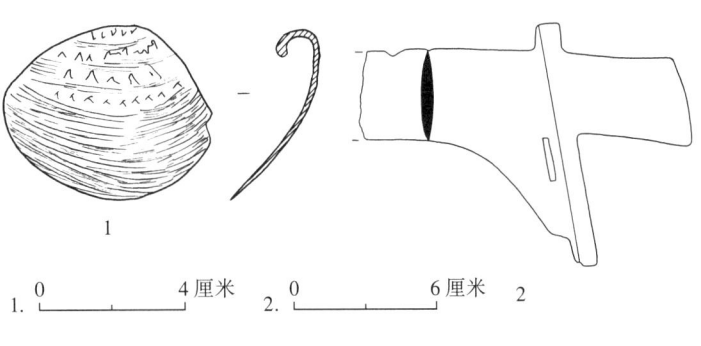

图九三　M44出土器物
1. 蚌壳（M44：2-1）　2. 铜戈（M44：1）

（三三）M45

1. 墓葬形制

位于墓地中部。长方形竖穴土坑墓，方向2°。口小底大，墓口长3.00、宽2.00米，墓底长3.60、宽2.40米，深4.50米。墓底四周有熟土二层台，宽0.46~0.78、高0.80米（图九四；彩版八三；彩版八四，1）。

2. 葬具

葬具为一棺一椁，均已腐朽。椁盖板朽灰呈白色，共12块，长1.72~1.90、宽0.10~0.24米。

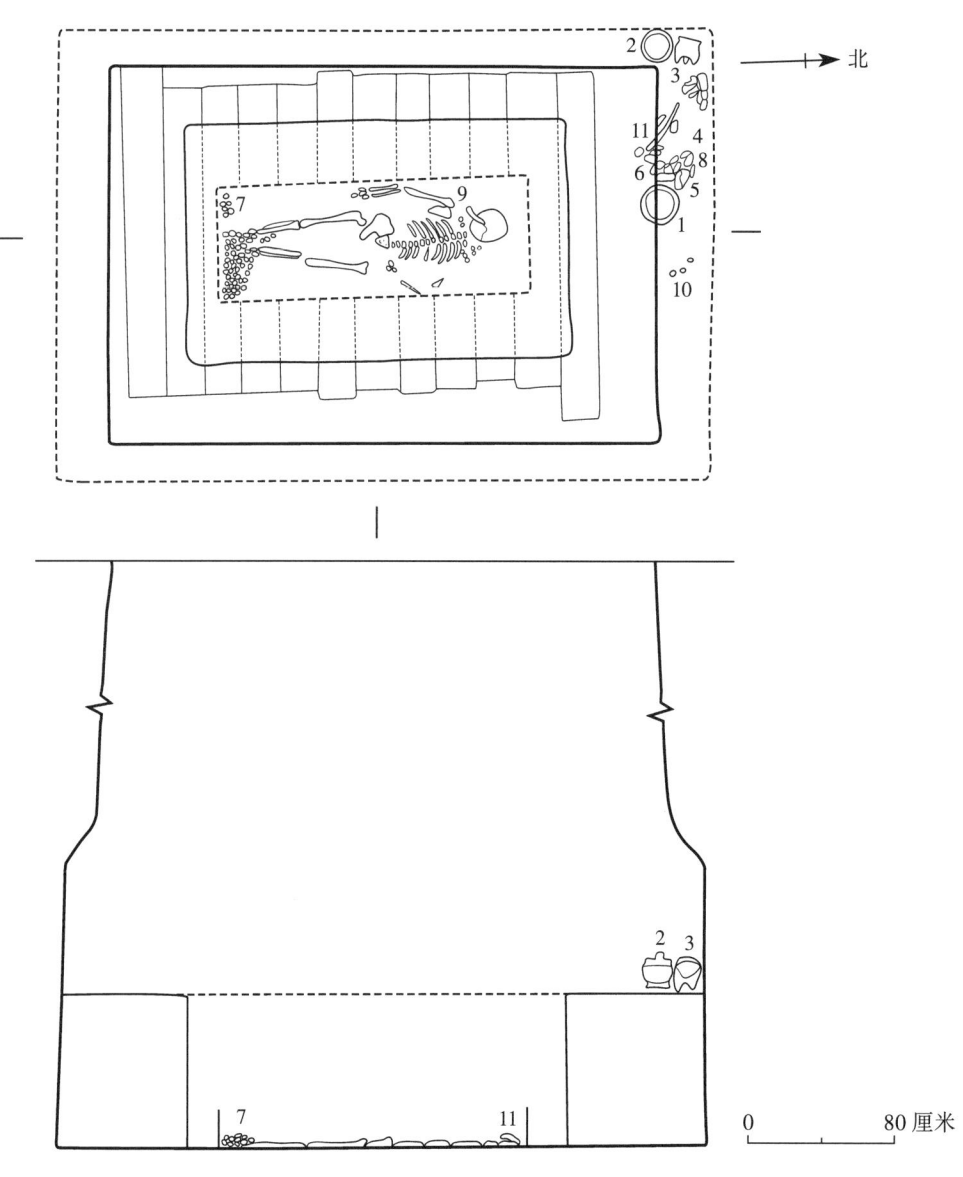

图九四　M45平、剖面图

1.铜簋　2.铜鼎　3、4.陶鬲　5.陶罐　6.蚌壳　7.蛤蜊　8.陶觯　9.串饰　10.骨饰　11.骨器

椁室长 2.14、宽 1.30、高 0.80 米。棺位于椁室中央，略向西倾斜，朽灰呈深灰色，长 1.70、宽 0.60~0.64 米，原高不明。

3. 人骨

保存一般，葬式为仰身直肢，头骨破碎，头向北，面向不明，为中年女性，可见下肢和部分躯干。女性。中年。

4. 随葬器物

共 11 件（组）。有铜器 2 件，陶器 4 件，串饰 1 组，骨器 2 件，贝蚌器 2 组。

（1）铜器

2 件。有鼎、簋各 1 件。

鼎 1 件。

M45：2，位于二层台西北角。敛口，平沿外折，方立耳，鼓腹，圜底，三柱形足。口沿下饰两道弦纹。器底有烟炱痕迹。口径 15.6、通高 20.0 厘米（图九五；彩版八五）。

簋 1 件。

M45：1，位于北侧二层台略偏西处。侈口，微鼓腹，圜底，圈足外侈，半环形兽首耳下有珥，颈部前后置牺首。颈部与圈足各饰一周兽面纹。口径 18.6、圈足径 14.4、高 13.2 厘米（图九六；彩版八六）。

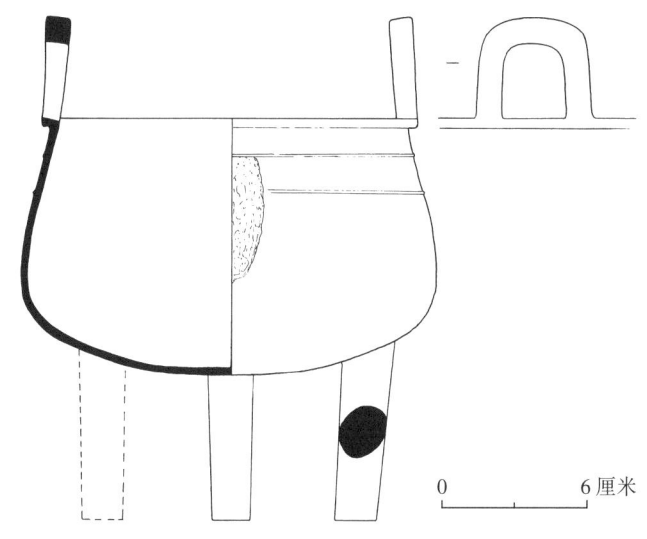

图九五 M45 出土铜鼎（M45：2）

（2）陶器

4 件。有鬲 2 件，罐、觯各 1 件。

鬲 2 件。

M45：3，位于二层台西北角。夹砂褐陶。侈口，圆唇，束颈，鼓腹，联裆下接三短足，腹部与一足残。腹部饰绳纹。腹部有烟炱痕迹。口径 13.0、高 15.4 厘米（图九七，1；彩版八四，2）。

M45：4，位于二层台西北角。夹砂褐陶。侈口，圆唇，束颈，鼓腹，联裆下接三短足。腹部饰绳纹。腹部有烟炱痕迹。口径 13.2、高 13.8 厘米（图九七，2；彩版八四，3）。

罐 1 件。

M45：5，位于北侧二层台偏西部。微隆盖上有圈状捉手，器侈口，束颈，折肩，下腹斜收，平底内凹。盖、颈、肩部饰红色圈状彩绘，捉手饰一周，盖面与颈部饰两周，肩部饰八周。口径 9.2、底径 7.2、通高 18.5 厘米（图九七，3；彩版八七，1）。

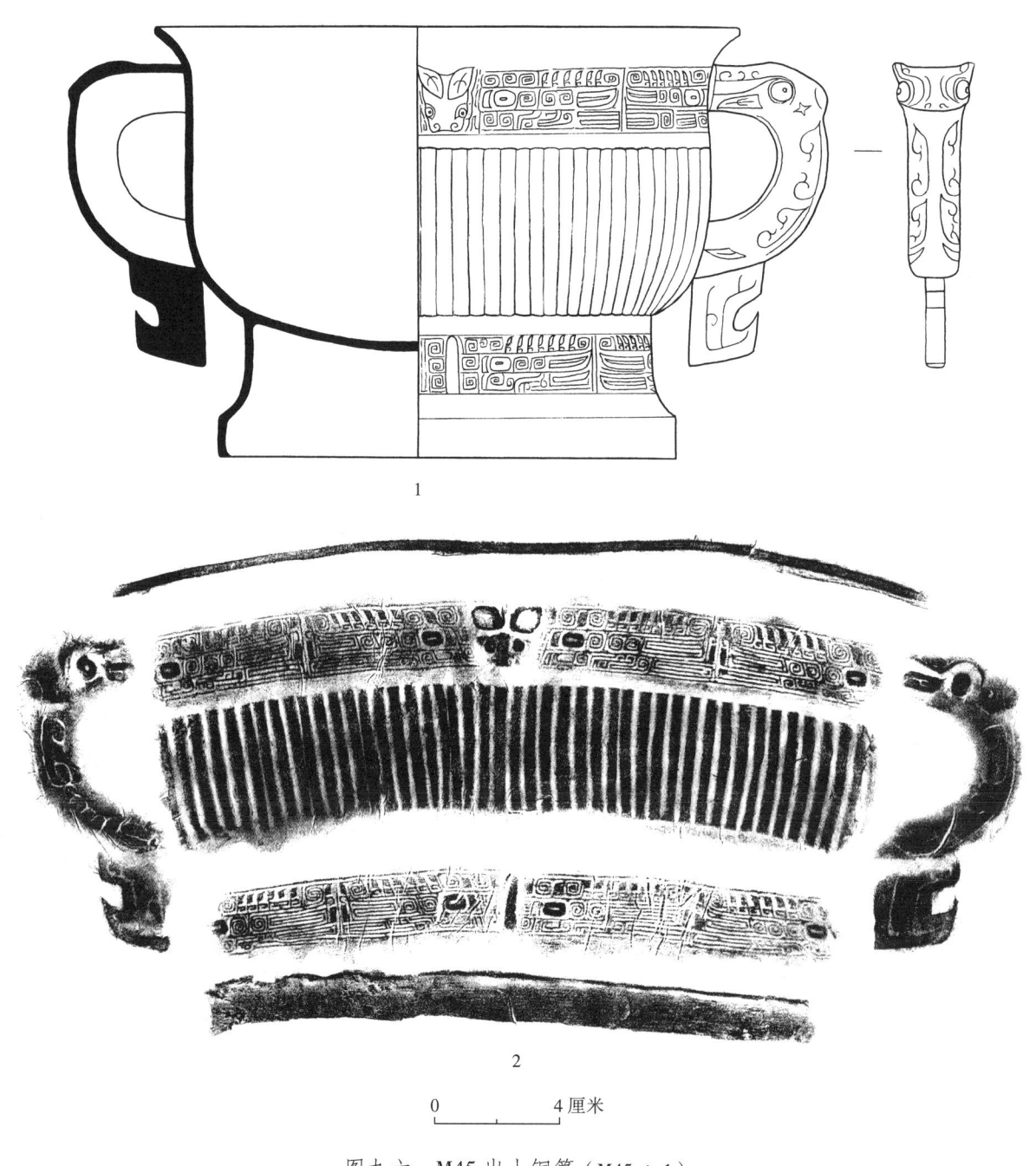

图九六　M45 出土铜簋（M45：1）

1. 簋　2. 纹饰拓片

觯　1件。

M45：8，位于北侧二层台。泥质灰陶，侈口，圆唇，束颈，折腹，下腹斜收，圈足。素面。口径 8.6、底径 7.0、高 10.9 厘米（图九七，4）。

（3）串饰

1组。

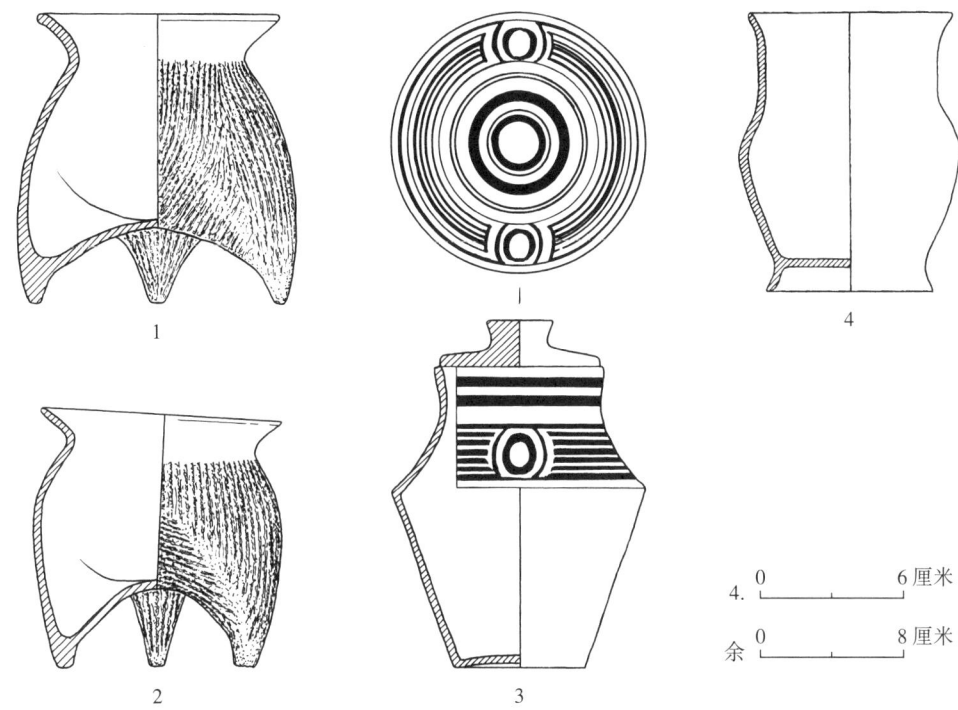

图九七 M45 出土器物

1、2.陶鬲（M45：3、M45：4） 3.陶罐（M45：5） 4.陶觯（M45：8）

串饰 1组。

M45：9，共9颗。位于墓主颈部。由5颗石珠、3颗绿松石珠、1颗玛瑙珠组成。石珠1颗白色，4颗乳白色，均圆柱状，长1.4~1.8、直径0.3~0.8厘米；绿松石珠，呈圆柱状1颗，不规则形2颗，长1~1.6、宽0.6~1.2厘米；玛瑙珠，均呈圆柱状，中部略外鼓，长1.8、直径0.8厘米（图九八，2；彩版八七，2）。

（4）骨器

2件（组）。有骨饰1组，骨器1件。

骨饰 1组。

M45：10，共4件。位于二层台北部偏东。M45：10-1与M45：10-2形制相同，大小相近。M45：10-2，整体略呈梯形，一端较短略薄，一端较宽略厚，宽厚的一端开凹刃，并横贯一圆形穿孔。长2.2、宽1.9、孔径0.3、厚0.7厘米（图九八，3；彩版八二，6）。

骨器 1件。

M45：11，位于北侧二层台。整体呈弧状，尾端残。从中部至锋部削平为刃，应为骨刀。残长49.8、宽2.2~3.4厘米（图九八，1；彩版八二，7）。

（5）贝蚌器

2组。有蚌壳、蛤蜊各1组。

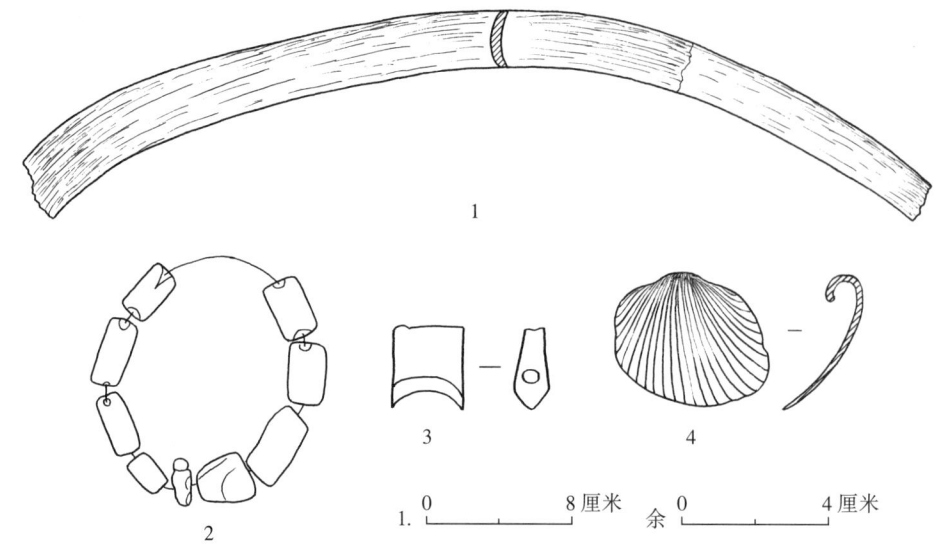

图九八　M45 出土器物

1. 骨器（M45：11）　2. 串饰（M45：9）　3. 骨饰（M45：10-2）　4. 蛤蜊（M45：7-1）

蚌壳　1组。

M45：6，共2件。位于二层台西北部。M45：6-1，略呈扇形，带有褐色波折形自然纹理。宽6.2、高3.0厘米（彩版八七，3）。

蛤蜊　1组。

M45：7，位于棺内南部。形制、大小近同。M45：7-1，略呈扇形，表面有波折形自然纹理。宽4.2、高3.5厘米（图九八，4；彩版八七，4）。

（三四）M46

1. 墓葬形制

位于墓地中部。长方形竖穴土坑墓，方向270°。墓葬上部已被破坏，器物暴露于地面。长2.40、宽1.24、残深0.50米（图九九）。

2. 葬具

葬具为一棺，已腐朽。棺位于墓室中央，朽灰呈白色和浅灰色，长2.00、宽0.70米，原高不明。

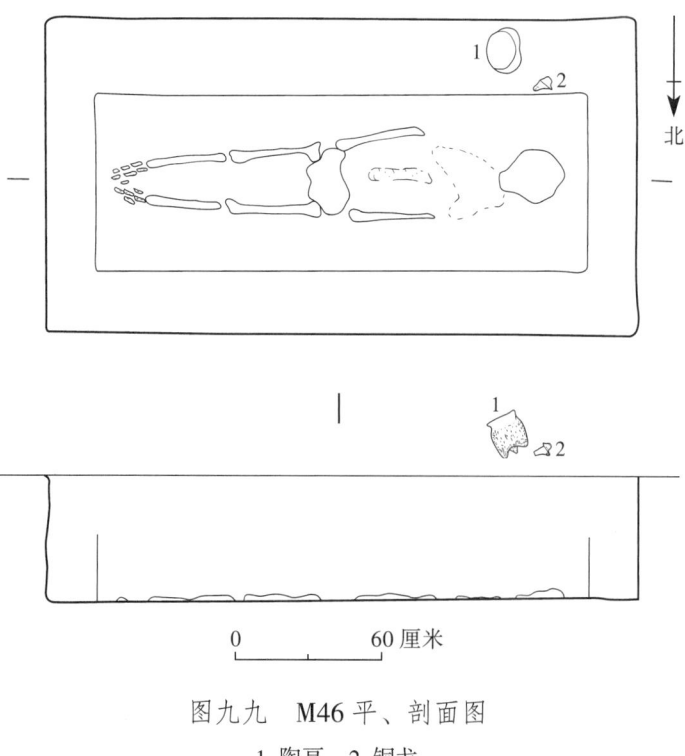

图九九　M46 平、剖面图

1. 陶鬲　2. 铜戈

3. 人骨

保存很差，见下肢及上肢部分骨骼，胸骨、头骨呈粉末状，葬式为仰身直肢，头向西，面向不明。性别不明。成年。

4. 随葬器物

共 2 件。有铜器、陶器各 1 件。

（1）铜器

1 件。

戈　1 件。

M46：2，位于墓室西南角。直内，援残，短胡，阑部有一长方形穿。残长 8.6、内长 4.5、阑长 8.7 厘米（图一〇〇，2；彩版八八，3）。

（2）陶器

1 件。

鬲　1 件。

M46：1，位于墓室西南部。夹砂灰陶。侈口，束颈，微鼓腹，分裆下接三锥形足。腹部饰绳纹。口径 12.8、高 12.7 厘米（图一〇〇，1；彩版八八，1）。

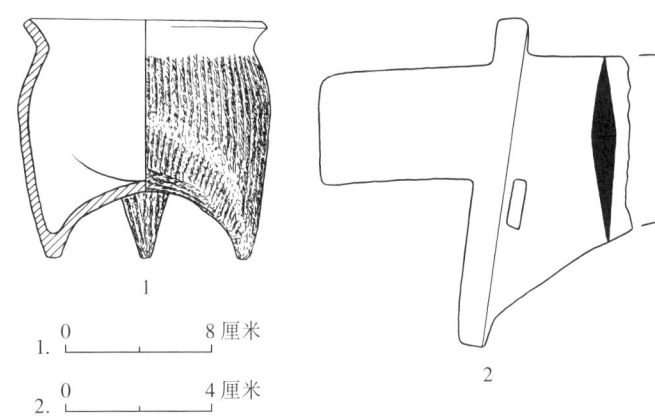

图一〇〇　M46 出土器物

1. 陶鬲（M46：1）　2. 铜戈（M46：2）

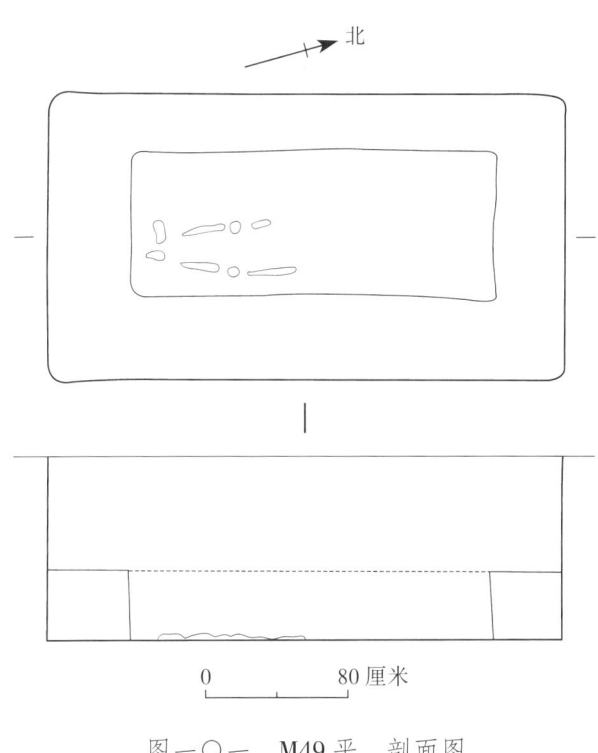

图一〇一　M49 平、剖面图

（三五）M49

1. 墓葬形制

位于墓地北部偏东处。长方形竖穴土坑墓，方向 345°，被 M50 打破。长 2.80、宽 1.50、深 0.95 米。墓底四周有熟土二层台，宽 0.30~0.44、高 0.35 米（图一〇一）。

2. 葬具

葬具为一棺，已腐朽。四边内凹略呈弧形，长 1.98、宽 0.76 米，原高不明。

3. 人骨

腐朽严重，仅残存下肢部分骨骼，仰身直肢，墓主人应头向北。女性。40~50 岁。

4. 随葬器物

无。

北

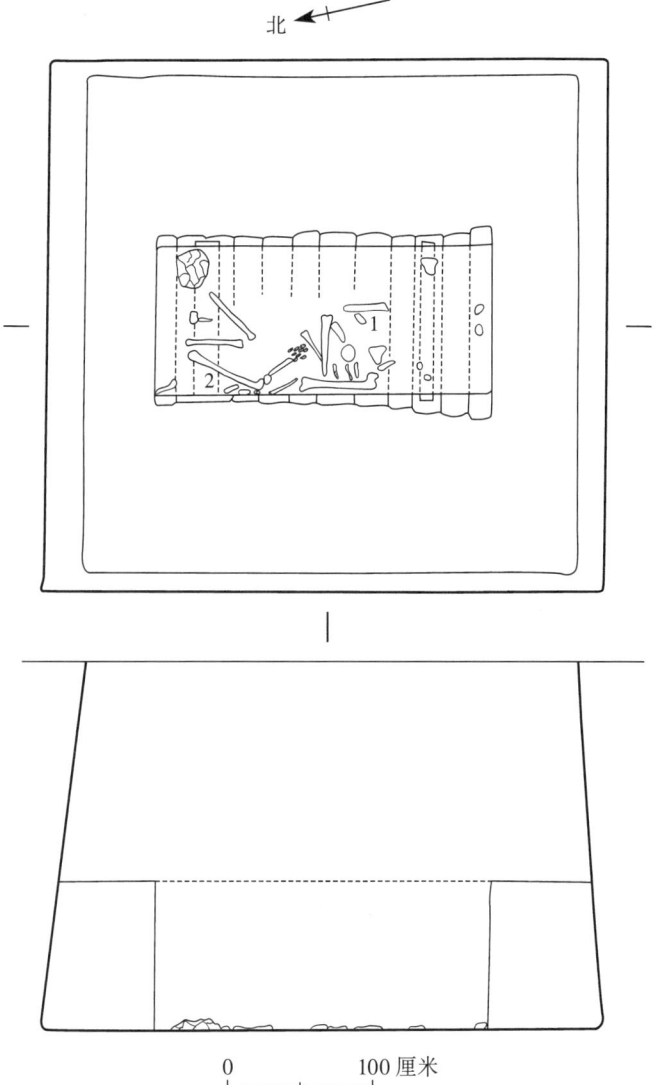

0   100厘米

图一〇二　M50 平、剖面图
1. 铜戈　2. 玉戈

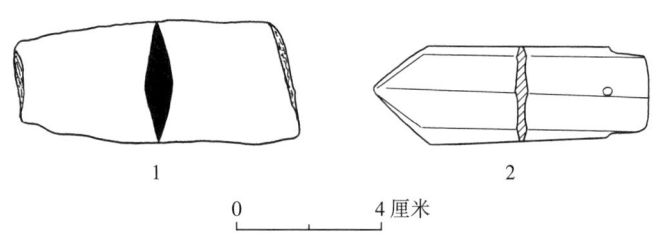

0   4厘米

图一〇三　M50 出土器物
1. 铜戈（M50：1）　2. 玉戈（M50：2）

（三六）M50

1. 墓葬形制

位于墓地北部偏东处。长方形竖穴土坑墓，南北向，头向不明。口小底大，墓口长 3.45、宽 3.35 米，墓底长 3.90、宽 3.60 米，深 2.50 米。墓底四周有熟土二层台，宽 0.68~1.34、高 1.00 米（图一〇二）。

2. 葬具

葬具为一棺一椁，均已腐朽。椁盖板朽灰呈白色，共 12 块，长 1.10~1.30、宽 0.14~0.24 米。侧板朽灰呈黑灰色。椁底板下铺两根垫木，长 1.04、宽 0.10~0.17 米。棺腐朽严重，形制不可辨。

3. 人骨

保存较差，分布散乱，可能为二次葬。墓底有红色残迹，推测为葬具髹朱漆。男性。成年。

4. 随葬器物

共 2 件。有铜器、玉器各 1 件。

（1）铜器

1 件。

戈　1 件。

M50：1，位于墓室中部。仅存援部，中部起脊，援与锋均因卷起残断。残长 7.9 厘米（图一〇三，1；彩版八八，4）。

（2）玉器

1 件。

戈　1 件。

M50：2，位于墓室西北部。白

玉质。短直内，长援，三角形锋，援本部有一圆形穿。通长 7.6、内长 1.1、宽 2.6、孔径 0.2 厘米（图一〇三，2；彩版八八，5）。

（三七）M51

1. 墓葬形制

位于墓地北部偏东处。长方形竖穴土坑墓。方向 22°，被 M52 打破。口大底小，墓口长 2.60、宽 1.30 米，墓底长 2.52、宽 1.18 米，深 0.86 米。墓底四周有熟土二层台，宽 0.16~0.20 米，高 0.36 米（图一〇四）。

2. 葬具

葬具为一棺，棺朽灰呈灰褐色，长 2.00、宽 0.66 米，原高不明。

3. 人骨

保存较差，为仰身直肢葬，头向北，面向西。墓底有橙红色残迹。

4. 随葬器物

共 2 件（组）。有陶器 1 件，串饰 1 组。

（1）陶器

1 件。

鬲 1 件。

M51：1，位于北侧二层台上。夹砂褐陶。侈口，束颈，鼓腹，分裆，足残。腹部饰绳纹。腹部与裆部有较厚的烟炱。口径 14.4、残高 14.0 厘米（图一〇五，1；彩版八八，2）。

（2）串饰

1 组。

串饰 1 组。

M51：2，共 6 颗。位于墓主颈部。由 5 颗绿松石珠、1 颗石珠组成。绿松石珠，圆柱状 2 颗，不规则形 3 颗，长约 0.8~1.3、宽约 0.3~1.3 厘米；石珠，扁圆状，长约 0.2、直径 0.4 厘米（图一〇五，2；彩版八八，6）。

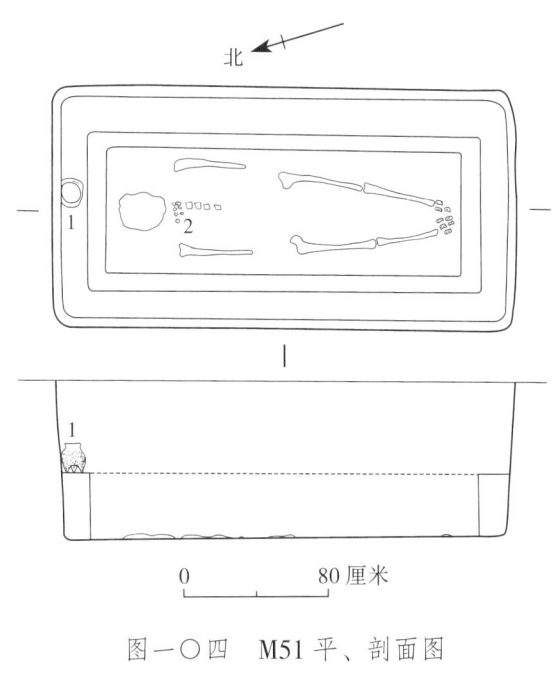

图一〇四 M51 平、剖面图
1. 陶鬲 2. 串饰

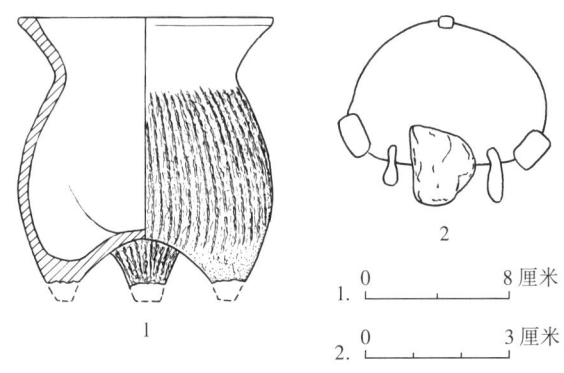

图一〇五 M51 出土器物
1. 陶鬲（M51：1） 2. 串饰（M51：2）

（三八）M53

1. 墓葬形制

位于墓地北部偏东处。长方形竖穴土坑墓，方向296°，被 M51 打破。长 2.50、宽 1.34、深 0.90 米。墓底四周有熟土二层台，宽 0.20~0.40、高 0.30 米（图一〇六）。

2. 葬具

葬具为一棺，已腐朽。朽灰呈黑灰色，长 1.90、宽 0.76 米，原高不明。墓底局部有橙红色残迹，推测为葬具髹漆。

3. 人骨

保存较差，仰身直肢，头向西，面向不明。性别不明。成年。

4. 随葬器物

共 4 件（组）。有陶器 2 件，串饰 1 组，贝蚌器 1 组。

（1）陶器

2 件。有鬲、罐各 1 件。

鬲　1 件。

M53：1，位于西侧二层台上。夹砂褐陶。侈口，束颈，微鼓腹，分裆下接三锥形足。腹部

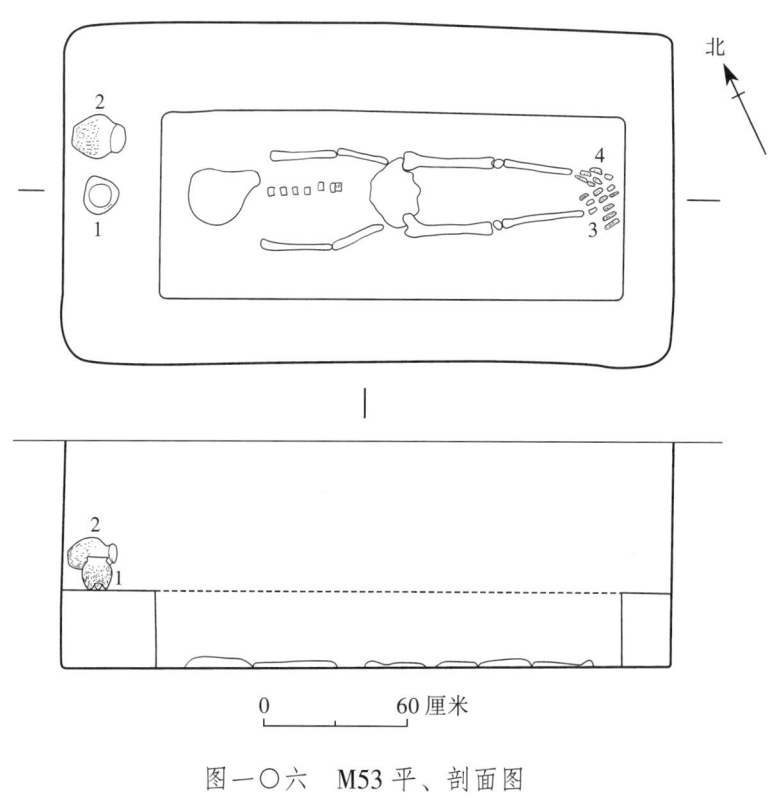

图一〇六　M53 平、剖面图

1. 陶鬲　2. 陶罐　3. 蛤蜊　4. 串饰

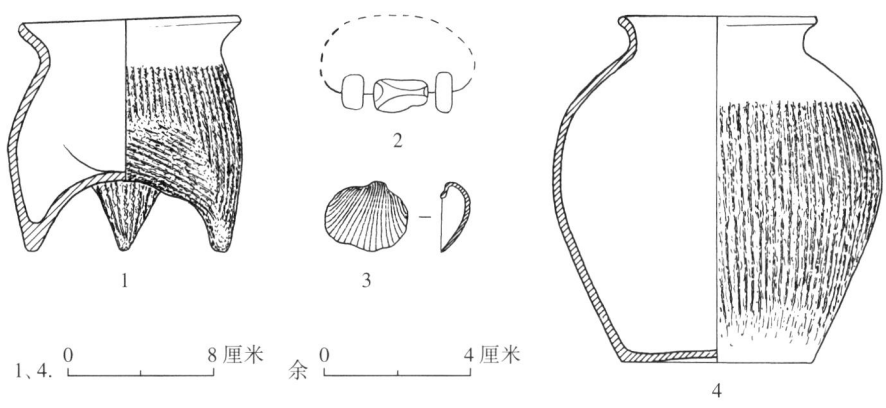

图一〇七 M53 出土器物

1. 陶鬲（M53：1） 2. 串饰（M53：4） 3. 蛤蜊（M53：3-1） 4. 陶罐（M53：2）

饰绳纹。口径 11.6、高 12.6 厘米（图一〇七，1；彩版八九，1）。

罐 1件。

M53：2，位于西侧二层台上。泥质灰陶。侈口，束颈，圆肩，下腹斜收，平底内凹。腹部饰绳纹。口径 10.8、腹径 18.4、底径 10.4、高 18.2 厘米（图一〇七，4；彩版八九，2）。

（2）串饰

1组。

串饰 1组。

M53：4，位于人骨脚趾骨处，共3颗，均为玛瑙珠，圆鼓状。长 0.4~0.6、直径 0.9~1.1 厘米（图一〇七，2；彩版八九，3）。

（3）贝蚌器

1组。

蛤蜊 1组。

M53：3，位于人骨脚趾骨处。M53：3-1，略呈扇形，表面有波折形自然纹理。宽 2.3、高 1.9 厘米（图一〇七，3；彩版八九，4）。

（三九）M55

1. 墓葬形制

位于墓地北部偏东处。长方形竖穴土坑墓，方向 183°。口小底大，墓口长 2.96、宽 1.65 米，墓底长 3.04、宽 1.85 米，深 3.86 米。墓底四周有熟土二层台，宽 0.34~0.44、高 0.58 米（图一〇八；彩版九〇、九一）。

2. 葬具

葬具为一棺一椁，均已腐朽。椁盖板朽灰呈白色，共 13 块，长 1.10~1.34、宽 0.16~0.26 米。

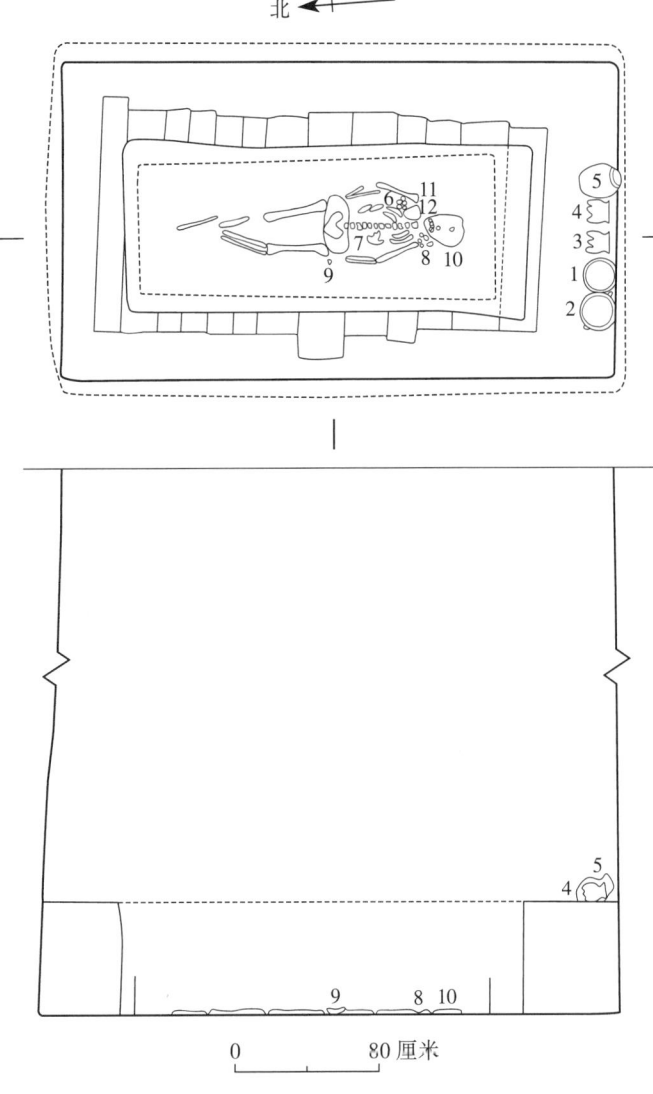

图一〇八　M55 平、剖面图

1. 铜鼎　2. 铜簋　3、4. 陶鬲　5. 陶罐　6~8、12. 串饰　9. 玉片
10. 玉玲　11. 海贝

榫室长 2.30、宽 0.88、高 0.60 米。棺朽灰呈浅灰色，长 2.00、宽 0.80 米，原高不明。

3. 人骨

保存较差，头向南，面向东，葬式为仰身直肢，双手置于腹部。中年。墓底有红色、黑色残迹，推测为葬具髹漆。性别不明。中年。

4. 随葬器物

共 12 件（组）。有铜器 2 件，陶器 3 件，玉器 2 件，串饰 4 组，贝蚌器 1 组。

（1）铜器

2 件。有鼎、簋各 1 件。

鼎　1 件。

M55：1，位于南侧二层台上。敛口，平沿外折，方立耳，腹微鼓，分裆，三柱形足。腹部饰云雷纹作地的兽面纹。口径 17.8、通高 20.0 厘米（图一〇九；彩版九二）。

簋　1 件。

M55：2，位于南侧二层台上。侈口，斜直腹，圜底，圈足，半环形兽首耳下有珥，颈部前后置牺首。颈部饰相间的夔龙纹与涡纹，圈足饰一周兽面纹，均以云雷纹为地。内底铸铭 1 行 2 字："戈乙"。口径 20.0、圈足径 14.0、高 15.6 厘米（图一一〇；彩版九三）。

（2）陶器

3 件。有鬲 2 件，罐 1 件。

鬲　2 件。

M55：3，位于南侧二层台上。夹砂灰褐陶。侈口，圆唇，束颈，微鼓腹，分裆下接三短足，足残。腹部饰绳纹。口径 10.8、残高 13.8 厘米（图一一一，1；彩版九四，1）。

M55：4，位于南侧二层台上。夹砂灰褐陶。侈口，圆唇，束颈，鼓腹，分裆下接三短足，

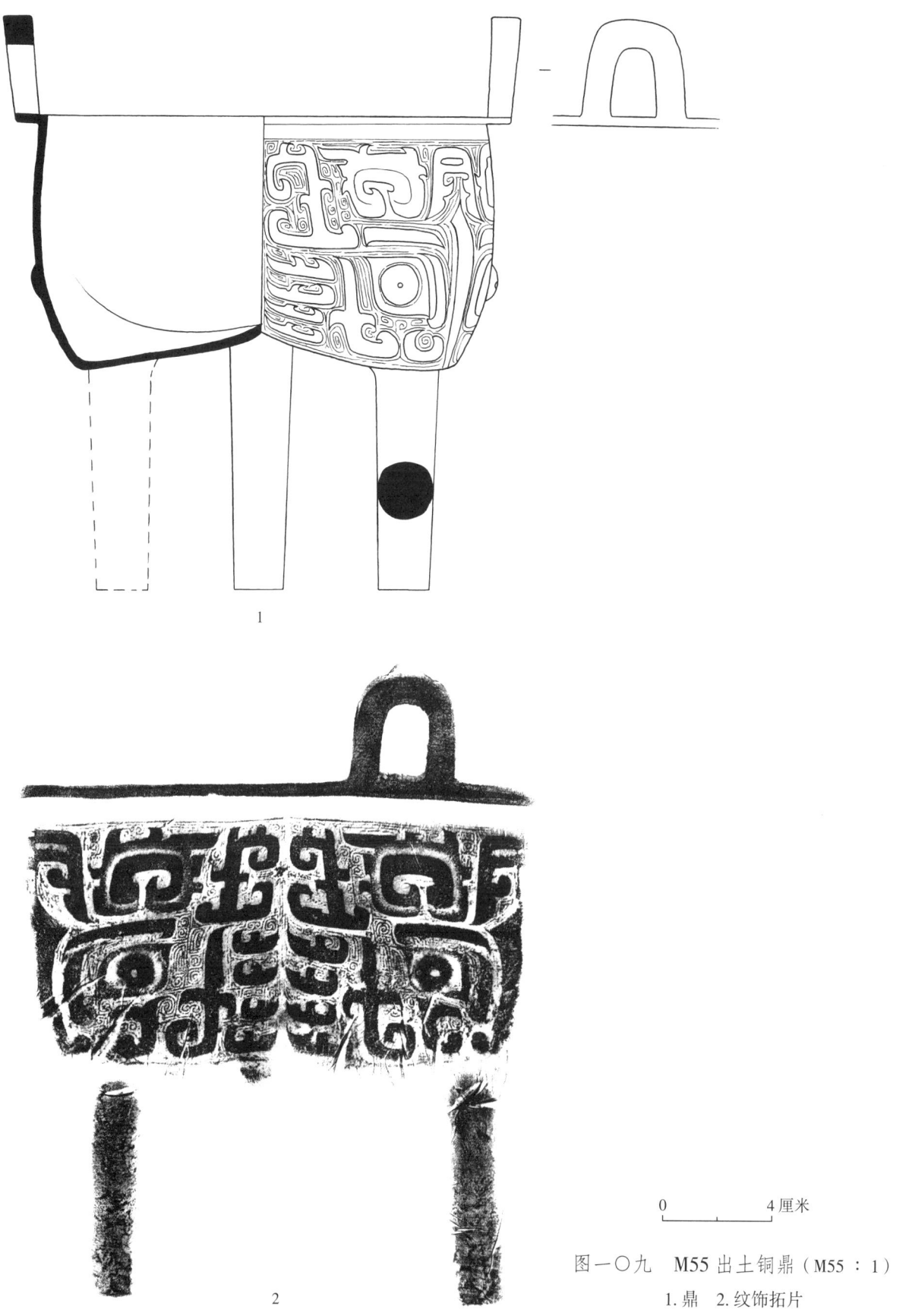

1

2

0　　　　4厘米

图一〇九　M55 出土铜鼎（M55：1）

1. 鼎　2. 纹饰拓片

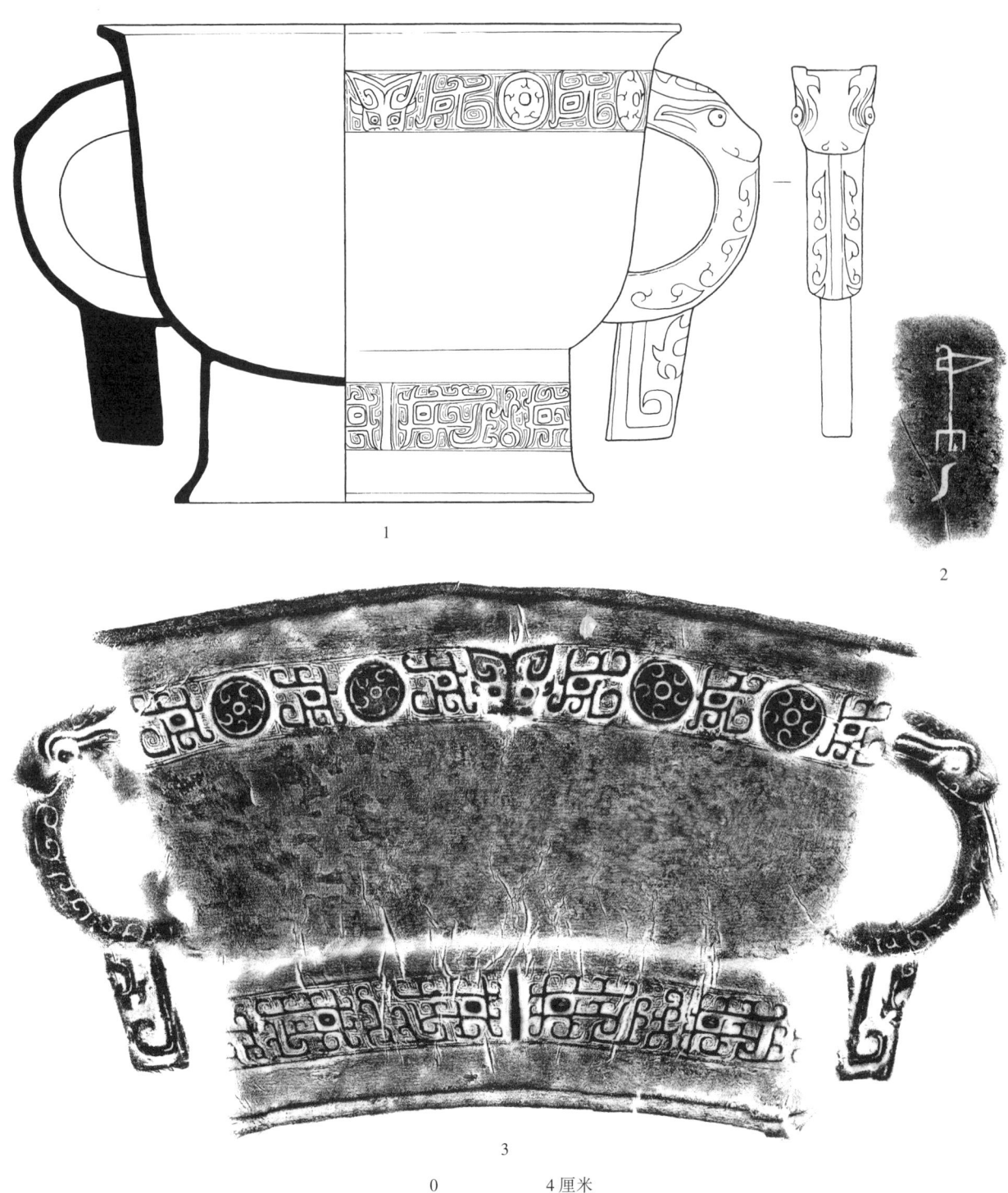

图一一〇　M55 出土铜簋（M55：2）

1.簋　2.内底铭文拓片　3.纹饰拓片

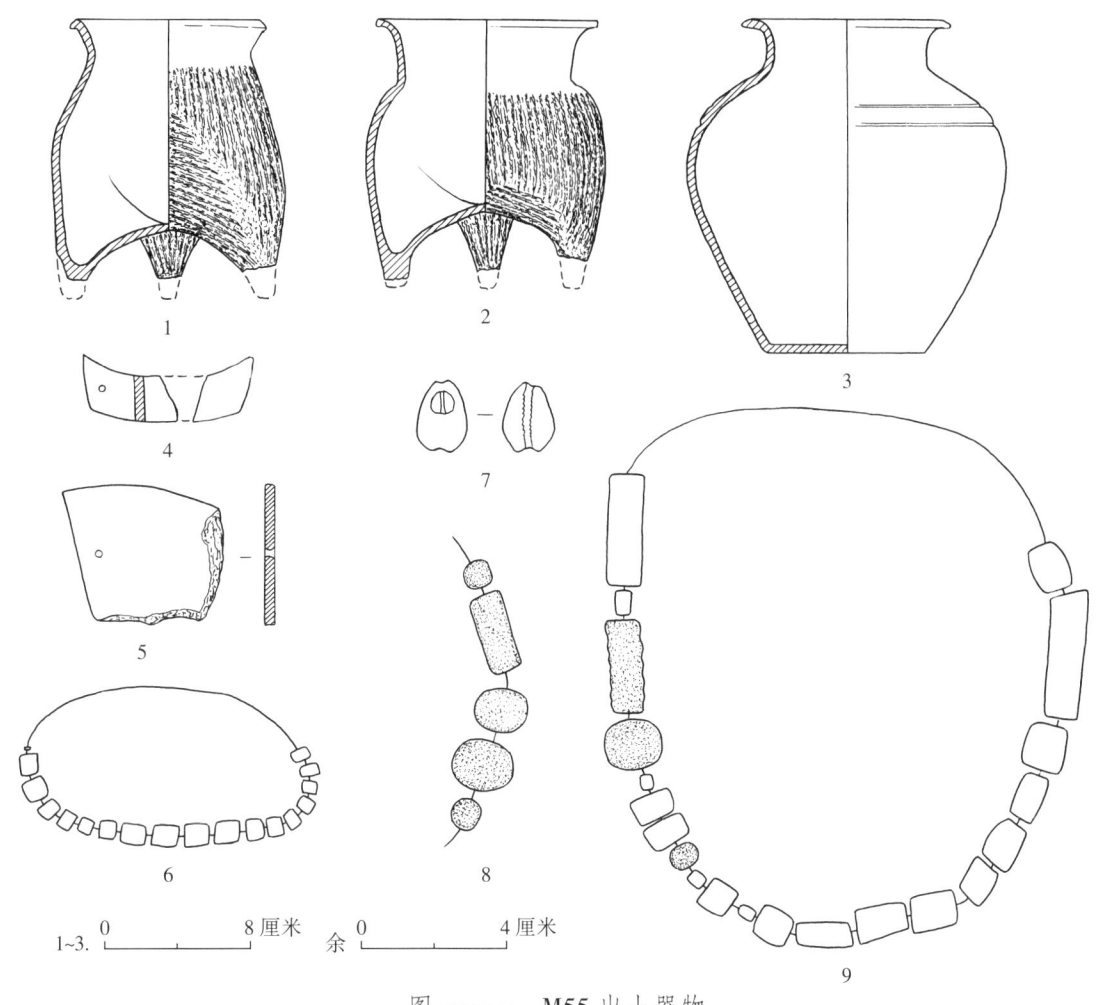

图一一一　M55 出土器物

1、2.陶鬲（M55：3、M55：4）　3.陶罐（M55：5）　4.玉琀（M55：10）　5.玉片（M55：9）　6、8、9.
串饰（M55：8、M55：7、M55：6）　7.海贝（M55：11-1）

足残。腹部饰绳纹。口径 12.2、残高 13.8 厘米（图一一一，2；彩版九四，2）。

罐　1件。

M55：5，位于南侧二层台上。泥质褐陶，侈口，束颈，圆肩，下腹斜收，平底。肩部饰两道弦纹。口径 11.6、腹径 18.0、底径 9.2、高 17.7 厘米（图一一一，3；彩版九六，1）。

（3）玉器

2件。有玉片、玉琀各 1件。

玉片　1件。

M55：9，位于人骨骨盆左侧。青玉质，玉质较差。形状近长方形，一边不甚规整。长 4.4、宽 3.7、厚 0.3 厘米（图一一一，5；彩版八九，5）。

玉琀　1件。

M55：10，位于人骨口部。白玉质，玉质较差。形状近菱形，一端残。最长的一节长 2.3、宽 1.3、厚 0.3 厘米（图一一一，4；彩版八九，6）。

（4）串饰

4 组。

串饰 4 组。

M55：6，共 21 颗。位于墓主颈部。由绿松石珠 11 颗、玛瑙珠 5 颗、玉管 2 颗、石珠 3 颗组成。绿松石珠略呈圆柱状，长约 0.6~1.5、直径 0.3~1 厘米；玛瑙珠，圆柱状 3 颗，长 1.1~1.6、直径 0.6~0.8 厘米，扁圆状 2 颗，长 0.4~0.6、直径 1 厘米；玉管，白玉质，圆柱状，长 3.1~3.3、直径 0.8~1.1 厘米；石珠，圆鼓状 2 颗，长 0.6~1.1、直径 0.5~1.5 厘米，圆柱状 1 颗，器表通体饰弦纹，长 2.7、直径 1 厘米（图一一一，9；彩版九五，1）。

M55：7，共 5 颗。位于人骨脊椎骨左侧。均为石珠，白色，圆柱状 1 颗，圆鼓状 4 颗。圆柱状，通体饰数道弦纹，长 2.3、直径 0.8 厘米；圆鼓状，长 0.5~1、直径 0.6~1.3 厘米（图一一一，8；彩版九四，3）。

M55：8，共 17 颗。位于人骨颈部。均为绿松石珠，圆柱状。长 0.4~0.8、直径 0.3~0.6 厘米（图一一一，6；彩版九四，4）。

M55：12，共 68 颗。位于墓主颈部。均为绿松石珠，其中圆柱状 4 颗，扁圆状 64 颗。圆柱状长约 0.4~1、直径 0.4~0.6 厘米；扁圆状，长约 0.1~0.2、直径 0.1~0.3 厘米（彩版九五，2）。

（5）贝蚌器

1 组。

海贝 1 组。

M55：11，共 9 件。位于墓主肩胛骨处。M55：11-1，正面中部有裂缝，呈齿状，背面磨平呈椭圆形孔。长 1.9、宽 1.4 厘米（图一一一，7；彩版八九，7）。

（四〇）M59

1. 墓葬形制

位于墓地北中部。圆角长方形竖穴土坑墓，方向 266°。长 2.80、宽 1.00~1.60、深 1.60 米。墓底四周有熟土二层台，宽 0.12~0.46、高 0.60 米（图一一二）。

2. 葬具

葬具为一棺一椁，均已腐朽。椁盖板朽灰呈白色，数量与尺寸不详。椁室长 2.20、

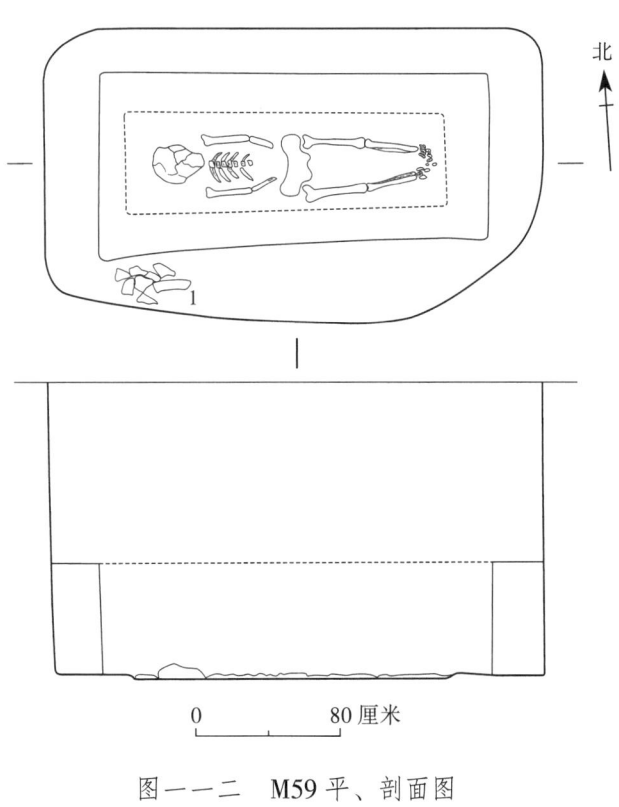

图一一二　M59 平、剖面图

1. 陶鬲

宽 0.90~1.00、高 0.60 米。棺朽灰呈浅灰色，长 1.82、宽 0.58 米，原高不明。

3. 人骨

保存较差，葬式为仰身直肢，头向西，面向不清。

4. 随葬器物

1 件。为陶器。

鬲　1 件。

M59：1，位于二层台西南部。夹砂灰陶。侈口，束颈，微鼓腹，分裆下接三锥形足。腹部饰绳纹。口径 13.4、高 13.0 厘米（图一一三；彩版九六，2）。

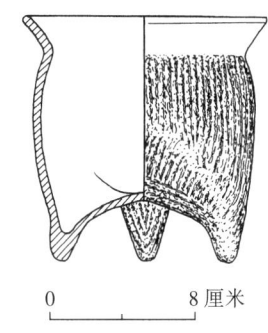

图一一三　M59 出土
陶鬲（M59：1）

（四一）M60

1. 墓葬形制

位于墓地北中部。长方形竖穴土坑墓，方向 1°，被 M61 打破。长 3.20、宽 2.00、深 2.00 米。墓底四周有熟土二层台，宽 0.34~0.50、高 0.40 米（图一一四）。

2. 葬具

葬具为一棺，已腐朽。朽灰呈浅灰色，长 2.10、宽 0.72 米，原高不明。

3. 人骨

保存极差，葬式应为仰身直肢，头向北，面向不明。性别不明。成年。

4. 随葬器物

共 6 件（组）。有陶器 1 件，骨器 2 件（组），贝蚌器 3 组。

（1）陶器

1 件。

罐　1 件。

M60：1，位于二层台东北角。泥质灰陶。侈口，卷沿，圆肩，下腹斜收，平底。肩部饰两道弦纹。口径 6.0、腹径 11.0、底径 5.2、高 8.8（图

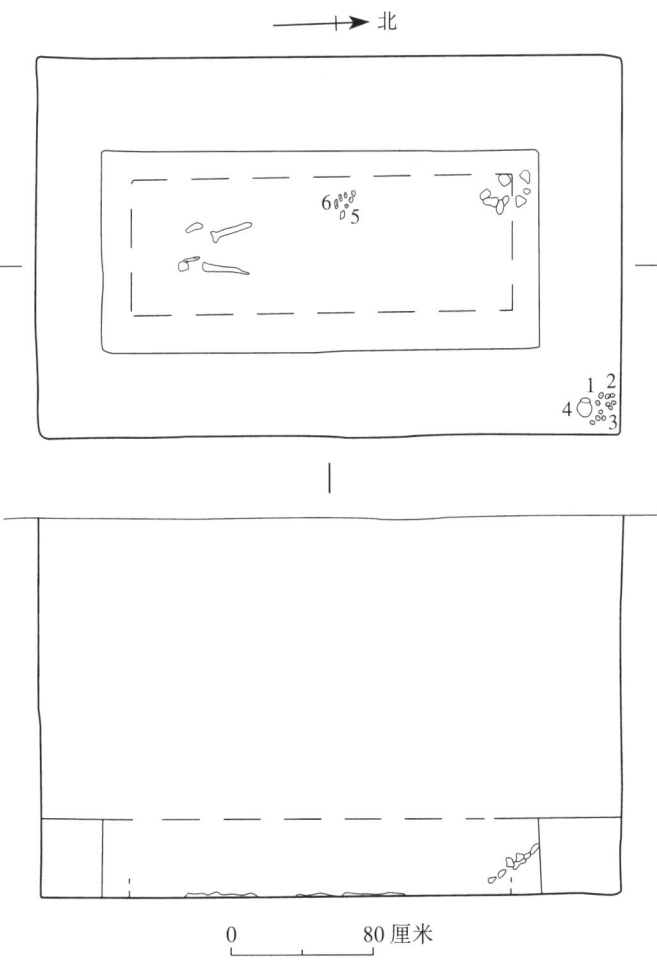

图一一四　M60 平、剖面图
1.陶罐　2.蚌泡　3、6.骨器　4.蛤蜊　5.海贝

一一五，1；彩版九六，3）。

（2）骨器

2件（组）。

骨器　2件（组）。

M60：3，1件，位于二层台东北角。整体略呈梯形，一端较短略薄，一端较宽略厚，宽厚的一端开凹刃，并横贯一圆形穿孔。长2.4、宽1.4、孔径0.3、厚0.75厘米（图一一五，3；彩版九六，5）。

M60：6，1组4件，位于棺内西部中间。均残。M60：6-1，长条形，薄厚均匀，一端残，一端两角凸出，类似鱼尾。残长8.6、宽1.3、厚0.3厘米（图一一五，7；彩版九六，4）。

M60：6-2，长条形，薄厚均匀，两端均残。残长6.2、宽1.8、厚0.2厘米（图一一五，6；彩版九六，4）。

（3）贝蚌器

3组。有蚌泡、海贝、蛤蜊各1组。

蚌泡　1组。

M60：2，共3件。位于二层台东北角。形制、大小近同。M60：2-1，呈圆形，正面微隆，背面平直，中部有一对钻穿孔。直径2.4、孔径0.15~0.4、厚0.7厘米（图一一五，2；彩版九六，6）。

海贝　1组。

M60：5，共2件。位于棺内西部中间。M60：5-1，正面中部有裂缝，呈齿状，背面磨平呈椭圆形孔。长2.6、宽1.8厘米（图一一五，5；彩版九七，1）。

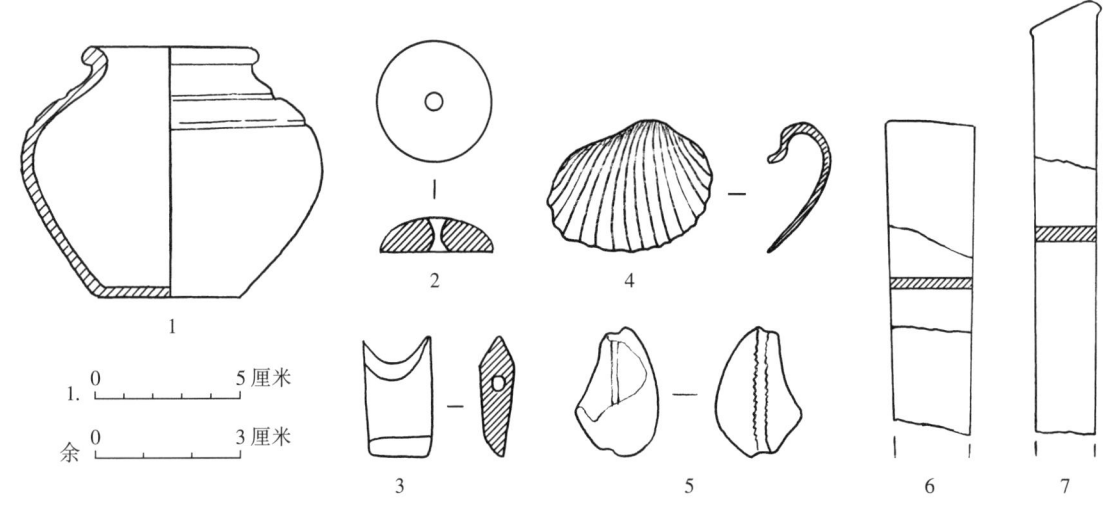

图一一五　M60出土器物

1.陶罐（M60：1）　2.蚌泡（M60：2-1）　3、6、7.骨器（M60：3、M60：6-2、M60：6-1）　4.蛤蜊（M60：4-1）　5.海贝（M60：5-1）

蛤蜊　1组。

M60：4，共5件。位于二层台东北角。M60：4–1，略呈扇形，表面有波折形自然纹理，尾部有一穿孔。宽3.4、孔径0.3、高2.6厘米（图一一五，4；彩版九六，7）。

（四二）M63

1. 墓葬形制

位于墓地北部。长方形竖穴土坑墓，方向188°。口大底小，墓口长3.00、宽2.40米，墓底长2.80、宽1.90~2.00米，深3.30米。西壁北端有一壁龛，略呈三角形，宽0.70、进深0.20、高0.50米。墓底四周有熟土二层台，宽0.20~0.60、高0.50米（图一一六）。

2. 葬具

葬具为一棺一椁，均已腐朽。椁盖板朽灰呈白色，共13块，长1.28~1.32、宽0.14~0.20米。椁室长2.35、宽0.90~0.95、高0.50米。棺朽灰呈浅灰色，长2.10、宽0.66米，原高不明。

3. 人骨

保存极差，葬式为仰身直肢，头向南，面向不明。

4. 随葬器物

共3件（组）。均为铜器，有戈、当卢各1件，泡1组。

戈　1件。

M63：3，位于二层台西南角。残，仅存内部，直内，上有木头朽痕。残长6.6厘米（图一一七，2；彩版九七，2）。

当卢　1件。

M63：1，位于棺内南部。薄片状。顶部两犄角直出，中呈圆泡状，下垂梯形鼻梁，两犄角顶端分别有一圆角长方

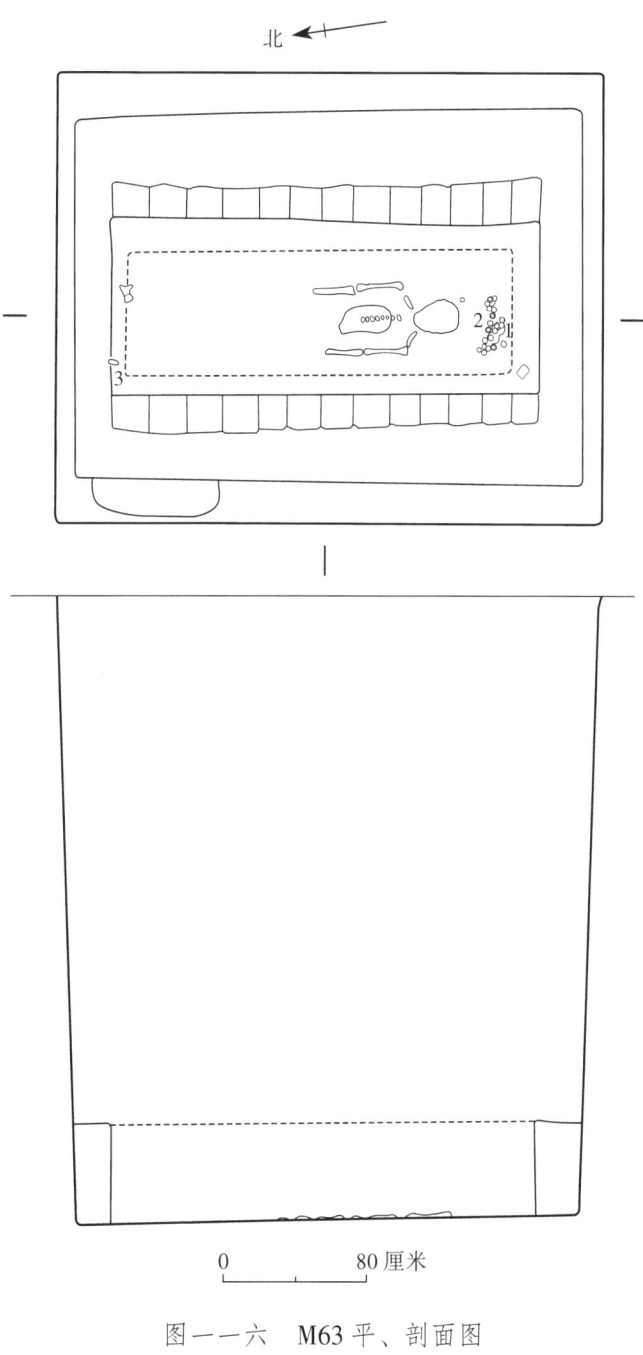

图一一六　M63平、剖面图

1. 铜当卢　2. 铜泡　3. 铜戈

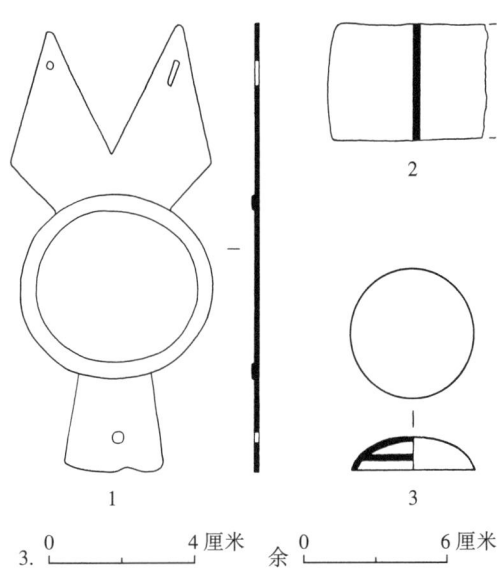

图一一七　M63 出土器物

1. 铜当卢（M63：1）　　2. 铜戈（M63：3）
3. 铜泡（M63：2-1）

形穿孔和一圆形穿孔，鼻梁下端有一圆形穿孔。通长 17.5、宽 8.3 厘米（图一一七，1；彩版九七，3）。

泡　1 组。位于棺内南部。

M63：2，共 26 件。残，形制、大小相同。圆形，正面隆起，背面内凹，内设一横梁。M63：2-1，直径 3.4、高 0.9 厘米（图一一七，3；彩版九七，4）。

（四三）M69

1. 墓葬形制

位于墓地东北部。长方形竖穴土坑墓，方向 335°。长 2.50、宽 1.20、深 0.50 米。无二层台。

2. 葬具

葬具为一棺，已腐朽。朽灰呈浅灰色，长 1.80、宽 0.64 米，原高不明。

3. 人骨

保存极差，葬式为仰身直肢，头向北，面向不明（图一一八）。

4. 随葬器物

无。

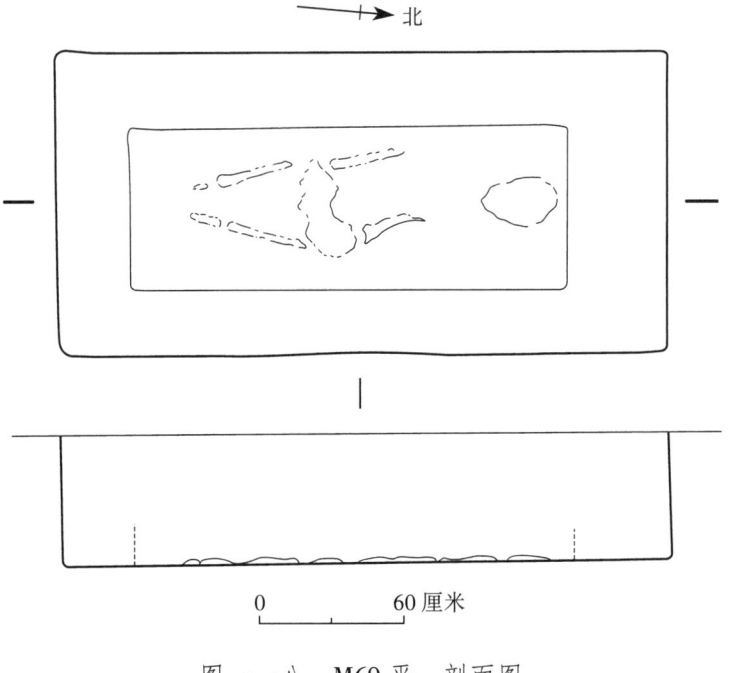

图一一八　M69 平、剖面图

（四四）M73

1. 墓葬形制

位于墓地北中部。圆角长方形竖穴土坑墓，被 M61 打破，方向 273°。口大底小，墓口长 2.40、残宽 1.30~1.38米，墓底长 2.22、残宽 1.14~1.22 米，深 1.20 米。墓底四周有熟土二层台，宽0.12~0.28、高 0.72 米（图一一九）。

2. 葬具

葬具为一棺，已腐朽，形制与尺寸不明。

3. 人骨

保存极差，头向西，仰身直肢，仅存部分头骨、盆骨。

4. 随葬器物

共 2 件。均为陶器。有鬲、罐各 1 件。

鬲　1 件。

M73：2，位于二层台西北角。夹砂褐陶。侈口，束颈，鼓腹，分档下接三锥形足。腹部饰绳纹。腹部和档部有烟炱。口径 11.6、高 11.3 厘米（图一二〇，1；彩版九八，1）。

罐　1 件。

M73：1，位于二层台西北角。泥质灰陶。侈口，微束颈，圆肩，下腹斜收，平底内凹。肩部饰四道弦纹，腹部饰一周折线纹和圆饼状纹。口径 7.6、腹径 11.5、底径 6.0、高 11.6 厘米（图一二〇，2；彩版九八，2）。

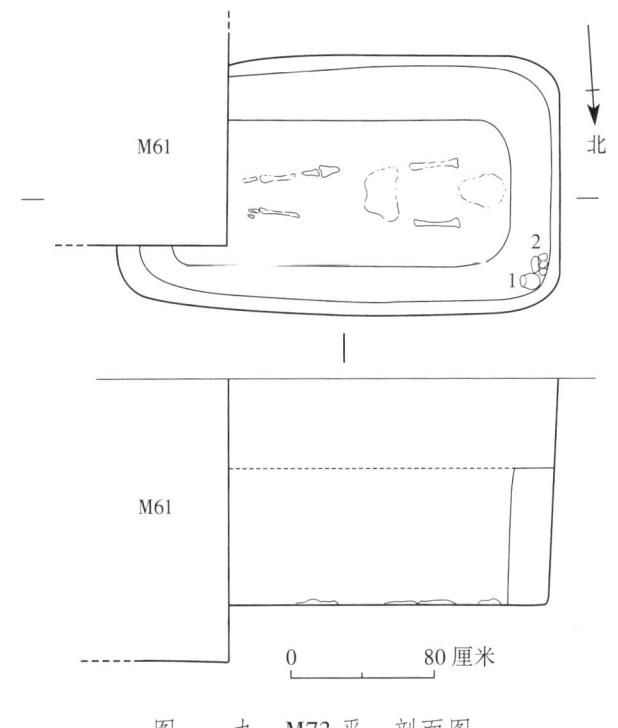

图一一九　M73 平、剖面图
1. 陶罐　2. 陶鬲

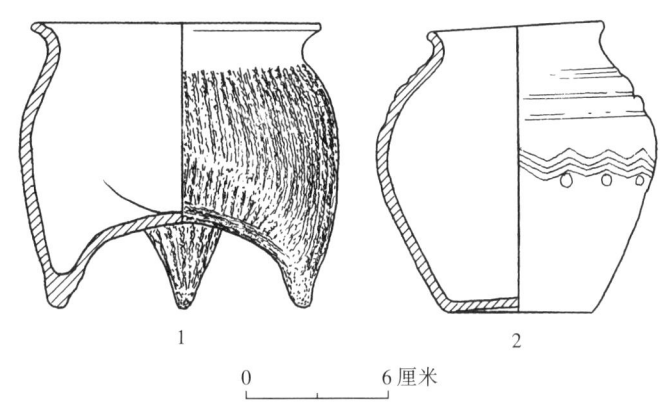

图一二〇　M73 出土器物
1. 陶鬲（M73：2）　2. 陶罐（M73：1）

（四五）M74

1. 墓葬形制

位于墓地西北角。长方形竖穴土坑墓，方向 176°。墓葬上部破坏严重，只有墓葬南壁保留高度约 2 米。现存墓口长 3.70、宽 2.80、残深约 3.00 米。墓底四周有熟土二层台，宽 0.56~0.90、高 0.70 米。青铜礼器出自两个壁龛，一个壁龛位于墓葬南壁，壁龛底部高于二层台；另一个壁龛位置、形制与尺寸均不详（图一二一；彩版九八，3）。

2. 葬具

葬具为一棺一椁，均已腐朽。椁盖板朽灰呈白色，共 14 块，长 1.50~1.60、宽 0.14~0.25 米。椁室长 2.30、宽 1.04~1.14、高 1.20 米。棺朽灰呈黄褐色，长 1.90、宽 0.78~0.90 米，原高不明。

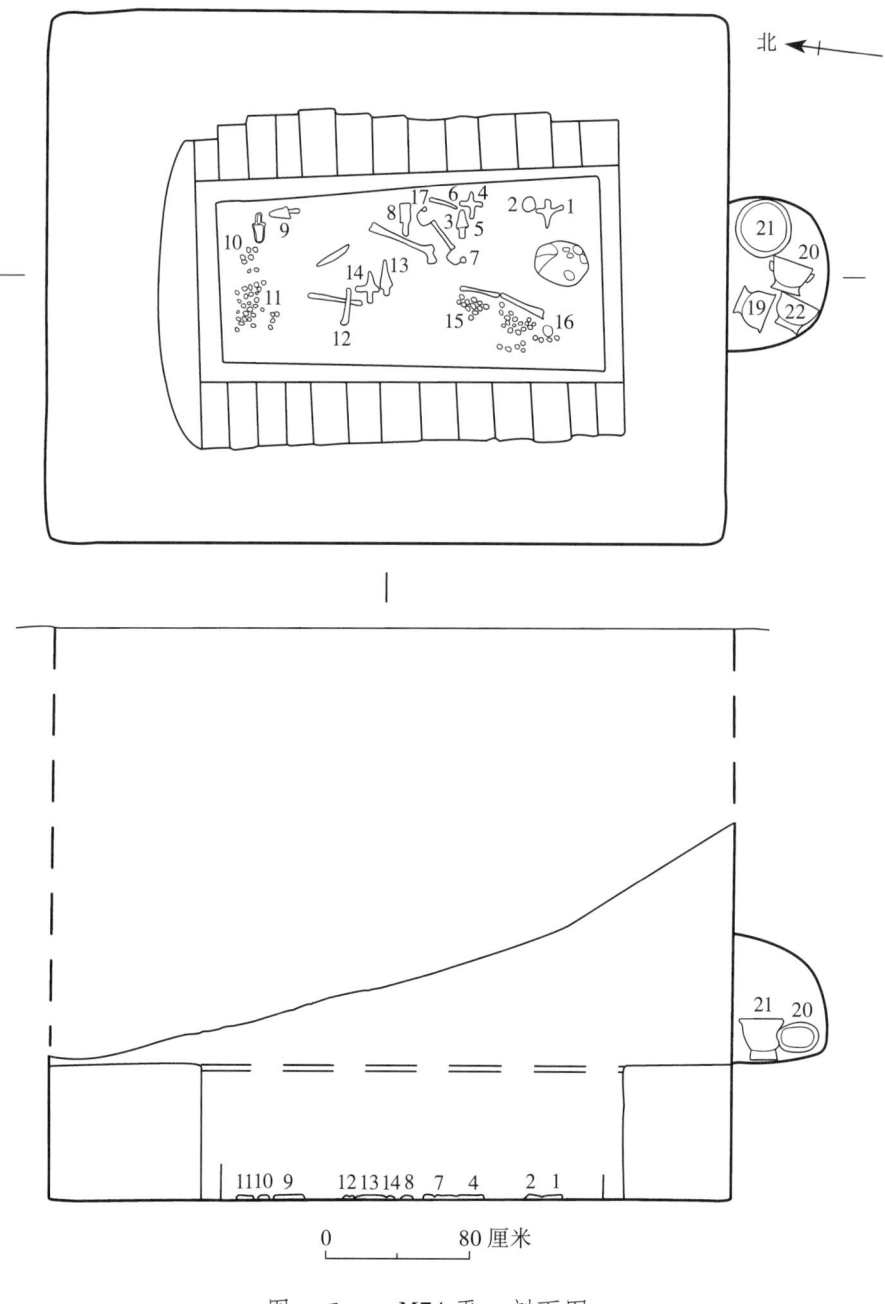

图一二一　M74 平、剖面图

1、4、13. 铜戟　2、16. 铜镜　3、5、9、10、14. 铜戈　6、17. 铜策柄　7. 铜弓形器　8. 铜钺　11、15. 铜泡　12. 铜刀　18、23、24. 铜鼎　19~22、25. 铜簋（18、23~25 位置不详）

3. 人骨

保存很差，葬式为仰身直肢，头向南，面向上。

4. 随葬器物

共 25 件（组）。均为铜器。有鼎 3 件、簋 5 件、钺 1 件、戈 5 件、戟 3 件、刀 1 件、铜镜 2 件、弓形器 1 件、泡 2 组、策柄 2 件。此墓在施工中先发现 3 件铜鼎（M74：18、M74：23、M74：24）、1 件铜簋（M74：25），后经勘探发现墓葬（M74），发掘者推测，施工中发现的 4 件铜器（M74：18、M74：23~25）应出自此墓壁龛，但壁龛位置不可知。铜簋 M74：19~22 出自墓葬南壁龛。其他器物均出自墓室。

（1）礼器

8 件。有鼎 3 件，簋 5 件。

鼎　3 件。均位于壁龛内。

M74：18，敛口，平沿外折，方唇，方立耳，腹微鼓，圜底，三柱形足。口沿下饰一周云雷纹作地的兽面纹。口径 27.6、通高 32.6 厘米（图一二二；彩版九九）。

M74：23，残。口微敛，平沿外折，方唇，腹微鼓，圜底，三蹄足。口沿下饰一周以扉棱为鼻的兽面纹，云雷纹作地，足根饰兽面。口径 46.0、残高 36.5 厘米（图一二三；彩版一〇〇，1）。

M74：24，残。口微敛，平沿外折，方唇，方立耳，腹微鼓，圜底，三柱形足。口沿下饰一周以扉棱为鼻的兽面纹，云雷纹作地，足根饰兽面。口径 29.0、通高 32.4 厘米（图一二四；彩版一〇〇，2）。

簋　5 件。均位于壁龛内。

M74：19，侈口，方唇，束颈，鼓腹，底略平，圈足残，半环形兽首耳下有珥，颈部前后置牺首。颈部饰一周夔龙纹，腹部饰兽面纹，均以云雷纹作地。内底铸铭 1 行 3 字："爻父壬"。口径 25.6、残高 15.8 厘米（图一二五，1~3；彩版一〇一）。

M74：20，敞口，窄平沿，方唇，斜直腹，底略平，圈足，半环形兽首耳下有珥，颈部前后置牺首。颈部与圈足各饰一周云雷纹作地的夔龙纹，腹部饰斜方格乳丁纹。圈足底部有斜方格形强筋线。口径 28.0、圈足径 19.8、高 19.6 厘米（图一二六；彩版一〇二，1、2）。

M74：21，残。敞口，窄平沿，方唇，斜直腹，底略平，圈足，颈部前后置牺首。颈部与圈足各饰一周云雷纹作地的夔龙纹，腹部饰斜方格乳丁纹。圈足底部有斜方格形强筋线。口径 24.6、圈足径 17.6、高 16.7 厘米（图一二五，4、5；彩版一〇二，3）。

M74：22，敞口，窄平沿，方唇，斜直腹，底略平，圈足，颈部前后置牺首。颈部与圈足各饰一周云雷纹作地的夔龙纹，腹部饰斜方格乳丁纹。圈足底部有斜方格形强筋线。口径 24.6、圈足径 17.2、高 16.8 厘米（图一二七，1、2、6；彩版一〇三）。

M74：25，残。圜底近平，圈足。腹部饰方格乳丁纹，圈足饰云雷纹作地的夔龙纹。圈足

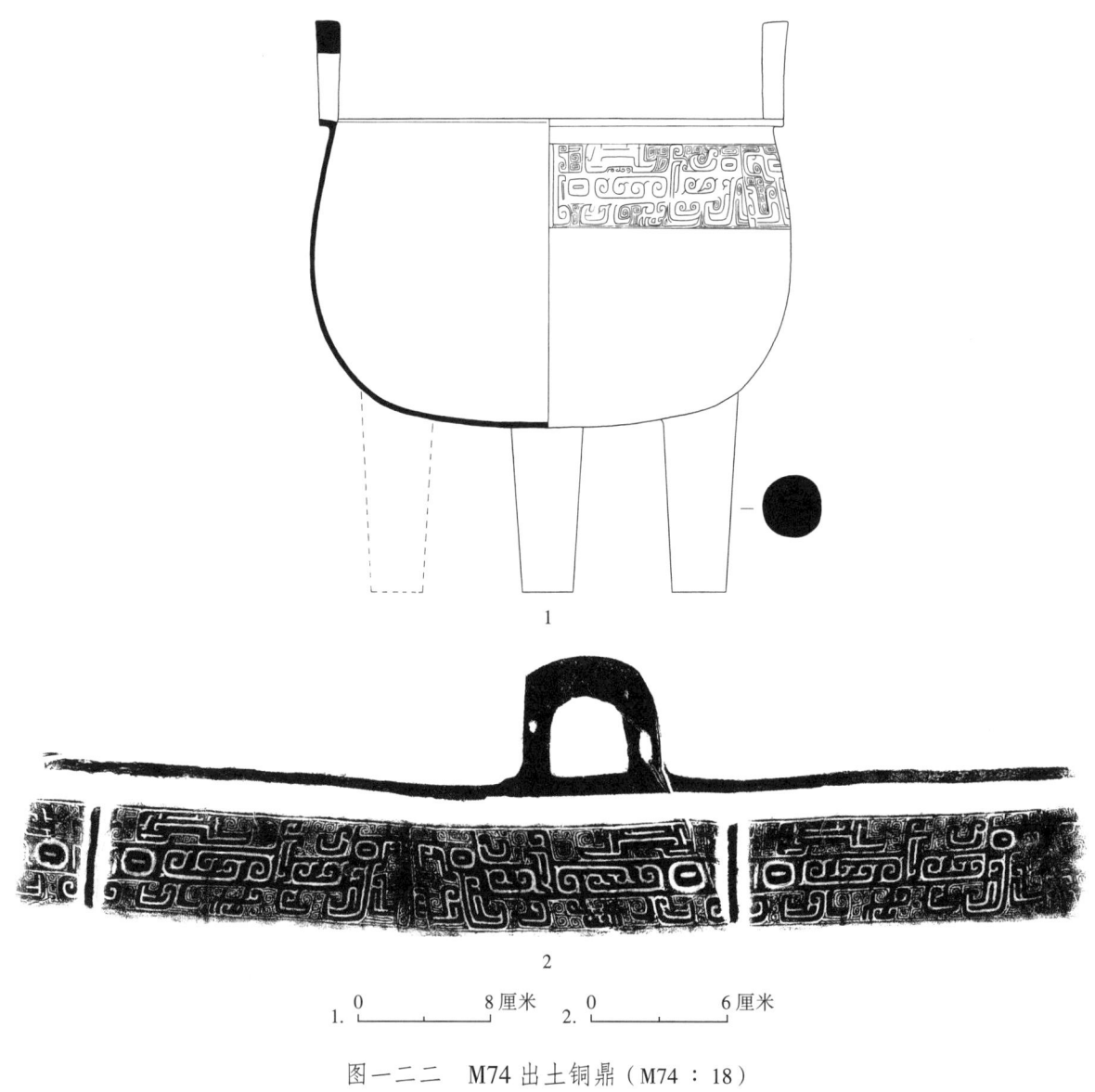

1. 鼎

2

1. 0 ├──┬──┤ 8厘米　　2. 0 ├──┬──┤ 6厘米

图一二二　M74 出土铜鼎（M74：18）

1. 鼎　2. 纹饰拓片

底部有菱形强筋线。内底铸铭 1 字："禾"。圈足径 19.4、残高 14.4 厘米（图一二七，3~5；彩版一〇〇，3）。

（2）兵器

10 件。有戈 5 件，戟 3 件，钺 1 件，刀 1 件。

戈　5 件。

M74：3，位于墓主右腹部处。直内，三角形援残，中部起脊，内部有一穿，阑部有两穿。残长 17.1、内长 6.8、阑长 9.6 厘米（图一二八，1；彩版一〇四，1）。

M74：5，位于墓主右腹部处。直内，三角形援，中部起脊，锋端因上卷残断，内部有一椭圆形穿，援本部有一圆形穿，阑部有两长方形穿。残长 21.3、内长 7.2、阑长 10.9 厘米（图

图一二三　M74 出土铜鼎（M74：23）

1. 鼎　2. 纹饰拓片

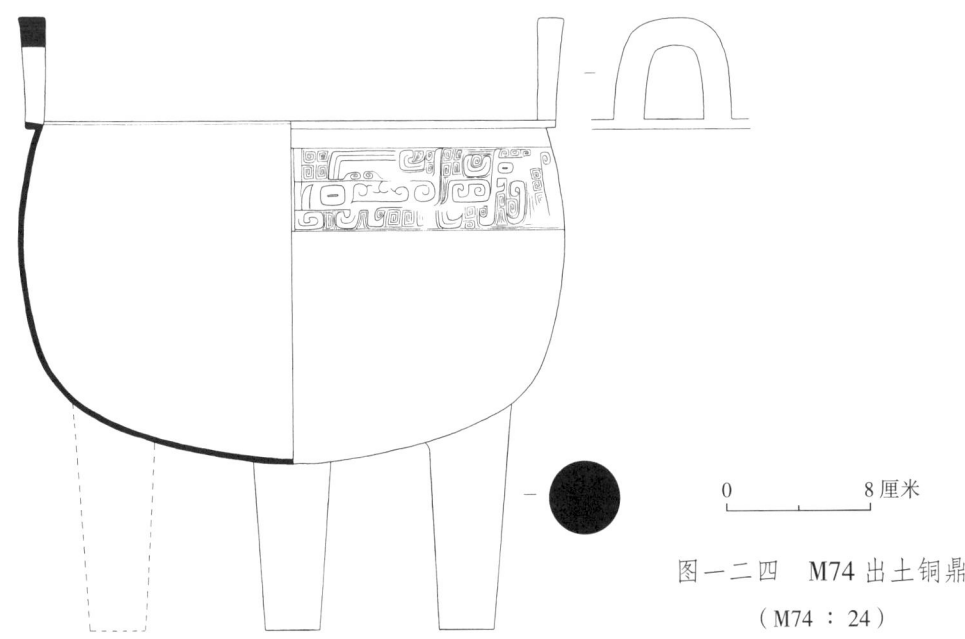

图一二四　M74 出土铜鼎

（M74：24）

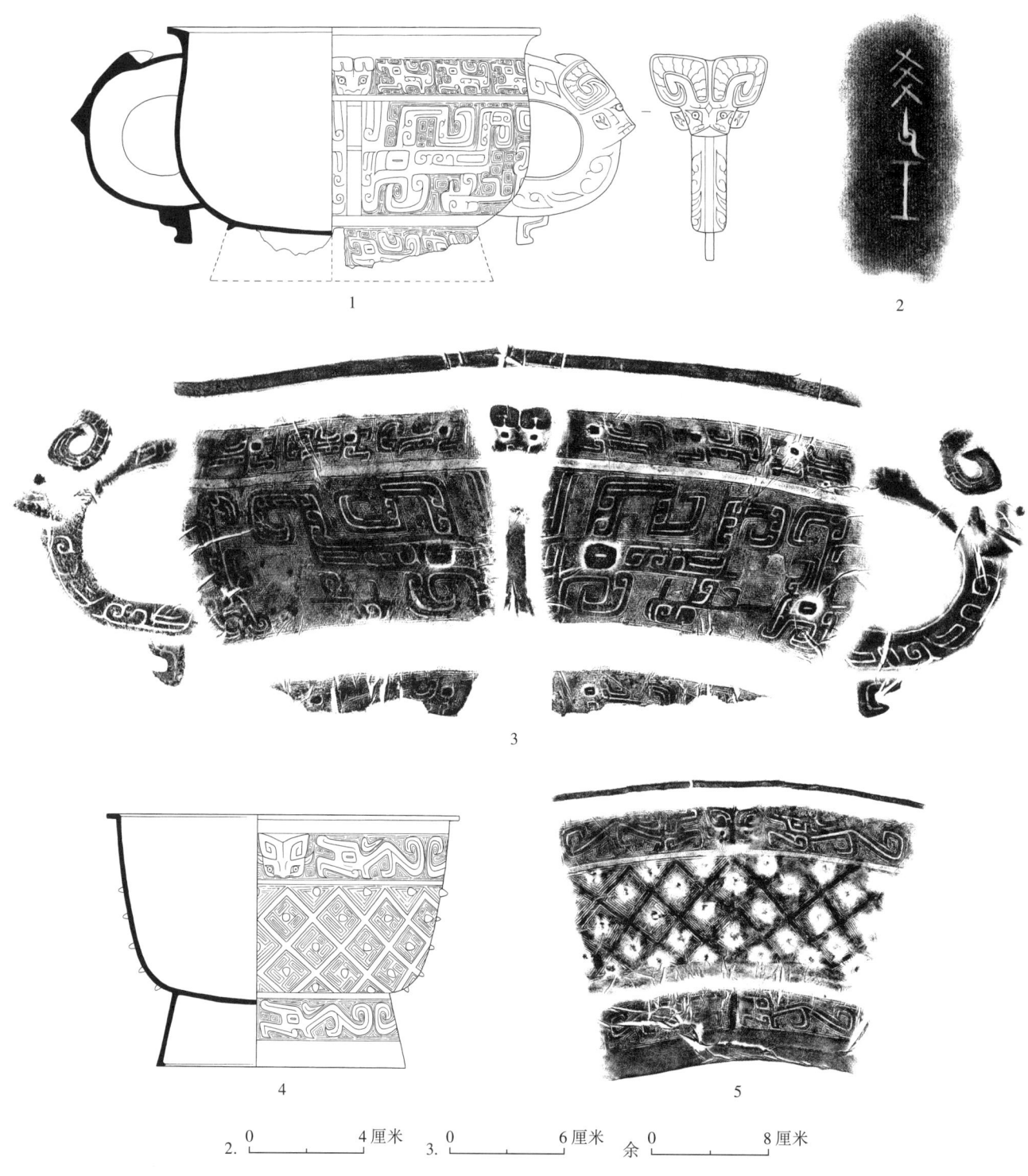

图一二五　M74 出土铜簋

1. M74∶19　2. M74∶19 内底铭文拓片　3. M74∶19 纹饰拓片　4. M74∶21　5. M74∶21 纹饰

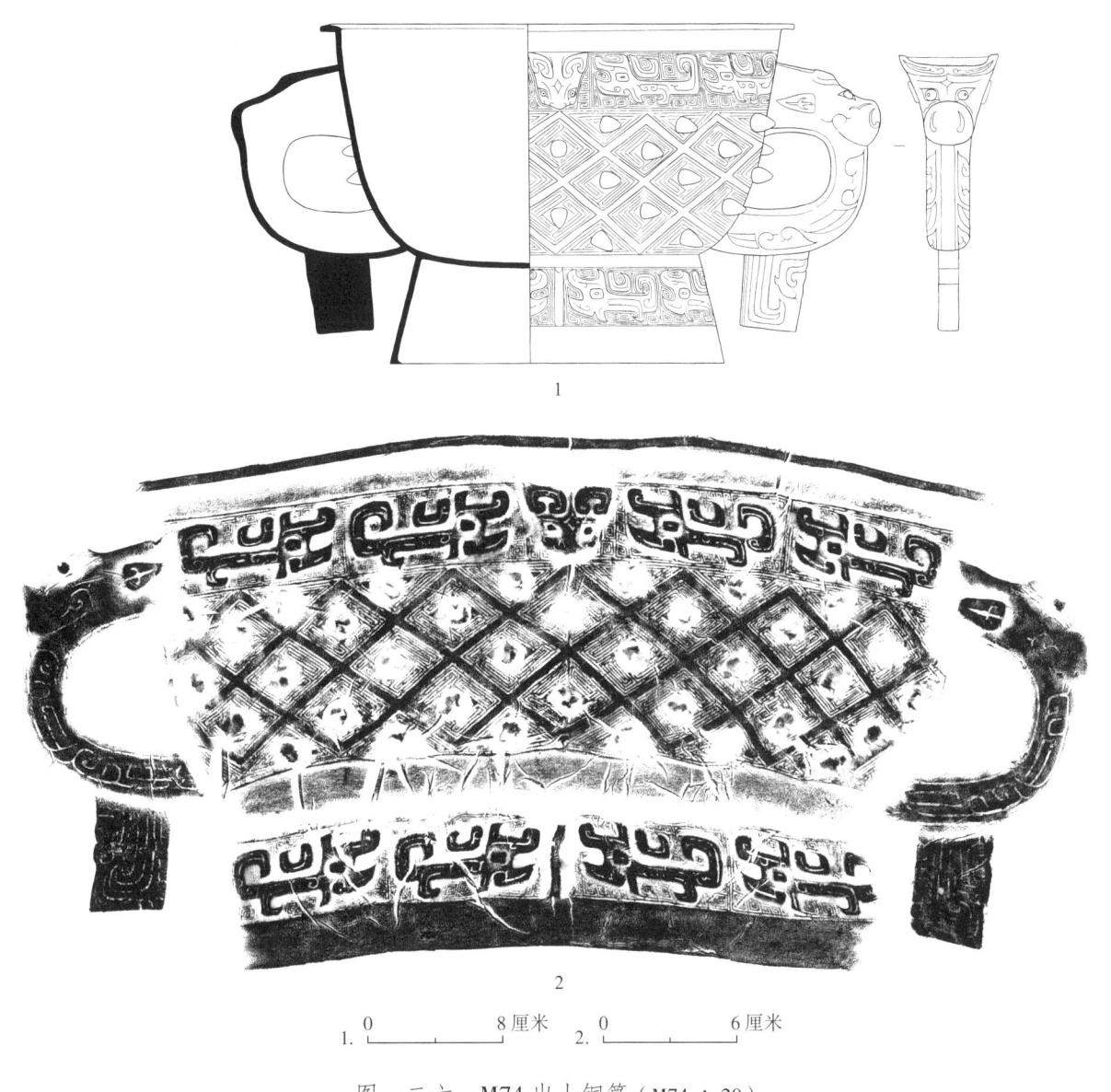

1

2

```
1.  0 ┕━━━┛ 8 厘米    2.  0 ┕━━━┛ 6 厘米
```

图一二六　M74 出土铜簋（M74：20）

1. 簋　2. 纹饰拓片

一二八，2；彩版一〇四，2）。

　　M74：9，与 M74：10 在一处，位于棺内东北部。直内，三角形援残，阑部有两穿。残长16.6、内长 5.9、阑长 8.2 厘米（图一二八，4；彩版一〇五，1）。

　　M74：10，位于棺内东北部。銎内，三角形援上卷，中部起脊。通长 12.3、内长 3.5、銎径2.2~3.0 厘米（图一二八，5；彩版一〇四，4）。

　　M74：14，位于墓主左股骨处，与铜刀（M74：12）刀体前段在一处。形制与 M74：5 相同。残长 18.3、内长 5.0、阑长 9.8 厘米（图一二八，3；彩版一〇四，3）。

　　戟　3 件。

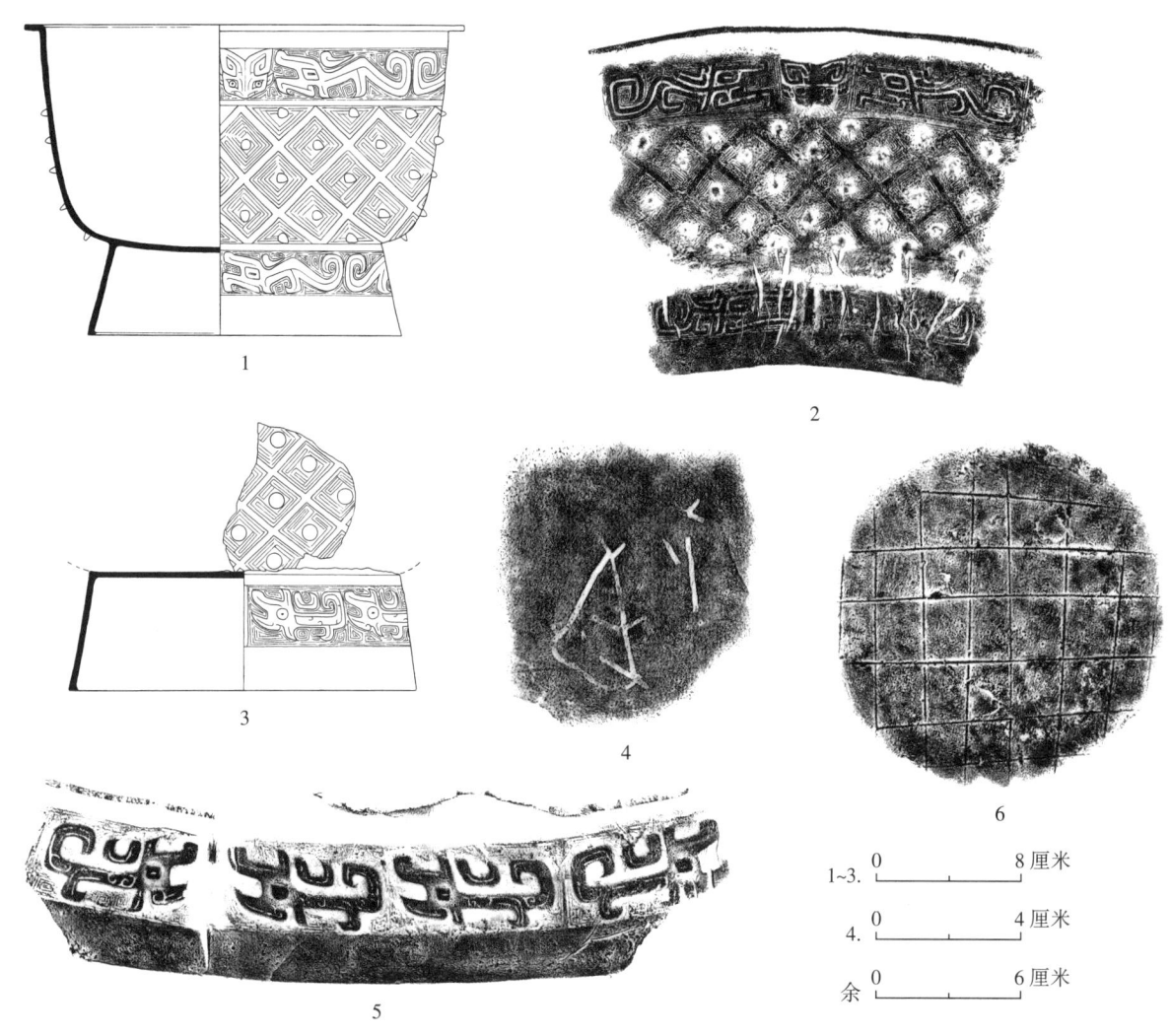

图一二七　M74 出土铜簋

1. M74：22　2. M74：22 腹部纹饰拓片　3. M74：25　4. M74：25 内底铭文拓片　5. M74：25 圈足上纹饰拓片
6. M74：22 底部拓片

　　M74：1，与铜镜（M74：2）位于墓主右肩胛骨处。戈、矛同体，直内，援较短，中部起脊，长胡，长阑起脊直通矛尖，矛尖刃部呈弧形后卷，戈体援部有一圆形穿，阑部有四长方形穿。内部饰两道长条形凸棱。矛长 22.0、戈长 17.4 厘米（图一二九，1；彩版一〇五，2）。

　　M74：4，位于墓主右腹部处，压在铜刀（M74：12）刀体后段之上。形制与 M74：1 相同，唯戈体锋部残断。矛长 21.5、戈残长 16.7 厘米（图一二九，3；彩版一〇五，3）。

　　M74：13，与铜戈（M74：14）位于墓主两股骨之间。形制与 M74：4 相同，内部饰阴线"十"字纹。矛长 21.8、戈残长 18.8 厘米（图一二九，2；彩版一〇五，4）。

　　钺　1件。

　　M74：8，位于墓主右腹部处。直内，长援，弧刃，内部有一穿，阑部有两穿；援后端饰两圆饼形饰。通长 20.3、内长 7.3、刃宽 9.4 厘米（图一二九，4；彩版一〇六，1）。

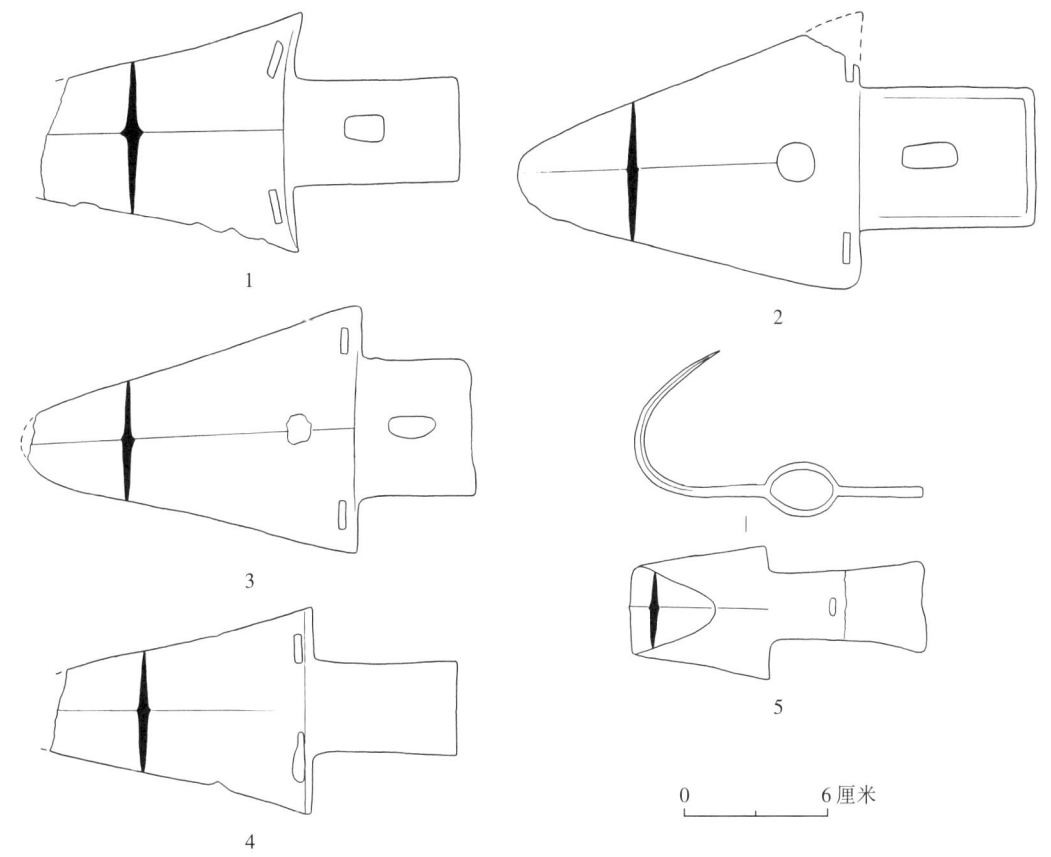

图一二八　M74 出土铜戈

1. M74：3　2. M74：5　3. M74：14　4. M74：9　5. M74：10

刀　1 件。

M74：12，残，缺柄部。刀体断为两段，前段位于棺内人骨左股骨处，后段位于墓主右腹部处，铜戟（M74：4）、铜戈（M74：5）压在其上。刀体窄长，直背，直刃，前锋作弧形后卷，长阑直通刀尖，阑部有两穿。残长 30.6、宽 4.0 厘米（图一三〇，1；彩版一〇七，1）。

（3）车马器

5 件（组）。有弓形器 1 件，泡 2 组，策柄 2 件。

弓形器　1 件。

M74：7，位于墓主右腹部处。弓形，弓身内凹，折沿边，表面正中圆形突起，圆形中起小圆圈；弓身两端伸出连弧状曲臂，臂端有镂空小圆铃，内含弹丸，曲臂扁圆，与弓身相连的前段内可见范土。弓身圆形突起周围饰阳线八角形纹。通长 38.0 厘米（图一三〇，7；彩版一〇七，2）。

泡　2 组。形制、大小相同。

M74：11，共 40 件，位于墓主脚骨南端。M74：11-1，圆形，正面凸起，背面内凹，内设桥形梁。直径 3.0、高 0.8 厘米（图一三〇，3；彩版一〇六，4）。

M74：15，共 38 件，位于墓主左肩西侧处。M74：15-1，圆形，正面凸起，背面内凹，内

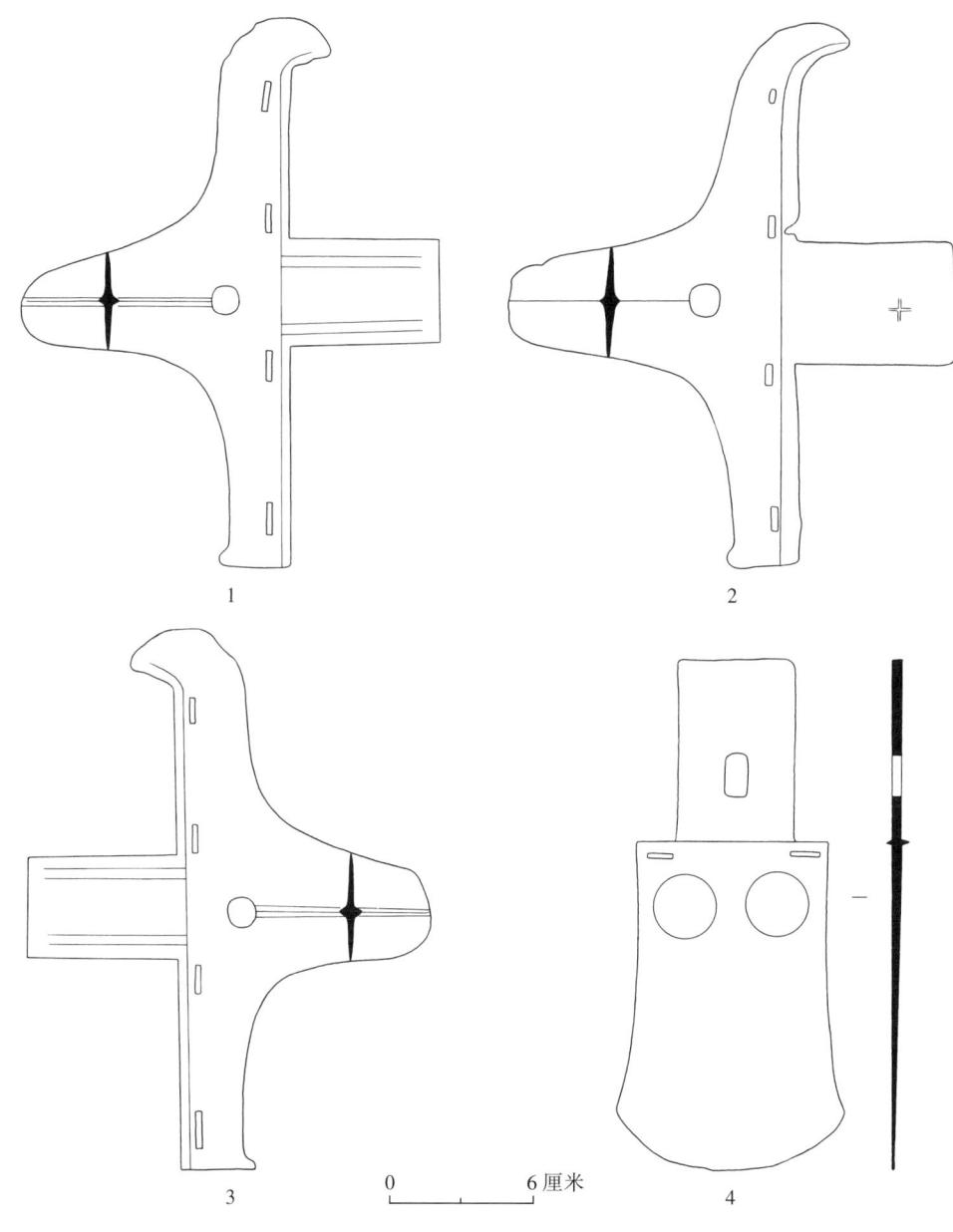

图一二九　M74 出土铜器

1~3. 戟（M74∶1、M74∶13、M74∶4）　4. 钺（M74∶8）

设桥形梁。直径 3.2、高 0.8 厘米（图一三〇，4）。

策柄　2 件。均位于墓主右腹部处。

M74∶6，长形管状，一端铸有一半环。通长 23.0、管径 1.0~1.2 厘米（图一三〇，8；彩版一〇七，3）。

M74∶17，管状，束腰，两端呈喇叭形。通长 7.3、管径 1.0~2.2 厘米（图一三〇，2；彩版一〇七，4）。

（4）其他

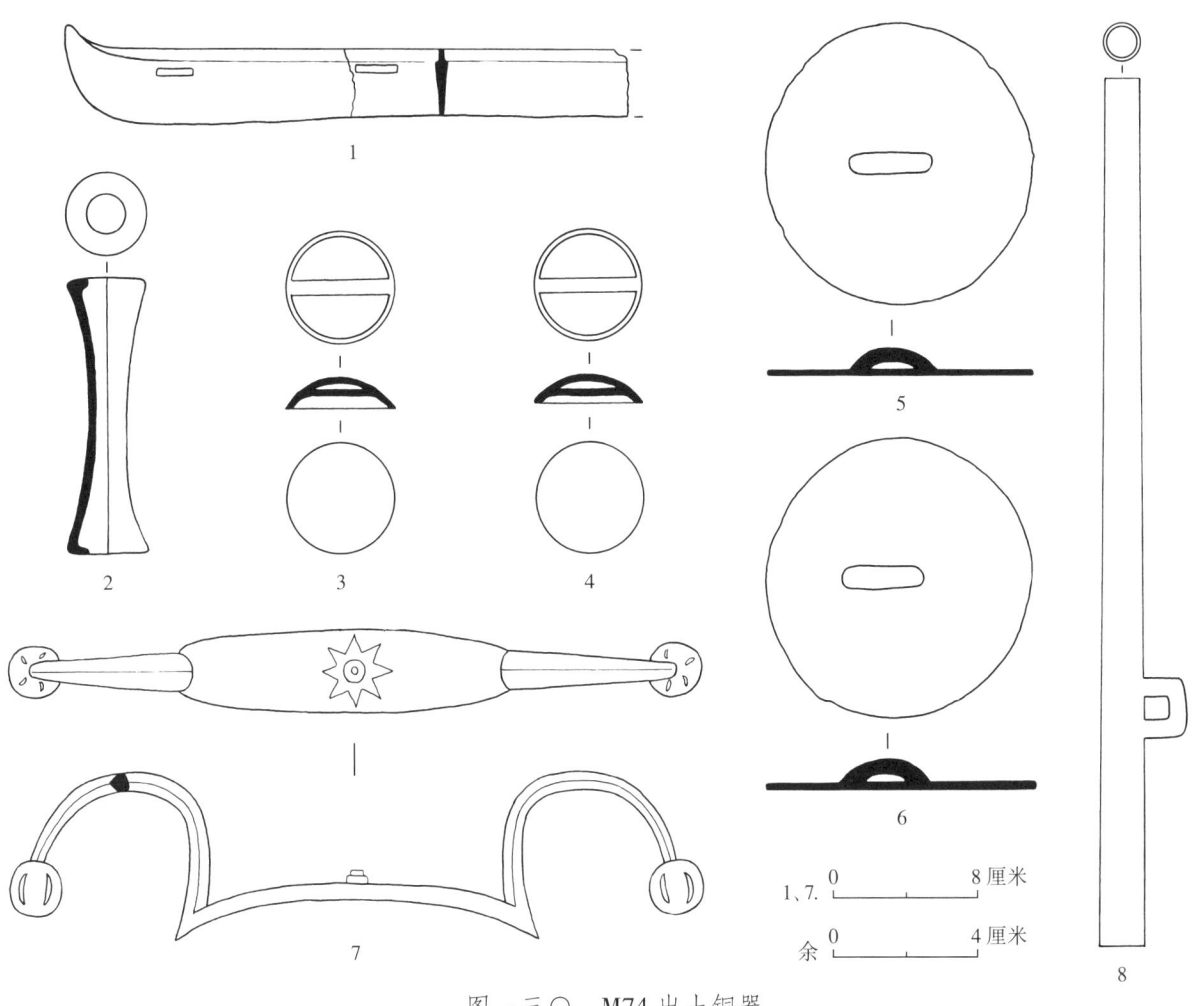

图一三〇　M74 出土铜器

1. 刀（M74：12）　　2、8. 策柄（M74：17、M74：6）　　3、4. 泡（M74：11-1、M74：15-1）　　5、6. 铜镜（M74：2、M74：16）　　7. 弓形器（M74：7）

2 件。

铜镜　2 件。形制相同。圆形，桥形钮。素面。

M74：2，与铜戟（M74：1）位于墓主右肩处。背面有纺织物包裹痕迹。直径 7.4、厚 0.2 厘米，钮长 2.3、钮高 5.5 厘米（图一三〇，5；彩版一〇六，2）。

M74：16，与泡（M74：15）位于墓主左肩西侧。直径 7.5、厚 0.2 厘米，钮长 2.3、钮高 0.6 厘米（图一三〇，6；彩版一〇六，3）。

（四六）84M1

1. 发现经过

1984 年 5 月，渭滨区下马营镇旭光村（原行政区划为宝鸡县下马营乡旭光村）科研室的同志，在村东南断崖取土时，于地表 1 米深处发现 2 件青铜器，文物工作人员随后对该区域进行了调查，并清理了 2 座西周时期的墓葬（编号为 84M1、84M2）[1]。84M1 位于渭河南岸约 3 千米的旭光村东南一处较为平阔的二级台地上，地表发现很多绳纹高领袋足鬲的口沿、袋足残片及陶罐，判断这里应是一处西周早期居住遗址和墓葬区。

2. 墓葬形制

该墓为长方形竖穴土圹墓，方向 170°，墓壁平直规整，口大底小，墓底铺有朱砂，圹长 2.6、宽 1.9 米。

墓室内有夯筑的二层台，台面南北长 0.2 米，东西宽 0.3 米；台面夯窝清晰可辨，直径 3.5 厘米。墓内填土为黄沙土和黑色土。

3. 葬具

残存板灰表明，墓主葬具为一棺一椁。

4. 人骨

从墓主残留的尸骨痕迹判断，为仰身直肢葬，墓主头南足北，身长 1.7 米。

5. 随葬器物

共 9 件（组）。有铜器 2 件，陶器 4 件，串饰 1 组，漆器 2 件。随葬器物放置于墓主头端及左侧二层台上，主要有青铜器、陶器等。棺内墓主颈部有 1 组串饰。

（1）铜器

2 件。有甗、簋各 1 件。

甗 1 件。

84M1：2，甗为甑、鬲一体。甑敞口，略呈桃心状，厚方唇，两方立耳立于口沿上，深腹，壁斜直。甑、鬲间内侧设套接箅的索状环和三角形箅托，箅失。鬲分档，袋腹圆鼓，高柱足粗壮，底部烟炱较厚。整体装饰简朴，仅在口沿下一周三组仅有双圆目的简化兽面纹；鬲袋腹部装饰规整的四面锥形凸起。一足残，补铸。器壁铸造范线痕迹明显，从范线痕迹与器口形状判断，甑腹外范纵向应是三分；而鬲腹外底三角形范线延续至足部，即足部内侧均有两条范线；甑腹范线贯通至足部，结合器底及器外壁两处范线分析，鬲腹外范纵向应与甑部一致为三分。从甗的体量来看，甑、鬲结合部应为水平分范处。口径 29~30.4、通高 47.9 厘米，重 9.38 千克（图一三一，1；彩版一〇八；彩版一〇九，2）。简化兽面纹流行于殷墟四期，结合墓葬情况判断该器的年代为商末周初。

簋 1 件。

84M1：1，敞口，折沿，方唇，深腹圜底，高圈足，足壁外撇。颈部及圈足装饰的纹饰基本一致，均为三组两两相对的折身卷尾龙纹，不同的是颈部龙纹以浮雕的牺首为轴对称展开，圈足的轴为矮扉棱。簋腹以五排排列有序的菱形方格乳丁纹装饰。整器制作粗陋，纹饰刻划草率。牺首

---

[1]　84M1、84M2 见王桂枝：《宝鸡下马营旭光西周墓清理简报》，《文物》1985 年第 2 期。

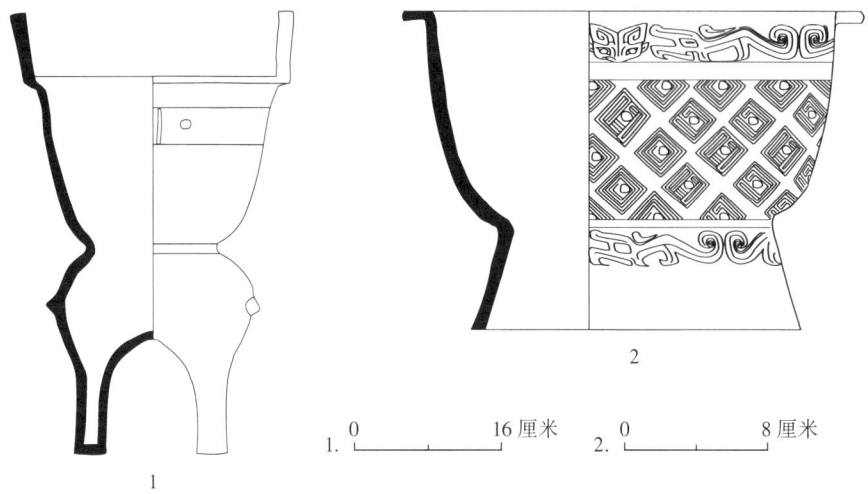

图一三一　84M1 出土铜器

1. 甒（84M1：2）　　2. 簋（84M1：1）

及纹饰分组处范线明显，可知器腹外范纵向六分，但合范定位较为精准，纹饰无明显错位现象。口径 25、腹深 13、圈足径 17.8、高 16.5 厘米，重 2.272 千克（图一三一，2；彩版一〇九，1、3）。无耳的盆式簋流行于殷墟时期，而该簋的形制与殷墟地区的无耳盆式簋略有不同，殷墟地区为束颈，本簋为敞口；从工艺角度看，殷墟的盆式簋制作精良，本簋则略显粗陋；这也是关中地区盆式簋特有的风格。

（2）陶器

4 件。有鬲 2 件，罐 1 件，纺轮 1 件。

鬲　2 件。形制、纹饰风格一致，唯大小有别。

84M1：3，夹砂灰陶。口微敛，高领外撇，口沿处设有对称的锯齿堆纹双鋬，三足袋腹圆鼓，下接锥形足尖。器底有烟炱。周身装饰绳纹。裆部泥条粘接痕迹明显。口径 16.5、高 17.5 厘米，内装有鸡骨（图一三二，1；彩版一一〇，1、2）。高领袋足鬲在宝鸡地区渭水两岸的戴家湾、下马营、石咀头，以及金河两岸的西周遗址和墓葬中较为常见，也是这一地区具有典型文化属性的代表性器物。

84M1：4，夹砂灰陶。口微敛，高领外撇，口沿处设有对称的锯齿堆纹双鋬，三足袋腹圆鼓，下接锥形足尖。器底有烟炱。周身装饰绳纹。裆部泥条粘接痕迹明显。口径 12.2、高 14 厘米（图一三二，2；彩版一一〇，3、4）。

罐　1 件。

84M1：5，泥质灰陶。小口微侈，卷沿，圆唇，领颈较高，圆肩深腹，小平底。肩部刻划两道弦纹。口径 10.5、高 23.25 厘米（图一三二，4；彩版一一〇，5）。罐的形制为宝鸡地区西周早期遗址、墓葬中常见的类型。

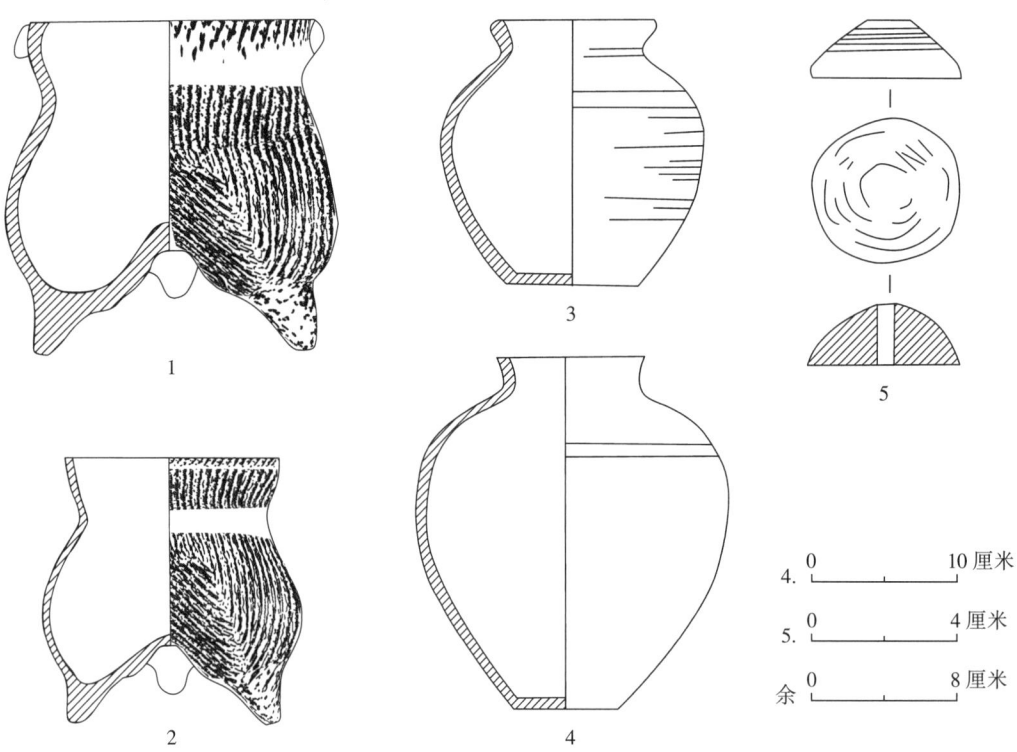

图一三二　84M1、M2 出土陶器

1、2.鬲（84M1：3、84M1：4）　3、4.罐（84M2：1、84M1：5）　5.纺轮（84M1：8）

纺轮　1 件。

84M1：8，细泥红陶，施蓝灰色陶衣。圆锥形，中有穿孔。器表以瓦棱纹装饰。直径 4、高 2 厘米（图一三二，5）。

（3）串饰

1 组。

串饰　1 组。

84M1：6，共 11 颗。有玛瑙管、萤石、滑石珠等。玛瑙管 4 颗，孔为对钻，最长者 2.2、孔径 0.07 厘米；最短者长 1.9、孔径 0.04 厘米。萤石管 1 颗，长 1.8、孔径 0.04 厘米。浅绿色滑石管 2 颗，最长 2.4、孔径为 0.09 厘米，最短 1.8、孔径 0.5 厘米，均为双面对钻。滑石珠 1 颗，长 0.03、孔径 0.02 厘米。绿松石饰物 3 颗。有穿孔。

（4）漆器

2 件。

漆盘　2 件。

84M1：7，已朽。从残留痕迹观察，形制为圆形，直径约 40 厘米。陶鬲放在盘中，盘外有贝数枚。

（四七）84M2

在距 84M1 约 1 米处有一座残墓 84M2。因水土流失和常年取土的原因，导致墓残存一半，只清理出一件泥质灰陶罐和尸骸残片。墓残长 1.1、宽 1.4 米，墓形制为竖穴土坑，属一棺小墓。

陶罐 1 件。

84M2：1，泥质灰陶。侈口，圆唇，短颈，圆肩，深腹，平底。肩上有凹弦纹两道。口径 9.5、底径 6.9、高 14.0 厘米（图一三二，3）。

另外，在宝鸡县石咀头采集到一双高领袋足鬲（SZ：7），口径 12.0、高 12.5 厘米，形制纹饰与 84M1：3、84M1：4 陶鬲类同，略不同之处领上有双耳，时代稍晚（图一三三）。

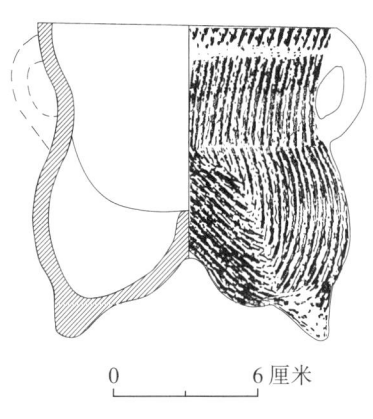

0   6 厘米

图一三三　石咀头采集陶鬲
（SZ：7）

第三章 东周墓葬

第一节 墓葬综述

东周墓葬共发掘28座，其中春秋墓葬1座（M19），战国墓葬27座。春秋墓葬为竖穴石椁墓；战国墓葬以竖穴土坑墓为主，有少量竖穴洞室墓。

一 墓葬形制

以竖穴土坑墓为主，竖穴洞室墓数量较少。竖穴土坑墓24座，为M5、M6、M7、M13、M14、M15、M38、M47、M48、M52、M54、M56、M57、M58、M64、M65、M66、M67、M68、M70、M71、M72、M75、M76；竖穴石椁墓1座，为M19。偏洞室墓共3座，分别为M42、M61、M62。偏洞室墓，洞室开口在竖穴北壁有两座，为M42、M62；开口在西壁一座，为M61。洞室墓均有壁龛，其中西壁龛2座，为M61、M62；东、西壁龛1座，为M42。均未发现腰坑。

（一）墓葬方向

墓葬方向，以头向为准。

（1）头向北墓5座，有M47、M61、M67、M68、M70。

（2）头向南墓1座，有M64。

（3）头向东墓1座，有M19。

（4）头向西墓21座，有M5、M6、M7、M13、M14、M15、M38、M42、M48、M52、M54、M56、M57、M58、M62、M65、M66、M71、M72、M75、M76。

（二）墓圹大小

大多数为中小型墓，以长2~3、宽1~1.5米的墓葬数量最多。

（1）长大于3米、宽大于1.5米的14座，有M14、M47、M48、M52、M54、M56~M58、

M62、M65、M66、M70、M72、M75。

（2）长 2~3 米、宽 1~1.5 米 的 有 14 座， 有 M5~M7、M13、M15、M19、M38、M42、M61、M64、M67、M68、M71、M76。

（三）二层台

M19 为竖穴石椁墓，M48、M57、M61 竖穴土坑底部有生土二层台，其余竖穴土坑底部有熟土二层台。

二　葬具、葬式

（一）葬具

28 座墓葬中，除 M19 外，其余竖穴土坑墓均为一棺一椁墓，洞室墓均为一棺。3 座墓葬在墓室底部有垫木，木棺放于垫木上，分别为 M65、M72、M75。

（二）葬式

除 M19 外，其余均为屈肢葬墓。

三　随葬器物

28 座墓葬共出土随葬品 200 件（组），主要有铜器、陶器、石器、金器、铁器等。

（一）铜器

43 件（组）。主要有带钩、铃、带饰等。

带钩　17 件。出自 14 座墓葬中。分别为 M5：4、M6：3、M13：6、M14：7、M38：6、M42：7、M56：4、M58：7、M65：6、M66：3、M66：4、M68：4、M68：5、M72：5、M75：8、M75：9、M76：5。

铧　1 件。为 M13：5。

铃　12 件。出自同一座墓葬中。分别为 M19：17、M19：18、M19：19、M19：20、M19：21、M19：22、M19：23、M19：24、M19：25、M19：26、M19：27、M19：28。

马衔　2 件。出自同一座墓葬中。分别为 M19：29、M19：30。

管具　1 件。为 M19：31。

环　2 件。出自同一座墓葬中。分别为 M19：32、M19：33

铜镯　1 件。为 M38：5。

泡　1 组。为 M19：36。

小泡 1组。为 M19：34。

铜珠 1件。为 M19：35。

带饰 2件。出自2座墓葬中。分别为 M38：4、M54：9。

削刀 1件。为 M58：6。

剑 1件。为 M47：10。

（二）陶器

103件。器形有鬲、鼎、罐、盆、釜、壶、瓿、豆等。陶器出土于墓主头部棺外或龛内。

鬲 13件。出自13座墓葬中。分别为 M5：2、M6：2、M7：1、M13：2、M14：2、M15：1、M47：3、M48：1、M56：2、M65：2、M67：3、M68：2、M76：3。

鼎 4件。出自4座墓葬中。分别为 M48：9、M54：4、M72：3、M75：6。

罐 40件。出自24座墓葬中。分别为 M5：1、M7：2、M13：3、M14：1、M15：2、M38：2、M42：1、M42：3、M42：4、M42：5、M42：6、M47：4、M48：2、M48：3、M48：4、M48：5、M48：6、M52：1、M54：3、M56：1、M57：1、M57：2、M57：3、M62：1、M62：2、M62：4、M64：2、M65：1、M65：3、M65：4、M66：2、M67：2、M68：1、M70：3、M71：1、M72：1、M72：2、M75：4、M76：2、M76：4。

盆 22件。出自21座墓葬中。分别为 M5：3、M6：1、M7：3、M13：1、M14：3、M15：3、M38：3、M47：2、M52：2、M52：3、M54：5、M56：3、M57：5、M62：6、M64：3、M65：5、M67：1、M68：3、M70：2、M71：3、M72：4、M76：1。

釜 10件。出自10座墓葬中。分别为 M38：1、M42：2、M54：2、M57：4、M58：2、M62：5、M64：1、M66：1、M70：1、M71：2。

壶 8件。出自6座墓葬中。分别为 M47：1、M48：7、M54：1、M54：7、M58：1、M62：3、M75：1、M75：3。

瓿 1件。为 M75：2。

豆 3件。出自3座墓葬中。分别为 M48：8、M54：6、M75：5。

圆陶片 1件。为 M47：9。

圭 1件。为 M13：4-1。

（三）石器

24件（组）。器形均为圭。

圭 24件（组）。出自14座墓葬中。分别为 M5：5、M13：4-2、M14：4、M14：5、M14：6、M14：8、M47：5、M47：6、M48：10、M48：11、M52：4、M52：5、M54：8、M57：6、M58：3、M58：4、M58：5、M62：8、M65：7、M72：6、M72：7、M72：8、

M75：7、M76：6。

（四）金器

7件。均出自 M19 中。

帽顶饰　1件。为 M19：1。

螺旋金盘丝　2件。为 M19：2、M19：3。

"C"字形金箔　2件。为 M19：4、M19：5。

长条形金箔　2件。为 M19：6、M19：7。

（五）串饰

9件（组）。均出自 M19 中。

串饰　4组。分别为 M19：12、M19：13、M19：14、M19：15。

玛瑙饰　1件。为 M19：16。

绿松石饰　4件。分别为 M19：8、M19：9、M19：10、M19：11。

（六）骨器

11件。除1件骨扣饰外，均出自 M19 中。

骨镳　6件。分别为 M19：37、M19：38、M19：39、M19：40、M19：41、M19：42。

骨扣　2件。分别为 M19：43、M19：44。

骨泡　2件。分别为 M19：45、M19：46。

骨扣饰　1件。为 M38：7。

（七）铁器

3件。主要有铁镯、环首削刀等。

铁镯　1件。为 M47：8。

环首削刀　2件。分别为 M47：7、M62：7。

四　陶器组合

出土陶器的墓葬共有26座，陶器组合以鬲、罐、盆组合最多，其他组合数量较少。

罐、盆、2壶、鼎、釜、豆组合1座（M54）。

5罐、鼎、鬲、壶、豆组合1座（M48）。

罐、2壶、鼎、瓿、豆组合1座（M75）。

3罐、盆、壶、釜组合1座（M62）。

罐、盆、鬲、壶组合 1 座（M47）。

3 罐、盆、鬲组合 1 座（M65）。

2 罐、盆、鬲组合 1 座（M76）。

3 罐、盆、釜组合 1 座（M57）。

罐、盆、釜组合 4 座（M38、M64、M70、M71）。

罐、盆、鬲组合 8 座（M5、M7、M13、M14、M15、M56、M67、M68）。

2 罐、盆、鼎组合 1 座（M72）。

罐、2 盆组合 1 座（M52）。

5 罐、釜组合 1 座（M42）。

罐、釜组合 1 座（M66）。

盆、鬲组合 1 座（M6）。

壶、釜组合 1 座（M58）。

第二节　墓葬分述

（一）M5

1. 墓葬形制

位于墓地南部。长方形竖穴土坑墓，方向 265°。长 2.70、宽 1.30、深 1.90 米。四壁较整齐。墓底四周有熟土二层台，北侧宽 0.16~0.26 米，东侧宽 0.26~0.32 米，南侧宽 0.18~0.24 米，西侧宽 0.38~0.42 米；高 0.80 米。无腰坑（图一三四；彩版一一一，1）。

2. 葬具

葬具为一棺一椁，均已腐朽。椁盖板朽灰呈白色，二层台上局部可见，数量与尺寸不详；椁室四壁局部亦可见侧板朽灰。椁室呈不规则长方形，长 2.04、宽 0.80~0.96、高 0.80 米。棺呈长方形，位于椁室偏东部，北距二层台 0.14~0.24 米，东距二层台 0.04~0.06 米，南距二层

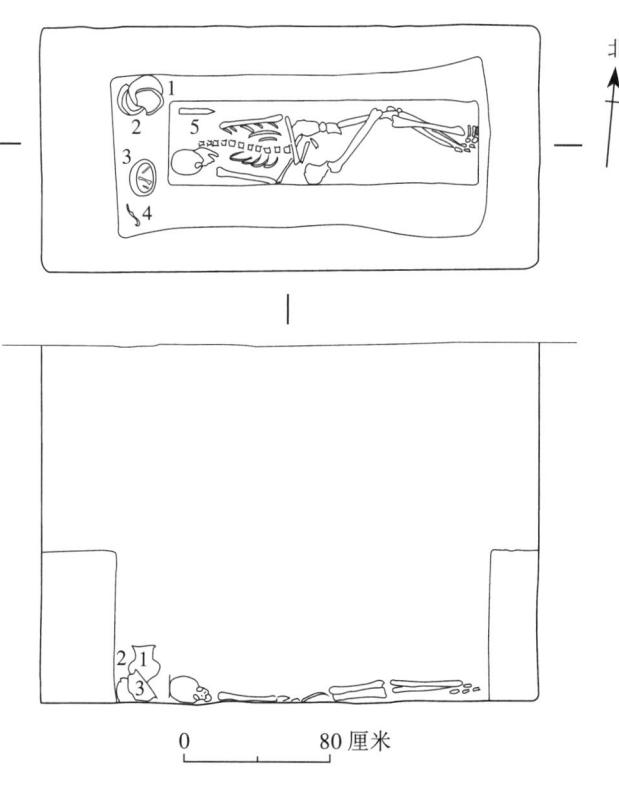

北

图一三四　M5 平、剖面图

1. 陶罐　2. 陶鬲　3. 陶盆　4. 铜带钩　5. 石圭

台 0.22~0.28 米，西距二层台 0.29~0.32 米；棺长 1.68、宽 0.44 米，高度不明。

3. 人骨

保存较好，葬式为侧身屈肢，头向西，面向南。全身骨骼可见，双臂交叉于腹部，下肢向北微屈。男性。35~45 岁。

4. 随葬器物

共 5 件。有铜器 1 件，陶器 3 件，石器 1 件。

（1）铜器

1 件。

带钩　1 件。

M5：4，位于西侧二层台西南角。螭首形钩首，琵琶形钩体，钩钮近钩尾。素面。通长 8.5 厘米（图一三五，5；彩版一一二，4）。

（2）陶器

3 件。有鬲、罐、盆各 1 件。

鬲　1 件。

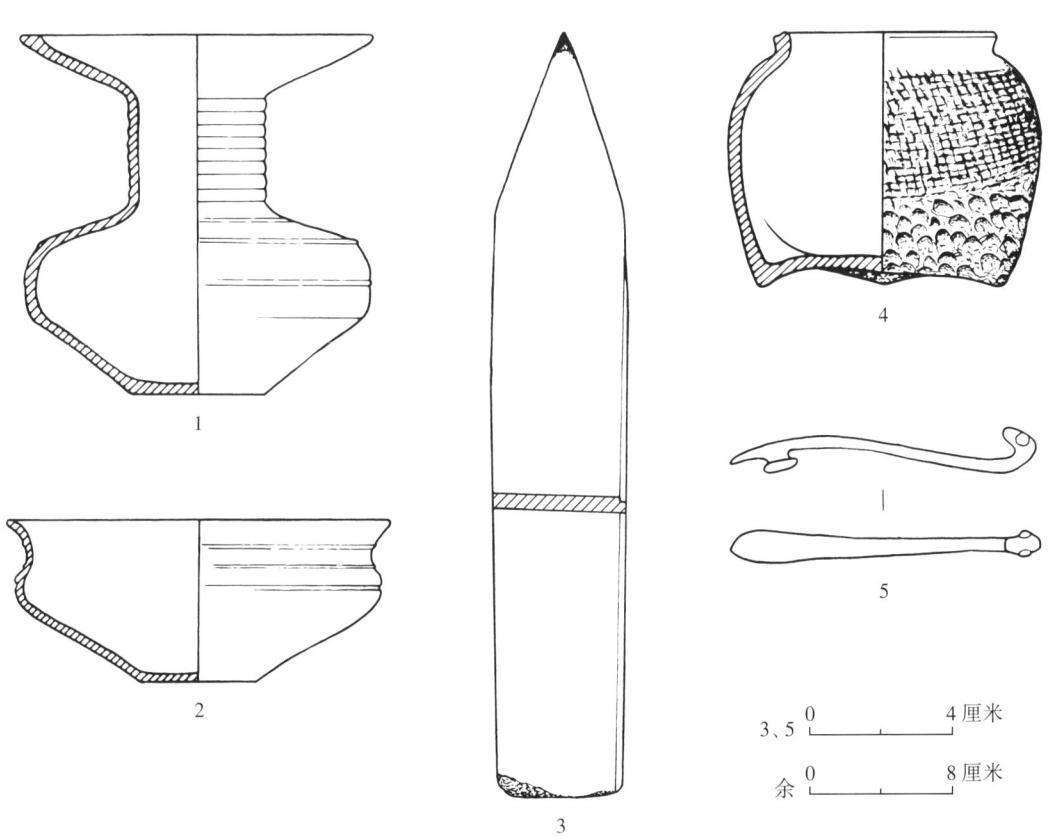

图一三五　M5 出土器物

1. 陶罐（M5：1）　2. 陶盆（M5：3）　3. 石圭（M5：5）　4. 陶鬲（M5：2）　5. 铜带钩（M5：4）

M5：2，位于西侧二层台西北角。夹砂灰陶。侈口，圆肩，微鼓腹，联裆低平，三矮锥状足。上腹部饰交错绳纹，下腹部与足部饰大麻点纹。口径 12.6、腹径 17.4、高 13.4 厘米（图一三五，4；彩版一一一，2）。

罐　1件

M5：1，位于西侧二层台西北角。泥质灰陶。喇叭形口，直颈较长，溜肩，上腹圆鼓，下腹斜直内收，平底。颈部饰凸棱纹，肩部饰一道凹弦纹，上腹部饰两道弦纹。口径 19.2、底径 7.0、高 19.0 厘米（图一三五，1；彩版一一一，4）。

盆　1件。

M5：3，位于西侧二层台西南角。泥质灰陶。侈口，束颈，上腹内弧，下腹斜直内收，小平底。颈部饰两道弦纹，上腹部饰一道凹弦纹。出土时内盛有兽骨。口径 21.0、底径 6.0、高 8.5 厘米（图一三五，2；彩版一一一，3）。

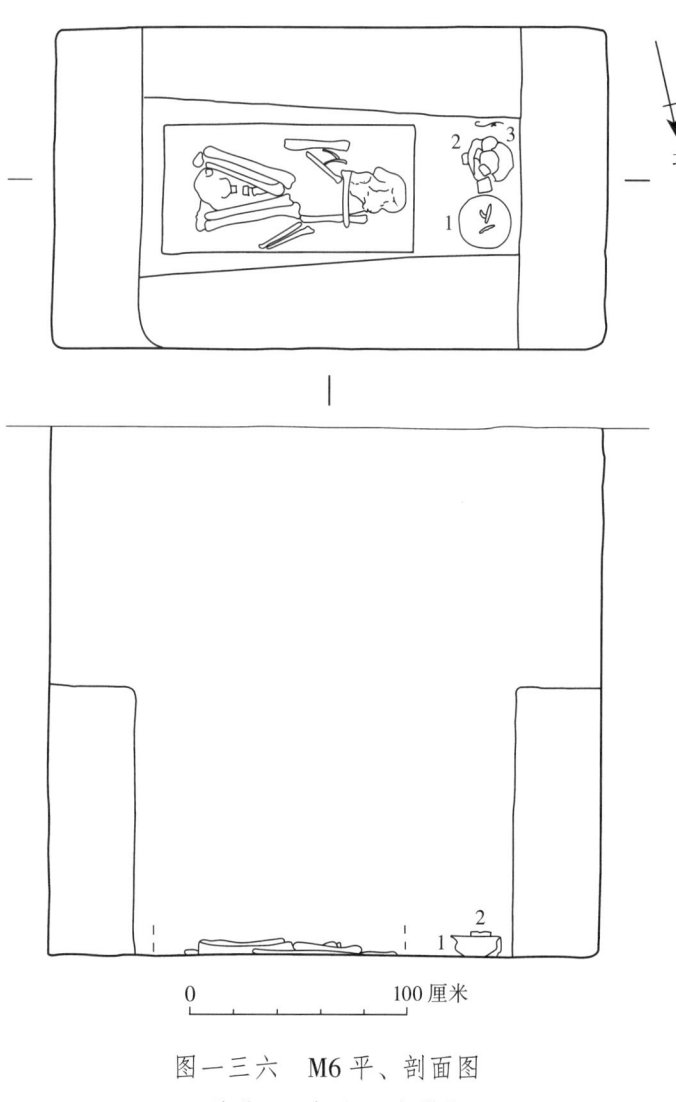

图一三六　M6 平、剖面图

1.陶盆　2.陶鬲　3.铜带钩

（3）石器

1件。

圭　1件。

M5：5，位于棺内西北角。呈淡青色。三角形首，长条形体，一侧有折棱，圭首锋部与圭体下端有磨损痕迹。通长 20.2、宽 3.8、厚 0.4 厘米（图一三五，3；彩版一一一，5）。

（二）M6

1. 墓葬形制

位于墓地南部。长方形竖穴土坑墓，方向284°。长 2.56、宽 1.44、深 2.36 米。四壁较整齐。墓内填五花土，经过夯打，夯质较坚实。墓底四周有熟土二层台，东、西两侧宽 0.40 米，北侧宽 0.34~0.44 米，南侧宽 0.32~0.40 米；高度不一致，东、西两侧高 1.20 米，南、北两侧略低。无腰坑（图一三六；彩版一一二，1）。

2. 葬具

葬具为一棺一椁，均已腐朽。椁盖板朽灰呈白色，二层台上局部可见，数量与尺寸不详；椁室四壁亦可见侧板朽灰。椁室略呈梯形，长 1.76、宽 0.62~0.80、高 1.20 米。棺呈长方形，位于椁室中部偏东处，棺朽痕呈黑灰色，北距二层台 0.02~0.10 米，东距二层台 0.10 米，西距二层台 0.50 米，南距二层台 0.06~0.11 米；依朽痕判断棺长 1.16、宽 0.58 米，高度不明。

3. 人骨

保存较好，葬式为仰身屈肢，头向西，面向上。上体仰卧，肱骨与肩垂直，左侧尺骨与桡骨外撇，右侧尺骨与桡骨凌乱放置于胸前；股骨与胫骨折合，双膝并堆于腹部。男性。成年。

4. 随葬器物

共 3 件。有铜器 1 件，陶器 2 件。

（1）铜器

1 件。

带钩　1 件。

M6：3，位于棺椁之间西南角。螭首形钩首，琵琶形钩体，钩钮近钩尾。素面。通长 13.2、体宽 2.2、钮径 2.2 厘米（图一三七，3；彩版一一二，5）。

（2）陶器

2 件。有鬲、盆各 1 件。

鬲　1 件。

M6：2，位于棺椁之间西北部。夹砂灰陶。直口微敛，方唇，鼓腹，弧裆较低，三矮锥状足。颈部与上腹部饰交错绳纹，下腹部与足部饰大麻点纹。口径 12.6、腹径 17.4、高 11.6 厘米（图一三七，2；彩版一一二，2）。

盆　1 件。

M6：1，位于棺椁之间西北角。泥质灰陶。侈口，宽卷沿，圆唇，束颈，上腹稍向内弧，下腹斜直内收，小平底。唇部与颈部内侧各有一周凹槽，颈部与上腹部各饰两道凹弦纹。出土时内盛有兽骨。口径 25.0、底径 8.0、高 9.2 厘米（图一三七，1；彩版一一二，3）。

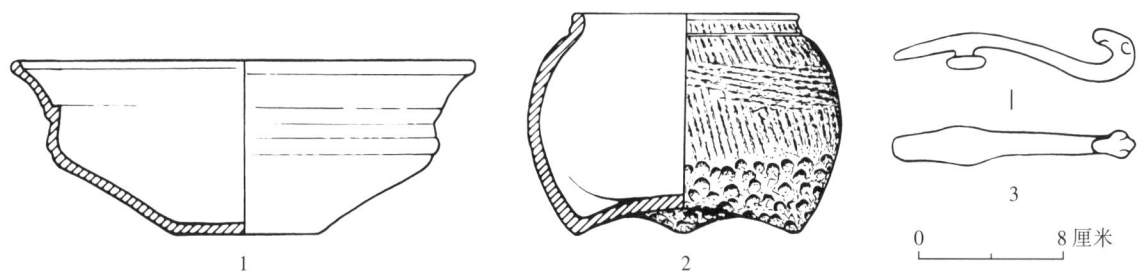

图一三七　M6 出土器物

1. 陶盆（M6：1）　2. 陶鬲（M6：2）　3. 铜带钩（M6：3）

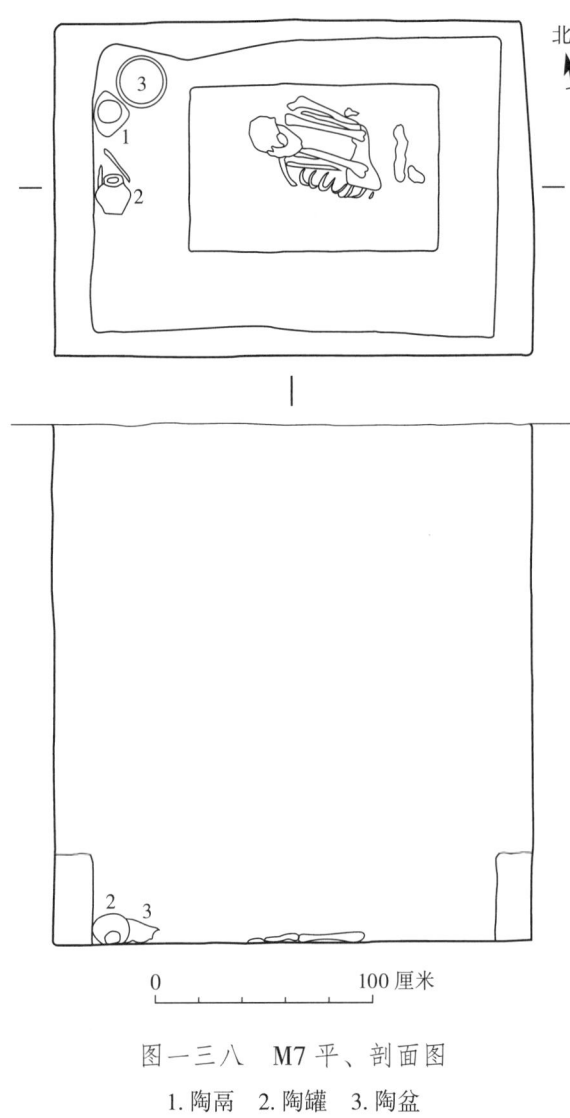

图一三八　M7 平、剖面图
1. 陶鬲　2. 陶罐　3. 陶盆

（三）M7

1. 墓葬形制

位于墓地南部。长方形竖穴土坑墓，方向 268°。长 2.14~2.20、宽 1.48、深 2.30 米。四壁较整齐。墓内填五花土，经过夯打，夯质较坚实。墓底四周有熟土二层台，北侧宽 0.07~0.17 米，东侧宽 0.09~0.18 米，南侧宽 0.08~0.13 米，西侧宽 0.16~0.22 米，高 0.40 米。无腰坑（图一三八；彩版一一三，1）。

2. 葬具

葬具为一棺一椁，均已腐朽。椁盖板朽灰呈白色，二层台上可见，数量与尺寸不详；椁室四壁亦可见侧板朽灰。椁室呈不规则长方形，长 1.86、宽 1.20~1.34、高 0.40 米。棺呈长方形，位于椁室中部略偏东处，棺朽灰呈浅灰色，北距二层台 0.12~0.20 米，南距二层台 0.33~0.38 米，西距二层台 0.44 米，东距二层台 0.26~0.28 米。依朽痕判断棺长 1.14、宽 0.74 米，高度不明。

3. 人骨

保存较差，葬式为仰身屈肢，头向西，面向不明。上体仰卧，四肢折抱于胸前。

4. 随葬器物

共 3 件。均为陶器，有鬲、罐、盆各 1 件。

鬲　1 件。

M7：1，位于棺椁之间西北角。夹砂灰陶。侈口，圆唇，短束颈，圆肩，鼓腹，平裆甚低，三矮锥状足。肩部与上腹部饰交错绳纹，下腹部与足部饰大麻点纹。口径 12.4、腹径 18.6、高 12.2 厘米（图一三九，1；彩版一一三，2）。

罐　1 件。

M7：2，位于西侧棺椁之间中部。泥质灰陶。侈口，圆唇，束颈，圆肩，上腹较鼓，下腹斜直内收，平底。肩部饰弦纹。口径 11.0、腹径 17.6、底径 8.0、高 18.2 厘米（图一三九，3；彩版一一三，3）。

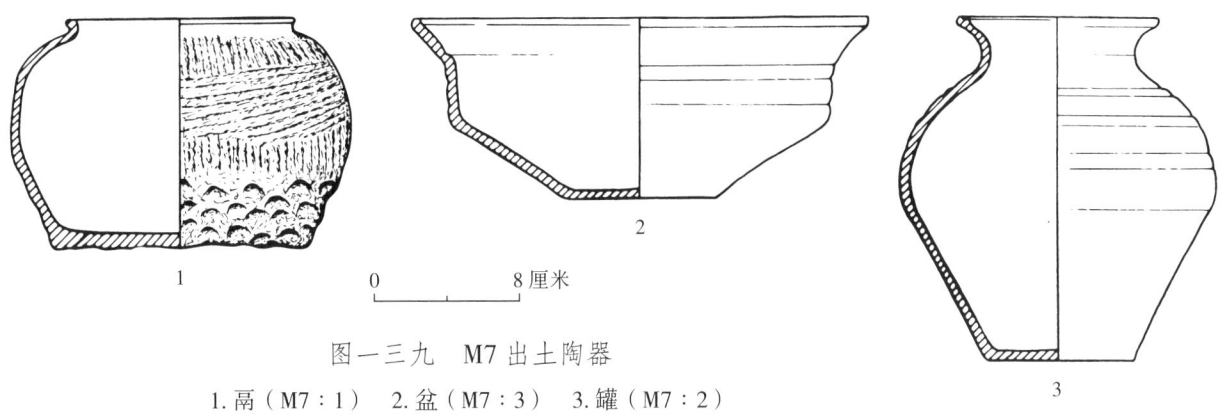

图一三九　M7 出土陶器

1. 鬲（M7：1）　2. 盆（M7：3）　3. 罐（M7：2）

盆　1 件。

M7：3，位于棺椁之间西北部。泥质灰陶。侈口，宽沿，圆唇，上腹较直，下腹斜直内收，小平底。唇部与颈部内侧各有一周凹槽。上腹部饰三道凹弦纹。口径 25.0、底径 8.0、高 9.6 厘米（图一三九，2；彩版一一四，1）。

（四）M13

1. 墓葬形制

位于墓地南部。长方形竖穴土坑墓，方向 285°。口大底小，墓口长 2.8、宽 1.9 米，墓底长 2.6、宽 1.7 米，深 4.4 米。二层台为熟土，宽 0.2~0.25、高 0.4 米。南壁偏东部有竖直排列的 3 个脚窝，最上部的脚窝距墓口 0.9 米，距东壁 1.0 米，间距 1.0 米；东壁有竖直排列的 2 个脚窝，最上部的脚窝距墓口 1.4 米，间距 1.0 米；脚窝呈三角形，宽 0.28、进深 0.18~0.2、高 0.2 米；5 个脚窝在高度上间距 0.5 米（图一四〇）。

2. 葬具

葬具为一棺一椁，均已腐朽。椁盖板朽灰呈白色，共 9 块，长 1.46~1.52、宽 0.18~0.34 米。椁室长 2.2、宽 0.9~1.0、高 0.4 米。棺位于椁室东北部，朽灰呈深灰色。棺距北侧二层台 0.22 米，距东侧二层台 0.42 米，距南侧二层台 0.35 米，距西侧二层台 0.60 米。棺长 1.08、宽 0.4~0.52 米。

3. 人骨

保存很差，仅存头骨、椎骨与四肢骨的朽痕。葬式为屈肢，头向西，面向不明。

4. 随葬器物

共 7 件。有铜器 2 件，陶器 4 件，石器 1 件。

（1）铜器

2 件。有带钩、锛各 1 件。

带钩　1 件。

M13：6，位于西侧二层台陶罐和陶鬲之间。曲棒形，钩首为龙头，钩体弯曲似弓形，钩钮

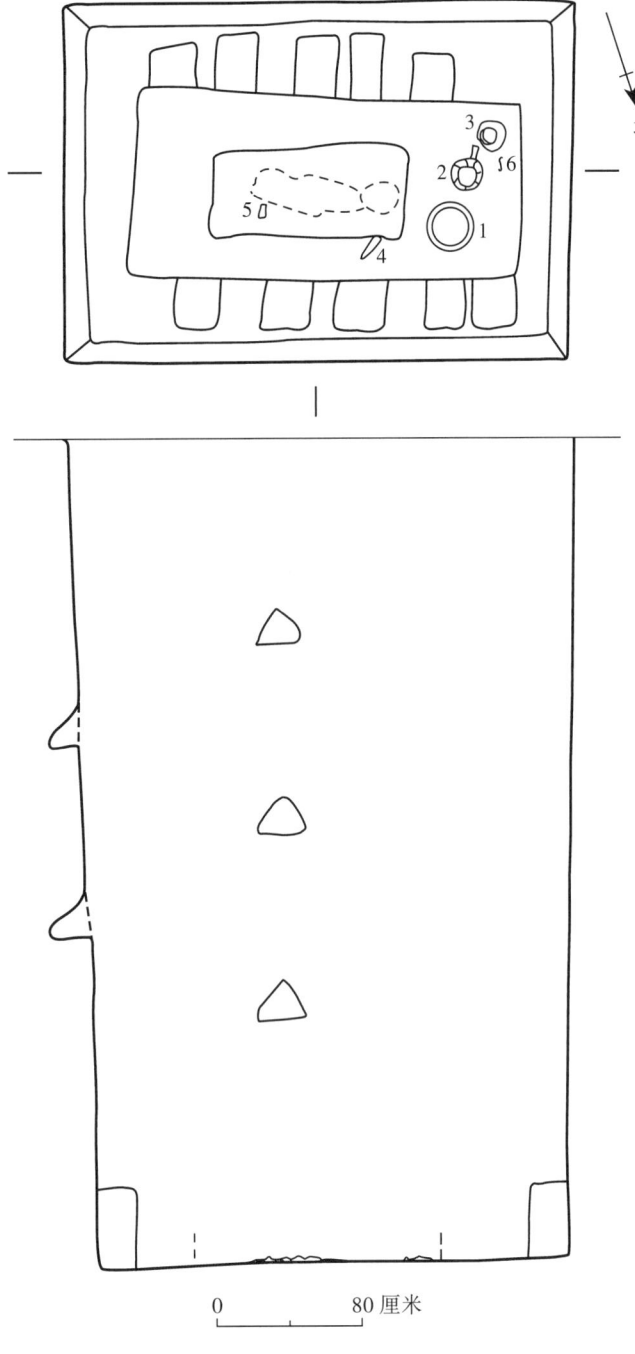

图一四〇　M13平、剖面图

1.陶盆　2.陶鬲　3.陶罐　4.陶圭、石圭　5.铜镈　6.铜带钩

沿内侧各有一周凹槽，上腹部饰两道凹弦纹。口径26.0、底径9.3、高9.5厘米（图一四二，2；彩版一一四，6）。

圭　1件。

M13：4-1，位于北侧二层台偏西部。泥质灰陶。圭首尖，长条体，下部残缺。一侧有切

近钩尾。表面铸有纹饰。通长9.2厘米（图一四一，3；彩版一一四，2）。

镈　1件。

M13：5，位于棺内东北部。纵长方形，截面为三角形，刃部向两侧延伸，顶端有长方形銎，正、背面上部开穿孔。长9.0、刃宽4.6、銎长3.0、宽1.8厘米（图一四一，2；彩版一一四，3）。

（2）陶器

4件。有鬲、罐、盆、圭各1件。

鬲　1件。

M13：2，位于西侧二层台中部。夹砂灰陶。直口微敛，方唇，圆肩，微鼓腹，联裆低平，三矮锥状足。肩部与下腹部饰竖绳纹，上腹部饰横绳纹，下腹部与足部饰大麻点纹。口径13.5、腹径18.4、高12.0厘米（图一四二，1；彩版一一四，4）。

罐　1件。

M13：3，位于西侧二层台南部。泥质灰陶。侈口，尖圆唇，短束颈，上腹圆鼓，下腹斜直内收，平底。肩与上腹部饰弦纹。口径11.4、腹径18.5、底径8.0、高17.4厘米（图一四二，3；彩版一一四，5）。

盆　1件。

M13：1，位于西侧二层台北部。泥质灰陶。侈口，微卷沿，圆唇，上腹较直，下腹斜直内收，小平底。唇部与

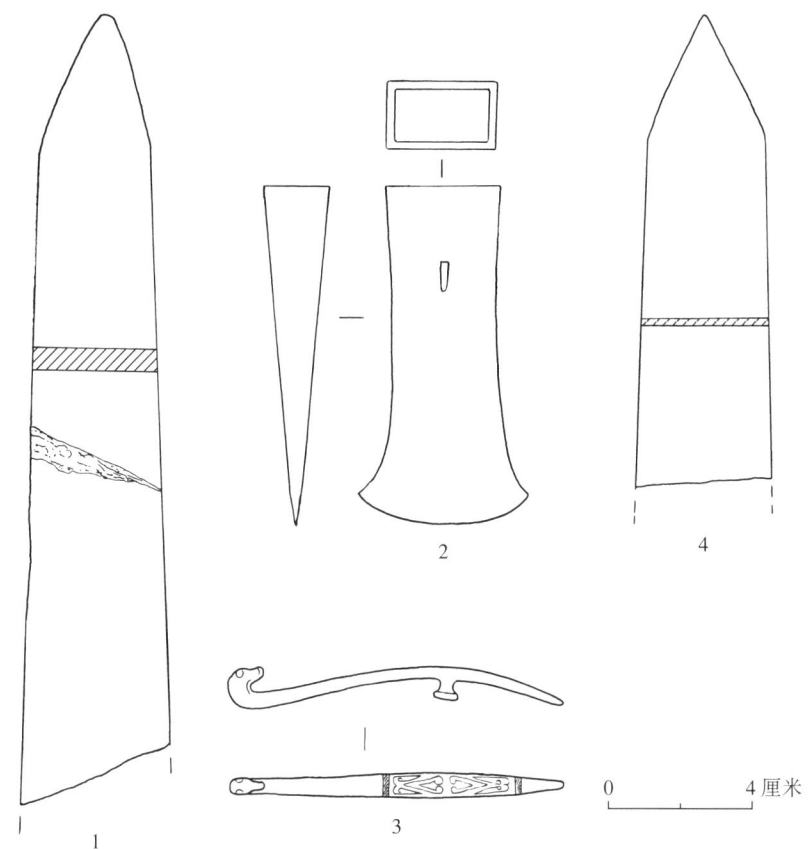

图一四一　M13 出土器物

1. 陶圭（M13∶4–1）　2. 铜锛（M13∶5）　3. 铜带钩（M13∶6）　4. 石圭（M13∶4–2）

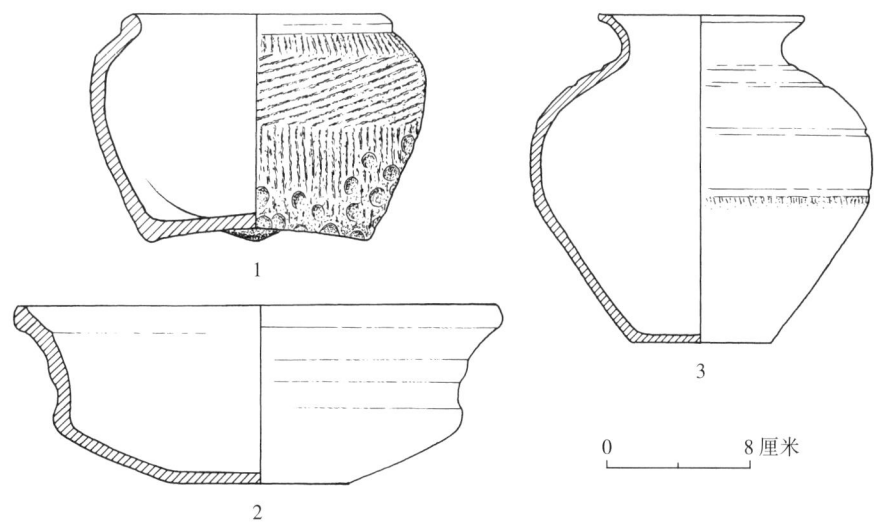

图一四二　M13 出土陶器

1. 鬲（M13∶2）　2. 盆（M13∶1）　3. 罐（M13∶3）

割形成的折棱，圭体周缘有磨损痕迹。残长 21.0、宽 3.4、厚 0.7 厘米（图一四一，1；彩版一一五，2）。

（3）石器

1 件。

圭　1 件。

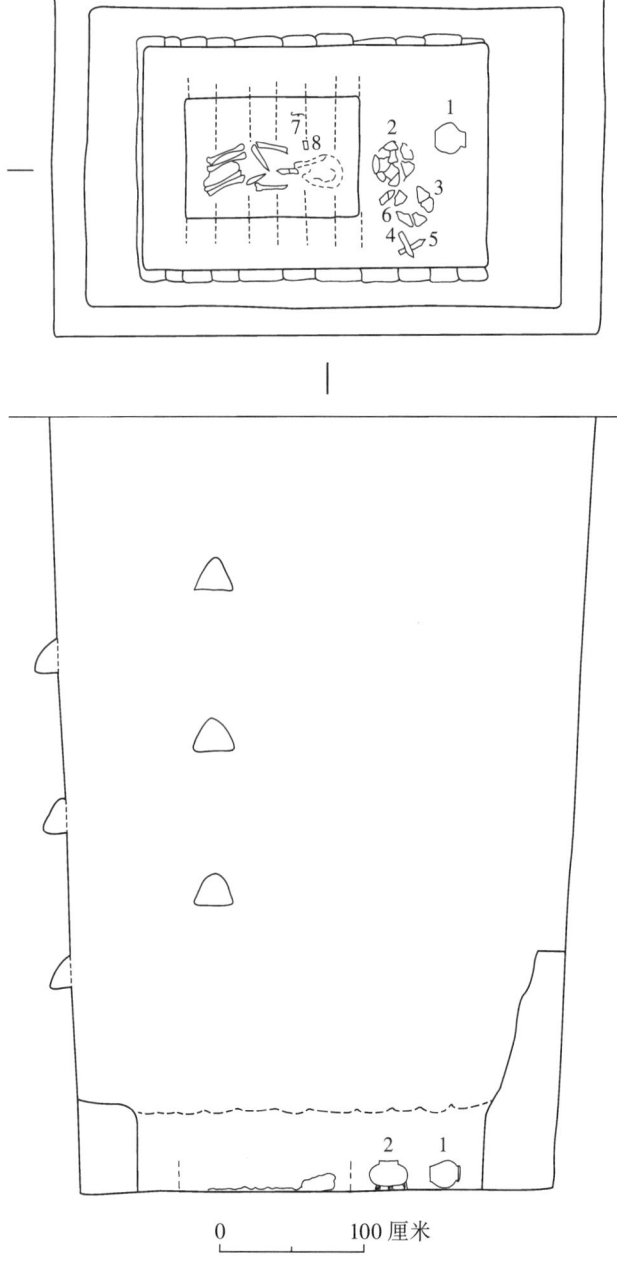

图一四三　M14 平、剖面图

1.陶罐　2.陶鬲　3.陶盆　4~6、8.石圭　7.铜带钩

M13：4-2，位于北侧二层台偏西部。青色页岩。圭首尖，长条体，下部残缺。侧缘切割整齐，一侧有切痕。残长 12.4、宽 3.8、厚 0.3 厘米（图一四一，4；彩版一一五，2）。

（五）M14

1. 墓葬形制

位于墓地南部。长方形竖穴土坑墓，方向 272°。口大底小，墓口长 3.80、宽 2.40 米，墓底长 3.20、宽 2.00 米，深 5.20 米。二层台为熟土，宽 0.20~0.52、高 0.54~1.60 米。南壁偏东部有竖直排列的 3 个脚窝，最上部的脚窝距墓口 0.94 米，距东壁 0.96 米，间距 1.06 米；东壁亦有竖直排列的 3 个脚窝，最上部的脚窝距墓口 1.46 米，间距 0.84 米；脚窝呈三角形，宽 0.28、进深 0.16、高 0.24 米；6 个脚窝在高度上间距 0.54 米（图一四三；彩版一一五，1）。

2. 葬具

葬具为一棺一椁，均已腐朽。椁盖板朽灰呈白色，共 11 块，长 1.64~1.68、宽 0.12~0.32 米。椁室长 2.40、宽 1.50、高 0.54~1.60 米。棺位于椁室东部，朽灰呈黑灰色。棺距南、北两侧二层台 0.35 米，距东侧二层台 0.30 米，距西侧二层台 0.90 米。棺长 1.20、宽 0.80 米。

3. 人骨

保存较差，葬式为仰身屈肢，头向西，面向上。

4. 随葬器物

共 8 件。有铜器 1 件，陶器 3 件，石器 4 件。

（1）铜器

1 件。

带钩 1 件。

M14：7，位于棺内南部。琵琶形，钩首为龙头，钩体弯曲似弓形。钩钮近钩尾，残缺。表面铸有纹饰。通长 5.4 厘米（图一四四，4；彩版一一六，1）。

（2）陶器

3 件。有鬲、罐、盆各 1 件。

鬲 1 件。

M14：2，位于西侧二层台中部。夹砂灰陶。直口，双唇，短束颈，圆肩，鼓腹，联裆低平，三矮锥状足。上腹部饰交错绳纹，下腹部与足部饰大麻点纹。口径 16.8、腹径 22.8、高 15.6 厘米（图一四四，1；彩版一一六，3）。

罐 1 件。

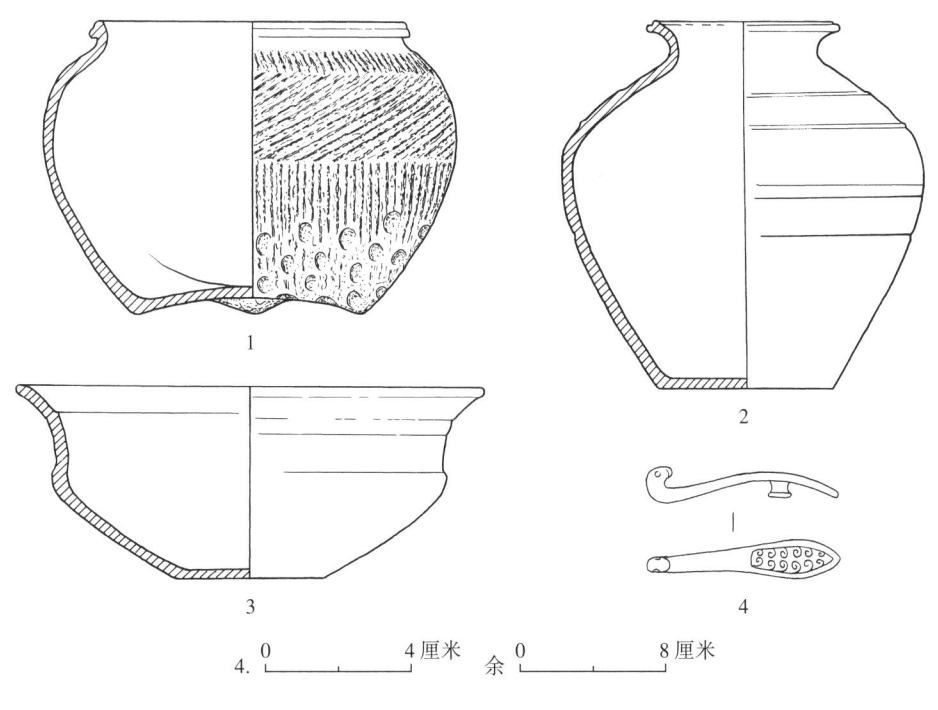

4. |0————4厘米 余 |0————8厘米

图一四四 M14 出土器物

1. 陶鬲（M14：2） 2. 陶罐（M14：1） 3. 陶盆（M14：3） 4. 铜带钩（M14：7）

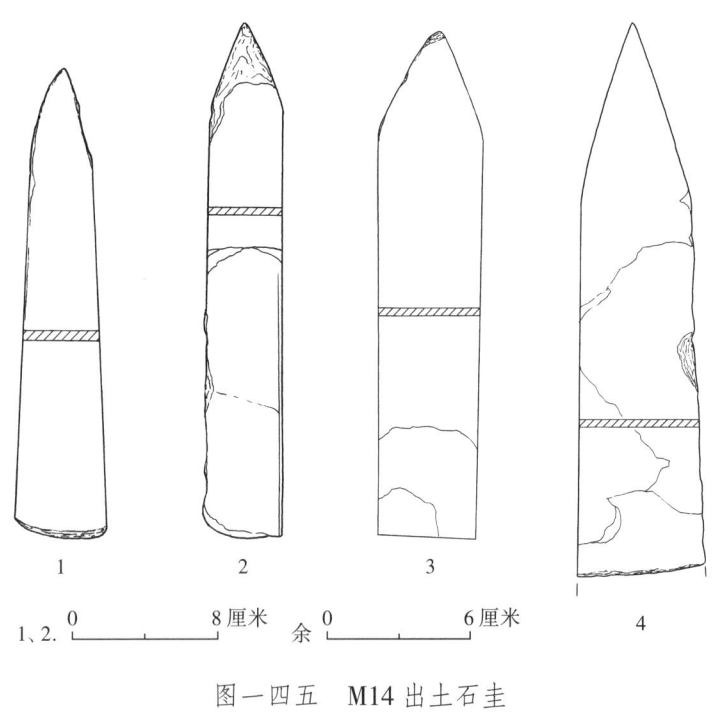

图一四五　M14 出土石圭
1. M14：4　2. M14：6　3. M14：5　4. M14：8

M14：1，位于西侧二层台南部。泥质灰陶。侈口，圆唇，束颈，圆肩，上腹圆鼓，下腹斜收，平底。肩与上腹部饰弦纹。腹壁有刀削痕迹。口径 10.4、腹径 20.0、底径 9.6、高 19.5 厘米（图一四四，2；彩版一一六，2）。

盆　1 件。

M14：3，位于西侧二层台北部。泥质灰陶。侈口，卷沿，圆唇，上腹内弧，下腹斜直内收，小平底。唇部与沿内侧各有一周凹槽，上腹部饰三道凹弦纹。口径 25.4、底径 8.0、高 10.1 厘米（图一四四，3；彩版一一六，4）。

（3）石器

4 件。

圭　4 件。均为青色页岩。圭首尖，长条体。部分可见侧缘分割痕迹，一侧或两侧有分割痕迹（彩版一一五，3）。

M14：4，位于椁室西北角。长 25.0、宽 5.0、厚 0.4 厘米（图一四五，1）。

M14：5，位于椁室西北角。长 20.2、宽 4.3、厚 0.3 厘米（图一四五，3）。

M14：6，位于椁室西部。长 27.4、宽 4.2、厚 0.3 厘米（图一四五，2）。

M14：8，位于棺内墓主头骨旁。长 22.0、宽 5.2、厚 0.3 厘米（图一四五，4）。

（六）M15

1. 墓葬形制

位于墓地南部。长方形竖穴土坑墓，方向 265°。口大底小，墓口长 2.80、宽 1.80 米，墓底长 2.60、宽 1.60 米，深 1.60 米。二层台为熟土，宽 0.20~0.33、高 0.90~1.10 米（图一四六；彩版一一七，1）。

2. 葬具

葬具为一棺一椁，均已腐朽。椁盖板朽灰呈白色，仅存两端盖板，长 1.40~1.52、宽 0.14~0.20 米。椁室长 2.10、宽 1.14、高 1.10 米。棺位于椁室中央，朽灰呈灰色。棺距北侧二层台 0.20~0.26 米，距东侧二层台 0.40 米，距南侧二层台 0.24~0.26 米，距西侧二层台 0.50 米。棺长 1.20、宽

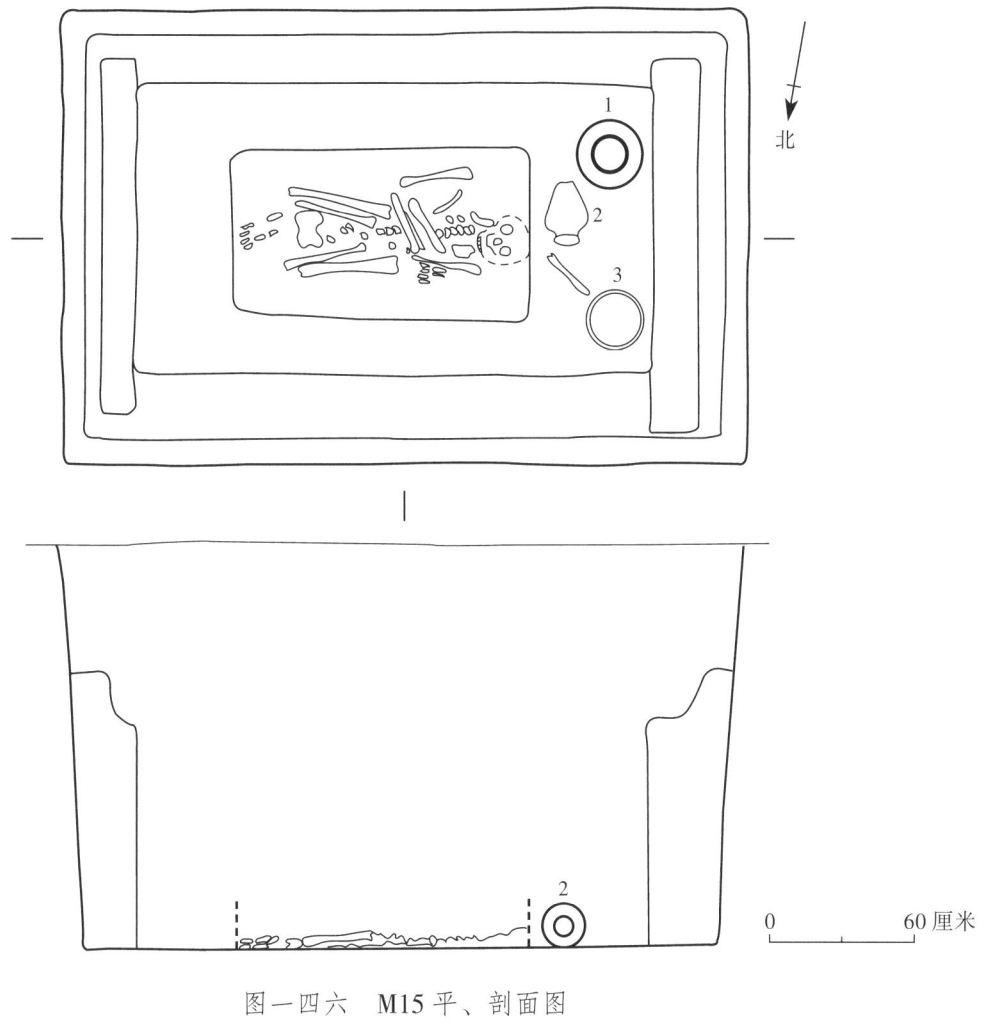

图一四六　M15 平、剖面图

1.陶鬲　2.陶罐　3.陶盆

0.70 米。

3. 人骨

保存较好，葬式为仰身屈肢，头向西，面向上。男性。35~45 岁。

4. 随葬器物

共 3 件。均为陶器，有鬲、罐、盆各 1 件。

鬲　1 件。

M15：1，位于西侧二层台南部。夹砂灰陶。直口微敛，双唇，鼓腹，联裆低平，三矮锥状足。上腹部饰交错绳纹，下腹部饰竖绳纹，足部饰大麻点纹。口径 16.5、腹径 23.0、高 16.6 厘米（图一四七，1；彩版一一七，2）。

罐　1 件。

M15：2，位于西侧二层台中部。泥质灰陶。侈口，圆唇，束颈，圆鼓腹，平底微内凹。颈部与腹部饰凹弦纹。口径 11.0、腹径 17.0、底径 8.6、高 20.6 厘米（图一四七，3；彩版一一六，5）。

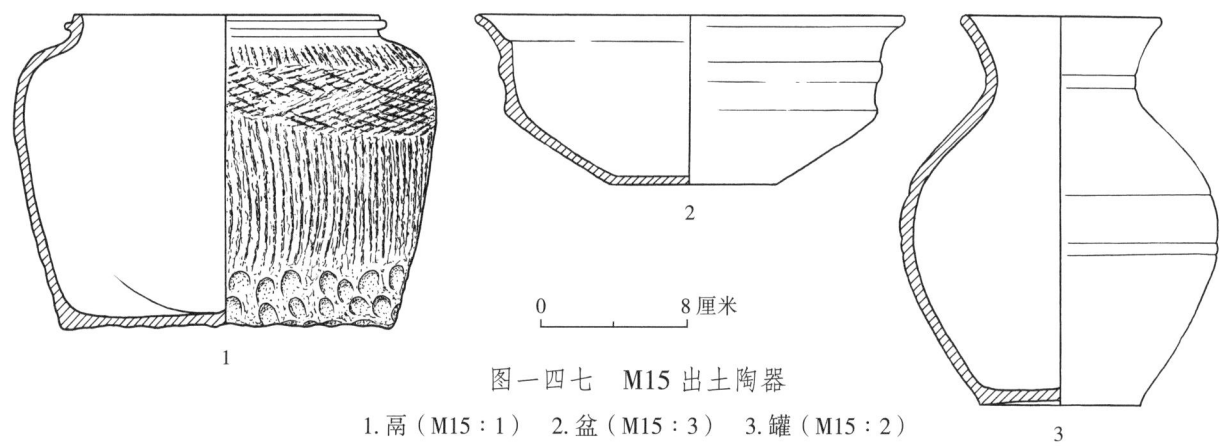

图一四七　M15 出土陶器

1. 鬲（M15：1）　2. 盆（M15：3）　3. 罐（M15：2）

盆　1 件。

M15：3，位于西侧二层台北部。泥质灰陶。侈口，尖圆唇，卷沿，上腹内弧，下腹斜直内收。唇部与沿内侧各有一周凹槽，上腹部饰三道凹弦纹。口径 23.5、底径 9.0、高 9.0 厘米（图一四七，2；彩版一一七，3）。

（七）M19

1. 墓葬形制

位于墓地南部。墓圹平面呈圆角长方形。墓向 68°。墓口长 2.90、宽 1.60、深 1.10 米。墓壁垂直，下部有一周熟土二层台，北侧宽 0.40~0.48 米，西侧宽 0.20~0.24 米，南侧宽 0.38~0.48 米，东侧宽 0.40~0.46 米；高 0.40 米。墓坑内填黄土和灰土夹杂的花土，经过夯打（图一四八、一四九；彩版一一八）。

2. 葬具

墓室内棺木均已腐朽，仔细辨识有黑、红色相间的漆皮。棺长 1.76、宽 0.60 米，高度不明。木棺和二层台之间积石，在木棺下面也零散铺垫一层大小不等石块，可称为石椁。石椁四壁用河卵石垒砌而成，河卵石长径 8.0~35.0 厘米。木棺遗存均叠压于底部石块上，说明棺顶部原先没有放置石块。积石分布长为 2.25、宽 1.00 米，四壁高约 0.2 米，底部厚约 0.1 米。

3. 人骨

在棺底范围内，墓主人尸骨之下分布有大量红色粉末，厚 0.2 厘米，其成分经过检测为朱砂。

墓主人骨架保存较差。葬式为直肢。头向东，根据牙齿位置判断，面向朝北。墓主身高在 1.60~1.70 米之间，性别、年龄不详。

4. 随葬器物

共计 46 件（组）。主要有金器、青铜器和绿松石饰品，还有少量骨器等。马器出土于棺外东端，散布在石块之间；殉牲集中摆放在棺外北侧中间位置，经鉴定 M19：48 为马肩胛骨；金饰、绿松石串珠以及铜饰品等出土于棺内（彩版一一九）。

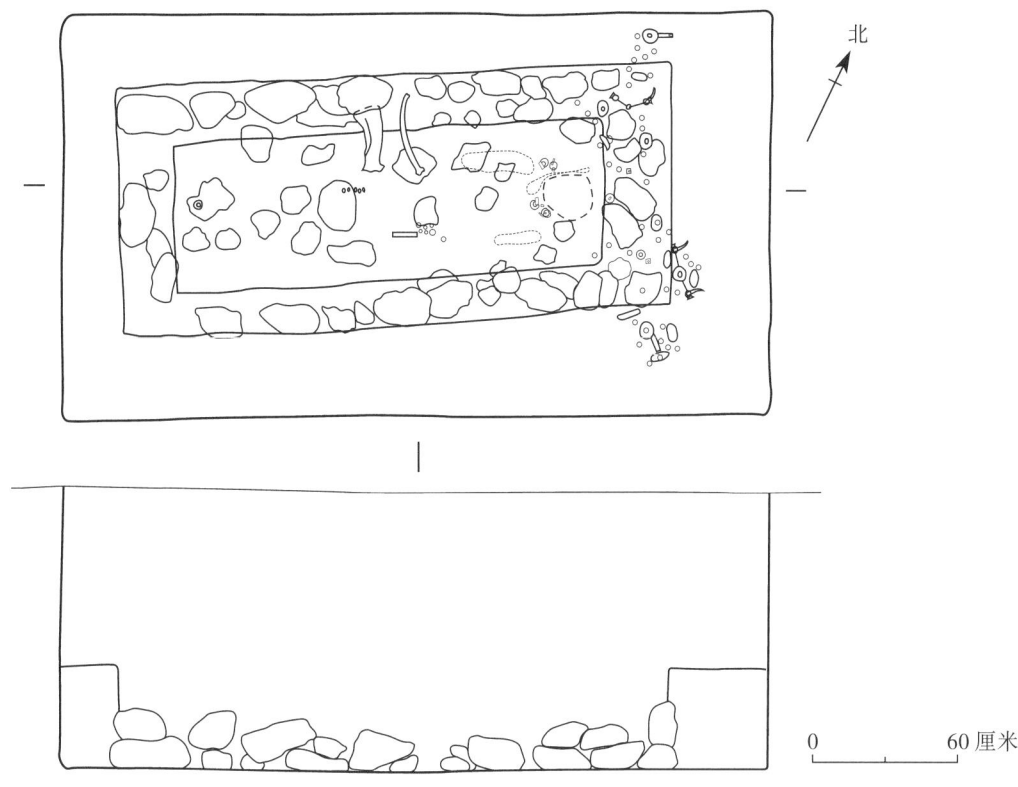

图一四八　M19 平、剖面图

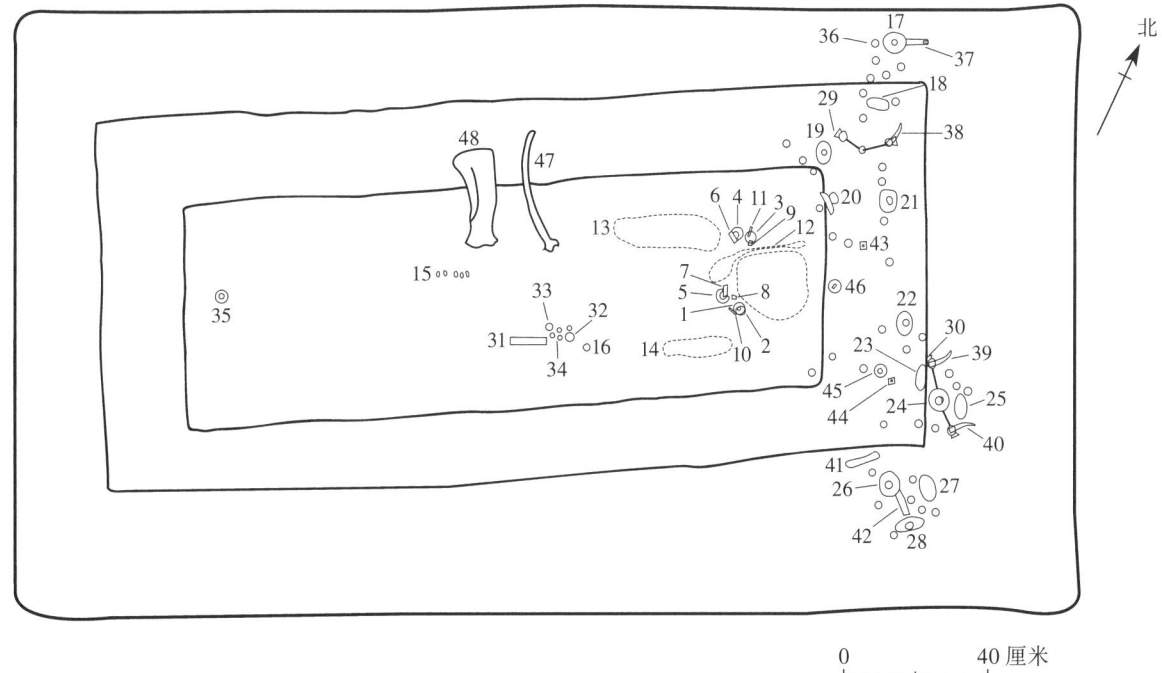

图一四九　M19 出土器物平面图

1.金帽顶饰　2、3.螺旋金盘丝　4、5."C"字形金箔　6、7.长条形金箔　8~11.绿松石饰　12~15.绿松石、玛瑙串饰
16.玛瑙饰　17~28.铜铃　29、30.铜马衔　31.铜管具　32、33.铜环　34.小铜泡　35.铜珠　36.铜泡　37~42.骨镳
43、44.骨扣　45、46.骨泡　47.兽骨　48.马肩胛骨

（1）铜器

20件（组）。有铃12件，马衔2副，环2件，管具、铜珠各1件，泡、小泡各1组。

铜铃　12件，分布于棺外东侧积石和二层台上，有单系和双系之分（彩版一二〇，1）。

单系铃　4件。形制相同。

M19：20、M19：21、M19：25、M19：28，上端为铃体，中间为伞盖形托，下部正中有单系伸出。铃体呈圆球状，侧面一周有六至八个长条形镂孔，两端呈尖状。铃腔内有一个圆形舌。伞盖形托边缘向下微折。铃体直径3~3.2、铃托最大径6.5~6.8、高4.7~5厘米（图一五〇，1）。

双系铃　8件。形制相同。

M19：17~19、M19：22~24、M19：26、M19：27，形制与单系铃基本一致，上端为铃体，中间为伞盖形托，下部正中有双系伸出。铃体呈圆球状，侧面一周六至八个长条形镂孔，两端呈尖状。铃腔内有一个圆形舌。伞盖形托边缘向下微折。铃体直径3~3.3、铃托直径6.6~7.0、高4.8~5厘米（图一五〇，6）。

马衔　2副。位于棺外东侧。

M19：29、M19：30，形制相同，均为两节直杆式，中间以两环相扣连，两端作环首，外接梯形环孔。通长23.6厘米，中间环孔外径3、内径1.6厘米，两端双环孔通长4、宽2.8厘米（图

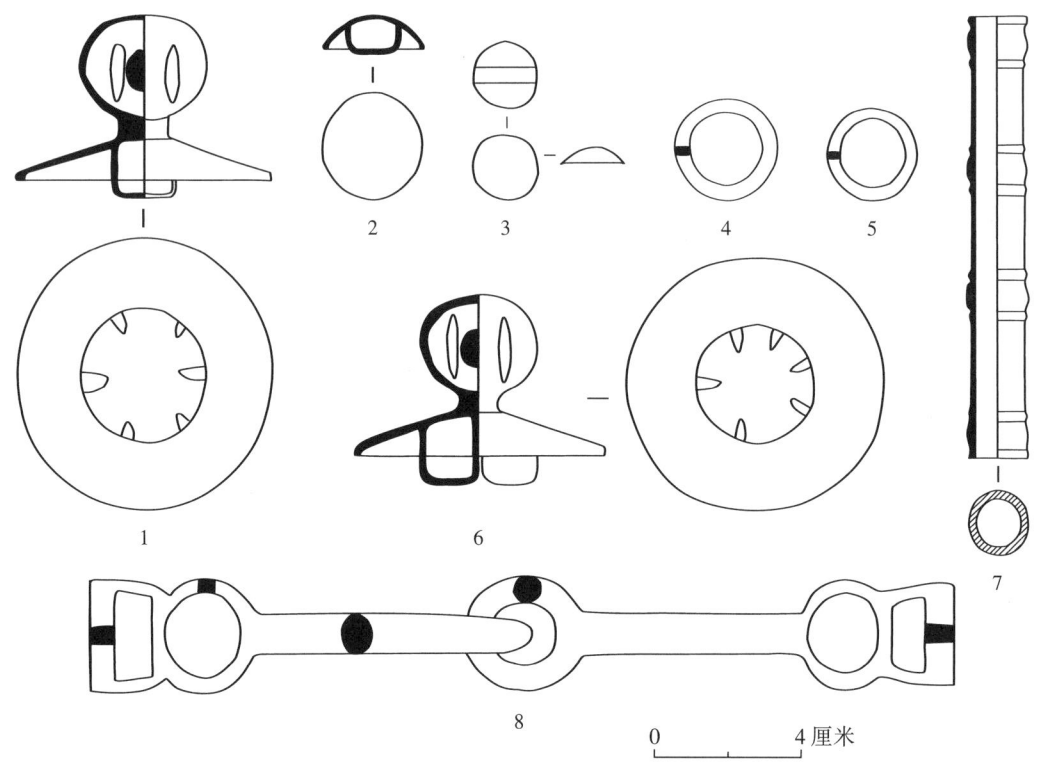

0　　　　　4厘米

图一五〇　M19出土铜器

1.单系铃（M19：20）　2.泡（M19：36-1）　3.小泡（M19：34-1）　4、5.环（M19：32、M19：33）　6.双系铃
（M19：17）　7.管具（M19：31）　8.马衔（M19：29）

一五〇，8；彩版一二〇，2、3）。

管具　1件。

M19：31，位于墓主腰部左侧。通体饰竹节纹。通长11.8厘米，管口外径1.6、内径1.3厘米（图一五〇，7；彩版一二一，4）。

环　2件，与管具同出于墓主腰部左侧。

M19：32，呈垫圈形。大环。外径2.8、内径1.9、厚0.3厘米（图一五〇，4；彩版一二一，5）。

M19：33，形制与大环相同。小环。外径2.4、内径1.6、厚0.2厘米（图一五〇，5；彩版一二一，5）。

泡　1组。

M19：36，共37件。位于棺外东侧积石和二层台上。形制、大小均相同。蘑菇状帽，背有半环形单钮。M19：36-1，直径2.6、高0.9厘米（图一五〇，2；彩版一二一，1）。

小泡　1组。

M19：34，共4件。与铜环同出于墓主腰部左侧。形制、大小均相同。圆形，中隆起，背有一条形横梁。M19：34-1，直径1.5、梁宽1.3、高0.5厘米（图一五〇，3；彩版一二一，2）。

铜珠　1件。

M19：35，位于棺内墓主人脚端。呈圆形管状，中间有孔，中部最粗，向两端递减。直径3、高1.7厘米（图一五二，6；彩版一二一，3）。

（2）金器

7件。有帽顶饰1件，螺旋金盘丝、"C"字形金箔、长条形金箔各2件。

帽顶饰　1件。

M19：1，位于墓主人头骨南侧下方。正面圆鼓，中间有一圆孔，使用爪镶工艺镶嵌圆形绿松石，直径为1.4厘米。器身中部有三圈凹棱，围绕中部绿松石形成三级阶梯状环绕，由外向内，第一圈镶嵌12颗橄榄形绿松石珠，每一颗长0.7~0.9、宽0.2厘米左右，出土时一颗绿松石珠脱落；第二圈以12颗圆形绿松石珠镶嵌，每一颗直径0.3厘米左右，与第一圈绿松石珠间隔排列；第三圈没有镶绿松石珠。背面中部有三个小爪固定圆形绿松石，在边缘等距离分布三个竖向小钮，起固定作用。直径4.9、通高1.8厘米，重42.7克（图一五一，1；彩版一二二，1）。

螺旋金盘丝　2件。

M19：2、M19：3，位于墓主头骨两侧，南侧盘丝下压冒顶饰。形制相近，由金丝盘成弹簧状，盘成四圈。两端较尖锐。金丝直径1.5毫米，圆环直径3.6~3.8厘米，重量均为13克。推测为耳环一类装饰物（彩版一二二，2）。

"C"字形金箔　2件。

M19：4、M19：5，位于金盘丝西侧。形制相近。周缘分布有针眼，推测原先缝缀在皮革等

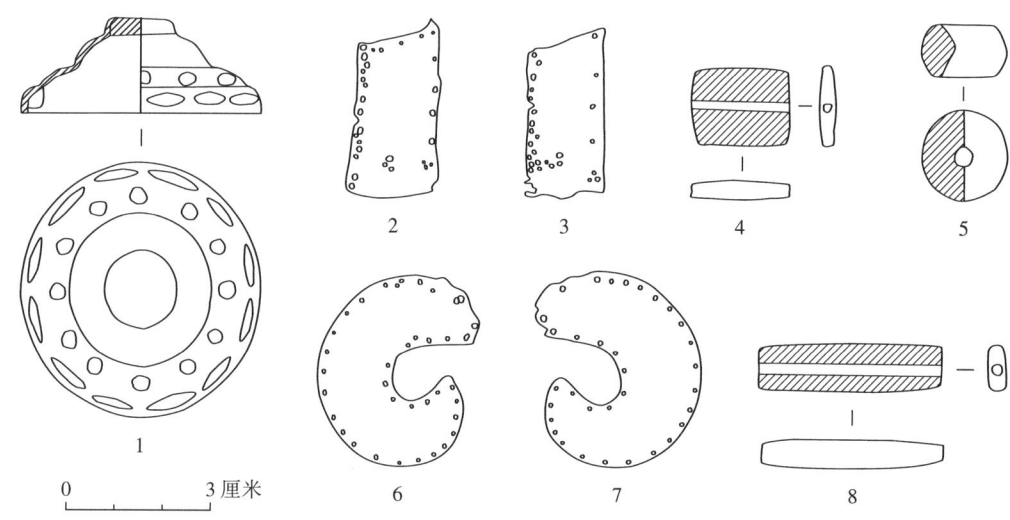

图一五一　M19 出土器物

1.金帽顶饰（M19：1）　2、3.长条形金箔（M19：6、M19：7）　4、8.绿松石饰（M19：8、M19：10）
5.玛瑙饰（M19：16）　6、7."C"字形金箔（M19：4、M19：5）

有机质上作为装饰。长 4.0、宽 3.4~3.5 厘米。M19：4 重 2 克，M19：5 重 2.8 克（图一五一，6、7；彩版一二二，3）。

长条形金箔　2 件。

M19：6、M19：7，出土时分别位于"C"字形金箔片缺口处。形制相近。周缘分布有针眼，同为装饰物。长 3.5、宽 1.6~1.9 厘米，重量均为 1 克（图一五一，2、3；彩版一二三，1）。

（3）串饰

9 件（组）。有绿松石饰 4 件，玛瑙饰 1 件，串饰 4 组。

绿松石饰　4 件，出土于螺旋金盘丝周边。

M19：8、M19：9，略呈方形，中部略鼓，均有对穿孔。质地细腻，表面光滑，浅绿色。方形与长条形组合搭配。M19：8，残存朱砂痕迹，长 2.1、宽 1.6、厚 0.4 厘米（图一五一，4）；M19：9，长 2、宽 1.5、厚 0.4 厘米（彩版一二三，3）。

M19：10、M19：11，长条形。M19：10，长 3.6、宽 0.9、厚 0.4 厘米（图一五一，8）；M19：11，长 3.5、宽 0.9、厚 0.4 厘米（彩版一二三，4）。

玛瑙饰　1 件。

M19：16，位于棺内中部南侧。呈小轮状，红褐色。上下平齐，中有对钻穿孔，剖面呈漏斗状。直径 1.8、孔径 0.3、厚 1 厘米（图一五一，5；彩版一二三，2）。

串饰　4 组，出土于墓主头侧、胸部以及腿部。

M19：12，位于墓主头侧。由 85 颗绿松石、玛瑙珠相间组成。绿松石珠均为扁圆形，颜色深浅不一，大小不同，中部有对穿细孔。最大者长 2、宽 1.8、厚 1 厘米，最小者圆径 0.7、厚 0.3

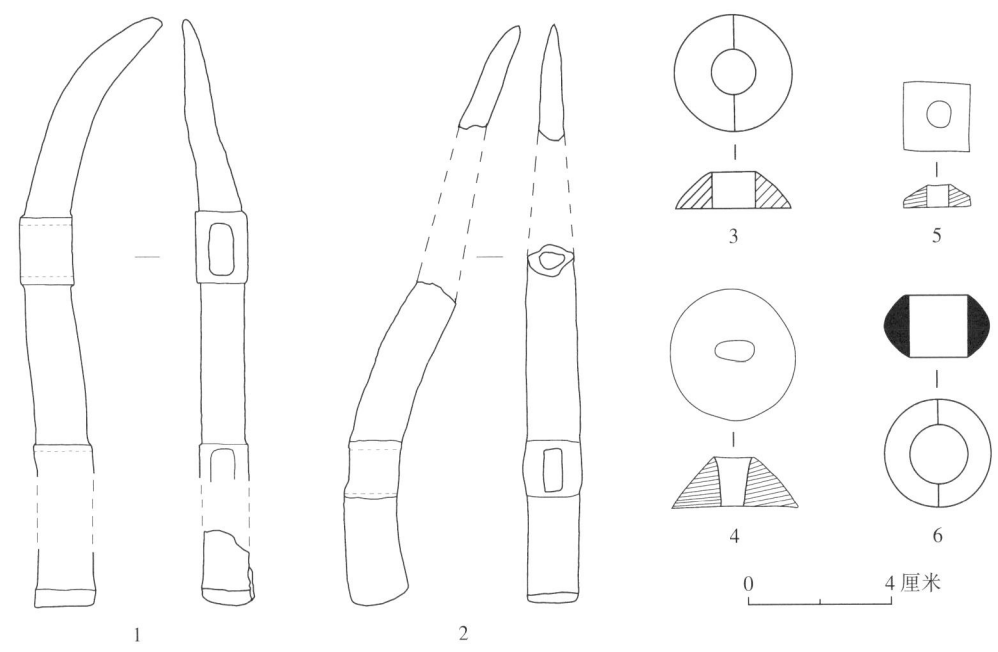

图一五二　M19 出土器物

1、2.骨镳（M19：37、M19：38）　3、4.骨泡（M19：45、M19：46）　5.骨扣（M19：43）　6.铜珠（M19：35）

厘米。玛瑙除 3 颗呈管状外，其余均为小轮形，红褐色。小轮形珠中，最大者长 0.7、最短者长 0.4 厘米，最大者圆径 1、最小者圆径 0.5 厘米。3 颗短管状珠，中间粗，有凸棱，长 1.5~1.7、直径 0.7~0.9 厘米（彩版一二四）。

M19：13，位于墓主胸部北侧。由 631 颗绿松石、玛瑙珠串成。绿松石珠有管状和小轮形两种，颜色不一，中有细穿孔。小轮形珠中，最大者长 0.6、最短者长 0.15 厘米，最大者圆径 0.6、最小者圆径 0.3 厘米。管状珠中间微粗，个别有凸棱，长 0.8~1.4、直径 0.3~0.9 厘米。玛瑙珠均为小轮形，红褐色，最大者长 0.9、最短者长 0.4 厘米，最大者圆径 1.1、最小者圆径 0.6 厘米（彩版一二五）。

M19：14，位于墓主胸部北侧。由 149 颗绿松石、玛瑙珠组成。绿松石珠有管状和小轮形两种，浅绿色，中间有小孔。小轮形珠中，最大者长 0.3、最短者长 0.15 厘米，最大者圆径 0.5、最小者圆径 0.3 厘米。管状珠中间微粗，长 0.4~1.3、直径 0.3~0.8 厘米。玛瑙 2 枚呈管状，另外 2 颗为小轮形，红褐色。小轮形珠长 0.3~0.4、直径 0.5~0.6 厘米。短管状珠中间粗，有凸棱。长 0.9~1.4、直径 0.6~0.7 厘米（彩版一二六，1）。

M19：15，位于墓主腿部。由 5 颗绿松石珠组成。均为扁椭圆形，浅绿色，上部有两个细穿孔。长 0.9~1、宽 0.6~0.7、厚 0.2~0.4 厘米（彩版一二六，2）。

（4）骨器

10 件。有骨镳 6 件，骨扣、骨泡各 2 件。

骨镳　6件。

M19：37~42,6件，分为3组，其中3件出土时插在铜马衔圆形环首中。均残。材质鉴定为鹿角。前端弯曲，渐窄。表面光滑，等距离钻有两椭圆形孔。复原通长16、最宽处1.6、截面最大径0.7厘米，孔长径1.2~1.4、短径0.5~0.7厘米（图一五二，1、2）。

骨扣　2件。

M19：43、M19：44，位于棺外东侧石块间。形制、大小一致。平面呈方形，正面隆起，中间有一穿孔。长1.9~2、宽1.9~1.8、高0.7厘米（图一五二，5）。

骨泡　2件。位于棺外东侧石块间。形制、大小相近。平面为圆形，中有穿孔。

M19：45，穿孔为圆形。直径3.0~3.2、孔径1、高1.3~1.4厘米（图一五二，3）。

M19：46，穿孔为椭圆形。直径3.0~3.4、孔长径1.1、短径0.6、高1.0厘米（图一五二，4）。

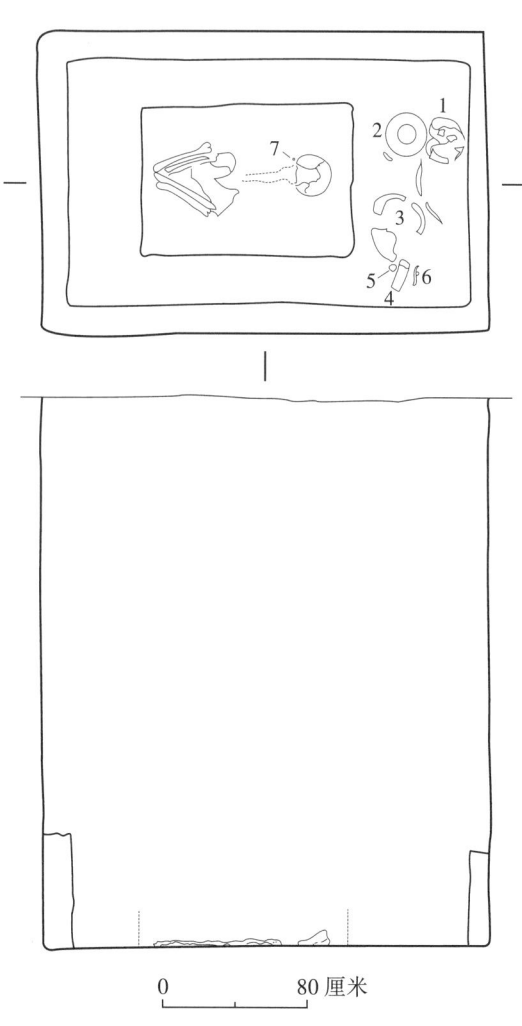

图一五三　M38平、剖面图

1.陶釜　2.陶罐　3.陶盆　4.铜带饰　5.铜镯
6.铜带钩　7.骨扣饰

（八）M38

1.墓葬形制

位于墓地中部。长方形竖穴土坑墓，方向272°。长2.46、宽1.60、深2.90米。二层台为熟土，南、东两侧二层台宽0.16米，西侧二层台宽0.10米，北侧二层台宽0.14米，高0.50~0.60米（图一五三；彩版一二七，1）。

2.葬具

葬具为一棺一椁，均已腐朽。二层台上未见椁盖板痕迹，数量与尺寸不详，四面侧板朽灰呈白色。椁室长2.20、宽1.30、高0.50~0.60米。棺位于椁室中东部，朽灰呈浅褐色；南侧距二层台0.24米，东侧距二层台0.40米，北侧距二层台0.26米，西侧距二层台0.65米。棺长1.15、宽0.80米，高度不明。

3.人骨

保存较差，仅存头骨、椎骨、骨盆与下肢骨，葬式为屈肢，头向西，面向南。

4.随葬器物

共7件。有陶器3件，铜器3件，骨器1件。

（1）铜器

3件。有带钩、铜镯、带饰各1件。

带钩　1件。

M38：6，位于西侧棺椁之间北部。曲棒形，钩首为龙头，钩体弯曲似弓形，钩钮近钩尾。通长 7.9 厘米（图一五四，5；彩版一二八，1）。

铜镯　1件。

M38：5，位于西侧棺椁之间北部。扁圆状铜棒弯曲成圆形，两端有向外卷的扁环。环径 4.2、截面直径 0.3 厘米（图一五四，6；彩版一二八，2）。

带饰　1件。

M38：4，位于西侧棺椁之间北部。长条形，带面较宽，两端反向弯曲，呈“S”状。带面饰长条纹七道，内为斜线；回卷部分饰带状网格纹，带内饰斜线。通长 12.2、宽 5.1、厚 0.15 厘米（图一五四，4；彩版一二八，3）。

（2）陶器

3件。有罐、盆、釜各 1 件。

罐　1件。

M38：2，位于西侧棺椁之间南部。泥质灰陶。侈口，圆唇，束颈，圆肩，上腹较鼓，下腹内收，小平底。唇部内侧有一周凹槽，颈部饰一道凹弦纹，肩部饰三周竖绳纹，间隔两周抹光带。

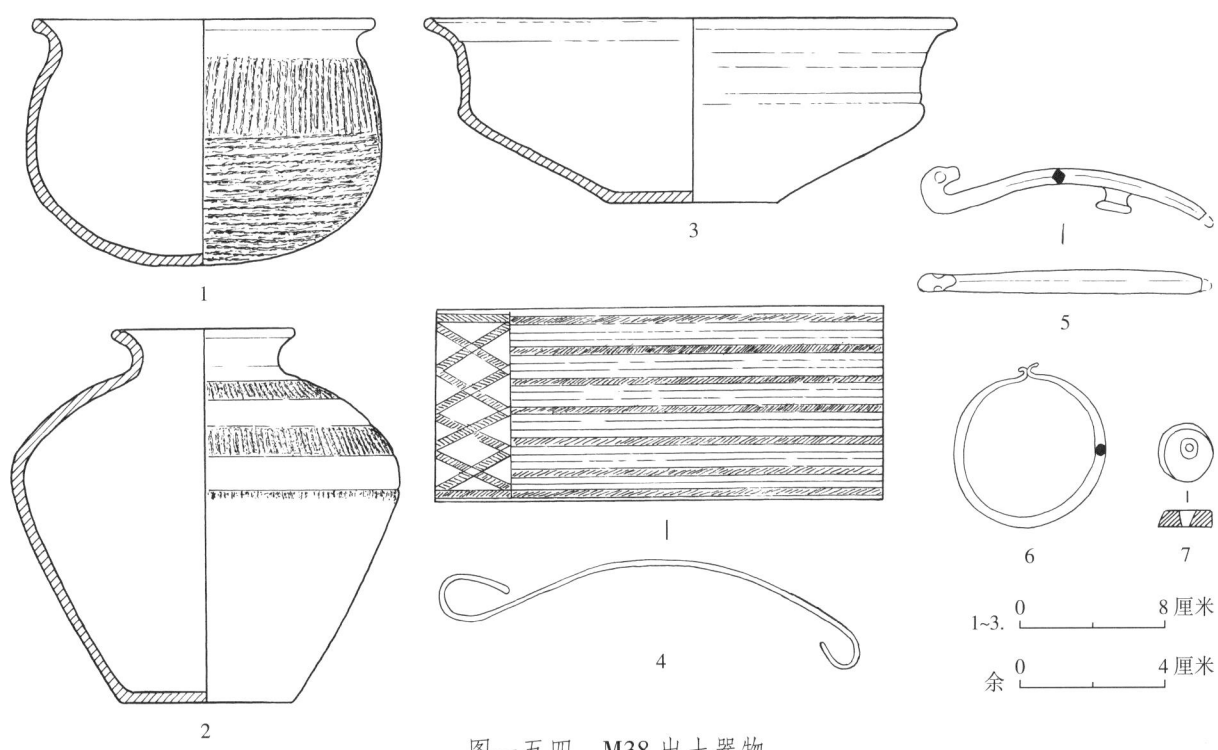

图一五四　M38 出土器物

1.陶釜（M38：1）　2.陶罐（M38：2）　3.陶盆（M38：3）　4.铜带饰（M38：4）　5.铜带钩（M38：6）　6.铜镯（M38：5）　7.骨扣饰（M38：7）

腹壁有刀削痕迹。口径9.8、腹径21.4、底径9.2、高19.8厘米（图一五四，2；彩版一二七，2）。

盆　1件。

M38：3，位于西侧棺椁之间北部。泥质灰陶。侈口，卷沿，尖圆唇，折腹，上腹较直，下腹斜直内收，小平底。唇部与沿内侧各有一周凹槽，上腹部饰四道凹弦纹。口径28.8、底径8.8、高9.8厘米（图一五四，3；彩版一二八，5）。

釜　1件。

M38：1，位于西侧棺椁之间南部。夹砂灰陶。口微敛，卷沿，圆唇，束颈，鼓腹，圜底。上腹部饰竖绳纹，下腹部饰横绳纹，底部饰交错绳纹。口径18.6、腹径19.4、高13.0厘米（图一五四，1；彩版一二七，3）。

（3）骨器

1件。

扣饰　1件。

M38：7，位于人骨颈部。截面为梯形，中部有一单面管钻圆孔。直径1.3~1.5、孔径0.2~0.5、厚0.4厘米（图一五四，7；彩版一二八，4）。

（九）M42

1. 墓葬形制

位于墓地中部。偏洞室墓，方向270°，打破西周墓葬M41。墓道为东西向长方形，口大底小，口长2.60、宽1.70米，底长2.50、宽1.60米，深3.00米。墓道底部与墓室连接处呈半圆形，长2.20米，最宽处1.10米，西端距墓道西壁0.30米，东端距墓道东壁0.16米，深0.30米。洞室在墓道底部北侧，平面长方形，长1.86、进深1.46、高1.36米，西壁距墓道西壁0.60米，东壁距墓道东壁0.18米，顶部距墓道口部1.94米，底部距墓道口部3.30米。洞室东西两端各有一壁龛，东壁龛长0.34、进深0.40、高0.26米，底部距离墓室底部0.36米；西壁龛长0.6、进深0.46、高0.38米，底部距墓室底部0.32米。洞口以木板封堵，洞内置一棺（图一五五；彩版一二九）。

2. 葬具

葬具为一棺，已腐朽。棺位于墓室中央，朽灰呈黑灰色。棺距墓室北壁0.30~0.36米，距墓室东壁0.17米，距墓道北壁0.23~0.28米，距墓室西壁0.14~0.16米。棺为长方形，长1.55、宽0.86米，高度不明。棺底部有两根南北向的横木，长1.32、宽0.06~0.08米。西侧横木距墓室西壁0.28~0.30米，东侧横木距墓室东壁0.25米，两根横木相距0.86米。

3. 人骨

保存一般，葬式为侧身屈肢，头向西，面向北。

4. 随葬器物

共7件。有铜器1件，陶器6件。

（1）铜器

1 件。

带钩　1 件。

M42：7，位于棺内偏北。琵琶形，钩首为龙头，钩体弯曲似弓形。钩钮近钩尾，残补。表面铸有纹饰。通长 4.2 厘米（图一五六，7；彩版一三〇，1）。

（2）陶器

6 件。有罐 5 件，釜 1 件。

罐　5 件。均位于壁龛内。

M42：1，泥质灰陶。小口圆肩罐。侈口较小，圆唇，束颈，圆鼓腹，平底。颈部与腹部饰五道凹弦纹。口径 10.6、腹径 18.4、底径 8.8、高 16.2 厘米（图一五六，2；彩版一三一，1）。

M42：3，泥质灰陶。大口圆肩罐。侈口较大，方唇，束颈，圆肩，鼓腹，平底。颈部至上腹部饰凹弦纹，弦纹下局部有绳纹。口径 13.0、腹径 22.4、底径 10.4、高 19.2 厘米（图一五六，3；彩版一三一，2）。

M42：4，泥质灰陶。小口圆肩罐。侈口较小，沿面内凹，尖圆唇，束颈，溜肩，鼓腹，平底。颈部至上腹部饰凹弦纹，弦纹下局部有绳纹。口径 10.4、腹径 18.5、底径 8.8、高 16.4 厘米（图一五六，4；彩版一三一，3）。

M42：5，泥质灰陶。侈口圆腹罐。侈口较大，圆唇，束颈，溜肩，鼓腹，

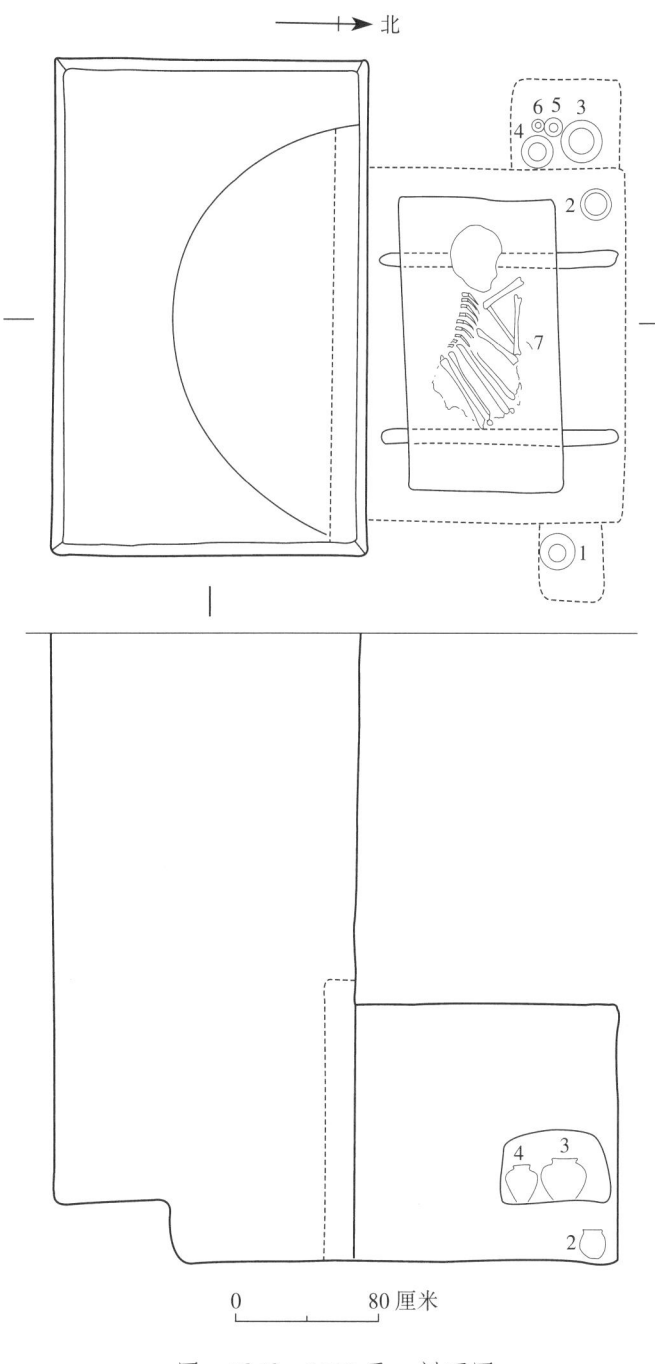

图一五五　M42 平、剖面图

1、3~6.陶罐　2.陶釜　7.铜带钩

平底。颈部至上腹部饰多道凹弦纹。口径 10.8、腹径 13.8、底径 6.2、高 13.8 厘米（图一五六，5；彩版一三一，4）。

M42：6，泥质灰陶。直口圆腹罐。短直口，侧面有两个对穿小孔，椭圆形鼓腹，平底。上腹部饰多道凹弦纹。口径 4.0、腹径 8.3、底径 4.4、高 6.6 厘米（图一五六，6；彩版一三〇，3）。

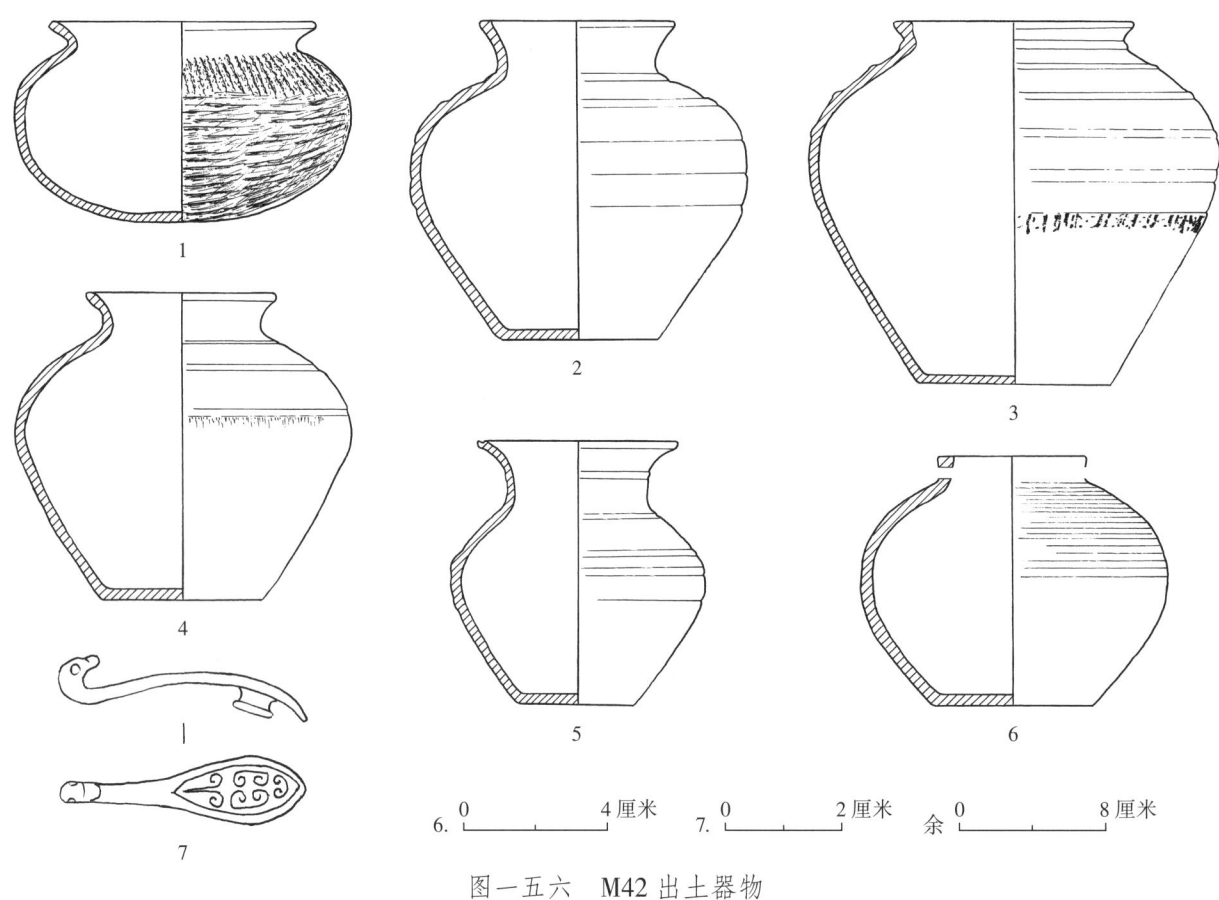

图一五六　M42 出土器物

1. 陶釜（M42：2）　　2~6. 陶罐（M42：1、M42：3、M42：4、M42：5、M42：6）　　7. 铜带钩（M42：7）

釜　1件。

M42：2，位于墓室西北角。夹砂褐陶。侈口，沿面内凹，方唇，束颈，圆鼓腹，圜底。肩部饰绳纹，腹部与底部饰篮纹。口径 14.4、腹径 18.4、高 10.6 厘米（图一五六，1；彩版一三〇，2）。

（一〇）M47

1. 墓葬形制

位于墓地中部。长方形竖穴土坑墓，方向 346°。口大底小，墓口长 3.46、宽 2.34 米，墓底长 3.32、宽 2.20 米，深 7.20 米。二层台为熟土，东、西两侧宽 0.38 米，北侧宽 0.60 米，南侧宽 0.54 米，高 1.50 米（图一五七；彩版一三二，1）。

2. 葬具

葬具为一棺一椁，均已腐朽。二层台上未见椁盖板朽灰，数量与尺寸不详；侧板朽灰呈白色。椁室长 2.20、宽 1.42、高 1.50 米。棺位于椁室东南部，朽灰呈黑灰色；北侧距二层台 0.70 米，东侧距二层台 0.09~0.14 米，南侧距二层台 0.14 米，西侧距二层台 0.35~0.40 米。棺长 1.36、宽 0.90~0.98 米，高度不明。

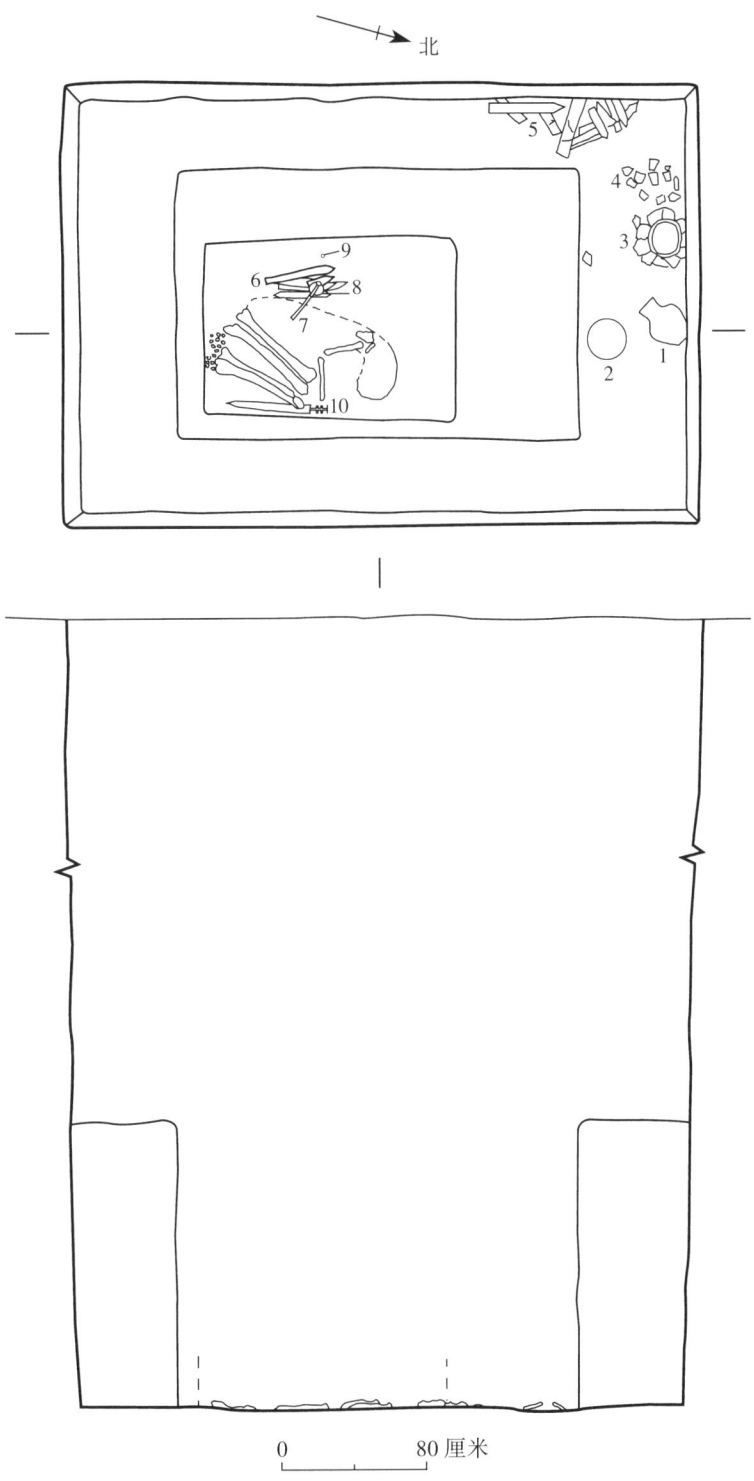

图一五七　M47 平、剖面图

1. 陶壶　2. 陶盆　3. 陶鬲　4. 陶罐　5、6. 石圭　7. 环首铁削刀　8. 铁镯　9. 圆陶片　10. 铜剑

3. 人骨

保存一般，葬式为侧身屈肢，头向北，面向南。性别不明。成年。

4. 随葬器物

共 10 件（组）。有铜器 1 件，陶器 5 件，石器 2 组，铁器 2 件。

（1）铜器

1 件。

铜剑　1 件。

M47：10，位于棺内人骨东侧。首为圆形，柄断面为圆柱形，中有两凸棱，剑身扁平，两面有脊，锷锋利。柄上有缠绕的丝麻痕。通长 45.6、宽 4.5 厘米（图一五八，7；彩版一三二，2）。

（2）陶器

5 件。有鬲、罐、盆、壶、圆陶片各 1 件。

鬲　1 件。

M47：3，位于北侧二层台略偏西。夹砂褐陶。口微敛，短折沿，圆唇，广肩，深腹，平裆甚低，三矮锥状足。肩部与上腹部饰交错绳纹，下腹部与足部饰大麻点纹。口径 18.0、腹径 24.0、高 16.0 厘米（图一五八，1；彩版一三三，1）。

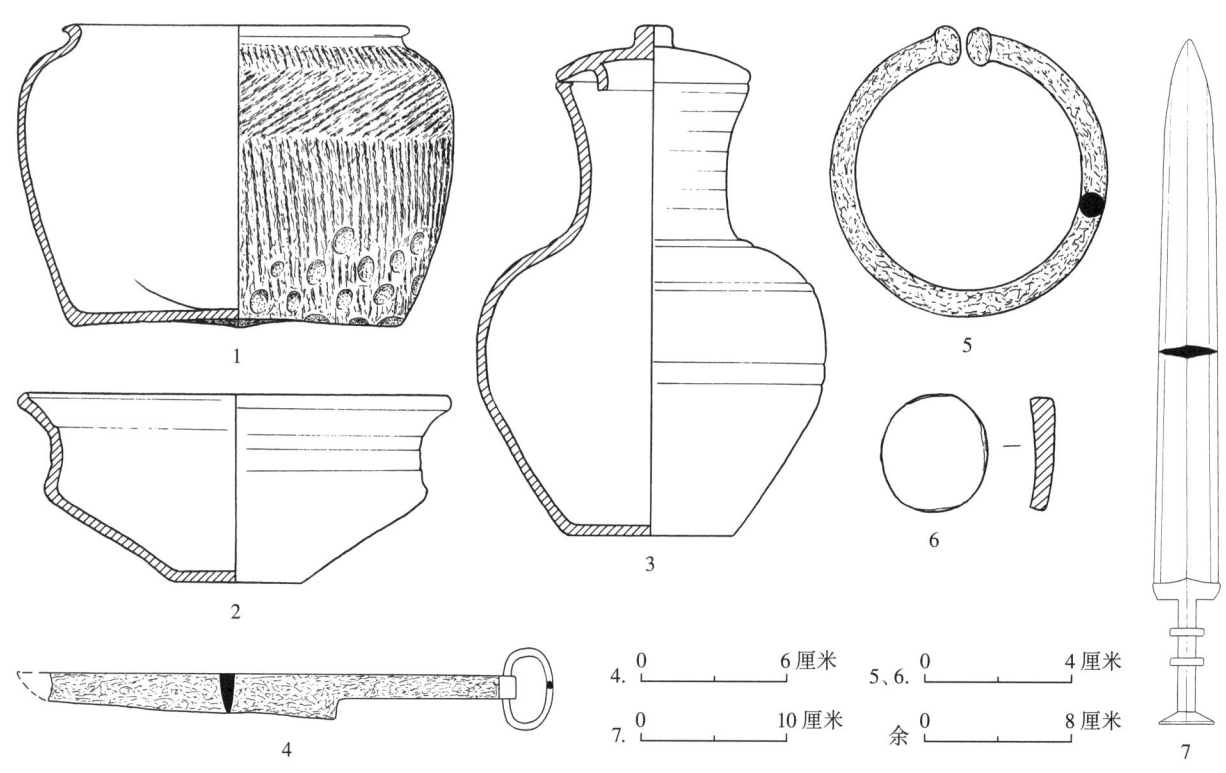

图一五八　M47 出土器物

1. 陶鬲（M47：3）　2. 陶盆（M47：2）　3. 陶壶（M47：1）　4. 环首铁削刀（M47：7）　5. 铁镯（M47：8）　6. 圆陶片（M47：9）　7. 铜剑（M47：10）

罐　1件。

M47：4，位于北侧二层台偏西。保存状况极差，未烧或仅低温烧制，残片整体呈泥质，不可修复。

盆　1件。

M47：2，位于北侧二层台偏东。泥质灰陶。侈口，卷沿，圆唇，折腹，上腹微敛，下腹斜直内收，小平底。唇部与沿内侧各有一周凹槽，上腹部饰三道凹弦纹。口径24.0、底径7.4、高10.0厘米（图一五八，2；彩版一三三，3）。

壶　1件。

M47：1，位于北侧二层台偏东。泥质灰陶。侈口，方唇内勾，束颈较长，溜肩，上腹圆鼓，下腹斜收，平底。盖为弧顶形，上立方形钮，子母口。上腹部各饰凸弦纹两道，颈、腹有凹弦纹数周。口径10.4、腹径19.0、底径9.0、通高27.0厘米（图一五八，3；彩版一三三，2）。

圆陶片　1件。

M47：9，位于棺内西侧。泥质灰陶，形状不甚规整，略向一面弧起。直径约3.0、厚0.5厘米（图一五八，6；彩版一三三，4）。

（3）石器

2组。

圭　2组。

M47：5，共12件。位于西侧二层台北部。均为青色页岩。圭首尖，长条体。部分侧缘可见分割痕迹（彩版一三四，1）。

M47：5-1，体较薄。残长39.0、宽5.8、厚0.4厘米（图一五九，1）。

M47：5-2，长33.5、宽4.0、厚0.3厘米（图一五九，2）。

M47：5-3，体较厚。残长30.0、宽5.0、厚0.4厘米（图一五九，3）。

M47：5-4，体厚，圭首尖有残损。长23.0、宽5.0、厚0.5厘米（图一五九，4）。

M47：5-5，体较厚。残长25.0、宽5.0、厚0.4厘米（图一五九，5）。

M47：5-6，体较厚，圭首尖一侧未修齐。残长31.0、宽5.0、厚0.4厘米（图一五九，6）。

M47：5-7，体较厚，圭首尖未修整。残长26.0、宽4.4、厚0.4厘米（图一五九，7）。

M47：5-8，圭首刀尖状偏向一侧。残长18.0、宽5.0、厚0.3厘米（图一五九，8）。

M47：5-9，体较薄，边缘有残损。残长16.0、宽5.1、厚0.25厘米（图一五九，9）。

M47：5-10，体较厚。残长14.2、宽4.7、厚0.4厘米（图一五九，10）。

M47：5-11，体较薄。残长12.0、宽5.0、厚0.3厘米（图一五九，11）。

M47：5-12，体较薄，圭首尖残损。残长18.1、宽5.3、厚0.3厘米（图一五九，12）。

M47：6，共10件。位于棺内人骨西部。均为青色页岩。圭首尖，长条体。部分侧缘可见分割痕迹（彩版一三四，2）。

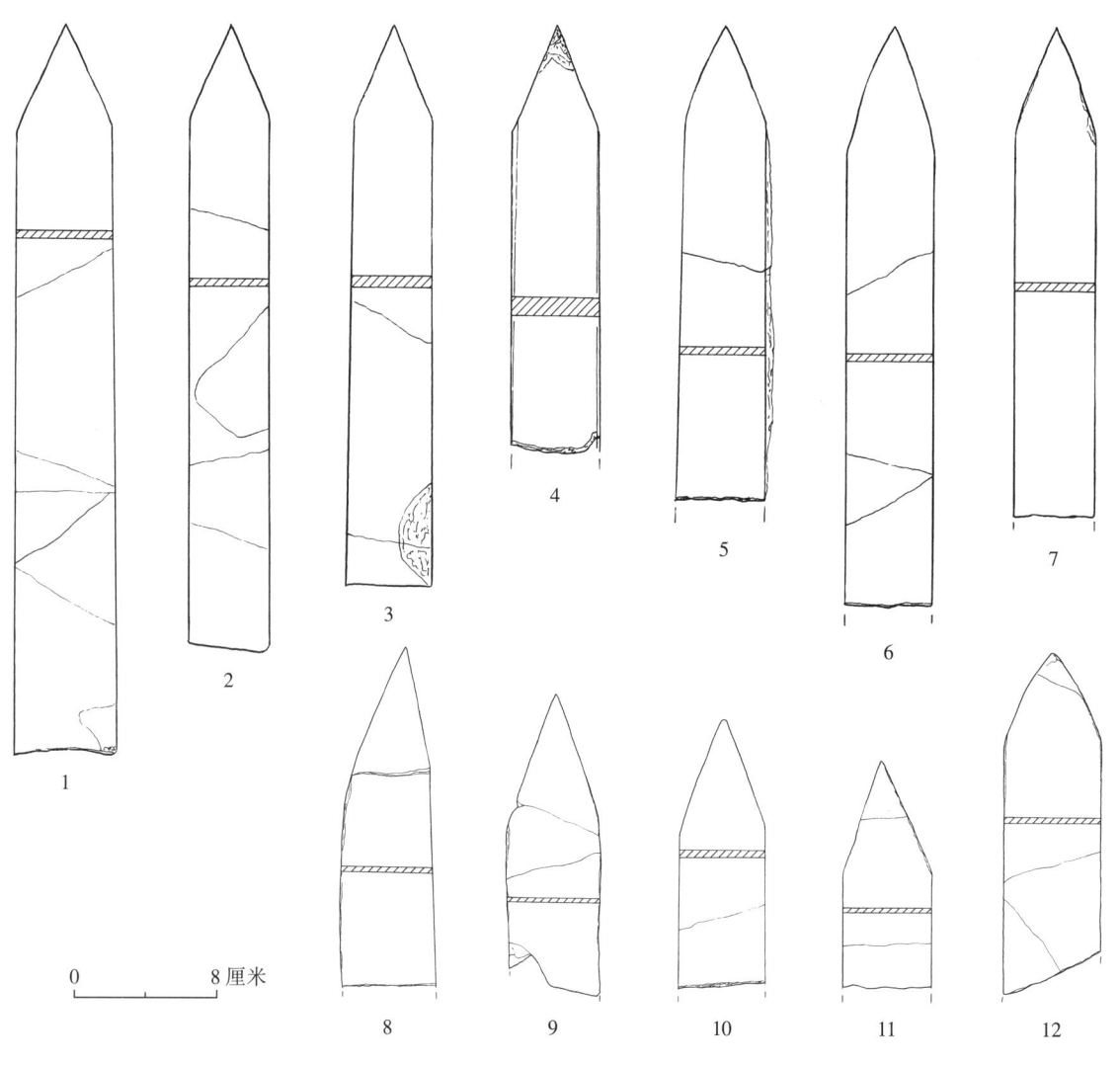

0　　　　　　8厘米

图一五九　M47 出土石圭

1. M47：5-1　2. M47：5-2　3. M47：5-3　4. M47：5-4　5. M47：5-5　6. M47：5-6　7. M47：5-7　8. M47：5-8
9. M47：5-9　10. M47：5-10　11. M47：5-11　12. M47：5-12

M47：6-1，体较厚。长 25.0、宽 6.0、厚 0.4 厘米（图一六〇，1）。

M47：6-2，体厚。长 29.0、宽 4.6、厚 0.5 厘米（图一六〇，2）。

M47：6-3，体较薄。长 27.0、宽 4.0、厚 0.3 厘米（图一六〇，3）。

M47：6-4，体较厚。长 34.0、宽 5.0、厚 0.4 厘米（图一六〇，4）。

M47：6-5，体较厚。长 23.0、宽 5.0、厚 0.4 厘米（图一六〇，5）。

M47：6-6，体较薄。长 18.8、宽 5.0、厚 0.3 厘米（图一六〇，6）。

M47：6-7，体薄。长 19.4、宽 4.4、厚 0.2 厘米（图一六〇，7）。

M47：6-8，下部略窄，体较厚。长 29.4、最宽 5.0、厚 0.4 厘米（图一六〇，8）。

M47：6-9，体较厚。长 33.0、宽 6.0、厚 0.4 厘米（图一六〇，10）。

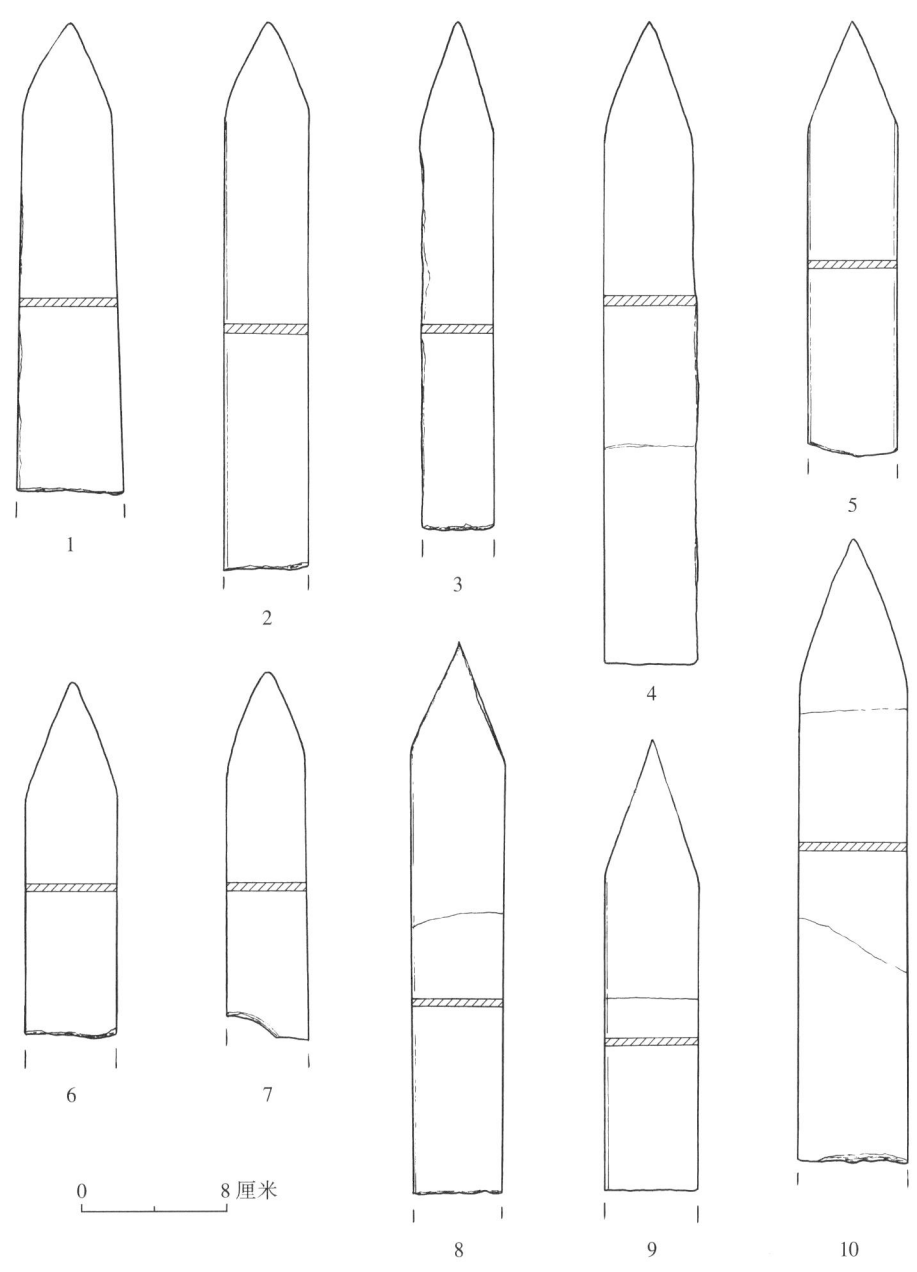

图一六〇　M47 出土石圭

1. M47：6-1　2. M47：6-2　3. M47：6-3　4. M47：6-4　5. M47：6-5　6. M47：6-6　7. M47：6-7　8. M47：6-8
9. M47：6-10　10. M47：6-9

M47：6-10，体较薄。长 24.0、宽 5.2、厚 0.3 厘米（图一六〇，9）。

（4）铁器

2 件。有环首削刀、铁镯各 1 件。

环首削刀　1 件。

M47：7，位于棺内人骨西侧。平背直刃，尖部残缺，铜椭圆形环首。残长 21.0、刃最宽 1.8、背部厚 0.6 厘米（图一五八，4；彩版一三三，5）。

铁镯　1 件。

M47：8，位于棺内人骨西侧。椭圆形，中部较粗，两端首呈扁球体。镯表面附着有纺织物痕迹。最大径 7.6、断面直径 0.7 厘米（图一五八，5；彩版一三三，6）。

（一一）M48

1. 墓葬形制

位于墓地中部。长方形竖穴土坑墓，方向 278°。口大底小，墓口长 4.20、宽 2.89 米，墓底长 3.60、宽 2.40、深 7.00 米。二层台为生土，宽 0.40~0.50、高 1.60 米（图一六一；彩版一三五，1）。

2. 葬具

葬具为一棺一椁，均已腐朽。椁盖板朽灰呈白色，共 16 块，长 2.02~2.20、宽 0.16~0.26 米。椁底板仅椁室东部人骨处可辨，有 6 块，长 1.56、宽 0.25 米。椁室长 2.54、宽 1.56、高 1.60 米。棺朽痕呈黑灰色，长 1.30、宽 0.90 米，高度不明。

3. 人骨

保存较差，葬式为侧身屈肢，头向西，面向北，双手抱于胸前。

4. 随葬器物

共 11 件（组）。有陶器 9 件，石器 2 组。

（1）陶器

9 件。有鬲、鼎各 1 件，罐 5 件。

鬲　1 件。

M48：1，位于椁室西南部。夹砂灰陶。侈口，圆唇，短束颈，圆肩，深较腹，平裆甚低，三矮锥状足。肩部与上腹部饰交错绳纹，下腹部与足部饰大麻点纹。口径 14.4、腹径 18.0、高 14.2 厘米（图一六二，1；彩版一三五，2）。

鼎　1 件。

M48：9，位于椁室西部。泥质灰陶。一耳在足正上方。浅钵形盖，盖部中间有一半圆形钮。鼎身，子母口内敛，体为椭圆形，外接两耳均残，垂腹，圜底，三柱状足，足跟宽扁。盖上有暗弦纹数周，器上腹饰数周凹弦纹。口径 19.0、腹径 20.5、通高 20.4 厘米（图一六二，5；彩版一三六，1）。

罐　5 件。

M48：2，位于椁室西南部。泥质灰陶。小口圆肩罐，体瘦高。侈口，圆唇，短束颈，圆肩，上腹较鼓，下腹内收，小平底。唇部内侧有一周凹槽，肩、腹饰竖绳纹及两周凹弦纹。腹壁有刀削痕迹。口径 10.0、腹径 24.0、底径 12.5、高 29.2 厘米（图一六二，2；彩版一三六，2）。

M48：3，位于椁室西部。泥质灰陶。侈口圆腹罐。侈口，圆唇，长束颈，圆鼓腹，小平底。

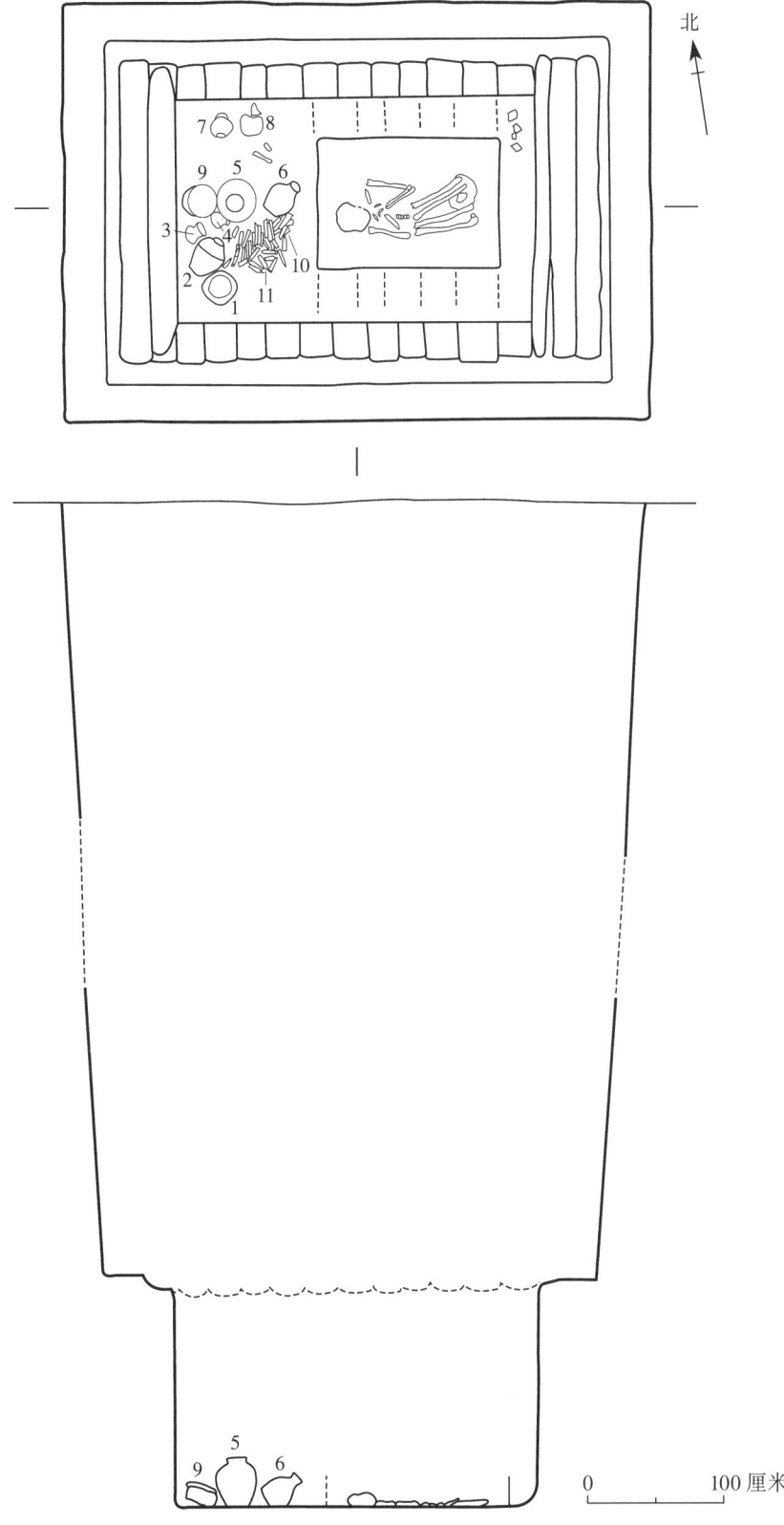

图一六一　M48 平、剖面图

1.陶鬲　2~6.陶罐　7.陶壶　8.陶豆　9.陶鼎　10、11.石圭

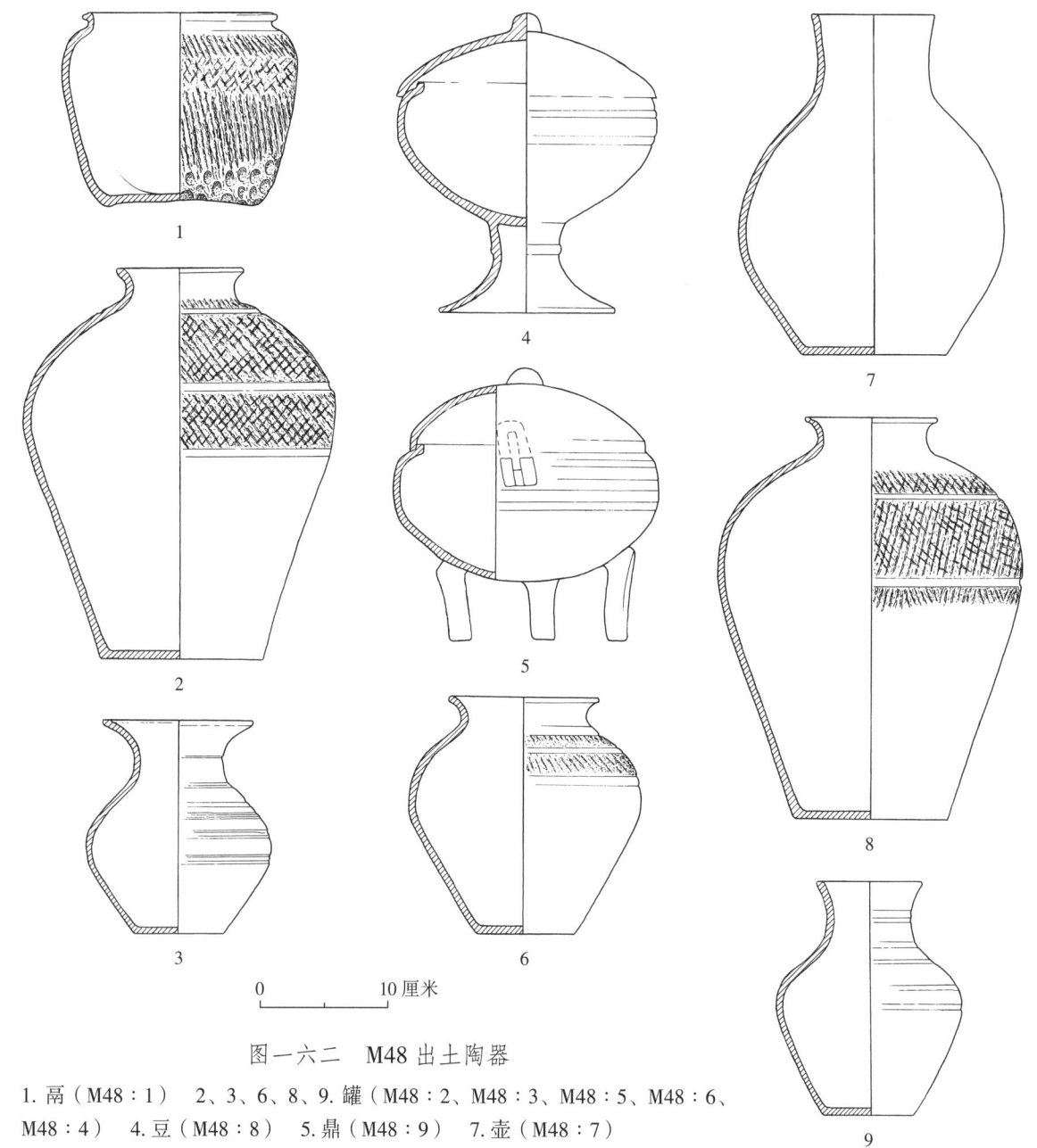

图一六二　M48 出土陶器

1. 鬲（M48：1）　2、3、6、8、9. 罐（M48：2、M48：3、M48：5、M48：6、
M48：4）　4. 豆（M48：8）　5. 鼎（M48：9）　7. 壶（M48：7）

沿面上有一周凹弦纹，颈、肩及上腹饰凹弦纹十数周。口径 11.8、腹径 14.2、底径 7.0、高 15.8
厘米（图一六二，3；彩版一三六，3）。

　　M48：4，位于椁室西部。泥质灰陶。敞口罐。侈口，方唇，长束颈，溜肩，弧腹，小平底。
唇面上有一周凹弦纹，颈、肩及上腹饰凹弦纹十数周。口径 8.0、腹径 14.2、底径 6.4、高 17.4
厘米（图一六二，9；彩版一三七，1）。

　　M48：5，位于椁室西部。泥质灰陶。圆肩罐。侈口，圆唇，束颈，圆肩，上腹圆鼓，下腹
斜直内收，小平底。唇面上有一周凹弦纹，肩、上腹部饰绳纹和弦纹。绳纹经过抹光，下腹有

刀削痕。口径 11.2、腹径 17.9、底径 7.8、高 17.5 厘米（图一六二，6；彩版一三七，2）。

M48∶6，位于椁室西部。泥质灰陶。小口圆肩罐，体瘦高。侈口，圆唇，短束颈，圆肩，上腹较鼓，下腹内收，小平底。唇部内侧有一周凹槽，肩、腹饰竖绳纹及两周凹弦纹。腹壁有刀削痕迹。口径 10.0、腹径 24.0、底径 12.4、高 29.2 厘米（图一六二，8；彩版一三七，3）。

壶　1 件。

M48∶7，位于椁室西北部。泥质灰陶。侈口，圆唇，长颈，球形腹，平底。素面。口径 9.0、腹径 20.0、底径 11.0、高 25.4 厘米（图一六二，7；彩版一三七，4）。

豆　1 件。

M48∶8，位于椁室西北部。泥质灰陶。浅钵形盖，盖部中间有一半圆形钮。器子母口内敛，方唇，深球形腹，柄部较粗，底部为喇叭形圈足。盖上有暗弦纹数周，器上腹饰数周凹弦纹。口径 16.0、盘深 10.0、圈足径 13.5、通高 22.2 厘米（图一六二，4；彩版一三五，3）。

（2）石器

2 组。

圭　2 组。位于椁室西南部。均为青色页岩。圭首尖，长条体。部分石圭侧缘可见分割痕迹。

M48∶10，共 21 件（彩版一三八）。

M48∶10-1，体厚。残长 26.5、宽 5.6、厚 0.5 厘米（图一六三，1）。

M48∶10-2，体较厚。残长 23.0、宽 5.6、厚 0.4 厘米（图一六三，2）。

M48∶10-3，体厚。长 50.0、宽 5.1、厚 0.5 厘米（图一六三，3）。

M48∶10-4，体较宽厚。长 46.0、宽 5.8、厚 0.4 厘米（图一六三，4）。

M48∶10-5，体较宽厚。长 53.4、宽 4.0~5.6、厚 0.4 厘米（图一六三，5）。

M48∶10-6，体较薄，上窄下宽。长 41.5、宽 4.0~5.2、厚 0.3 厘米（图一六三，6）。

M48∶10-7，体厚。长 38.0、宽 4.8~5.0、厚 0.5 厘米（图一六三，7）。

M48∶10-8，体较厚。长 32.0、宽 4.8、厚 0.4 厘米（图一六三，8）。

M48∶10-9，体厚，有分层剥落，中部略窄。残长 34.0、宽 4~4.8、厚 0.5 厘米（图一六三，9）。

M48∶10-10，体较薄，有分层剥落。长 38.0、宽 4.4~4.8、厚 0.5 厘米（图一六三，10）。

M48∶10-11，体厚，有分层剥落。残长 28.0、宽 4.6~5.0、厚 0.6 厘米（图一六三，11）。

M48∶10-12，体厚。长 34.6、宽 4.8~5.2、厚 0.6 厘米（图一六三，12）。

M48∶10-13，体较厚。残长 33.0、宽 5.2、厚 0.4 厘米（图一六三，13）。

M48∶10-14，体较宽厚。残长 30.0、宽 5.6、厚 0.5 厘米（图一六三，14）。

M48∶10-15，体较厚。残长 31.5、宽 5.0、厚 0.4 厘米（图一六三，15）。

M48∶10-16，体较薄。长 34.6、宽 4.4~5、厚 0.3 厘米（图一六三，16）。

M48∶10-17，体较薄。残长 27.6、宽 4.6~4.8、厚 0.3 厘米（图一六三，17）。

M48∶10-18，尖残，体厚。残长 32.0、宽 5.4、厚 0.5 厘米（图一六三，18）。

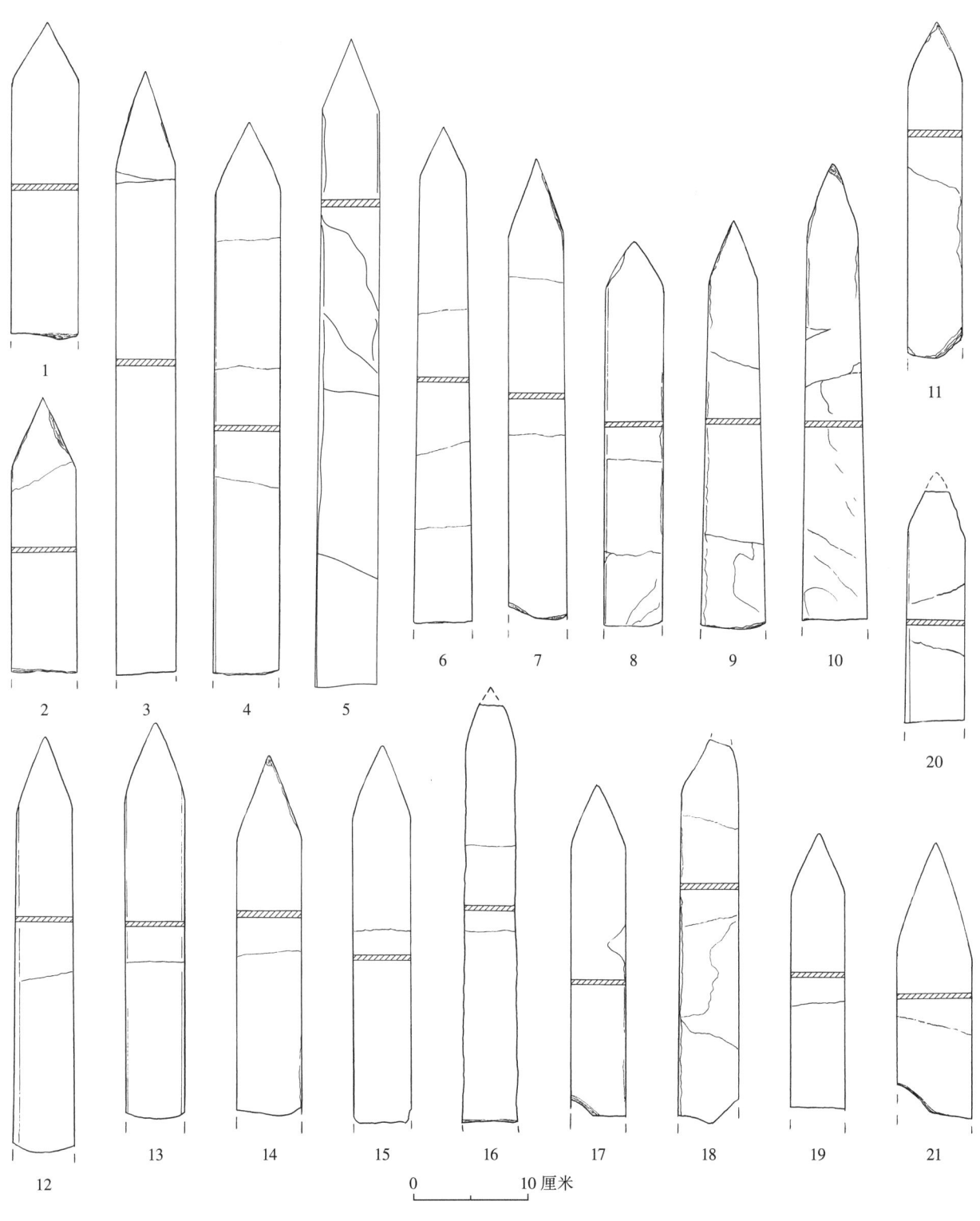

图一六三　M48 出土石圭

1. M48：10-1　2. M48：10-2　3. M48：10-3　4. M48：10-4　5. M48：10-5　6. M48：10-6　7. M48：10-7　8.
M48：10-8　9. M48：10-9　10. M48：10-10　11. M48：10-11　12. M48：10-12　13. M48：10-13　14. M48：10-
14　15. M48：10-15　16. M48：10-16　17. M48：10-17　18. M48：10-18　19. M48：10-19　20. M48：10-20　21.
M48：10-21

M48：10-19，体较厚。残长 23.0、宽 4.6、厚 0.4 厘米（图一六三，19）。

M48：10-20，尖残，体较薄。残长 19.0、宽 5.0、厚 0.3 厘米（图一六三，20）。

M48：10-21，较宽厚。残长 23.0、宽 6.4、厚 0.4 厘米（图一六三，21）。

M48：11，共 18 件（彩版一三九）。

M48：11-1，体长且宽厚，边缘不规整。长 58.0、宽 6.0、厚 0.7 厘米（图一六四，1）。

M48：11-2，体长且宽厚。长 63.0、宽 5.6、厚 0.7 厘米（图一六四，2）。

M48：11-3，体较厚。残长 30.0、宽 5.2、厚 0.4 厘米（图一六四，3）。

M48：11-4，体厚。长 46.0、宽 5.4、厚 0.5 厘米（图一六四，4）。

M48：11-5，体较厚。长 45.0、宽 4.8~5.2、厚 0.4 厘米（图一六四，5）。

M48：11-6，体厚。长 45.0、宽 4.8、厚 0.7 厘米（图一六四，6）。

M48：11-7，体厚。长 46.0、宽 5.5、厚 0.5 厘米（图一六四，7）。

M48：11-8，体较厚。残长 46.0、宽 5.4、厚 0.4 厘米（图一六四，8）。

M48：11-9，体较厚。长 34.6、宽 5.0、厚 0.4 厘米（图一六四，9）。

M48：11-10，体长且宽厚。长 60.0、宽 6.4、厚 0.5 厘米（图一六四，10）。

M48：11-11，细窄体，较厚。残长 42.3、宽 2.8、厚 0.4 厘米（图一六四，11）。

M48：11-12，体较厚。残长 36.0、宽 5.5~5.8、厚 0.4 厘米（图一六四，12）。

M48：11-13，体厚，下部略宽。长 52.4、宽 4.8~6.2、厚 0.5 厘米（图一六四，13）。

M48：11-14，圭首刀尖状偏向一侧，较厚。残长 25.0、宽 5.4、厚 0.4 厘米（图一六四，14）。

M48：11-15，体较厚。残长 14.0、宽 6.2、厚 0.4 厘米（图一六四，15）。

M48：11-16，体较厚。残长 14.5、宽 5.0、厚 0.4 厘米（图一六四，16）。

M48：11-17，体较厚。残长 12.2、宽 4.6、厚 0.4 厘米（图一六四，17）。

M48：11-18，材质为片岩或片麻岩，石质疏松，仅制作出轮廓。长 23.0、宽 8.0、厚 1.5 厘米（图一六四，18）。

（一二）M52

1. 墓葬形制

位于墓地北部。长方形竖穴土坑墓，方向 264°。墓壁不规整，向一侧倾斜。墓口长 3.20、宽 2.00 米，墓底长 3.22、宽 2.12 米，深 2.74 米。四壁较平直，南壁东侧有 2 个脚窝，东壁中部有 1 个脚窝，均为三角形。二层台为熟土，南、北两侧宽 0.18~0.24 米，东、西两侧宽 0.24~0.30 米，高 0.70 米（图一六五；彩版一四〇）。

2. 葬具

葬具为一棺一椁，均已腐朽。椁盖板已腐朽，数量与尺寸不详；侧板朽灰呈白色。椁室长 2.26、

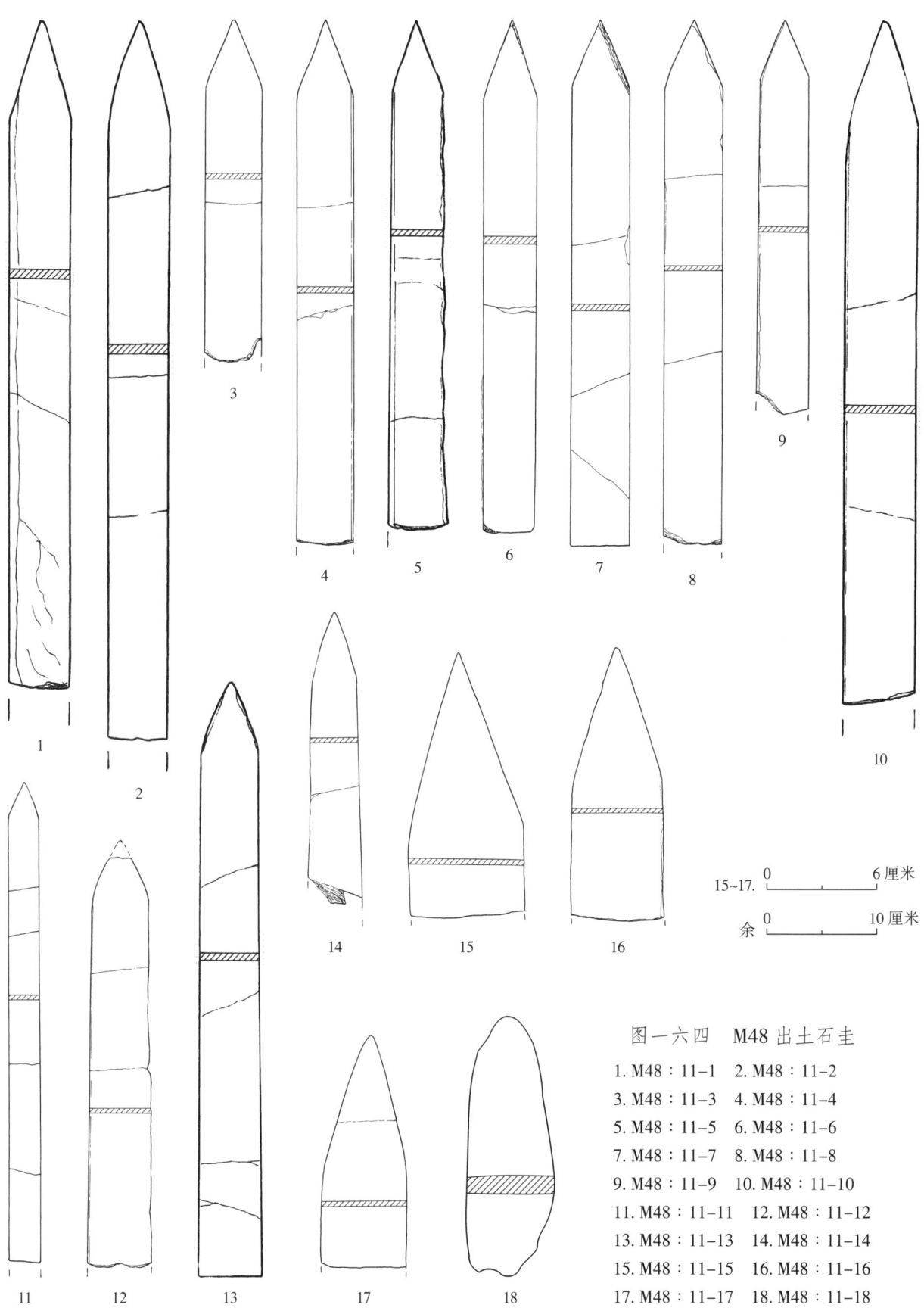

15~17. 0 ———— 6 厘米

余 0 ———— 10 厘米

图一六四 M48 出土石圭
1. M48：11-1 2. M48：11-2
3. M48：11-3 4. M48：11-4
5. M48：11-5 6. M48：11-6
7. M48：11-7 8. M48：11-8
9. M48：11-9 10. M48：11-10
11. M48：11-11 12. M48：11-12
13. M48：11-13 14. M48：11-14
15. M48：11-15 16. M48：11-16
17. M48：11-17 18. M48：11-18

宽 1.65、高 0.70 米。棺朽灰呈黑灰色，长 1.30、宽 0.46 米，高度不明。

3. 人骨

保存较差，葬式为屈肢，头向西，面向不明。

4. 随葬器物

共 5 件。有陶器 3 件，石器 2 件。

（1）陶器

3 件。有罐 1 件，盆 2 件。

罐　1 件。

M52：1，位于椁室西部。泥质灰陶。侈口，圆唇，束颈，圆肩，上腹圆鼓，下腹斜直内收，小平底。唇面上有一周凹弦纹，颈、肩及上腹饰凹弦纹十数周，下腹原有绳纹，后经刀削。口径 11.4、腹径 20.2、底径 8.4、高 19.6 厘米（图一六六，3；彩版一四一，1）。

盆　2 件。

M52：2，位于椁室西部。泥质灰黄陶。侈口，卷沿，尖圆唇，折腹，上腹较直、微敛，下腹斜直内收，小平底。唇部与沿内侧各有一周凹槽，上腹部饰三道凹弦纹。口径 25.4、底径 9.0、高 11.0 厘米（图一六六，1；彩版一四一，3）。

M52：3，位于椁室西北部。泥质灰陶。敛口，短折沿，尖圆唇，微束颈，上腹较鼓，下腹斜直内收，小平底。唇部内侧有一周凹槽，上腹部起棱，饰多道凸弦纹。口径 22.0、底径 8.8、高 10.0 厘米（图一六六，2；彩版一四一，4）。

（2）石器

2 件。

圭　2 件，均为青色页岩。圭首较尖，长条体。侧缘可见分割痕迹，一侧或两侧有折棱。

M52：4，位于椁室西北部。尖残，体较厚。残长 20.0、宽 5.0、厚 0.4 厘米（图一六六，4；

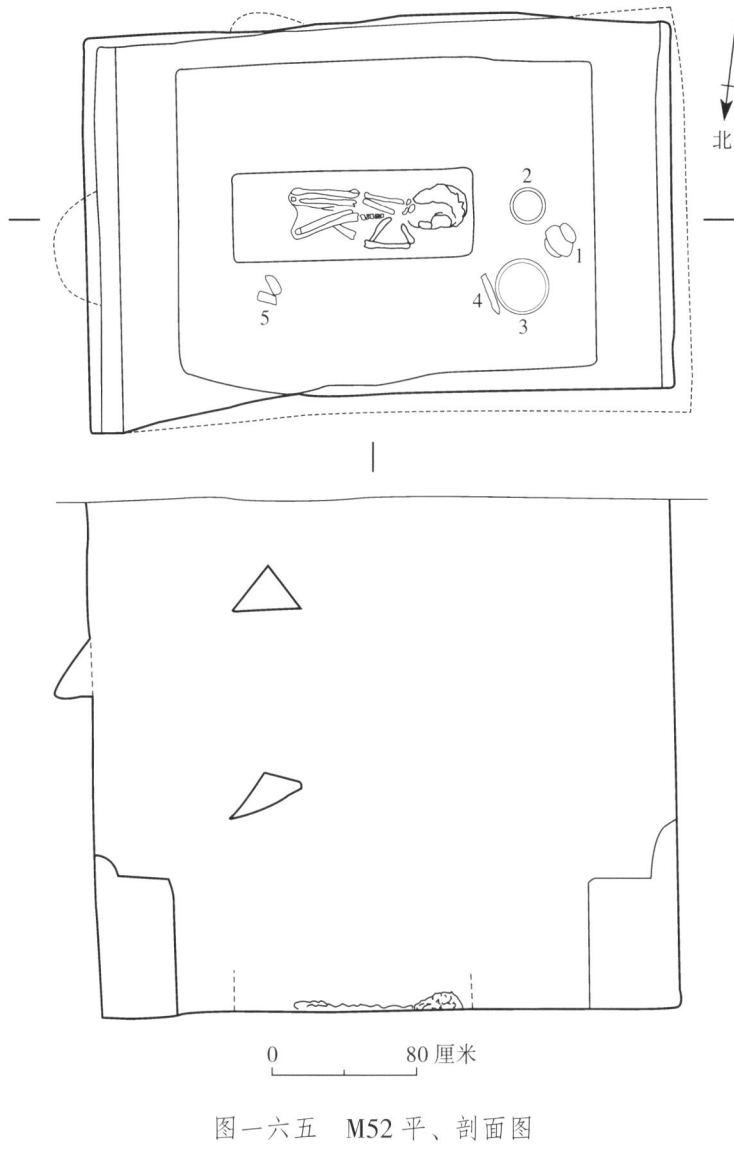

图一六五　M52 平、剖面图
1. 陶罐　2、3. 陶盆　4、5. 石圭

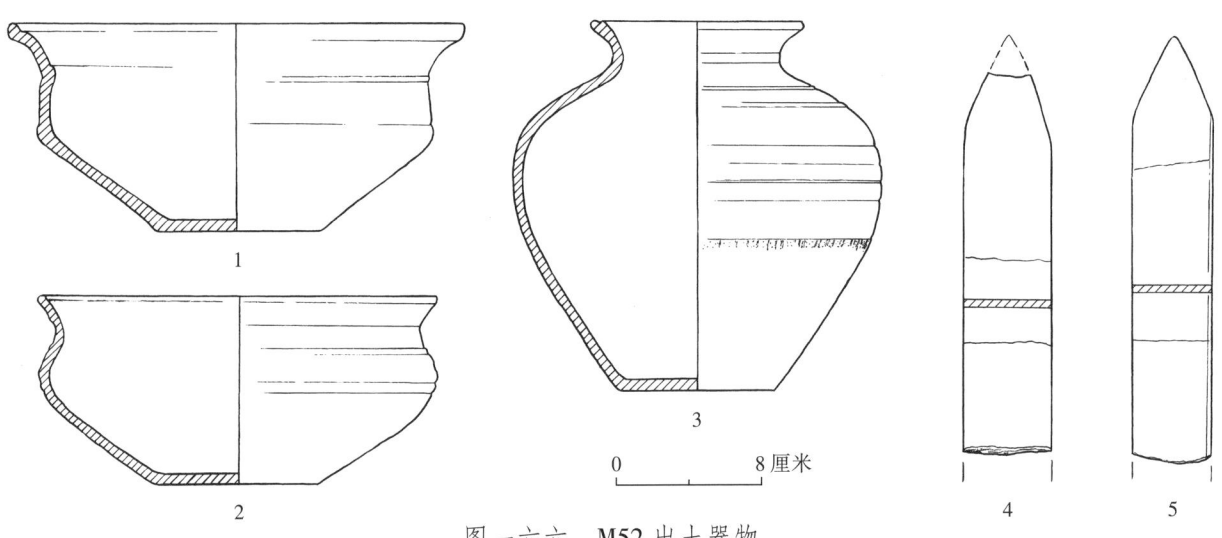

图一六六　M52 出土器物

1、2.陶盆（M52：2、M52：3）　3.陶罐（M52：1）　4、5.石圭（M52：4、M52：5）

彩版一四一，2）。

M52：5，位于椁室东北部。体较厚。长 22.6、宽 4.6、厚 0.4 厘米（图一六六，5；彩版一四一，2）。

（一三）M54

1. 墓葬形制

位于墓地北部。长方形竖穴土坑墓，方向 270°。口大底小，墓口长 4.20、宽 3.00 米，墓底长 3.50、宽 2.50 米，深 6.70 米。在东壁中部靠近二层台处开一壁龛，壁龛平面呈长方形，宽 0.54、进深 0.58、高 0.44 米。二层台为熟土，北侧宽 0.14 米，南侧宽 0.25 米，西侧宽 0.48~0.54 米，东侧宽 0.42~0.54 米；高 1.50 米（图一六七；彩版一四二，1）。

2. 葬具

葬具为一棺一椁，均已腐朽。椁盖板朽灰呈白色，共 14 块，长 2.32~2.40、宽 0.15~0.28 米。椁室长 2.50、宽 2.10、高 1.50 米。棺朽灰呈黑灰色，长 1.22、宽 0.80 米，高度不明。

3. 人骨

保存较差，葬式为仰身屈肢，头向西，面向上。

4. 随葬器物

共 9 件（组）。有铜器 1 件，陶器 7 件，石器 1 组。

（1）铜器

1 件。

带饰　1 件。

M54：9，位于棺内人骨腹部。残断。长条形，带面较宽，两端反向弯曲，呈"S"状。带

图一六七 M54 平、剖面图

1、7.陶壶 2.陶釜 3.陶罐 4.陶鼎 5.陶盆 6.陶豆 8.石圭 9.铜带饰

面饰长条纹九道，内为斜线。通长 15.6、宽 6.2、厚 0.15 厘米（图一六八，8）。

（2）陶器

7 件。有鼎、罐、盆、釜、豆各 1 件，壶 2 件。

鼎　1 件。

M54：4，位于椁室西部。泥质灰陶。器盖为覆钵形，盖中间有一半环形钮。鼎身，子母口内敛，腹壁较直，垂腹，圜底。附耳錾状较长，外撇，耳孔为长方形。三蹄形足直立，一耳在足正上方，足根部较发达。腹饰两周凸弦纹。口径 17.4、腹径 22.0、通高 22.2 厘米（图一六八，1；彩版一四三，1）。

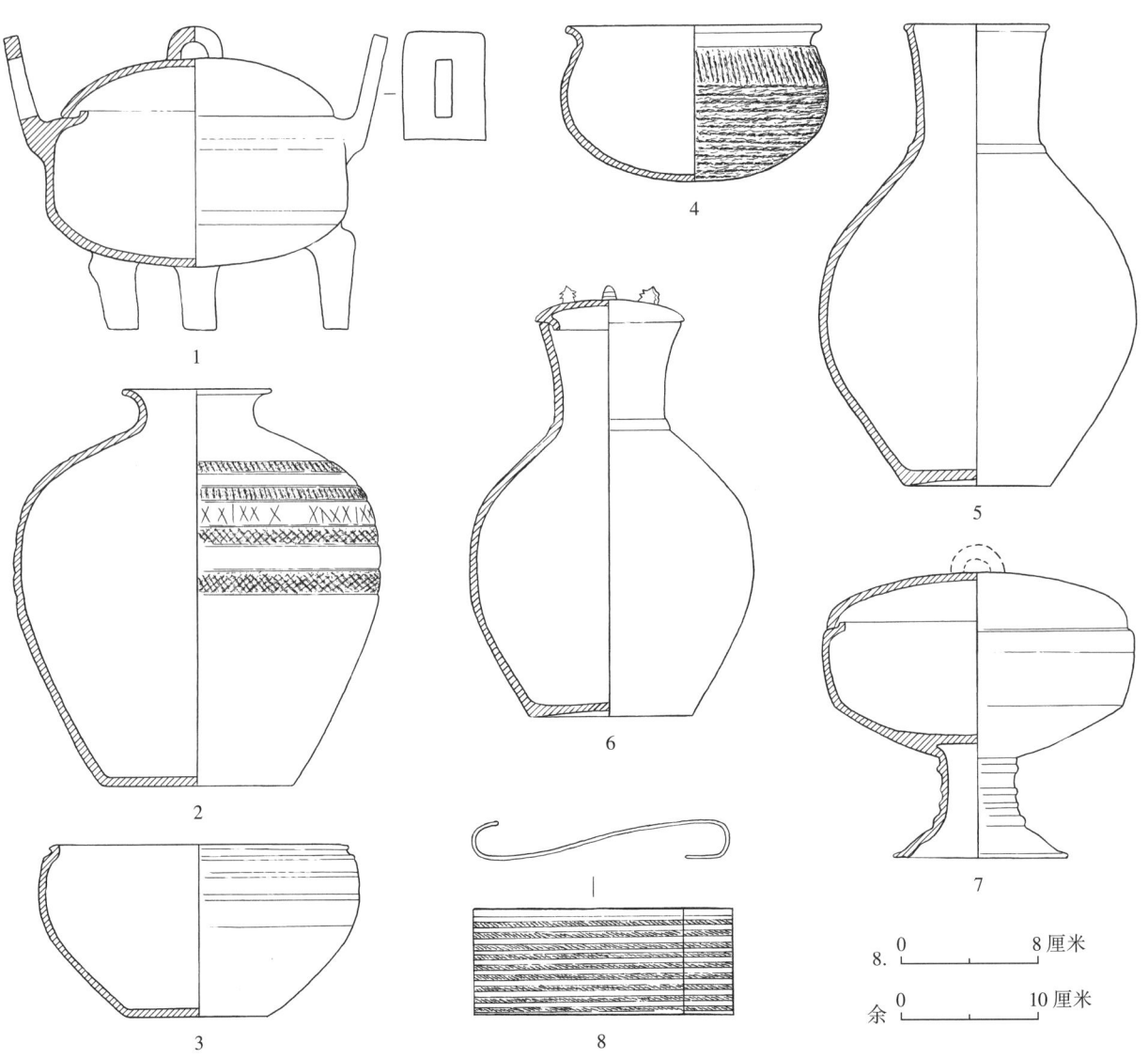

图一六八　M54 出土器物

1. 陶鼎（M54：4）　2. 陶罐（M54：3）　3. 陶盆（M54：5）　4. 陶釜（M54：2）　5、6. 陶壶（M54：1、M54：7）　7. 陶豆（M54：6）　8. 铜带饰（M54：9）

罐 1件。

M54:3，位于椁室西部。泥质灰陶。侈口，圆唇，束颈，广肩，深鼓腹，下腹斜收，平底。肩、上腹部饰竖绳纹及凹弦纹，中间饰三道较宽抹光带，抹光带上局部刻有不规整的交叉细线。口径11.0、腹径26.8、底径14.0、高28.0厘米（图一六八，2；彩版一四三，2）。

盆 1件。

M54:5，位于椁室西部。泥质灰陶。敛口，方唇，唇外侧有一周凹槽，深鼓腹，平底。上腹饰七道凹弦纹。口径22.0、腹径23.6、底径10.0、高12.2厘米（图一六八，3；彩版一四四，1）。

釜 1件。

M54:2，位于椁室西部。夹砂褐陶。侈口，短沿，圆唇，束颈，圆鼓腹，圜底。肩部饰竖绳纹，腹部与底部饰横绳纹。口径18.0、腹径19.5、高11.0厘米（图一六八，4；彩版一四四，2）。

壶 2件。

M54:1，位于椁室西部。泥质灰陶。细颈壶。侈口，方唇内勾，束颈较长，溜肩，腹圆鼓，最大径在中间，下腹斜收，平底微凹。颈与腹相接处饰凸弦纹一道。口径10.4、腹径23.0、底径11.0、高32.6厘米（图一六八，5；彩版一四四，3）。

M54:7，位于椁室西部。泥质灰陶。盖为弧顶形，顶上均匀分布有三个菱形乳突，边缘齿轮状，子母口。器细颈壶，侈口，方唇内勾，束颈较长，溜肩，腹圆鼓，最大径在中间，下腹斜收，平底微凹。颈与腹相接处起凸棱一道。口径10.4、腹径20.7、底径12.0、通高30.8厘米（图一六八，6；彩版一四四，4）。

豆 1件。

M54:6，位于椁室西部。泥质灰陶。浅钵形盖，残。豆身，子母口内敛，方唇，上腹较直，下腹斜收，柄部较粗，底部为喇叭形圈足。上腹饰两道凸弦纹，柄部起凸棱四周。口径20.0、圈足径13.0、残高20.0厘米（图一六八，7；彩版一四三，3）。

（3）石器

1组。

圭 1组。

M54:8，共6件。位于椁室西部。均为青色页岩。圭首尖，长条体。侧缘可见分割痕迹，一侧或两侧有折棱（彩版一四二，2）。

M54:8-1，体较宽厚。残长36.0、宽5.8、厚0.4厘米（图一六九，1）。

M54:8-2，体较宽厚。残长15.2、宽6.0、厚0.4厘米（图一六九，2）。

M54:8-3，尖残，体较薄。残长23.6、宽5.2、厚0.3厘米（图一六九，3）。

M54:8-4，体厚。残长28.0、宽5.0、厚0.5厘米（图一六九，4）。

M54:8-5，体较薄。残长19.0、宽5.2、厚0.3厘米（图一六九，5）。

M54:8-6，体厚。残长24.0、宽4.8、厚0.5厘米（图一六九，6）。

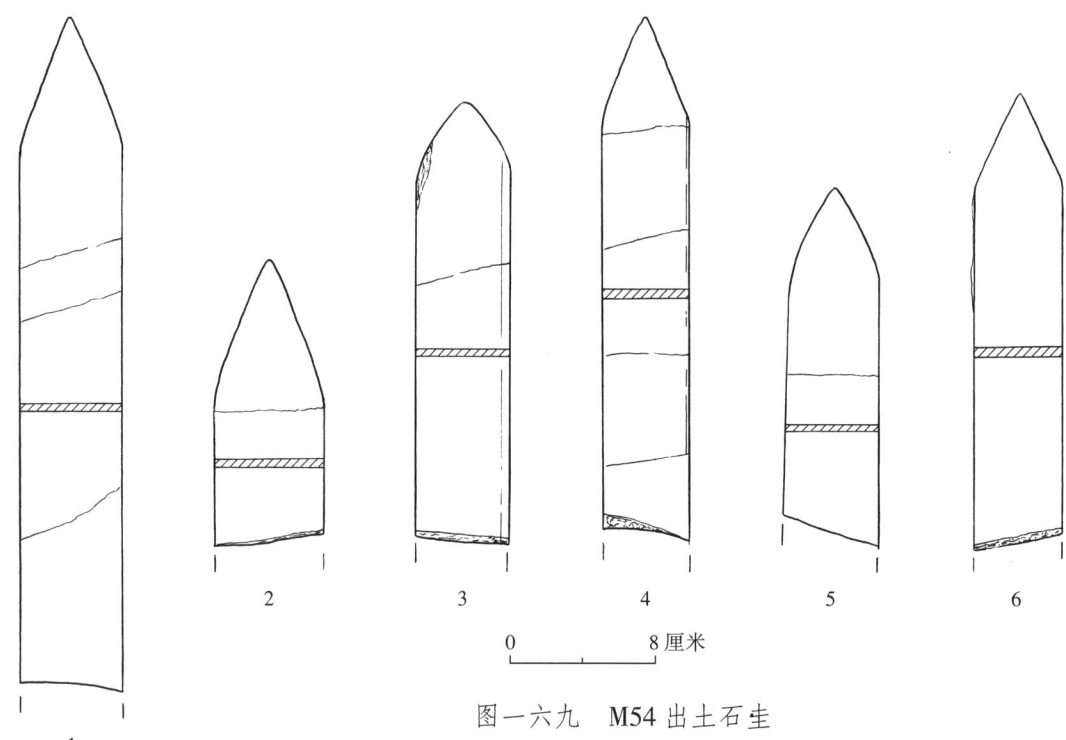

图一六九　M54 出土石圭

1. M54：8-1　2. M54：8-2　3. M54：8-3　4. M54：8-4　5. M54：8-5　6. M54：8-6

（一四）M56

1. 墓葬形制

位于墓地北部。长方形竖穴土坑墓，方向 261°。长 3.40、宽 2.16、深 2.00 米。二层台为熟土，南、北两侧宽 0.16~0.20 米，东、西两侧宽 0.40 米，高 0.70 米（图一七〇）。

2. 葬具

葬具为一棺一椁，均已腐朽。椁盖板朽灰呈白色，数量与尺寸不详。椁室长 2.60、宽 1.80、高 0.70 米。棺朽灰呈浅灰色，长 1.30、宽 0.82 米，高度不明。

3. 人骨

保存很差，葬式为屈肢，头向西，面向不明。女性。17~19 岁。

4. 随葬器物

共 4 件。有铜器 1 件，陶器 3 件。

（1）铜器

1 件。

带钩　1 件。

M56：4，位于椁室西部。琵琶形钩体，钩首为龙头，钩体弯曲似弓形，钩钮近钩尾。表面铸有纹饰。通长 7.1 厘米（图一七一，4；彩版一四五，1）。

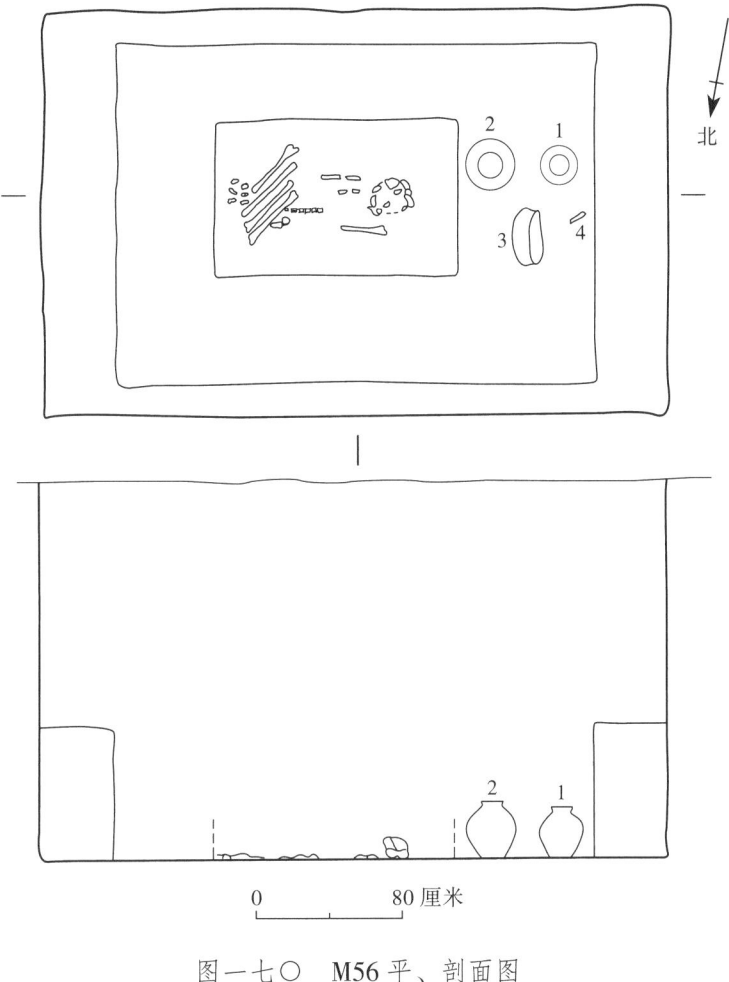

图一七〇　M56 平、剖面图

1.陶罐　2.陶鬲　3.陶盆　4.铜带钩

（2）陶器

3 件。有鬲、罐、盆各 1 件。

鬲　1 件。

M56：2，位于椁室西部。夹砂灰陶。直口微敛，方唇，圆肩，微鼓腹，联裆低平，三矮锥状足。上腹部饰交错绳纹，下腹部与足部饰大麻点纹。口径 17.0、腹径 22.0、高 15.0 厘米（图一七一，3；彩版一四五，2）。

罐　1 件。

M56：1，位于椁室西部。泥质灰陶。侈口，尖圆唇，短束颈，上腹圆鼓，下腹斜直内收，平底。沿内侧有一周凹弦纹，肩与上腹部饰弦纹。下腹有刮削痕。口径 9.8、腹径 18.8、底径 8.2、高 19.2 厘米（图一七一，2；彩版一四五，3）。

盆　1 件。

M56：3，位于椁室西部。泥质灰陶。侈口，微卷沿，圆唇，上腹微外侈，下腹斜直内收，

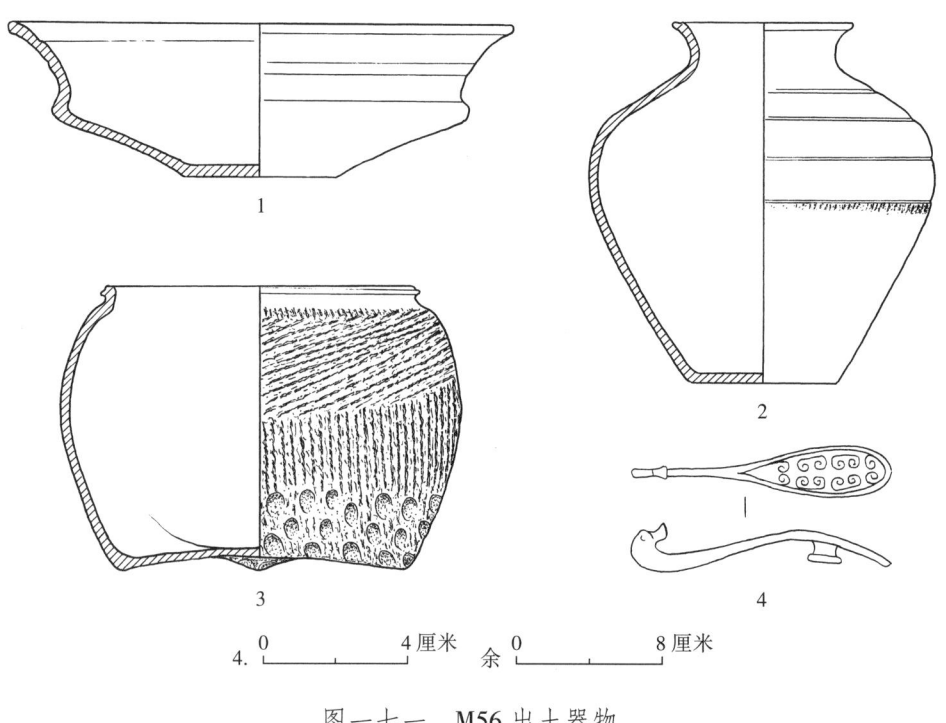

图一七一　M56 出土器物

1. 陶盆（M56:3）　2. 陶罐（M56:1）　3. 陶鬲（M56:2）　4. 铜带钩（M56:4）

小平底。唇部与沿内侧各有一周凹槽，上腹部饰三道凹弦纹。口径 28.0、底径 8.4、高 8.2 厘米（图一七一，1；彩版一四五，4）。

（一五）M57

1. 墓葬形制

位于墓地北部。长方形竖穴土坑墓，方向 275°。口大底小，墓口长 3.30、宽 2.30 米，墓底长 3.10、宽 2.10 米，深 4.60 米。二层台为生土，北侧宽 0.20 米，南侧宽 0.30 米，东、西两侧宽 0.40 米，高 1.60 米（图一七二）。

2. 葬具

葬具为一棺一椁，均已腐朽。椁盖板朽灰呈白色，共 10 块，长 1.80~1.86、宽 0.20~0.32 米。椁室长 2.30、宽 1.60、高 1.60 米。棺朽灰呈黑灰色，长 1.10、宽 0.80 米，高度不明。

3. 人骨

保存较差，葬式为仰身屈肢，头向西，面向上。性别不明。成年。

4. 随葬器物

共 6 件（组）。有陶器 5 件，石器 1 组。

（1）陶器

5 件。有罐 3 件，釜、盆各 1 件。

图一七二　M57 平、剖面图

1~3.陶罐　4.陶釜　5.陶盆　6.石圭

罐　3件。

M57：1，位于椁室西部。泥质灰陶。侈口，卷沿，沿面内凹，圆唇，束颈，广肩，深鼓腹，下腹斜收，平底。肩、上腹部饰细绳纹，中间饰三道抹光带。口径10.8、腹径24.3、底径13.4、高28.4厘米（图一七三A，1；彩版一四六，1）。

M57：2，位于椁室西部。泥质灰陶。侈口，圆唇，束颈，圆肩，上腹较鼓，下腹内收，小平底。唇部内侧有一周凹槽，颈部、上腹部饰五道凹弦纹。腹壁有刀削痕迹。口径10.2、腹径19.3、底径8.4、高18.0厘米（图一七三A，2；彩版一四六，2）。

M57：3，位于椁室西北角。泥质灰陶。侈口，圆唇，束颈，圆肩，上腹圆鼓，下腹斜收，平底。颈、腹相间饰凹弦纹、细绳纹和抹光带。腹壁有刀削痕迹。口径10.6、腹径18.0、底径9.0、高18.0厘米（图一七三A，3；彩版一四六，3）。

釜　1件。

M57：4，位于椁室西北角。夹砂褐陶。口微敛，短平沿，圆唇，束颈，鼓腹，圜底。上腹部饰竖绳纹，下腹和底部饰交错绳纹。口径20.0、腹径20.4、高11.4厘米（图一七三A，4；彩版一四六，4）。

盆　1件。

M57：5，位于椁室西部。泥质灰陶。侈口，圆唇，宽卷沿，折腹，上腹微侈，下腹斜直内收，

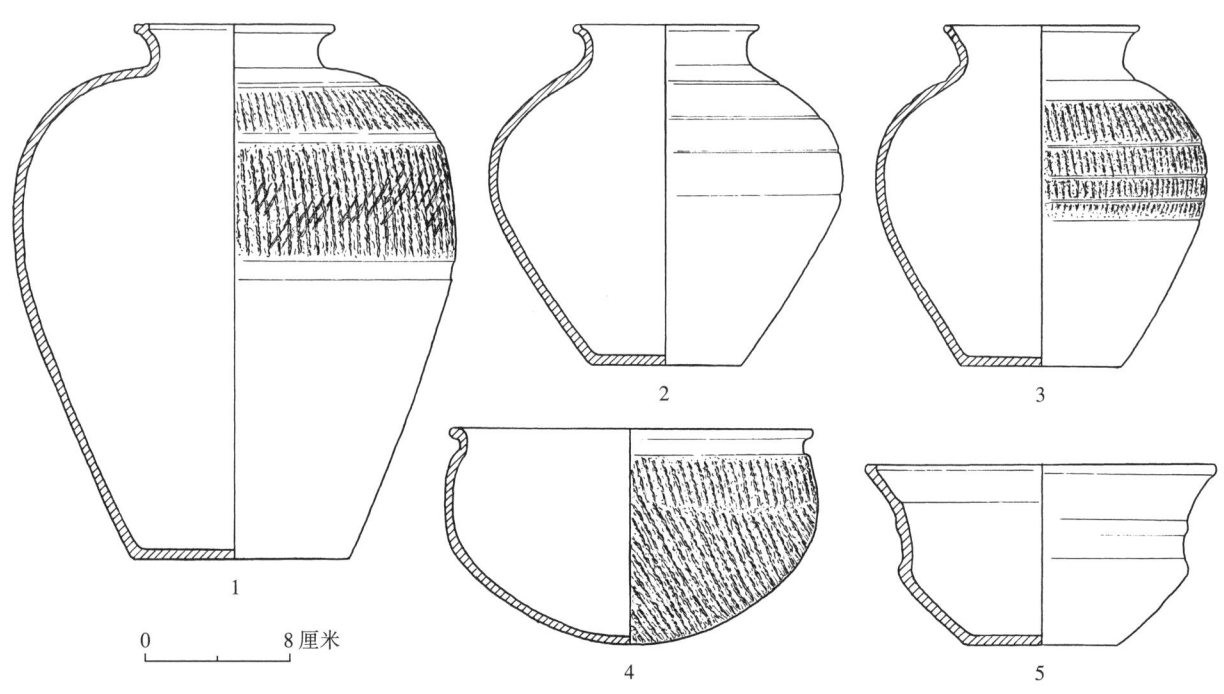

0　　　　　　8厘米

图一七三A　M57出土陶器

1~3.罐（M57：1、M57：2、M57：3）　4.釜（M57：4）　5.盆（M57：5）

小平底。唇部与沿内侧各有一周凹槽，上腹部饰两道凸弦纹。口径18.8、底径8.6、高9.6厘米（图一七三 A，5；彩版一四六，5）。

（2）石器

1组。

圭　1组。

M57：6，共18件，另有无法拼接残片。位于椁室南部。均为青色或灰色页岩。圭首尖，长条体。部分可见侧缘分割痕迹，一侧或两侧有折棱（彩版一四七）。

M57：6–1，体较薄。残长21.3、宽4.0~4.5、厚0.3厘米（图一七三 B，1）。

M57：6–2，体较宽。残长21.7、宽4.1~4.4、厚0.3厘米（图一七三 B，2）。

M57：6–3，上窄下宽，体较薄。残长33.0、宽4.4~4.6、厚0.3厘米（图一七三 B，3）。

M57：6–4，体宽、较薄。残长34.9、宽5.6~5.8、厚0.3厘米（图一七三 B，4）。

M57：6–5，上窄下宽，体较厚。残长38.2、宽4.6~5.3、厚0.3厘米（图一七三 B，5）。

M57：6–6，体厚。残长41.4、宽5.6、厚0.3厘米（图一七三 B，6）。

M57：6–7，不规整，体厚。长33.1、宽4.7~5.8、厚0.3厘米（图一七三 B，7）。

M57：6–8，上宽下窄，体较薄。长29.5、宽4.4、厚0.3厘米（图一七三 B，8）。

M57：6–9，不规整，体较厚。长32.2、宽3.4~4.5、厚0.4厘米（图一七三 B，9）。

M57：6–10，体较薄。残长39.1、宽5.0、厚0.3厘米（图一七三 B，10）。

M57：6–11，体较厚。残长27.6、宽6.5、厚0.5厘米（图一七三 B，11）。

M57：6–12，体较薄，上窄下宽。残长34.2、宽4.5~5.0、厚0.3厘米（图一七三 B，12）。

M57：6–13，体较厚。残长17.1、宽5.0、厚0.48厘米（图一七三 B，13）。

M57：6–14，体较薄，上窄下宽。残长23.7、宽4.5~4.8、厚0.3厘米（图一七三 B，14）。

M57：6–15，不规整，体较薄。残长40.0、宽5.2~6.1、厚0.3厘米（图一七三 B，15）。

M57：6–16，体较薄。残长12.7、宽6.4、厚0.4厘米（图一七三 B，16）。

M57：6–17，体较薄。残长7.9、宽4.5、厚0.4厘米（图一七三 B，17）。

M57：6–18，体较薄。残长9.2、宽4.3、厚0.4厘米（图一七三 B，18）。

（一六）M58

1. 墓葬形制

位于墓地北部。长方形竖穴土坑墓，方向280°。口大底小，墓口长3.50、宽2.15米，墓底长3.30、宽1.94米，深7.00米。二层台为熟土，北、西两侧宽0.36米，东侧宽0.30米，南侧宽0.25米；高1.00米（图一七四；彩版一四八，1）。

2. 葬具

葬具为一棺一椁，均已腐朽。椁盖板朽灰呈白色，数量与尺寸不详。椁室长2.64、宽1.34、

图一七三 B   M57 出土石圭

1. M57：6-1   2. M57：6-2   3. M57：6-3   4. M57：6-4   5. M57：6-5   6. M57：6-6   7. M57：6-7   8. M57：6-8
9. M57：6-9   10. M57：6-10   11. M57：6-11   12. M57：6-12   13. M57：6-13   14. M57：6-14   15. M57：6-15
16. M57：6-16   17. M57：6-17   18. M57：6-18

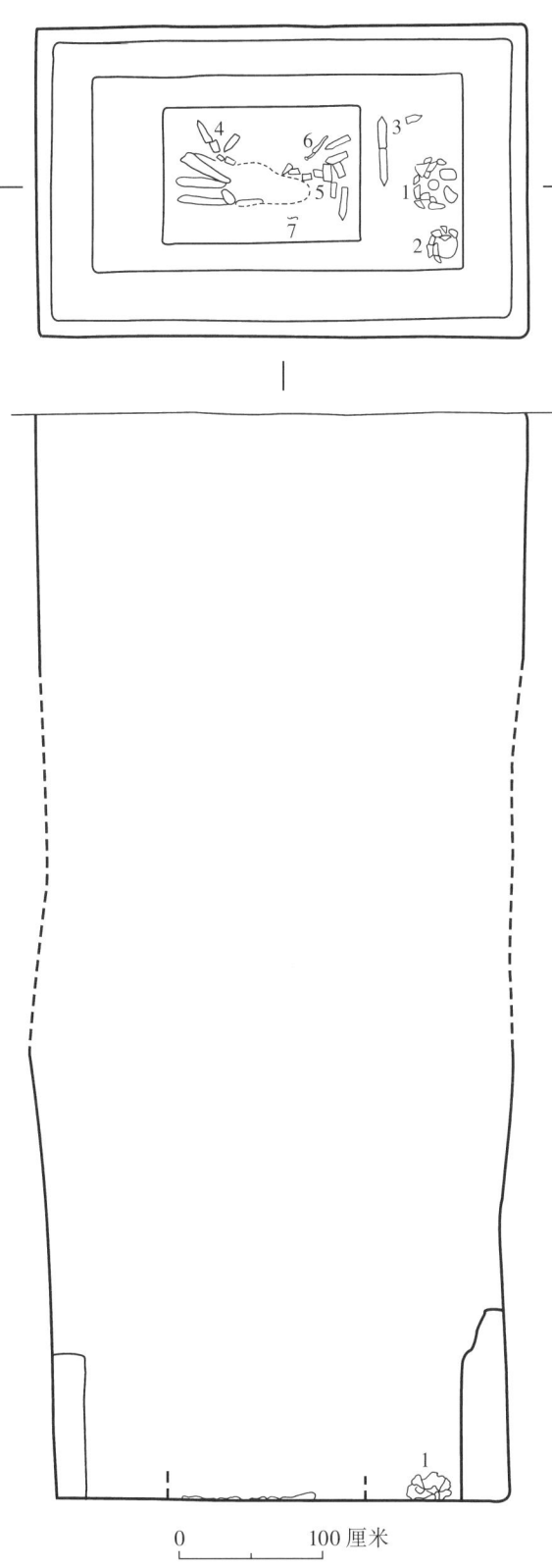

图一七四 M58平、剖面图

1.陶壶 2.陶釜 3~5.石圭 6.铜削刀 7.铜带钩

高1.00米。棺朽灰呈浅灰色,长1.40、宽0.94米,高度不明。

3. 人骨

保存很差,葬式为仰身屈肢,头向西,面向不明。

4. 随葬器物

共7件(组)。有铜器2件,陶器2件,石器3组。

(1)铜器

2件。有带钩、削刀各1件。

带钩 1件。

M58:7,位于棺内中部。曲棒形,钩首为龙头,钩体弯曲似弓形,钩钮近钩尾。素面。通长8.4厘米(图一七五,4;彩版一四九,1)。

削刀 1件。

M58:6,位于墓主头骨旁。椭圆形环首,曲柄,弯脊,刃尖残,刃部剖面近三角形。残长16.5、刃残长10.3、刃宽1.5厘米(图一七五,3;彩版一四九,2)。

(2)陶器

2件。有釜、壶各1件。

釜 1件。

M58:2,位于椁室西北角。夹砂褐陶。体较高。侈口,短沿,方唇,束颈,圆鼓腹,圜底。肩部饰竖绳纹,腹部与底部饰横绳纹。口径18.0、腹径20.0、高15.8厘米(图一七五,2;彩版一四九,3)。

壶 1件。

M58:1,位于椁室西部。茧形壶。侈口,方唇,低领束颈,肩较平,深腹,腹较直,弧底。颈饰一周凸棱,腹饰七周交错绳纹带。口径8.0、最大腹径28.6、高27.0厘米(图

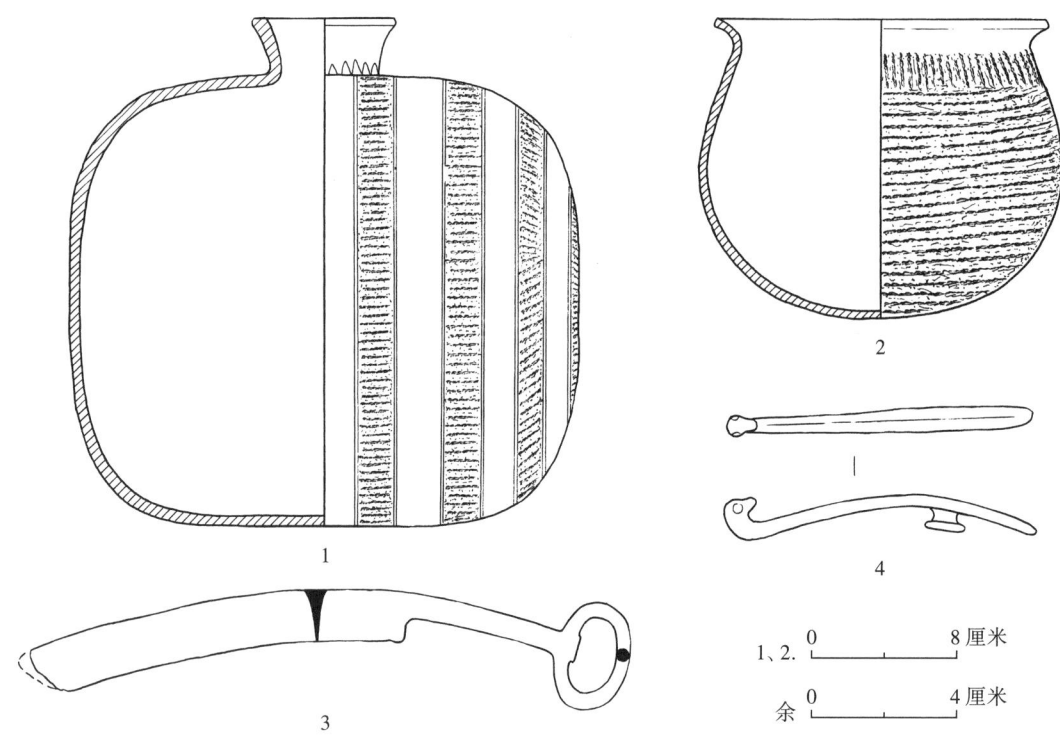

图一七五　M58 出土器物

1. 陶壶（M58：1）　　2. 陶釜（M58：2）　　3. 铜削刀（M58：6）　　4. 铜带钩（M58：7）

一七五，1；彩版一四九，4）。

（3）石器

3 组。

圭　3 组。均为青色或灰色页岩。圭首尖，长条体。部分侧缘有分割痕迹。

M58：3，共 3 件。位于椁盖板西南角（彩版一五〇，1）。

M58：3-1，细窄体，较薄，尖残。残长 27.6、宽 3~3.6、厚 0.3 厘米（图一七六，1）。

M58：3-2，体厚。长 21.0、宽 4.6、厚 0.5 厘米（图一七六，2）。

M58：3-3，体较厚。残长 17.4、宽 4.4、厚 0.4 厘米（图一七六，3）。

M58：4，共 4 件。位于棺内东南角（彩版一五〇，2）。

M58：4-1，体厚。长 45.0、宽 5~5.4、厚 0.5 厘米（图一七六，4）。

M58：4-2，体较厚。残长 26.6、宽 4.2、厚 0.4 厘米（图一七六，5）。

M58：4-3，体较厚。残长 20.0、宽 4.5、厚 0.4 厘米（图一七六，6）。

M58：4-4，体厚。长 19.0、宽 4.6、厚 0.5 厘米（图一七六，7）。

M58：5，共 5 件。位于棺内西端（彩版一五〇，3）。

M58：5-1，体较厚。残长 25.0、宽 5.4、厚 0.4 厘米（图一七六，8）。

M58：5-2，体较薄。长 27.4、宽 4.8、厚 0.3 厘米（图一七六，9）。

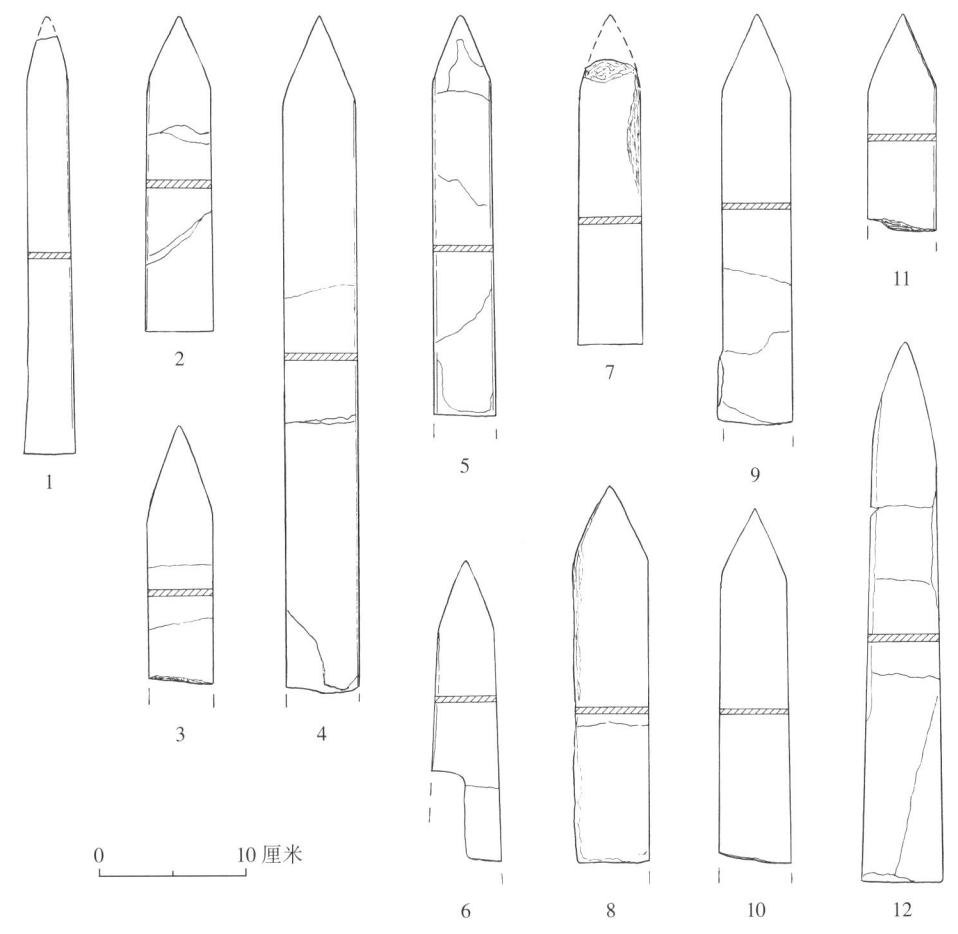

图一七六 M58 出土石圭

1. M58：3-1 2. M58：3-2 3. M58：3-3 4. M58：4-1 5. M58：4-2 6. M58：4-3 7. M58：4-4
8. M58：5-1 9. M58：5-2 10. M58：5-3 11. M58：5-4 12. M58：5-5

M58：5-3，体较薄。长 23.7、宽 4.6~5.2、厚 0.3 厘米（图一七六，10）。

M58：5-4，体厚。长 14.6、宽 4.8、厚 0.5 厘米（图一七六，11）。

M58：5-5，体厚。长 36.0、宽 4.6~5.8、厚 0.5 厘米（图一七六，12）。

（一七）M61

1. 墓葬形制

位于墓地北部。偏洞室墓，方向 5°，打破西周墓葬 M60。墓道呈南北向长方形，口大底小，墓壁斜直。口长 2.70、宽 1.96 米，底长 2.30、宽 1.52 米，深 3.12 米。墓道底部北、东、南三面有生土二层台，宽度均为 0.30 米；南、北两侧高 0.40 米、东侧高 0.24 米。洞室口有竖直木板封门，已腐朽，仅存槽痕。封门槽延伸至南、北面二层台，厚 0.14 米，高度不详。墓室位于墓道西侧，平面亦呈南北向长方形，长 1.70、宽 1.30、高 1.10 米，壁面竖直，底部平整。墓室西壁中部有

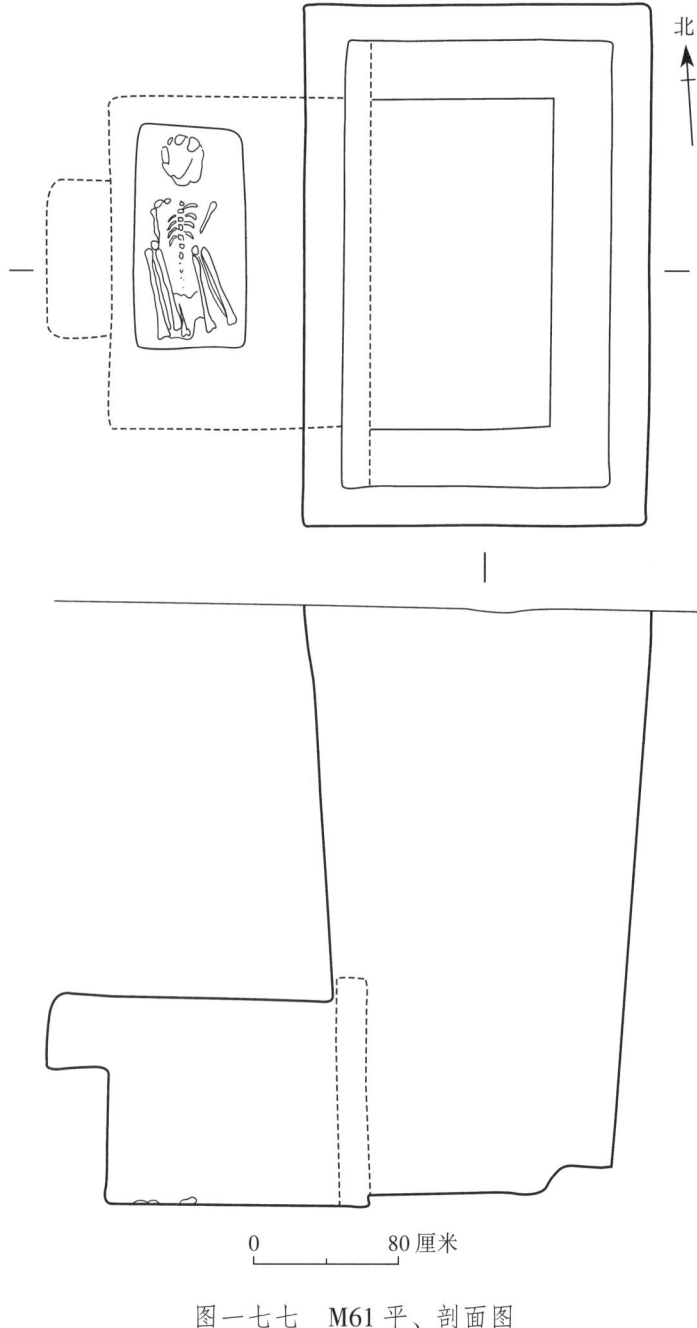

图一七七　M61 平、剖面图

一壁龛，平面呈圆角长方形，宽 0.80、进深 0.36、高 0.40 米（图一七七；彩版一四八，2）。

2. 葬具

葬具为一棺，已腐朽。朽灰呈浅灰色，长 1.14、宽 0.62 米，高度不明。

3. 人骨

保存较好，葬式为仰身屈肢，头向北，双手斜交于胸前，下肢呈蹲屈状。女性。成年。

4. 随葬器物

无。

（一八）M62

1. 墓葬形制

位于墓地北部。偏洞室墓，方向 272°。墓道呈东西向长方形，口大底小，墓壁斜直。口长 3.30、宽 2.20 米，底长 2.60、宽 1.60 米，深 2.40 米。墓道底部南、东、西三面有生土二层台，拐角圆弧，南侧宽 0.40 米，东侧宽 0.45 米，西侧宽 0.64 米；高 0.40 米。洞室口有竖直木板封门，已腐朽，仅存槽痕。封门槽延伸至东、西面二层台，西侧长 0.40 米，东侧长 0.25 米，厚 0.20 米，高度不详。

墓室位于墓道北侧，平面亦呈东西向长方形，长 2.35、宽 1.50、高 1.50 米，壁面竖直，底部平整。墓室西壁北端有一壁龛，平面呈圆角长方形，宽 0.60、进深 0.44、高 0.46 米（图一七八）。

2. 葬具

葬具为一棺，已腐朽。朽灰呈浅灰色，长 1.84、宽 0.68~0.72 米，高度不明。

3. 人骨

保存极差，葬式为屈肢，头向西，面向不明。

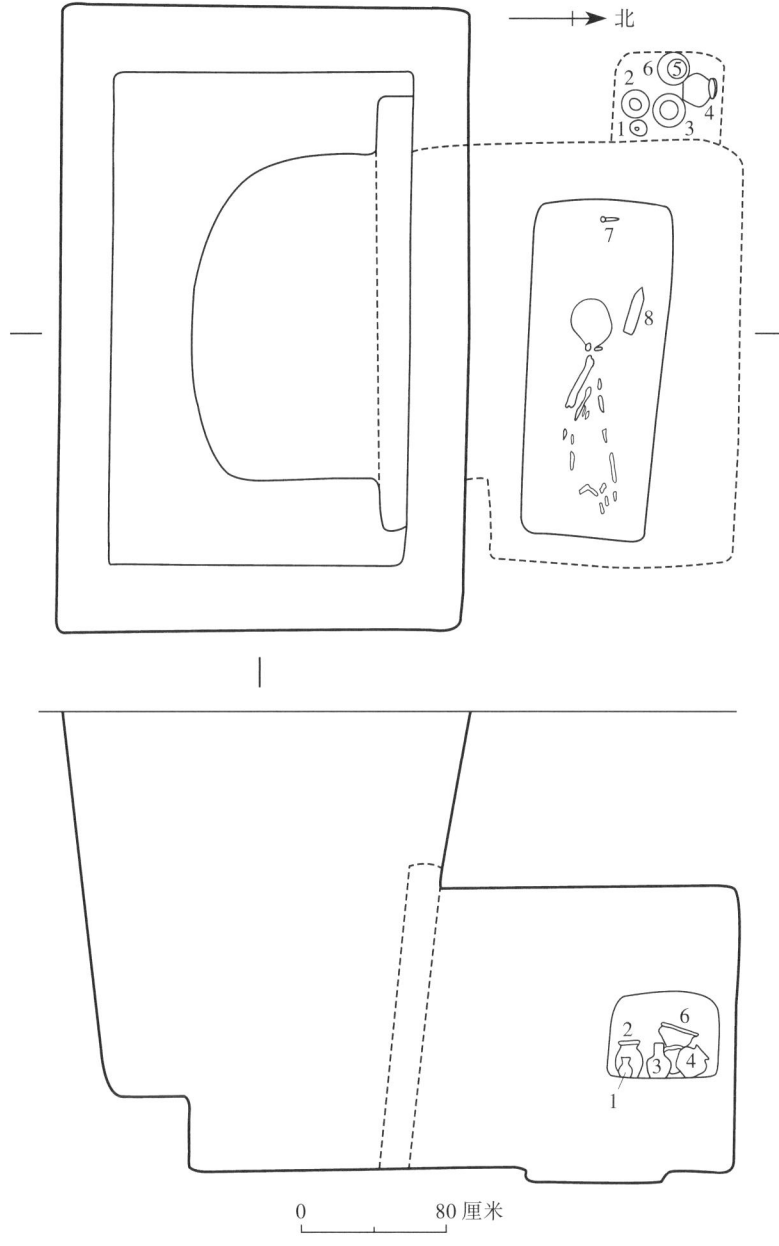

图一七八　M62 平、剖面图

1、2、4.陶罐　3.陶壶　5.陶釜　6.陶盆　7.环首铁削刀　8.石圭

4. 随葬器物

共 8 件。有陶器 6 件，石器、铁器各 1 件。

（1）陶器

6 件。有罐 3 件，釜、盆、壶各 1 件。

罐　3 件。

M62：1，位于墓室西侧壁龛内。泥质灰陶。敞口罐，体小。侈口，尖圆唇，长束颈，溜肩，弧腹，小平底。颈、肩及上腹饰凹弦纹八周。口径 7.6、腹径 10.6、底径 5.2、高 11.6 厘米（图一七九，1；彩版一五一，1）。

M62：2，位于墓室西侧壁龛内。泥质灰陶。小口圆肩罐。侈口，圆唇，束颈，圆肩，上腹圆鼓，下腹斜直内收，小平底。唇面上有一周凹弦纹，肩、上腹饰凹弦纹六周。下腹有刀削痕。口径 10.8、腹径 17.7、底径 8.2、高 17.0 厘米（图一七九，2；彩版一五一，2）。

M62：4，位于墓室西侧壁龛内。泥质灰陶。小口圆肩罐。侈口，圆唇，短束颈，圆肩，上腹圆鼓，下腹斜直内收，小平底。上腹饰凹弦纹三周。下腹有刀削痕。口径 10.0、腹径 17.2、底径 7.4、高 15.6 厘米（图一七九，3；彩版一五一，3）。

釜 1件。

M62：5，位于墓室西侧壁龛内。夹砂褐陶。侈口，短沿，方唇，束颈，鼓腹，圜底。肩部饰竖绳纹，腹部与底部饰斜绳纹。有烟炱痕。口径 17.2、腹径 17.6、高 12.2 厘米（图一七九，4；彩版一五二，1）。

盆 1件。

M62：6，位于墓室西侧壁龛内。泥质黑褐陶。侈口，短沿，圆唇，上腹较直，下腹斜直内收。唇部与沿内侧各有一周凹槽，上腹部饰两道凸弦纹。口径 23.2、底径 7.4、高 9.6 厘米（图

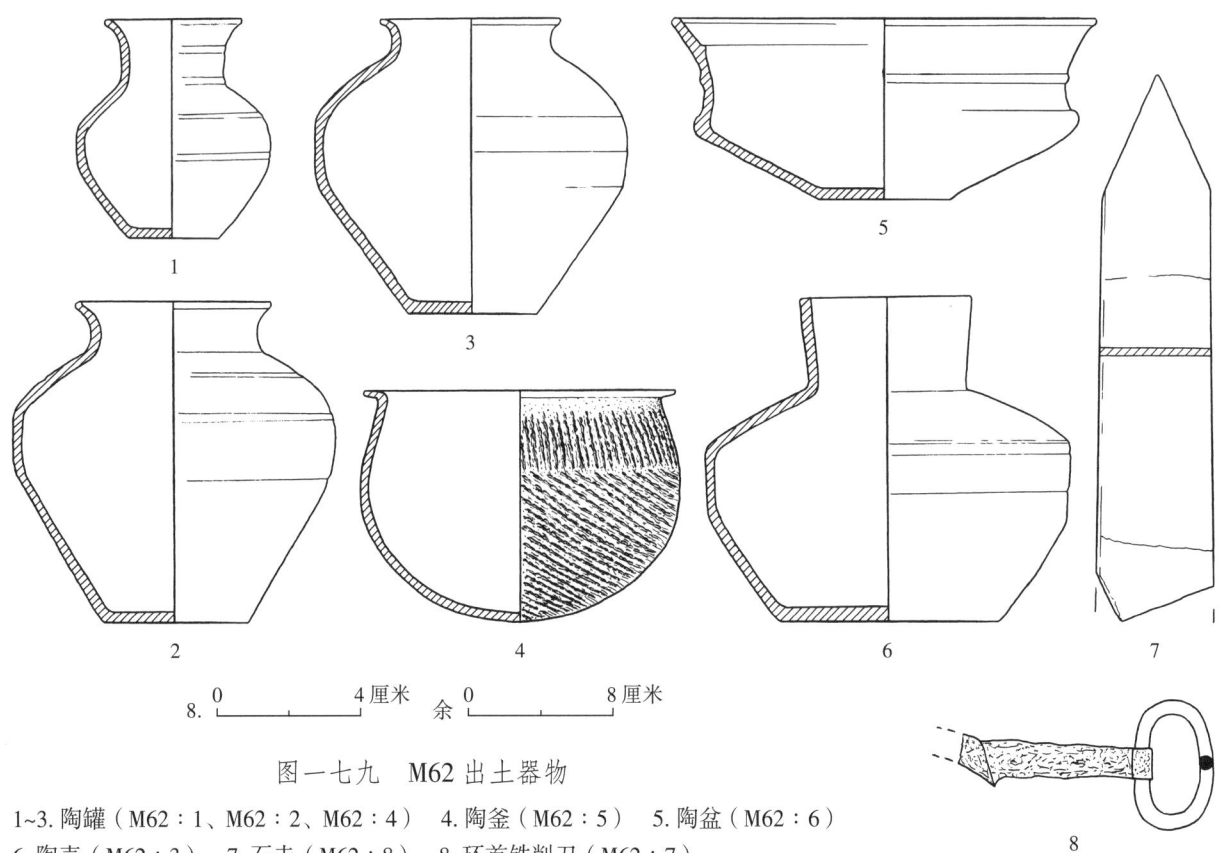

图一七九　M62 出土器物

1~3.陶罐（M62：1、M62：2、M62：4）　4.陶釜（M62：5）　5.陶盆（M62：6）
6.陶壶（M62：3）　7.石圭（M62：8）　8.环首铁削刀（M62：7）

一七九，5；彩版一五二，3）。

壶　1件。

M62：3，位于墓室西侧壁龛内。泥质灰陶。口微侈，方唇，高直领，折肩，扁腹，上腹较直，下腹斜收，平底。肩、腹饰多道凹弦纹。口径9.4、腹径20.0、底径12.0、高17.2厘米（图一七九，6；彩版一五一，4）。

（2）石器

1件。

圭　1件。

M62：8，位于棺内头骨北侧。灰色页岩。圭首尖，长条体，较宽。侧缘分割痕迹。残长29.0、宽6.2、厚0.3厘米（图一七九，7；彩版一五二，2）。

（3）铁器

1件。

环首削刀　1件。

M62：7，位于棺内西部。仅残留柄部，柄部铁质；椭圆形环首，铜质。直柄。残长7.0厘米（图一七九，8；彩版一五二，4）。

（一九）M64

1. 墓葬形制

位于墓地北部。长方形竖穴土坑墓，方向182°。长2.50、宽1.70、深2.10米。二层台为熟土，北侧宽0.24米，南侧宽0.30米，西侧宽0.20米，东侧宽0.30米，高0.70米（图一八〇）。

2. 葬具

葬具为一棺一椁，均已腐朽。椁盖板朽灰呈白色，共10块，长1.34~1.42、宽0.14~0.30米。椁室长

图一八〇　M64平、剖面图

1.陶釜　2.陶罐　3.陶盆

1.95、宽 1.20、高 0.70 米。棺朽灰呈浅灰色，长 1.20、宽 0.80 米，高度不明。

3. 人骨

保存很差，葬式为仰身屈肢，头向南。性别不明。45~50 岁。

4. 随葬器物

共 3 件。均为陶器，有罐、釜、盆各 1 件。

罐　1 件。

M64∶2，位于椁室南部。泥质灰陶。喇叭形口，直颈较长，平肩，上腹圆鼓，下腹斜直内收，平底。颈部饰凸棱纹，肩部饰一道凸弦纹，腹部饰绳纹带一周。口径 20.8、底径 8.0、高 20.2 厘米（图一八一，1；彩版一五二，5）。

釜　1 件。

M64∶1，位于椁室南部。夹砂灰陶。侈口，短沿，圆唇，束颈，圆腹，圜底。腹部与底部饰斜绳纹。口径 17.0、腹径 17.2、高 11.4 厘米（图一八一，2；彩版一五三，1）。

盆　1 件。

M64∶3，位于椁室南部。泥质灰陶。侈口，卷沿，圆唇，上腹稍向内弧，下腹斜直内收，平底。唇部与沿内侧各有一周凹槽，上腹部饰两道凸弦纹。口径 20.2、底径 7.4、高 9.4 厘米（图一八一，3；彩版一五三，2）。

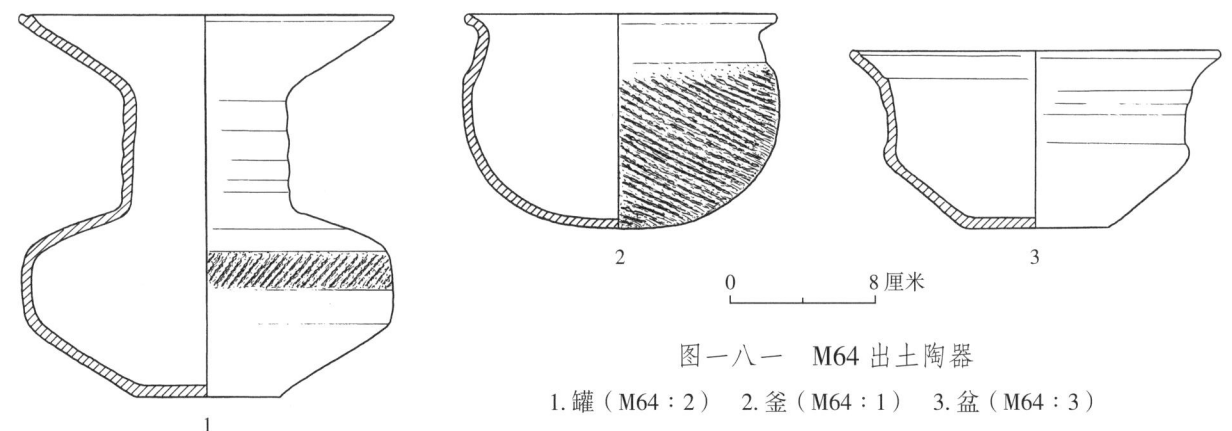

0　　　　8 厘米

图一八一　M64 出土陶器

1. 罐（M64∶2）　2. 釜（M64∶1）　3. 盆（M64∶3）

（二〇）M65

1. 墓葬形制

位于墓地北部。长方形竖穴土坑墓，方向 282°。口大底小，墓口长 3.40、宽 2.00 米，墓底长 3.10、宽 1.80 米，深 3.85 米。二层台为熟土，宽 0.32~0.35、高 1.10 米（图一八二；彩版一五三，3）。

2. 葬具

葬具为一棺一椁，均已腐朽。椁盖板朽灰呈白色，共 10 块，长 1.42~1.52、宽 0.20~0.30 米。

椁底板是由 8 块木板横向平铺而成，墓底凹槽痕迹明显，长 1.20、宽 0.20~0.26 米。椁室长 2.40、宽 1.20、高 1.10 米。棺长 1.20、宽 0.80 米，高度不明。

3. 人骨

保存很差，葬式为屈肢，头向西，面向不明。

4. 随葬器物

共 7 件（组）。有铜器 1 件，陶器 5 件，石器 1 组。

（1）铜器

1 件。

带钩 1 件。

M65：6，位于椁内棺外西端。体琵琶形，钩首为龙头，钩体弯曲似弓形，钩钮近钩尾。表面铸有纹饰。通长 7.4 厘米（图一八三，6；彩版一五四，1）。

（2）陶器

5 件。有鬲 1 件，罐 3 件，盆 1 件。

鬲 1 件。

M65：2，位于椁内棺外西端。夹砂灰陶。直口，方唇，圆肩，鼓腹，平裆甚低，三矮锥状足。肩部与上腹部饰交错绳纹，下腹部与足部饰大麻点纹。口径

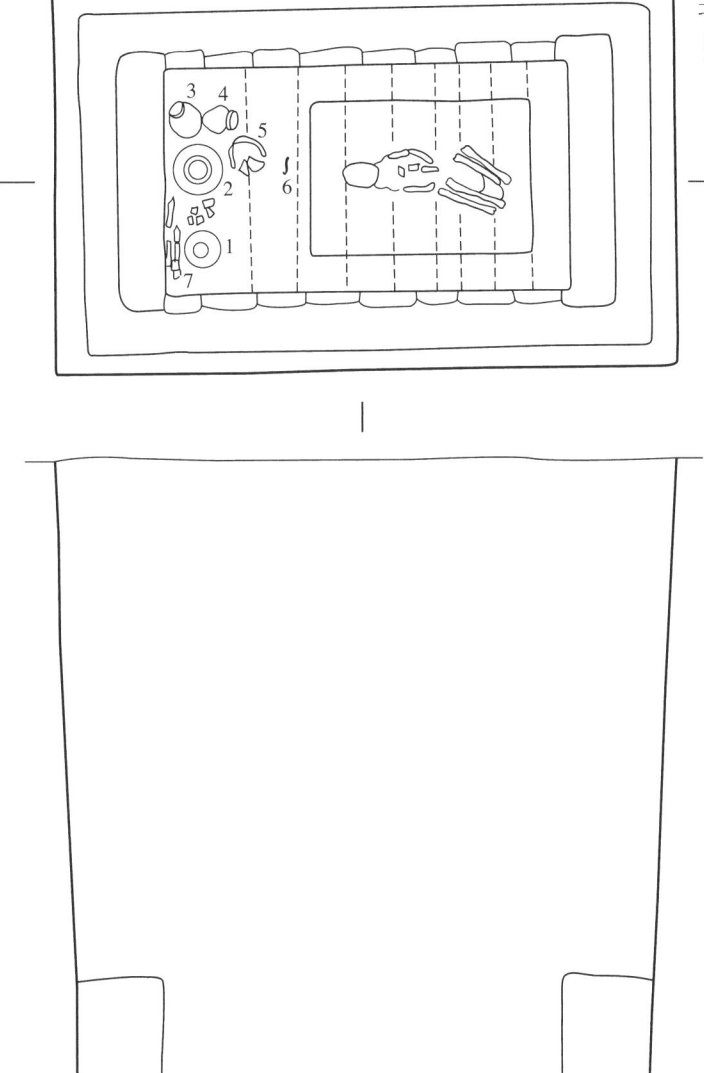

图一八二 M65 平、剖面图

1、3、4. 陶罐 2. 陶鬲 5. 陶盆 6. 铜带钩 7. 石圭

17.6、腹径 24.0、高 16.8 厘米（图一八三，5；彩版一五四，2）。

罐 3 件。

M65：1，位于椁内西南角。泥质灰陶。侈口，沿面内凹，圆唇，束颈，圆肩，鼓腹，下腹斜收，平底。肩、上腹部饰粗绳纹，中间饰三道抹光带。口径 10.0、腹径 27.1、底径 12.0、高 29.4 厘米（图一八三，1；彩版一五五，1）。

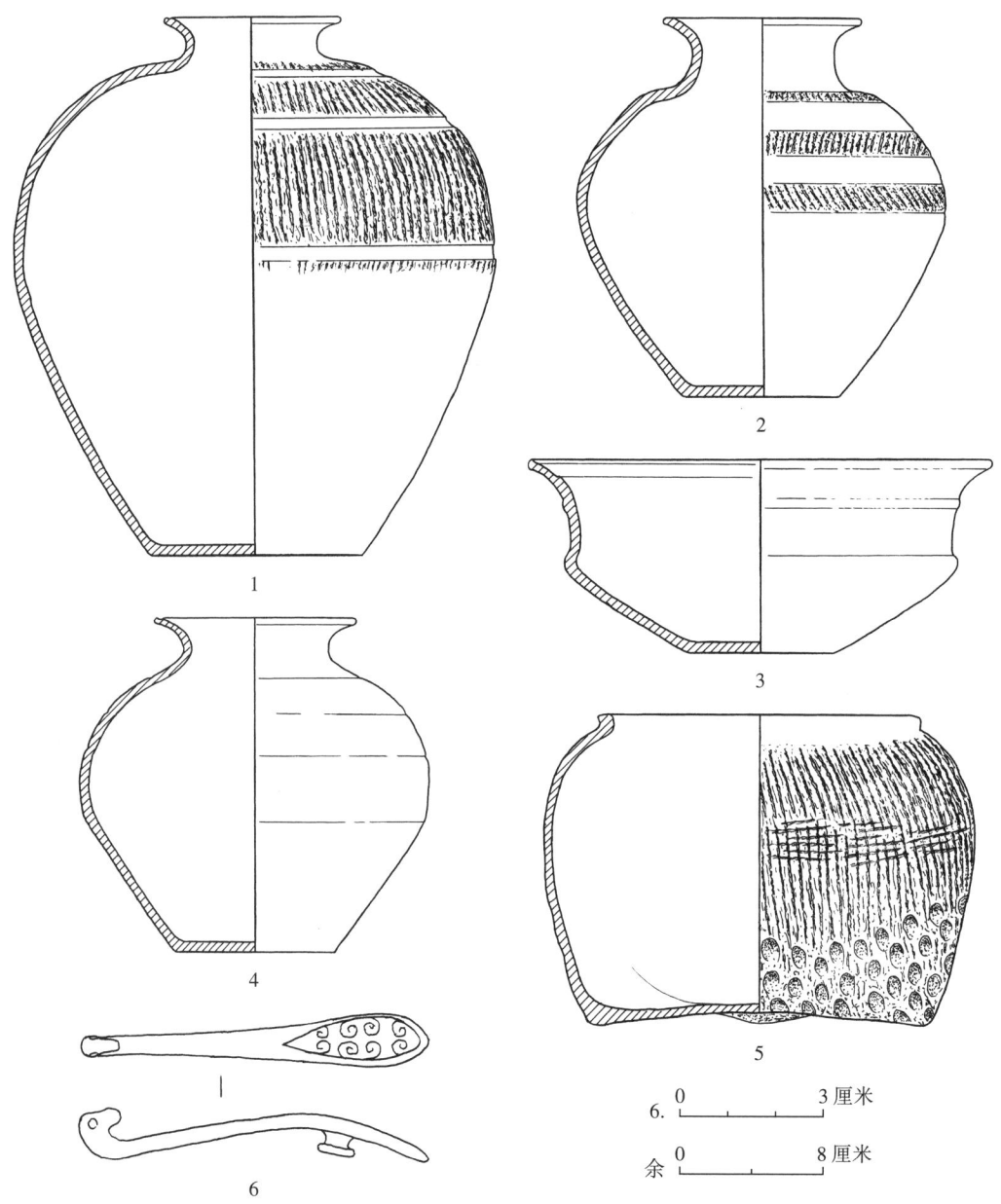

图一八三　M65 出土器物

1、2、4. 陶罐（M65：1、M65：3、M65：4）　3. 陶盆（M65：5）　5. 陶鬲（M65：2）　6. 铜带钩（M65：6）

　　M65：3，位于椁内西北角。泥质灰陶。小口圆肩罐。侈口，圆唇，束颈，圆肩，上腹圆鼓，下腹斜直内收，小平底。上腹饰三周绳纹带。下腹有刀削痕。口径 11.2、腹径 20.6、底径 8.6、高 20.6 厘米（图一八三，2；彩版一五五，2）。

　　M65：4，位于椁室西北部。泥质灰陶。小口圆肩罐。侈口，沿面内凹，尖圆唇，束颈，圆肩，上腹圆鼓，下腹斜直内收，小平底。上腹饰四道凸弦纹。下腹有刀削痕。口径 11.4、腹径 19.8、底径 9.2、高 18.2 厘米（图一八三，4；彩版一五五，3）。

盆　1件。

M65：5，位于椁室西部。泥质灰陶。侈口，卷沿，圆唇，上腹稍向内弧，下腹斜直内收，平底。唇部与沿内侧各有一周凹槽，上腹部饰两道凸弦纹。口径25.8、底径8.0、高10.6厘米（图一八三，3；彩版一五五，4）。

（3）石器

1组。

圭　1组。

M65：7，共9件。位于椁内西南角。均为青色或灰色页岩。圭首尖，长条体。部分可见侧缘分割痕迹，一侧或两侧有分切痕迹（彩版一五四，3）。

M65：7-1，体较厚，尖残。残长32.6、宽5.2、厚0.4厘米（图一八四，1）。

M65：7-2，体厚。长31.6、宽4.6~5.2、厚0.5厘米（图一八四，2）。

M65：7-3，体厚。长34.0、宽4.4~6.4、厚0.5厘米（图一八四，3）。

M65：7-4，体较薄。长27.0、宽3.8~5.4、厚0.3厘米（图一八四，4）。

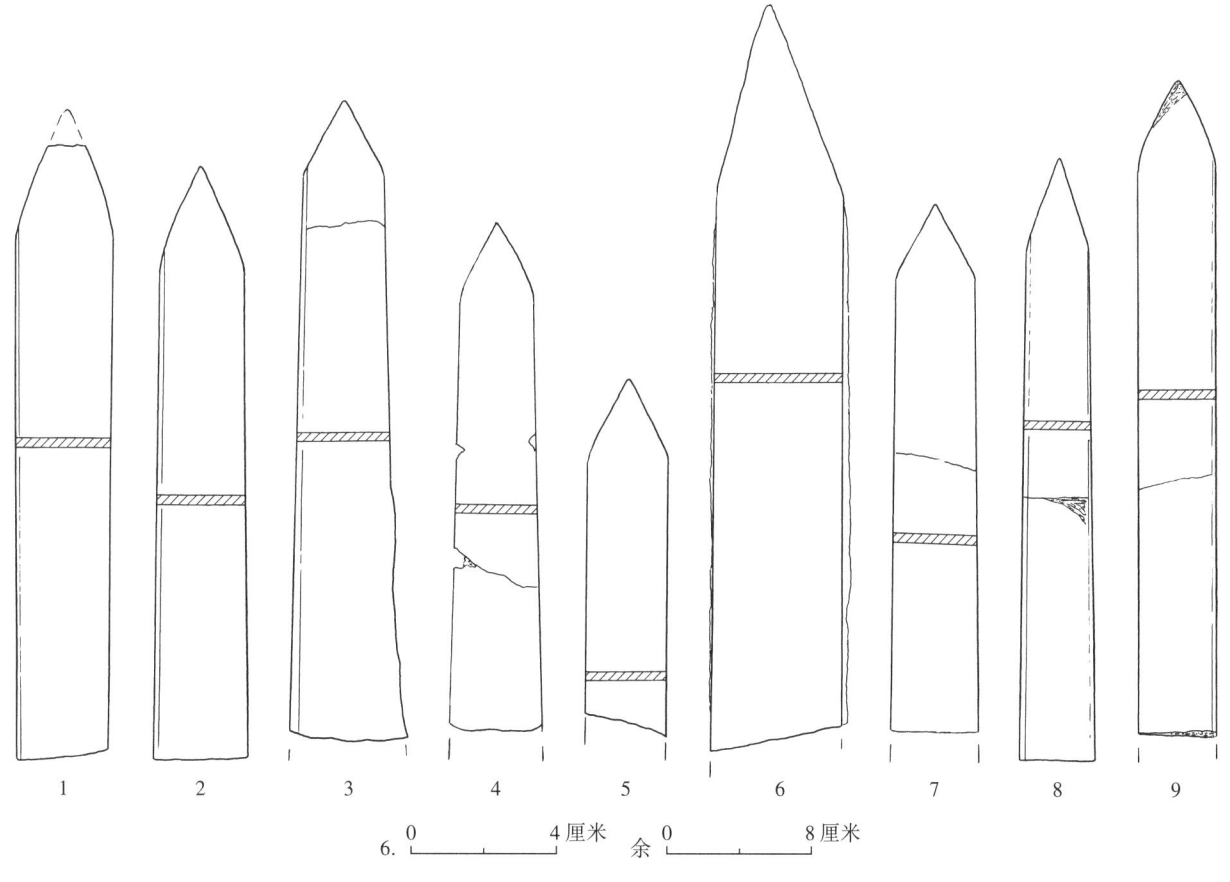

图一八四　M65出土石圭

1. M65：7-1　2. M65：7-2　3. M65：7-3　4. M65：7-4　5. M65：7-5　6. M65：7-6　7. M65：7-7　8. M65：7-8
9. M65：7-9

M65：7-5，体薄。残长 18.6、宽 4.2、厚 0.2 厘米（图一八四，5）。

M65：7-6，体较薄。残长 19.6、宽 3.8、厚 0.3 厘米（图一八四，6）。

M65：7-7，体厚。残长 28.0、宽 4.6~4.9、厚 0.5 厘米（图一八四，7）。

M65：7-8，体较厚。长 32.0、宽 3.4~4.2、厚 0.4 厘米（图一八四，8）。

M65：7-9，体厚。长 35.0、宽 4.6、厚 0.5 厘米（图一八四，9）。

（二一）M66

1. 墓葬形制

位于墓地北部。长方形竖穴土坑墓，方向 280°。口大底小，墓口长 3.00、宽 1.95 米，墓底长 2.80、宽 1.85 米，深 4.50 米。二层台为熟土，南、北、西三侧宽 0.30 米，东侧宽 0.25 米，高 0.70~0.90 米（图一八五；彩版一五六，1）。

2. 葬具

葬具为一棺一椁，均已腐朽。椁盖板朽灰呈白色，共 10 块，长 1.34~1.44、宽 0.16~0.30 米。椁室长 2.24、宽 1.26、高 0.90 米。棺朽灰呈灰色，长 1.30、宽 0.80 米，高度不明。

3. 人骨

保存较差，葬式为仰身屈肢，头向西，面向上。

4. 随葬器物

共 4 件。有铜器 2 件，陶器 2 件。

（1）铜器

2 件。

带钩　2 件。

M66：3，位于椁室西南部。体较小，琵琶形，钩首为龙头，钩体弯曲

图一八五　M66 平、剖面图

1. 陶釜　2. 陶罐　3、4. 铜带钩

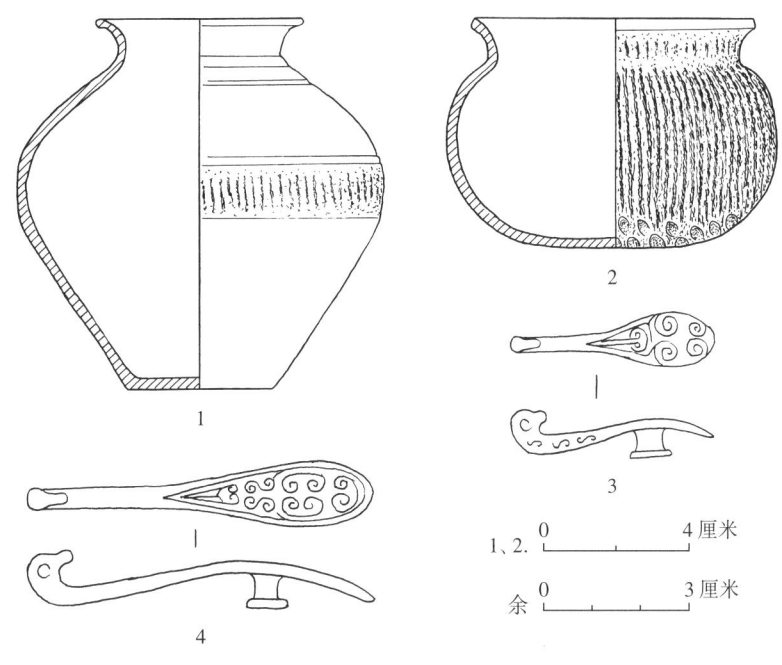

图一八六　M66 出土器物

1.陶罐（M66：2）　2.陶釜（M66：1）　3、4.铜带钩（M66：3、M66：4）

似弓形，钩钮近钩尾。表面铸有纹饰。通长 4.2 厘米（图一八六，3；彩版一五七，1）。

M66：4，位于椁室西部。体琵琶形，钩首为龙头，钩体弯曲似弓形，钩钮近钩尾。表面铸有纹饰。通长 7.0 厘米（图一八六，4；彩版一五七，2）。

（2）陶器

2 件。有罐、釜各 1 件。

罐　1 件。

M66：2，位于椁室西部。泥质灰陶。小口圆肩罐。侈口，沿面内凹，圆唇，束颈，圆肩，上腹圆鼓，下腹斜直内收，小平底。肩、上腹饰凹弦纹和绳纹带。下腹有刀削痕。口径 11.4、腹径 19.8、底径 8.0、高 19.6 厘米（图一八六，1；彩版一五六，2）。

釜　1 件。

M66：1，位于椁室西部。夹砂灰陶。侈口，短沿，斜方唇，束颈，圆腹，圜底。腹部饰竖绳纹，底部饰大麻点纹。口径 15.4、腹径 18.2、高 12.2 厘米（图一八六，2；彩版一五六，3）。

（二二）M67

1. 墓葬形制

位于墓地东北部。长方形竖穴土坑墓，方向 356°。口大底小，墓口长 2.06、宽 1.20 米，墓底长 2.00、宽 1.12 米，深 1.40 米。二层台为熟土，北、西、东三侧宽 0.24 米，南侧宽 0.17 米，高 0.62~0.70 米（图一八七）。

2. 葬具

葬具为一棺一椁，均已腐朽。椁盖板朽灰呈白色，共9块，长1.00、宽0.14~0.20米。椁室长1.58、宽 0.64~0.68、高 0.62 米。棺朽灰为浅灰色，长 0.88、宽 0.46 米，高度不明。

3. 人骨

保存较差，葬式为仰身屈肢，头向北，面向东。女性。40~50 岁。

4. 随葬器物

共 3 件。均为陶器，有鬲、罐、盆各 1 件。

鬲　1 件。

M67：3，位于椁室北部。夹砂褐陶。直口微敛，方唇，圆肩，鼓腹，弧裆低平，三矮锥状足。腹部饰交错绳纹，足部饰大麻点纹。口径 16.8、腹径 24.3、高 14.8 厘米（图一八八，1；彩版一五七，4）。

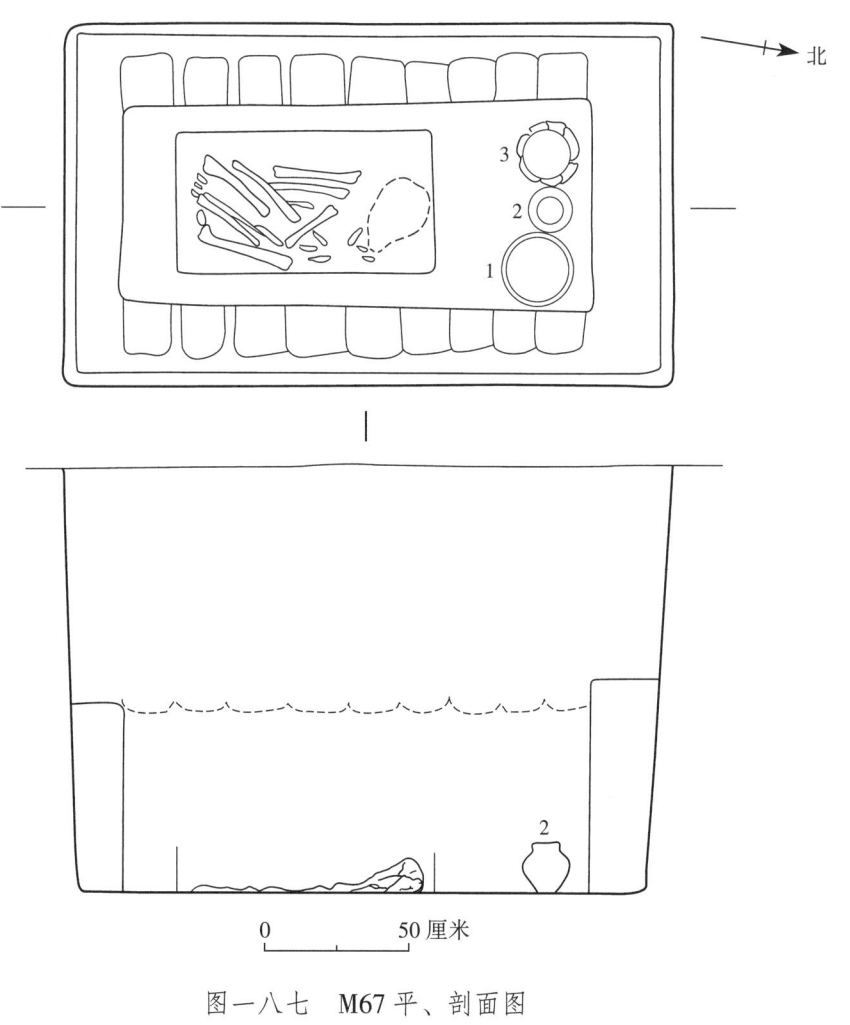

图一八七　M67 平、剖面图

1.陶盆　2.陶罐　3.陶鬲

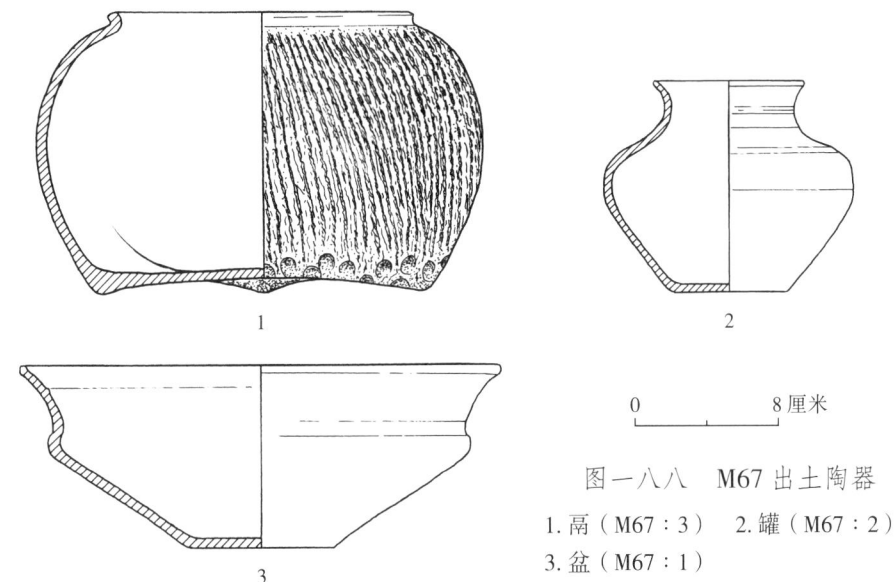

图一八八　M67 出土陶器

1. 鬲（M67：3）　2. 罐（M67：2）
3. 盆（M67：1）

罐　1件。

M67：2，位于椁室北部。泥质灰陶。大口圆肩罐。侈口，斜平沿，尖唇，广肩，腹壁斜直，平底。肩、腹饰凹弦纹数周。口径 8.6、腹径 13.8、底径 6.6、高 11.2 厘米（图一八八，2；彩版一五七，3）。

盆　1件。

M67：1，位于椁室北部。泥质灰陶。侈口，圆唇，卷沿，束颈，折腹，上腹稍向内弧，下腹斜直内收，小平底。唇部与沿内侧各有一周凹槽，腹部饰凹弦纹。口径 26.0、底径 8.0、高 9.6厘米（图一八八，3；彩版一五七，5）。

（二三）M68

1. 墓葬形制

位于墓地东北部。长方形竖穴土坑墓，方向 20°。长 2.40、宽 1.46、深 2.76 米。南壁中部偏西处有两个脚窝，第一个距墓口 0.10 米，宽 0.34、高 0.14、进深 0.20 米；第二个距墓口 1.06 米，尺寸同上；东壁偏南处亦有一个脚窝，宽 0.26、进深 0.16 米。二层台为熟土，西、北两侧宽 0.30米，南侧宽 0.40 米，东侧宽 0.26 米；高 0.80 米（图一八九；彩版一五八，1）。

2. 葬具

葬具为一棺一椁，均已腐朽。椁盖板朽灰呈白色，共 12 块，长 1.24~1.36、宽 0.10~0.20 米。椁室长 1.68、宽 0.90、高 0.80 米。棺朽灰呈灰色，长 0.94、宽 0.56 米，高度不明。

3. 人骨

保存较差，葬式为侧身屈肢，头向北，面向西。

图一八九　M68 平、剖面图

1.陶罐　2.陶鬲　3.陶盆　4、5.铜带钩

4.随葬器物

共 5 件。有铜器 2 件，陶器 3 件。

（1）铜器

2 件。

带钩　2 件。

M68：4，位于椁室西北部。曲棒形，钩首为龙头，钩体弯曲似弓形，钩钮近钩尾。素面。通长 5.8 厘米（图一九〇，4；彩版一五九，1）。

M68：5，位于椁室西北部。钩首残，体琵琶形，钩体弯曲，钩钮近钩尾。表面铸有纹饰。残长 3.2 厘米（图一九〇，5；彩版一五九，2）。

（2）陶器

3 件。有鬲、罐、盆各 1 件。

鬲　1 件。

M68：2，位于椁室北部。夹砂灰陶。残甚，仅复原口和底部。直口微敛，方唇，圆肩，弧裆低平，三矮锥状足。腹饰交错绳纹，足部饰大麻点纹。口径 16.0 厘米（图一九〇，1）。

罐　1 件。

M68：1，位于椁室北部。泥质褐陶。侈口较大，宽沿，尖圆唇，束颈，溜肩，鼓腹，平底。唇部内侧有一周凹槽，腹部饰多道凹弦纹。口径 9.8、腹径 12.2、底径 5.4、高 13.4 厘米（图一九〇，2；彩版一五八，2）。

盆　1 件。

M68：3，位于椁室东北部。泥质灰陶。侈口，宽卷沿，圆唇，折腹，上腹向内弧，下腹斜直内收，小平底。唇部与沿内侧各有一周凹槽，腹部饰凹弦纹。口径 21.0、底径 8.8、高 9.6 厘米（图

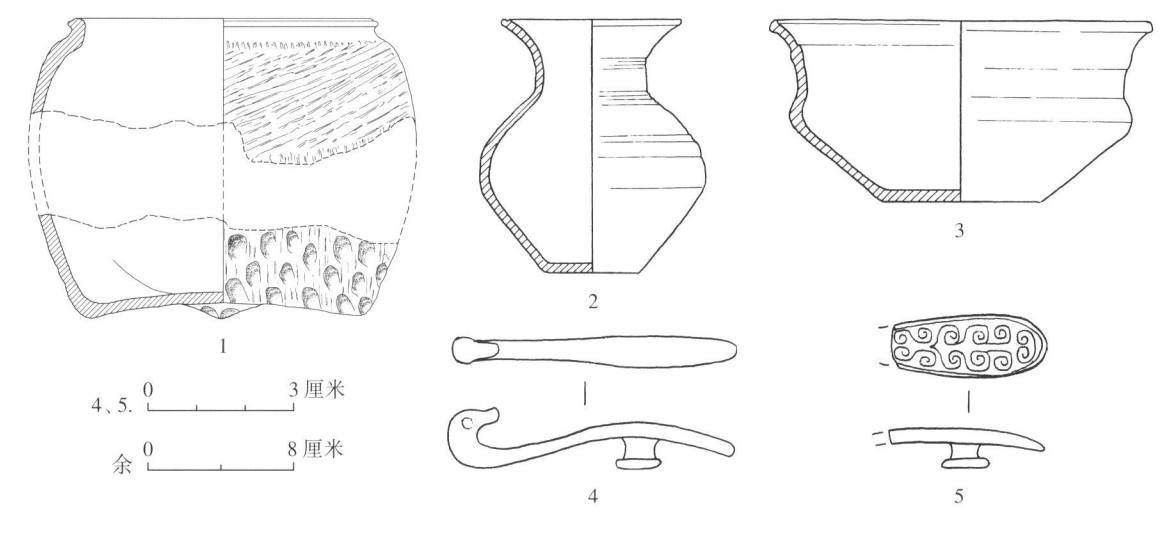

4、5.　0 ——— 3 厘米

余　0 ——— 8 厘米

图一九〇　M68 出土器物

1. 陶鬲（M68：2）　2. 陶罐（M68：1）　3. 陶盆（M68：3）　4、5. 铜带钩（M68：4、M68：5）

一九〇，3；彩版一五八，3）。

（二四）M70

1. 墓葬形制

位于墓地东北角。长方形竖穴土坑墓，方向 10°。口大底小，墓口长 3.00、宽 2.00 米，墓底长 2.90、宽 1.82 米，深 3.20 米。南、北两壁中部各有 2 个脚窝，第一个距墓口 0.70 米，间距 1.00 米，宽 0.30、进深 0.16、高 0.20 米；东、西两壁偏南处各有 3 个脚窝，第一个距墓口 0.20 米，间距 0.90 米，宽 0.32~0.36、进深 0.10、高 0.20 米。二层台为熟土，北侧宽 0.23 米，南侧宽 0.34米，西侧宽 0.28 米，东侧宽 0.20 米；高 0.90 米（图一九一；彩版一五九，3）。

2. 葬具

葬具为一棺一椁，均已腐朽。椁盖板朽灰呈白色，共 13 块，长 1.54~1.60、宽 0.16~0.26 米。椁室长 2.34、宽 1.36、高 0.90 米。棺朽灰呈浅灰色，长 1.20、宽 0.80 米，高度不明。

3. 人骨

保存较差，葬式为仰身屈肢，头向北，面向上。

4. 随葬器物

共 3 件。均为陶器，有罐、釜、盆各 1 件。

罐　1 件。

M70：3，位于椁室北部。泥质灰陶。喇叭形口，直颈较长，平肩，上腹圆鼓，下腹斜直内收，平底。颈部饰凸棱纹，肩部、上腹饰凹弦纹，下腹部饰绳纹带一周。口径 23.0、底径 10.6、高23.4 厘米（图一九二，3；彩版一六〇，1）。

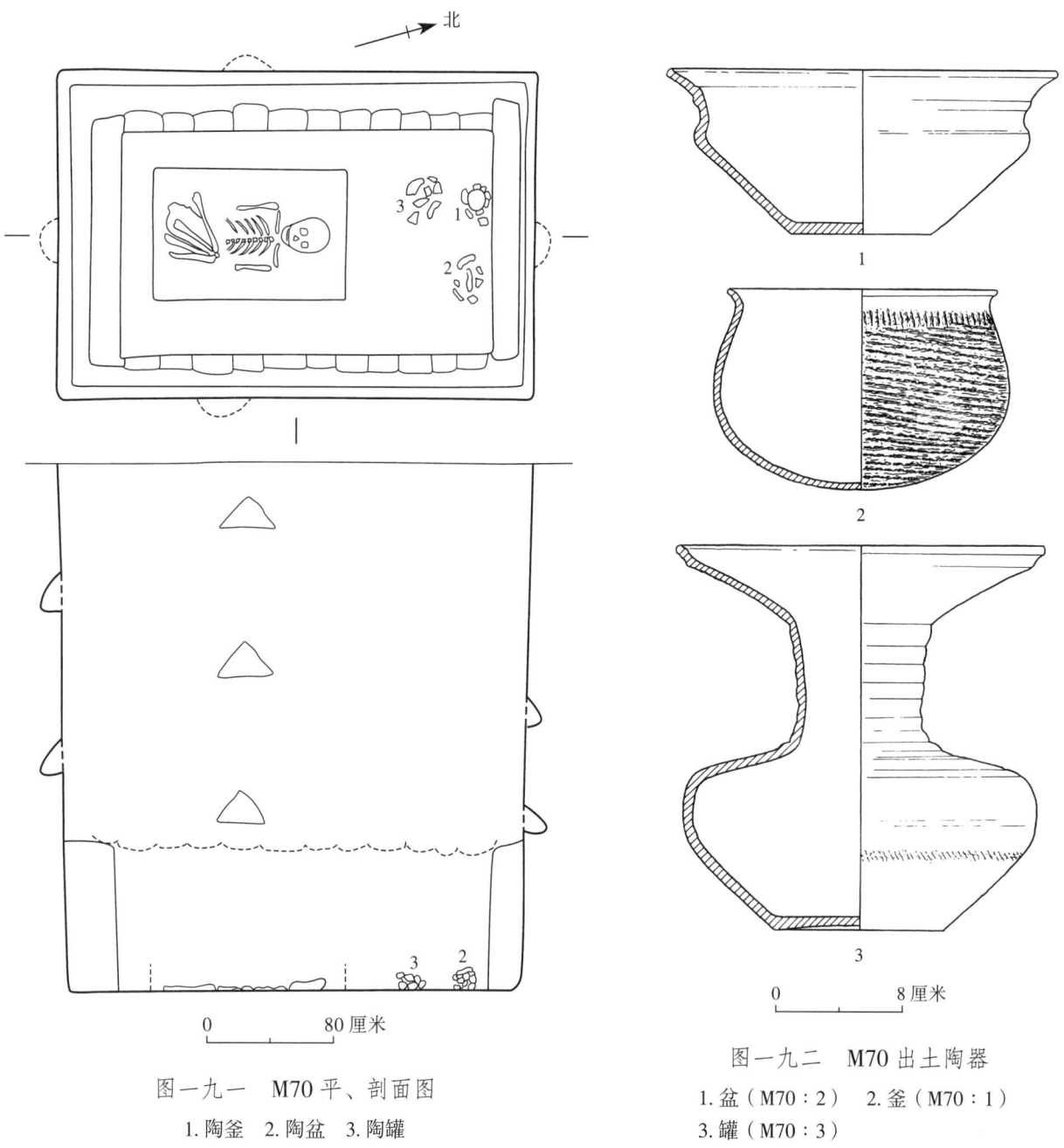

图一九一　M70 平、剖面图

1. 陶釜　2. 陶盆　3. 陶罐

图一九二　M70 出土陶器

1. 盆（M70 : 2）　2. 釜（M70 : 1）
3. 罐（M70 : 3）

釜　1件。

M70 : 1，位于椁室北部。夹砂褐陶。侈口，短斜沿，方唇，微束颈，垂腹，圜底。颈部饰竖绳纹，腹部、底部饰斜绳纹。口径16.9、腹径18.4、高12.2厘米（图一九二，2；彩版一六〇，2）。

盆　1件。

M70 : 2，位于椁室北部。泥质灰陶。侈口，宽卷沿，圆唇，折腹，上腹向内弧，下腹斜直内收，小平底。唇部与沿内侧各有一周凹槽，腹部饰凹弦纹。口径24.4、底径9.0、高10.0厘米（图一九二，1；彩版一六〇，3）。

（二五）M71

1. 墓葬形制

位于墓地北部偏东。长方形竖穴土坑墓，方向268°。长2.14、宽1.40、深2.10米。二层台为熟土，宽0.14~0.20、高0.22米（图一九三；彩版一六一，1）。

2. 葬具

葬具有一棺一椁，均已腐朽。椁盖板朽灰呈白色，残存7块，长约1.22~1.30、宽0.12~0.26米。椁室长1.80、宽1.00、高0.22米。棺朽灰呈浅灰色，长1.10、宽0.64米，高度不明。

3. 人骨

保存较差，葬式为仰身屈肢，头向西，面向上。女性。20~35岁。

4. 随葬器物

共3件。均为陶器，有罐、釜、盆各1件。

罐　1件。

M71：1，位于椁室西部。泥质灰陶。侈口，圆唇，束颈，圆肩，上腹圆鼓，下腹斜收，平底。肩、上腹部饰凹弦纹和绳纹带。口径11.0、腹径21.0、底径9.6、高18.4厘米（图一九四，1；彩版一六〇，4）。

釜　1件。

M71：2，位于椁室西部。夹砂褐陶。体较高，呈筒形。侈口，短斜沿，圆唇，微束颈，圜底。颈部饰竖绳纹，腹部、底部饰斜绳纹。口径15.2、腹径15.7、高17.0厘米（图一九四，2；彩版一六一，2）。

盆　1件。

M71：3，位于椁室西部。泥质灰陶。侈口，卷沿，圆唇，折腹，上腹内弧，下腹斜直内收，小平底。唇部与沿内侧各有一周凹槽，上腹部饰一道凸棱，折腹处饰两道凹弦纹。口径27.6、底径9.0、高10.0厘米（图一九四，3；彩版一六一，3）。

图一九三　M71平、剖面图
1. 陶罐　2. 陶釜　3. 陶盆

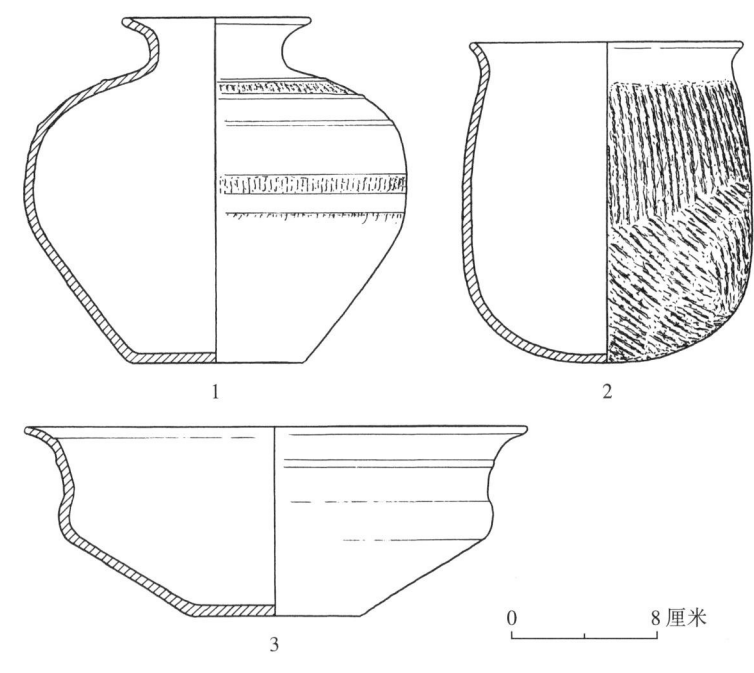

图一九四　M71 出土陶器

1. 罐（M71：1）　2. 釜（M71：2）　3. 盆（M71：3）

（二六）M72

1. 墓葬形制

位于墓地东北角。长方形竖穴土坑墓，方向 268°。口大底小，墓口长 3.07、宽 2.30 米，墓底长 2.88、宽 1.98 米，深 3.00 米。二层台为熟土，南、北两侧宽 0.40 米，东、西两侧宽 0.24 米；高 1.20 米（图一九五；彩版一六二，1）。

2. 葬具

葬具为一棺一椁，均已腐朽。椁盖板朽灰呈白色，共 10 块，长 1.68~1.80、宽 0.10~0.26 米；椁底板朽灰亦呈白色，共 9 块，长 1.50、宽 0.16~0.30 米。椁室长 2.08、宽 1.50、高 1.20 米。棺朽灰呈黑灰色，长 1.10、宽 0.70 米，高度不明。

3. 人骨

保存较差，葬式为仰身屈肢，头向西，面向上，双手放置在头部。女性。20~35 岁。

4. 随葬器物

共 8 件。有铜器 1 件，陶器 4 件，石器 3 件。

（1）铜器

1 件。

带钩　1 件。

M72：5，位于椁室西北部。琵琶形，钩首为龙头，钩体弯曲似弓形。钩钮近钩尾。表面铸有纹饰。通长5.6厘米（图一九六，5；
彩版一六二，2）。

（2）陶器

4件。有鼎1件、罐2件、盆1件。

鼎　1件。

M72：3，位于椁室西部。泥质灰
陶。一耳在足正上方。鼎身子母口内
敛，腹壁较直，圜底，三蹄形足较短，
足根部较发达。附耳板状较长，外撇，
耳孔为长方形。腹饰一周凸弦纹。口
径17.0、腹径20.4、通高17.0厘米（图
一九六，1；彩版一六二，3）。

罐　2件。

M72：1，位于椁室西部。泥质
灰陶。侈口，沿面内凹，尖圆唇，束
颈，折肩，上腹较直，下腹斜收，小
平底。肩、上腹饰五道凸弦纹。下腹
有刀削痕。口径10.6、腹径18.0、底
径9.0、高19.6厘米（图一九六，2；
彩版一六三，1）。

M72：2，位于椁室西部。泥质灰
陶。侈口，圆唇，短束颈，圆肩，上
腹圆鼓，下腹斜直内收，小平底。上
腹饰凹弦纹三周。下腹有刀削痕。口
径10.0、腹径18.1、底径8.8、高16.0
厘米（图一九六，3；彩版一六三，2）。

盆　1件。

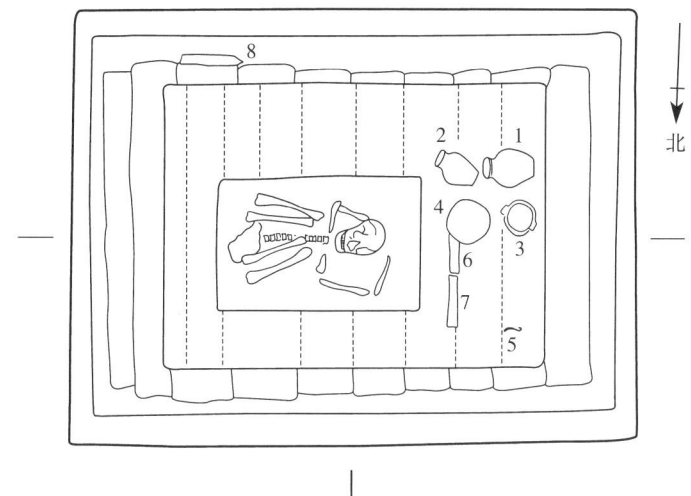

图一九五　M72平、剖面图

1、2.陶罐　3.陶鼎　4.陶盆　5.铜带钩　6~8.石圭

M72：4，位于椁室西部。泥质灰陶。侈口，卷沿，圆唇，折腹，上腹内弧，下腹斜直内
收，小平底。唇部与沿内侧各有一周凹槽，腹部饰凹弦纹。口径24.0、底径8.2、高9.4厘米（图
一九六，4；彩版一六三，3）。

（3）石器

3件。

圭　3件。青色或灰色页岩，圭首尖，长条体。部分可见侧缘分割痕迹。

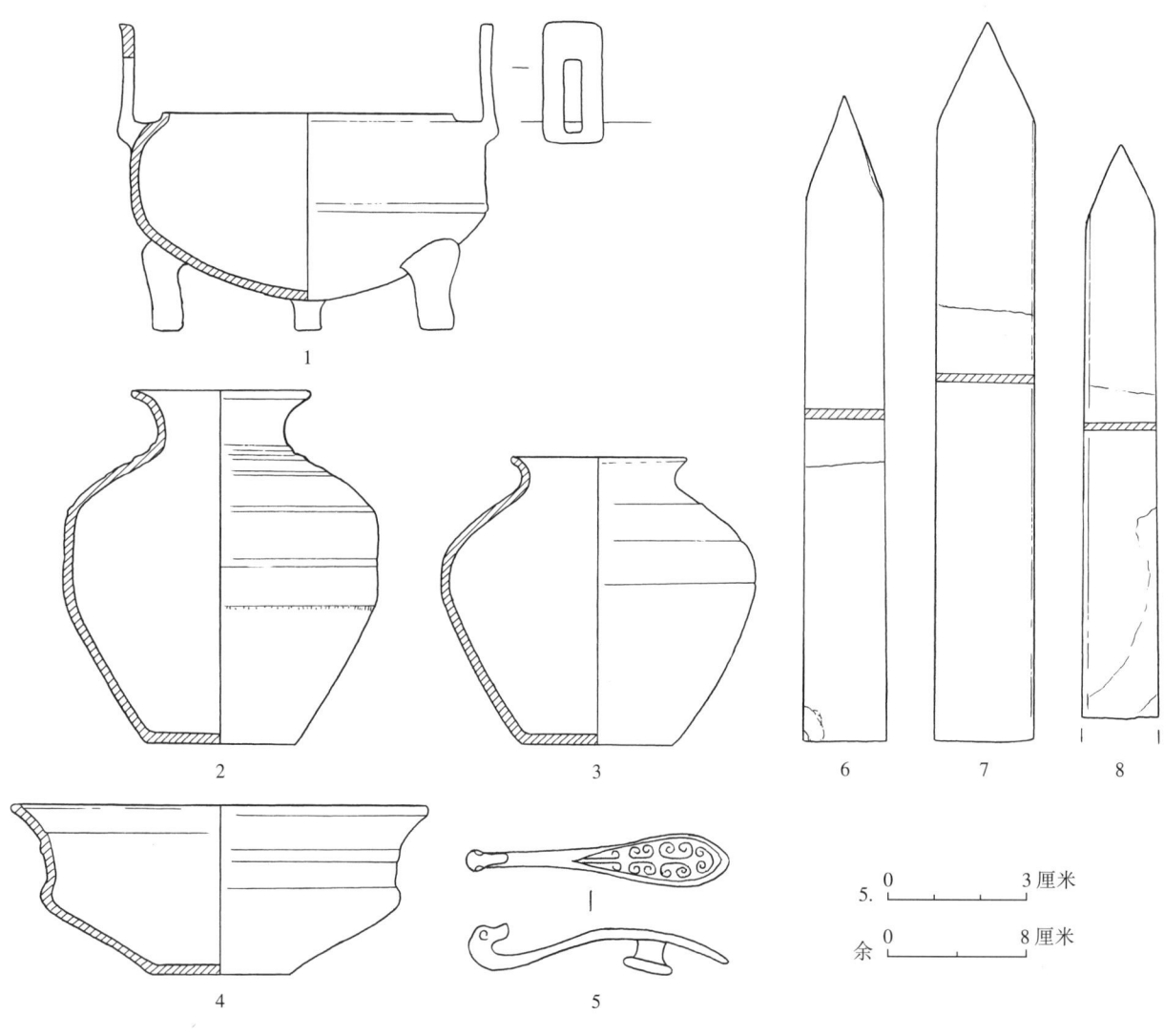

图一九六　M72 出土器物

1. 陶鼎（M72：3）　　2、3. 陶罐（M72：1、M72：2）　　4. 陶盆（M72：4）　　5. 铜带钩（M72：5）　　6~8. 石圭（M72：6、M72：7、M72：8）

M72：6，位于椁室西部。体厚。长 36.0、宽 4.4~5.0、厚 0.5 厘米（图一九六，6）。

M72：7，位于椁室西部。体较厚。长 40.0、宽 5.6、厚 0.4 厘米（图一九六，7；彩版一六三，4）。

M72：8，位于南侧二层台东部。体较厚。长 32.0、宽 4.1、厚 0.4 厘米（图一九六，8）。

（二七）M75

1. 墓葬形制

位于墓地北部。长方形竖穴土坑墓，方向 253°。墓口上部已被破坏，现存墓口长 3.00、宽 1.90、残深 1.40 米。二层台为熟土，南、北两侧宽 0.30 米，东、西两侧宽 0.50 米，高 1.20 米（图一九七）。

图一九七　M75 平、剖面图

1、3.陶壶　2.陶瓿　4.陶罐　5.陶豆　6.陶鼎　7.石圭　8、9.铜带钩

2. 葬具

葬具为一棺一椁，均已腐朽。二层台上局部可见椁盖板白色朽灰，数量与尺寸不详。椁室四壁亦可见侧板白色朽灰。椁底板朽灰呈白色，共 9 块，长 1.30、宽 0.16~0.22 米。椁室长 2.00、宽 1.30、高 1.20 米。棺朽灰呈浅灰色，长 0.90、宽 0.60 米，高度不明。

3. 人骨

保存很差，葬式为屈肢，头向西，面向不明。

4. 随葬器物

共 9 件（组）。有铜器 2 件，陶器 6 件，石器 1 组。

（1）铜器

2 件。

带钩　2 件。

M75：8，位于椁室南部。琵琶形，钩首为龙头，钩体弯曲似弓形。钩钮近钩尾。表面铸有纹饰。通长6.7厘米（图一九八，7；彩版一六四，1）。

M75：9，位于椁室南部。曲棒形，钩首为龙头，钩体弯曲似弓形。钩钮近钩尾。表面铸有纹饰。通长9.0厘米（图一九八，8；彩版一六四，2）。

（2）陶器

6件。有鼎、罐、瓿、豆各1件，壶2件。

鼎 1件。

M75：6，位于椁室西南部。泥质灰陶。鼎身子母口内敛、较高，腹壁弧直，圜底。三柱足较长，足根较宽。长方形立耳贴于肩部，外撇，耳孔为圆角方形。一耳在足正上方。腹饰两周凸弦纹。口径16.6、腹径20.2、通高17.0厘米（图一九八，1；彩版一六四，3）。

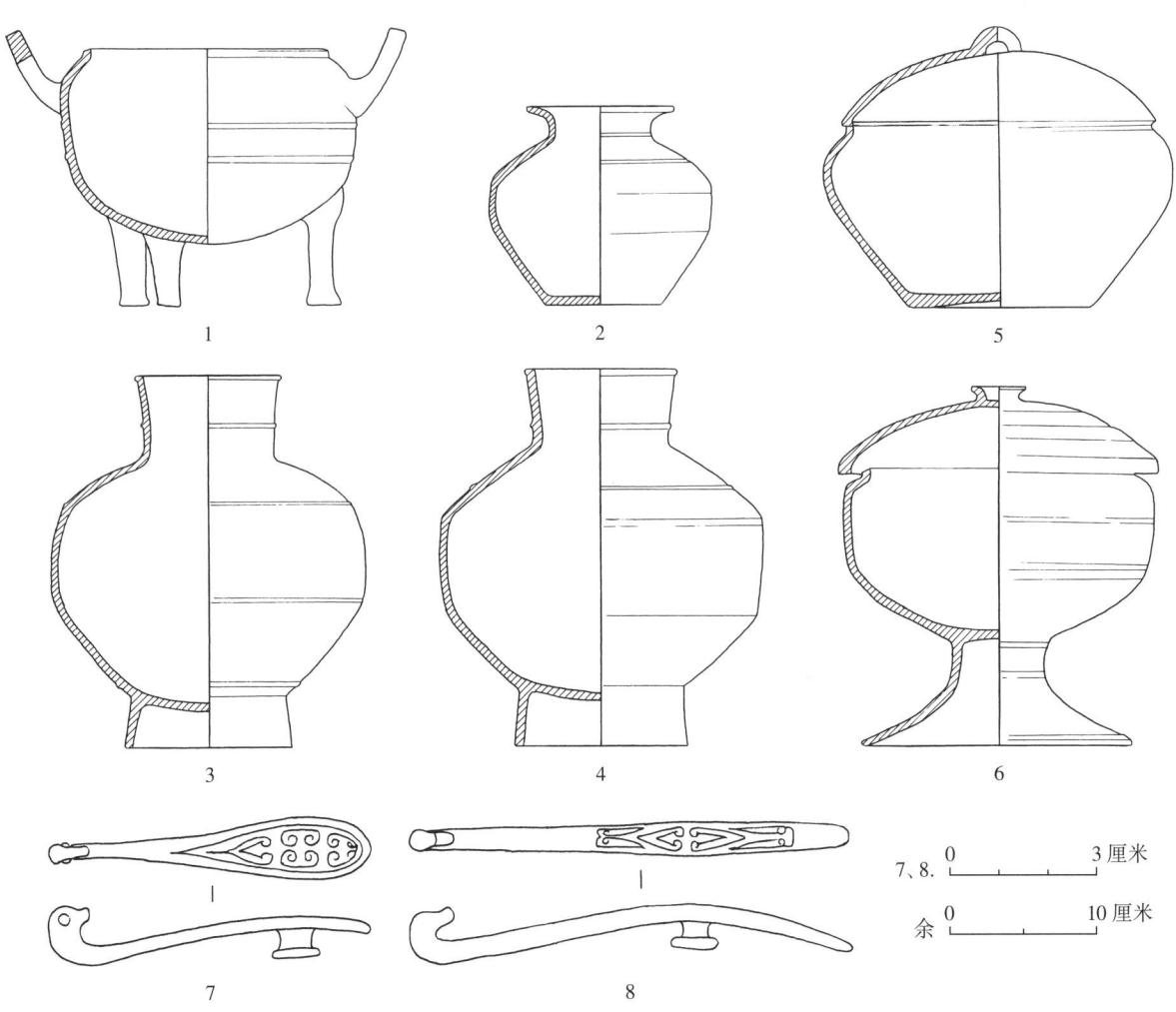

图一九八　M75 出土器物

1.陶鼎（M75：6）　2.陶罐（M75：4）　3、4.陶壶（M75：1、M75：3）　5.陶瓿（M75：2）　6.陶豆（M75：5）

7、8.铜带钩（M75：8、M75：9）

罐　1件。

M75：4，位于椁室西北部。泥质灰陶。小圆腹罐。侈口，方唇，束颈，溜肩，圆鼓腹，下腹斜直内收，平底。肩、腹饰凸弦纹。口径9.8、腹径15.2、底径7.8、高13.2厘米（图一九八，2；彩版一六四，4）。

壶　2件。

M75：1，位于椁室西部偏北。泥质黑陶。侈口，方唇内勾，长颈，溜肩，圆鼓腹，下腹斜收，圈足较高。颈、腹部饰凸弦纹四周。口径9.8、腹径21.8、圈足径11.4、高24.6厘米（图一九八，3；彩版一六五，1）。

M75：3，位于椁室西部偏北。泥质灰陶。侈口，方唇，长颈，溜肩，圆鼓腹，下腹斜收，圈足较高。颈、腹部饰凸弦纹四周。口径10.6、腹径22.0、圈足径11.6、高25.0厘米（图一九八，4；彩版一六五，2）。

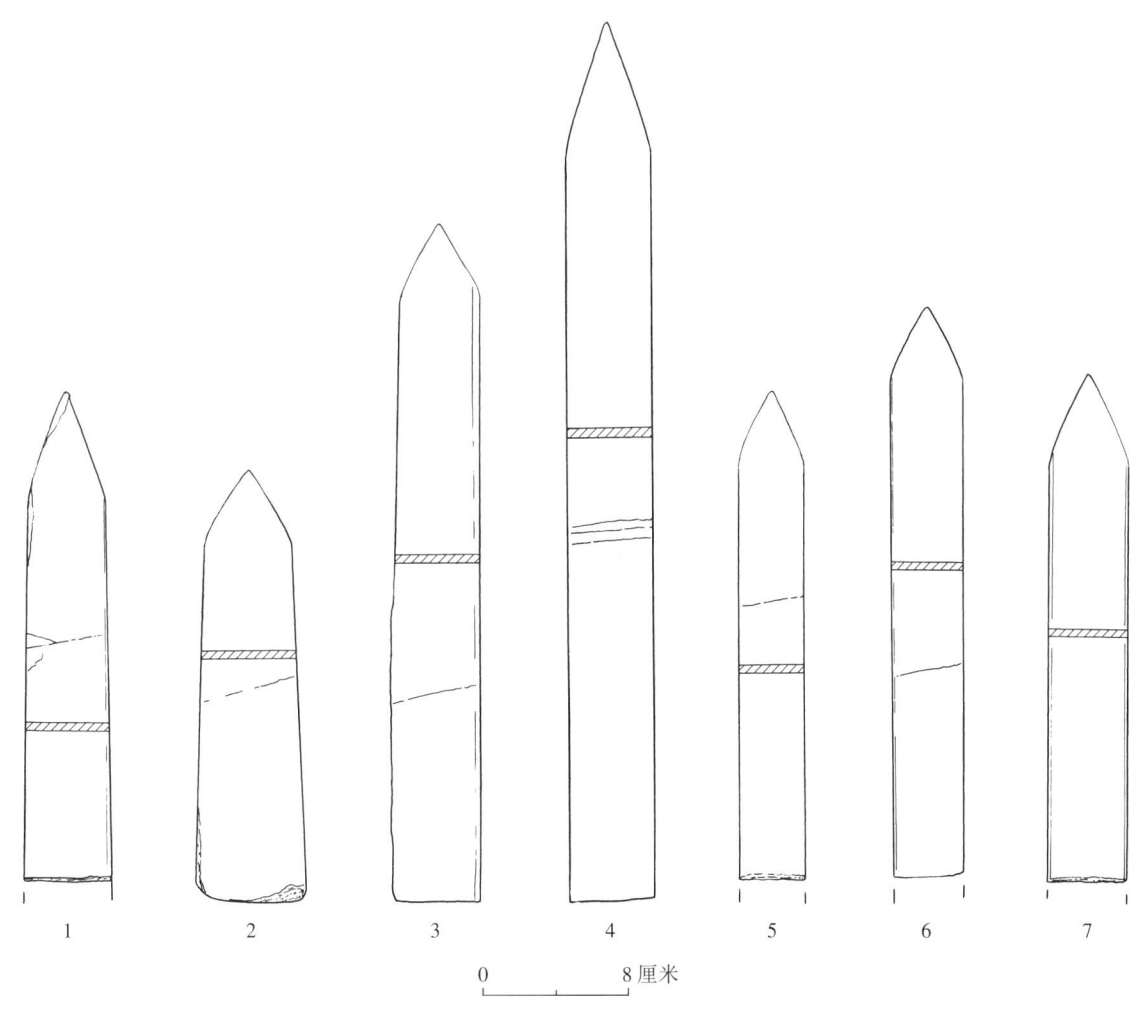

图一九九　M75出土石圭

1. M75：7-1　2. M75：7-2　3. M75：7-3　4. M75：7-4　5. M75：7-6　6. M75：7-7　7. M75：7-8

瓿 1件。

M75：2，位于椁室西部偏北。泥质黑陶。浅钵形盖，盖中间有一半环形钮。器敛口，方唇，圆弧腹，下腹斜收，平底微凹。口径20.8、腹径23.8、底径12.2、通高18.6厘米（图一九八，5；彩版一六四，5）。

豆 1件。

M75：5，位于椁室西部。泥质黑陶。浅钵形盖，盖中间有一圆形捉手。豆身子母口内敛，方唇，深球形腹，柄部较粗，底部为喇叭形圈足。盖上有暗弦纹数周，腹、圈足上饰数周凹弦纹。口径18.4、圈足径14.2、通高23.8厘米（图一九八，6；彩版一六四，6）。

（3）石器

1组。

圭 1组。

M75：7，共8件。位于椁室西南部。青色或灰色页岩，圭首尖，长条体。部分可见侧缘分割痕迹（彩版一六五，3）。

M75：7-1，体较厚。残长26.0、宽4.2~4.8、厚0.4厘米（图一九九，1）。

M75：7-2，体较厚。长23.0、宽4.8~6.0、厚0.4厘米（图一九九，2）。

M75：7-3，体较厚。长36.0、宽4.8、厚0.4厘米（图一九九，3）。

M75：7-4，体厚。长46.6、宽4.8~5.0、厚0.5厘米（图一九九，4）。

M75：7-6，体较厚。长26.3、宽3.6、厚0.4厘米（图一九九，5）。

M75：7-7，体较厚。长30.4、宽4.0、厚0.4厘米（图一九九，6）。

M75：7-8，体较厚。长27.0、宽4.4、厚0.4厘米（图一九九，7）。

（二八）M76

1. 墓葬形制

位于墓地北部。长方形竖穴土坑墓，方向260°。墓口上部已被破坏，现存墓口长2.70、宽1.70、残深1.00米。二层台为熟土，东侧宽0.25米，西侧宽0.30米，南、北两侧宽0.20米，高0.40米（图二〇〇）。

2. 葬具

葬具为一棺一椁，均已腐朽。椁盖板、侧板、底板朽灰均呈白色，数量与尺寸不详。椁室长2.15、宽1.30、高0.40米。棺朽灰呈浅灰色，长1.00、宽0.80米，高度不明。

3. 人骨

保存很差，葬式为屈肢，头向西，面向不明。

4. 随葬器物

共6件（组）。有铜器1件，陶器4件，石器1组。

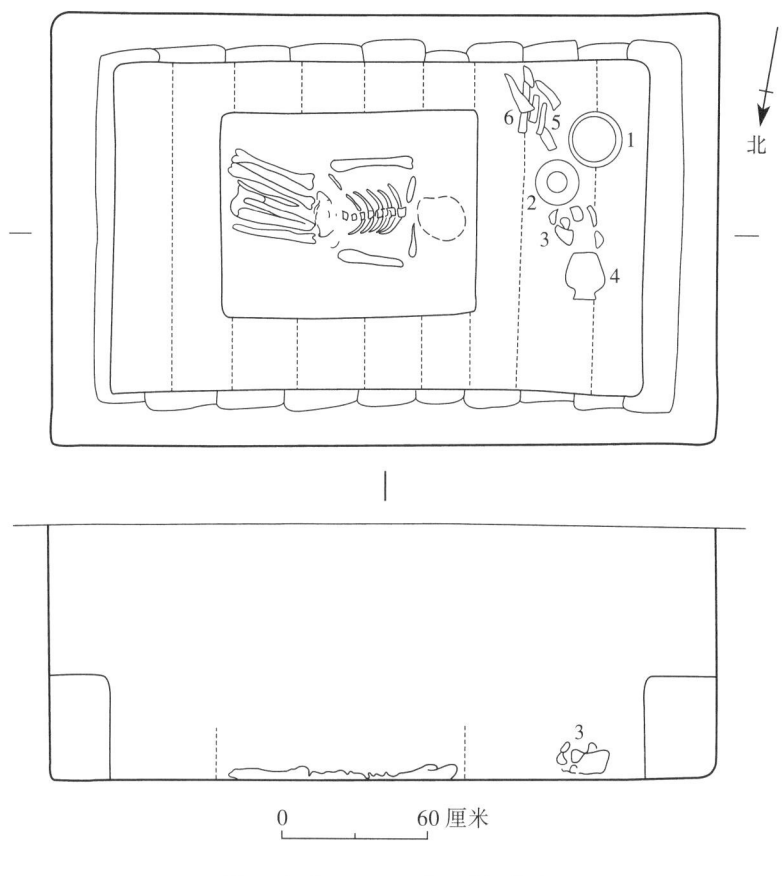

图二〇〇 M76 平、剖面图

1.陶盆 2、4.陶罐 3.陶鬲 5.铜带钩 6.石圭

（1）铜器

1件。

带钩 1件。

M76：5，位于椁室西南部。曲棒形，钩首为龙头，钩体弯曲似弓形。钩钮近钩尾。表面铸有纹饰。通长 7.1 厘米（图二〇一，3；彩版一六六，1）。

（2）陶器

4件。有鬲、盆各1件，罐2件。

鬲 1件。

M76：3，位于椁室西部。夹砂褐陶。直口微敛，方唇，圆肩，鼓腹，弧裆低平，三矮锥状足。腹部饰交错绳纹，足部饰大麻点纹。口径 19.6、腹径 26.2、高 16.4 厘米（图二〇一，1；彩版一六六，2）。

罐 2件。

M76：2，位于椁室西部。泥质灰陶。侈口，沿面内凹，斜方唇，短束颈，上腹圆鼓，下腹斜直内收，平底。肩与上腹部饰凹弦纹和绳纹带。下腹有刮削痕。口径 10.0、腹径 18.6、底径 9.0、

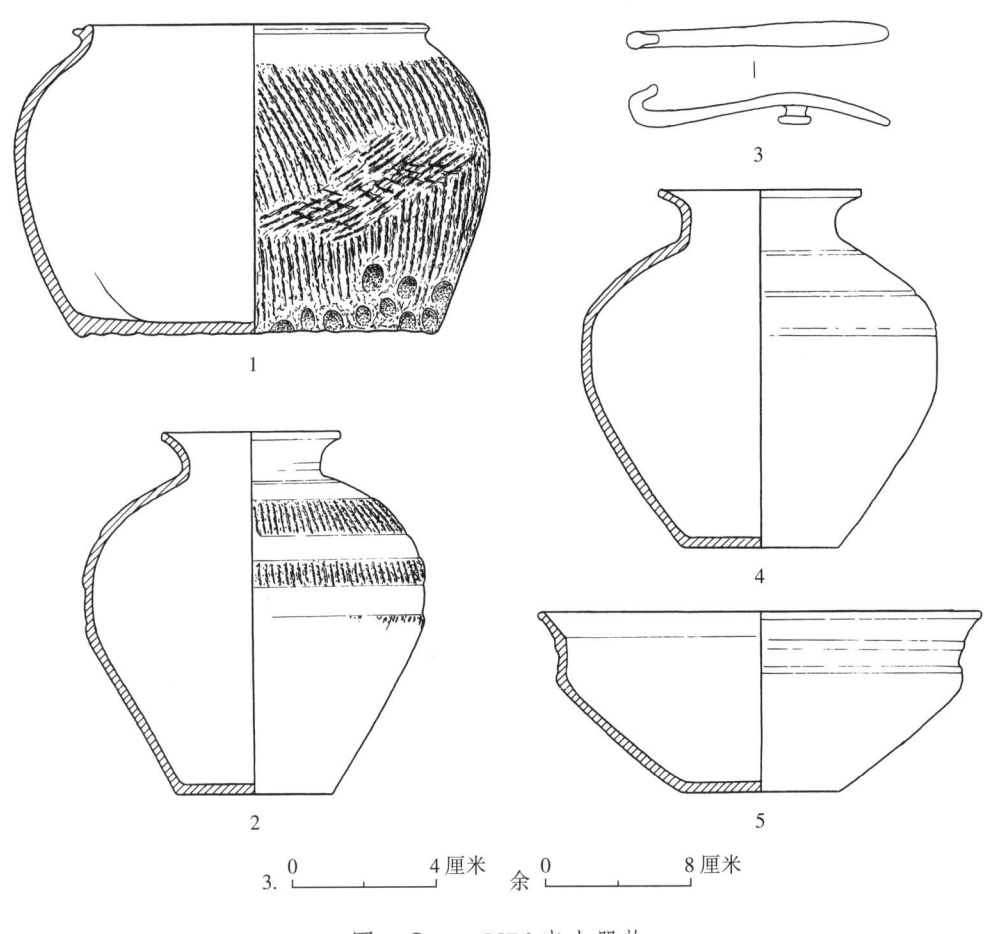

图二〇一　M76 出土器物

1.陶鬲（M76：3）　2、4.陶罐（M76：2、M76：4）　3.铜带钩（M76：5）　5.陶盆（M76：1）

高 19.2 厘米（图二〇一，2；彩版一六七，1）。

M76：4，位于椁室西部。泥质灰陶。侈口，沿面内凹，圆唇，短束颈，上腹圆鼓，下腹斜直内收，平底。肩与上腹部饰弦纹，下腹有刮削痕。口径 11.0、腹径 19.2、底径 8.2、高 19.0 厘米（图二〇一，4；彩版一六七，2）。

盆　1件。

M76：1，位于椁室西南部。泥质灰陶。侈口，卷沿，圆唇，折腹，上腹较直，下腹斜收，小平底。唇部与沿内侧各有一周凹槽，腹部饰弦纹。口径 24.0、底径 8.4、高 9.6 厘米（图二〇一，5；彩版一六六，3）。

（3）石器

1组。

圭　1组。

M76：6，共 6 件。位于椁室西南部。青色或灰色页岩，圭首尖，长条体。部分可见侧缘分割痕迹（彩版一六七，3）。

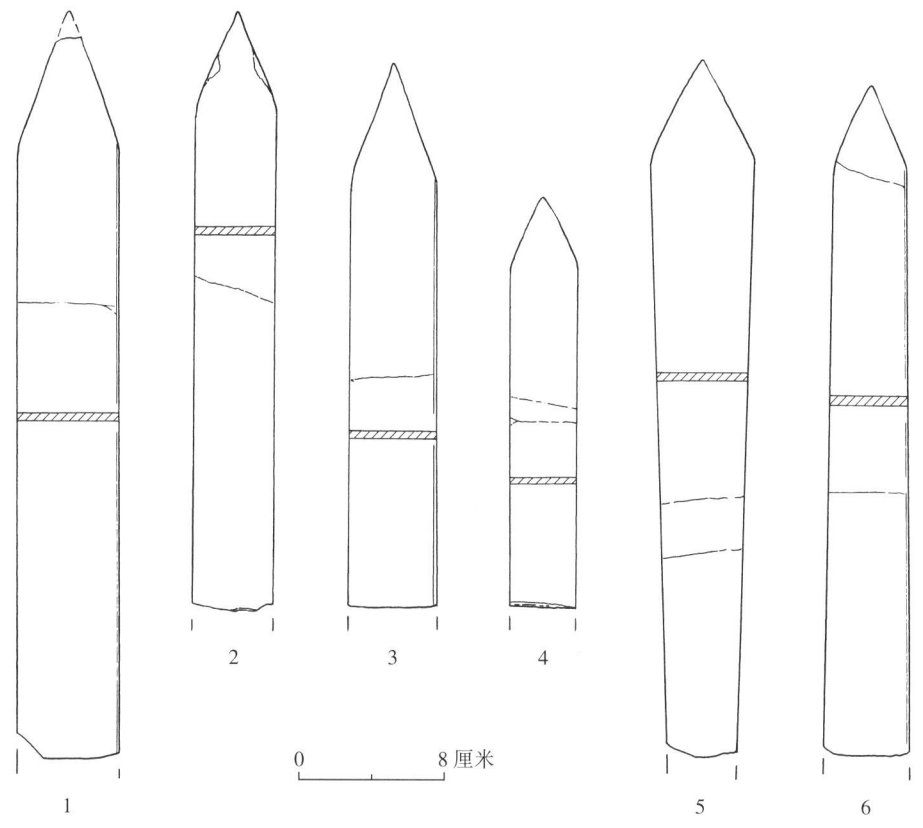

图二○二　M76 出土石圭

1. M76：6-1　2. M76：6-2　3. M76：6-3　4. M76：6-4　5. M76：6-5　6. M76：6-6

M76：6-1，体较宽厚。长 38.2、宽 5.6、厚 0.3 厘米（图二○二，1）。

M76：6-2，体较厚。长 32.0、宽 4.6、厚 0.4 厘米（图二○二，2）。

M76：6-3，体较薄。长 29.0、宽 4.8、厚 0.3 厘米（图二○二，3）。

M76：6-4，体薄。残长 22.0、宽 3.8、厚 0.2 厘米（图二○二，4）。

M76：6-5，上宽下窄，体较厚。长 37.0、宽 4.2~5.6、厚 0.4 厘米（图二○二，5）。

M76：6-6，上窄下宽，体厚。长 35.6、宽 4~4.8、厚 0.5 厘米（图二○二，6）。

第四章　结语

第一节　西周墓葬的年代与性质

旭光墓地田野考古发掘工作从 2018 年 11 月开始，2020 年 3 月结束，共发掘清理西周时期墓葬 45 座，如果加上 1984 年清理的 2 座墓葬，共计清理西周时期墓葬 47 座，可以说是宝鸡市区一处重要的西周时期的墓地，为研究宝鸡地区西周时期的历史文化和经济交流提供了重要的考古资料。

一　西周墓地范围与墓葬数量

旭光村是马营镇的一个行政村，南依秦岭，地处渭河南岸的二级台地。旭光墓地地势南高北低，东沙河自南向北流经墓地东侧，流经旭光村、马营镇街道后东北折，最终注入渭河。由于城市化，这里原来的地貌已发生了巨大改变，旭光村落已不存在。

根据早年 1∶5 万比例的宝鸡市地图（9-48-59-丙），今天所说的东沙河位置有一条南北向的河流，注入渭河。从较早的卫星照片看，在旭光村墓地东南有一条南北向的冲沟，冲沟从秦岭北麓由南向北延伸的两个台塬之间冲出，突然在墓地所在地东南消失，连接冲沟的是一条人工水渠，即今所谓的东沙河。墓地西侧为马营公社驻地，在驻地居住区东南部有一条西南—东北向的断崖，断崖与南北向的河流（即东沙河）形成一个三角形台地，此断崖与二级台地的等高线（海拔 575 米）重合，台地向东北延伸，止于东西向的 310 国道，墓地正处于此台地的北端。墓地所在台地之南是海拔 592 米等高线所在断崖形成的北窄南宽的梯形台地。墓地所在台地面积约 45000 平方米。

2018 年年底，墓地所在的台地残留面积只有约 30000 平方米。台地西部约 12800 平方米的范围因城市建设已被挖去。此次发掘的墓葬都在钻探的约 6400 平方米范围内。墓葬东侧还保留有约 10000 平方米的台地。考虑到东沙河是填沟形成的人工水渠，当年的沟壑宽度应当远远大过今天的水渠宽度，所以东侧保留的有效台地面积当小于 10000 平方米。

据当地人讲，墓地所在的台地早年曾是旭光村科研室（20 世纪六七十年代，关中西部每个农业生产大队都设有科研室，主要是进行农业科学实验、培育农作物优良种子等有关农业生产方面的科学实践活动）、生产队的饲养室和打谷场所在地。

根据 2018 年的勘探，在 M8 以南没有发现墓葬，也就是说，西周墓地范围的南边即到 M8（旁边的 M7 为战国墓葬，巧合的是其南部也未发现同时代的战国墓葬）；墓地西部墓葬分布稀疏，M9 以西距断崖之间为未发现墓葬。从以往宝鸡西周城址调查情况看，现在的沟壑、城墙旁边的道路与古代城墙的走势基本重合。我们推测，墓地西侧东北—西南向断崖、东侧的冲沟大约在西周时期已经形成，3000 年来，只要不是刻意改造地貌形态，地貌基本变化不大。旭光墓地修建在沟壑与断崖形成的一个三角形南高北低的独立台地上。从墓地分布看，M8 是墓地的南端，M69 是其北端，M29 是目前发掘的最东墓葬。从墓地南部、北部看，在 M29 方位南北一线再未发现西周时期墓葬，而且最东的墓葬与此线还有一定的距离，考虑到东边的早期冲沟（即东沙河所在位置），该墓地的范围、墓地的数量基本可以确定。整个墓地是以台地的中脊为中心向东西两侧排布。

由于受自然、人为因素的影响，准确的墓地墓葬数量已不可知。墓地的范围大致已确定，根据三年的考古勘探发掘，结合调查，可以推测旭光西周墓地墓葬的大致数量。

2018~2020 年三次发掘共清理西周墓葬 45 座，在建设过程中，靠近西侧断崖的 4 座西周小型墓葬被破坏。1984 年清理了 1 座西周铜器墓葬（84M1），根据清理简报，是旭光村科研室的同志在村东南断崖取土时发现 2 件青铜器，宝鸡市博物馆随即进行了清理，出土 1 簋 1 甗；在此铜器墓 1 米旁出土了 1 座小型残墓，只清理出 1 件泥质灰陶罐（84M2）。我们推测这两座墓应在 M74 附近。就目前所知，旭光墓地共有 51 座西周时期墓葬。

二 葬制

经发掘的西周墓葬共 47 座（包括 1984 年清理的 2 座墓葬），墓葬之间未见打破关系，虽分四次发掘、清理（包括 1984 年的清理工作），但从地理位置看，实际上为同一地点，墓葬时代大体相当，因此，应为同一个墓地。

（一）墓葬形制

所发掘的 47 座西周墓葬中，除 M1、84M2 被破坏形制不明外，其余均为竖穴土坑墓，其中 M36、M69 无二层台，其余墓葬底部有熟土二层台。

墓葬方向以南北向为主，共 33 座，占总墓葬数的 70.2%。在南北向墓葬中头向朝北的 27 座。在 11 座东西向墓葬中，头向朝东的 2 座，头向朝西的 9 座。可见整个墓地以南北向、墓主头朝北为主，占墓地墓葬总数的 57.45%（表一）。多样的葬式可能反映了墓葬主人的不同文化背景。

绝大多数的墓葬底部有熟土二层台，人部分随葬品均位于二层台上。M32 在西北二层台及

表一　旭光先周、西周墓葬方向统计表

墓葬方向	头向	墓葬	数量	
南北	北	M2、M3、M4、M8、M9、M10、M11、M17、M20、M21、M22、M23、M25、M26、M29、M32、M33、M34、M35、M36、M40、M43、M45、M49、M51、M60、M69	27	33
	南	M16、M31、M55、M63、84M1、M74	6	
东西	东	M24、M39	2	11
	西	M27、M28、M30、M41、M44、M46、M53、M59、M73	9	
不明	不明	M1、M50（二次葬）、84M2	3	3

椁盖板上殉葬羊两只，是唯一一座有殉牲现象的墓葬。葬具均为木质，以一棺墓为主，一棺一椁墓数量较少，个别墓葬在椁板或随葬品上有席纹痕迹，说明埋葬时有的在棺椁之上盖有席子。一棺一椁墓共15座。一棺墓共30座。

（二）葬式

除3座墓葬葬式不明外（M1、84M2被破坏，M43保存差、仅存头骨），二次葬1座（M50），合葬墓1座（M32），42座墓葬为单人仰身直肢葬。无腰坑。单人仰身直肢葬占总墓葬的89.36%。M32是墓地唯一一座出土两具人骨的墓葬，东西并列，骨骼保存情况很差，仅存部分朽痕，葬式为仰身直肢，头向北，面向不明，其中一具为中年男性，另一具性别无法鉴定。

（三）随葬器物

45座（不包括1984年清理的2座墓葬）西周墓中，3座墓葬没有出土器物（M21、M49、M69），另外42座墓葬中出土有陶器、原始瓷器、铜器、金箔、玉器、石器、漆器（无法提取）、骨器、蛤蜊、蚌器等共计321件（组）。陶器以陶鬲、陶罐为主，铜器有礼器、兵器和铜车马器，铜礼器有铜鼎、铜簋、铜觯、铜鬲等。陶器和铜礼器大部分出土于二层台上，车马器有的放置于二层台上，有的放置于棺椁之间，有的放置于填土中，主要有车軎、车辖、銮铃、马镳、车轴饰等。串饰大部分位于墓主颈部，兵器有的放置于棺盖上，有的在填土中。

（四）器物组合

1. 铜器组合

45座（不包括1984年清理的2座墓葬）西周墓中，出土铜器墓葬12座，器形主要有鼎、簋、觯、鬲等，组合不固定，可以说几乎一墓一组合。

三鼎五簋墓1座，两鼎墓1座，一鼎一簋一觯墓1座，一鼎一簋墓3座，一鼎一壶一觯墓1座，一鼎一觯墓1座，一鼎墓1座，一鬲一簋一觯墓1座，一鬲墓1座，一斗墓1座。

2. 陶器组合

45 座（不包括 1984 年清理的 2 座墓葬）西周墓中，单鬲墓有 11 座，单罐墓有 3 座，一鬲一罐墓有 11 座，两鬲一罐墓 2 座，两鬲墓 5 座，两鬲一罐一觯墓 1 座，一鬲一簋一罐一壶墓 1 座，两鬲一簋一罐墓 1 座（M29），不出土陶器墓葬 9 座，情况不明 2 座（M1、M74）。

三　墓地时代与性质

（一）典型器物的分型、定式

1. 陶鬲

41 件，其中联裆鬲 39 件，桶形鬲 1 件，高领袋足鬲 1 件（图二○三）。

（1）联裆鬲

39 件，参与分期的 35 件。分为六型。

A 型　6 件。高领近直，颈部以上抹光。依据颈部的不同分为两亚型。

Aa 型　3 件。高领，近平沿。分别为 M20：1、M20：2、M43：2。

Ab 型　3 件。高领，束颈，宽斜沿，依据领部的高矮变化分为两式。

Ⅰ式　2 件。领部较高直。分别为 M17：2、M55：4。

Ⅱ式　1 件。领部较Ⅰ式稍矮。为 M39：1。

B 型　6 件。束颈，宽斜沿。依据口沿部分的变化分为三式。

Ⅰ式　2 件。口沿部分较直，斜度较小。分别为 M31：2、M31：3。

Ⅱ式　2 件。口沿部分较Ⅰ式更为倾斜。分别为 M59：1、M3：4。

Ⅲ式　2 件。口沿部分斜度较大，沿部近平。分别为 M40：1、M51：1。

C 型　6 件。束颈，窄斜沿。依据口沿倾斜度的不同分为三式。

Ⅰ式　2 件。口沿与颈部之间夹角较小，近直。分别为 M10：1、M53：1。

Ⅱ式　3 件。口沿倾斜度较Ⅰ式大。分别为 M25：1、M24：4、M33：3。

Ⅲ式　1 件。口沿与颈部之间的夹角较Ⅱ式大，口沿近平。为 M46：1。

D 型　9 件。束颈，鼓肩。依据口沿部分变化分为四式。

Ⅰ式　3 件。口沿与颈部之间的夹角较小。分别为 M30：2、M33：4、M73：2。

Ⅱ式　4 件。口沿与颈部之间的夹角较Ⅰ式大。分别为 M29：3、M23：1、M45：4、M41：1。

Ⅲ式　1 件。口沿与颈部之间的夹角接近 90°。为 M8：2。

Ⅳ式　1 件。宽斜沿，敛口。为 M9：1。

E 型　7 件。撇足鬲。依据领部的变化可分为两式。

Ⅰ式　4 件。高领近直。分别为 M26：4、M45：3、M22：3、M2：5。

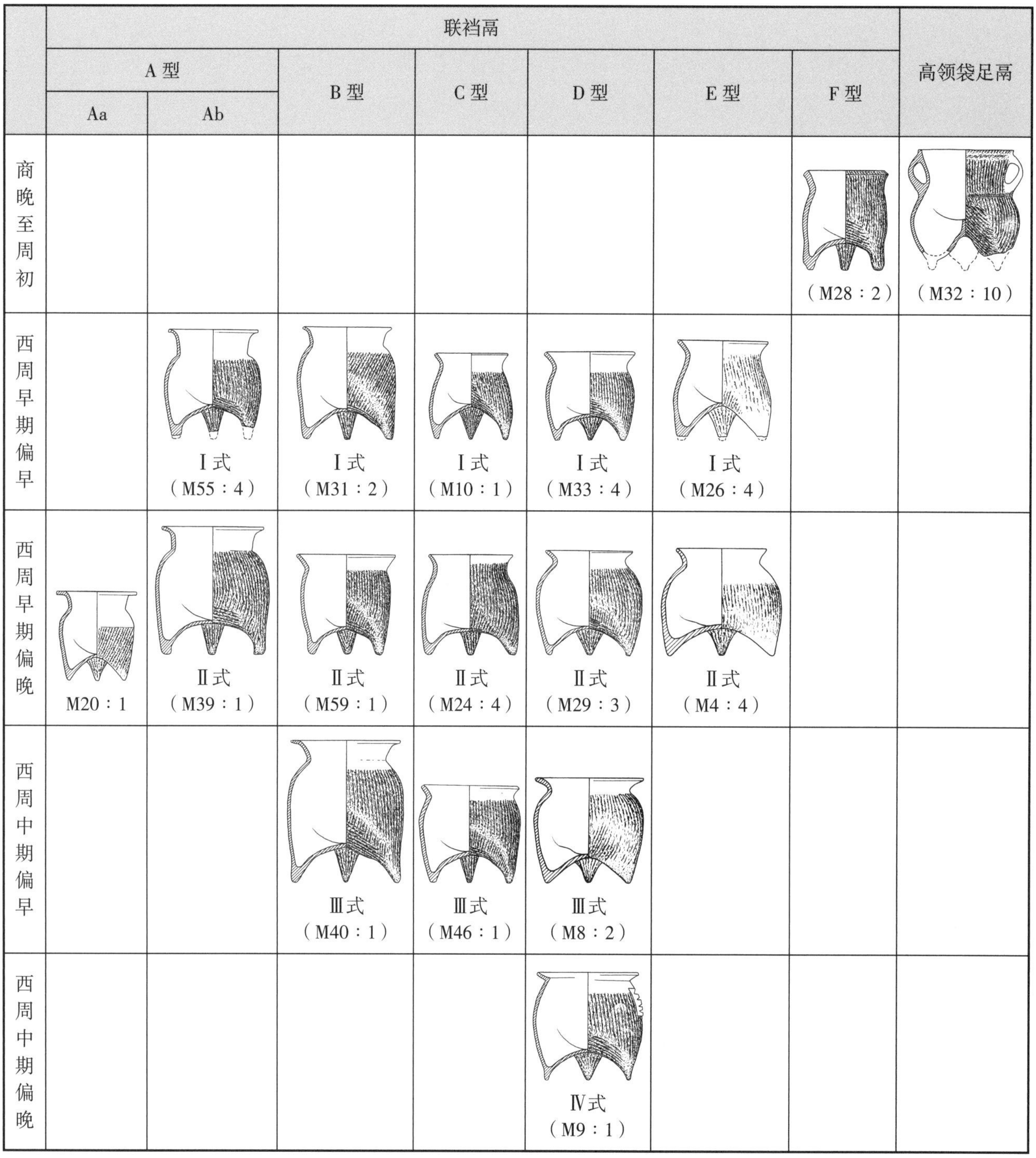

	联裆鬲							高领袋足鬲
	A 型		B 型	C 型	D 型	E 型	F 型	
	Aa	Ab						
商晚至周初							I式（M28：2）	（M32：10）
西周早期偏早		I 式（M55：4）	I 式（M31：2）	I 式（M10：1）	I 式（M33：4）	I 式（M26：4）		
西周早期偏晚	M20：1	II 式（M39：1）	II 式（M59：1）	II 式（M24：4）	II 式（M29：3）	II 式（M4：4）		
西周中期偏早			III式（M40：1）	III式（M46：1）	III式（M8：2）			
西周中期偏晚					IV式（M9：1）			

图二〇三　旭光西周墓葬陶器分期图

　　II 式　3 件。领部较 I 式矮。分别为 M4：4、M17：3、M55：3。

　　F 型　1 件。侈口，宽斜沿。为 M28：2。

　　（2）高领袋足鬲

　　1 件。为 M32：10。

（3）桶形鬲

1件。为 M26：5。

2. 陶罐

19件，参与分期的17件。依据肩部不同，分为两型。

A 型　10件。折肩罐。依据形制不同分为四亚型。

Aa 型　3件。喇叭口，高领，圆折肩，器表抹光。依据最大径位置不同分为两式。

Ⅰ式　1件。最大径在上部。为 M11：2。

Ⅱ式　2件。最大径在中部。分别为 M40：2、M8：3。

Ab 型　3件。形体较宽扁，紧束颈。依据最大径位置不同分为两式。

Ⅰ式　1件。最大径在上部。为 M24：3。

Ⅱ式　2件。最大径下移至中部。分别为 M2：6、M43：1。

Ac 型　2件。形体较瘦长，紧束颈。分别为 M73：1、M34：1。

Ad 型　2件。彩绘折肩罐。分别为 M45：5、M22：2。

B 型　7件。圆肩罐。均泥质陶。依据形制不同分为三亚型。

Ba 型　4件。喇叭口，高领，器表抹光，均轮制，个别有弦纹。依据最大径位置不同分为两式。

Ⅰ式　3件。最大径在上部。分别为 M28：1、M29：1、M55：5。

Ⅱ式　1件。最大径下移至腹中部。为 M30：1。

Bb 型　1件。卷沿，矮领。为 M53：2。

Bc 型　2件。侈口，束颈，最大径均位于上部。分别为 M27：1、M60：1。

3. 典型器物之间的共存关系

因鬲、罐之间的共存关系极少（表二），故不能通过共存关系对器物进行归类，进而判断同类型的年代，因此对墓葬年代的判断是通过与其他器物之间的对比实现的。

表二　旭光西周墓葬陶器关系表

墓号	鬲						罐					
	A		B	C	D	E	A				B	
	Aa	Ab					Aa	Ab	Ac	Ad	Ba	Bb
M2						Ⅰ		Ⅱ				
M4						Ⅱ						
M8					Ⅲ		Ⅱ					
M17		Ⅰ				Ⅱ						
M20	√											

续表二

墓号	鬲						罐					
	A		B	C	D	E	A				B	
	Aa	Ab					Aa	Ab	Ac	Ad	Ba	Bb
M22						Ⅰ				√		
M24				Ⅱ				Ⅰ				
M29					Ⅱ						Ⅰ	
M30					Ⅰ						Ⅱ	
M31			Ⅰ									
M33				Ⅱ	Ⅰ							
M40			Ⅲ		Ⅱ							
M43	√							Ⅱ				
M45				Ⅱ	Ⅰ		Ⅰ			√		
M53				Ⅰ								√
M55		Ⅰ				Ⅱ					Ⅰ	
M73					Ⅰ				√			

（二）墓葬年代

1. 陶鬲

Aa 型 M20：1、M20：2 与少陵塬西周墓地 Cd 型 Ⅱ 式较为相似[1]，时代为西周早期晚段。M43：2 与丰镐地区西周墓葬分期研究甲类 E 型 Ⅱ 式较为相似[2]，时代为西周早期晚段。

Ab 型 Ⅰ 式 M17：2 与少陵塬西周墓地 Ca 型 Ⅰ 式较为相似，时代为西周早期早段；M55：4 与丰镐地区西周墓葬分期中甲类 E 型 Ⅰ 式较为相似，时代为西周早期偏早。

Ab 型 Ⅱ 式 M39：1 与丰镐地区西周墓葬分期研究中 E 型 Ⅰ 式较为相似，年代为西周早期偏早。

B 型 Ⅰ 式 M31：2 与丰镐地区西周墓葬分期研究中甲类 E 型 Ⅰ 式较为相似，时代为西周早期偏早；M31：3 与丰镐地区西周墓葬分期研究中甲类 G 型 Ⅰ 式较为相似，时代为西周早期早段。

---

[1] 陕西省考古研究院：《少陵塬西周墓地》，科学出版社，2009 年，第 18 页。

[2] 张礼艳：《丰镐地区西周墓葬分期研究》，《考古学报》2012 年第 1 期。

B 型Ⅱ式 M59：1 与少陵塬西周墓中出土的 Cb 型Ⅱ式较为相似，时代为西周早期晚段；M3：4 与少陵塬西周墓地 Ca 型Ⅱ式较为相似，时代为西周早期偏晚。

B 型Ⅲ式 M40：1 与丰镐地区西周墓葬分期研究甲类 A 型Ⅲ式较为相似，年代为西周中期偏早；M51：1 与北吕周人墓 Ab 型Ⅳ式 M101：1 较为相似[1]，时代为西周中期偏早。

C 型Ⅰ式 M10：1 与丰镐地区西周墓葬分期研究中甲类 A 型Ⅰ式较为相似，与凤翔南指挥西村西周墓 DⅣ式较为相似，年代为西周早期偏早[2]。M53：1 与北吕周人墓 Aa 型Ⅲ式较为相似，时代为西周早期早段。

C 型Ⅱ式 M25：1 与丰镐地区墓葬分期研究甲类 E 型Ⅱ式较为相似，为西周早期偏晚；M24：4 与少陵塬西周墓地 Cd 型Ⅱ式较为相似，唯裆部较少陵塬高平，时代为西周早期晚段；M33：3 与少陵塬西周墓地 Cd 型Ⅱ式较为相似，时代为西周早期晚段。

C 型Ⅲ式 M46：1 与北吕周人墓非带肩鬲 E 型Ⅳ式 M100：1 较为相似[3]，时代为西周中期偏早。

D 型Ⅰ式 M30：2 与少陵塬西周墓地 Aa 型Ⅰ式较为相似，时代为西周早期早段；M33：4 与丰镐地区西周墓葬分期中甲类 E 型Ⅰ式较为相似，时代为西周早期偏早；M73：2 与少陵塬西周墓地 Cf 型Ⅰ式鬲较为相似，时代为西周早期偏早。

D 型Ⅱ式 M29：3 与少陵塬西周墓地 Aa 型Ⅱ式陶鬲较为相似，时代为西周早期偏晚；M23：1 与丰镐地区西周墓葬分期研究中甲类 E 型Ⅱ式较为相似，年代为西周早期偏晚；M45：4 与丰镐地区西周墓葬分期研究中甲类 C 型Ⅰ式较为相似，时代为西周早期偏晚；M41：1 与北吕周人墓非带肩鬲 C 型Ⅴ式较为相似，年代为西周早期晚段。

D 型Ⅲ式 M8：2 与丰镐地区西周墓葬分期中 A 型Ⅲ式鬲较为相似，时代为西周中期偏早。

D 型Ⅳ式 M9：1 与少陵塬西周墓地中 Da 型Ⅲ式鬲较为相似，时代为西周中期偏晚。

E 型Ⅰ式 M26：4 与北吕周人墓中非带肩鬲 D 型Ⅲ式较为相似，时代为西周早期偏早；M45：3 与北吕周人墓带肩鬲 B 型Ⅳ式较为相似，时代为西周早期早段；M22：3 与少陵塬西周墓地 Cf 型Ⅰ式较为相似，时代为西周早期偏早；M2：5 与少陵塬西周墓地 Ce 型Ⅰ式较为相似，时代为西周早期偏早。

E 型Ⅱ式 M4：4 与北吕周人墓 D 型Ⅳ式较为相似，时代为西周早期偏晚；M55：3 与少陵塬西周墓地 Aa 型Ⅱ式较为相似，时代为西周早期偏晚。

F 型 M28：2 与北吕周人墓 Ad 型Ⅱ式鬲较为相似，时代为先周晚期。

桶形鬲 M26：5 与南指挥西村周墓 F 型Ⅰ式较为相似，时代为先周中期。

[1] 罗西章：《北吕周人墓地》，西北大学出版社，1995 年，第 101 页。

[2] 韩伟、吴镇烽：《凤翔南指挥西村周墓的发掘》，《考古与文物》1982 年第 4 期。

[3] 罗西章：《北吕周人墓地》，西北大学出版社，1995 年，第 132 页。

高领袋足鬲 M32：10 与高家村遗址 M17 高领袋足鬲形制近同[1]，后者时代为殷墟三期至殷墟四期前半段；与石鼓山西周墓 M3：29 极为相似[2]，时代为殷墟四期。

2. 陶罐

Aa 型 I 式 M11：2 与张礼艳丰镐地区西周墓葬分期研究乙类罐 A 型 II 式较为相似，年代为西周早期[3]。

Aa 型 II 式 M8：3 与丰镐地区西周墓葬分期中甲类 B 型 III 式较为相似，时代为西周中期偏早；M40：2 与少陵塬西周墓地中 Aa 型 I 式折肩罐较为相似，年代为西周早期偏早。

Ab 型 I 式 M24：3 与凤翔西村墓地出土的 A 型 II 式陶罐较为相似，时代为先周晚期。

Ab 型 II 式 M43：1、M2：6 与扶风云塘 M10：13 较为相似，时代为西周早期。

Ac 型 M73：1、M34：1 与北吕周人墓 Aa 型 III 式较为相似，时代为西周早期偏早。

Ad 型 M22：2、M45：5 与 1999 年度周原遗址 I A1 区及 IV A1 区发掘简报中 IV A1M17：15 较为相似，时代为西周早期。

Ba 型 I 式 M28：1 与凤翔西村 A 型 III 式罐较为相似，时代为先周晚期；M29：1 与崇信于家湾出土圆肩罐 A 型较为相似，时代为西周早期；M55：5 与丰镐地区西周墓葬分期研究中乙类 B 型 I 式罐较为相似，时代为西周早期偏早。

Ba 型 II 式 M30：1 与少陵塬西周墓葬中出土的 Ba 型 II 式罐较为相似，时代为西周早期偏晚。

Bb 型 M53：2 与丰镐地区西周墓葬分期 D 型 I 式较为相似，时代为西周早期偏早。

Bc 型 M60：1 与周原遗址庄白取土场 2003 年度发掘报告中 M1：6 较为相似[4]，时代为西周早期偏晚；M27：1 与少陵塬西周墓葬中 Ac 型 I 式罐较为相似，时代为西周早期偏早。

3. 铜器

本次发掘共出土青铜礼器 31 件，出自 13 座墓葬中。其中簋 10 件，鼎 12 件，觯 4 件，鬲 2 件，卣 1 件，壶 1 件，斗 1 件。数量较少，不具备分型定式的条件，因此对于青铜礼器的年代判断，是通过与其他墓地的比较来实现的。

M1 出土青铜礼器 1 件，提梁卣 M1：1 与泾阳高家堡出土铁卣、提梁卣较为相似[5]，腹部所饰卷龙纹与高家堡出土铁卣、提梁卣腹部纹饰基本一致，盖沿及圈足所饰蛇纹与北京琉璃河燕国 M251 出土的父戊尊颈部蛇纹基本相同[6]，琉璃河出土父戊尊与高家堡出土铁卣、提梁卣

[1]〔日〕西江清高著，路国权、近藤晴香译：《宝鸡石鼓山西周墓的发现和高领袋足鬲的年代》，《西部考古》2016 年第 1 期。

[2] 石鼓山考古队：《陕西宝鸡石鼓山西周墓葬发掘简报》，《文物》2013 年第 2 期。

[3] 张礼艳：《丰镐地区西周墓葬分期研究》，《考古学报》2012 年第 1 期。

[4] 宝鸡市周原博物馆等：《周原遗址庄白取土场 2003 年度发掘报告》，《周原》，陕西出版传媒集团，2013 年，第235 页。

[5] 李西兴：《陕西青铜器》，陕西人民美术出版社，1999 年，第 188、195 页。

[6] 王世民、陈公柔、张长寿：《西周青铜器分期断代研究》，文物出版社，1999 年，第 110 页。

的年代均为西周早期。

M2 出土青铜礼器 3 件。鼎 M2：2 与宝鸡竹园沟 M11：70 鼎较为相似；觯 M2：3 的形制、纹饰与崇信于家湾墓地 M73：1 觯均较为相似[1]；方座簋 M2：1 的形制、纹饰与长安张家坡西周墓地 M315 出土的方座簋相同。时代均为西周早期。

M3 出土青铜礼器 2 件。鼎 M3：2 与宝鸡竹园沟 M8：2 鼎形制相似；簋 M3：3 与宝鸡竹园沟 M4：16 簋形制相似，时代为西周早期。

M4 出土铜礼器 2 件。壶 M4：2 与扶风丰姬墓 5 号壶[2]形制较为相似；鼎 M4：1 与宝鸡竹园沟 M13：15 鼎形制与纹饰均较为相似，时代为西周早期。

M17 出土青铜礼器 1 件。鼎 M17：1 与戈父辛鼎、竹园沟弓鱼国墓地 M19：1 鼎[3]、1981 年北京房山县琉璃河镇立教东 1 号墓春鼎[4]较为相似，时代为西周早期。

M20 出土青铜礼器 2 件。鼎 M20：6 器形、纹饰与弓鱼国墓地 BZFM1：3、石鼓山 M3：5 鼎相似，均为方立耳，敛口，平沿外折，鼓腹，分档下接三柱形足，腹部饰云雷纹衬底的兽面纹；觯 M20：5 纹饰、器形与扶风县刘家村西周墓葬出土觯、祖丙觯相似，此二器为西周早期。

M26 出土青铜礼器 3 件。簋 M26：1 器形、纹饰与咸阳市泾阳县高家堡戈国墓地近同[5]，均侈口，微鼓腹，圜底，圈足，半环形兽耳下有珥，颈部置两个牺首，颈部饰云纹与圆饼纹，腹部饰直棱纹；觯 M26：2 器形、纹饰与叶家山 M27：8 觯[6]相似；鬲 M26：3 器形、纹饰与父丁鬲[7]相近，均为侈口，束颈，鼓腹，分档下接三足，颈部饰一周兽面纹。均为西周早期。

M31 出土青铜礼器 1 件。鬲 M31：1 与叶家山鬲 M2：7 相近[8]，均为方立耳，侈口，束颈，鼓腹，分档下接三柱形足，颈部饰一周目云纹，为西周早期。

M32 出土青铜礼器 2 件，一件残损。鼎 M32：1 器形与高家堡戈鼎较为相似[9]，时代为先周晚期。

M45 出土青铜礼器 2 件。簋 M45：1 与竹园沟弓鱼国墓地 M4：16 簋纹饰及器形近同[10]，

［1］甘肃省文物考古研究所：《崇信于家湾周墓》，文物出版社，2009 年，彩版四，2。

［2］陕西省考古研究所、陕西省文物管理委员会、陕西省博物馆：《陕西出土商周青铜器》（三），文物出版社，1980 年，第 53 页。

［3］卢连成、胡智生：《宝鸡弓鱼国墓地》，文物出版社，1988 年，第 202 页。

［4］吴镇烽：《商周青铜器铭文暨图像集成》（2），上海古籍出版社，2012 年，第 321 页。

［5］李伯谦主编：《中国出土青铜器全集》（15），科学出版社，2018 年，第 138 页。

［6］湖北省文物考古研究所：《湖北随州叶家山西周墓地发掘简报》，《文物》2011 年第 1 期。

［7］吴镇烽：《商周青铜器铭文暨图像集成》（6），上海古籍出版社，2012 年，第 23 页。

［8］湖北省文物考古研究所：《湖北随州叶家山西周墓地发掘简报》，《文物》2011 年第 1 期。

［9］李伯谦主编：《中国出土青铜器全集》（15），科学出版社，2018 年，第 138 页。

［10］卢连成、胡智生：《宝鸡弓鱼国墓地》，文物出版社，1988 年，第 155 页。

鼎 M45：2 形制、纹饰与山西曲沃 M6080：15 作宝鼎近同[1]，为西周早期。

M55 出土青铜礼器 2 件。鼎 M55：1 器形、纹饰与石鼓山 M3：5 近同，簋 M55：2 形制、纹饰与旬邑县下魏洛 M1 出土簋近同[2]，时代为西周早期偏早。

M74 出土青铜礼器 7 件。鼎 M74：23 与石鼓山西周墓地 M4：215 极为相似；簋 M74：21、M74：22 与石鼓山西周墓 M3：9 较为相似；簋 M74：20 与石鼓山 M3：10 较为相似，时代为商晚期至周初。

4. 墓葬年代

本次发掘的墓葬可进行分期的共 39 座，可分三期 5 段（表三）；其中出土铜礼器墓葬 14 座（表四）。需要说明的是由于个别墓葬出土两件陶鬲，在时代的判断上以墓葬中出土年代最晚的器物作为墓葬的年代。

表三 旭光先周、西周墓葬分期表

分期	时代		墓葬	小计	百分比
一	先周晚期		M28、M32、M74、84M1、84M2	5	12.82%
二	西周早期	前段	M1、M2、M10、M17、M22、M26、M27、M30、M31、M34、M53、M73	28	71.79%
		后段	M3、M4、M20、M23、M24、M25、M29、M33、M35、M39、M41、M43、M45、M55、M59、M60		
三	西周中期	前段	M8、M11、M40、M46、M51	6	15.38%
		后段	M9		

表四 旭光先周、西周出土铜礼器墓葬分期表

分期	时代	墓葬	小计	百分比
一	先周晚期	M32、M74、84M1	3	21.43%
二	西周早期	M1、M2、M3、M4、M17、M20、M26、M31、M45、M55	10	71.43%
三	西周中期	M8	1	7.14%

从表三看，西周早期墓葬占绝大多数，近 72%，从一个侧面间接反映了西周早期是该墓地对应的遗址聚落的繁荣期。宝鸡市区缺少西周中期以后的重要遗址，从旭光墓地看也反映了这一现象。其中的社会因素是什么，值得关注。我们曾推测是否与秦人的崛起有关，因为孝王时非子曾被周王召至汧渭之间牧马，这的确是一个值得探讨的问题[3]。

---

[1] 北京大学考古学系商周组、山西省考古研究所：《天马—曲村（1980~1989）》（二），科学出版社，2000 年，第 397 页。

[2] 李伯谦主编：《中国出土青铜器全集》（15），科学出版社，2018 年，第 138 页；咸阳市文物考古研究所、旬邑县博物馆：《陕西旬邑下魏洛西周早期墓发掘简报》，《文物》，2006 年第 8 期。

[3] 辛怡华：《宝鸡市区附近出土商周铜器铭文研究》，《西部考古》（第四辑），三秦出版社，2009 年。

（三）墓地分区

以西周墓葬为例，分析了墓地的墓葬分布。

旭光墓地墓葬较集中，但无打破关系，可见最初应做过规划，不仅西周墓之间无打破关系，东周墓之间也无打破关系，而且也无东周墓打破西周墓的现象。西周墓葬自南向北似可以分Ⅰ、Ⅱ、Ⅲ、Ⅳ四区（图二〇四），四区之间有明显的空白区。

Ⅰ区：M1、M2、M3、M4、M8，计5座。

Ⅱ区：M9、M10、M16、M17、M20、M21、M22、M23、M24、M25、M26、M27、M28、M29、M30，计15座。

Ⅲ区：M31、M32、M33、M34、M35、M36、M39、M40、M41、M43、M44、M45、M46，另外，有2座小型墓葬因建设被破坏，共计15座。

Ⅳ区：M11、M49、M50、M51、M53、M55、M59、M60、M63、M69、M73、M74，还有2座小型墓葬因建设被破坏，1984年还清理了1座铜器墓、1座残墓，共计16座。

在51座墓葬中，有47座基本可以确定，也有形制可以研究（表五），39座墓葬根据出土器物可以进行分期。

Ⅰ区位于墓地的最南部，因这一带地势南高北低，因此处于墓地最高处。其南、东侧经勘

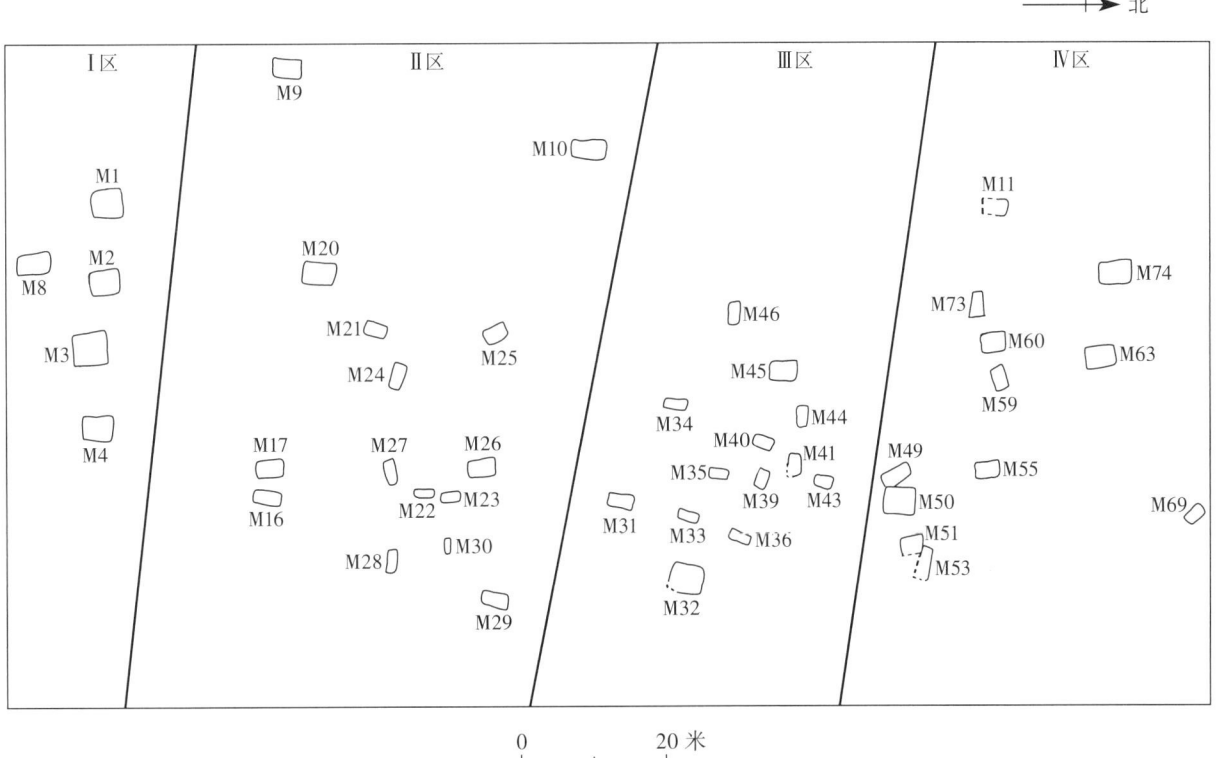

图二〇四　西周墓葬分布图

表五　先周、西周墓葬分区、分期统计表

	一期 （先周晚期）	二期 （西周早期）	三期 （西周中期）	不可分	合计	百分比
Ⅰ区		M1、M2、M3、M4	M8		5	10.64%
Ⅱ区	M28	M10、M17、M20、M22、M23、M24、M25、M26、M27、M29、M30	M9	M16、M21	15	31.91%
Ⅲ区	M32	M31、M33、M34、M35、M39、M41、M43、M45	M40、M46	M36、M44	13	27.66%
Ⅳ区	M74、84M1、84M2	M53、M55、M59、M60、M73	M11、M51	M49、M50、M63、M69	14	29.79%
合计	5	28	6	8	47	
百分比	10.64%	59.57%	12.77%	17.02%		

探未发现墓葬，其西侧因建设楼已被挖成约6米深的大坑，周围断面未发现墓葬迹象。

　　4个区墓葬数量分别为5座、15座、15座、16座。

　　在Ⅰ区5座墓中4座（M1、M2、M3、M4）出土青铜礼器，且东西一字排列；如果与酒器配套使用的铜斗也算礼器的话，出土铜斗的M8也算出土礼器墓葬。Ⅰ区的墓葬集中在一处，均出青铜器，未发现小型墓葬，可见等级较高。可能M1与M2、M8为一组；M3与M4为一组。M1位于M2、M8之西侧，M2、M8南北一字排列，值得注意的是，M8出土的一件圆饼形玉饰其颜色纹路、薄厚与M2出土玉璧相近，更巧合的是圆饼形玉饰可以放置到玉璧的好部位（圆饼与好有空隙，应该是制作好时的副产品）。根据出土器物判断，M3与M4墓主可能为夫妻关系。

　　在Ⅱ区15座墓中，3座（M20、M17、M26）出土青铜礼器，其中M26出土礼器最多，为一簋一鬲一觯，且随葬车器，并随葬5件戈。因此，M26是Ⅱ区规格最高的墓葬。

　　Ⅲ区15座墓中，也是3座（M31、M32、M45）出土青铜礼器，其中M32出土鼎2、戈4、戟1、钖1、车軎2组4件、銮铃7件等。因此，M32是Ⅲ区规格最高的墓葬。

　　Ⅳ区16座墓中，也是3座（M55、M74及84M1）出土青铜礼器，其中M74出土鼎3、簋5、戈5、戟3、钺1、刀1、弓形器1、泡2组78件、策柄2、铜镜2件，是Ⅳ区规格最高的墓葬，青铜礼器出土于壁龛，其中一组出自南侧壁龛，另一组出土情况不明。该墓是否随葬车器，因墓葬上层被破坏不得而知，推测可能有。

　　Ⅰ区1座出土车器，Ⅱ区1座出土车器；Ⅲ区2座出土车器（此处指的是主要部件，如车辖）；Ⅳ区1座出土车器。凡是出土车器的墓葬，也出土青铜礼器和大量的兵器。可以看出，每个墓区都有一座规格最高的墓葬，基本特征是青铜礼器多，出土有车器及数量较多的兵器，可能是该区域的中心人物（图二〇五）。

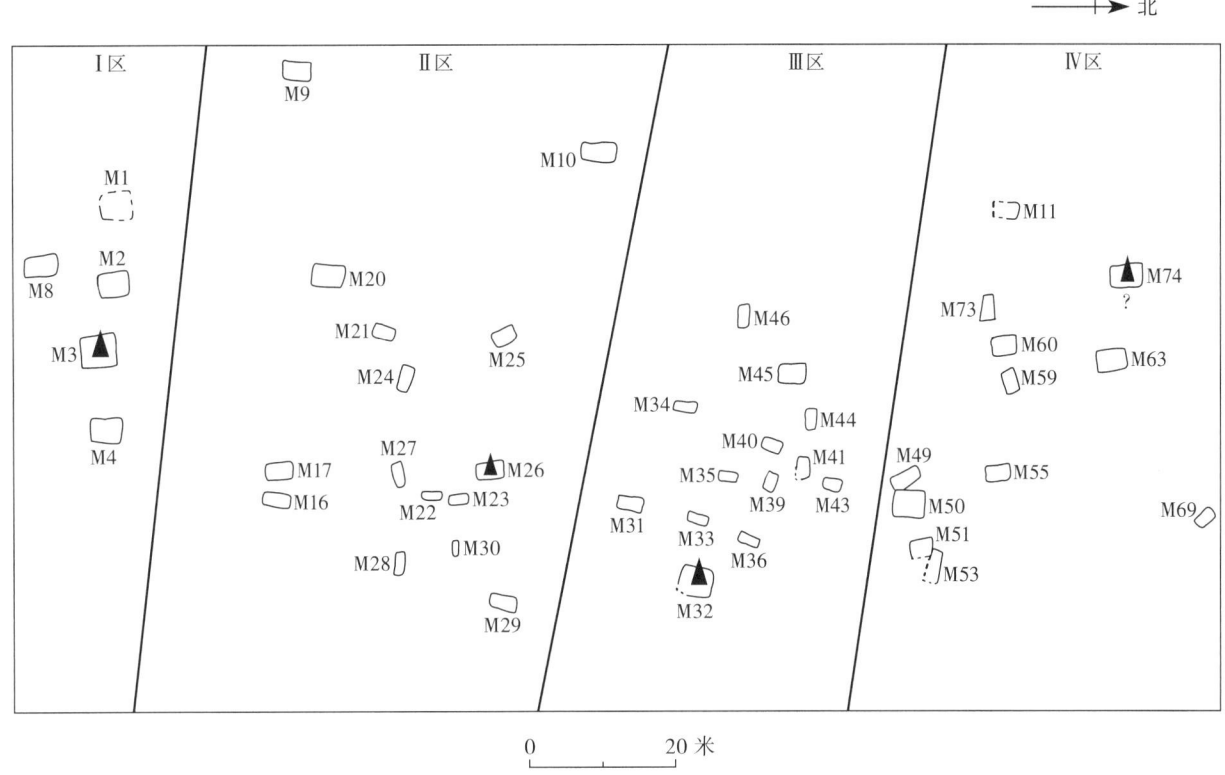

图二〇五 随葬车或车部件的墓葬位置示意图

带▲者墓葬随葬车或车的部件

（四）墓地性质

1. 三分之一墓葬出土兵器

在 2018~2020 年所发掘的 45 座墓葬中，有 15 座墓葬（M3、M16、M17、M22、M26、M31、M32、M33、M36、M41、M44、M46、M50、M63、M74）出土青铜兵器，共 36 件，其中戈 28、戟 4、钖 2、钺 1、刀 1 件。出土兵器的墓葬占所发掘墓葬总数的 33.3%，这个比例是罕见的。

在出土兵器的 15 座墓葬中，先周晚期的墓葬 2 座，西周早期的墓葬 7 座，西周中期的墓葬 1 座，无法判定年代的墓葬 5 座。从数量说，出土 1 件兵器的有 9 座墓葬（M3、M17、M22、M36、M41、M44、M46、M50、M63），出土 2 件兵器的有 3 座墓葬（M16、M31、M33），出土 4 件（组）兵器的有 1 座（M26），出土 6 件兵器的有 1 座（M32），出土 10 件兵器的有 1座（M74）。西周早期以前墓葬出土兵器数量和种类明显多于西周中期以后。在出土兵器墓葬中，M3、M17、M26、M31、M32、M74 随葬青铜礼器，墓葬面积在 6 平方米以上；而 M22、M41、M44、M46 墓葬面积不足 3 平方米，M22 随葬铜戈、陶鬲、陶罐各 1 件，M41、M46 均随葬铜戈、陶鬲各 1 件，M44 仅随葬铜戈 1 件、蚌壳 1 组 2 件。田野考古发掘资料表明，凡出土青铜礼器的西周墓葬，一般多数都同出青铜兵器。这些出土兵器的墓葬之墓主人，按照墓制规格与所出铜器礼器组合与多少的差别，可划分为几个等级，同属于贵族，也可能包括少数上层平民[1]。

　　M22 是唯一一座出土青铜兵器（戈），经人骨性别鉴定为女性的墓葬。可见在西周时期，虽然从事军事活动的绝大多数是男性，也有极少女子参与军事活动。

　　旭光墓地先周晚期至西周早期出土兵器墓葬数量占比高应该与这一时期战争频繁有关。姬姜集团先后经历了翦商之战、牧野之战，在西周建立之后经历了成王时期的三监之乱、周公东征及康王时期的征服东夷、伐鬼方的战争。频繁的战争就需要大量的士兵。

　　2. 墓葬方向

　　Ⅰ区 5 座墓均为南北向（其中 M1 被破坏，但从现场看，为南北向）。

　　Ⅱ区 15 座墓中，南北向（或大致南北向）的有 M9、M10、M16、M17、M20、M21、M22、M23、M25、M26、M29，共 11 座。东西向的有 M24、M27、M28、M30，共 4 座。南北向墓葬占该区墓葬数的 73%。

　　Ⅲ区 15 座墓中，南北向（或大致南北向）的有 M31、M32、M33、M34、M35、M36、M40、M43、M45 及 2 座因建设被破坏了的，共 11 座。东西向的有 M39、M41、M44、M46，共 4 座。南北向墓葬占该区墓葬数的 73%。

　　Ⅳ区 16 座墓中，南北向（或大致南北向）的有 M11、M49、M50（M50 虽头向不明，但墓葬呈南北向）、M51、M55、M60、M63、M69、M74、84M1 以及 2 座因建设被破坏了的，共计 12 座。东西向的有 M53、M59、M73，共 3 座。1 座小型墓葬因残（84M2），墓向不明。南北向墓葬占该区墓葬数的 75%。

　　整个墓地以南北向墓葬为主，占总墓葬数的 76%。

　　出青铜礼器的墓葬均为南北向，说明南北向墓葬普遍地位较高。

　　有 15 座墓葬出土青铜兵器，以戈为大宗，占总墓葬数的 29.4%。如果随葬兵器是武士标志的话，那么，有近 1/3 的墓葬主人生前身份为武士。其中南北向出土兵器的有 12 座，占 15 座墓葬的 80%。

　　除旭光墓地Ⅰ区，其他 3 个区域的墓葬方向既有南北向，也有东西向，且随葬兵器比例较高，这种现象与少陵塬西周墓地、北吕周人墓以及凤翔西村墓地较为相似。少陵塬西周墓地在西周早期文化属性较为复杂，出土有代表殷移民文化的陶簋。北吕周人墓陶器有高领袋足鬲、联裆鬲、陶簋等，文化属性也较为复杂；凤翔西村墓地随葬陶器以一鬲或一鬲一罐为主，但同时又出土有陶簋等其他文化因素的器物。与之形成鲜明对比的是，单纯的姬姓周人墓地，出土兵器比例较低，例如以姬姓周人为主的周原、丰镐地区出土兵器墓葬的比例较低。学者认为造成这

---

[1] 北京大学历史系考古研究室商周组：《商周考古》，文物出版社，1976 年。

种现象的原因是西周时期有固定营地，用以保护丰镐和周原地区[1]。少陵塬西周墓地是保护丰镐地区的卒营，北吕周人墓"有着守护京都岐邑的战略意义"。我们认为旭光墓地墓主所组成的社会群体就是一处负责西周时期宝鸡市区一带治安的武装力量。这股武装力量很可能分三支，以每一区中心人物（随葬车或车部件的墓葬主人）为统领，服务或听从于Ⅰ区姬周贵族。这种由许多文化因素组成的新氏族的形成过程正如许倬云所说，西周时期周人分封包括"周人殖民队伍分别占有一片东方的故地"，然后进行"人口的再编组"，经历"赐姓""胙土""命氏"的分封过程，而且"分封制在族群衍裂以组成新族群的意义要大于裂土分茅、别分疆土的意义"，"新封的封国，因其与原居民的糅合，而成为地缘性的政治单位，遂逐渐演变为春秋的列国制度"[2]。

从历史文献及出土的金文资料分析，西周的常设武装力量除西六师、殷八师之外还有周王的禁卫兵"虎贲"，在王室之外各诸侯王应当也有一套属于自己的类似于"虎贲"的禁卫亲兵。常备军应当是周王的禁卫军如"虎贲"还有诸侯王的一些禁卫亲军，其他的军队人数应当都是一些战时为兵，闲时为农的国人子弟。为什么会出现《周礼·叙官》中记述的天子六军、大国三军、中国两军，小国一军，这是周王吸取商人最后不得已临时征召兵力而覆灭的历史教训。这也就解释了为什么贵族墓中出土兵器较多的现象，因为在青铜原料较为短缺的时代，士兵的标志就是拥有一把青铜武器，贵族必须保证自己有足够的兵器来组建符合规定的武装部队。

旭光墓地可分为四个区域，位于Ⅰ区的M3出土铜鼎、铜簋各1件，但是仅出土1件铜兵器；而位于Ⅱ区的M26出土铜鬲、铜簋、铜觯各1件，但是出土铜兵器5件。两墓均为西周早期，我们认为造成这种现象的原因是两区墓葬的族属不同。Ⅰ区所发掘的5座西周墓葬或多或少均出土有青铜礼器，未发现有小型墓葬，随葬陶器为一鬲或一鬲一罐，头向北，未见腰坑、殉牲等，葬俗、葬式较为统一，显示墓葬是一处姬姓周人墓葬，且很有可能是一处姬姓贵族的家族墓地。

除Ⅰ区5座墓葬均为南北向且头朝北外，其他3个区域墓葬既有南北向也有东西向，在南北向墓葬中，头有朝北的，也有朝南的；在东西向墓葬中，头有朝东的，也有朝西的；有带壁龛的（M74），绝大多数墓葬不带壁龛。葬俗上也有差别，虽以一次葬为主，也有二次葬（M50），个别墓葬还殉牲羊（M32）。总之墓葬形式多样化。随葬品方面，除M3外，出土铜礼器的墓葬，均出土两件陶鬲，个别墓葬出土有陶簋（M24、M29），陶鬲以联裆鬲为主，但是也有高领袋足鬲（M32）和桶形鬲（M26）。如果不同形式的葬式是不同文化习俗背景的产物，是否可以认为同一墓地不同的葬式墓葬或许代表墓主不同的族属，也就是说，旭光墓地不是以血缘关系形成的墓葬群，而主要是受政治因素支配而形成的公共墓地。

———————————

[1]陕西省考古研究院：《少陵塬西周墓地》，科学出版社，2009年，第722页。

[2]许倬云：《西周史》（增补二版），生活·读书·新知三联书店，2018年，第167页。

第二节　东周墓葬的年代与性质

旭光墓地共计发掘清理东周时期墓葬28座，其中秦文化墓葬27座、具有北方草原文化（狄文化）特征的墓葬1座（M19），丰富了宝鸡地区秦文化面貌以及跨区域文化互动的认识。

一　秦墓葬制

（一）墓葬形制

27座秦墓在形制上分为A型竖穴土坑墓和B型偏洞室墓（图二〇六）。

A型　24座。竖穴土坑墓。平面皆呈长方形，墓圹下部设二层台，无腰坑，部分墓葬壁上开有供上下的脚窝。以墓口与底部形态分为三亚型。

Aa型　8座。有M5、M6、M7、M38、M56、M64、M68、M71。墓壁竖直，墓口与底的长宽尺寸相等。

Ab型　13座。有M13、M14、M15、M47、M48、M54、M57、M58、M65、M66、M67、M70、M72，其中M48、M57两座墓为生土二层台。自墓口以下四壁向内收缩，呈口大底小状。

Ac型　3座。有M52、M75、M76。墓壁不规整。

B型　3座。有M42、M61、M62。偏洞室墓，在长方形竖穴墓道底部一侧开挖长方形洞室，墓道均作口大底小状。洞口有木板封门，残存封门槽。

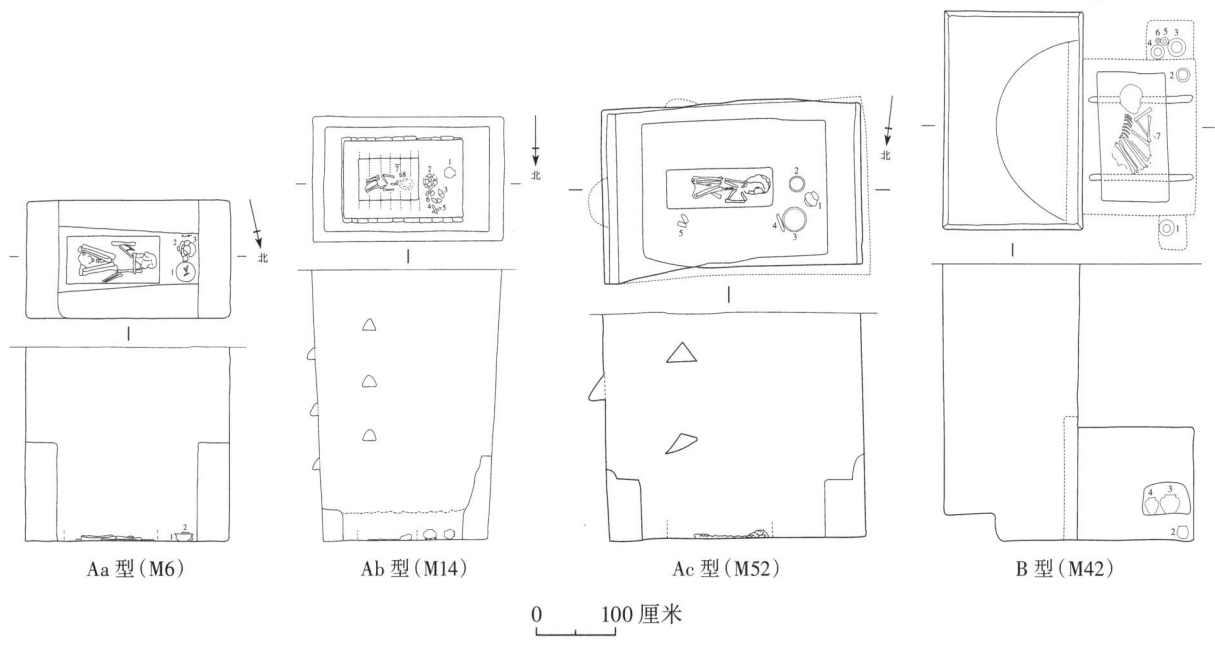

Aa型（M6）　　　　Ab型（M14）　　　　Ac型（M52）　　　　B型（M42）

0　　100厘米

图二〇六　旭光秦墓形制示意图

（二）葬具使用

旭光秦墓葬具为木质结构棺、椁，A 型竖穴土坑墓全部采用了一棺一椁，B 型偏洞室墓采用一棺。棺、椁均已腐朽，从灰痕判断均为长方体，采用木板拼成。二层台上多保留有椁盖板痕迹，部分二层台侧壁和墓底保留侧板、椁底板痕迹，盖平面略大于椁四壁围成的长方形面积；棺呈长方形，位于椁室中间，原先高度无法获知。从发掘现场残留板灰厚度判断，椁盖板和棺用料一般较厚，椁侧板和底板稍薄。竖穴土坑墓随葬品一般摆放在墓主头侧棺外；无椁具的偏洞室墓随葬品一般摆放在壁龛内。

（三）葬式与头向

所有秦墓葬式均为屈肢葬，按照面向可以分为仰身与侧身两类。绝大多数屈肢葬下肢极度弯曲，几乎与身体叠压，膝盖弯曲小于45°（图二〇七，1）。陈洪在相关研究中指出，这种极不自然的屈肢葬式，应是死者身体僵硬之前，用易朽的布、皮之类绳索捆绑所致[1]。仅有 1 例（M5）墓主下肢弯曲舒缓，接近于直肢葬式（图二〇七，2）。多样化的屈肢葬式反映了战国时期，特别是战国中晚期中小型秦墓葬式变化转折的过程。

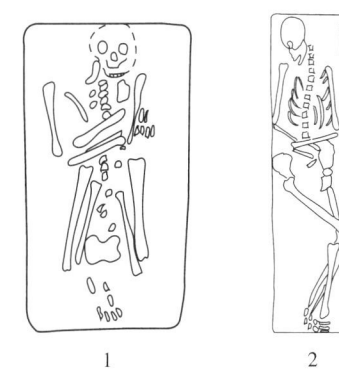

图二〇七　旭光秦墓葬式示意图
1. M15　2. M5

头向分为西、北、南三种。西向墓一共 21 座，头向度数 240°~300°，是墓地主流头向，占墓葬总数的 77.8%；北向墓 5 座，头向度数 330°~30°，占墓葬总数的 18.5%；南向墓 1 座（M64）[2]，头向 182°，占墓葬总数 3.7%。以上头向分布特征与已有研究关于战国中晚期秦墓头向规律基本一致[3]，西头向属于秦文化墓葬传统，这一时期伴随秦势力范围的不断扩大，区域性移民增多，北、南头向墓葬与戎狄文化存在联系。

（四）随葬器物

已发掘的 27 座秦墓中，有随葬器物的 26 座，占整个已发掘秦墓的 96.3%。26 座秦墓中共出土各类随葬器物 152 件（组），按其质地可以分为陶器、铜器、铁器、石器、骨器等。其中数量最多的为陶器，有仿铜陶礼器和日用陶器两类，其次为石器和铜器，主要是石圭和铜带钩等小件，其他质地器类较少。下文重点讨论随葬陶器。

---

[1] 陈洪：《秦文化之考古学研究》，科学出版社，2016 年，第 187 页。

[2] M61 无随葬品，后文墓葬分期时纳入第三段处理。

[3] 陈洪：《秦文化之考古学研究》，科学出版社，2016 年，第 143~145 页。

二　随葬陶器研究

（一）类型分析

　　旭光秦墓没有出土带有明确纪年信息的遗物，且墓葬之间无打破关系，对于墓葬年代的判断主要运用陶器类型学分析来解决。随葬陶器103件，其中陶鼎、鬲、釜、罐、盆、壶、豆共计101件，可以分为仿铜陶礼器和日用陶器两类。仿铜陶礼器有鼎、瓿、壶和豆；日用陶器有鬲、釜、罐和盆（图二○八）。分述如下。

　　鬲　13件。夹砂灰陶。直口，广肩，鼓腹，联裆，三矮锥状足。依据裆部形态分为两式。

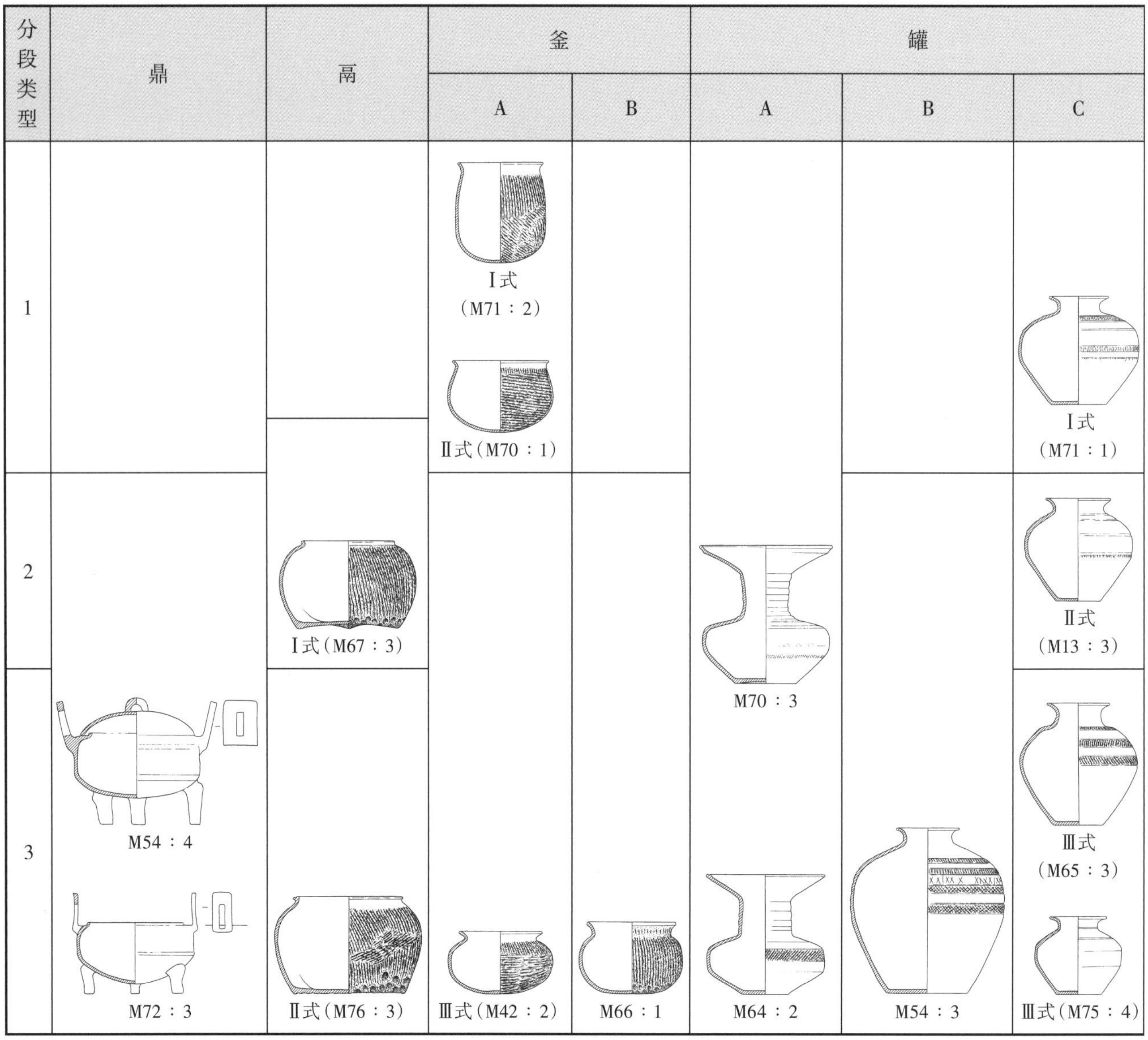

分段 类型	鼎	鬲	釜		罐		
			A	B	A	B	C
1			I式 （M71：2） II式（M70：1）				I式 （M71：1）
2		I式（M67：3）			M70：3		II式 （M13：3）
3	M54：4 M72：3	II式（M76：3）	III式（M42：2）	M66：1	M64：2	M54：3	III式 （M65：3） III式（M75：4）

图二○八　旭光秦墓

Ⅰ式　6件。弧裆低平。分别为 M5：2、M6：2、M13：2、M56：2、M67：3、M68：2。

Ⅱ式　7件。三足退化，无裆，平底。分别为 M7：1、M14：2、M15：1、M47：3、M48：1、M65：2、M76：3。

釜　10件。侈口，束颈，深圆腹，圜底，下腹拍印交错绳纹或横绳纹。依据颈部长短和制法分为两型。

A型　8件。夹砂褐陶，短束颈，风格粗犷，有烟炱痕。依据腹部形态分为三式。

Ⅰ式　1件。体高，筒形腹。为 M71：2。

Ⅱ式　3件。体较高，折沿较宽，垂腹。分别为 M58：2、M38：1、M70：1。

Ⅲ式　4件。扁体，浅腹。分别为 M42：2、M54：2、M57：4、M62：5。

罐			盆		壶		豆
D	E	F	A	B	A	B	
						M58：1	
			Ⅰ式（M38：3）				
					M54：1		
			Ⅱ式（M67：1）				
M62：1	M67：2		Ⅲ式（M15：3）	M54：5	M47：1		M54：6
M48：3	M42：3	M42：6	Ⅲ式（M57：5）	M75：2	M75：1		M48：8

陶器分期图

B 型　2 件。夹砂灰陶，束颈较长，形制规整，体浑圆，无烟炱痕迹。分别为 M64：1、M66：1。

罐　40 件。其中完整或可修复 39 件，1 件为未经烧制泥坯。依据口沿和形态差异分六型。

A 型　3 件。喇叭口罐。均为泥质灰陶。喇叭形口，直颈较长，平肩，上腹圆鼓，下腹斜收，平底。分别为 M5：1、M64：2、M70：3。

B 型　5 件。小口圆肩大罐。均为泥质灰陶。器体较大，侈口，卷沿，圆唇，短束颈，广肩，深鼓腹，平底。分别为 M48：2、M48：6、M54：3、M57：1、M65：1。

C 型　22 件。小口圆肩小罐。均为泥质灰陶。侈口，束颈，圆肩，上腹圆鼓，下腹斜收，肩、上腹饰凹弦纹和绳纹带，下腹有刀削痕迹，平底。分三式。

Ⅰ式　2 件。短颈，广肩，体宽扁（腹最大径/通高值较大），胎壁较薄。分别为 M38：2、M71：1。

Ⅱ式　4 件。肩部变窄，体渐瘦。分别为 M13：3、M42：1、M42：4、M56：1。

Ⅲ式　16 件。颈部加长，体瘦高。分别为 M7：2、M14：1、M48：5、M52：1、M57：2、M57：3、M62：2、M62：4、M65：3、M65：4、M66：2、M72：1、M72：2、M75：4、M76：2、M76：4。

D 型　6 件。侈口圆腹罐。均为泥质灰陶。侈口，长束颈，圆鼓腹，小平底。分别为 M15：2、M42：5、M48：3、M48：4、M62：1、M68：1。

E 型　2 件。大口圆肩罐，均为泥质灰陶。大口外侈（口径/腹最大径值较大），束颈，鼓腹，平底。分别为 M42：3、M67：2。

F 型　1 件。直口圆腹罐。短直口，侧面有两个对穿小孔，椭圆形鼓腹，平底。为 M42：6。

盆　23 件。依据口沿特征分两型。

A 型　21 件。侈口盆。卷沿，圆唇，折腹，上腹较直，下腹斜直内收，小平底。依据口沿与腹部形态分三式。

Ⅰ式　3 件。口沿较长、外撇，浅腹。分别为 M38：3、M70：2、M71：3。

Ⅱ式　5 件。口沿缩短，上折，腹部渐深。分别为 M5：3、M6：1、M13：1、M56：3、M67：1。

Ⅲ式　13 件。口沿退化，腹部较深。分别为 M7：3、M14：3、M15：3、M47：2、M52：2、M52：3、M57：5、M62：6、M64：3、M65：5、M68：3、M72：4、M76：1。

B 型　2 件。敛口盆。方唇，上腹鼓，下腹急收，平底。分别为 M54：5、M75：2[1]。

壶　8 件。依据颈、腹部形态差异分两型。

A 型　7 件。长颈圆腹壶。口微侈，长颈，圆腹，平底，素面或装饰弦纹。分别为 M47：1、

---

[1] M75：2 为瓶，有学者认为是带盖盆，故与盆一起分类。

M48：7、M54：1、M54：7、M62：3、M75：1、M75：3。

B 型　1件。茧形壶。侈口，方唇，低领束颈，平肩，深腹较直，弧底。为 M58：1。

鼎　4件。一耳在足正上方。器盖为覆钵形，盖中间有钮。鼎身子母口内敛，腹壁较直，圜底，附耳较长，外撇，耳孔长方形。柱足较短，足根部略宽。腹部常饰弦纹两周。分别为 M48：9、M54：4、M72：3、M75：6。

豆　3件。浅钵形盖，豆身子母口内敛，半球形腹，柄部较粗，底部为喇叭形圈足，腹、圈足饰弦纹。分别为 M48：8、M54：6、M75：5。

（二）墓葬年代

所有随葬陶器墓存在基本规律，即鬲、釜不同出，仿铜陶鼎分别同鬲、釜有共出现象。据此我们将所有墓葬分为釜、鬲两系（表六）。

釜系可分两组。

第一组包括 M71、M70、M58、M38。随葬筒形腹 AⅠ式或垂腹 AⅡ式陶釜，多见 CⅠ式罐和 AⅠ式盆，有茧形壶（M58：1）但不见仿铜陶壶。AⅡ式釜同宝鸡陇县店子秦墓 M54：2、M81：1（战国中期至晚期）[1]，凤翔南指挥西村 M40：3[2]（战国中期），咸阳塔儿坡

表六　东周墓葬鬲、釜两系随葬器物共存表

釜系随葬品													
器类 分组　墓号	鼎	釜		罐						盆		壶		豆
		A	B	A	B	C	D	E	F	A	B	A	B	
第一组 M71		Ⅰ				Ⅰ				Ⅰ				
第一组 M70		Ⅱ		√						Ⅰ				
第一组 M58		Ⅱ											√	
第一组 M38		Ⅱ				Ⅰ				Ⅰ				
第二组 M42		Ⅲ				Ⅱ	√	√	√					
第二组 M54	√	Ⅲ			√						√	√		√
第二组 M57		Ⅲ			√	Ⅲ				Ⅲ				
第二组 M62		Ⅲ				Ⅲ				Ⅲ		√		
第二组 M64			√	√						Ⅲ				
第二组 M66			√			Ⅲ								

---

[1] 陕西省考古研究所：《陇县店子秦墓》，三秦出版社，1998 年，第 100 页。

[2] 雍城考古队：《陕西凤翔西村战国秦墓发掘简报》，《考古与文物》1986 年第 1 期。

续表六

分组	墓号	鼎	鬲	罐						盆		壶		豆
				A	B	C	D	E	F	A	B	A	B	
第一组	M5		I	√						II				
	M6		I							II				
	M67		I					√		II				
	M13		I			II				II				
	M56		I			II				II				
第二组	M65		II		√	III				III				
	M14		II			III				III				
	M76		II			III				III				
	M7		II			III				III				
	M47		II			III				III		√		
	M15		II				√			III				
	M52					III				III				
	M68		I				√			III				
	M48	√	II		√	III	√					√		√
	M72	√				III				III				
	M75	√				III						√		√

M38309：4[1]（战国晚期偏早），咸阳任家嘴 M225：8[2]（战国中期）相似。A I 式釜从演变趋势看，年代更早，但仅此一件，暂不作区分。喇叭口罐（M70：3）同陇县店子秦墓 M36、M55、M66（战国晚期）相似[3]；A I、A II、A III 式盆均可归入店子秦墓 A V 式，A III 式已经具有店子秦墓 A VI 式盆特征，店子秦墓 A V、A VI 式盆年代为战国晚至秦代[4]。旭光 M58：1 茧形壶与凤翔南指挥西村 M43：5[5]，临潼新丰 I 式茧形壶相似[6]，两者年代定在战国中期偏

[1]咸阳市文物考古研究所：《塔儿坡秦墓》，三秦出版社，1998 年，第 224 页。

[2]咸阳市文物考古研究所：《任家嘴秦墓》，科学出版社，2005 年，第 283 页。

[3]陕西省考古研究所：《陇县店子秦墓》，三秦出版社，1998 年，第 155 页。

[4]陕西省考古研究所：《陇县店子秦墓》，三秦出版社，1998 年，第 89、156 页。

[5]雍城考古队：《陕西凤翔西村战国秦墓发掘简报》，《考古与文物》1986 年第 1 期。

[6]陕西省考古研究院：《临潼新丰》，科学出版社，2016 年，第 1508、1512 页。

晚。因此，釜系第一组的年代应为战国中期偏晚阶段。

第二组包括 M42、M54、M57、M62 等墓葬。随葬浅腹 AⅢ式及 B 型陶釜，多见 B 型罐和 CⅢ式罐、AⅢ式盆，仿铜陶礼器鼎、壶和豆开始出现。AⅢ式及 B 型陶釜同宝鸡陇县店子秦墓 M146∶1[1]（战国晚期至秦代）、咸阳塔儿坡 AⅢ式[2]（战国晚期）相似。CⅠ式罐到 CⅢ式罐的演变趋势是体渐瘦高、颈部延长，这一趋势见于店子秦墓大口罐[3]、咸阳任家嘴秦墓 B 型小口大罐中[4]，战国中期偏晚的 CⅠ式罐经过 CⅡ式过渡至 CⅢ式，CⅢ式年代为战国晚期偏晚，甚至秦代。所以，釜系第二组年代为战国晚期，部分墓葬可至秦代。

鬲系墓也可分为两组。

第一组包括 M5、M6、M67 等墓葬。随葬Ⅰ式微弧裆鬲，多见 CⅡ式罐、AⅡ式盆，不见仿铜陶礼器。Ⅰ式微弧裆鬲与Ⅱ式无裆平底鬲均可归入店子秦墓 BⅣ式鬲[5]（店子 M206∶2、M209∶2），年代略有早晚之别，Ⅰ式微弧裆鬲年代为战国晚期稍偏早。AⅡ式盆年代分析见釜系第一组，也归为战国晚期偏早阶段。因此，鬲系第一组年代上划分为战国晚期偏早阶段。

第二组包括 M65、M14、M76、M7、M72、M75 等墓葬。随葬Ⅱ式无裆平底鬲，多见 CⅢ式罐、AⅢ式盆，侈口圆腹 D 型罐也开始流行。仿铜陶礼器墓葬开始增多，主要流行鼎、壶、豆组合。CⅢ式罐（M75∶4）与店子秦墓 M138∶3[6]相似，后者归入秦代。Ⅱ式无裆平底鬲、CⅢ式罐与 AⅢ式盆所代表的年代特征分析如上所述，鬲系第二组墓葬在时代上主要为战国晚期偏晚阶段，一部分可以进入秦代。

整合上述釜、鬲系各两组墓葬，可以将旭光东周秦墓年代统一划分为三段：第一段为战国中期偏晚，第二段为战国晚期偏早，第三段为战国晚期偏晚至秦代。总体属于战国晚期，上下略有延伸。

（三）陶器组合

秦人墓葬无论是仿铜陶礼器还是日用陶器，在战国中期都经历了一次较为彻底的变化，这一表现在器物上的不衔接不整合现象，与商鞅变法推行的社会大变革标志性事件和秦人东进的历史事实相关[7]。上述鬲、釜不同出现代表了两种不同文化传统的汇合，鬲在秦文化当中有完整的发展谱系，是旭光墓地秦文化因素的代表。釜的谱系在巴蜀，战国中晚期大量流行于江汉

---

[1] 陕西省考古研究所：《陇县店子秦墓》，三秦出版社，1998 年，第 158 页。

[2] 咸阳市文物考古研究所：《塔儿坡秦墓》，三秦出版社，1998 年，第 224、227 页。

[3] 陕西省考古研究所：《陇县店子秦墓》，三秦出版社，1998 年，第 94、159 页。

[4] 咸阳市文物考古研究所：《任家嘴秦墓》，科学出版社，2005 年，第 283 页。

[5] 陕西省考古研究所：《陇县店子秦墓》，三秦出版社，1998 年，第 84、85、156 页。

[6] 陕西省考古研究所：《陇县店子秦墓》，三秦出版社，1998 年，第 156、159 页。

[7] 梁云：《秦文化的发现、研究和反思》，《中国历史博物馆馆刊》2000 年第 2 期。

地区楚文化当中，旭光秦墓中釜系墓葬表明关中西部在战国晚期受到来自南方地区文化的影响。旭光仿铜陶礼器墓葬依旧延续宝鸡地区春秋至战国早期器物组合，但器形已经发生了改变，战国中期早段及这之前，秦墓中仿铜陶礼器均为仿同时期秦式青铜器鼎、簋、壶，从战国中期晚段开始，仿铜陶礼器开始与关东诸国相一致，主要为盖鼎、盖豆和长颈圆腹壶等，表明随着秦人势力的不断东进，三晋两周地区的文化因素开始进入秦人腹地。

三 墓地分布特征与墓主社会等级

（一）战国墓葬分布

在前文墓葬年代讨论的基础上，将早晚关系标识在总平面图中，有助于得出以下关于墓地布局特征的几点认识：首先，秦墓分为界限明确的南北两个墓区，北区墓葬数量远多于南区。其次，南北两区使用年代均从战国中期偏晚延续至战国晚期较晚阶段。北区墓向多样，以头向西为主，兼有南北向；南区墓主头向均为西向。另外，早晚有别的墓葬相互交错分布，表明该墓地很可能是一处供平民使用的公共墓地。小范围内墓葬位置上的相对集中和随葬品的相似性，则说明秦人平民阶层以家庭为单位构成该墓地结构的最小单元（图二〇九）。需要说明的是，积石墓M19无论从墓葬形制还是随葬器物特征上看均表现出强烈的北方草原文化特征，且文化因素单一，其时代为春秋晚期，时代稍晚的秦人墓葬在分布上似乎有意与它保持着一定的距离。

（二）墓主社会等级

通过墓葬判断墓主社会等级需要综合随葬器物、墓葬面积和使用棺椁情况等。旭光秦墓按照随葬器物类别的不同，可以分为随葬仿铜陶礼器、日用陶器和无随葬品三类。墓葬面积统计按照竖穴土坑墓墓底长宽，偏洞室墓以洞室横穴底部长宽为准，这批墓葬面积为2.2~9.5平方米。葬具主要是使用单棺和一棺一椁。

在以往秦墓分类研究当中，滕铭予将秦墓分为A、B、C、D四类[1]，分别对应随葬青铜礼器，或共出仿铜陶礼器、日用陶器；随葬仿铜陶礼器，或共出日用陶器；随葬日用陶器，或共出带钩、石圭等小件，或无日用陶器只出小件器物；无任何随葬品。旭光秦墓对应上述标准B、C、D类。陈洪则依据墓葬形制以及随葬青铜礼器、陶器等特征，将秦文化墓葬划分为大、中、小三个大的等级，其中大、中型墓内部各自又可以分为A、B两个等级，小型墓内部可以分A、B、C三个等级[2]。旭光秦墓分别属于小型墓A、B、C类。两种分类标准大同小异，基本准确反映了秦墓与秦人社会等级之间的关系。旭光秦墓存在个别墓葬（M48、M54、M47、M56）面

---

［1］滕铭予：《关中秦墓研究》，《考古学报》1992年第3期。

［2］陈洪：《秦文化之考古学研究》，科学出版社，2016年，第158~163页。

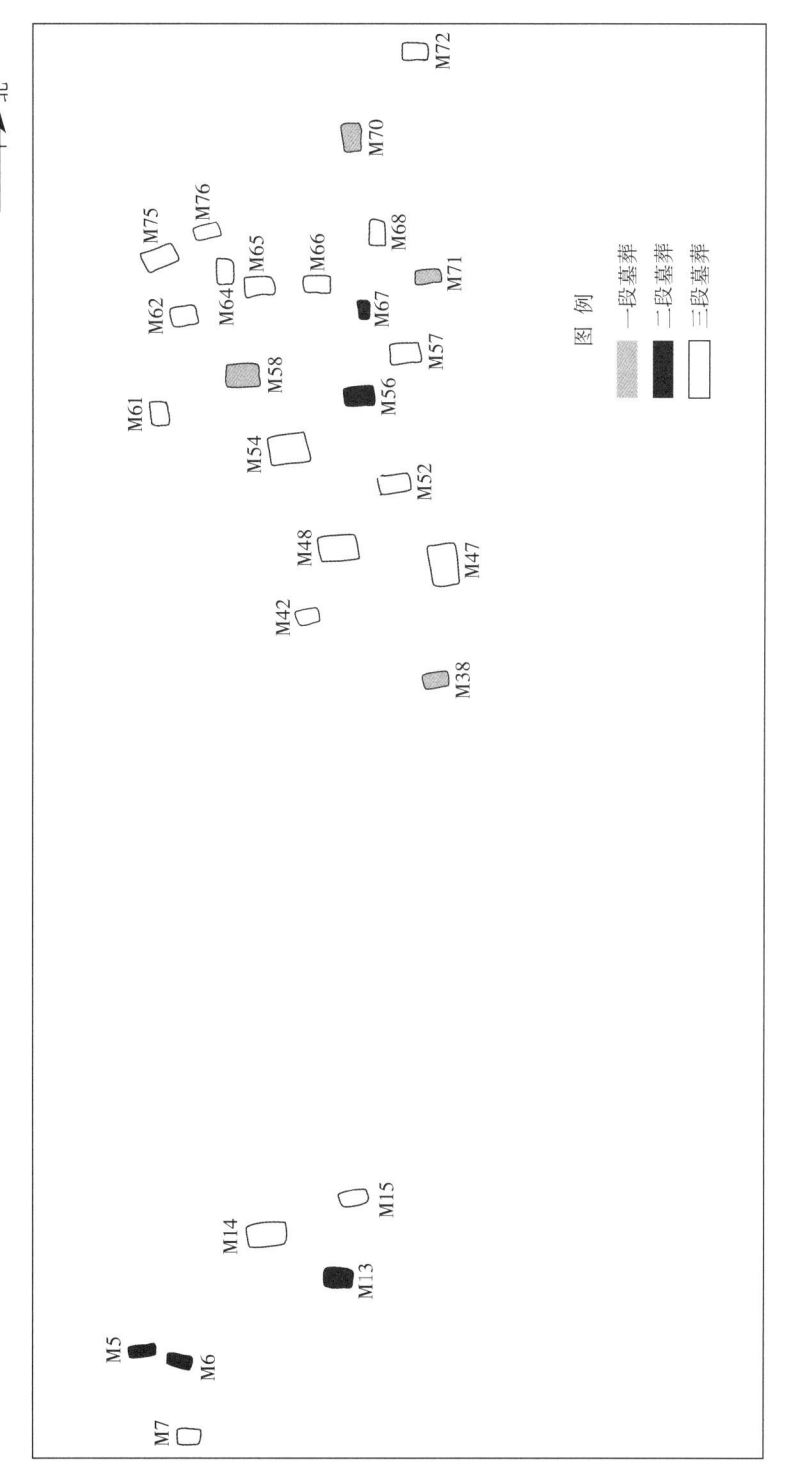

图二〇九 旭光秦墓分段平面图

表七　小型秦墓分类对应关系

随葬器物类别	滕铭予	陈洪	本文
仿铜陶礼器墓	B 类	小型 A	旭光 A
日用陶器墓	C 类	小型 B	旭光 B
无随葬品	D 类	小型 C	旭光 C

积超过 7 平方米，可以归为陈洪分类的中型 B 类，但从随葬品中不出青铜礼器，本文将这些墓仍归入小型（表七）。

综上，可将旭光秦墓分成三个等级：有仿铜陶礼器的小型墓为旭光 A 类；出土日用陶器，伴有石圭和小件器物的为旭光 B 类；无任何随葬品的归为旭光 C 类。这些墓葬主人生前身份均属于平民，A 类墓属于平民中较为富裕者，B 类墓数量也最多，属于中等平民，C 类墓主属于赤贫阶层。

旭光秦墓年代集中在战国晚期，墓主身份均属于平民。同关中地区以往发现的秦文化墓葬相比有诸多共性，同时也有自身特点。共性体现在与关中地区同期秦文化墓葬形制、墓主头向、葬具使用和随葬品组合等方面。墓葬形制包括竖穴土坑墓和偏洞室墓两种，西头向墓占所有墓葬的 78%，葬式均为屈肢葬，竖穴土坑墓葬具为一棺一椁，偏洞室墓为单棺。随葬日用陶器最常见组合为鬲（或釜）、罐、盆，仿铜陶礼器基本组合为鼎、壶、豆，随葬器物遵循同一座墓中鬲釜不同出的组合规律。自身特点主要体现在随葬陶器与石圭葬俗上。以往普遍认为战国中期以后秦人葬圭现象逐渐消失，而处于战国晚期的旭光秦墓仍使用大量石圭随葬，表明该习俗在关中东西部地区流行情况有所不同。在随葬陶器上，釜、鬲墓共存一个墓地以及三晋两周地区仿铜陶礼器的涌入，反映了经过战国中期秦文化革新后，外来文化因素逐渐增多的时代特征。以上两点揭示了在秦都迁至咸阳以后，作为秦腹地的宝鸡地区即承袭传统，又不断接受了来自东部以及南方新的秦文化影响。

第三节　先周、西周时期的人口健康状况

墓地的人骨普遍保存状况较差，在发掘的 45 座先周、西周墓中，有 26 座墓葬（M9、M21、M22、M24、M25、M26、M27、M28、M29、M30、M31、M32、M36、M39、M40、M43、M44、M45、M46、M49、M50、M51、M53、M55、M59、M60）作了人骨鉴定，其中 2 具（M51、M59）年龄无法鉴定；12 具人骨（M21、M24、M29、M39、M40、M44、M46、M51、M53、M55、M59、M60）性别无法鉴定；14 具（M9、M22、M25、M26、M27、M28、M30、M31、M32、M36、M43、M45、M49、M50）可鉴定性别，其中男性 8 具（M9、M25、M26、M30、M31、M32、M36、M50），女性 6 具（M22、M27、M28、M43、M45、M49），性别比为 133（表八、九）。

旭光墓地未发现未成年人，可能表明未成年人死后不进入墓地埋葬。在扶风北吕遗址和墓地中也均未发现婴孩墓，即使在周原遗址的中心区域也几乎没有发现。学者认为，北吕和周原遗址内没有发现婴孩墓，并不能说明当时婴孩的存活率高，而仅仅只是反映当时周人对婴孩尸

表八　旭光先周、西周墓葬年龄、性别统计表

		年龄					总计
		成年	青年（13~35）	中年（36~55）	老年（56+）	不详	
性别	男	M9、M25、M26、M31、M36	M30	M32、M50			8
	女		M22、M43	M27、M28、M45、M49			6
	不明	M24、M29、M40、M46、M53、M60	M21、M39	M44、M55		M51、M59	12
性别比							133

表九　旭光先周、西周墓葬人口性别构成表

		年龄				不详	总计
		成年	青年（13~35）	中年（36~55）	老年（56+）		
性别	男	5	1	2			8
	女		2	4			6
	不明	6	2	2		2	12
性别比							133

体的处理另有方式。罗西章先生根据《史记·周本纪》和《诗经·大雅·生民》有关周的始祖——弃，一生下来就被弃之山野的记载，认为可能反映了周人对婴孩尸体的处理方法，即婴孩死后，将尸体弃之荒野，让鸟兽啄食，并提出现代周原地区对夭折婴孩抛之荒野，让鸟兽啄食，是周人对婴孩尸体处理习俗的遗传[1]。

《礼记·曾子问》中曾子曾问孔子下殇的事，（曾子问道）"下殇：土周葬于园，遂舆机而往，途迩故也。今墓远，则其葬也如之何？"下殇，八至十一岁之间死去的人；土周，即烧土为砖，围于棺外，不用椁；机，用于抬尸体的工具，状如床而无脚无第，用绳子纵横交结而承尸体，下葬时抽取绳，尸体落下。据《礼记》说，曾子问孔子：八岁到十一岁小孩死后，在菜园中挖个坑，坑中四周用砖砌上，再用"机"把尸体抬到那儿大敛入葬，这是因为路途很近的原因。如果路途远怎么办？孔子引用老聃的话说，从前史佚有个儿子死了，也是下殇，而且葬的很远，召公问史佚："为什么不在家里大敛入棺后再入葬呢？"史佚说："我不敢那样做。"召公就去问周公，周公说："那有什么不可以的呢？"于是，史佚就照召公的话做了。这则故事说明当时流行未成年人死亡葬在菜园而不进入墓地。

因此，在旭光西周墓葬未发现未成年人，并不意味当时人口健康状况良好，根据我们对新

---

[1] 罗西章：《北吕周人墓地》，西北大学出版社，1995年，第135~136页。

石器时期人口研究，几乎一半人口活不到成年（13 岁），且西周时期人口健康状况并不比新石器时期好。在旭光墓地，没有发现老年（56+ 岁）墓葬。可见，当时的人口健康状况并不好。根据墓地人骨年龄鉴定，如果我们把大约人口年龄以中位数计算，墓地的人口平均死亡年龄约为 34.25 岁。

仰韶时期墓地的平均寿命（e_0^0）为 20.44 岁[1]，天马—曲村墓地的人口平均寿命（e_0^0）为 19.43 岁[2]。仰韶文化年代约为公元前 5000~ 前 3000 年，比天马—曲村墓地年代早数千年，然而仰韶时期墓地人口的平均寿命值却比天马—曲村墓地人口平均寿命高 1 岁。这表明仰韶时期人口的健康状况好于西周、春秋时期天马—曲村墓地。

无独有偶，甘肃民乐东灰山、黑龙江平洋墓地等人口平均寿命都有类似情况。

民乐东灰山墓地位于河西走廊，属于四坝文化，距今大约 4000 年[3]。东灰山墓地虽然比仰韶墓地晚 2000~3000 年，但其人口平均寿命仅为 16.30 岁[4]。平洋墓葬包括砖厂和战斗两个墓地，发掘报告将全部墓葬分为四期，并将年代定为春秋晚期至战国晚期，有学者认为平洋墓地的年代下限应晚到西汉[5]。平洋墓地人口平均期望寿命也仅为 19.11 岁[6]，比仰韶墓地的人口平均寿命平均值还低 1.33 岁。

通过研究，有学者认为旧石器时代和新石器时代早期人的体质，比初具国家规模的社会的人要好一些[7]。天马—曲村墓地、东灰山及平洋墓地所反映的现象也许为此结论做了某种意义上的注解。

旭光墓地的人口平均死亡年龄约为 34 岁，即使如此，还是在未统计未成年人口死亡人数情况下的结果。通常未成年人口死亡人数几乎占总人口一半，我们认为当时的人口平均寿命与天马—曲村墓地人口平均寿命差不多，即 20 岁左右。

第四节　有关问题讨论

一　原始瓷

旭光墓地仅出土了一件原始瓷瓿（M2∶4）。瓿在商代以前未有发现。商代的瓿有陶瓿、

［1］辛怡华：《仰韶文化时期的人口问题研究》，《考古学集刊》（14），文物出版社，2004 年。

［2］辛怡华：《天马—曲村墓地人口结构与寿命研究》，《西部考古（第一辑）——纪念西北大学考古专业成立 50 周年专刊》，三秦出版社，2006 年。

［3］甘肃省文物考古研究所、吉林大学北方考古研究室：《民乐东灰山考古》，科学出版社，1998 年。

［4］辛怡华：《东灰山、三星村、平洋等墓地与新石器时代几处墓地人口平均寿命之比较》，《华夏考古》2010 年第 4 期。

［5］潘玲、林沄：《平洋墓葬的年代与文化性质》，《边疆考古研究》（第 1 辑），科学出版社，2002 年。

［6］辛怡华：《东灰山、三星村、平洋等墓地与新石器时代几处墓地人口平均寿命之比较》，《华夏考古》2010 年第 4 期。

［7］〔美〕马文·哈里斯著，李培茱、高地译：《文化人类学》，东方出版社，1988 年。

铜瓿、原始瓷瓿、硬陶瓿、石瓿，其中陶瓿时代最早。目前最早的陶瓿发现于二里岗上层的郑州铭功路遗址，有学者认为是铜瓿的原型[1]。原始瓷瓿最早发现于殷墟的孝民屯[2]。商代中期铜瓿发现以殷墟地区为主，后扩展至湖北、江苏、湖南、陕西汉中、陕北、山西等地。

与商代不同，西周时期瓿的种类和数量明显减少，陶瓿主要出土于张家坡[3]、庄李（罐）[4]、沣镐[5]、滕州前掌大[6]、洛阳北窑[7]等墓地及遗址。铜瓿仅在贺家墓地[8]、宝鸡纸坊头墓葬[9]各发现1件，时代为西周早期。西周时期原始瓷瓿数量较少，主要出土于北窑墓地[10]、滕州前掌大墓地[11]，时代均在西周早期。

从器形来看，西周时期的陶瓿、铜瓿与商代的瓿是一脉相承的。商代原始瓷瓿大部分出土于遗址中，而西周时期的原始瓷瓿均出土于墓葬中，且以西周早期居多，其形制也较为统一。

旭光原始瓷瓿（M2:4）由盖与器两部分组成，盖呈碗状倒扣于器之上，侈口，斜直腹，圜底；器敛口，尖圆唇，鼓腹，圈足，上腹部有两两相对的四个呈半月状的系，因烧制原因穿孔未通。通体饰青釉，器上腹部饰数道弦纹。一般瓷瓿形制均较相似，敛口、折肩，肩下部有对称桥形耳系，显示它们有共同的来源。所不同的是，旭光M2:4带盖，应国M232:64在肩部有横贯耳，在腹部均饰有弦纹[12]。

宝鸡地区出土西周时期原始瓷器因时代在瓷器种类、墓葬族属上存在一定的差别。西周早期出土原始瓷器的墓地或遗址有岐山贺家、纸坊头、阳平高庙、茹家庄、庄李，器类主要有豆、罐、盘。西周中期出土原始瓷器的墓地有姚家墓地、杨家堡，器形有簋、觯、尊、罐、罍、器盖。西周晚期出土原始瓷器的墓地或遗址有扶风召陈、黄堆老堡子，器形有豆、罐、簋、碗、罍。早期一般一座墓葬中仅出土一至两件原始瓷器，中期以后一座墓葬中往往出土好几件原始瓷器，伴出青铜礼器也较多。

关于出土原始瓷器墓葬的族属问题。岐山贺家6号墓时代为西周早期，与原始瓷器伴出有1件陶簋、1件陶豆、两件陶鬲；弲国墓地茹家庄乙BRM1有腰坑、殉人、殉狗；山西翼城大河口M1有腰坑；应国墓地M232被盗，但依据相邻形制墓葬判断，铜礼器当位于棺椁之间。马赛

［1］孙妙华：《中国古代青铜器整理与研究·青铜瓿卷》，科学出版社，2019年。
［2］中国社会科学院考古研究所：《安阳孝民屯》（第二卷），文物出版社，2016年。
［3］中国社会科学院考古研究所：《张家坡西周墓地》，中国大百科全书出版社，1999年。
［4］周原考古队：《陕西扶风县周原遗址庄李西周墓发掘简报》，《考古》2008年第12期。
［5］中国社会科学院考古研究所沣镐队：《1992年沣西发掘简报》，《考古》1994年第11期。
［6］中国社会科学院考古研究所：《滕州前掌大墓地》，文物出版社，2005年。
［7］洛阳市文物工作队：《洛阳北窑西周墓》，文物出版社，1999年。
［8］陕西省博物馆、陕西省文物管理委员会：《陕西岐山贺家村西周墓葬》，《考古》1976年第1期。
［9］宝鸡市考古研究所：《陕西宝鸡纸坊头西周早期墓葬清理简报》，《文物》2007年第8期。
［10］洛阳市文物工作队：《洛阳北窑西周墓》，文物出版社，1999年。
［11］中国社会科学院考古研究所：《滕州前掌大墓地》，文物出版社，2005年。
［12］河南省文物考古研究所、平顶山市文物管理局：《平顶山应国墓地》，大象出版社，2012年。

认为将铜容器摆放于棺椁之间，是殷民的一大特点[1]。种建荣除了将腰坑、殉人、殉牲作为殷移民墓葬的标准外，另外加上了随葬陶簋和陶器的同形现象多见这两条[2]。雷兴山基本同意马赛的观点，在此基础上又增加了随葬陶簋或陶豆或骨笄或随葬同形陶器[3]。纸坊头 BZFM1：37 为非姬姓的强国贵族墓葬，西周早期姬姓墓葬仅有旭光墓地、高庙墓地、庄李 M9。中期杨家堡和姚家墓地 M30 族属均为姬姓[4]。

宝鸡地区西周早期一座墓葬一般仅出土一件原始瓷器，姬姓墓葬规模为中等，随葬铜礼器较少；西周中期，宝鸡地区出土原始瓷器的墓葬均为姬姓墓葬，墓葬中出土原始瓷器种类有所增多。

总之，与河南地区相比，宝鸡地区早期出土原始瓷器的种类较少，出土原始瓷器墓葬的数量较少。以族属来看，宝鸡地区西周早期出土原始瓷器墓葬的族属既有周系民族也有殷移民。宝鸡以外的地区，河南出土原始瓷器的墓葬除个别族属不明外，其他的均带有商文化因素，可以认为使用原始瓷器的人群以殷移民为主。在原始瓷器的使用器形上，殷移民与周系民族没有区别，有学者将北方地区出土的原始瓷器进行了分析，周系人群和殷移民在使用原始瓷器上仅有时代的差异，没有族群的差异[5]，原始瓷器种类上未见典型的周人器物。西周早期宝鸡地区出土原始瓷器的墓葬规模一般不大，而宝鸡以外的地区在西周早期出土原始瓷器的墓葬不但有中型墓葬，而且有"中"字形、"甲"字形大墓，这些大墓的族属从腰坑、殉人等方面判断为殷移民。

我们认为原始瓷器是商人的传统，周系民族随葬原始瓷器可能是受到了殷移民的影响。关于原始瓷器的来源问题，已有不少的学者做过论述，基本有两点，一种认为"北瓷南源"，一种认为本地烧造。我们认为原始瓷器的产地问题较为复杂，但是至少有一部分是本地烧造的，烧造者很可能为商人或后来的殷移民。无论商代还是西周时期，商人或殷移民是使用原始瓷器的主力，旭光 M2 出土的原始瓷瓿可能是从殷移民处交换得来的。

二　彩绘陶

彩绘陶器属于一种直接在烧成的陶器上绘制纹饰的陶器。在先周时期，陶器的装饰以刻划或压印为主，而西周墓葬出土彩绘陶器显得较为特殊，由于数量较少，有关周文化彩绘陶器鲜

---

[1]马赛：《周原遗址西周时期人群构成情况研究——以墓葬材料为中心》，《古代文明》（第 8 卷），文物出版社，2010 年。

[2]种建荣：《周原遗址姚家墓地结构分析》，《华夏考古》2018 年第 5 期。

[3]雷兴山、蔡宁：《周原遗址黄堆墓地分析》，《古代文明》（第 12 卷），上海古籍出版社，2018 年。

[4]种建荣：《周原遗址姚家墓地结构分析》，《华夏考古》2018 年第 5 期。

[5]山西省考古研究院、临汾市文物局、翼城县文物旅游局：《山西翼城大河口西周墓地一号墓发掘》，《考古学报》2020 年第 2 期。

有研究。旭光墓地出土的两件彩绘陶器与宝鸡地区周文化不同阶段的彩绘陶器无论在形制上，还是彩绘纹饰上均较为相似。

先周、西周时期的彩绘陶均出土于墓地，时代涵盖各个时期（表一○）。出土地点有北吕墓地[1]、宝鸡南指挥西村墓地[2]、旭光东沙河西路墓地、少陵塬西周墓地[3]、周原墓地[4]。共出土彩绘陶器19件，器形主要有折腹罐、簋，其中折肩罐最多，为17件，陶簋仅2件。

表一○ 先周、西周时期彩绘陶出土情况

	窄折肩罐	广折肩罐	陶簋
先周晚期	北吕ⅡM15：2、ⅣM136：1 南指挥80M106：1	北吕ⅤM34：2	南指挥79M18：2
西周早期	北吕ⅢM15：1、ⅣM135：2 周原ⅣA1M17：15、ⅣA1M17：1 少陵塬M27：1、M171：2		
西周中期	北吕ⅣM241：1、ⅣM228：1、ⅣM223：1 旭光M45：5、M22：2		南指挥79M9：3
西周晚期		北吕ⅤM148：9、ⅤM148：17	

由于北吕周人墓出土彩绘陶器最多，因此我们以该墓地报告中折肩罐的型、式划分标准，对这批折肩罐进行分型定式。这批彩绘折肩罐可分为窄折肩罐和广折肩罐。其中广折肩罐仅3件（北吕墓地的ⅤM34：2、ⅤM148：17、ⅤM148：9），其余墓地出土的彩绘折肩罐均为窄折肩罐。

北吕墓地窄折肩罐依据口沿以及肩部的变化可分为四式，属于Ⅰ式的有北吕周人墓的ⅣM136：1微侈口，颈部高长。Ⅱ式微侈口，折肩处已略上移，此式有北吕周人墓的ⅡM15：2、ⅣM135：2、ⅢM15：1，周原遗址的ⅣA1M17：15、ⅣA1M17：1，南指挥西村墓地的80M106：1，少陵塬西周墓地的M27：1、M171：2，旭光墓地的M22：2、M45：5。Ⅲ式口外张，颈肩处以上移，此式有北吕周人墓的ⅣM241：1、ⅣM228：1。Ⅳ式与Ⅲ式相似，唯口部和底部变小，颈肩特别宽（图二一○、二一一）。

广折肩罐有属于北吕周人墓的Ⅰ式1件（ⅤM34：2），敞口，卷沿，圆唇，束颈，鼓腹，腹肥大，平底。Ⅵ式2件（ⅤM148：17、ⅤM148：9）形体扁矮，敞口，卷沿，束颈，斜肩。

陶簋 2件。均出自于凤翔南指挥村墓地，均带盖。均为红陶，器表磨光。饰红彩。79M9：3器盖上有朱绘涡纹，肩部有五周朱绘弦纹；79M18：2肩腹部共有五周朱绘弦纹。

［1］罗西章：《北吕周人墓地》，西北大学出版社，1995年。

［2］雍城考古队：《凤翔南指挥西村周墓的发掘》，《考古与文物》1982年第4期。

［3］陕西省考古研究院：《少陵塬西周墓地》，科学出版社，2009年。

［4］周原考古队：《1999年度周原遗址ⅠA1区及ⅣA1区发掘简报》，《古代文明》（第2卷），文物出版社，2003年。

图二一〇　北吕墓地出土西周彩绘陶罐

1、2.BaⅥ式广折肩罐（ⅤM148：17、ⅤM148：9）　3.AbⅠ式折腹罐（ⅣM136：1）　4~6.AbⅡ式折腹罐（ⅢM15：1、
ⅣM135：2、ⅡM15：2）　7.AbⅢ式折腹罐（ⅣM228：1）　8.AbⅢ式折腹罐（ⅣM241：1）　9.AbⅣ式折腹罐
（ⅣM223：1）

先周、西周彩绘陶以带盖器为主，以平行弦纹为主纹，有的在上腹部的弦纹中部饰以对称圆圈纹或点纹，有的在数道弦纹之间饰斜向短线纹。西周早期以后开始出现了三角纹。

随葬彩绘陶器的墓葬，从墓葬规模上来看，墓葬规模一般比较小，属于小型墓葬，长约2~3、宽约1~2米；绝大部分为一棺，仅3座墓葬为一棺一椁；器物组合以一鬲一罐墓为主，仅个别墓葬出土铜礼器；墓主头向以北为主，葬俗上除周原M17有腰坑外，其余墓葬均无腰坑；一般一座墓葬仅出土一件彩绘陶器，仅两座一棺一椁墓葬随葬两件彩绘陶器。需要注意的在一棺一椁的三座墓葬中，旭光墓地出土两件陶鬲，周原ⅣA1M17出土两件彩绘折腹罐，北吕周人墓ⅤM148亦出土两件折腹罐，似有偶数同形现象，而偶数同形现象，被认为与殷移民的葬俗有关。

目前，与周墓中彩绘陶器时代相近的有寺洼文化、辛店文化、夏家店下层文化、岳石文化。

图二一一　陕西其他地区出土西周彩绘折腹陶罐

1、7.周原（ⅣA1M17：1、ⅣA1M17：15）　2、4.少陵塬西周墓地（M171：2、M27：1）　3、5.旭光墓地（M22：2、M45：5）　6.凤翔南指挥西村墓（80M106：1）

　　寺洼文化主要分布在甘肃中南部和东部，从洮河流域延伸到泾河上游，以及白龙江和嘉陵江上游。绝对年代大约为公元前1600~前700年，彩绘陶器较多的墓地或遗址主要有九站[1]、栏桥[2]、徐家碾[3]。彩绘颜色以黑彩为主，有少量红色、黄色、白彩，纹饰有双勾纹，在双勾之间填以"∧"或"∴"形，在双勾下缀椭圆形、网格纹、圆圈纹等，施彩器形主要有双马

———————————

［1］北京大学考古学系：《甘肃合水九站遗址发掘报告》，《考古学研究》（三），科学出版社，1997年。

［2］甘肃省文物工作队、北京大学考古学系、西和县文化馆：《甘肃西和栏桥寺洼文化墓葬》，《考古》1987年第8期。

［3］中国社会科学院考古研究所：《徐家碾寺洼文化墓地》，科学出版社，2006年。

鞍口罐、壶、罐、鬲、单耳杯等。

辛店文化主要分布在黄河上游及其支流洮河、大夏河、湟水、渭河上游地区，主体年代在公元前 1600~ 前 800 年。彩绘陶器出土较多的有张家咀遗址[1]、莲花台墓地[2]、姬家川墓地[3]。彩绘以黑彩为主，有少量的红彩、白彩及绛紫彩，纹饰主要有连续回纹、宽带纹、宽彩纹、涡纹、双勾纹、"勿"字形纹、菱格纹、连勾纹、"S"纹、垂线纹等，施彩器物有双耳罐、钵、大口双耳罐、双大耳罐、附耳壶。

夏家店下层文化主要分布于北起内蒙古东南的西拉木伦河，南达冀北南缘的拒马河，西起冀西北的葫芦河，东抵辽西医巫间山及天津滨海一线[4]，时代尚有争议，不过较为普遍的认识是其下限不晚于商代早期。夏家店下层文化出土彩绘陶器较为典型的有大甸子墓地[5]，彩绘以黑灰色表面为底色，绘以白、红两色花纹。纹饰主要有植物纹、凤鸟纹、饕餮纹、夔纹，彩绘器形主要有鬲、罐、鼎、壶、尊、簋等。

岳石文化中心区域位于岱海地区，在二里头文化四期岳石文化已经进入到郑州地区[6]，时代为夏至商初。岳石文化至今没有发现墓葬，完整器不多。以泗水尹家城遗址[7]、照格庄遗址[8]为例，彩绘均饰于制作精巧、打磨光滑的泥质器皿上，颜料主要有红、白两色，往往两色相间，图案有逗点纹、卷云纹、虺龙纹、环带纹、折线纹和条带纹。逗点纹数量最多，绘于平底尊、子母口罐腹部和蘑菇钮器盖顶面，或由两三个逗点纹构成一组涡纹，绘于蘑菇钮器盖捉手顶部，卷云纹、虺龙纹仅见于圈足尊、盂和钵的腹部，条带纹发现与豆、圈足尊和纺轮之上，数量较多，折线纹仅见假腹豆的圈足。

辛店文化、寺洼文化以黑彩为主，双勾纹较为普遍，带盖器较少，双耳罐最多，饰双勾纹的马鞍形口沿罐是其特色。夏家店下层文化中彩绘陶纹饰更近似于青铜器上纹饰，以至于多数学者将夏家店下层文化的彩绘陶纹饰与商代青铜器纹饰进行比较研究。岳石文化器形上有较多的带盖器，且带状以及平行带状纹饰较多，色彩以红色为主，与周墓发现的彩绘陶多带盖器、多平行带状纹且均为红色彩绘基本一致。岳石文化是继山东龙山文化之后，岱海地区青铜时代的一支考古学文化，其彩绘陶并不是最早的，当来源于该地早期的考古学文化，因此我们推测旭光墓地先周、西周彩绘陶当与岱海地区古代文化有着莫大的关系。

———————————

[1] 中国社会科学院考古研究所甘肃工作队：《甘肃永靖张家咀与姬家川遗址的发掘》，《考古学报》1980 年第 2 期。

[2] 甘肃省文物工作队、北京大学考古系甘肃实习组：《甘肃临夏莲花台辛店文化墓葬发掘报告》，《文物》1988 年第 3 期。

[3] 中国社会科学院考古研究所甘肃工作队：《甘肃永靖张家咀与姬家川遗址的发掘》，《考古学报》1980 年第 2 期。

[4] 陈平：《夏家店下层文化研究综述》，《北京文物与考古》（第五辑），北京燕山出版社，2002 年。

[5] 中国社会科学院考古研究所：《大甸子——夏家店下层文化遗址与墓地发掘报告》，科学出版社，1996 年。

[6] 韩佳佳、廖小荣：《夏商时代中原地区东方文化因素分析》，《河南博物院院刊》2021 年第 2 期。

[7] 山东大学历史系考古学专业教研室：《泗水尹家城》，文物出版社，1990 年。

[8] 中国社会科学院考古研究所山东队、烟台市文物管理委员会：《山东牟平照格庄遗址》，《考古学报》1986 年第 4 期。

彩绘陶是直接从彩陶发展而来的，进入龙山文化以后，黑灰陶器的大量出现，以黑彩为主体特征的中原仰韶文化丧失了存在的条件，以多色彩见长的彩绘陶却能迎合人们的需要[1]。如果说新石器时代的彩陶是礼器，那么随后而来的彩绘陶是不是也作为礼器在使用呢？彩绘陶由于彩绘容易脱落，不可能作为实用器，实际上除大汶口文化、岳石文化外，其余彩绘陶均出自于墓葬中，这本身就预示着这种精心磨光的器物的丧葬、祭祀属性。王天艺在研究陶寺文化中彩陶与墓葬的关系时认为陶寺遗址的彩绘陶器专用于高等级墓葬，彩绘陶器具有等级指示性[2]。周文化发现的这批彩绘陶器墓葬规模普遍较小，出土随葬品以陶器为主，但是有两座规模较大的墓葬在出土青铜礼器的同时还出土了两件彩绘陶器，这是否预示着周文化的彩绘陶器也具有等级指示性？只不过是由于目前发掘出土的彩绘陶器数量较少，资料还不太充分，我们难以窥其全貌而已。

［1］李宗山：《海岱地区史前彩陶与彩绘陶初论》，《考古学报》1996 年第 3 期。
［2］王天艺：《从彩绘陶器看陶寺文化的丧葬与社会》，《考古学集刊》（第 24 集），社会科学文献出版社，2021 年。

附表一　先周、西周墓葬登记表

（长度单位：米）

墓号	分期	墓向	墓葬形制	墓室（长、宽、深）			葬具	墓主	葬式	头向	随葬器物
M1	西周早期前段									不明	铜卣1，马镳1组，马衔1，当卢1
M2	西周早期前段	355°	长方形竖穴土坑墓	长3.10	宽2.26	深2.70	一棺一椁		仰身直肢	北	铜鼎1，簋1，觯1；陶鬲1，罐1；原始瓷瓶1；玉璧1，玉璜1，玉鱼7，玉蚕1；蚌泡1组（漆器上）；蛤蜊1组；串饰1组
M3	西周早期后段	355°	长方形竖穴土坑墓	长3.36	宽3.50	深3.70	一棺一椁		仰身直肢	北	铜鼎1，簋1，车軎2，车辖1组，马镳1组，当卢1组，车轴饰1组，圆泡4组，方泡3组，兽头形泡1组，尖状器1组，扣形器1组，戈1，铴1（漆盾上）；陶鬲1；玉璧1，玉手握2，玉斧1，玉饰1；漆器（蚌泡）1；蚌壳1组
M4	西周早期后段	355°	圆角长方形竖穴土坑墓	墓口长3.08 墓底长3.20	宽2.36 宽2.48	深4.10	一棺一椁		仰身直肢	北	铜鼎1，壶1，觯1；陶鬲1，罐1；玉璧1，玉璜1，玉戈3，玉蝉1，玉鱼1；漆器3；蚌鱼1组，蛤蜊1组；砺石1；串饰4组；金箔片1组；绿松石片1组；骨器1
M8	西周中期前段	354°	长方形竖穴土坑墓	长3.30	宽2.16	深2.70	一棺一椁		仰身直肢	北	铜斗1；陶鬲1，罐1；玉璜1，玉鱼2，玉凤鸟1，玉鸟1，圆饼形玉饰1，长条形玉饰1；漆器1；柱状石器1；串饰1组；海贝1组，蛤蜊1组
M9	西周中期后段	355°	长方形竖穴土坑墓	长2.40	宽1.30	深2.10	一棺	男，成年	仰身直肢	北	陶鬲1；蚌器1组
M10	西周早期前段	352°	长方形竖穴土坑墓	长2.80	宽1.50	深2.00	一棺		仰身直肢	北	铜泡1；陶鬲1；蚌壳1组
M11	西周中期前段	360°	长方形竖穴土坑墓	长2.30	宽1.30	深2.00	一棺一椁		仰身直肢	北	陶鬲1，罐1；骨器1组
M16	无法判定年代	165°	长方形竖穴土坑墓	墓口长2.80 墓底长2.92	宽1.50~1.56 宽1.62~1.66	深1.64	一棺一椁		仰身直肢	南	铜戈2，泡1
M17	西周早期前段	10°	长方形竖穴土坑墓	长3.24	宽1.85~2.02	深2.50	一棺		仰身直肢	北	铜鼎1，戈1，泡1；陶鬲2；蚌泡2件（组），蚌壳1组
M20	西周早期后段	26°	长方形竖穴土坑墓	墓口长3.50 墓底长3.90	宽2.00 宽2.50	深3.60	一棺一椁		仰身直肢	北	铜鼎1，觯1；陶鬲2，罐1；玉琮1；串饰1组；海贝1组，蛤蜊1组，龟甲1组

续附表一

墓号	分期	墓向	墓葬形制	墓室（长、宽、深）			葬具	墓主	葬式	头向	随葬器物
M21	无法判定年代	33°	长方形竖穴土坑墓	长 2.20	宽 1.06	深 0.64	一棺	性别不明，20~35	仰身直肢	北	无
M22	西周早期前段	13°	长方形竖穴土坑墓	墓口长 2.28 / 墓底长 2.30	宽 1.00 / 宽 1.24	深 1.90	一棺	女，20~30	仰身直肢	北	铜戈 1；陶鬲 1，罐 1
M23	西周早期后段	15°	圆角长方形竖穴土坑墓	长 2.50	宽 1.42	深 1.30	一棺		直肢	北	陶鬲 1
M24	西周早期后段	110°	圆角长方形竖穴土坑墓	长 2.60	宽 1.20~1.40	深 1.70	一棺	性别不明，成年	直肢	东	陶鬲 1，簋 1，罐 1，壶 1；蛤蜊 1 组
M25	西周早期后段	335°	长方形竖穴土坑墓	长 2.66	宽 1.30	深 2.00	一棺	男，成年	仰身直肢	北	陶鬲 1
M26	西周早期前段	2°	长方形竖穴土坑墓	墓口长 2.80 / 墓底长 3.10	宽 1.56~1.60 / 宽 1.96	深 3.60	一棺一椁	男，成年	仰身直肢	北	铜簋 1，鬲 1，觯 1，戈 4 件（组），弓形器 1，銮铃 2，泡 5 件（组），当卢 2；陶鬲 2；玉鸭 1；骨器 1；海贝 1 组，蚌泡 1，蚌壳 1 组
M27	西周早期前段	260°	长方形竖穴土坑墓	墓口、底均为 2.30	宽 1.16 / 宽 1.24	深 1.60	一棺	女，40~50	仰身直肢	西	陶罐 1
M28	先周晚期	278°	长方形竖穴土坑墓	墓口长 2.00 / 墓底长 2.20	宽 1.00 / 宽 1.20	深 1.30	一棺	女，40~50	仰身直肢	西	陶鬲 1，罐 1
M29	西周早期后段	22°	长方形竖穴土坑墓	墓口长 2.50 / 墓底长 2.60	宽 1.30 / 宽 1.60	深 3.00	一棺	性别不明，成年	仰身直肢	北	铜鱼 2 组；陶鬲 2，罐 1，簋 1，纺轮 1；串饰 1 组；蚌鱼 1 组，蚌泡 1 组，海贝 1 组，螺壳 1，蛤蜊 2 组
M30	西周早期前段	280°	长方形竖穴土坑墓	长 2.30	宽 1.00	深 1.10	一棺	男，30~40	仰身直肢	西	陶鬲 1，罐 1，纺轮 1；蛤蜊 1 组
M31	西周早期前段	196°	圆角长方形竖穴土坑墓	墓口长 3.40 / 墓底长 2.60	宽 2.20~2.34 / 宽 1.60	深 1.60	一棺一椁	男，成年	仰身直肢	南	铜鬲 1，戈 2，銮铃 4，车軎 2，车辖 2，泡 2；陶鬲 2；石器 1；蚌泡 2 组，蛤蜊 5 组
M32	先周晚期	30°	长方形竖穴土坑墓	长 3.60	宽 2.60~2.88	深 2.90	一棺一椁	男，中年；不明	仰身直肢	北	铜鼎 2，戈 4，戟 1，钖 1，车軎 4，銮铃 7，泡 4 件（组），璇玑状饰 1 组，面具 1；陶鬲 1；玉饰 1；石杵 1；海贝 2 组

续附表一

墓号	分期	墓向	墓葬形制	墓室（长、宽、深）			葬具	墓主	葬式	头向	随葬器物
M33	西周早期后段	26°	长方形竖穴土坑墓	长 2.60	宽 1.30	深 1.90	一棺		仰身直肢	北	铜戈 2，铜泡 1；陶鬲 2；蚌壳 1 组
M34	西周早期前段	14°	长方形竖穴土坑墓	长 2.50	宽 1.30	深 2.20	一棺		仰身直肢	北	陶罐 1；串饰 1 组
M35	西周早期后段	20°	长方形竖穴土坑墓	长 2.20	宽 1.20	深 1.10	一棺		仰身直肢	北	陶鬲 1
M36	无法判定年代	26°	圆角长方形竖穴土坑墓	长 2.50	宽 1.30	深 0.60	一棺	男，成年	仰身直肢	北	铜戈 1
M39	西周早期后段	126°	圆角长方形竖穴土坑墓	长 2.30	宽 1.60	深 1.10	一棺	性别不明，15~20	仰身直肢	东	陶鬲 2
M40	西周中期前段	21°	长方形竖穴土坑墓	长 2.40	北部宽 1.06　南部宽 1.26	深 2.40	一棺	性别不明，成年	仰身直肢	北	陶鬲 1，罐 1；骨器 1 组
M41	西周早期后段	280°	圆角长方形竖穴土坑墓	长 2.60	东部宽 1.10　西部宽 1.30	深 1.20	一棺		仰身直肢	西	铜戈 1；陶鬲 1
M43	西周早期后段	11°	圆角长方形竖穴土坑墓	长 2.00	宽 1.20~1.24	深 0.50	一棺	女，14~19	葬式不明	北	陶鬲 1，罐 1；串饰 1 组；海贝 1 组
M44	无法判定年代	274°	圆角长方形竖穴土坑墓	长 2.30	宽 1.30	深 0.90	一棺	性别不明，35~40	仰身直肢	西	铜戈 1；蚌壳 1 组
M45	西周早期后段	2°	长方形竖穴土坑墓	墓口长 3.00　墓底长 3.60	宽 2.00　宽 2.40	深 4.50	一棺一椁	女，中年	仰身直肢	北	铜鼎 1，簋 1；陶鬲 2，罐 1，觯 1；串饰 1 组；骨饰 1 组，骨器 1；蚌壳 1 组，蛤蜊 1 组
M46	西周中期前段	270°	长方形竖穴土坑墓	长 2.40	宽 1.24	深 0.50	一棺	性别不明，成年	仰身直肢	西	铜戈 1；陶鬲 1
M49	无法判定年代	345°	长方形竖穴土坑墓	长 2.80	宽 1.50	深 0.95	一棺	女，40~50	仰身直肢	北	无
M50	无法判定年代	不明（南北向）	长方形竖穴土坑墓	墓口长 3.45　墓底长 3.90	宽 3.35　宽 3.60	深 2.50	一棺一椁	男，40~45	二次葬	不明	铜戈 1；玉戈 1
M51	西周中期前段	22°	长方形竖穴土坑墓	墓口长 2.60　墓底长 2.52	宽 1.30　宽 1.18	深 0.86	一棺	不明	仰身直肢	北	陶鬲 1；串饰 1 组

续附表一

墓号	分期	墓向	墓葬形制	墓室（长、宽、深）			葬具	墓主	葬式	头向	随葬器物
M53	西周早期前段	296°	长方形竖穴土坑墓	长 2.50	宽 1.34	深 0.90	一棺	性别不明，成年	仰身直肢	西	陶鬲 1，罐 1；串饰 1 组；蛤蜊 1 组
M55	西周早期后段	183°	长方形竖穴土坑墓	墓口长 2.96	宽 1.65	深 3.86	一棺一椁	性别不明，中年	仰身直肢	南	铜鼎 1，簋 1；陶鬲 2，罐 1；玉片 1，玉玦 1；串饰 4 组；海贝 1 组
				墓底长 3.04	宽 1.85						
M59	西周早期后段	266°	圆角长方形竖穴土坑墓	长 2.80	宽 1.00~1.60	深 1.60	一棺一椁	不明	仰身直肢	西	陶鬲 1
M60	西周早期后段	1°	长方形竖穴土坑墓	长 3.20	宽 2.00	深 2.00	一棺	性别不明，成年	仰身直肢	北	陶罐 1；骨器 2 件（组）；蚌泡 1 组，海贝 1 组，蛤蜊 1 组
M63	无法判定年代	188°	长方形竖穴土坑墓	墓口长 3.00	宽 2.40	深 3.30	一棺一椁		仰身直肢	南	铜戈 1，当卢 1，泡 1 组
				墓底长 2.80	宽 1.90~2.00						
M69	无法判定年代	335°	长方形竖穴土坑墓	长 2.50	宽 1.20	深 0.50	一棺		仰身直肢	北	无
M73	西周早期前段	273°	圆角长方形竖穴土坑墓	墓口长 2.40	残宽 1.30~1.38	深 1.20	一棺		仰身直肢	西	陶鬲 1，罐 1
				墓底长 2.22	残宽 1.14~1.22						
M74	先周晚期	176°	长方形竖穴土坑墓	残长 3.70	宽 2.80	残深 3.00	一棺一椁		仰身直肢	南	铜鼎 3，簋 5，戈 5，戟 3，钺 1，刀 1，弓形器 1，泡 2 组，策柄 2，铜镜 2
84M1	先周晚期	170°	长方形竖穴土坑墓	长 2.6	宽 1.9		一棺一椁		仰身直肢	南	铜甗 1，簋 1；陶鬲 2，罐 1，纺轮 1；漆盘 2；串饰 1 组
84M2	先周晚期			残长 1.1	宽 1.4		一棺				陶罐 1

附表二　东周墓葬登记表

（长度单位：米）

墓号	分期	墓向	墓葬形制	墓室（长、宽、深）			葬具	墓主	葬式	头向	随葬器物
M5	战国	265°	长方形竖穴土坑墓	长 2.70	宽 1.30	深 1.90	一棺一椁	男，35~45	侧身屈肢	西	铜带钩 1；陶鬲 1，罐 1，盆 1；石圭 1
M6	战国	284°	长方形竖穴土坑墓	长 2.56	宽 1.44	深 2.36	一棺一椁	男，成年	仰身屈肢	西	铜带钩 1；陶鬲 1，盆 1
M7	战国	268°	长方形竖穴土坑墓	长 2.14~2.20	宽 1.48	深 2.30	一棺一椁		仰身屈肢	西	陶鬲 1，罐 1，盆 1
M13	战国	285°	长方形竖穴土坑墓	墓口长 2.80	宽 1.9	深 4.4	一棺一椁		屈肢	西	铜带钩 1，锛 1；陶鬲 1，罐 1，盆 1，圭 1；石圭 1
				墓底长 2.6	宽 1.7						
M14	战国	272°	长方形竖穴土坑墓	墓口长 3.80	宽 2.40	深 5.20	一棺一椁		仰身屈肢	西	铜带钩 1；陶鬲 1，罐 1，盆 1；石圭 4
				墓底长 3.20	宽 2.00						
M15	战国	265°	长方形竖穴土坑墓	墓口长 2.80	宽 1.80	深 1.60	一棺一椁	男，35~45	仰身屈肢	西	陶鬲 1，罐 1，盆 1
				墓底长 2.60	宽 1.60						
M19	春秋	68°	圆角长方形竖穴石椁墓	长 2.90	宽 1.60	深 1.10	一棺一椁		直肢	东	铜铃 12，马衔 2 副，管具 1，环 2，泡 1 组，小泡 1 组，铜珠 1；金帽顶饰 1，螺旋金盘丝 2，"C"字形金箔 2，长条形金箔 2；绿松石饰 4，玛瑙饰 1，串饰 4 组；骨镳 6，骨扣 2，骨泡 2
M38	战国	272°	长方形竖穴土坑墓	长 2.46	宽 1.60	深 2.90	一棺一椁	不明	屈肢	西	铜带钩 1，铜镯 1，带饰 1；陶罐 1，盆 1，釜 1；骨扣饰 1
M42	战国	270°	偏洞室墓	墓口长 2.60	宽 1.70	深 3.00	一棺		侧身屈肢	西	铜带钩 1；陶罐 5，釜 1
				墓底长 2.50	宽 1.60						
M47	战国	346°	长方形竖穴土坑墓	墓口长 3.46	宽 2.34	深 7.20	一棺一椁	性别不明，成年	侧身屈肢	北	铜剑 1；陶鬲 1，罐 1，盆 1，壶 1，圆陶片 1；石圭 2 组；环首铁削刀 1，铁镯 1
				墓底长 3.32	宽 2.20						
M48	战国	278°	长方形竖穴土坑墓	墓口长 4.20	宽 2.89	深 7.00	一棺一椁		侧身屈肢	西	陶鬲 1，鼎 1，罐 5，壶 1，豆 1；石圭 2 组
				墓底长 3.60	宽 2.40						
M52	战国	264°	长方形竖穴土坑墓	墓口长 3.20	宽 2.00	深 2.74	一棺一椁	不明	屈肢	西	陶罐 1，盆 2；石圭 2
				墓底长 3.22	宽 2.12						

续附表二

墓号	分期	墓向	墓葬形制	墓室（长、宽、深）			葬具	墓主	葬式	头向	随葬器物
M54	战国	270°	长方形竖穴土坑墓	墓口长 4.20	宽 3.00	深 6.70	一棺一椁		仰身屈肢	西	铜带饰 1；陶鼎 1、罐 1、盆 1、釜 1、壶 2、豆 1；石圭 1 组
				墓底长 3.50	宽 2.50						
M56	战国	261°	长方形竖穴土坑墓	长 3.40	宽 2.16	深 2.00	一棺一椁	女，17~19	屈肢	西	铜带钩 1；陶鬲 1、罐 1、盆 1
M57	战国	275°	长方形竖穴土坑墓	墓口长 3.30	宽 2.30	深 4.60	一棺一椁	性别不明，成年	仰身屈肢	西	陶罐 3、釜 1、盆 1；石圭 1 组
				墓底长 3.10	宽 2.10						
M58	战国	280°	长方形竖穴土坑墓	墓口长 3.50	宽 2.15	深 7.00	一棺一椁		仰身屈肢	西	铜带钩 1，削刀 1；陶釜 1、壶 1；石圭 3 组
				墓底长 3.30	宽 1.94						
M61	战国	5°	偏洞室墓	墓口长 2.70	宽 1.96	深 3.12	一棺	女，成年	仰身屈肢	北	无
				墓底长 2.30	宽 1.52						
M62	战国	272°	偏洞室墓	墓口长 3.30	宽 2.20	深 2.40	一棺		屈肢	西	陶罐 3、釜 1、盆 1、壶 1；石圭 1；环首铁削刀 1
				墓底长 2.60	宽 1.60						
M64	战国	182°	长方形竖穴土坑墓	长 2.50	宽 1.70	深 2.10	一棺一椁	性别不明，45~50	仰身屈肢	南	陶罐 1、釜 1、盆 1
M65	战国	282°	长方形竖穴土坑墓	墓口长 3.40	宽 2.00	深 3.85	一棺一椁		屈肢	西	铜带钩 1；陶鬲 1、罐 3、盆 1；石圭 1 组
				墓底长 3.10	宽 1.80						
M66	战国	280°	长方形竖穴土坑墓	墓口长 3.00	宽 1.95	深 4.50	一棺一椁	不明	仰身屈肢	西	铜带钩 2；陶罐 1、釜 1
				墓底长 2.80	宽 1.85						
M67	战国	356°	长方形竖穴土坑墓	墓口长 2.06	宽 1.20	深 1.40	一棺一椁	女，40~50	仰身屈肢	北	陶鬲 1、罐 1、盆 1
				墓底长 2.00	宽 1.12						
M68	战国	20°	长方形竖穴土坑墓	长 2.40	宽 1.46	深 2.76	一棺一椁		侧身屈肢	北	铜带钩 2；陶鬲 1、罐 1、盆 1
M70	战国	10°	长方形竖穴土坑墓	墓口长 3.00	宽 2.00	深 3.20	一棺一椁		仰身屈肢	北	陶罐 1、釜 1、盆 1
				墓底长 2.90	宽 1.82						

续附表二

墓号	分期	墓向	墓葬形制	墓室（长、宽、深）			葬具	墓主	葬式	头向	随葬器物
M71	战国	268°	长方形竖穴土坑墓	长 2.14	宽 1.40	深 2.10	一棺一椁	女，20~35	仰身屈肢	西	陶罐 1，釜 1，盆 1
M72	战国	268°	长方形竖穴土坑墓	墓口长 3.07	宽 2.30	深 3.00	一棺一椁	女，20~35	仰身屈肢	西	铜带钩 1；陶鼎 1，罐 2，盆 1；石圭 3
				墓底长 2.88	宽 1.98						
M75	战国	253°	长方形竖穴土坑墓	长 3.00	宽 1.90	残深 1.40	一棺一椁		屈肢	西	铜带钩 2；陶鼎 1，罐 1，壶 2，瓿 1，豆 1；石圭 1 组
M76	战国	260°	长方形竖穴土坑墓	长 2.70	宽 1.70	残深 1.00	一棺一椁		屈肢	西	铜带钩 1；陶鬲 1，罐 2，盆 1；石圭 1 组

附录一　宝鸡旭光墓地出土人骨的研究

李炎鑫[1]　辛怡华[2]　辛宇[3]　杨张翘楚[1]　赵永生[1]

（1.山东大学文化遗产研究院，2.宝鸡市考古研究所，3.安徽大学历史学院）

旭光墓地位于宝鸡市高新区马营镇旭光村，2018~2020 年宝鸡市考古研究所对旭光墓地展开三次抢救性考古勘探、发掘，共清理墓葬 77 座。墓葬分属先周、西周、东周、汉、唐和宋，其中以西周时期墓葬数量最多，共发掘 42 座，战国其次，共发掘 27 座，先周墓 3 座，春秋、汉、唐墓各 1 座，宋墓 2 座。旭光墓地的发掘，不仅为宝鸡地区西周早期和战国晚期青铜文化研究提供一批珍贵的考古文物资料，而且墓葬中墓主骨骼多有保存，为研究该时期古代居民的健康、饮食、行为等提供了基础。

旭光墓地人骨材料保存情况一般，共计保存 44 例人骨标本，分属 43 座墓葬，人骨保存情况详见表一。旭光墓地出土的人骨材料以西周和战国时期为主，分别为 25 例、14 例，先周、唐代各 1 例，宋代仅 3 例。唐宋时期人骨保存少，不具有统计学意义，且与墓地出土人骨的主体年代相距较远，故对西周、战国时期先民进行研究分析，而唐宋时期人骨材料仅做描述说明。由于先周时期人骨仅 1 例，且时间上与西周接近，故将先周时期人骨并入西周时期人骨进行讨论。本文对旭光墓地出土人骨进行了基本鉴定、健康状况、饮食情况和行为模式等的分析，具体情况如下文。

一　性别和死亡年龄鉴定

本文采用的性别、死亡年龄鉴定方法主要依据朱泓[1]、Suchey-Brooks[2]、Lovejoy[3]在相关著作中提出的标准。

---

［1］朱泓：《体质人类学》，高等教育出版社，2004 年，第 92~106 页。

［2］Brooks S, Suchey JM. Skeletal age determination based on the os pubis: A comparison of the Acsádi-Nemeskéri and Suchey-Brooks methods. *Human Evolution*. 1990, (5): 227–238.

［3］Lovejoy CO, Meindl RS, Pryzbeck TR, et al. Chronological metamorphosis of the auricular surface of the ilium: A new method for the determination of adult skeletal age at death. *American Journal Physical Anthropology*. 1985, 68 (1): 15–28.

表一　旭光墓地人骨保存情况

编号	时代	保存状况
M32	先周	保存部分头骨、大部分牙齿
M9	西周	保存部分肢骨和躯干骨
M21	西周	保存少量牙齿和肢骨残片
M22	西周	保存部分头骨、大部分牙齿和部分肢骨、躯干骨
M24	西周	保存少量脚部骨骼
M25	西周	保存部分头骨、少量下肢骨残片
M26	西周	保存部分头骨、部分肢骨残片
M27	西周	保存部分头骨、少量牙齿、部分肢骨残片和躯干骨残片
M28	西周	保存部分头骨、大部分牙齿和肢骨、躯干骨
M29	西周	仅保存少量脚部骨骼
M30	西周	保存部分头骨、少量肢骨残片和脚部骨骼
M31	西周	保存部分下肢骨残片和脚部骨骼
M36	西周	仅保存下肢骨骼
M39	西周	保存部分头骨、大部分牙齿和少量肢骨残片
M40	西周	仅保存少量脚部骨骼
M43	西周	保存部分头骨、大部分牙齿和部分下肢骨
M44	西周	保存部分头骨和少量牙齿
M45	西周	保存下肢骨和部分躯干骨
M46	西周	仅保存脚部骨骼
M49	西周	保存部分头骨残片、少量牙齿、部分肢骨和躯干骨
M50	西周	保存部分头骨残片、少量牙齿、肢骨和部分躯干骨
M51	西周	保存两块人骨残片、一颗牙冠残块
M53	西周	仅保存少量脚部骨骼
M55	西周	保存部分头骨残片、少量肢骨残片和躯干骨
M59	西周	仅保存一块椎体残块和三块肋骨残块
M60	西周	保存部分头骨残片、部分下肢骨
M5	战国	保存有全身骨骼
M6	战国	保存下肢骨和部分椎骨
M15	战国	保存部分头骨、牙齿，其余骨骼基本保存
M38	战国	仅保存上颌右侧 M3

续表一

编号	时代	保存状况
M47	战国	保存少量下肢骨残片
M52	战国	仅保存部分头骨残片
M56	战国	保存部分头骨、牙齿、下肢骨和躯干骨
M57	战国	保存少量牙齿和肢骨残片
M61	战国	保存部分头骨、牙齿和肢骨
M64	战国	保存极少骨骼
M66	战国	保存少量肢骨残片
M67	战国	保存部分肢骨和少量牙齿
M71	战国	保存部分头骨、部分牙齿和少量肢骨
M72	战国	保存部分头骨、部分牙齿和少量肢骨残片
M37	唐	保存部分头骨、少量牙齿、部分下肢骨和躯干骨
M12	宋	保存部分头骨、少量牙齿和部分下肢骨
M18-1	宋	保存部分头骨、少量牙齿、部分肢骨和躯干骨
M18-2	宋	保存部分头骨、部分牙齿、肢骨和躯干骨

　　本文中 15 岁以下个体一般不做性别鉴定，仅通过其牙齿萌出状况和肢骨骨骺的愈合情况判断年龄[1]。由于一般个体的发育，性别的分化开始于胚胎第五、六周，然而这种性别二分现象在未成年人群的骨骼上无法充分表现出来，直至青春期骨骼变化才开始出现，这就意味着我们无法从骨骼材料上直接获得未成年人的性别信息。同时由于青少年向成年人过渡界限的模糊和复杂[2]，且时序或生物年龄模糊不清[3]，Peter Xenos 为方便研究[4]，将青年定义为 15~24 岁，即青少年向成年过渡的时间是从青春期开始至第一次婚姻或第一次生育之间的时间段。虽然这是对一个复杂问题的简单化，但不失为一种方便开展体质研究的手段。因此，为方便研究和讨论，本文结合朱泓年龄分期表示法中对青年期个体（15~23 岁）的定义[5]，将其年龄分期的下限作

［1］朱泓：《体质人类学》，高等教育出版社，2004 年，第 97、98、102、103 页。

［2］Arise, P. *Centuries of Childhood*. New York: Vintage. 1962.

［3］戚昕：《中国文化背景下关于成年的界定及其不同年龄群体间的差异》，山东师范大学硕士学位论文，2004 年，第 18、19 页。

［4］Xenos Peter. The social demography of Asian youth populations: A analysis of Projections to 2010 Background Paper No. 3, *Analysis of Population Trends and Projections in Asia 1980-2010*. Honolulu: East-West Population Institute. 1990.

［5］朱泓：《体质人类学》，高等教育出版社，2004 年，第 106 页。

为个体体质上成年的标准，即：15 岁及其以上的个体判定为成年个体。

除以上鉴定标准外，对年龄的鉴定还参考了 Meindl & Lovejoy[1]、丁世海[2]在有关著作中依据牙齿磨耗和颅骨骨缝愈合情况的判定依据，最终给予一个合理的年龄区间。根据以上标准对旭光墓地出土人骨进行了性别年龄鉴定，具体结果见表二。

表二　旭光墓地出土人骨性别和死亡年龄鉴定表

出土单位	时代	性别	年龄	出土单位	时代	性别	年龄
M32	先周	男	中年	M53	西周	—	成年
M9	西周	男	成年	M55	西周	—	中年
M21	西周	—	30~35	M59	西周	—	—
M22	西周	女	20~30	M60	西周	—	成年
M24	西周	—	成年	M5	战国	男	35~45
M25	西周	男	成年	M6	战国	男	成年
M26	西周	男	成年	M15	战国	男	35~45
M27	西周	女	40~50	M38	战国	—	—
M28	西周	女	40~50	M47	战国	—	成年
M29	西周	—	成年	M52	战国	—	—
M30	西周	男	30~40	M56	战国	女	17~19
M31	西周	男	成年	M57	战国	—	成年
M36	西周	男	成年	M61	战国	女	成年
M39	西周	—	15~20	M64	战国	—	45~50
M40	西周	—	成年	M66	战国	—	—
M43	西周	女	14~19	M67	战国	女	40~50
M44	西周	—	35~40	M71	战国	女	20~35
M45	西周	女	中年	M72	战国	女	20~35
M46	西周	—	成年	M37	唐	男	30~35
M49	西周	女	40~50	M12	宋	女	20~30
M50	西周	男	40~45	M18-1	宋	男	40~45
M51	西周	—	—	M18-2	宋	女	30~40

［1］Meindl RS, Lovejoy CO. Ectocranial suture closure: A revised method for the determination of skeletal age at death based on the lateral-anterior sutures. *American Journal of Physical Anthropology*. 1985, 68(1): 57–66.

［2］丁世海：《人体骨学研究》，科学出版社，2021 年，第 83 页。

（一）性别结构分析

旭光墓地西周居民可鉴定性别的个体中，男性 8 例，女性 6 例，性别不明 12 例，鉴定率 53.85%（14/26）；战国居民中男性 3 例，女性 5 例，性别不明 6 例，鉴定率为 57.14%（8/14）。

同时，为进一步了解旭光先民的人口结构，本文分别计算了旭光不同时期居民的性别比。性别比（r_s）一般指的是一个人口中每百名女性人数（n_f）相对应的男性人数（n_m），其计算公式为：$r_s=（n_m/n_f）×100$[1]。经计算，旭光墓地西周居民性别比为 133（8/6×100），战国居民为 60（3/5×100）。

但是，由于在埋葬过程、骨骼保存和人骨性别鉴定三个过程中确有发生性别畸变的可能，因此不能把墓地人骨性比的鉴定结果简单地等同于墓地主人原始人群的实际性比[2]。同时需要注意的是，性别比的正常空间只有在样本规模足够大、随机误差很小的情况下才有意义[3]，尤其是在旭光墓地出土人骨中可鉴定性别的个体数量很少的情况下，计算的性别比可能不具有统计学意义。

（二）死亡年龄结构分析

本文参照《体质人类学》中对年龄的划分，将旭光墓地居民的死亡年龄分为婴儿期（0~2 岁）、幼儿期（3~6 岁）、少年期（7~14 岁）、青年期（15~23 岁）、壮年期（24~35 岁）、中年期（36~55 岁）和老年期（56 岁以上）七个阶段[4]，对于骨骼保存情况较差以致缺乏明确年龄标志的个体，仅记录为"成年"和"未成年"。旭光墓地西周居民 26 例人骨标本中年龄阶段明确的个体有 13 例（男性 3 例，女性 6 例，无法鉴定 4 例），鉴定率为 50.00%（13/26），成年个体（具体年龄不详）11 例，无法鉴定 2 例，详细结果见表三。平均死亡年龄 39.00 岁（包括未成年个体），男性平均死亡年龄 41.00 岁，女性平均死亡年龄 37.00 岁。

旭光墓地战国居民 14 例人骨标本中年龄阶段明确的个体有 7 例（男性 2 例，女性 4 例，无法鉴定 1 例），鉴定率为 50.00%（7/14），成年个体（具体年龄不详）4 例，无法鉴定 3 例，详细结果见表四。居民平均死亡年龄 35.75 岁，男性平均死亡年龄 40.00 岁，女性平均死亡年龄 31.50 岁。

由表三、四可看出，旭光墓地西周、战国古代居民的死亡年龄主要集中在中年期，占 61.54%（8/13）、57.14%（4/7），并且其中均未见未成年个体和老年期个体。熊建雪在对关中

[1] 朱泓：《体质人类学》，高等教育出版社，2004 年，第 106 页。

[2] 陈铁梅：《中国新石器墓葬成年人骨性比异常的问题》，《考古学报》1990 年第 4 期。

[3] 宋健：《人口统计学》，中国人民大学出版社，2019 年，第 56~58 页。

[4] 朱泓：《体质人类学》，高等教育出版社，2004 年，第 106 页。

表三　旭光墓地先周、西周居民性别及死亡年龄分布统计表

年龄阶段	男（%）	女（%）	性别不明（%）	合计（%）
婴儿期（0~2）	0（0.00）	0（0.00）	0（0.00）	0（0.00）
幼儿期（3~6）	0（0.00）	0（0.00）	0（0.00）	0（0.00）
少年期（7~14）	0（0.00）	0（0.00）	0（0.00）	0（0.00）
青年期（15~23）	0（0.00）	1（16.66）	1（25.00）	2（15.38）
壮年期（24~35）	1（33.33）	1（16.66）	1（25.00）	3（23.08）
中年期（36~55）	2（66.67）	4（66.67）	2（50.00）	8（61.54）
老年期（56~X）	0（0.00）	0（0.00）	0（0.00）	0（0.00）
合计	3（100.00）	6（100.00）	4（100.00）	13（100.00）
未成年（年龄不详）	0	0	0	0
成年（年龄不详）	5	0	6	11
无法判定	0	0	2	2
总计	8	6	12	26

表四　旭光墓地战国居民性别及死亡年龄分布统计表

年龄阶段	男（%）	女（%）	性别不明（%）	合计（%）
婴儿期（0~2）	0（0.00）	0（0.00）	0（0.00）	0（0.00）
幼儿期（3~6）	0（0.00）	0（0.00）	0（0.00）	0（0.00）
少年期（7~14）	0（0.00）	0（0.00）	0（0.00）	0（0.00）
青年期（15~23）	0（0.00）	1（25.00）	0（0.00）	1（14.29）
壮年期（24~35）	0（0.00）	2（50.00）	0（0.00）	2（28.57）
中年期（36~55）	2（100.00）	1（25.00）	1（100.00）	4（57.14）
老年期（56~X）	0（0.00）	0（0.00）	0（0.00）	0（0.00）
合计	2（100.00）	4（100.00）	1（100.00）	7（100.00）
未成年（年龄不详）	0	0	0	0
成年（年龄不详）	1	1	2	4
无法判定	0	0	3	3
总计	3	5	6	14

地区周秦时期人口平均预期寿命的比较中[1]，发现多个遗址中均未发现未成年个体，认为其可能与特殊的埋葬习俗有关，即：未成年人与成年人分开埋葬。未见老年期个体可能受限本文选取的年龄鉴定方法会造成对高年龄者寿命低估的影响。

二　古病理观察

古病理学是一门研究疾病在较长时间内的演变和发展过程及人类对周围环境变化的适应性的学科[2]，旨在通过对古代人类遗骸上反映出的病理现象进行观察和分析，为探究古代居民的生活方式、生存环境、健康状况提供重要线索。本文通过对旭光墓地古代居民的口腔健康状况、营养代谢类疾病、非特异性感染等病理状况的分析，试图探究旭光墓地古代居民的健康状况、生存压力和行为模式。

（一）口腔疾病

1. 龋病

龋病是最常见的牙体牙髓病，指在以细菌为主的影响下，牙无机物脱矿、有机物分解，导致牙硬组织慢性破坏的一种疾病[3]，它使牙齿表面产生模糊的斑点或形成较大的洞[4]。由于龋齿是一种显著存在累积性效应的疾病，死者的牙齿必然是其一生中最严重的状态[5]，因此对古代人群患龋情况的研究，有助于揭示古人的食物类型、饮食习惯及生存条件等问题。

本文的观察方法和标准采用 Metress 和 Conway 观察青台人群龋病时建立的标准等级进行划分[6]，标准如下：

1——龋病使牙釉质产生轻微裂隙（如点状病损）。

2——龋病到达本质，但对牙冠体积破坏少于一半。

3——龋病到达本质，并破坏牙冠的一半或以上。

4——龋病使牙齿髓腔暴露或仅剩残冠、残根。

另外，本文主要通过计算患龋率、龋齿率、龋均来比较旭光墓地先民龋病流行的广度和深度，计算公式如下：

---

[1] 熊建雪：《关中地区周秦时期人类体质健康状况研究》，西北大学硕士学位论文，2016 年，第 25~27 页。
[2] 〔英〕夏洛特·罗伯茨、基思·曼彻斯特著，张桦译：《疾病考古学》，山东画报出版社，2010 年，第 245~254 页。
[3] 于世风：《口腔组织病理学》（第七版），人民卫生出版社，2012 年，第 157 页。
[4] 〔英〕夏洛特·罗伯茨、基思·曼彻斯特著，张桦译：《疾病考古学》，山东画报出版社，2010 年，第 71 页。
[5] 侯侃：《山西榆次高校园区先秦墓葬人骨研究》，吉林大学博士学位论文，2017 年，第 132~139 页。
[6] Metress JF, Conway T. Standardized system for recording dental caries in prehistoric skeletons. *Journal of Dental Research*, 1975, 54 (4): 908.

$$患龋率 = 患龋病个体数 / 总人口数 × 100\%$$

$$龋齿率 = 患龋牙齿数 / 总牙齿数 × 100\%$$

$$龋均 = 患龋牙齿数 / 总人口数$$

旭光墓地出土人骨中共有 19 例个体的 207 颗牙齿可供龋病观察，其中西周居民 11 例个体，123 颗牙齿；战国居民 8 例个体，84 颗牙齿。19 例个体中，共 11 例个体发现龋齿 22 颗，总患龋率为 57.89%（11/19），总龋齿率为 10.63%（22/207），总龋均为 1.16（22/19）。其中西周居民共 8 例个体发现龋齿 13 颗，患龋率为 72.72%（8/11），龋齿率为 10.57%（13/123），龋均为 1.18（13/11）；战国居民共 3 例个体发现龋齿 8 颗，患龋率为 37.50%（3/8），龋齿率为 9.52%（8/84），龋均为 1.00（8/8）（图一，2）。由此可见，旭光墓地西周居民各项数据均高于战国居民，其中两组居民的患龋率差异最为明显。

为进一步了解旭光先民牙齿龋病程度的差异，本文分别对其患龋程度进行了统计，详细结

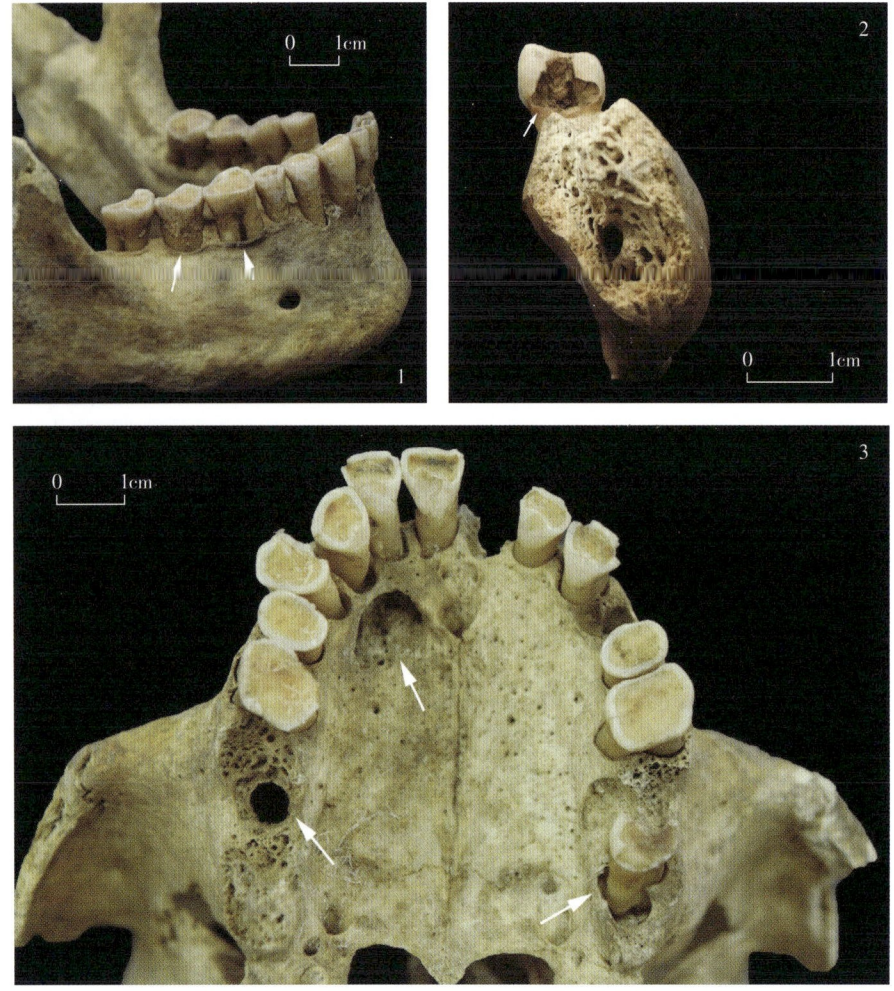

图一　旭光墓地先民古病理观察

1. M5 牙周炎　2. M67 龋齿　3. M5 根尖脓肿

表五　旭光墓地先民牙齿龋损程度统计表

时代	1级	2级	3级	4级	总数
西周	8	3	1	1	13
战国	0	4	4	0	8
合计	8	7	5	1	21

果见表五。西周居民牙齿患龋程度以Ⅰ级为主，占 61.54%（8/13）；战国居民牙齿患龋程度仅见Ⅱ级和Ⅲ级，各占 50.00%（4/8）。由此可见，战国居民的患龋程度重于西周居民。

　　进入全新世以来，随着农业经济的发生和发展，食物结构中碳水化合物比重的增加，龋齿发病率在古代居民中突增[1]。Turner 对绳文时代中晚期的日本居民牙齿情况进行了分析，发现其龋病多发，推测绳文人可能存在芋头等块茎类植物的开发或种植，Turner 还梳理了全球范围古今居民牙齿龋病率（龋病牙数/受检牙数）与经济类型的关系，狩猎—采集型居民发病率在 0%~5.3%，混合型经济居民为 0.44%~10.3%，农业型经济居民为 2.3%~26.9%[2]。Lukacs 在研究印度河河谷哈拉帕遗址青铜时代居民牙齿情况时进一步梳理了南亚地区古代居民的龋病情况，史前时期居民牙齿龋病率为 0~1.4%，青铜时代居民为 1.4%~6.8%，而铁器时代混合型经济居民为 4.4%~7.7%[3]。国内也有学者关注到龋病与古代居民生业经济的关系。何嘉宁对比国内古代居民的统计数据分析指出，牙齿龋病率和经济文化类型存在密切的联系，相对发达农业经济的人群，其变化范围是 4.3%~14.8%；以游牧为主的人群最低，为 0.2%~0.9%；原始农业经济形态人群的牙齿龋齿率居中，范围为 1.2%~8.3%；半农半牧的人群变异范围很大，介于 0.5%~10.7% 之间[4]。张旭在研究内蒙古中南部先秦两汉时期居民龋病时，也发现龋病与生业模式的密切关系，以农业经济为主的人群龋齿发病率最高[5]。根据上文所计算的旭光墓地先民龋齿率，西周和战国居民龋齿率均位于相对较发达农业文化人群的区间内。西周时期，劳动者的生产技术不断提高，主要表现在田间管理技术如除草、灌溉、灭虫等的出现，作物类型的出现和良种概念的建立，农时的掌握，作为农业技术的基本内容——耕作栽培、育种等方面，在西周时期已基本形成，标志着我国农业技术已经脱离原始的状态[6]。同时，王哲在对坡地遗址

［1］曾祥龙：《人类进化中的口腔疾病——中国古代居民口腔疾病的发现》，《中华口腔医学杂志》2015 年第 50 卷第 5 期。

［2］Turner CG, Dental anthropological indications of agriculture among the Jomon People of central Japan:X. Peopling of the Pacific. *American Journal of Physical Anthropology*, 1979, 51: 619–636.

［3］Lukacs JR, Dental paleopathology and agricultural intensification in South Asia:new evidence from Bronze age Harappa. *American Journal of Physical Anthropology*, 1992, 87: 133–150.

［4］何嘉宁：《中国北方古代人群龋病及与经济类型的关系》，《人类学学报》2004 年第 23 卷增刊。

［5］张旭：《内蒙古中南部先秦两汉时期人群龋病与生业模式初探》，《农业考古》2020 年第 1 期。

［6］刘军社：《陕西宝鸡地区西周农业考古概况及其相关问题》，《农业考古》1992 年第 1 期。

战国晚期秦人平民牙结石中淀粉粒和植硅体的分析中，发现其饮食构成中具有多种植物性食物来源，并得出关中地区自新石器时代至东周时期，先民主要的植物性食物来源始终为粟黍等小米类植物，食物结构中同样有小麦、大豆等其他食物来源，呈现出植食性食物来源多样化的结论[1]。以上都说明，旭光墓地代表的西周至战国时期先民的经济均为相对较发达的农业经济。

同时，食物与龋齿的关系十分密切，随着人类进化过程中精细碳水化合物和食糖摄入量的增加，龋病的发病机会和程度也进一步加深[2]。战国中晚期秦人通过商鞅变法，在土地制度等方面进行了改革，促进了农业生产工具和技术的革新与推广，进一步推动了生产关系的变革[3]。秦国铁官的设置不仅保证农具供应农业活动的需求，也说明当时农业生产管理专门化已经开始出现[4]。晚期秦人在关中地区开凿郑国渠保证了关中地区的农业用水，使得关中地区粟作农业不断发展，人们有机会获得更多的碳水化合物。战国居民的患龋程度较深，且明确年龄的个体均为中年期，如同上文所说，龋齿具有累积性效应，战国居民一生中相较于西周居民更多的碳水化合物摄入量可能解释了其患龋程度较深的原因。但鉴于战国居民患龋病例仅集中在3例个体中，其较低的患龋率可能只是反映出先民个体的饮食偏好，也可能只是样本数量较小导致的偏差。《左传·僖公二十二年》"秋，秦、晋迁陆浑之戎于伊川"[5]的记载，以及战国晚期关中地区发现的大量西戎遗存，都说明自春秋时期起，便有像陆浑这样的戎人在秦国的移民政策下，迁徙到中原地区以便于统治，其可能保留有原来游牧人群的饮食习惯。有研究表明，肉类所含的脂肪、氟等营养成分能够抑制牙菌斑的形成，减少龋病发生[6]。综上所述，或许可将旭光战国居民较低的患龋率归因为与游牧民族的饮食习惯有关，但目前由于资料有限，仅是一种推测，应当结合考古背景和墓葬信息进行讨论。

2. 牙周病

牙周病是一种常见发生在齿槽骨、累及牙龈、牙周组织及牙齿的口腔类炎症[7]，使牙周支持组织遭到破坏，进行性附着丧失和牙槽骨吸收，最后可导致牙齿松动和脱落[8]。目前普遍认

［1］王哲：《关中地区战国晚期秦人饮食结构研究——以西安坡地秦人为例》，郑州大学硕士学位论文，2019年，第36~39页。

［2］周学东：《牙体牙髓病学》（第5版），人民卫生出版社，2021年，第21~22页。

［3］樊志民：《战国农业发展与战国社会变革》，《西北农林科技大学学报》（社会科学版）2002年第4期，第106~108页。

［4］王勇：《从秦简看战国晚期秦国农业生产的技术选择》，《湖南大学学报》（社会科学版）2009年第2期，第17页。

［5］（战国）左丘明：《左传·僖公二十二年》，上海古籍出版社，2016年，第337~343页。

［6］岳松龄：《现代龋病学》，北京医科大学和中国协和医科大学联合出版社，1994年，第159、176~183页。

［7］王一如：《沟湾遗址新石器时代人骨研究》，吉林大学硕士学位论文，2015年，第35~36页。

［8］曹采方：《临床牙周病学》，北京大学医学出版社，2008年，第161~162页。

为牙结石堆积在牙齿、软组织的齿槽骨骼之间的缝隙内是牙周病的主要诱病因素[1]。由于牙周病也是一种累积性疾病，因此对古代人群牙周病患病情况的研究，也有助于了解古代居民的健康、饮食等状况。

对于牙周病的判定，依据釉牙骨质界（cemento-enamel junction，简称为CEJ）与牙槽嵴顶（alveolar crest，简称为AC）的距离超过一定的数值（最常见的是2mm）作为确认人骨样本中牙周病的标准[2]。

旭光墓地出土人骨中，共14例个体保存有牙槽骨且牙齿保留其中，或牙齿可复位，其中西周居民9例，战国居民5例。14例个体中有10例个体患有牙周病，总患病率71.43%（10/14），其中西周居民5例，患病率55.56%（5/9）；战国居民5例，患病率为100.00%（5/5）（图一，1），详细结果见表六。

表六　旭光墓地先民牙周病患病情况统计表

出土单位	时代	性别	年龄	部位
M32	先周	男	中年	上颌右侧 I2—M3 下颌左侧 I1、C—M3，下颌右侧 I1—M3
M22	西周	女	20~30	下颌两侧 I₁，下颌左侧 C
M27	西周	女	40~50	下颌左侧 M2
M28	西周	女	40~50	上颌左侧 I1、C—M2，上颌右侧 I1、PM1、PM2 下颌左侧 I2、PM1、M1、M2，下颌右侧 I2—M3
M49	西周	女	40~50	下颌两侧 M2
M5	战国	男	35~45	上颌左侧 I2、C、PM2—M3，上颌右侧 I1—M1 下颌左侧 I2、PM2—M3，下颌右侧 I1—M3
M15	战国	男	35~45	上颌两侧 I2—M1，下颌左侧 C、M1
M61	战国	女	成年	下颌左侧 PM2、M1，下颌右侧 PM1
M67	战国	女	40~50	上颌右侧 PM2，下颌左侧 M2、M3
M72	战国	女	20~35	上颌左侧 PM2—M3

从统计结果来看，战国居民牙周病患病率远高于西周居民。对于牙周病的流行率问题，Larsen指出，过去那些以植物性碳水化合物饮食为主，或者以加工食品为主的人群都有较高的流行率[3]。王明辉在对贾湖遗址和西坡遗址古代居民牙周病患病原因时也指出维生素C、维生

［1］〔英〕夏洛特·罗伯茨、基思·曼彻斯特著，张桦译：《疾病考古学》，山东画报出版社，2010年，第80页。

［2］侯侃：《山西榆次高校园区先秦墓葬人骨研究》，吉林大学博士学位论文，2017年，第142~149页。

［3］Larsen CS. *Bioarchaeology: Interpreting Behavior from the Human Skeleton*. Cambridge, Cambridge University Press. 1997. pp.79–80.

素 D、钙和磷的缺乏或不平衡、营养不良等都可能导致牙周病的进一步发展[1]。虽然这种病变是由多种原因导致的，但年龄的增长、恶劣的口腔卫生状况和高蔗糖饮食都是主要的诱病因素[2]。旭光墓地先民患有牙周病的个体基本都集中在中年期，在年龄上并无太大差异，这可能说明战国居民食物结构中的碳水化合物比重高于西周居民，蔗糖和淀粉类食物的大量摄入不仅导致了居民口腔健康状况的恶化，也导致了居民营养摄入单一，造成了营养不良。同时需要注意，单从牙周病罹患情况看古代人群的饮食健康还是比较困难的，需要综合考察其他一些与营养代谢相关的病理现象[3]。

3. 根尖脓肿

根尖脓肿是指发生在牙齿牙根部的骨骼侵蚀，通常是由于牙根管炎症延伸至齿根部，在根尖周围形成脓肿并累及颌骨，令齿槽骨受到损伤而形成空洞，牙齿脱落后可见局部齿槽吸收痕迹的病理现象[4]。牙齿磨耗、龋病、创伤等原因都可以导致病菌通过髓腔通道进入颌骨深处，造成脓肿并穿透骨骼向外溢出，在骨骼上形成瘘道。

对于根尖脓肿的判定、记录标准参考（Buikstra et al., 1994）[5]，具体是上下颌骨发生炎症的部位表现为穿孔，瘘管或牙槽骨上有引流通道，引起颌骨骨质形态改变和缺失。

旭光墓地出土人骨中共有 14 例个体保存有齿槽，其中西周居民 9 例，战国居民 5 例。14 例个体中有 4 例出现根尖脓肿，总患病率为 28.57%（4/14），其中西周居民 1 例，患病率为 11.11%（1/9）；战国居民 3 例，患病率为 60.00%（3/5），详细结果见表七。

表七　旭光墓地先民根尖脓肿患病情况统计表

出土单位	时代	性别	年龄	部位
M49	西周	女	40~50	下颌两侧 C
M5	战国	男	35~45	上颌左侧 M2、M3，上颌右侧 I2、C、PM1、M2、M3
M15	战国	男	35~45	上颌两侧 M2
M61	战国	女	成年	下颌左侧 C、PM1，下颌右侧 M2

［1］王明辉：《中原地区古代居民的健康状况——以贾湖遗址和西坡墓地为例》，《第四纪研究》2014 年第 34 卷第 1 期。

［2］〔英〕夏洛特·罗伯茨、基思·曼彻斯特著，张桦译：《疾病考古学》，山东画报出版社，2010 年，第 81 页。

［3］张晓雯、王子孟、赵永生：《曲阜奥体中心战国两汉与宋代墓地人骨的病理学观察》，《东方考古》（第 15 集），科学出版社，2018 年。

［4］张敬雷：《青海省西宁市陶家寨汉晋时期墓地人骨研究》，吉林大学博士学位论文，2008 年，第 135~137 页。

［5］Buikstra JE, Ubelaker DH. *Standards for Data Collection from Human Skeletal Remains: Proceedings of a Seminar at the Field Museum of Natural History* (Arkansas Archaeology Research Series 44). Fayetteville: Arkansas Archaeological Survey Press. 1994. p. 54.

整体来说，根尖脓肿的出现率与龋齿和磨耗的关系密切，因此也存在累积性效应[1]，应该与年龄增长和患龋程度存在正相关关系[2]。可以看出，在旭光墓地可观察到根尖脓肿的个体基本都为中年个体，这可能说明了牙齿磨耗对根尖脓肿的影响。但由于保存问题，在可见齿槽且有牙齿保留其中的个体上，仅见 M5 患有根尖脓肿的部分存在较为严重的龋病（图一，3），可能对该个体根尖脓肿的发生产生了影响。在发病部位上来看，根尖脓肿的发病部位基本表现出后侧牙齿的高发性，旭光墓地也是如此，根尖脓肿患病部位多位于前臼齿和臼齿，这可能是受牙齿功能区影响产生的结果。

总的来看，随着时间的推移，旭光先民根尖脓肿的患病率不断增加，可能说明了这段时间内旭光先民口腔健康状况的不断恶化。但由于保存问题且并未对全部个体的牙槽骨进行 X 光探查，所以实际患有此类口腔疾病的比例必然要高于统计数据。

（二）营养及代谢类疾病

1. 牙釉质发育不全

牙釉质发育不全是指在牙齿发育期间，由于全身疾患、营养障碍或严重的乳齿根尖周感染所导致的釉质结构异常，常见于门齿和犬齿的颊侧面[3]，且最常见的表现形式为，环绕齿冠表面或深或浅的线状沟槽[4]。牙釉质发育不全本身并不是一种疾病，而是一种非特异性的应激指标，但通常将牙釉质发育不全与营养不良等疾病联系在一起，二者之间有很强的关联性，这就为研究古代居民的生存压力提供了线索。

一般来说，门齿、犬齿、前臼齿的线性釉质缺陷是最显著的，可以通过肉眼观察，而对于臼齿来说，从其咬合面到牙颈部，釉面横纹的间距从宽陡然变窄，这使得臼齿的釉质缺陷常常较难观察到[5]。本文采用的观察方法是在室内明亮光源下，用放大镜观察釉质表面是否存在线状沟槽作为牙釉质发育不全有无的标准。

旭光墓地出土人骨中共有 20 例个体可供观察此类疾病，其中西周居民 12 例，战国居民 8 例。20 例个体中有 13 例出现牙釉质发育不全，总患病率为 65.00%（13/20），其中西周居民 5 例，患病率为 38.46%（5/12）；战国居民在可供观察的 8 例个体中，全部发现有牙釉质发育不全的现象，患病率 100.00%（8/8）（图二，2）。

[1] 聂颖：《新疆石河子十户窑墓群青铜—铁器时代人骨研究》，吉林大学博士学位论文，2022 年，第 181~183 页。
[2] 侯侃：《山西榆次高校园区先秦墓葬人骨研究》，吉林大学博士学位论文，2017 年，第 139~141 页。
[3] 申亚凡、赵永生、方辉等：《济南大辛庄遗址商代居民的牙齿疾病》，《人类学学报》2021 年第 40 卷第 4 期。
[4] 张晓雯、王子孟、赵永生：《曲阜奥体中心战国两汉与宋代墓地人骨的病理学观察》，《东方考古》（第 15 集），科学出版社，2018 年。
[5] 侯侃：《山西榆次高校园区先秦墓葬人骨研究》，吉林大学博士学位论文，2017 年，第 149~152 页。

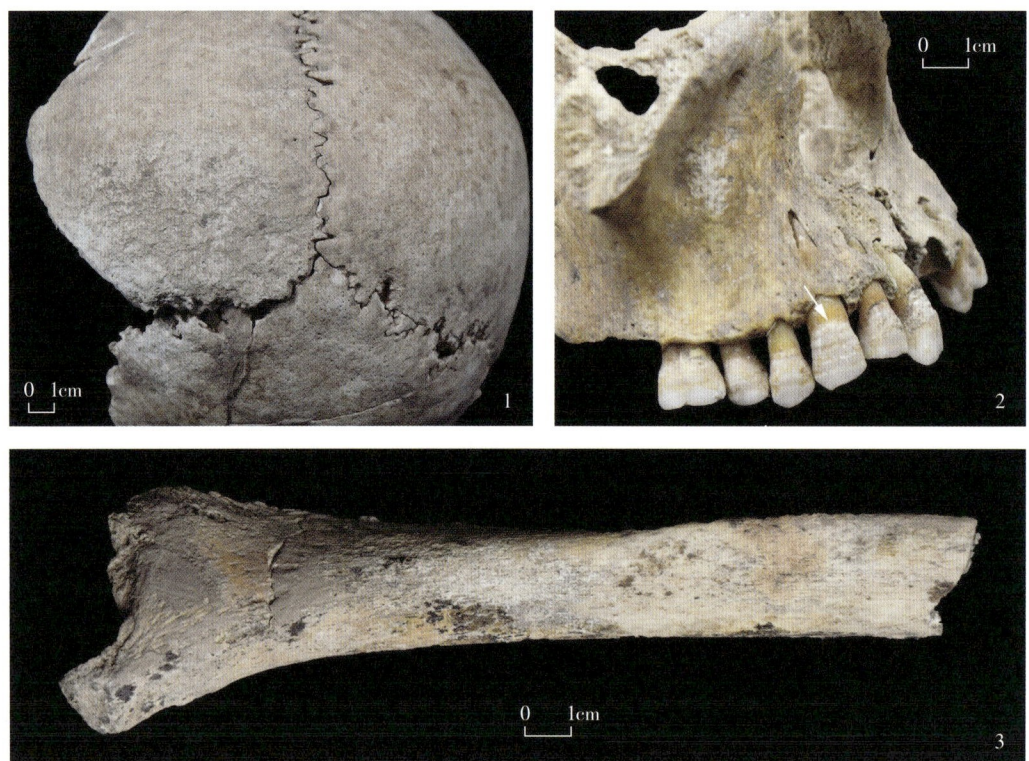

图二　旭光墓地先民古病理观察

1. M49 多孔性骨肥厚　2. M15 牙釉质发育不全　3. M60 右侧胫骨骨膜炎

　　由于牙釉质发育不全体现的是儿童时期遭受到的生存压力、营养不良，因此通过观察牙釉质发育不全的患病率，不仅可以反映古代居民尤其是儿童时期的生存压力，也可以反映出先民对抚养儿童的重视程度。明显可见，战国居民的牙釉质发育不全罹患率远高于西周居民，这可能表明战国居民营养不良的现象较为普遍，儿童时期承受了相对于西周居民更高的生存压力。

　　通过对旭光墓地出土人骨龋病和牙周病的观察，可以大致推测出自西周至战国时期，该地农业经济处于不断发展的过程，碳水化合物食物在先民食物结构中的比重不断增大。Goodman等通过对美国伊利诺伊州迪克森土墩墓出土的不同经济类型下的人骨牙釉质发育不全现象对比，发现从狩猎采集经济到混合经济再到农业经济，人群的牙釉质发育不全患病率逐渐增加，农业集约化和定居生活的发展可能导致了人群生存压力的增大[1]。同时，营养缺乏病的发生与饮食行为有密切关系。在采用以植物性食物为主膳食结构的国家中，人群蛋白质及脂肪摄入量普遍偏低，易导致铁、钙、维生素 A 摄入不足[2]。西周至战国时期粟作农业的发展加剧了旭光先民

　［1］Goodman AH, Lallo J, Armelagos GJ, et al. Health changes at Dickson Mounds, Illinois (950–1300 A.D). *Paleopathology at the origins of agriculture*, London: Academic Press. 1984. pp. 271–306.

　［2］曾果：《营养与疾病》，四川大学出版社，2017 年，第 454~474 页。

食谱广谱化的单一，居民营养摄入的单一，同时农业社会的发展也推动了人口的增长和聚集、人与家畜等动物的接触，使得人们在儿童期接触传染病的概率增加，面对的生存压力也进一步增大。通过结合墓葬背景，可以看出西周居民的社会地位明显高于战国居民，社会地位的差异影响了先民的食物结构构成、生存压力的大小，使得两组居民的牙釉质发育不全患病率呈现明显差异。

2. 多孔性骨肥厚

多孔性骨肥厚是一种出现在额骨、顶骨和枕骨上的多孔性损伤，其病理特征主要表现为骨髓腔的扩大和皮层体积的减小，基本呈现一种密集的孔状，一般认为，缺铁性贫血是造成多孔性骨肥厚最为普遍的原因[1]。对于多孔性骨肥厚来说，颅骨会因为板障增厚而变厚，出现的筛状小孔直径约 0.5~2.0mm。另见骨骼标本上多孔表现的孔比这个小，且不存在颅骨板障增厚，常见于顶骨、枕骨和前囟点附近的额骨外侧表面，呈"橘皮状"外观，这种表现被称为颅骨外表面多孔，被认为是多孔性骨肥厚的早期状态[2]。因此在鉴别中，仅依据在颅骨的额骨前囟点周围、矢状缝两侧以及人字点周围出现密集的孔状者，即可记录该个体出现这一病理现象。

旭光墓地出土人骨中共有 22 例个体保存有较为完整的脑颅骨，其中西周居民 14 例，战国居民 8 例。22 例个体中有 17 例出现多孔性骨肥厚，总患病率为 77.27%（17/22），其中西周居民 11 例，患病率为 78.57%（11/14）；战国居民 6 例，患病率为 75.00%（6/8）（图二，1）。从统计结果上来看，多孔性骨肥厚在旭光各时期古代居民中普遍存在，或许可以说明缺铁性贫血在旭光先民中普遍存在，在一定程度上反映出大部分旭光先民的生活条件较差。

在研究古代居民缺铁性贫血出现的原因时，通常认为其可能与人们的经济活动方式有关。有研究表明，多孔性骨肥厚在很多地区的农业社会中有较高的出现率，尤其是在农业转型期，人们以谷物蛋白代替动物蛋白为其主要食物很可能导致缺铁性贫血的发生[3]。但腹泻引起的营养流失、维生素缺乏或营养不良，以及中毒或感染性疾病、骨膜炎等疾病也会导致贫血，在骨骼上表现为多孔性骨肥厚[4]，因此多孔性骨肥厚的发病率在一定程度上也可以反映人群的生存压力，在对人群多孔性骨肥厚发病的机制上也要更多结合考古背景。根据发掘者的判断，认为西周墓地墓主所组成的社会群体是一处负责西周时期宝鸡市区一带治安的武装力量，结合西周早期频繁的战争和墓地主体人群的特殊性，其多孔性骨肥厚的高发可能反映的是战争等因素带来的生存压力。战国墓地墓主身份均属平民阶级，其多孔性骨肥厚的高发可能是由于农业的发展，并受自身阶级的影响，先民的饮食结构单一，导致了营养不良和缺铁性贫血的多发。

[1] 原海兵：《殷墟中小墓人骨的综合研究》，吉林大学博士学位论文，2010 年，第 92~95 页。
[2] 侯侃：《山西榆次高校园区先秦墓葬人骨研究》，吉林大学博士学位论文，2017 年，第 112~114 页。
[3] 原海兵：《殷墟中小墓人骨的综合研究》，吉林大学博士学位论文，2010 年，第 92~95 页。
[4] 张君：《从筛状眶和多孔骨肥厚考察中国古代人骨上的贫血现象》，《考古》2009 年第 10 期。

（三）非特异性感染

骨膜炎

骨膜炎通常是由感染引发的炎症刺激或创伤造成的血肿引起的[1]，其可以是一种独立的疾病，作为非特异性感染而存在，也可以是其他疾病过程中的一种表现，它的主要表现是骨膜反应，并且造成的骨膜反应是比较显著的[2]。胫骨是最常见的发病部位，创伤、功能压力、静脉曲张、溃疡等均可引发下肢骨表面的轻微感染。因此，单纯地通过观察骨骼标本上的病理变化来推测骨膜炎的致病因素是极为困难的[3]。

本文采用《全球健康史计划》中对长骨骨膜反应的分级记录标准[4]，标准如下：

1——不存在骨膜炎表现。

2——有显著加重的纵纹。

3——有反应性骨的轻度、不连续的斑块，累及少于四分之一的长骨表面。

4——骨膜炎的重度表现，累及少于一半的长骨表面。

5——大量的骨膜反应、累及超过一半的骨干，骨皮质扩张，显著变形。

6——骨髓炎（感染累及骨干的大部分，有窦道）。

7——与骨折有关的骨膜炎。

旭光墓地出土人骨中共有 23 例个体保存有较为完整的长骨，其中西周居民 14 例，战国居民 9 例。23 例个体中有 19 例出现骨膜炎，总患病率为 82.61%（19/23），其中西周居民 11 例，患病率为 78.57%（11/14）；战国居民 7 例，患病率为 77.78%（7/9），可见旭光先民均有较高的骨膜炎罹患率。

从发病程度和年龄上看，在可确定骨膜炎患病个体中，除 M36 和 M60 分别为 6 级和 3 级（图二，3），其余个体患病程度均为 2 级，患病程度并不高，并且患骨膜炎个体年龄大多数都在中年期。从发病部位上看，旭光先民骨膜炎多发股骨、胫骨等下肢骨，这可能是由于旭光先民当时的生产生活活动使得包裹下肢骨骼的软组织容易产生外伤，而伤口由于细菌感染累及骨骼从而在骨骼上产生骨膜炎[5]。结合墓葬等级和随葬品来看，西周墓葬随葬品中多见铜戈，可能说

---

［1］Mann RW, Hunt DR. *Photographic Regional Atlas of Bone Disease*. Charles C Thomas publisher. 2012. pp. 155–157.

［2］侯侃：《山西榆次高校园区先秦墓葬人骨研究》，吉林大学博士学位论文，2017 年，第 108~112 页。

［3］张晓雯、王子孟、赵永生：《曲阜奥体中心战国两汉与宋代墓地人骨的病理学观察》，《东方考古》（第 15 集），科学出版社，2018 年。

［4］Steckel RH, Larsen CS, Sciulli PW, et al. *Data Collection Codebook: the Global History of Health Project*. Cambridge: Cambridge University Press. 2006. pp. 30–31.

［5］蒋尚武：《济南刘家庄遗址商周时期居民人口与疾病状况研究》，山东大学硕士学位论文，2016 年，第 84~88 页。

明墓地主体埋葬人群多为高等级社会成员或从事与战争有关行为的人员；战国墓葬等级较低，随葬品简单，其墓主更可能是从事农业生产劳动的平民。无论是战争还是农业生产，都会增大先民罹患骨膜炎的风险，或许可以解释旭光西周至战国先民较高的骨膜炎患病率。当然，旭光先民多见下肢长骨骨膜炎也可能是因为相比于上肢长骨，下肢长骨骨膜炎罹患风险较高和样本多保存下肢长骨的原因。

对于骨膜炎的患病趋势，其随着人口密度的增加、时间的推移和经济类型向农业的转移，骨膜炎感染流行率逐渐增高。同时，胫骨骨膜炎也是骨骼上可观察到的身体功能压力的标志之一[1]。旭光先民各时期较高的骨膜炎患病率，也可能说明旭光古代居民处于人口密度较大且农业较发达的社会，并可能承受着较高的生存压力。

（四）退行性关节病

1. 骨性关节炎

在古代人骨遗存中，骨性关节炎是最常见的关节疾病，其主要病理特征是关节内或关节周围骨骼和软骨的退化现象。这种疾病是非炎症反应性疾病，病变累及滑液关节。导致骨性关节炎疾病的原因包括年龄增长、遗传、肥胖、活动或生活方式等[2]，但一般认为特殊的身体活动是导致骨性关节炎的主要原因[3]，这就为研究先民的行为模式提供了线索。

对骨性关节炎的观察主要集中在较为重要的滑膜关节上，包括胸锁关节、肩关节、肘关节、髋关节、膝关节和踝关节，并且受制于骨骼的保存情况，在选取可观察关节部位时，将关节部位单侧 50% 以上的个体都视为可观察，同时由于每个关节可观察个体数量均不同，故受检个体数部分单独统计。

记录标准主要是参照 Tony 对骨性关节炎现象的总结[4]，标准如下：

1——关节周缘出现骨赘或骨质增生。

2——关节表面软组织骨化形成的骨质增生。

3——关节面出现多孔。

4——关节正常形态改变，表现为关节面扩大或变形。

5——出现骨质象牙化。

上述标准中，如出现 1~4 条的两条及以上或见第 5 条标准，即记为罹患骨性关节炎。根据

［1］〔英〕夏洛特·罗伯茨、基思·曼彻斯特著，张桦译：《疾病考古学》，山东画报出版社，2010 年，第 188、189 页。

［2］〔英〕夏洛特·罗伯茨、基思·曼彻斯特著，张桦译：《疾病考古学》，山东画报出版社，2010 年，第 152 页。

［3］Radin EL, Paul IL, Rose RM. Role of mechanical factors in pathogenesis of primary osteoarthritis, Lancet, 1972, 1 (7749): 519–522. 转自 Barbara Li Smith. *Diet, health, and Lifestyle in Neolithic North China*, 2005 (dissertation).

［4］Tony W. *Palaeopathology*. London: Cambrige University Press. 2009. pp. 26-27.

以上诊断方法，旭光墓地出土人骨共 6 例个体发现有骨性关节炎，其中西周居民 4 例，男性 1 例，女性 2 例，性别不明 1 例，年龄以壮年、中年为主；战国居民 2 例，都为男性，年龄以中年为主，详细结果见表八。通过以上结果可以看出，在患有骨性关节炎且可鉴定年龄的个体中，年龄是影响骨性关节炎的重要因素，长时间机械性重复劳动的痕迹会随着年龄的不断增长和机体代谢能力的逐渐减退而不断积累表现，这就使得老年个体患骨性关节炎的概率要更大[1]。

表八　旭光墓地先民骨性关节炎患病情况统计表

出土单位	时代	性别	年龄	部位
M36	西周	男	成年	膝关节、踝关节
M45	西周	女	中年	髋关节
M49	西周	女	40~50	胸锁关节、髋关节
M60	西周	—	成年	踝关节
M5	战国	男	35~45	胸锁关节、肩峰关节面、髋关节、膝关节、踝关节
M6	战国	男	成年	膝关节

　　根据表九、一〇可以看出，在旭光先民可做两性骨性关节炎患病率对比的关节部位上，男女两性在膝关节和踝关节表现出明显的男性易发性，并且随着时间的推移，患病率不断提高。由于骨性关节炎主要是由于关节遭受长期的持续性的压力而引起的，骨性关节炎的群体发生率能够在一定程度上反映出某个社会群体的生活劳动强度，骨性关节炎的程度越严重，劳动强度也就越大[2]。旭光先民男女两性在膝关节和踝关节骨性关节炎患病率的差异，可能反映了两性之间存在着劳动分工。

　　正如上文所说，旭光自西周至战国时期，处于较为发达的农业社会，男性可能作为社会的主要劳动力，承受了更多的劳动压力，并且随着战国时期铁质农具的发展，劳动效率的提高可能使单位劳动力在同样的时间内可以耕种更大范围的土地，或农业劳动效率的提高让男性居民有更多的时间进行除农业以外的其他活动，使得男性在脚部和膝部承受了更大的压力，导致了男性居民此部位骨性关节炎的易发和高发。

　　为了更好地比较旭光先民骨性关节炎患病部位的异同，本文制成图三。由图三可知，最明显的区别为西周居民不见肩锁关节炎，其次为西周居民髋关节炎高于战国居民，膝关节和踝关节低于战国居民。这说明西周居民在活动时经常使用腰部，战国居民更常使用肩部、膝部和

[1]中国社会科学院考古研究所、安徽省蒙城县文化局：《蒙城尉迟寺》（第二部），科学出版社，2007 年，第 295~305 页。

[2] Larsen C. Biological changes in human populations with agriculture. *Annual Revive of Anthropology*. 1995, 24: 185–213. 转自 Barbara Li Smith. *Diet, Health, and Lifestyle in Neolithic North China*, 2005 (dissertation).

表九　旭光墓地西周居民骨性关节炎患病情况统计表

关节部位	受检个体数				患病个体数				患病率		
	男	女	不详	总	男	女	不详	总	男	女	总
肩关节	1	2	0	3	0	0	0	0	0	0	0
胸锁关节	0	2	0	2	0	1	0	1	0	50.00%	50.00%
肩锁关节	1	0	0	1	0	0	0	0	0	0	0
肘关节	1	3	0	4	0	0	0	0	0	0	0
髋关节	0	4	0	4	0	4	0	4	0	100.00%	100.00%
膝关节	3	3	0	6	1	0	0	1	33.33%	0	16.67%
踝关节	4	5	5	14	1	0	1	2	25.00%	0	14.29%

表一〇　旭光墓地战国居民骨性关节炎患病情况统计表

关节部位	受检个体数				患病个体数				患病率		
	男	女	不详	总	男	女	不详	总	男	女	总
肩关节	2	0	1	3	0	0	0	0	0	0	0
胸锁关节	2	0	0	2	1	0	0	1	50.00%	0	50.00%
肩锁关节	1	0	0	1	1	0	0	1	100.00%	0	100.00%
肘关节	2	1	0	3	0	0	0	0	0	0	0
髋关节	1	0	1	2	1	0	0	1	100.00%	0	50.00%
膝关节	3	1	2	6	2	0	0	2	66.67%	0	33.33%
踝关节	2	1	1	4	1	0	0	1	50.00%	0	25.00%

踝部（图四）。这种差异或许可从墓葬等级和随葬品数量中得到解释，发掘者据此推测西周时期墓葬应为包含有一定军人阶层的贵族阶级，而战国墓地应为从事农业劳动的平民阶级。西周早期频繁且长时间的战争使得军人阶层承受了较长时间的额外负重，加重了作为人体支撑部分之一髋部的压力。战国时期平民阶级主要从事着以农业为主的生产生活劳动，而挥舞

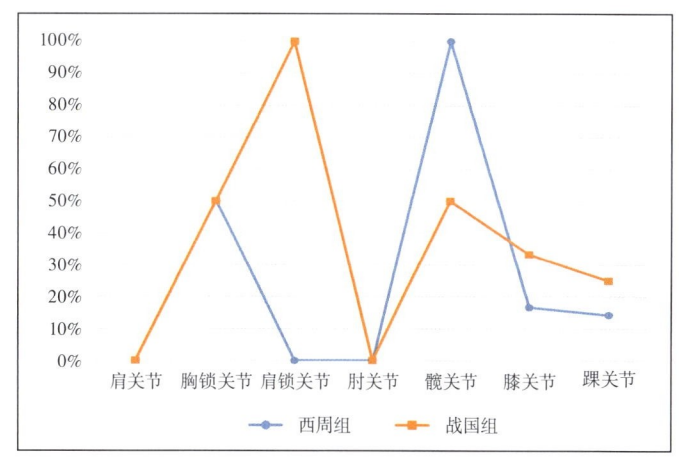

图三　旭光墓地先民骨性关节炎患病率对比图

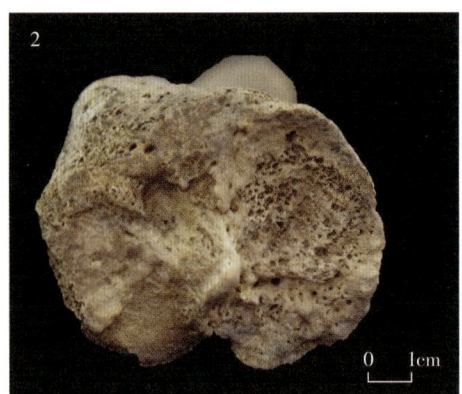

图四　旭光墓地先民骨性关节炎

1. M5 左侧股骨远端骨性关节炎　2. M5 左侧胫骨近端骨性关节炎

农具可能更强调上肢和腰部的使用。除此之外战国时期居民可能还从事着一定除农业生产外的其他活动，加剧了下肢的劳动强度。综上所述，或许可以这样认为，骨性关节炎易发病部位在旭光西周和战国居民之间的不同，更多反映的是由于阶级差异所导致的行为模式不同的结果。

2. 脊椎退行性关节病

脊椎退行性关节病常被生物考古学研究者作为人类行为的指征，用以探究人类行为的模式和承受负荷的程度[1]。临床医学表明此病的病因可能非常复杂，除年龄和炎症因素外，还包括运动方式、机械负荷、创伤、遗传、性别等因素[2]。虽然也有部分学者认为脊椎退行性关节炎的发生反映的可能是人类两足直立行走的体态特征[3]，但通过对比不同个体或人群之间的差异，或许可以在一定程度上反映出其他因素的作用，暗示人群行为模式的差异。本文根据旭光墓地出土人骨材料的保存情况，对脊椎退行性关节病中的椎骨骨赘和黄韧带骨化进行了观察和研究。

脊椎骨赘表现为椎骨边缘出现新骨胡须状膨出[4]，本文对椎骨骨赘的观察记录标准采用侯侃对兴隆沟遗址内人群椎骨骨赘等级的划分[5]，划分标准如下：

0——没有骨赘。

[1] Rojas-Sepúlveda C, Ardagna Y, Dutour O. Paleoepidemiology of vertebral degenerative disease in a Pre-Columbian Muisca series from Colombia. *American Journal of Physical Anthropology*, 2008, 135 (4): 416–430.

[2] Weiss E, Jurmain R. Osteoarthritis revisited: a contemporary review of aetiology. *International Journal of Osteoarchaeology*, 2007, 17 (5): 437–450.

[3] 〔英〕夏洛特·罗伯茨、基思·曼彻斯特著，张桦译：《疾病考古学》，山东画报出版社，2010 年，第 153 页。

[4] 牛月明：《章丘焦家遗址史前体型和行为模式的研究》，山东大学硕士学位论文，2020 年，第 55~57 页。

[5] 侯侃、王明辉、朱泓：《赤峰兴隆沟遗址人类椎骨疾病的生物考古学研究》，《人类学学报》2017 年第 36 卷第 1 期。

1——椎体边缘略微突出，但没有形成明显的唇缘。

2——椎体边缘形成唇缘状骨赘，但未超出椎体边缘 2mm。

3——椎体边缘有明显的骨赘，超过了椎体边缘 2mm。

4——相邻椎体边缘的骨赘连成骨桥造成椎间关节强直。

古病理案例中常见的黄韧带骨化是从椎板腹侧面的黄韧带附着处向上伸出的刺状或条状骨赘[1]。本文对黄韧带骨化的观察记录标准采用侯侃关于榆次高校园区人骨研究的计分标准[2]，划分标准如下：

0——没有骨赘。

1——骨赘仅为椎弓上缘和两侧上关节突内侧缘有略突出的唇缘。

2——上述唇缘状骨赘增大，形成锯齿样，但没有超过 2mm 宽度。

3——上述骨赘宽度超过 2mm。

4——骨赘显著，与上方相邻椎弓或下关节突相连造成关节强直。

旭光墓地出土人骨中共有 11 例个体保存有较为完整的椎骨椎体，其中西周居民 7 例，战国居民 4 例。11 例个体中有 3 例个体出现椎骨骨赘，总患病率为 27.27%（3/11），其中西周居民 2 例，患病率为 28.57%（2/7）；战国居民 1 例，患病率为 25.00%（1/4），详细结果见表一一。

表一一　旭光墓地先民椎骨骨赘患病情况统计表

单位	年代	性别	年龄	1级	2级	3级
M45	西周	女	中年		T10、T12	T11
M55	西周	—	中年			胸椎某节
M5	战国	男	35~45		T7~T11、L4	T12~L3

旭光墓地出土人骨中共有 12 例个体保存有较为完整的椎骨椎弓，其中西周居民 8 例，战国居民 4 例。12 例个体中有 8 例个体出现黄韧带骨化，总患病率为 66.67%（8/12），其中西周居民 5 例，患病率为 62.50%（5/8）；战国居民 3 例，患病率为 75.00%（3/4），详细结果见表一二（图五、六）。

根据以上鉴定结果，可以看出旭光墓地古代居民的椎骨骨赘患病率不是很高，说明这一病理现象并不普遍。而各时期先民却有较高的黄韧带骨化罹患率，这可能是受样本量和人骨保存状况的影响所产生的结果；并且这两类疾病的患病个体年龄基本为中年，说明年龄因素可能是脊椎退行性疾病产生的一个重要原因，而患病部位集中于中下段胸椎、腰椎和骶椎，可能也只

---

[1] Hukuda S, Inoue K, Ushiyama T, et al. Spinal degenerative lesions and spinal ligamentous ossificationsin ancient Chinese populations of the Yellow River Civilization. *International Journal of Osteoarchaeology*, 2000, 10 (2): 108–124.

[2] 侯侃：《山西榆次高校园区先秦墓葬人骨研究》，吉林大学博士学位论文，2017 年，第 258 页。

表一二　旭光墓地先民黄韧带骨化患病情况统计表

单位	时代	性别	年龄	1级	2级	3级
M9	西周	男	成年	胸椎某两节	胸椎某三节	
M22	西周	女	20~30	L2~L4		
M28	西周	女	40~50		T11	T12
M45	西周	女	中年	T10、L1	T11、T12	L2
M55	西周	—	中年	胸椎某三节		胸椎某节
M5	战国	男	35~45	T3、L1	T5、T6、T8、T9、L2	T4、T7、T10~T12
M15	战国	男	35~45			T11、T12
M56	战国	女	17~19			T11、T12

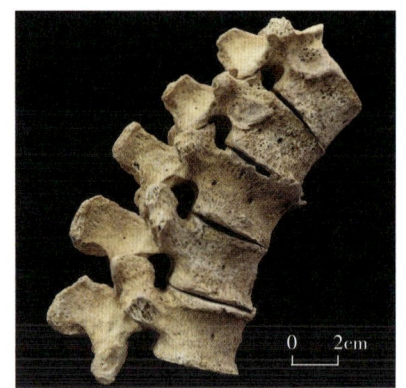

图五　M5T11~L3 椎骨骨赘

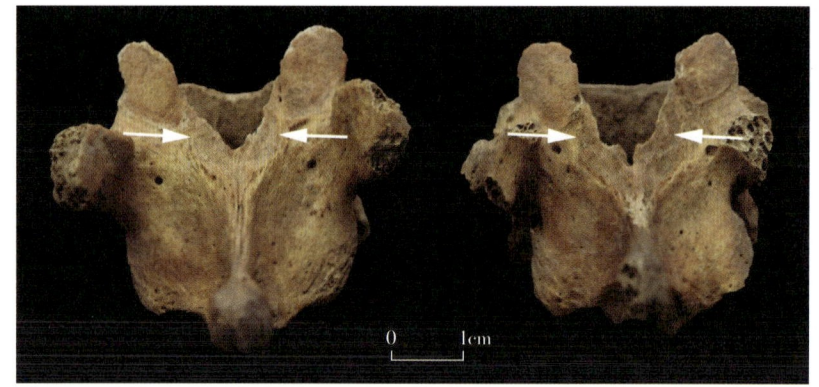

图六　M28T11、T12 黄韧带骨化

是脊柱受力的正常反映。

　　从整体上来看，旭光墓地古代居民这两类疾病的情况仿佛如上文所说，可能与脊柱的受力结构有关，即人类对适应双足直立行走体位付出的代价之一，或许只是反映了脊柱承受负荷的情况，并不能说明古代居民的行为模式或生业模式[1]。但将视角放置在对不同个体或人群的比较中，或许可以发现先民行为模式的差异。M56 为一名 17~19 岁的女性，但其黄韧带骨化现象却十分明显，虽然黄韧带骨化的原因有很多，但在病因学上讲，局部力学因素是很重要的，各种使黄韧带附着部负荷异常增加的因素都有可能造成黄韧带的损伤，而反复的损伤和反应性修复过程会增大黄韧带骨化发生的概率[2]，或许可以说明该个体承受着与其年龄、性别不相符合的生产生活活动，使其脊柱承受了额外的负荷。这样的差异能反映出不同个体之间的生活方式和活动量，为了解古代居民的行为模式提供线索。

［1］〔英〕夏洛特·罗伯茨、基思·曼彻斯特著，张桦译：《疾病考古学》，山东画报出版社，2010 年，第 153 页。
［2］侯侃、王明辉、朱泓：《赤峰兴隆沟遗址人类椎骨疾病的生物考古学研究》，《人类学学报》2017 年第 36 卷第 1 期。

3. 跪踞面

跪踞面通常是指在人类足骨前端跖骨关节头上面后侧部周围骨和软骨的退化形成的假关节面，而与之相接的近节趾骨近端出现对应的骨质压痕，是对人骨现象的直接描述，以造成原因来进行的命名，某种程度上是一种跖趾关节的退行性关节病[1]。

本文参照赵永生等对脚部骨骼跪坐情况的分级[2]，将脚部骨骼的跪踞面情况分为 3 级，标准如下：

无（0 级），跖骨头和趾骨底皆为正常形态，除结节外并无其他明显的骨质生成。

1 级为轻微，表现是跖骨远端上部向后扩展关节面，关节面轮廓较清晰且略有隆起，多呈不规则的半圆形，第一跖骨远端最为明显，其他跖骨远端可不见此种情况或关节面轮廓不甚清楚；第一趾近节趾骨近端会有与第一跖骨远端相对应的骨质凹陷，一般来说 2~5 趾的近节趾骨不存在骨质凹陷。

2 级为中等，第一跖骨的关节面更为清晰且隆起更为明显，其周缘会略有骨质膨出，2~5 跖骨远端出现清晰的延伸关节面；第一趾近节趾骨的骨质凹陷更为明显。

3 级为严重，第一跖骨远端的关节面非常清晰厚重，隆起明显且周缘出现明显的骨质膨出，关节面一般呈现出明显的退行性变化，出现多孔或象牙质化等现象，2~5 跖骨远端都出现清晰且厚重的延伸关节。

图七　M26 右侧第一跖骨跪踞面

旭光墓地出土人骨中共有 22 例个体保存有跖骨、趾骨等脚部骨骼，其中西周居民 17 例，战国居民 2 例，唐宋居民 3 例。根据以上诊断标准，旭光墓地古代居民均有不同程度的跪踞面，出现率为 100.00%（22/22）（图七）。

通过以上结果可以看出，跪坐在旭光西周居民中，是一种社会广泛接受的行为模式。跪踞面作为一种退行性疾病，其随着年龄的增长，程度不断加深[3]，3 级程度的跪踞面仅在西周居民中多见，也说明跪坐在旭光西周时期先民中是一种长时期行为。《史记》中"项王按剑而踞曰：客何为者"[4]的记载说明，至少在战国时期，跪坐这一行为依旧被延续下来，战国居民仅 2 例个体保存有脚部骨骼并都发现有跪踞面的存在，或许可以说明旭光战国居民保留有跪坐这一行为。但较小的样本量可能导致分析偏差，并不能

［1］赵永生、曾雯、郭俊峰等：《商代人骨上跪踞面的观察与分析》，《考古》2020 年第 10 期。

［2］赵永生、曾雯、郭俊峰等：《商代人骨上跪踞面的观察与分析》，《考古》2020 年第 10 期。

［3］赵永生、曾雯、郭俊峰等：《商代人骨上跪踞面的观察与分析》，《考古》2020 年第 10 期。

［4］（汉）司马迁：《史记·项羽本纪》，中华书局，1959 年，第 313 页。

说明跪踞面的发生在旭光战国居民中具有普遍性，应当结合其他关中地区同时期遗址人骨脚部骨骼的情况，从侧面佐证跪坐这一行为在旭光战国时期先民中的接受程度。

三　C、N 同位素分析

随着自然科学方法和现代科技手段与考古学科的不断交叉，古代人群的食谱研究逐渐成为一项前沿性课题。重建古代食谱的方法主要是 20 世纪 70 年代末建立的骨化学稳定同位素分析方法[1]，人骨中 C、N 稳定同位素的研究已表明，可以获得古代人群在较长生活过程中的饮食情况，即身体组织元素和同位素成分是所获取饮食的功能反应[2]，并逐渐成为分析古人类食谱的主要方法之一。本文通过对旭光墓地先周和西周、战国时期人骨的 C、N 同位素进行测定与分析，以期揭示旭光先民的食谱结构，探讨其生活方式和经济形态等历史信息。

（一）材料与方法

1. 样品概况

此次分析的旭光墓地人骨样品共 32 例，其中先周和西周 22 例，战国 10 例，取样概况详见表一三。

表一三　旭光墓地 C、N 稳定同位素样品概况及测试值

实验编号	墓葬编号	时代	取样部位	C 含量（%）	N 含量（%）	C/N 摩尔比	δ^{13}C（‰）	δ^{15}N（‰）
XG01	M9	西周	股骨残片	35.7	13.1	3.18	−11.0	7.1
XG02	M21	西周	股骨残片	34.7	12.3	3.29	−9.5	8.3
XG03	M22	西周	股骨残片	32.6	11.7	3.24	−8.4	8.7
XG04	M24	西周	左侧第二跖骨	38.6	13.8	3.27	−8.8	8.9
XG05	M25	西周	胫骨残片	32.6	11.9	3.20	−8.9	9.1
XG06	M26	西周	胫骨残片	18.0	7.0	3.00	−10.4	7.4
XG07	M27	西周	股骨残片	35.8	13.1	3.18	−9.5	7.6
XG08	M28	西周	右侧腓骨	35.3	12.7	3.24	−9.2	8.5
XG09	M30	西周	胫骨残片	35.7	12.8	3.26	−9.2	8.2
XG10	M31	西周	左侧第三跖骨	38.2	13.7	3.27	−10.1	10.4

［1］Schoeninger MJ. Reconstructing prehistoric human diet//Price T D ed. *The Chemistry of Prehistoric Human Bone*. New York:Academic Press. 1989. pp. 211–229.

［2］Bender MM, Baerreis DA, Steventon RL. Further Light on Carbon Isotopes and Hopewell Agriculture. *American Antiquity*, 1981 (46): 346–353.

续表一三

实验编号	墓葬编号	时代	取样部位	C 含量（%）	N 含量（%）	C/N 摩尔比	δ¹³C（‰）	δ¹⁵N（‰）
XG11	M32	先周	头骨残片	34.9	12.7	3.20	−9.6	12.0
XG12	M36	西周	左侧腓骨	37.2	13.4	3.23	−9.6	10.2
XG13	M39	西周	右侧胫骨	34.5	12.6	3.20	−8.6	8.1
XG14	M43	西周	右侧腓骨	31.6	11.5	3.21	−8.8	7.7
XG15	M44	西周	枕骨残片	29.3	10.5	3.26	−8.6	8.3
XG16	M45	西周	左侧腓骨	35.3	12.9	3.20	−9.2	9.6
XG17	M46	西周	左侧第五跖骨	38.7	13.7	3.31	−8.9	8.9
XG18	M49	西周	胫骨残片	33.9	12.2	3.25	−12.3	9.0
XG19	M50	西周	右侧腓骨	33.2	11.9	3.26	−11.6	10.9
XG20	M53	西周	右侧第五跖骨	34.8	13.2	3.08	−8.9	9.2
XG21	M55	西周	右侧胫骨	24.4	9.3	3.06	−9.2	7.9
XG22	M60	西周	腓骨残片	22.5	9.0	2.92	−9.7	7.8
XG23	M5	战国	左侧尺骨	32.1	12.6	2.97	−12.5	6.6
XG24	M15	战国	右侧腓骨	37.6	13.7	3.19	−9.0	9.6
XG25	M47	战国	左侧桡骨	33.2	12.2	3.17	−10.6	7.3
XG26	M56	战国	胫骨残片	25.1	9.2	3.18	−8.6	8.8
XG27	M57	战国	股骨残片	35.2	13.1	3.13	−10.3	8.1
XG28	M61	战国	腓骨残片	40.4	14.6	3.22	−9.6	8.3
XG29	M64	战国	股骨残片	29.2	10.5	3.23	−9.6	9.2
XG30	M67	战国	左侧桡骨	39.0	14.3	3.17	−11.7	7.4
XG32	M71	战国	腓骨残片	31.3	11.6	3.15	−11.6	6.7
XG33	M72	战国	左侧肱骨	37.5	13.3	3.28	−10.0	8.4

2. 骨胶原的制备

依据 Ambrose 等提出的骨胶原处理方法并结合样本实际情况调整[1]：机械去除骨样内外表面的污染物及疏松部分，粉碎研磨后取 1~2mm 或 0.25~1mm 的骨粉，然后将其置于 0.1mol/L 盐酸溶液中浸泡脱钙，直至看不见明显骨粉颗粒。用纯水洗至中性后，再用 0.125mol/L 氢氧化钠

[1] Ambrose SH. Prepration and characterization bone and tooth collagen for stable carbon and nitrogen isotope analysis. *Journal of Archaeological Science*, 1990, 17: 431–451.

溶液浸泡 20h，以去除骨样中掺杂的腐殖酸等。随后用纯水洗至中性，加入 0.001mol/L 盐酸溶液，于 70℃条件下在烘箱中加热 48h 使骨样明胶化，加热进行到 5h 时加入 100 微升 1mol/L 盐酸溶液继续烘烤，加热结束后趁热过滤，将滤液于 70℃烘箱中蒸发浓缩。随后将浓缩液在冰箱冷冻后转移至冷冻干燥机中冷冻干燥，得到明胶化骨胶原。

3. C、N 稳定同位素的测试

于山东大学稳定同位素质谱分析仪（赛默飞 Flash 2000 HT Elemental Analyzer）上测试骨胶原 C、N 含量及同位素比值。C、N 稳定同位素比值以 $\delta^{13}C$ 值（PDB）和 $\delta^{15}N$ 值（AIR）表示，其分析精度为 ±0.1‰和 ±0.2‰。

本次所有样品皆提取出骨胶原，其 C、N 元素含量和 $\delta^{13}C$、$\delta^{15}N$ 值见表一三。根据骨胶原中 C 含量（15.3%~47%）、N 的含量（5.5%~7.3%）及 C/N 摩尔比值（2.9~3.6）的判断标准[1]，对样品进行了污染判别。发现 32 例样品指标（C 均含量 33.4±5.1%，N 均含量 12.2±1.7%，C/N 摩尔比均值 3.19±0.09%）皆符合未污染样品的要求，故认为这 32 例样品皆为未污染样品，可用作稳定同位素分析。

（二）结果讨论

1. 先民食谱结构分析

为了便于食谱分析，将测得的 $\delta^{13}C$ 和 $\delta^{15}N$ 值做成二维散点图，详见图八。

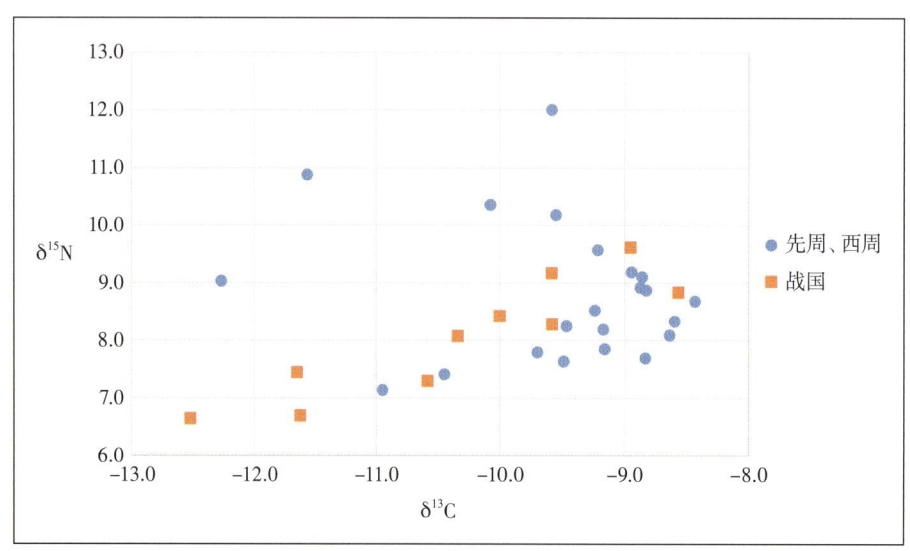

图八　旭光人骨胶原 $\delta^{13}C$ 和 $\delta^{15}N$ 值散点图

---

[1] 郭怡、胡耀武、高强等：《姜寨遗址先民食谱分析》，《人类学学报》2011 年第 30 卷第 2 期。

由图八可知，先周、西周居民 $\delta^{13}C$ 值范围为 $-12.3‰ \sim -8.4‰$（均值为 $-9.5 \pm 1.0‰$），战国居民为 $-12.5‰ \sim -8.6‰$（均值为 $-10.3 \pm 1.3‰$）；$\delta^{15}N$ 值范围先周、西周居民为 $7.1‰ \sim 12.0‰$（均值 $8.8 \pm 1.2‰$），战国居民为 $6.6‰ \sim 9.6‰$（均值为 $8.0 \pm 1.0‰$）。

通过骨骼中骨胶原的 $\delta^{13}C$ 值，可推测先民生前的食物结构是以 C_3 类还是 C_4 类植物性食物为主[1]，由于植物光合作用的途径不同（C_3、C_4、CAM），导致不同的植物具有不同的 $\delta^{13}C$ 值[2]，C_3 类植物（如水稻、麦作植物）具有较低的 $\delta^{13}C$ 值，平均值为 $-26.5‰$，C_4 类植物（如粟、黍、玉米、高粱等）$\delta^{13}C$ 值通常较高，平均值为 $-12.5‰$。如果长期食用某类植物或动物，则会在骨骼的骨胶原中富集，在体内形成对应的 $\delta^{13}C$ 值。理论上，食物为 100% 的 C_3 类植物，则消费者骨胶原蛋白的 $\delta^{13}C$ 值接近 $-21.5‰$，以 100% 的 C_4 类植物为食则接近 $-7.5‰$[3]。根据旭光先周和西周、战国居民的 $\delta^{13}C$ 值可以看出，两组居民都是以 C_4 类植物作为主要食物，且两组居民的 $\delta^{13}C$ 值范围大致相似，也说明自先周、西周至战国时期，该地居民食物结构中的植食性来源没有发生太大改变。同时结合关中地区自新石器时期起大量与粟作农业有关的遗存发现，可以说明旭光墓地古代居民依旧从事着以种植粟为主要农作物的农业活动。

根据旭光先周和西周、战国居民的 $\delta^{13}C$ 均值也可以看出，相对于先周和西周时期居民，战国时期居民植食性食物结构中 C_3 类植物的比重有所增加。这可能是由于先周和西周至秦汉时期，粟、黍等 C_4 植物依然作为典型经济作物扮演重要角色，随着农耕经济发展，铁器、牛耕的广泛使用与小麦农业的推广使得豆、麦、稻等作物的种植逐渐增多，先民的食物来源呈现多样化[4]，C_3 类植物的摄入种类和来源增加，影响了关中地区战国时期先民的 $\delta^{13}C$ 值。

与 C 同位素不同，N 同位素在沿营养级上升时，存在着明显的富集现象，即营养级每升高一级，$\delta^{15}N$ 约富集 $3‰ \sim 5‰$[5]，故此利用 $\delta^{15}N$ 值就可以判断人或动物所处的营养级状况。虽然在不同条件下 $\delta^{15}N$ 值存在着一定的变化[6]，但一般认为，杂食性动物的 $\delta^{15}N$ 值约为 $7‰ \sim 9‰$，肉食类则常大于 $9‰$[7]。根据旭光两组居民的 $\delta^{15}N$ 均值可以看出，自先周、西周至战国时期，

［1］胡耀武、何德亮、董豫等：《山东滕州西公桥遗址人骨的稳定同位素分析》，《第四纪研究》2005 年第 25 卷第 5 期。

［2］Van der Merwe NJ. Carbon isotopes, photosynthesis and archaeology. *American Scientist*, 1982, 70 (6): 596–606.

［3］Zhou LG, Garvie-Lok SJ. Isotopic evidence for the expansion of wheat consumption in northern China. *Archaeological Research in Asia*, 2015 (4): 25–35.

［4］魏潇洋、钟建荣、孙战伟等：《刘家洼遗址春秋时期芮国先民生活方式初探——基于人骨稳定同位素分析》，《第四纪研究》2021 年第 41 卷第 5 期。

［5］Hedges REM, Reynard LM. Nitrogen isotopes and the trophic level of humans in archaeology. *Journal of Archaeological Science*, 2007 (34): 1240–1251.

［6］Drucker DG, Bridault A, Iacumin Z, et al. Bone stable isotopic signatures (^{15}N, ^{18}O) as tracers of temperature variation during the Late-glacial and early Holocene: case study on red deer Cervus elaphus from Rochedane (Jura, France). *Geological Journal*, 2009 (44): 593–604.

［7］Ambrose SH, Katzenberg MA. *Biogeochemical Approaches to Paleodietary Analysis*. New York: Kluwer Academic/Plenum Publisher, 2000.

旭光先民的饮食结构属于杂食类，食物中包含一定量的肉食资源，并且战国时期肉食比重相对降低，这种肉食资源的构成可能是伴随着粟作农业的发展而发展的家畜饲养。同时，两组居民有较大的 $\delta^{15}N$ 值变化范围，反映出先民动物类食物来源或动物蛋白消费即食肉水平存在一定的差异。

通过比较先周、西周和战国居民 $\delta^{15}N$ 均值，可以看出自先周、西周至战国时期，旭光居民的肉食比重不断下降。这种情况的产生可能如上文所说，相对于西周时期的贵族阶级，战国时期的平民阶级食物结构中肉食比重相对较小，旭光先周、西周至战国时期 $\delta^{15}N$ 均值的下降，反映的是不同社会阶级对肉食消费能力的差异。

2. 先民食谱差异分析

通过比较先周、西周和战国居民内部的 $\delta^{15}N$ 最大值和最小值，可以看出先周、西周居民两者之间相差 4.9‰，战国居民相差 3.0‰，差值分别接近和达到最大营养级和最小营养级。

由图八可知，先周、西周组中 M31、M32、M36、M50 尤其是 M32 的 $\delta^{15}N$ 值明显高于其他西周居民，通过分析墓葬情况或许可以得出一定原因。正如上文所说，发掘者根据墓葬信息大致推测出，西周时期墓葬墓主为含有一定军人阶层的贵族阶级，战国时期墓葬墓主为从事农业生产的平民阶级。其中最为特殊的 M32 为 III 区中规格最高的墓葬，不仅是唯一一座有殉牲现象的墓葬，并且发现有海贝制作的贝蚌器，在远离海洋的关中平原，随葬有此种贝蚌器可能也暗示了 M32 墓主身份的特殊性。同样的是，这四座墓葬都随葬有铜戈，至少可以说明这四座墓葬的墓主社会阶层相近，食物结构可能相似。从病理角度分析，在可观察到反映生存压力的疾病中，M32 墓主患有明显的多孔性骨肥厚和牙釉质发育不全，呈现出和其较高营养等级的矛盾。由于骨骼作为人体的硬组织，具有生物活性，在人体的生存期间，骨骼中成骨细胞和破骨细胞的动态平衡促使骨骼组织不断更新，这意味着稳定同位素分析可以追溯个体生前至少 10~20 年内的饮食状况[1]。根据 M32 年龄可看出其为一名中年个体，其较高的 $\delta^{15}N$ 值应该主要反映的是该个体后段生活的饮食情况，牙釉质发育不全反映的是该个体在儿童期的生存压力和营养不良，多孔性骨肥厚可能反映的是其青年期时对战争行为的压力表现。

战国时期墓葬虽然都为平民阶级，但发掘者还是根据其墓葬情况，将这一时期墓葬分为富裕者、中等平民、赤贫阶层三种阶层。而这三类人群社会财富的多寡也直接影响到其食物结构的组成，但由于这三类人群仍属于平民阶级，可能内部的差异不会很大。综上所述，旭光西周和战国居民内部 $\delta^{15}N$ 值较大的差异，反映的是由于社会等级和财富多寡导致的食物结构差异，影响了不同人群对动物类食物的来源和动物蛋白消费能力。

---

[1] 雷帅、郭怡：《生物考古学视野下人类的牙齿与饮食》，《人类学学报》2022 年第 41 卷第 3 期。

（三）结论

通过上述讨论，可得到以下几点认识：

（1）对分属西周和战国时期的 32 例人骨进行碳氮同位素分析后，结果显示西周居民 $\delta^{13}C$ 值在 $-12.3‰ \sim -8.4‰$，$\delta^{15}N$ 值在 $7.1‰ \sim 12.0‰$ 之间；战国居民 $\delta^{13}C$ 值在 $-12.5‰ \sim -8.6‰$，$\delta^{15}N$ 值在 $6.6‰ \sim 9.6‰$ 之间。说明西周至战国时期，旭光先民植食性食物主要来自 C_4 植物，肉食资源比重较低。

（2）旭光西周居民 $\delta^{13}C$ 和 $\delta^{15}N$ 的均值分别为 $-9.5 \pm 1.0‰$、$8.8 \pm 1.2‰$；战国居民 $\delta^{13}C$ 和 $\delta^{15}N$ 的均值分别为 $-10.3 \pm 1.3‰$、$8.0 \pm 1.0‰$。相比之下，$\delta^{13}C$ 和 $\delta^{15}N$ 值都有所下降，不仅表明战国时期农业的发展影响了先民的食物结构，也表明不同时期的不同阶级对肉食消费能力的差异。

（3）通过对西周和战国居民内部肉食消费差异的比较，可以看出社会等级和财富多寡也是影响同一时期同一阶层居民内部肉食消费能力的重要因素。

四　结语

本文通过对旭光墓地出土的西周、战国时期人骨进行体质人类学研究，包括古人口学、古病理学以及 C、N 同位素的分析，不仅对旭光墓地古代居民及其所处的社会状况形成了整体认识，并通过进一步对比，分析了旭光不同时期先民的健康状况、生存压力及行为模式差异。

首先，通过对旭光先民龋病的分析，发现其龋齿率自西周至战国时期，都处于相对较发达农业文化人群区间。结合西周至战国时期农业技术的发展，居民植食性食物结构的多样化，进一步佐证了这一时期旭光先民处于相对发达的农业社会。随着农业的不断发展，先民有机会获得更多的碳水化合物，单一碳水化合物在居民饮食结构中的比重不断增大，影响了旭光先民的口腔环境，加大了旭光先民罹患牙周病和根尖脓肿的风险。

其次，通过对营养代谢类疾病、非特异感染类疾病以及退行性关节炎的观察和分析，发现此类疾病在旭光西周和战国居民之间患病率的异同，反映的是不同时期不同居民社会阶级的差异对其食物结构、生存压力以及行为模式的影响。根据发掘者对旭光西周和战国时期墓地情况的分析，认为西周时期墓葬墓主应为包含有一定军人阶层的贵族阶级，其组成的社会群体就是一处负责西周时期宝鸡市区一带治安的武装力量，战国时期墓葬墓主皆为平民阶级。西周时期，其居民较高的社会等级不仅可以从食物结构中获得相对较好的营养，并且对儿童的抚养能力更高。其部分军人的身份加之西周早期频繁且长期的战争，致使这一时期居民不仅在身体上承但有额外的负重，并且承受较大的生存压力，表现出较低的牙釉质发育不全患病率，较高的多孔性骨肥厚、骨膜炎和髋关节炎患病率。

战国时期，其居民较低的社会等级可能使得其食物结构较为单一，造成居民营养不良以及贫血的发生。农业的不断发展，推动了人口的增长和聚集、人与家畜等动物的接触，使这一时期儿童接触传染病的概率增加，较低的社会等级也无法有充足的资源去照料如儿童的社会弱势群体，加剧了儿童时期面临的生存压力。并且这一时期居民以从事农业劳动为主，农业劳动不仅强调对四肢关节的使用，也会造成软组织外伤的易发，表现出较高的牙釉质发育不全、多孔性骨肥厚、骨膜炎和肩锁关节、膝关节和踝关节炎的患病率。

最后，对于旭光先民 C、N 稳定同位素的分析，发现自先周、西周至战国时期，旭光先民植食性食物主要来自 C_4 植物，肉食资源相对有限，为其处于发达的农业社会提供佐证。并通过对 $\delta^{13}C$、$\delta^{15}N$ 值的变化范围分析，一方面佐证了这一时期农业生产技术的发展，农作物种类的多样化，另一方面揭示了不同时期不同阶级的差异、同一时期同一阶级内部阶层的差异都是造成其居民肉食消费能力差异的重要因素。

另外，本文的研究还存在一些局限性。受制于此次发掘人骨整体保存情况，在对脊椎退行性疾病、男女两性骨性关节炎患病部位差异以及跪坐这一行为在战国组居民中流行率的分析，存在样本数量过少的问题，或许应当结合更多同时期的其他遗址进行分析。

附录二　宝鸡旭光墓地人骨测年结果

一　测年情况

样品 ^{14}C 数据由中国科学院广州地球化学研究所同位素国家重点实验室 AMS–^{14}C 前处理制样实验室与有机地球化学国家重点实验室 AMS 实验室联合完成（表一）。

表一　旭光墓地人骨样品 ^{14}C 测年表

实验室编号	送样编号	出土单位	样品性质	碳质量 /mg	^{14}C 测试年代（a BP，±1σ）	^{14}C 校正年代（BC）	
						1σ	2σ
GZ10299	XG–17	M46	骨胶原	0.92	2815 ± 30	1005~928（68.2%）	1053~897（94.4%） 868~855（1%）
GZ10300	XG–20	M53	骨胶原	0.82	2790 ± 30	987~903（68.2%）	1012~892（83.5%） 880~836（11.9%）
GZ10301	XG–24	M6	骨胶原	0.78	2325 ± 30	407~383（68.2%）	465~436（3.6%） 421~356（84.6%） 280~232（7.2%）
GZ10302	XG–28	M57	骨胶原	0.80	2320 ± 25	402~386（68.2%）	412~361（92%） 274~263（1.4%） 242~235（2%）

二　讨论

以上 4 个人骨测年数据中，西周墓葬 M46、M53 样品测年数据有较大概率处在西周早期阶段，战国秦墓 M6、M57 人骨年代数据较大概率落在战国中期。这与前文通过器物形态开展的相对年代判断存在一定出入，器物形态对比显示 M46 时代为西周中期，而秦墓 M6、M57 时代均为战国晚期。以上情况表明，当前给出的旭光墓葬年代结论，仍然存在一定讨论空间，需要更加重视器物类型学与高精度测年研究的结合。同时，无论西周墓葬人骨测年，还是战国墓葬人骨测年，其年代均早于器物类型学分析得出的年代，这是很有趣的现象，值得关注。

附录三 宝鸡旭光墓地出土青铜器的科技分析

白丹[1,2]　胡望林[3]　凌雪[1]　陈亮[2]　张程[3]　白璐[4]　李建西[5]　郁田园[6]

（1.西北大学文化遗产学院，2.宝鸡青铜器博物院，3.宝鸡市考古研究所，4.陕西历史博物馆，

5.陕西省考古研究院，6.河南博物院）

一　前言

宝鸡地区作为周文化发祥地和周人活动的重要区域，出土了大量青铜器[1]。旭光墓地位于宝鸡市高新区马营镇旭光村，2018~2020 年宝鸡市考古研究所对旭光墓地进行了抢救性发掘[2]，发掘墓葬 77 座，其中先周和西周墓葬共 45 座，除 3 座墓葬（M21、M49、M69）没有出土器物外，42 座墓葬中出土有陶器、铜器、金箔、玉器、石器、骨器、蛤蜊、蚌器等，其中青铜器共计 142 件（组），少数青铜器上发现有铭文。根据墓葬形制和出土器物分析推测，该墓地为一处重要的公共墓地。

目前旭光墓地开展的研究较少，本文从科技考古角度，对旭光墓地先周和西周部分墓葬出土青铜器的合金材质与制作工艺进行测试分析，为研究宝鸡地区先周和西周时期青铜冶铸技术提供宝贵资料，对于研究宝鸡地区与周边区域的文化互动交流也有重要的意义。

二　样品概况及分析方法

1. 样品情况

根据出土青铜器的类型与保存状况，选取旭光墓地先周和西周时期墓葬出土的 32 件青铜样品进行科技分析，包括容器 10 件、兵器 10 件、车马器 12 件，取样信息见表一。取样时遵循最小干预原则，所有样品均取自器物的断口、铸造披缝以及残缺处等，在满足分析需要的情况下，取样尽可能小。

［1］中国青铜器全集编辑委员会：《中国青铜器全集（5·西周 1）》，文物出版社，1996 年，第 1~5 页。

［2］宝鸡市考古研究所：《陕西宝鸡旭光西周墓葬发掘简报》，《文物》2021 年第 9 期。

表一　旭光墓地青铜器取样信息表

器类	器物编号	器物名称	取样部位	墓葬时代
容器	M1：1	卣	底部	西周早期
	M3：3	簋	底部披缝	西周早期
	M4：1	鼎	腹底	西周早期
	M32：1	鼎	足部毛茬	先周晚期
	M45：2	鼎	口沿	西周早期
	M74：19	簋	圈足	先周晚期
	M74：21	簋	颈部	先周晚期
	M74：23	鼎	腹部	先周晚期
	M74：24	鼎	腹部	先周晚期
	M74：25	簋	腹底	先周晚期
兵器	M16：2	戈	内部	未知
	M26：11	戈	内部	西周早期
	M32：9	戈	刃部	先周晚期
	M41：2	戈	刃部	西周早期
	M50：1	戈	刃部	未知
	M74：3	戈	援部	先周晚期
	M74：5	戈	刃部	先周晚期
	M74：10	戈	援部	先周晚期
	M74：12	刀	刃部	先周晚期
	M74：14	戈	援部	先周晚期
车马器	M3：04	车轴饰	底部	西周早期
	M3：7	当卢	器身	西周早期
	M3：8	尖状器	残块	西周早期
	M26：15	泡	残破处	西周早期
	M26：16	弓形器	残断处	西周早期
	M26：24	泡	器身	西周早期
	M31：7	车𫐐	底部	西周早期
	M31：9	銮铃	底座	西周早期
	M32：011	车𫐐	底部	先周晚期
	M32：08	车𫐐	底部	先周晚期

续表一

器类	器物编号	器物名称	取样部位	墓葬时代
车马器	M63：1	当卢	底部	未知
	M63：2	泡	边缘	未知

备注："未知"表示墓葬时代大致在先周至西周时期，但具体时代尚未确定。

2. 分析方法

样品在金相观察时采用蔡司 ZEISS Axio Scope A1 型材料显微镜。先用树脂冷镶，然后用砂纸打磨，再抛光以达到样品观察要求。所有样品先不经浸蚀，在金相显微镜下观察夹杂物及铅的形态。然后用 3% 三氯化铁盐酸酒精溶液浸蚀样品，在金相显微镜下观察其组织形态。

金相观察后的样品再次抛光，进行喷碳处理后，采用飞纳 Phonom XL 扫描电镜（配备能谱仪）观察和测定样品的组成成分，分析条件为高真空，加速电压 15kV，工作距离 5mm。考虑到样品成分偏析和锈蚀等因素的影响，在分析化学组成时每件样品选取锈蚀较少的部位均进行了三次扫描，取其平均值作为样品的组成成分。

三 分析结果

1. 容器

本次检测的容器包括卣、鼎和簋三种（分析结果见表二），根据表二可知，10 件样品中有 8 件为铅锡青铜，2 件铅青铜。金相结果显示，10 件样品均为铸造成型，其中 3 件样品存在铸后受热情况。

卣 M1：1 和簋 M3：3 锡含量比较接近，分别为 15.31% 和 16.58%，铅含量为 13.14% 和 5.91%，铅的加入有利于增加合金溶液的流动性，有利于铸造纹饰，因此两件器物表面纹饰较为精美[1]。两件器物的铅颗粒分布都较为均匀，簋 M3：3 发现铸造缩孔，卣 M1：1 显微组织中仅发现极少的 δ 相，有受热组织均匀化特征[2]（图一、二）。

鼎 M4：1 为铅青铜，铅含量达 37.11%，从金相组织来看，铅颗粒较多，呈不同形状，且分布不均匀，有较大铅颗粒存在（图三）。鼎 M45：2 的铅含量仅为 2.04%，成分接近于纯铜，金相组织显示有受热均匀化的特征，边缘发现少量铅填充于枝晶间隙，分布不均匀（图五）。鼎 M32：1 锈蚀较为严重，金相组织显示，部分树枝晶明显，部分表现出组织均匀化特

[1] 孙淑云、韩汝玢、李秀辉：《中国古代金属材料显微组织图谱有色金属卷》，科学出版社，2011 年，第 71、72 页。
[2] 孙淑云、韩汝玢、李秀辉：《中国古代金属材料显微组织图谱有色金属卷》，科学出版社，2011 年，第 36、37 页。

表二　部分青铜容器成分和金相检测结果

器物编号及名称	合金成分（wt%）				材质	金相组织观察结果	加工工艺	图号
	Cu	Sn	Pb	其他				
M1：1 卣	71.55	15.31	13.14		Cu-Sn-Pb	α固溶体，偏析消失，极少（α+δ）共析组织孤立分散，铅呈小颗粒均匀分布	铸后受热	图一
M3：3 簋	77.52	16.58	5.91		Cu-Sn-Pb	α固溶体树枝晶，偏析明显，大量（α+δ）共析组织分布于枝晶间隙，铅呈小颗粒状弥散分布，有明显的铸造缩孔	铸造	图二
M4：1 鼎	62.89	—	37.11		Cu-Pb	α固溶体，铅颗粒较多，大小不等，形状各异，分布不均匀	铸造	图三
M32：1 鼎	84.65	9.32	6.03		Cu-Sn-Pb	α固溶体树枝晶，偏析明显，铅颗粒细小，形状不一，分布不均匀	铸后受热	图四
M45：2 鼎	97.96	—	2.04		Cu-Pb	α固溶体晶粒，晶粒大小不均匀，晶间腐蚀严重，铅颗粒分布不均匀，少量铅填充于晶间	铸后受热	图五
M74：19 簋	59.38	14.61	26.01		Cu-Sn-Pb	α固溶体树枝晶，偏析明显，大量（α+δ）共析组织，形态粗大，分布于枝晶间隙，铅颗粒大小不等，形状各异	铸造	图六
M74：21 簋	53.47	7.75	38.79		Cu-Sn-Pb	α固溶体，偏析不明显，（α+δ）共析组织形态细小，分布于枝晶间隙，铅分布不均匀，有大的球状聚集和沿枝晶分布的大小不等的颗粒	铸造	图七
M74：23 鼎	54.52	7.97	36.45	Fe：1.04	Cu-Sn-Pb	α固溶体树枝晶，偏析不明显，少量细小的（α+δ）共析组织。铅分布不均匀，有大的球状聚集和沿枝晶分布的大小不等的颗粒。较多铁呈团块状分布于基体	铸造	图八
M74：24 鼎	58.24	8.81	31.83	Fe：1.13	Cu-Sn-Pb	α固溶体，少量（α+δ）共析组织孤立分布，铅颗粒分布不均匀，较多大的球状颗粒和形状各异的小颗粒，部分铅颗粒抛磨掉呈孔洞。存在少量自由铜沉淀	铸造	图九
M74：25 簋	59.81	12.01	27.69	Fe：0.48	Cu-Sn-Pb	α固溶体树枝晶，偏析明显，大量（α+δ）共析组织分布于枝晶间隙；铅颗粒大小不等，较多大的球状颗粒被磨抛掉，形成孔洞。少量含铁的硫化物夹杂	铸造	图一〇

征，本件样品选自鼎的足部，器物出土后底部及足部有烟炱痕迹，因此推测在使用过程中受热（图四）。

　　簋 M74：19 锡含量为 14.61%，铅含量相对较高为 26.01%，但从金相组织来看，（α+δ）共析组织粗大且多，虽然铅颗粒较大，但分布非常均匀（图六）。簋 M74：25 的锡含量为 12.01%，（α+δ）共析组织与簋 M74：19 同样较多，连成网状，铅含量也较接近为 27.69%，但簋 M74：25 多球状铅且分布不均匀（图一〇）。

　　簋 M74：21、鼎 M74：23 和鼎 M74：24 的铅含量较高，金相显微组织显示有少量细小的（α+δ）共析组织，有较多大的球状聚集和沿枝晶分布的大小不等铅颗粒，分布不均匀。簋

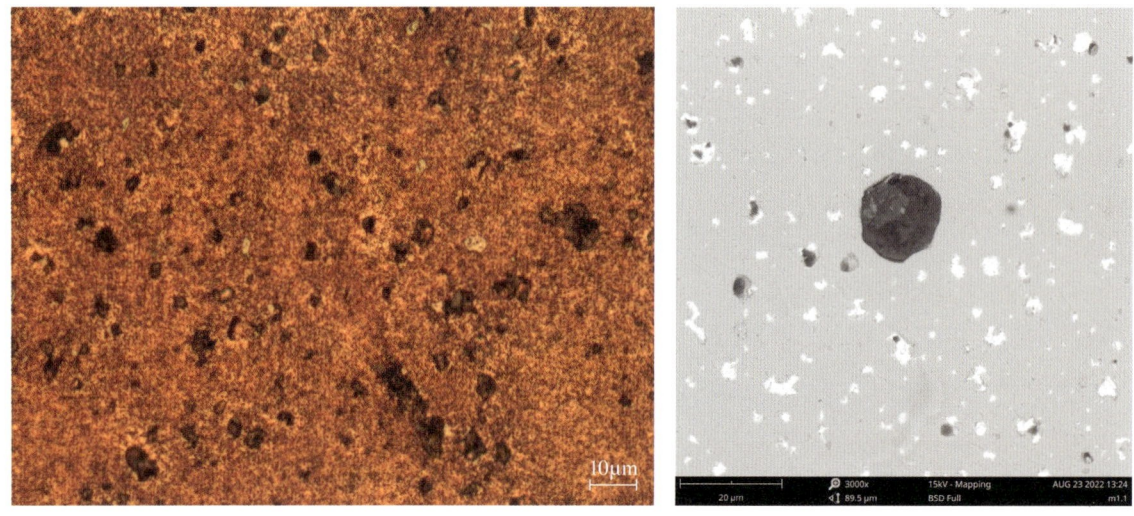

图一 卣 M1∶1 样品金相组织及 BSE 照片

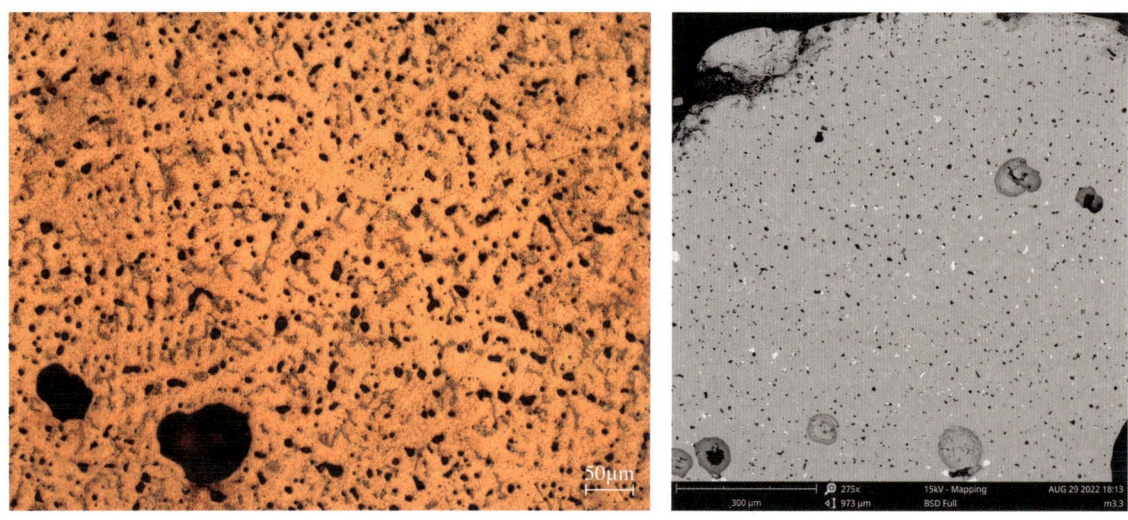

图二 簋 M3∶3 样品金相组织及 BSE 照片

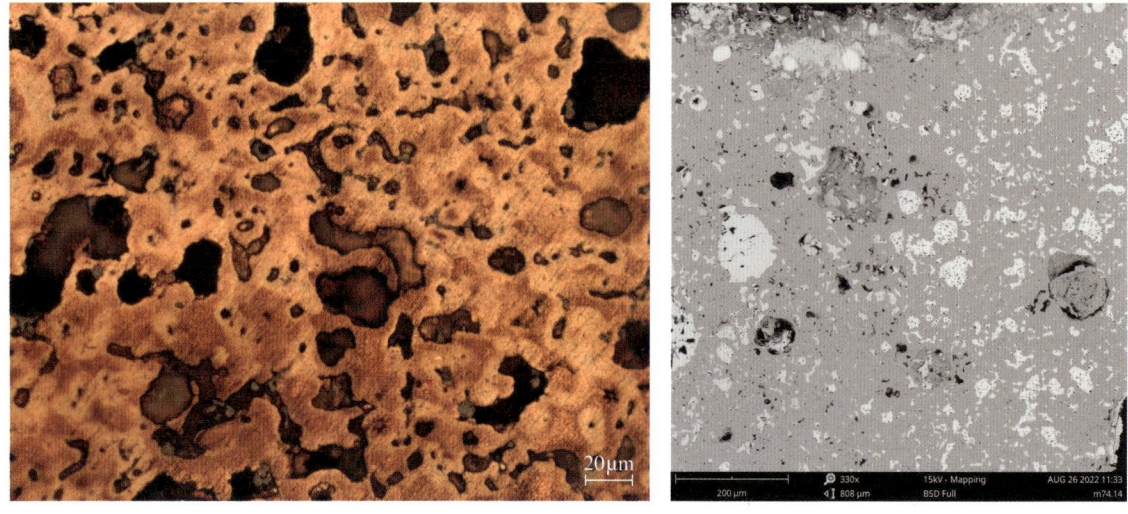

图三 鼎 M4∶1 样品金相组织及 BSE 照片

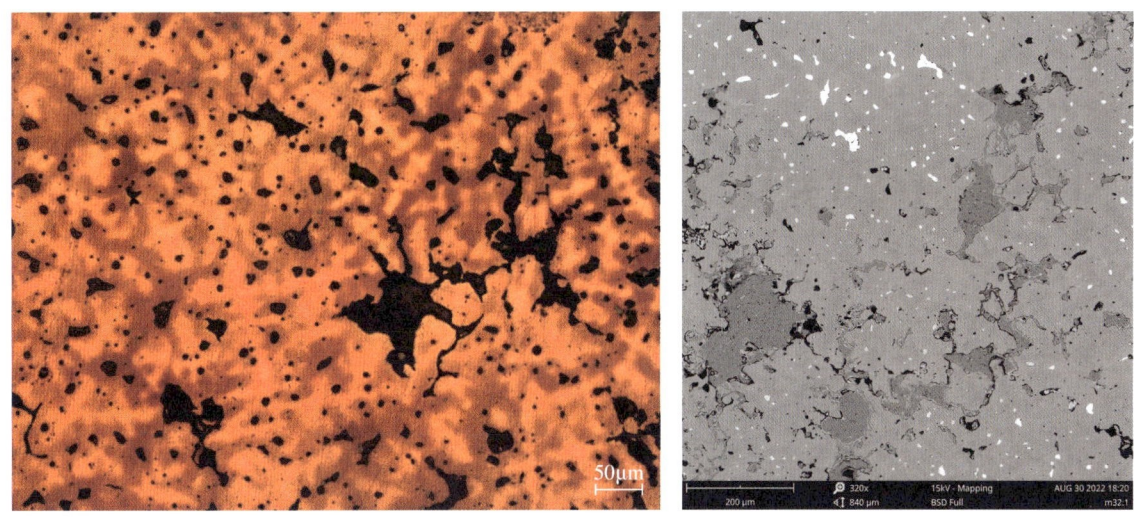

图四 鼎 M32：1 样品金相组织及 BSE 照片

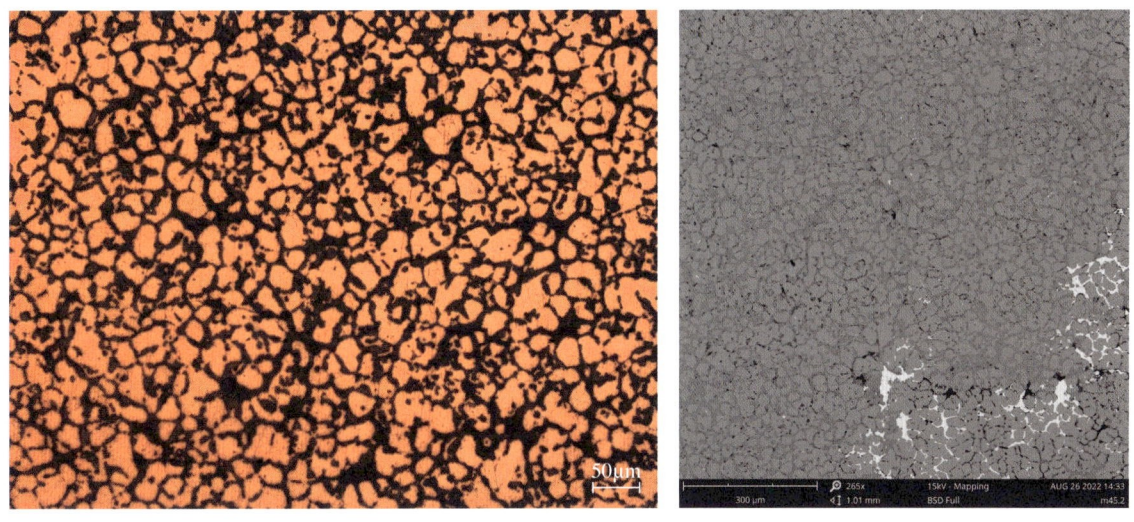

图五 鼎 M45：2 样品金相组织及 BSE 照片

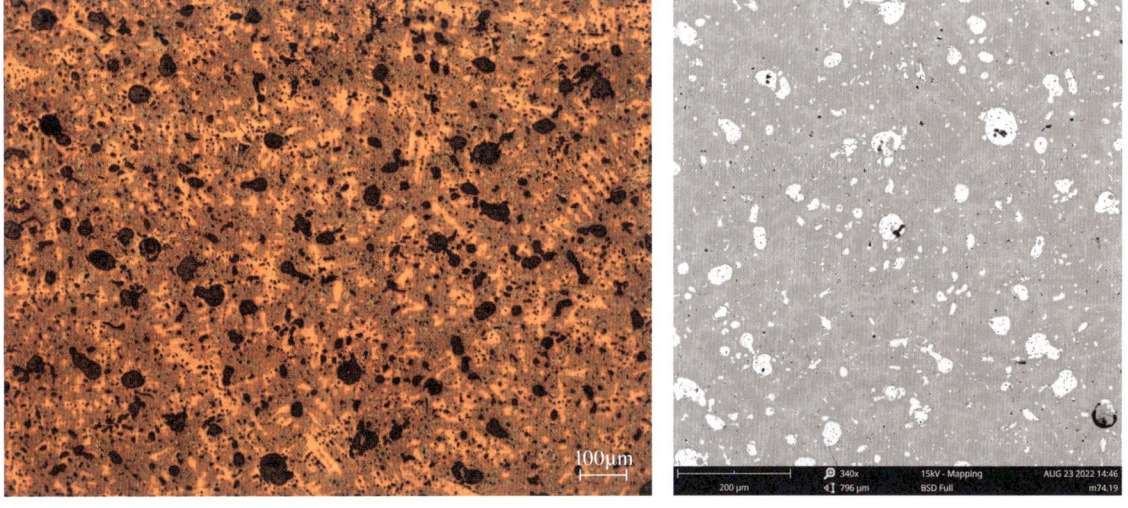

图六 簋 M74：19 样品金相组织及 BSE 照片

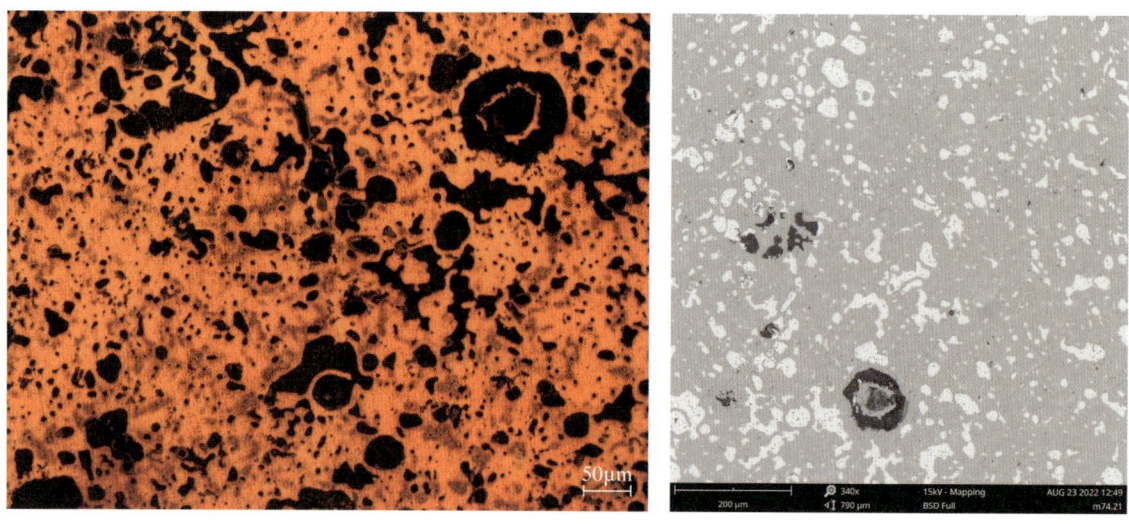

图七 簋 M74：21 样品金相组织及 BSE 照片

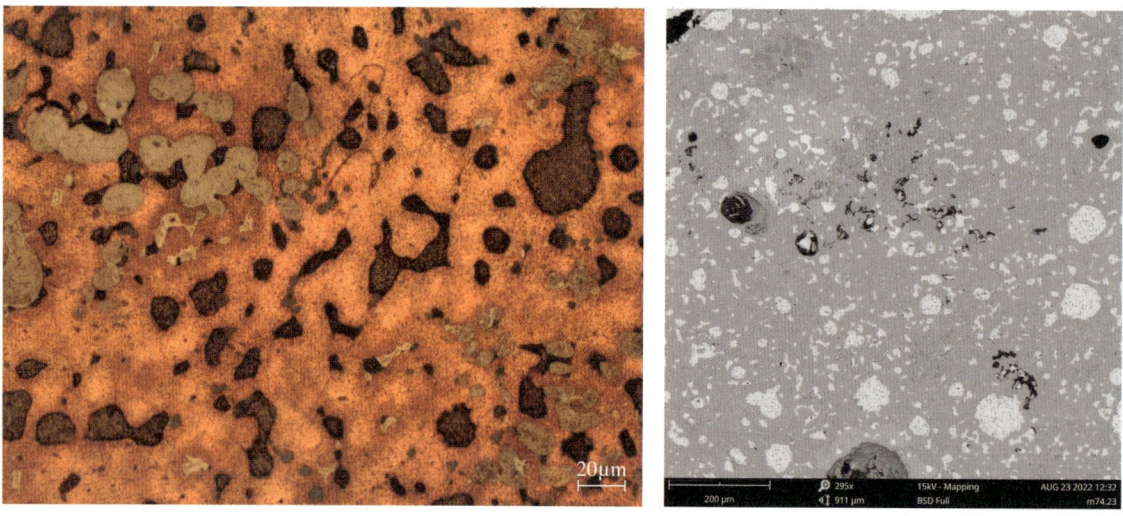

图八 鼎 M74：23 样品金相组织及 BSE 照片

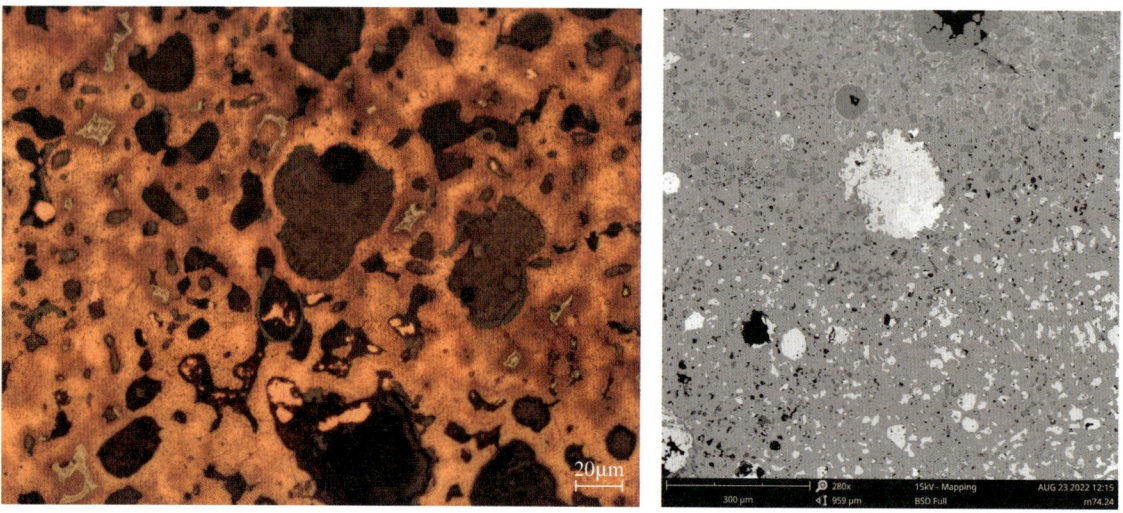

图九 鼎 M74：24 样品金相组织及 BSE 照片

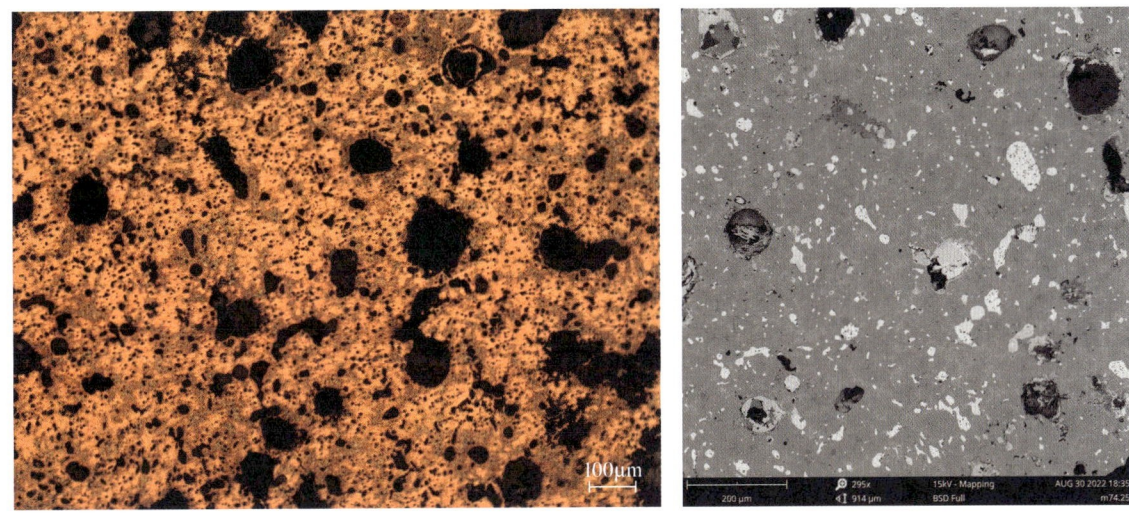

图一〇　簋 M74：25 样品金相组织及 BSE 照片

M74：21 的铅含量为 38.79%，在本次检测的容器中含量最高。鼎 M74：24 的腐蚀部位发现较多自由铜沉淀（图七至九）。

另外，鼎 M74：23、鼎 M74：24 和簋 M74：25 成分分析有铁元素存在，鼎 M74：23 的金相组织中看到有明显团状的铁分布于基体（图八）。

2. 兵器

兵器包括戈和刀（分析结果见表三）。由表三可知，10 件兵器中有铅锡青铜 6 件，锡青铜 2 件，铅青铜 2 件。金相结果显示均为铸造成型，其中 3 件有铸后冷加工特征，1 件铸造成型后同时有冷加工和受热情况，1 件有铸后受热特征。

2 件铅青铜戈 M16：2 和戈 M50：1，戈 M16：2 铅含量为 6.00%，由于样品锈蚀严重，故数据仅用作定性分析（图一一）。戈 M50：1 的铅含量高达 48.68%，从金相组织来看，铅颗粒大小不等，呈不规则的球状和多角状，且分布不均匀（图一五）。

2 件锡青铜中，戈 M74：5 为高锡青铜，锡含量达 17.97%。金相组织显示为 α 固溶体大晶粒，仅局部残留部分枝晶，具有受热均匀化的特征，但晶内又存在大量滑移带，且晶粒拉长变形，说明进行了冷加工。出现组织均匀化特征，说明器物曾受热，铸造锡青铜进行热加工会减少成分偏析，使得机械性能得到改善[1]，冷加工又可以提高合金的硬度和强度，从而满足兵器的使用要求（图一七）。戈 M74：10 为低锡青铜，质地偏软，部分晶粒沿加工方向拉长变形，且晶粒内有大量滑移带存在，推测为了提高其硬度和强度，铸后进行了冷加工（图一八）。

6 件铅锡青铜，除戈 M74：14 的锡含量偏高外，戈 M26：11、戈 M32：9、戈 M41：2、

---

[1] 杨军昌：《陕西关中地区先周和西周早期铜器的技术分析与比较研究》，北京科技大学博士学位论文，2002 年。

表三 部分青铜兵器成分和金相检测结果

器物编号及名称	合金成分（%）				材质	金相组织观察结果	加工工艺	图号
	Cu	Sn	Pb	其他				
M16：2 戈	94.00	—	6.00		Cu-Pb	α 固溶体树枝晶，锈蚀严重，有少量铅呈小颗粒状	铸造	图一一
M26：11 戈	85.03	9.89	5.07		Cu-Sn-Pb	α 固溶体树枝晶，偏析明显，晶界锈蚀严重，少量（α+δ）共析组织孤立分布，铅颗粒呈不同形状，分布于枝晶间隙	铸造	图一二
M32：9 戈	76.25	14.38	9.01		Cu-Sn-Pb	α 固溶体树枝晶，锈蚀严重，未见 δ 相，铅呈颗粒状零散分布，边缘有大量裂隙	铸造	图一三
M41：2 戈	80.24	11.56	8.20		Cu-Sn-Pb	α 固溶体，锈蚀严重，未见 δ 相，铅呈小颗粒状和条状，局部发现大量滑移带	铸后受热	图一四
M50：1 戈	50.57	—	48.68	As: 0.57	Cu-Pb	α 固溶体，铅颗粒大小不等，呈不规则的球状和多角状，分布不均匀	铸造	图一五
M74：3 戈	76.98	16.24	6.42	Fe: 0.17	Cu-Sn-Pb	α 固溶体树枝晶，晶粒较大，枝晶间隙和晶界腐蚀严重，有少量（α+δ）共析组织和铅颗粒，枝晶间隙和晶内有发现大量滑移带	铸后冷加工	图一六
M74：5 戈	82.03	17.97	—		Cu-Sn	α 固溶体大晶粒，残留部分树枝晶，（α+δ）数量较少且锈蚀严重，局部存在自由铜沉淀，晶内存在大量滑移带	铸后冷加工（受热）	图一七
M74：10 戈	95.25	4.75	—		Cu-Sn	α 固溶体树枝晶，偏析明显，少量（α+δ）共析组织，晶内发现滑移带，细小铅颗粒均匀分布	铸后冷加工	图一八
M74：12 刀	84.51	11.92	3.57		Cu-Sn-Pb	α 固溶体树枝晶，晶粒较大，偏析明显，锈蚀严重，未见（α+δ）共析体，小颗粒铅均匀分布，晶内存在大量滑移带	铸后冷加工	图一九
M74：14 戈	72.61	22.26	5.12		Cu-Sn-Pb	α 固溶体树枝晶，偏析明显，枝晶间隙锈蚀严重，未见（α+δ）共析体，少数铅颗粒弥散分布	铸造	图二〇

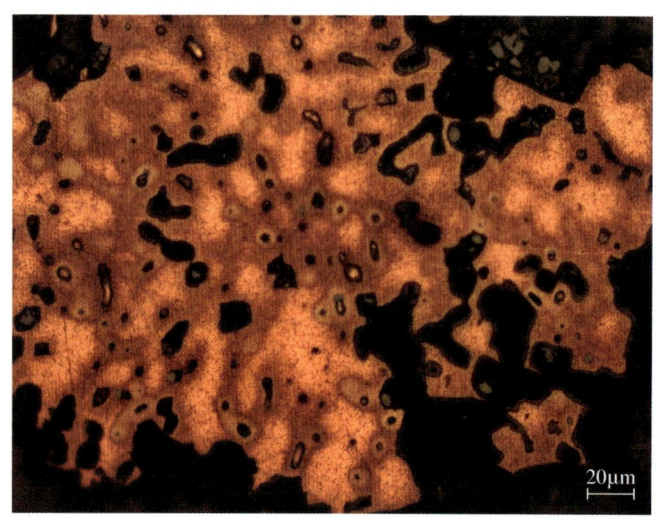 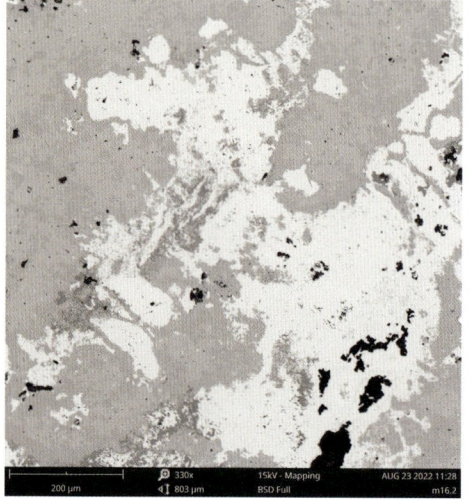

图一一 戈 M16：2 样品金相组织及 BSE 照片

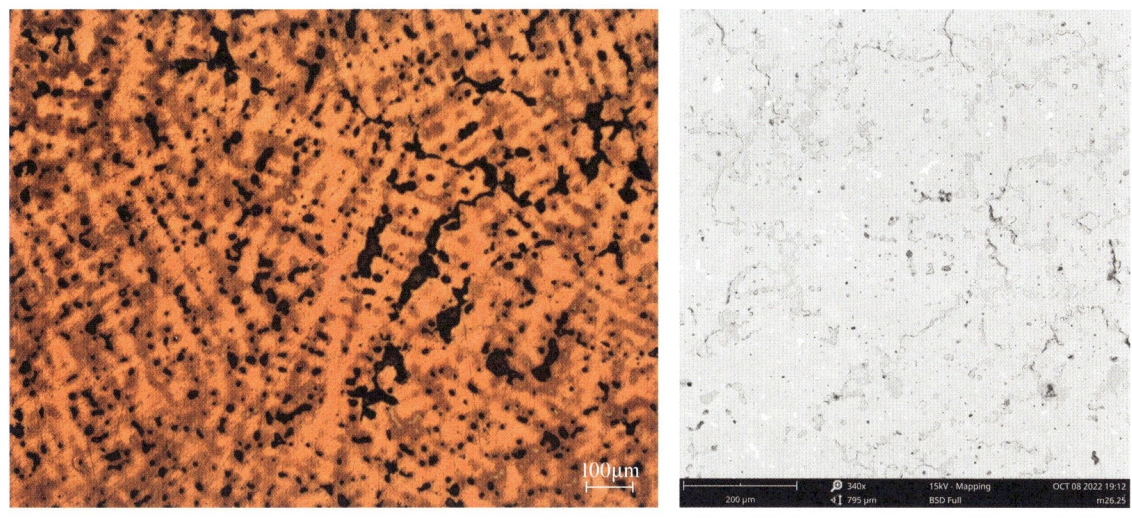

图一二 戈 M26：11 样品金相组织及 BSE 照片

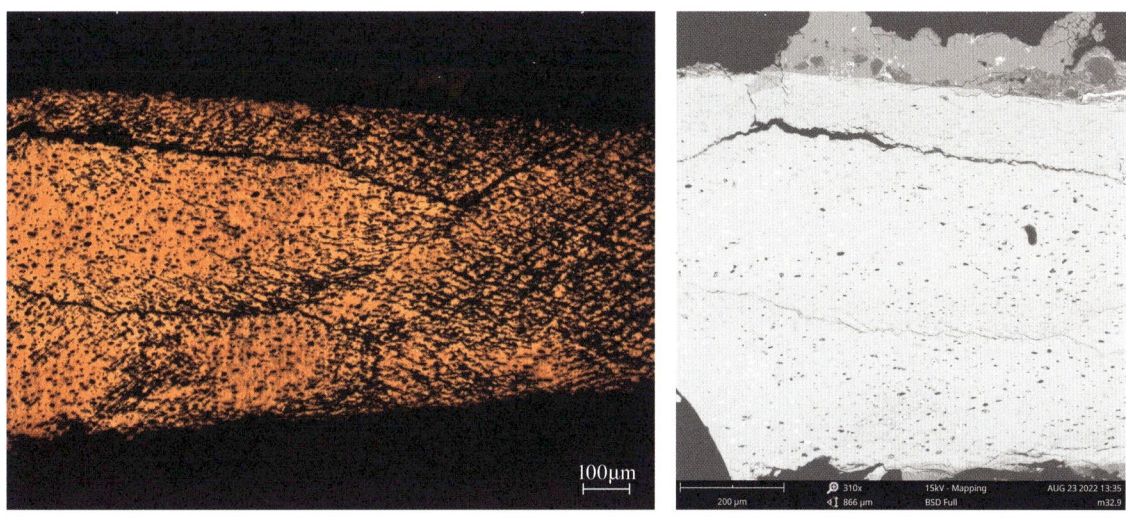

图一三 戈 M32：9 样品金相组织及 BSE 照片

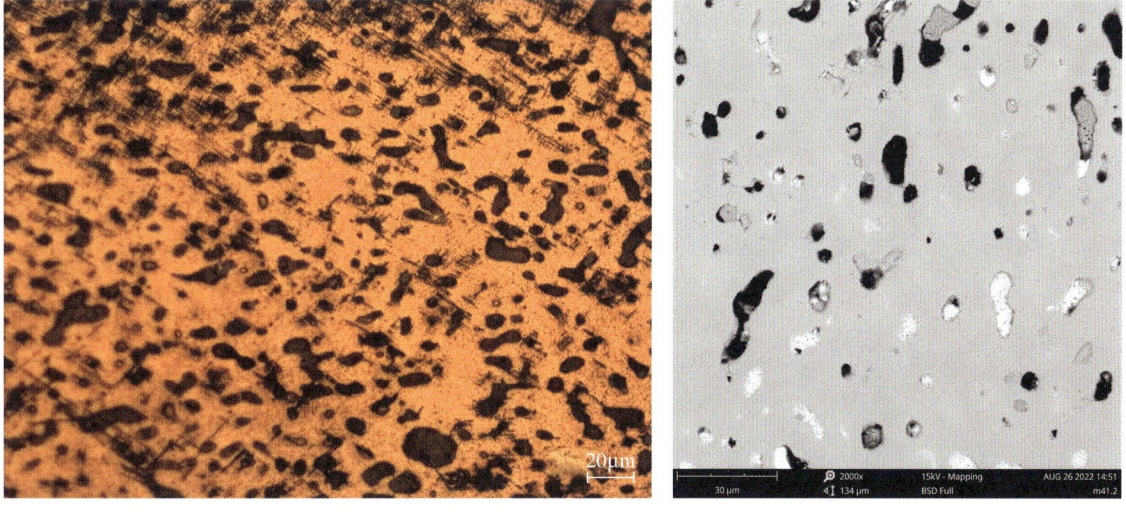

图一四 戈 M41：2 样品金相组织及 BSE 照片

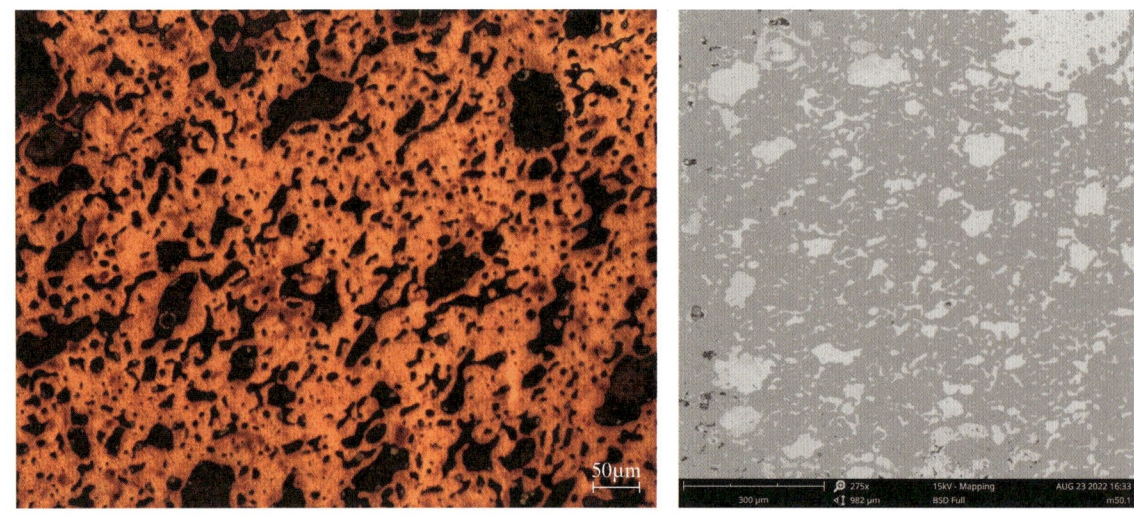

图一五　戈 M50：1 样品金相组织及 BSE 照片

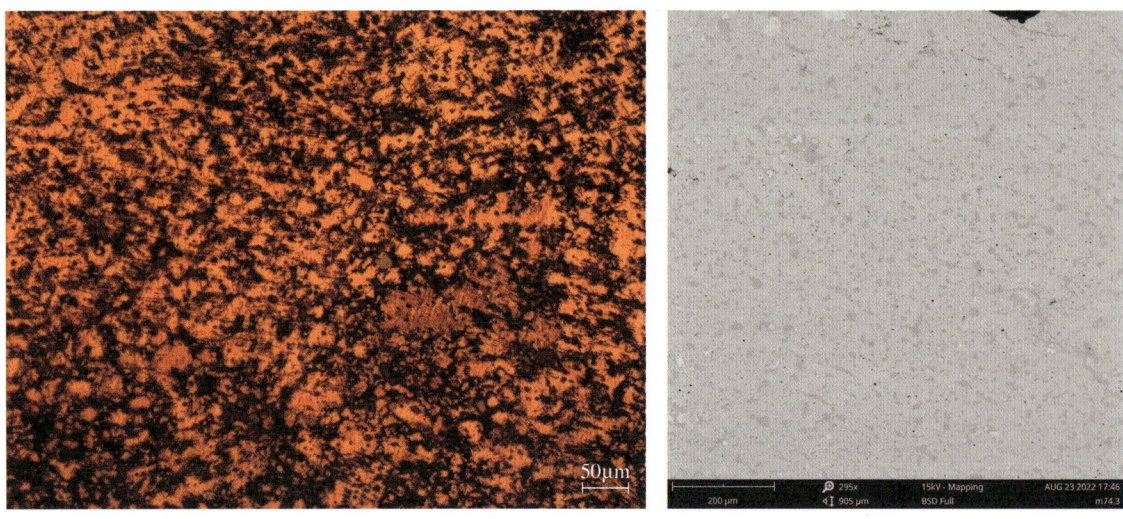

图一六　戈 M74：3 样品金相组织及 BSE 照片

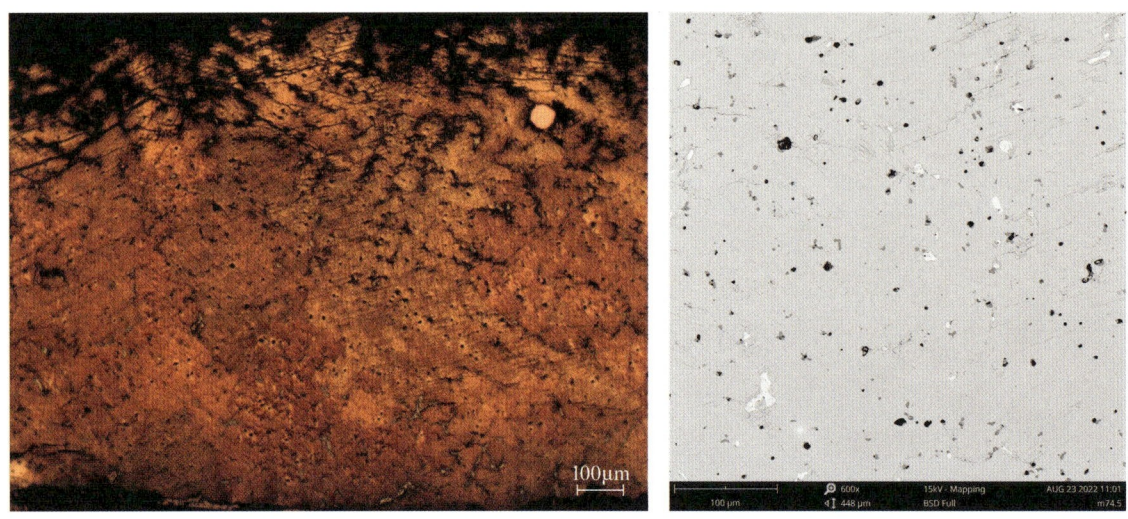

图一七　戈 M74：5 样品金相组织及 BSE 照片

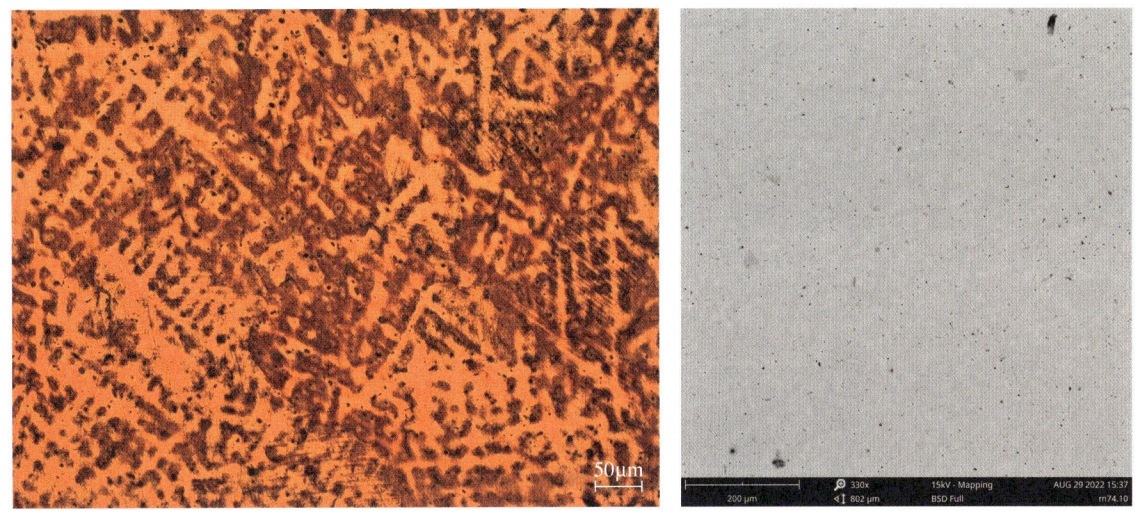

图一八　戈 M74：10 样品金相组织及 BSE 照片

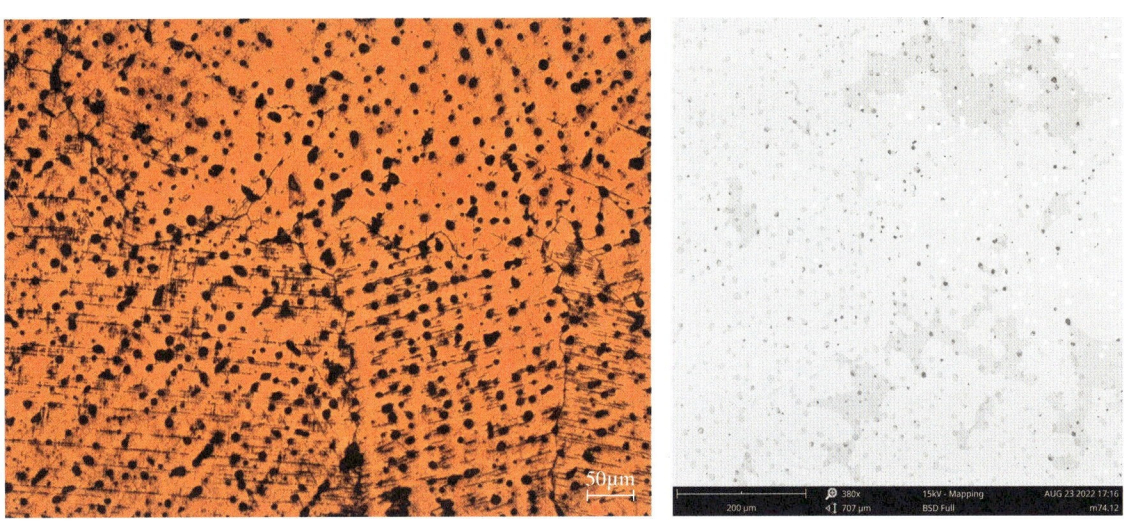

图一九　刀 M74：12 样品金相组织及 BSE 照片

图二〇　戈 M74：14 样品金相组织及 BSE 照片

戈 M74：3 以及刀 M74：12 的铅锡配比均较为合适，戈 M26：11、戈 M32：9 锈蚀较严重（图一二至一三）。戈 M32：9 样品中存在大量裂隙，裂隙周围有滑移带，推测是使用过程中形成（图一三）。戈 M41：2 的铅呈小颗粒状和条状，未发现 δ 相，有受热均匀化特征，同时局部发现大量滑移带，尤其是边缘部分较多，推测是使用过程中形成（图一四）。戈 M74：3 以及刀 M74：12 晶粒内发现大量滑移带，且晶粒沿加工方向拉长变形，推测使用铸后冷加工工艺（图一六、一九）。戈 M74：14 锡含量较高，但枝晶间隙锈蚀严重，（α+δ）共析体被腐蚀（图二〇）。

3. 车马器

车马器包括车轴饰、当卢、尖状器、泡、弓形器、銮铃以及车軎（分析结果见表四）。合金成分显示 12 件样品均为铅锡青铜。锡含量分布比较零散，范围在 8.50%~18.17%；3 件样品铅含量较高，分布在 15.51%~17.66% 之间，其余器物的铅含量集中在 2.45%~9.50%。金相结果显示，12 件样品的制作工艺均为铸造成型，2 件有铸后热加工特征。

表四　部分青铜车马器成分和金相检测结果

器物编号及名称	合金成分（%）				材质	金相组织观察结果	加工工艺	图号
	Cu	Sn	Pb	其他				
M3：04 车轴饰	80.62	12.77	6.61		Cu–Sn–Pb	α 固溶体树枝晶，偏析明显，大量（α+δ）共析组织分布于枝晶间隙，大量铅颗粒呈弥散状分布于晶间	铸造	图二一
M3：7 当卢	75.94	14.56	9.50		Cu–Sn–Pb	α 固溶体树枝晶，偏析明显，大量（α+δ）共析组织分布于枝晶间隙，铅呈小颗粒状均匀分布	铸造	图二二
M3：8 尖状器	78.06	13.70	8.25		Cu–Sn–Pb	α 固溶体树枝晶，偏析明显；大量（α+δ）共析组织分布于枝晶间隙，铅呈小颗粒状分布于枝晶间隙，有自由铜沉淀	铸造	图二三
M26：15 泡	76.22	18.17	5.61		Cu–Sn–Pb	α 固溶体树枝晶，偏析明显；大量（α+δ）共析组织呈网状分布于枝晶间隙，样品边缘共析体被腐蚀，出现较多自由铜沉淀，铅呈小颗粒状分于枝晶间隙	铸造	图二四
M26：16 弓形器	66.18	16.20	17.61		Cu–Sn–Pb	α 固溶体树枝晶，偏析明显；大量（α+δ）共析组织分布于枝晶间隙；样品边缘共析体被腐蚀，出现较多自由铜沉淀，铅呈颗粒状分于枝晶间隙	铸造	图二五
M26：24 泡	70.73	11.61	17.66		Cu–Sn–Pb	α 固溶体树枝晶，锈蚀严重偏析明显，（α+δ）共析组织分布于枝晶，少量铅呈球状和岛屿状，大部分呈小颗粒状分布不均匀	铸造	图二六
M31：7 车軎	83.72	8.50	7.79		Cu–Sn–Pb	α 固溶体树枝晶，偏析明显，少量（α+δ）共析组织孤立分布于枝晶间隙，铅呈小颗粒状分布于枝晶间隙	铸造	图二七
M31：9 銮铃	80.09	11.37	8.54		Cu–Sn–Pb	α 固溶体树枝晶，偏析明显，少量（α+δ）共析组织分布于枝晶间隙，铅呈小颗粒状分布于枝晶间隙	铸造	图二八

续表四

器物编号及名称	合金成分（%）				材质	金相组织观察结果	加工工艺	图号
	Cu	Sn	Pb	其他				
M32：08 车軎	77.42	17.15	5.44		Cu-Sn-Pb	α 固溶体树枝晶，偏析明显，大量（α+δ）共析组织分布于枝晶间隙，共析体优先腐蚀，铅颗粒少且细小，发现大量自由铜沉淀，存在滑移带	铸造	图二九
M32：011 车軎	73.46	11.03	15.51		Cu-Sn-Pb	α 固溶体树枝晶，偏析明显，（α+δ）共析组织分布于枝晶间隙，铅颗粒大小不等，形状各异，分布于枝晶间隙	铸造	图三〇
M63：1 当卢	81.42	16.13	2.45		Cu-Sn-Pb	α 固溶体大晶粒，晶界腐蚀严重，有枝晶残留，少量细小铅颗粒分布在晶内	铸后受热	图三一
M63：2 泡	74.66	19.07	6.27		Cu-Sn-Pb	α 固溶体大晶粒，晶界腐蚀严重，有枝晶残留，细小铅颗粒均匀分布于晶内和晶界，边缘有大量滑移带	铸后受热	图三二

车轴饰 M3：04、当卢 M3：7、尖状器 M3：8、车軎 M31：7、銮铃 M31：9 锡含量的范围处于 8.50%~14.56%，铅含量均小于10%。从金相组织观察可知，这几件器物铅呈小颗粒状与（α+δ）共析组织均匀分布于枝晶间隙，综合来看，机械性能良好（图二一至二三、二七、二八）。

泡 M26：15 的锡含量高达 18.17%，（α+δ）共析组织较多，连成网状（图二四）。弓形器 M26：16 锡铅含量均较高，铅呈大颗粒状，与大量（α+δ）共析组织分布于枝晶间隙（图二五）。泡 M26：24 和车軎 M32：011 的铅颗粒与（α+δ）共析组织分布都不均匀，所以机械性能较差（图二六、三〇）。

车軎 M32：08 的（α+δ）共析组织被腐蚀，有较多自由铜沉淀，样品边缘发现滑移带且轻微变形，推测是使用过程或者取样过程中造成（图二九）。

当卢 M63：1 和泡 M63：2 的锡含量为 16.13% 和 19.07%，铅含量为 2.45% 和 6.27%。两件

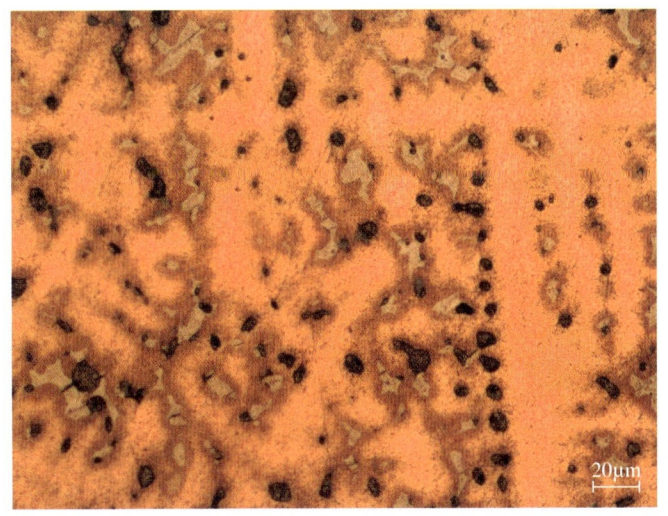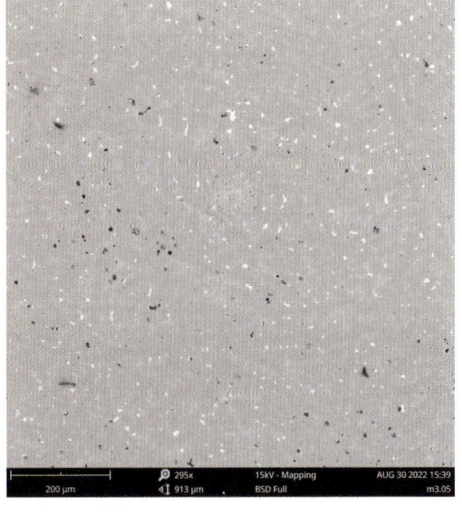

图二一　车轴饰 M3：04 样品金相组织及 BSE 照片

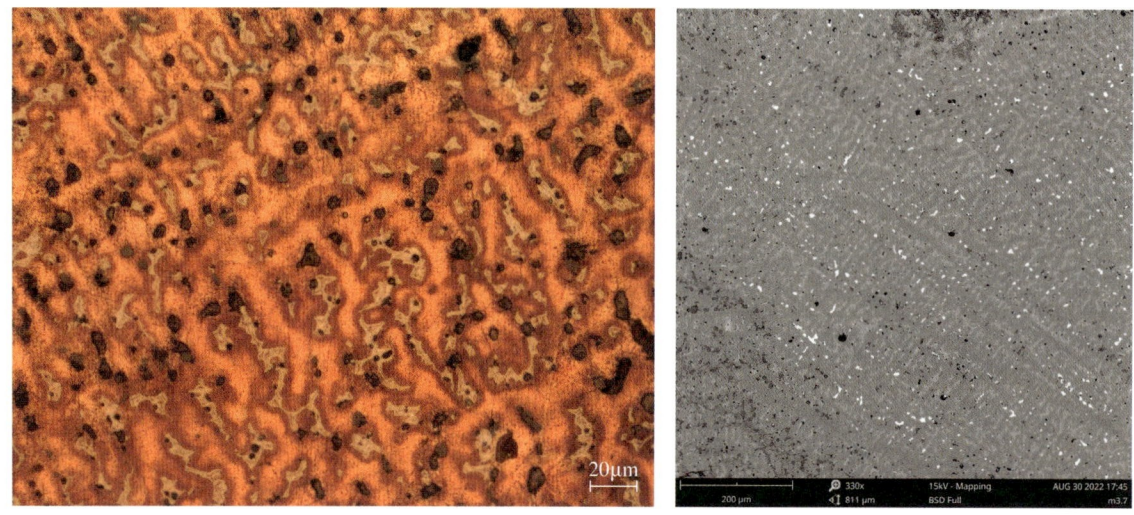

图二二　当卢 M3：7 样品金相组织及 BSE 照片

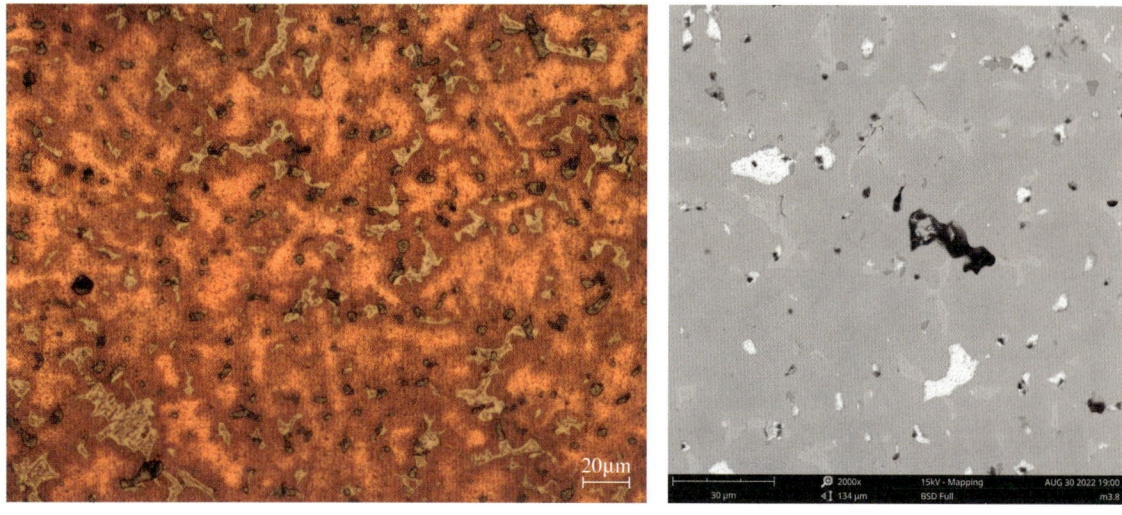

图二三　尖状器 M3：8 样品金相组织及 BSE 照片

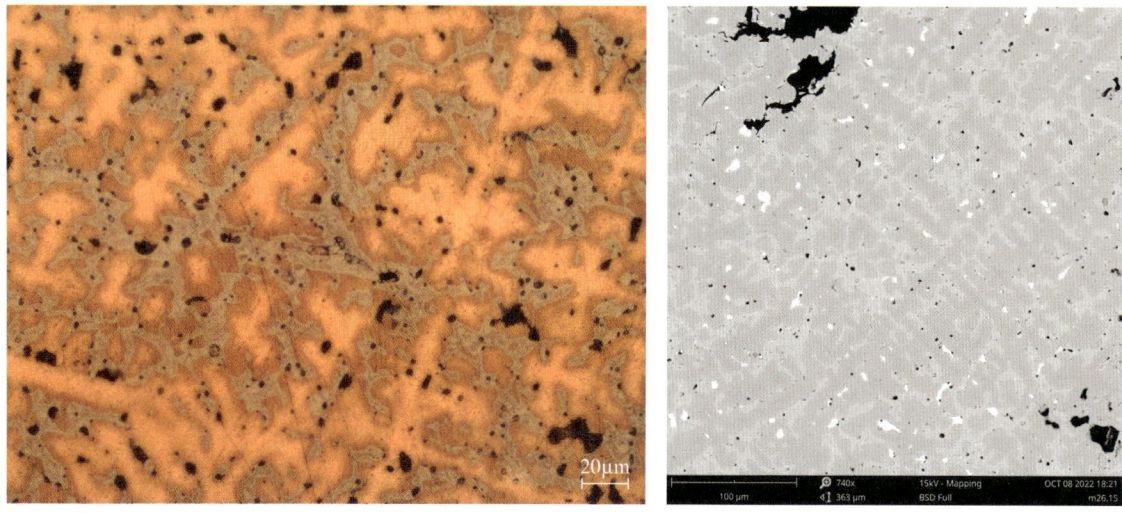

图二四　泡 M26：15 样品金相组织及 BSE 照片

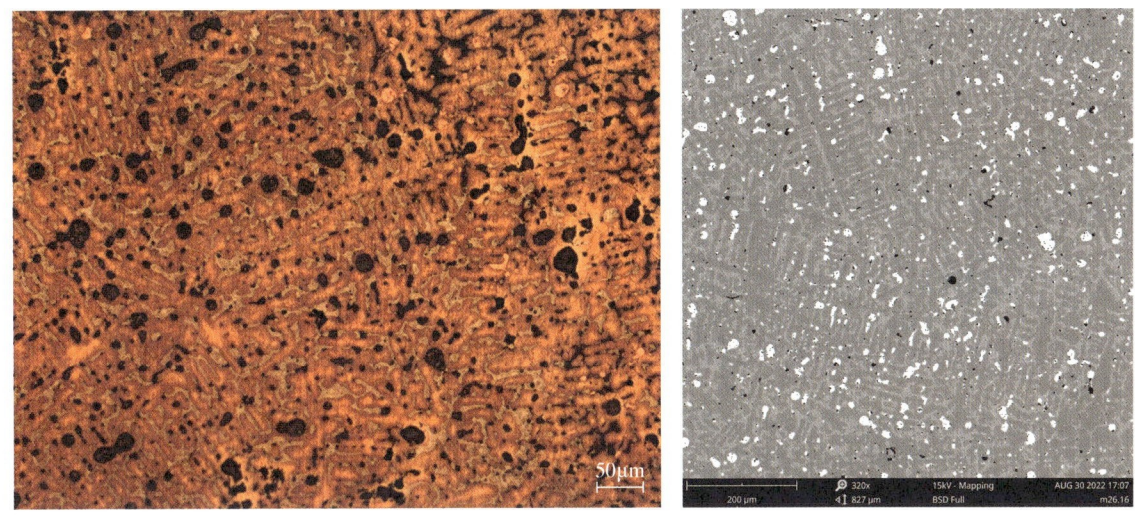

图二五　弓形器 M26∶16 样品金相组织及 BSE 照片

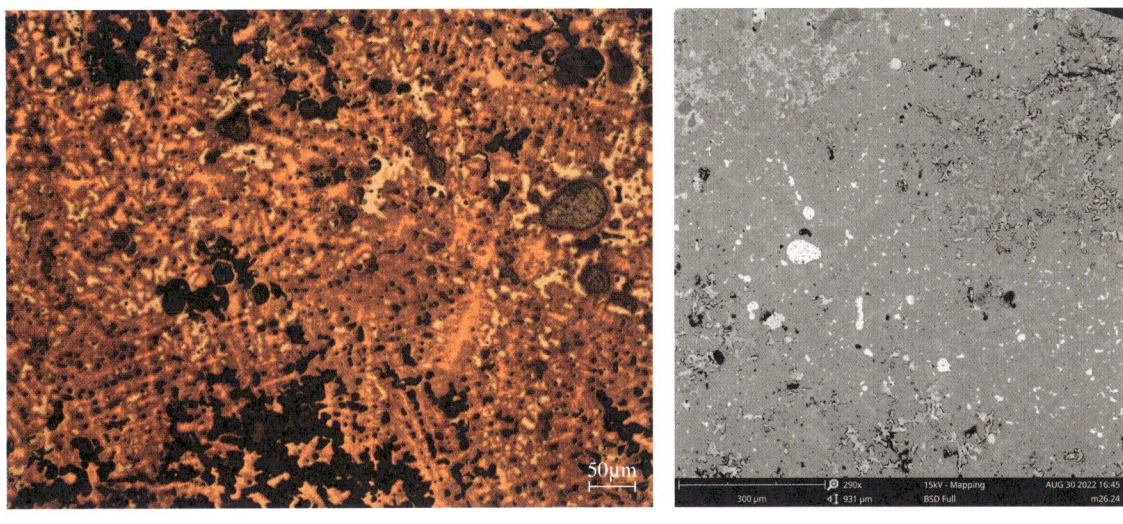

图二六　泡 M26∶24 样品金相组织及 BSE 照片

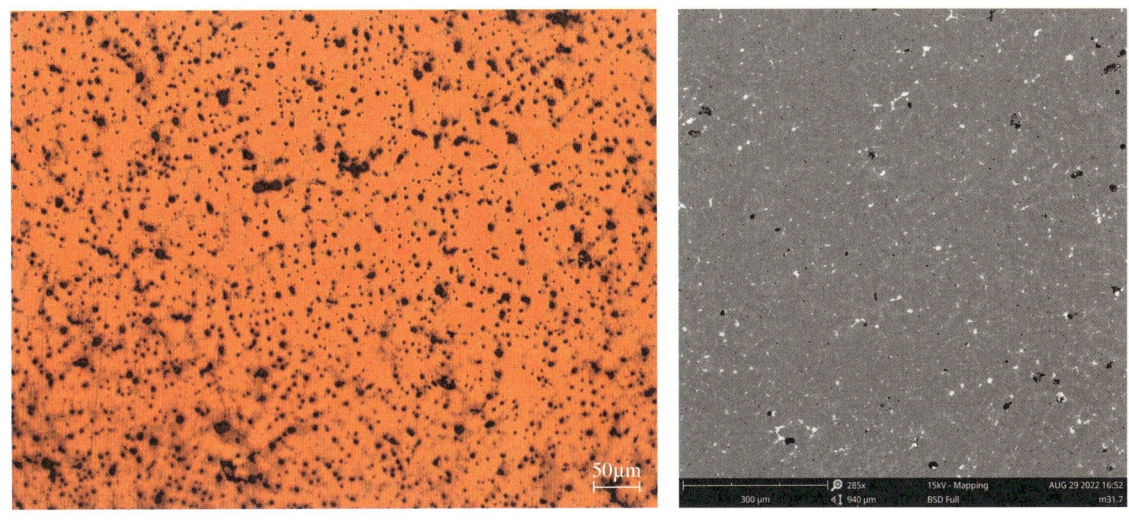

图二七　车軎 M31∶7 样品金相组织及 BSE 照片

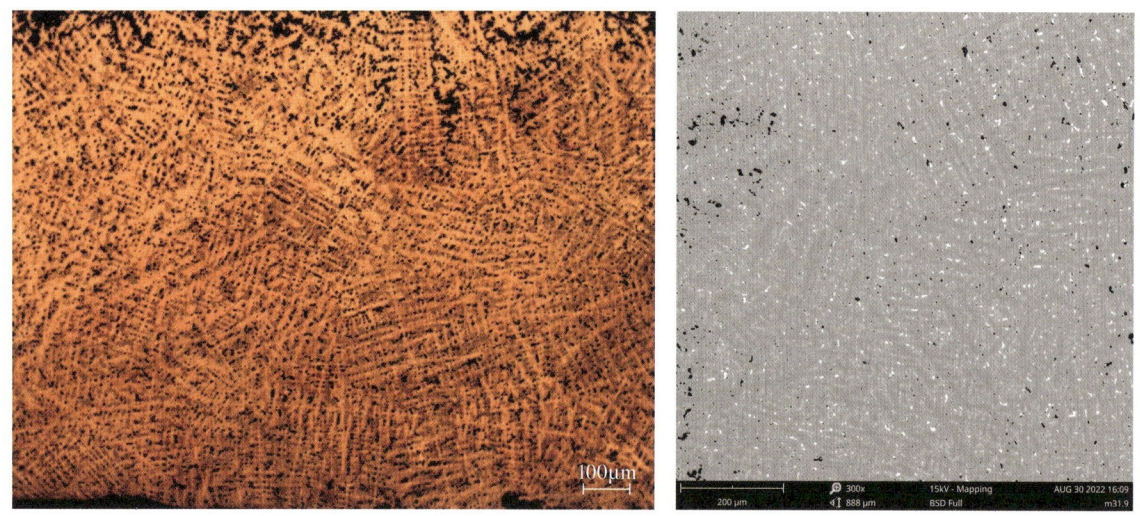

图二八　銮铃 M31：9 样品金相组织及 BSE 照片

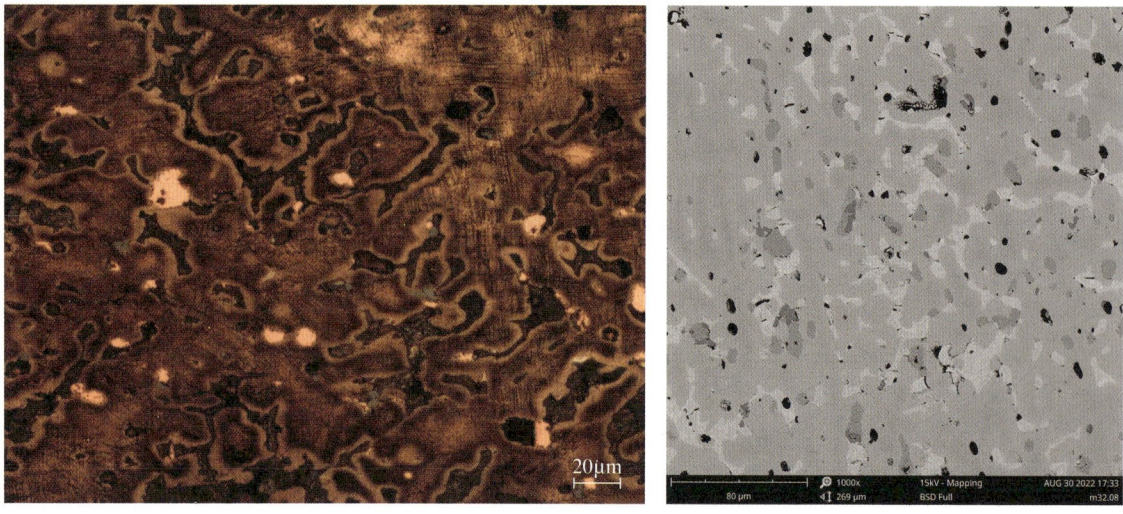

图二九　车軎 M32：08 样品金相组织及 BSE 照片

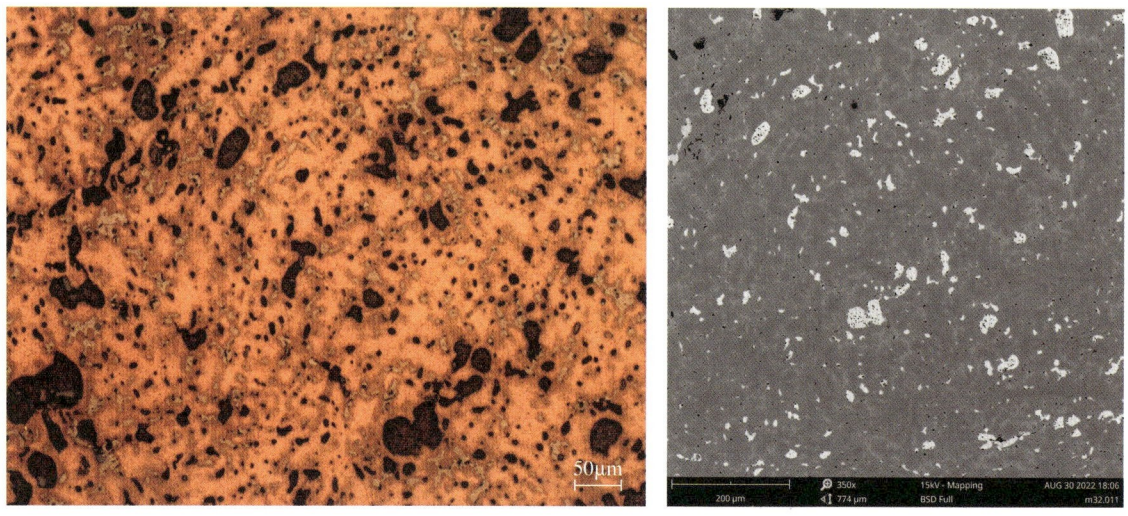

图三〇　车軎 M32：011 样品金相组织及 BSE 照片

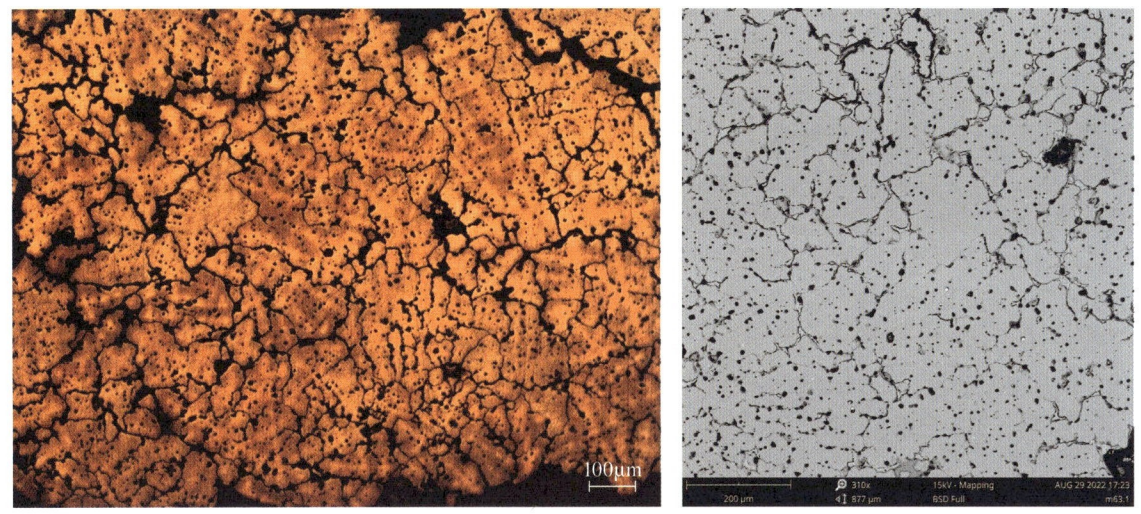

图三一　当卢 M63：1 样品金相组织及 BSE 照片

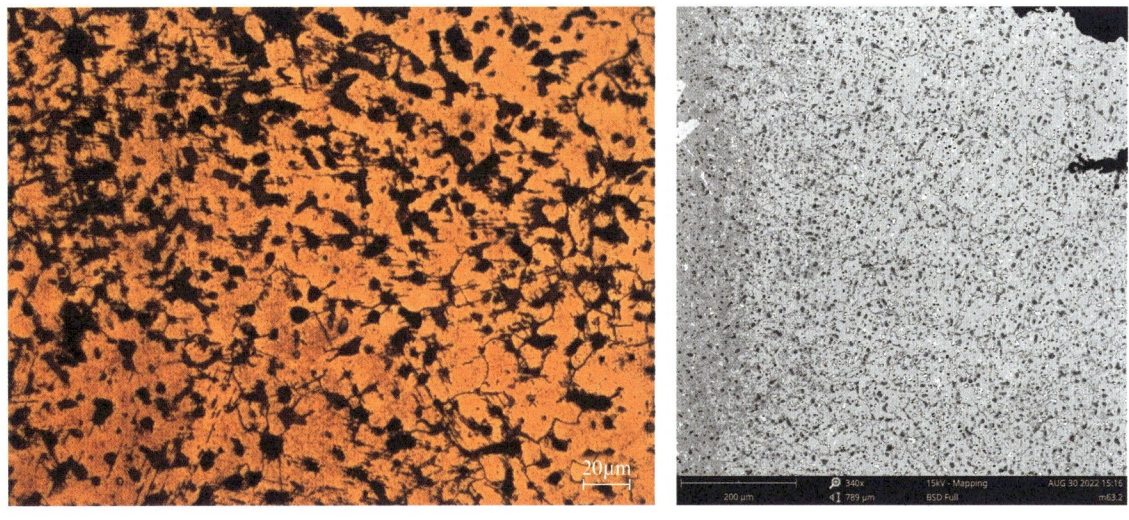

图三二　泡 M63：2 样品金相组织及 BSE 照片

器物的金相组织显示，α 固溶体呈大晶粒，有少量枝晶残留，为铸造后受热组织，推测是使用过程中受热所致（图三一、三二）。此外，泡 M63：2 部分晶内存在滑移带，推测应是使用过程中受热及外力作用所致。

四　结果讨论

1. 青铜器的合金特点

本次分析的 32 件器物样品铅锡含量如图三三所示。根据 T. Chase[1] 所绘的三角图可知，

［1］Chase WT & Thomes O. Ziebold. *Ternary Representation of Ancient Chinese Bronzes Composition*. Archaeological Chemistry-II. Advance in Chemistry Series 171. American Chemical Society. Washington ,D.C.1978, 302–304.

含锡量在 5%~20%、含铅量低于 10% 的范围内时，合金的抗拉强度较高；锡含量和铅含量均小于 10% 时，合金的塑性较好。考虑合金的综合机械性能，在含锡量为 5%~15%、含铅量低于 10% 时，合金的抗拉强度和硬度较高，并有良好的塑性[1]。32 件器物样品中仅有 11 件器物样品满足该条件，占比不足 50%，因此，从合金成分来看，旭光墓地先周与西周墓葬出土青铜器普遍材质较差。

合金中加入铅虽然会降低器物的硬度和强度，但可以提高金属液的流动性，有利于铸造器物表面精美的纹饰。从图三三中可以看出，不同器类的铅含量呈现较大差别，10 件容器样品中 6 件铅含量超过 15%，有研究证明，铅含量在 10%~15% 时合金溶液的流动性最好，满流率随着含铅量的增加而增加；当含铅量大于 15% 时，满流率开始下降[2]，很明显旭光先周墓葬出土容器的高铅含量并非是为了提高流动性。较高的铅含量可能是因为锡料资源的紧缺，或者对随葬容器的态度发生变化[3]。兵器的铅含量戈除 M50：1 达 48% 外，其余铅含量均低于 10%；戈 M50：1 的机械性能并不符合使用性能，推测戈 M50：1 并非实用器，仅作明器陪葬。12 件车马器中有 3 件样品的铅含量大于 10%。由此可见，兵器和车马器含铅量普遍低于容器，从使用性能考虑，车马器和兵器在使用过程中相较于容器，对机械性能的要求更高。因此，合金中的铅含量变化符合不同器类的使用性能，说明当时工匠已经掌握了一定的合金配比规律。

此外，旭光墓地先周与西周墓葬出土 10 件容器的合金成分可以看出，同一墓葬出土的器物合金成分较为接近，不同墓葬出土的器物合金成分差异较大，例如 M74 出土的 5 件器物锡含量适中，范围在 7.75%~14.61%，铅含量均较高，范围在 26.01%~38.79%，其余每个墓葬均分析了 1 件器物，含量均有较大差异，说明不同墓葬的器物可能是为不同批次铸造，或从侧面验证考古学结论[4]：旭光墓地不是以血缘关系形成的墓葬群，而主要是受政治因素支配而形成的公共墓地。

2. 青铜器的制作工艺特点

从金相组织来看，本次检测的 32 件器物样品均为铸造成型，其中 5 件样品组织存在铸后受热，推测使用过程中受热所致；3 件发现铸造成型后进行冷加工，皆为兵器，从显微组织推测应是有意为了提高器物硬度和强度；1 件铸造成型同时有冷加工和受热的情况，结合合金成分，推断由于锡含量过高，加热是为了降低其脆性，然后再进行冷加工从而提高其机械性能。此外，早在公元前 2000 年，甘肃永靖秦魏家齐家文化墓地出土了锻件铜锥[5]，甘肃崇信于家湾西周

[1] 张利洁、赵福生、孙淑云等：《北京琉璃河燕国墓地出土铜器的成分和金相研究》，《文物》2005 年第 6 期。

[2] 韩汝玢、孙淑云、李秀辉等：《中国古代铜器的显微组织》，《北京科技大学学报》2002 年第 2 期。

[3] 刘煜：《殷墟出土青铜礼器铸造工艺的研究》，中国科学院研究生院博士学位论文，2006 年。

[4] 宝鸡市考古研究所：《陕西宝鸡东沙河西路西周墓葬发掘简报》，《考古与文物》待刊。

[5] 中国科学院考古研究所甘肃工作队：《甘肃永靖秦魏家齐家文化墓地》，《考古学报》1975 年第 2 期。

墓发现锻打的青铜盆[1]，宝鸡石鼓山墓地的青铜铠甲[2]和周原孔头沟宋家墓地[3]出土的铜片均是热锻成型，可见热锻技术在当时已经应用较多，但在此次所有检测器物中，未发现热锻工艺。

3. M74 的特殊性初步分析

本次检测的样品中，先周时期墓葬 M74 的器物表现出明显特殊性。检测的容器铅含量都较高，材质较差；检测出铁元素的样品也均来自 M74。有学者认为古代青铜器中铁含量的变化可以反映铜冶矿技术的改变[4]。分析的器物中有 4 件样品的铁含量均高于 0.05%，表明原料可能采用富铁铜矿或者在冶炼过程中加入铁矿石。同时，所有器物中仅 M74 出土兵器发现铸后冷加工工艺。结合考古发掘现场，M74 是目前旭光墓地出土青铜器容器最多的墓葬，可见其在旭光墓地的墓葬中地位之特殊，初步推测 M74 出土器物的来源可能与其他墓葬不同，后续可对其展开进一步研究。

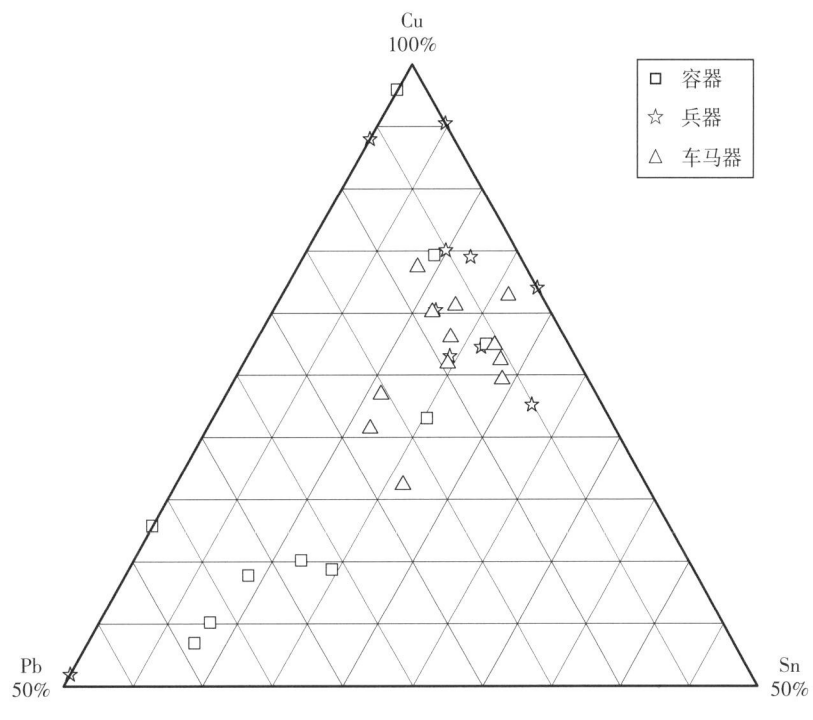

图三三　旭光墓地出土青铜器合金成分分布图

4. 旭光墓地与邻近其他墓地出土同时期青铜器比较分析

为了探究旭光墓地与其他墓地先周和西周时期青铜文化交流情况，根据现有的考古发掘资

［1］张治国、马清林：《甘肃崇信于家湾西周墓出土青铜器的金相与成分分析》，《文物保护与考古科学》2008 年第 1 期。
［2］陈坤龙、梅建军、邵安定等：《陕西宝鸡石鼓山新出西周铜甲的初步科学分析》，《文物》2015 年第 4 期。
［3］刘思然、陈建立、种建荣等：《周原孔头沟遗址宋家墓地铜器的科学分析与研究》，《南方文物》2017 年第 2 期。
［4］Craddock PT, Meeks ND. Iron in ancient copper. *Archaeometry*, 1987, 29 (2): 187–204.

料以及青铜器的形制、纹饰等特征，将旭光墓地出土器物的合金成分和制作工艺与附近区域不同墓地出土同时期相似器物进行比较[1]。

　　宝鸡石鼓山墓地距离旭光墓地仅5千米，邵安定等对石鼓山商周墓地出土49件青铜容器样品进行分析[2]，结果表明，石鼓山青铜容器均为铸造成型，未见锻造工艺；而且发现材质类型与器物的文化属性有明显关联，表现为典型的商文化青铜容器以铅含量较低的铜锡铅三元合金或者铜锡二元合金为主，仅少量为铅含量较高的铜锡铅三元合金；先周文化青铜容器以低锡高铅的铜锡铅三元合金和铜铅二元合金为主；商周之际的青铜容器中，"真正具有时代特征"的青铜容器多为铅含量较低的铜锡铅三元合金或铜锡二元合金，而当地类型青铜容器多为铅含量较高的铜锡铅三元合金或铜铅二元合金。

　　苏荣誉等对宝鸡弓鱼国墓地出土的169件青铜器样品合金成分分析结果表明[3]，弓鱼国墓地青铜器锡含量高于10%的有85件，铅含量大于10%的有74件，锡铅含量均大于10%的有29件，接近纯铜的有2件。合金材质主要以铜锡铅三元合金为主，共113件，占比66.5%。87件礼器样品中，锡含量范围在0%~22%之间，铅含量最高达49.7%；24件生产工具和兵器以高锡低铅和高铅中锡为主；22件车马器样品全部为三元合金，锡含量多在10%~15%之间，铅含量多在7%~15%之间。综合可见，弓鱼国墓地的合金特点是铅含量高，含铅器普遍。对21件器物样品进行了金相分析，基本为铸态组织，其中有2件为退火组织。

　　杨军昌对张家坡墓地出土先周及西周早期的31件铜器进行了研究[4]，分析结果显示，铜铅合金3件，铜锡合金2件，铜锡铅三元合金26件。14件容器样品中10件锡含量集中在4%~17%，10件铅含量大于10%，最高达32.4%；12件兵器及3件工具样品中锡含量比较分散，范围在1.0%~21.8%之间，铅含量范围在2.2%~14.9%之间；2件车马器锡含量为15%~15.9%，铅含量为9.6%和16.6%。综合分析，张家坡墓地的合金特征表现为铅锡青铜为主，兵器和工具、车马器的铅含量低于容器。所有器物均为铸造成型，6件兵器和工具显示铸后热加工，1件兵器显示铸后冷加工。

　　张治国等对甘肃崇信于家湾出土先周至西周的16件青铜器进行了分析[5]，包括9件容器、2件兵器、5件车马器和杂器。合金成分结果表明，7件容器的锡含量处于12.2%~16.4%范围内，较为集中，3件车马、杂器锡含量高于17%。铅含量分布比较分散，范围分布在0%~37.4%；有

[1] 宝鸡市考古研究所：《陕西宝鸡旭光西周墓葬发掘简报》，《文物》2021年第9期；宝鸡市考古研究所：《陕西宝鸡东沙河西路西周墓葬发掘简报》，《考古与文物》待刊。

[2] 邵安定、李建西、宋俊荣等：《石鼓山商周墓地出土青铜容器的科学分析与研究》，《文博》2021年第2期。

[3] 苏荣誉、胡智升、卢连成等：《弓鱼国墓地青铜器铸造工艺考察和金属器物检测》，《宝鸡弓鱼国墓地》，文物出版社，1988年。

[4] 杨军昌：《陕西关中地区先周和西周早期铜器的技术分析与比较研究》，北京科技大学博士学位论文，2002年。

[5] 张治国、马清林：《甘肃崇信于家湾西周墓出土青铜器的金相与成分分析》，《文物保护与考古科学》2008年第1期。

3件样品中检测出铁；1件样品中发现砷，含量达3.5%。金相结果显示12件为铸造成型，4件热锻成型，均为铜容器，其中2件热锻后又经过冷加工。结果表明，于家湾西周墓出土的器物锡含量适中，车马器和兵器的铅含量要高于容器，制作工艺较为先进。

郁永彬等对随州叶家山西周墓地M65出土的42件青铜器进行了成分分析和金相研究[1]。结果表明，31件铅锡青铜占主导地位，10件锡青铜，仅1件铅青铜。所有器物均为铸造而成，个别兵器在铸造成型后局部进行了热锻加工。15件容器具有相同铭文、纹饰风格的成分和金相组织较为一致，不同器类合金配比有所不同，锡含量分布范围在0.6%~17.5%，铅含量范围在0%~24.5%。19件兵器中部分呈现出明器化铸造，尤其是铜戟和铜戈的合金含量参差不齐，可能为多批次制成，锡含量分布范围在0%~50%之间，铅含量最高为21%。6件车马器均为铸造成型，除1件弓形器锡含量为54.5%外，其余器物锡含量在7.9%~14.7%之间，铅含量均小于10%。

旭光墓地出土青铜器与以上5个西周墓地出土青铜器按照不同器类进行比较，由于部分墓地的数据分析并未涵盖三个器类，或者某个器类数据极少，所以仅选取数据较多的器类进行比较。由图三四可以看出，5个墓地出土容器铅含量均较为分散，锡含量基本在0%~20%之间。旭光墓地、

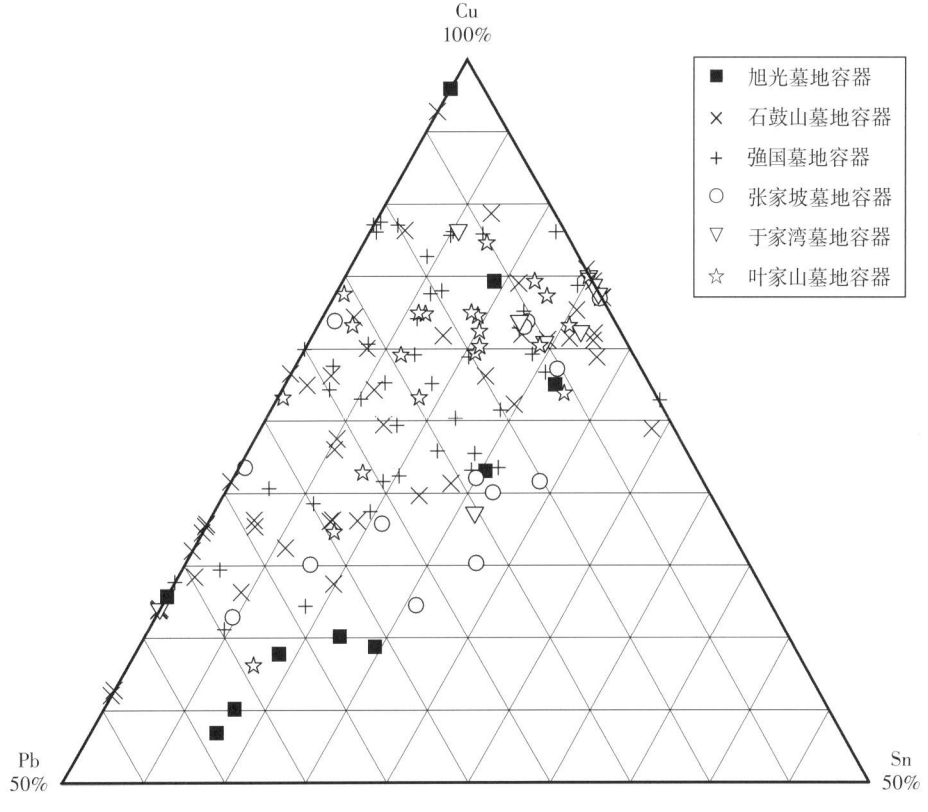

图三四　旭光墓地、石鼓山墓地、弻国墓地、张家坡墓地、于家湾墓地、叶家山墓地
容器合金成分分布图

[1]郁永彬、常怀颖、黄凤春等：《随州叶家山西周墓地M65出土铜器的金相实验研究》，《江汉考古》2014年第5期。

石鼓山墓地、強国墓地和张家坡墓地的容器高铅分布较多，石鼓山墓地、张家坡墓地以及于家湾墓地的容器高锡分布较多。总体而言，旭光墓地出土容器合金成分分布与石鼓山墓地、強国墓地、张家坡墓地较为接近。比较 4 个墓地的兵器与工具，由图三五可知，旭光墓地的兵器合金含量分布与张家坡墓地的兵器较为接近，铅含量分布较为集中，锡含量分布较分散，旭光墓地兵器铅含量比张家坡墓地更为集中。叶家山墓地兵器及工具合金成分分布铅锡含量均较为集中，分布范围主要集中在铅含量为 0%~5%，锡含量为 5%~15%。如图三六所示，4 个墓地车马器与杂器的合金成分进行比较，旭光墓地车马器合金成分分布与強国墓地比较接近；于家湾墓地车马器及杂器数量较少，无明显特征，叶家山墓地车马器合金成分较为集中，整体表现为铅含量低而为锡含量高。

　　由图三四~图三六可明显看出，同一器类的合金成分在不同墓葬有一定差异，但从合金分布情况来看，兵器和工具以及车马器、杂器比容器更为集中，说明先周和西周时期对于兵器及工具和车马器、杂器的成分配比有着一定的一致性，而且处于机械性能良好的范围内，说明当时先民对合金配比与器物机械性能之间的关系已有了认识。

　　石鼓山墓地、強国墓地与张家坡墓地属于陕西地区，于家湾墓地位于甘肃地区，叶家山墓地位于湖北地区。宝鸡旭光墓地器物的合金成分分布与陕西地区墓地更为相近，还可以看出，

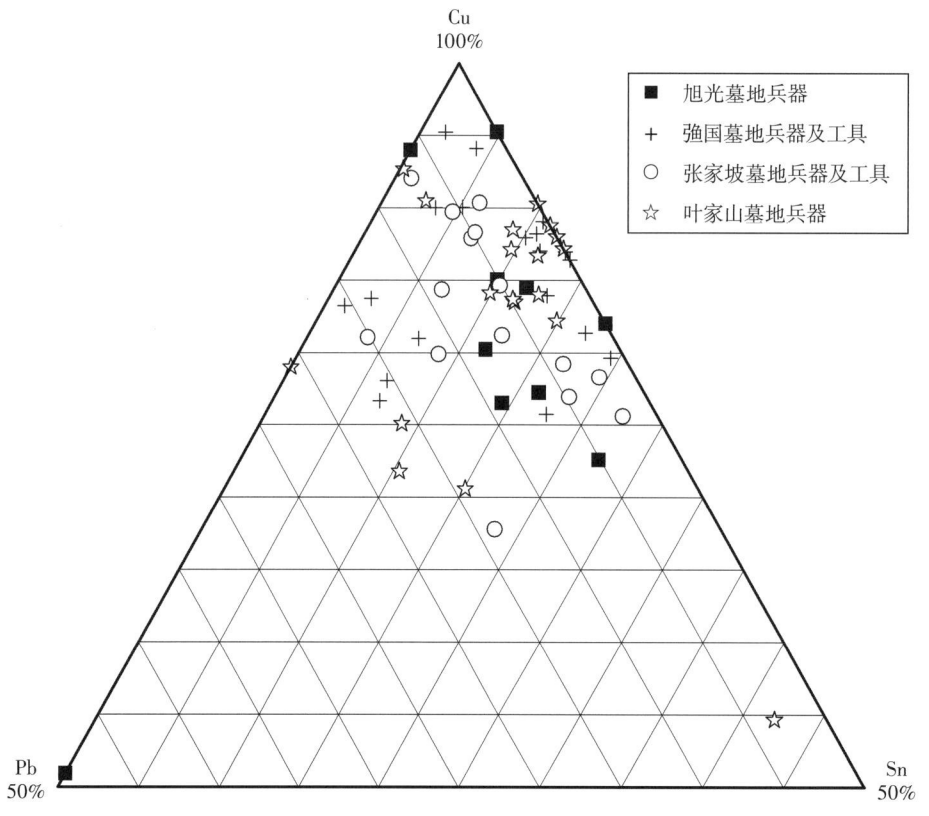

图三五　旭光墓地、強国墓地、张家坡墓地、叶家山墓地兵器及工具合金成分分布图

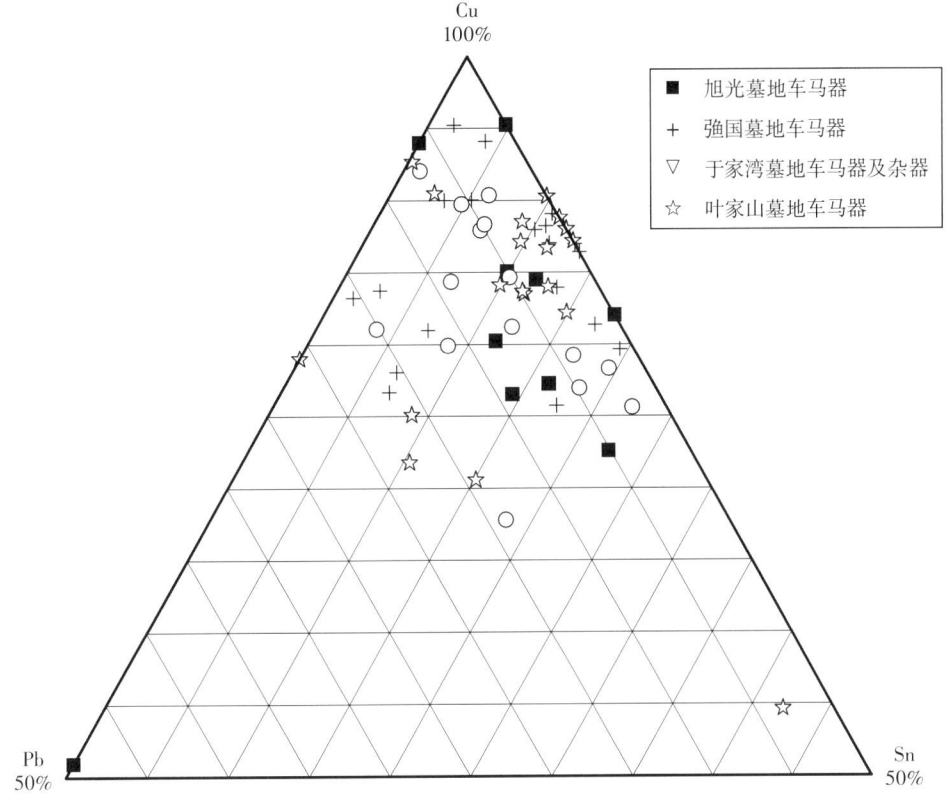

图三六　旭光墓地、强国墓地、于家湾墓地、叶家山墓地车马器及杂器合金成分分布图

以上不同地区墓地的器物在合金工艺特征上有一定的规律，但还存在一定差异；在铸造工艺方面，以上不同地区并无明显特征。

五　结论

经过上述分析，有以下认识。

（1）从合金成分看，旭光墓地先周与西周墓葬出土青铜器主要以锡铅青铜为主，共有26件；锡青铜2件；铅青铜4件。容器、车马器、兵器的平均铅含量依次降低，锡含量无明显特征，铅含量变化规律符合不同器类的使用特性。说明当时工匠已经认识到不同合金配比对机械性能的影响，但器物普遍材质较差。

（2）从金相组织看，所分析器物均为铸造成型，3件兵器样品铸造成型后进行了冷加工，推测为工匠为提高器物硬度和强度有意进行的操作；1件兵器铸造成型同时有冷加工和受热的情况，结合合金成分，推断由于锡含量过高，加热是为了降低其脆性，然后再进行冷加工，从而提高其机械性能。在所有分析的器物中，未发现有热锻工艺。

（3）先周墓葬M74出土的器物具有一定特殊性，旭光墓地中的高铅容器、铸后冷加工工艺的兵器、发现铁元素的器物均来自该墓葬，后续对M74可做进一步分析。

（4）通过旭光墓地先周与西周墓葬出土青铜器与邻近地区其他同时期墓地相比较，合金配比与关中地区的墓葬更为相近，可以看出，先周和西周时期不同地区合金工艺特征上有一定的规律，但还存在一定差异。在铸造工艺方面，不同地区并无明显特征。

附记：宝鸡市考古研究所辛怡华所长在论文选题和实验样品提供方面给予大力支持和帮助，陕西历史博物馆路智勇研究员在扫描电镜分析实验给予重要指导和帮助，在此深表谢忱。本文为西北大学 2021 年"国家文物局高层次人才提升计划"研究生创新项目（项目编号 2021WYYCT-11）研究成果。

附录四　宝鸡旭光墓地出土金属文物分析报告

刘建宇[1]　王颢[2]　田灏[3]　段佩权[1]　雷勇[1]　王含[2]

（1.故宫博物院，2.宝鸡市考古研究所，3.北京科技大学科技史与文化遗产研究院）

2018~2019 年，宝鸡市考古研究所在宝鸡市高新区马营镇旭光村抢救性发掘墓葬 8 座，其中西周墓葬 5 座，战国墓葬 3 座。受发掘单位委托，故宫博物院对其中西周墓葬（编号 M1、M2、M3、M4、M8）出土的 28 件金属文物进行了检测分析。经分析的器物有金器 1 件，铜器 27 件，其中铜器包括礼器 9 件，兵器 1 件，车马器 17 件。本文采用便携式 X 射线荧光分析仪对该批器物进行了无损分析，并对其中部分残损器物进行了取样分析。

一　无损分析

使用美国热电（Thermo）尼通（Niton XL3t）便携式 X 射线荧光分析仪（XRF）对包括 1 件金器、26 件铜器在内的出土器物进行了无标样半定量无损成分分析。设备采用标准合金分析模式，激发源为管压 50kV 的微型 X 射线管，探测器为 SDD 探测器，测试时间大于 60s。为避免分析结果误差过大，尽量选择在铜器表面无锈蚀或锈蚀较轻的多个部位进行测试。分析结果见表一。

该方法获取的是器物表面的成分，检测结果不可避免地会受到器物表面残留土壤和锈蚀产物的干扰，比如铜器的成分数据中除了铜锡铅三种主要合金元素外，还包括铁、砷、锑、铋、铬、钛等少量或微量元素，这些基本是杂质元素或土壤的成分，其中砷的含量比其他元素一般要高。另外，部分器物由于锈蚀严重，所得数据与器物基体真实成分可能偏离较大，但对器物材质的定性分析结果仍是可信的。

经检测，M4 出土的金箔片（M4：6）为金银合金，含金 85.9%、银 13.8%。26 件铜器中，9 件礼器均为铜锡铅三元合金，从锈少和无锈部位的数据来看，锡含量在 11%~19% 之间，铅含量大多不超过 10%；仅有的一件兵器戈（M3：5）通体锈蚀严重，材质应是铜锡铅三元合金；16 件车马器中，除 M1：2 马镳是铜锡二元合金（含锡 18.7%）外，其余器物均为铜锡铅三元合金，锡、铅含量均大致在 15%。

表一　旭光墓地出土金属器的便携式 XRF 分析结果

序号	类型	名称	编号	测试部位	元素成分（wt%）										
					Cu	Sn	Pb	Fe	As	Sb	Bi	Cr	Ti	Ag	Au
1	金器	金箔片	M4：6-3	表面	0.1			0.1						13.8	85.9
2	铜礼器	卣	M1：1	口沿	75.9	13.5	10.1	0.3		0.1	0.1		0.1		
				梁	53.6	20.9	20.6	1.8	2.6	0.2	0.1				
				盖	60.4	23.2	15.1	0.7		0.1	0.1		0.2		
3		簋	M2：1	腹部	71.9	15.5	10.0	0.1	1.9	0.1	0.1	0.1	0.2		
				方座	44.3	13.9	38.2	0.4	2.8	0.1	0.1	0.1	0.2		
4		鼎	M2：2	外底黑苔	53.9	21.1	20.0	0.3	3.6	0.2	0.4	0.1	0.3		
				腹部	64.0	16.5	15.6	0.2	2.9	0.1	0.3	0.1	0.2		
5		觯	M2：3	圈足	73.9	21.0	3.7	0.4	0.5	0.1	0.1	0.1	0.3		
				腹部	80.2	11.7	7.1	0.3	0.7						
6		鼎	M3：2	耳外侧	60.1	34.3	3.5		0.2		0.3	0.9	0.5		
				口沿下颈部黄亮无锈处	77.2	18.9	1.9	1.9			0.1				
				内底	68.1	26.2	4.2	0.3	0.5		0.2	0.1	0.3		
7		簋	M3：3	腹部直线纹无锈处	78.7	15.7	5.1	0.1			0.2		0.2		
				耳外侧	79.3	14.5	5.9				0.2		0.1		
				内底近铭文处	75.0	18.1	6.4				0.2	0.1	0.2		
8		鼎	M4：1	腹部	30.2	5.3	50.8	6.3	6.7	0.2	0.3		0.2		
				足部	55.3	4.3	29.3	4.6	5.9	0.2	0.1		0.1		
9		壶	M4：2	盖子口外侧露铜无锈处	81.3	13.5	5.1						0.1		
				腹部	69.1	17.4	13.1	0.2					0.2		
				提梁兽首	61.7	27.7	9.6	0.2	0.2			0.3	0.3		
10		斗	M8：1	柄	76.7	11.1	11.6	0.2		0.1	0.1		0.1		
				斗	77.3	11.6	10.5	0.2		0.1	0.1		0.1		
11	铜兵器	戈	M3：5	器表近刃部	61.0	1.3	36.7	0.1	0.6	0.1	0.1	0.1			
12	铜车马器	马镳	M1：2	正面	80.6	18.7	0.1	0.2	0.3		0.02		0.1		
13		当卢	M1：3	正面边缘	62.2	20.9	14.7	0.7	0.9	0.2	0.2	0.1			
14		马衔	M1：4	表面	47.7	11.4	36.7	0.2	3.4	0.1	0.1	0.1	0.2		

续表一

序号	类型	名称	编号	测试部位	元素成分（wt%）										
					Cu	Sn	Pb	Fe	As	Sb	Bi	Cr	Ti	Ag	Au
15	铜车马器	漆盾铜锡	M3：1	外沿表面	65.8	26.7	5.3	0.1	1.2	0.2	0.1	0.2	0.3		
				外沿补铸处内侧	63.8	13.2	21.9	0.2		0.2	0.1	0.1	0.1	0.2	
16		当卢	M3：7-4	外表面	80.3	15.1	3.7	0.1	0.2	0.2	0.2	0.1			
17		泡	M3：9	内侧	70.0	9.3	20.4	0.2		0.1		0.1			
18		泡	M3：10	外表面	62.8	14.4	21.9	0.5		0.1		0.1	0.2		
19		泡	M3：11	正面边缘锈少处	71.6	11.0	16.8	0.4		0.1					
20		辖	M3：14-1	前端表面	17.8	16.9	61.5	0.4	3.1	0.3					
				长条穿表面	62.5	17.4	16.7	1.0	1.6	0.2	0.1		0.2	0.3	
21		泡	M3：15-2	外表面	71.7	11.0	16.6	0.4		0.1			0.1		
22		泡	M3：15-1	外表面	76.4	10.1	12.7	0.1	0.4	0.1	0.2				
23		泡	M3：16	正面锈少处	80.2	12.3	7.2	0.1		0.04	0.1		0.1		
24		车軎	M3：01	器表	59.1	14.2	24.8	0.4	1.3	0.1		0.1			
25		泡	M3：03-2	正面锈少处	19.2	9.2	65.5	0.2	5.4	0.1		0.1			
26		车轴饰	M3：04	套管内侧边缘	43.1	22.3	30.9	0.3	2.3	0.2	0.2	0.2		0.3	
27		扣形器	M3：06-1	外侧边缘	76.0	12.4	9.9	0.1	1.0	0.1	0.3	0.1	0.1		

二　取样分析

对 M3：7-4 当卢、M3：8-4 尖状器、M4：1 鼎等 3 件残损铜器进行了基体样品采集。用环氧树脂将样品沿截面镶嵌，使用抛磨机对镶嵌样品进行打磨、抛光，然后用 3% 的三氯化铁盐酸溶液进行浸蚀，用莱卡（Leica）DM4000M 金相显微镜对浸蚀后的样品进行显微组织观察和照相。再次抛光去除浸蚀液，对样品进行喷碳处理，并置于 TESCAN MIRA3 型扫描电镜（SEM）下进行观察、照相，采用扫描电镜配置的 EDAX Elect plus 能谱仪（EDS）进行无标样定量成分测定。分析条件：加速电压 25kV，工作距离 13.5mm 左右，采谱活时间 50s。取样信息及分析结果见表二。

经分析，3 件器物的材质均为铜锡铅三元合金。M3：7-4 当卢和 M3：8-4 尖状器的锡含量较高，在 14% 左右，铅含量分别为 7.2%、4.8%。3 件样品均有不同程度的腐蚀，M4：1 鼎样品腐蚀最为严重，铅含量高达 25.8%，锡含量仅为 2.2%，此结果与其实际成分应有偏差。3 件器物样品中均可见硫化物夹杂，M3：8-4 尖状器和 M4：1 鼎的成分面扫结果中还含有少量的铁。

制作工艺方面，3 件器物样品的金相组织均为铸造组织，其中 M3：8-4 尖状器的金相组织

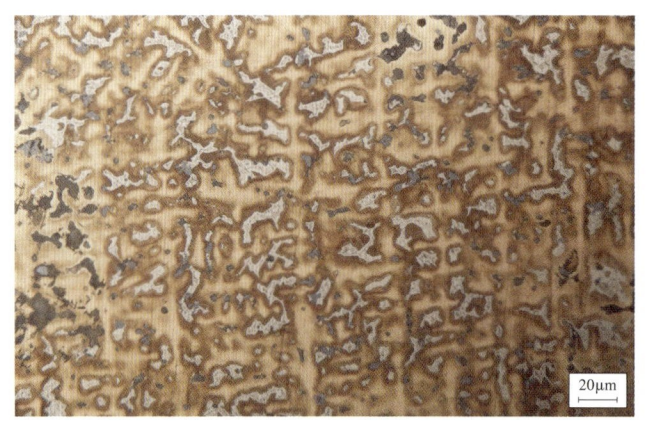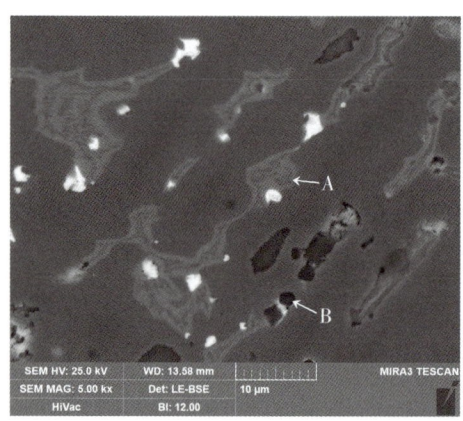

图一　M3：7-4 当卢样品显微组织

左：金相照片　右：背散射电子图像

（EDS 微区分析 wt%:A. 共析体 Cu75.6，Sn24.4；B. 硫化物 Cu84.7，Sn7.9，S7.4；白色亮点为铅颗粒）

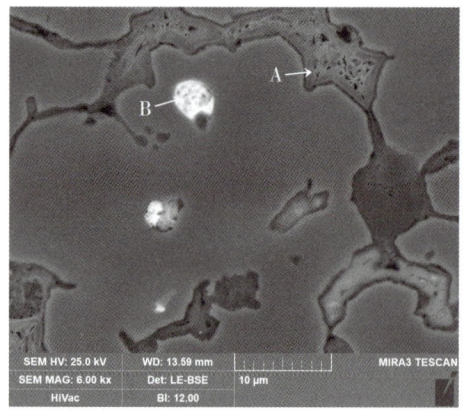

图二　M3：8-4 尖状器样品显微组织

左：金相照片　右：背散射电子图像

（EDS 微区分析 wt%:A. 共析体 Cu15.2，Sn55.0，Pb12.7，Fe1.6，O15.5；B. 硫化物 Cu57.0，Sn6.0，Pb23.9，Fe4.9，S8.1；白色亮点为铅颗粒）

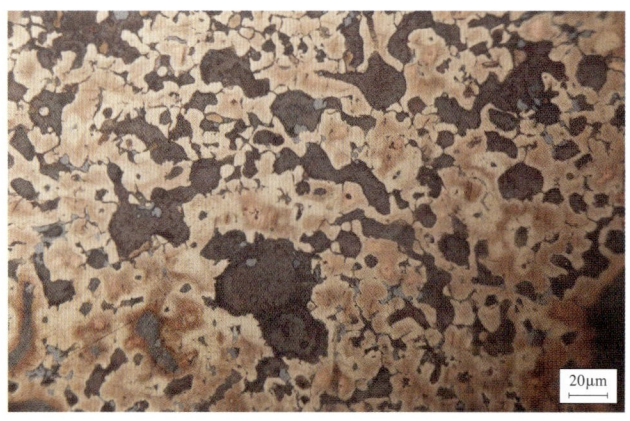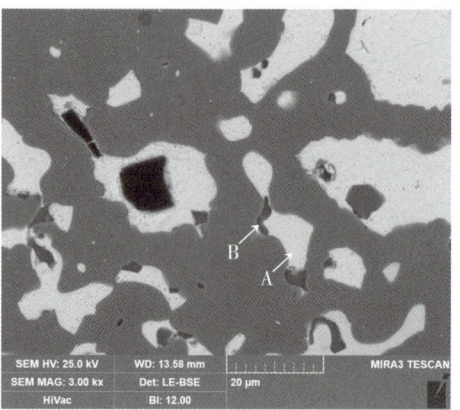

图三　M4：1 鼎腹部样品显微组织

左：金相照片　右：背散射电子图像

（EDS 微区分析 wt%:A. 铅 Cu3.0，Pb93.2，O3.8；B. 硫化物 Cu63.7，Sn1.1，Fe10.4，As3.3，S21.6）

表二　旭光墓地出土铜器样品的金相组织及 SEM-EDS 成分分析结果

序号	出土编号	器物名称	取样部位	金相组织观察结果	元素成分（wt%）					材质	制作工艺	图示
					Cu	Sn	Pb	Fe	O			
1	M3：7-4	当卢	残断处	α 固溶体枝晶偏析，晶间分布大量（α+δ）共析体组织，铅呈小颗粒分布于枝晶间隙，或硫化物夹杂相伴单独分布	76.7	13.9	7.2		2.3	Cu-Sn-Pb	铸造	图一
2	M3：8-4	尖状器	残断处	α 固溶体晶粒，晶内略有偏析，晶间腐蚀严重，颗粒状铅与硫化物夹杂分布于晶粒间隙	76.3	14.3	4.8	1.4	3.3	Cu-Sn-Pb	铸造，局部受热	图二
3	M4：1	鼎	腹部	样品腐蚀严重。α 固溶体枝晶，略有偏析，含有大量铅且分布不均，呈不同形状，常伴有硫化物夹杂	61.5	2.2	25.8	1.9	8.61	Cu-Sn-Pb	铸造	图三

显示局部有受热均匀化的现象。

三　小结

综合以上分析结果来看，该批器物中的金箔片为金基含银的二元合金，在保证良好的化学稳定性的基础上，加入银可降低合金熔点，提升加工性能，并使纯金艳丽的黄色变浅。铜器的材质以铜锡铅三元合金为主，制作工艺为铸造成型。其中，礼容器均含有较高含量的锡，铸造质量精良，其合金成分配比和用度符合其墓主人的姬姓贵族身份。车马器的合金元素中锡、铅比例相对稳定，但与容器不同的是，车马器中有铅含量高于锡含量的现象，这或许是由于器物功用的不同，制造者有意调整了合金元素配比；而考虑到检测点存在表面锈蚀的问题，青铜器被腐蚀后，部分铅离子会与铜离子一起迁移到器物表面以氧化铅或碳酸铅的形式富集，从而导致检测结果中铅含量的升高。

附录五　宝鸡西周墓葬出土玻璃料珠的分析

贾翠[1]　王颢[2]　雷勇[1]　王俏[2]

（1.故宫博物院，2.宝鸡市考古研究所）

2018 年 11 月至 2019 年 1 月间，宝鸡市考古研究所对宝鸡市高新区马营镇旭光村墓地进行了抢救性发掘，清理墓葬 8 座，经过对出土器物的整理和研究，考古学家初步判断宝鸡旭光村墓葬的年代约为西周至战国时期，其中西周墓葬 5 座，战国墓葬 3 座。墓葬等级可能为西周"伯"一级的贵族[1]。

墓葬出土了大量的文物，包括铜器、玉器、漆器、陶器及原始瓷等。墓葬 3 座（M2、M4 和 M8）中发现串饰，尤以 M4 中居多，共有三组，由玛瑙、绿松石、玉器、料珠等组成。料珠又称釉砂，在中国西周到春秋时期的墓葬中经常出现。

釉砂在国外考古界称为 Faience，由未熔融的石英料芯和外层的釉料层组成，被认为是玻璃器的先驱，最早的出土文物约在公元前 3500 年。古代西方 Faience 最早在埃及和美索不达米亚地区出现，其典型特征是用天然泡碱（Na_2CO_3）作为助熔剂，而中国古代缺乏天然碱等资源，用于降低石英熔点的助熔剂的大量使用也要晚一些。随着商代原始瓷的出现，类釉烧熔的玻璃体可能启示了古代人们，从而产生了釉砂和玻砂[2]。中国古代碱的来源主要是经过洗涤的草木灰（K_2CO_3）或者是硝石（KNO_3）[3]，钠含量相对较低，中国釉砂表现出高钾低钠的特点，显示了中外釉砂钾钠含量不同的特点。

西周早期至春秋战国时期，渭水至黄河流域的古墓中出土了大量的料珠，鉴别它们的本质对于研究中国古代玻璃历史以及当时的社会文化、技术水平及文化交流具有重要的意义。

［1］宝鸡市考古研究所：《陕西宝鸡旭光西周墓葬发掘简报》，《文物》2021 年第 9 期。

［2］干福熹等：《中国古代玻璃技术的发展》，上海科学技术出版社，2005 年，第 80~83 页。

［3］伏修锋、干福熹：《中国古代釉砂和玻砂》，《硅酸盐学报》2006 年第 4 期。

一　样品描述

本研究分析的样品均为宝鸡旭光西周墓葬 M4 出土的玻璃料珠碎片。样品表面风化，大小在 2~6mm 范围内，编号为 M4：15-5 和 M4：15-9 的样品为圆鼓状料珠，其中 M4：15-5 釉层颜色为蓝绿色，胎体为白色，M4：15-9 料珠较大，表面呈现灰白色，可能为风化所致。料珠样品形貌如图一所示。

正面　　　　　　　　　　　反面　　　　　　　　　　　高倍数

1

正面　　　　　　　　　　　反面　　　　　　　　　　　高倍数

2

图一　宝鸡 M4 墓葬出土西周料珠

1. M4：15-5　2. M4：15-9

二　分析方法

为了便于分析获取样品的结构及元素信息，我们夹取少量样品进行冷镶及打磨，制成剖面样品，利用 Leica MZ16A 光学显微镜观察样品断面结构，利用 Bruker 公司的 M4 TORNADOX 射线荧光光谱仪分析料珠的元素成分，将样品表面喷碳后，使用 TESCAN-MIRA3 场发射扫描电镜分析样品断面高倍数下显微结构，通过 SEM-EDS 分析料珠的元素组成。

三 结果与讨论

1. 釉珠的断面结构

利用光学显微镜观察样品的抛光断面，可以清晰地看到两个样品均具有两层结构，内层为棕色胎体，外层为蓝色或绿色的玻璃质物质，由于风化的原因，外层表面还覆盖了一层灰白色物质。M4：15-5 的釉层厚度较大，约 400μm，玻璃质感较强，胎体孔隙较多。M4：15-9 残余的釉层厚度约为 150μm，保存状态较差，胎体中玻璃质物质含量较高，孔隙较少（图二）。

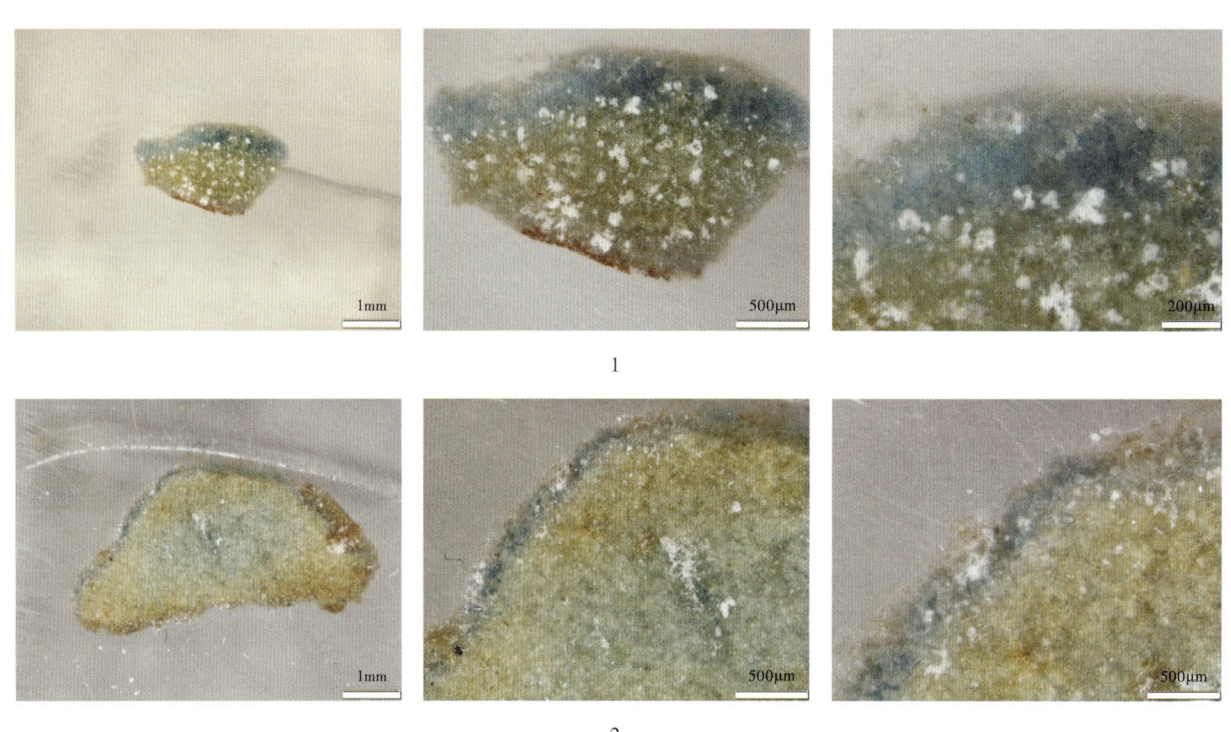

图二　M4：15-5 和 M4：15-9 的光学显微图像

1. M4：15-5　2. M4：15-9

2. 釉珠的显微结构与元素分析

扫描电子显微镜可以对料珠断面结构提供更直观的形貌分析，显微结构照片如图三所示，对应位置的能谱分析结果如表一所示。M4：15-5 的断面显微结构照片显示该样品胎体内部结构疏松，具有较多孔隙（黑色区域），釉层较致密，图三 B 的釉层大倍数照片结合能谱分析结果表明，所谓的"釉层"部分主要还是以石英为主，石英的棱角较为尖锐，可能经过研磨，并且在烧制过程中没有到达其熔融的温度，间隙玻璃质分布在石英颗粒之间。玻璃质的主要成分为 SiO_2，主要助熔剂为 Na_2O，并含有少量 K_2O，着色成分为铜。

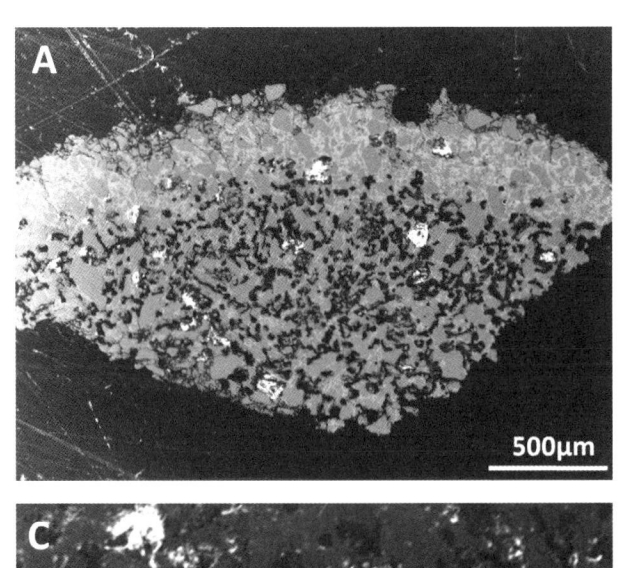

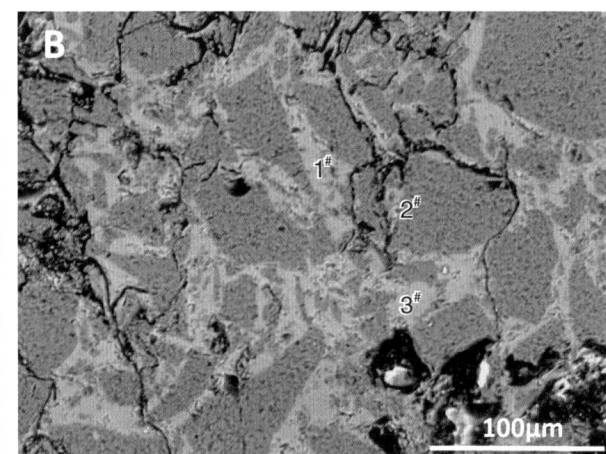

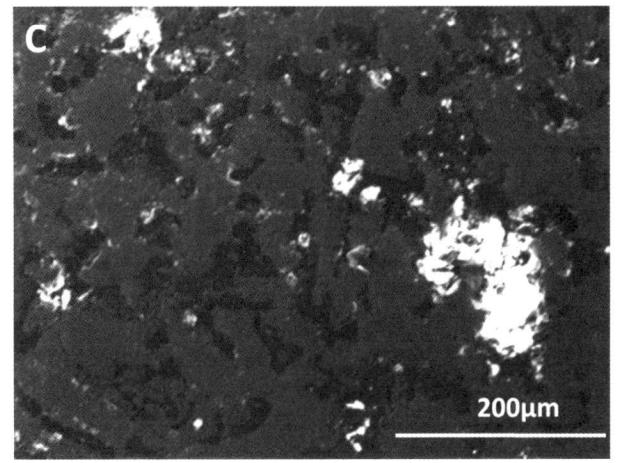

图三　M4∶15-5 的断面显微结构图像及能谱

分析位置

A 为样品剖面图　B 为釉层　C 为胎体

表一　M4∶15-5 的能谱分析结果

（wt%）

	Na₂O	MgO	Al₂O₃	SiO₂	K₂O	CaO	Fe₂O₃	CuO	PbO
1#	13.88	0.16	4	74.95	2.7	0.81	—	2.87	0.63
2#	—	—	—	100	—	—	—	—	—
3#	12.94	0.24	4.32	74.05	2.73	1.10	1.29	2.61	0.72

图四的 SEM 图像显示，与 M4∶15-5 的断面显微结构比较，M4∶15-9 的内部结构似乎更加疏松，胎体及釉面的分界几乎难以分辨。图四 B 中显示石英颗粒间残存的间隙玻璃，SEM 图中较暗的部分并非孔隙，而是失去玻璃质联结的石英破碎塌陷的位置。图四 C 中显示釉层外还形成了一个约二三十微米厚度的连续的壳层。

图四中对应位置的能谱分析结果显示（表二），M4∶15-9 玻璃质的主要助熔剂也为 Na₂O，并含有少量 K₂O 和 PbO，着色成分为铜。壳层的主要成分为 SiO₂，含有少量 Al₂O₃ 和 CaO。可能是由于料珠表面经过腐蚀，钠盐流失后留下的硅铝骨架钙化后形成。

由于中国缺少天然碱资源，古代釉的助熔剂主要是草木灰或石灰石，高钠含量的釉比较少

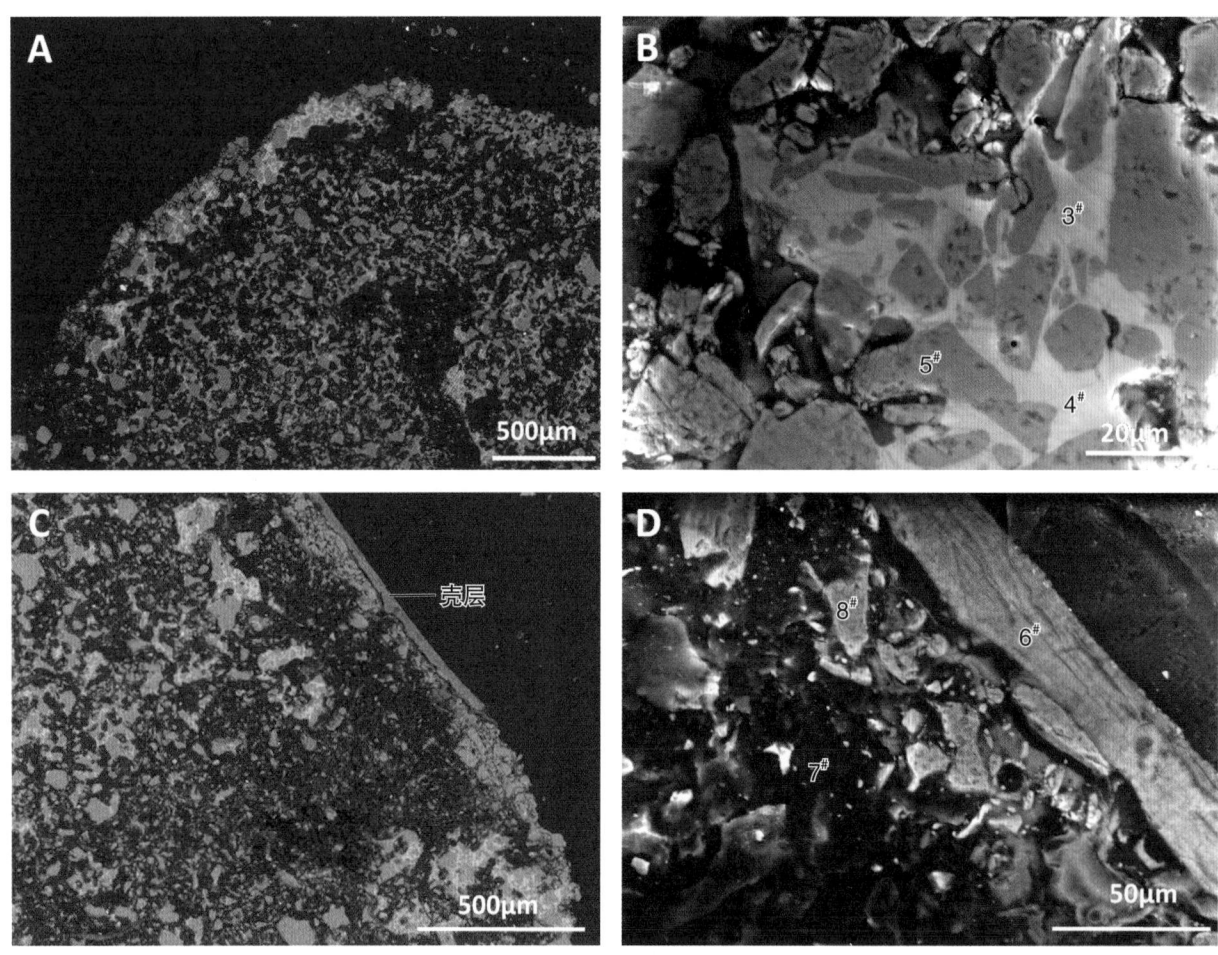

图四　M4：15-9 的断面显微结构图像及能谱分析位置

A、B. M4：15-5 断面及放大图像　C、D. M4：15-5 壳层断面及放大图像

表二　M4：15-9 的能谱分析结果

（wt%）

	Na_2O	Al_2O_3	SiO_2	K_2O	CaO	CuO	PbO
4[#]	13.88	2.71	74.87	2.30	0.81	3.45	1.98
5[#]	13.31	1.66	76.53	2.34	0.58	3.56	2.01
6[#]	—	—	100	—	—	—	—
7[#]	—	4.67	94.08	—	1.24	—	—
8[#]	—	—	100	—	—	—	—
9[#]	—	2.77	97.23	—	—	—	—

见。20 世纪考古学家在发掘西周时期的墓葬时，发现了几批西周时的玻璃制品，如洛阳庞家沟墓葬中出土了两件白色穿孔料珠[1]，陕西宝鸡茹家庄发现的强国墓地出土了 1000 多件料珠、

[1] 洛阳博物馆：《洛阳庞家沟五座西周墓的清理》，《文物》1972 年第 10 期。

管制品[1]，北京琉璃河西周墓地 M2 出土了一些含有料珠的串饰[2]。王世雄对宝鸡扶风出土的料珠进行铅同位素分析，认为其产自中国，因为料珠的着色剂为铜，推测西周时期料珠的出现与青铜冶炼技术有关[3]。雷勇分析了宝鸡竹园沟、天马—曲村、梁带村、山西横水、羊舌等地 10 个墓葬出土的料珠、管样品，只有天马—曲村 M113 和 M13 的料珠含高钠玻璃，其他料珠均为高钾玻璃。高钾的料珠可能添加了硝石作为助熔剂（MgO < 1wt%），这是中国独有的技术，而这一时期是从西周中期（公元前 10 年）持续到东周。高钠的料珠在西周早期或稍晚一些，可能是在埃及或从西方到中国途中的某个地方制造的，推测西周时期中国中部可能在料珠材料或生产技术上与埃及具有联系[4]。

Chemical Analysis of Early Glasses《早期玻璃的化学分析》中[5]报道了埃及的 Faience 样品的成分组成，如表三所示[6]，其为典型的钠钙硅酸盐玻璃，主要着色剂为铜（Cu），其少使用 Co，所以，埃及蓝主要以 Cu^{2+} 着色，并以天然矿石（硅酸盐钙铜）为原料。其中 K_2O 和 MgO 的含量很低，碱的主要来源为埃及知名的泡碱（Na_2CO_3）。本研究分析的两个样品 Na_2O/K_2O 基本都大于 5，属于明显的高钠玻璃。与之前的研究结果相比较，与天马—曲村的 M113 和 M13 的高钠玻璃料珠中 Na_2O/K_2O 比值接近，推测料珠制作工艺可能受埃及 Faience 工艺影响或由埃及传入。

表三　埃及古玻璃的化学成分的统计 （wt%）

化学成分	SiO_2	Na_2O	K_2O	CaO	MgO	Al_2O_3	Na_2O+K_2O	$MgO+CaO$	$SiO_2+Al_2O_3+Fe_2O_3$	比例	
										Na_2O/K_2O	CaO/MgO
范围	60~70	15~21	1~3	6~11	3~6	1~4	17~22	10~16	64~70	7~20	1.4~2.3
平均	65	18	2	8	4	2.5	21	12	68	15	2.0

关于料珠的成型工艺，杨伯达在研究了宝鸡茹家庄强伯墓葬出土的料珠后认为，我国西周时的料珠不是经过吹制而成的，而是通过衬芯法制作，在玻璃液冷却过程中成型[7]。Tite 等提出了埃及 faience 的主要制作方法——直接施釉法、胶结法和风干法，并提出了利用扫描电子显

[1]王世雄：《陕西西周原始玻璃的鉴定与研究》，《文博》1986 年第 2 期。

[2]北京市文物研究所、北京大学考古学系：《1995 年琉璃河遗址墓葬区发掘简报》，《文物》1996 年第 6 期。

[3]王世雄：《陕西西周原始玻璃的鉴定与研究》，《文博》1986 年第 2 期。

[4]Yong Lei, Yin Xia. Study on production techniques and provenance of faience beads excavated in China, *Journal of Archaeological Science*. 2015 (53): 32–42.

[5]Brill RH. *Chemical Analysis of Early Glasses*. Vol. 1 & 2, New York: The Corning Museum of Glass, 1999, Corning, New York.

[6]干福熹等：《中国古代玻璃技术的发展》，上海科学技术出版社，2005 年，第 80~83 页。

[7]杨伯达：《西周玻璃的初步研究》，《故宫博物院院刊》1980 年第 2 期。

微镜（SEM）识别三种制作方法的标准[1]。困难的是，由于料珠多出土于墓葬之中，存放环境恶劣，间隙玻璃中的钠和钾都会大量流失，尤其是钠盐的溶解度要高于钾盐，这意味着高钠玻璃比高钾玻璃具有更多开孔的内部结构，因此高钠玻璃往往呈现内部疏松的结构，玻璃相较少，保存度要远远低于高钾玻璃。尽管如此，这些料珠或多或少地还会残余一些玻璃质，这些玻璃含有助熔剂钠或钾及着色剂铜。当使用扫描电子显微镜的背散射模式观察时，含钠、钾和铜的区域，比相邻的石英更亮，会有助于分辨间隙玻璃。当间隙玻璃流失，但结构仍然保留时，对于判断制作方法会比较容易。但如果玻璃质流失时，石英填补了空隙，结构发生改变，就会使确定料珠制作方法产生困难。M4 中出土两个料珠的断面显微结构比较，M4：15–5 的结构较为清晰，保留了较多间隙玻璃，而且在石英间形成一个完整且连续的玻璃基质；M4：15–9 的风化程度较大，而且存在石英颗粒占据玻璃损失的孔隙的情况，但仍存在少量的连续玻璃基质。根据 Tile 观察到的风干法上釉的料珠，玻璃质充满石英颗粒间隙，将石英颗粒固接在一起，甚至包裹一些小颗粒[2]，初步判断 M4 中出土两个料珠均为风干法制作。

四　结论

（1）宝鸡旭光村 M4 出土的西周料珠具有明显的两层结构，内部结构疏松，外层为风化的蓝绿色釉层。

（2）料珠的间隙玻璃基质为高钠玻璃，具有较低含量的 K_2O 和 CaO，几乎不含 MgO，与中国传统使用的釉用助熔剂不同。一般认为西周的高钾料珠为中国本土制造，推测 M4 料珠制作工艺受埃及 Faience 工艺影响或由埃及传入。

（3）基于风化料珠残余的间隙玻璃基质，推测料珠由风干法制作。

---

[1] Tite MS, Bimson M. Faience: an investigation of the microstructures associated with the different methods of glazing. *Archaeometry*, 1986, 28 (1): 69–78.

Tite MS, Freestone IC, Bimson M. Egyptian faience: an investigation of the methods, *Archaeometry*, 1983, 25 (1): 17–27.

[2] 雷勇、夏寅：《梁带村墓地出土玻璃料珠的分析与制作工艺探讨》，《梁带村芮国墓地——2005、2006 年度发掘报告》，文物出版社，2020 年。

附录六　宝鸡旭光西周墓葬出土漆皮材质研究

王娜[1]　王颖[2]　雷勇[1]　张程[2]

（1.故宫博物院，2.宝鸡市考古研究所）

一　引言

2018 年 11 月至 2019 年 1 月，宝鸡市考古研究所对宝鸡市高新区马营镇旭光村墓地进行抢救性考古勘探、发掘，共清理墓葬 8 座，其中 M3、M4 为西周墓葬。

M3 为竖穴木椁墓，竖穴内填五花土；竖穴东、西两壁有斜坡状生土台，底部四周有熟土二层台；葬具为一棺一椁。M3 出土器物 32 件（组），包括铜器、陶器、玉器、漆器、贝蚌器等；其中在墓底北二层台上放置有漆器（漆器上镶嵌有蚌泡）1 件，在东二层台中部紧贴墓室东壁放置漆盾 1 件。M4 也是竖穴木椁墓，竖穴内填五花土，墓底四周有熟土二层台；墓底有木板构筑的单层木椁，椁内有木棺 1 具；M4 出土器物 25 件（组），有铜器、陶器、玉器、石器、漆器、蚌器、骨器、串饰等。其中在二层台东北角、二层台西北角、北二层台中部各放置漆器 1 件。

为确定 M3、M4 两墓葬出土漆器的材质，对 M3 出土东二层台漆盾漆皮、墓底北二层台上部偏西部位漆器，以及 M4 二层台西北角出土漆皮进行分析，漆器样品出土照片见图一至三。

漆皮有机材料研究所采用的分析方法为热裂解—气相色谱 / 质谱技术（Py-GC/MS）。漆皮属于天然有机高分子材料，且有极佳的耐溶剂性，目前尚没有能将漆皮溶解或者水解的溶剂，而常规用于有机高分子定性分析及种类辨别的气相色谱 / 质谱（GC/MS）、液相色谱 / 质谱（LC/MS）等技术都需要先将待分析样品水解成小分子才能进行后续分析，因此这两者都无法直接应用于漆皮的研究。在 GC/MS 基础上发展起来的 Py-GC/MS 技术，其工作原理是在高温下将待测样品裂解气化，随即通过 GC/MS 系统分离、识别裂解产物，最终根据裂解产物还原样品组分信息。Py-GC/MS 兼具 GC/MS 高灵敏度的特点，能分析微量样品，且实验操作简单，对样品状态无特殊要求，可直接进样分析，十分适合漆皮的研究，目前已成为漆器原材料研究最有效的手段[1]。

---

[1] Michael R. Schilling, Arlen Heginbotham, Henk van Keulen, Mike Szelewski. Beyond the basics: A systematic approach for comprehensive analysis of organic materials in Asian lacquers. *Studies in Conservation*, 2016, 61: S3–27.

图一　M3 东二层台漆盾漆皮

图二　M3 墓底北二层台上部偏西部位出土红色漆皮

图三　M4 二层台西北角出土漆器

漆皮中红色颜料的研究采取 X 射线荧光光谱（XRF）技术。XRF 属非侵入式分析方法，可直接提供样品元素构成信息，是目前文物无机原材料研究的主要手段之一[1]。

二　实验方法与仪器

Py-GC/MS 设备及实验参数：采用日本 Frontier 公司 EGA 3030D 型热裂解仪，结合美国 Agilent 公司 7890B/5977A 气相色谱 / 质谱联用仪，HP-5MS 毛细管色谱柱（30m×0.25mm×0.25μm），四极杆质谱仪，电子轰击源，电离源能量为 70eV。将少于 1mg 的样品与 5μL TMAH 甲醇溶液放入样品舟，然后直接放入热裂解仪石英裂解管。样品裂解温度为 500℃，保持 0.2min，样品甲基化反应可在裂解反应进行的同时完成。采用分流进样，分流比 1∶20。载气为氦气，流速 1.0ml/min。热裂解仪与气相色谱接口温度为 300℃。GC 进样口温度为 300℃；色谱柱初始温度为 50℃，保持 2min，柱温以 4℃ /min 从 60℃升到 300℃，保持 15.5 min。质谱离子源温度 230℃，四级杆温度 150℃，采取全扫描模式，扫描范围为 10~600m/z，质谱识别数据库为 NIST libraries。

XRF 设备及实验参数：德国 Bruker Nano GmbH 的 M4 Tornado 微区 X 射线荧光光谱仪。采用 Rh 靶激发源，电压 50kV，电流 200μA，光斑大小 20μm，扫描时间 10ms。

---

［1］蒋成光、佘玲珠、莫泽等：《长沙风篷岭 M1 出土漆器检测研究》，《文物保护与考古科学》2016 年第 28 卷第 1 期。

三 数据分析与讨论

1. Py-GC/MS 分析

M3 东二层台漆木盾漆皮、墓底北二层台上部偏西部位红色漆皮以及 M4 二层台西北角出土红色漆皮样品 Py-GC/MS 分析结果见图四、图五、图六，在图中已标注出样品主要裂解产物的检出情况。

从图四、图五分析结果可看出，在 M3 两个样品中都检测到乙二醇多聚体（聚合数为 2~8），应该是保护材料聚乙二醇（PEG）处理过后的残留物，PEG 是我国常用的漆皮回软材料，具有较好的回软效果和力学性能[1]。

在三个样品中都检测出中国大漆漆酚，即 3- 十五烷基 - 邻苯二酚，在 M3 墓底北二层台上部偏西部位红色漆皮、M4 二层台西北角出土红色漆皮样品中还检测到大漆漆酚裂解产物，表明三个漆皮样品都含有中国大漆[2]，但可能由于漆膜老化程度较高，在样品中未检测到大漆其他常见裂解产物。

在三个样品中分别检测到十六酸（$C_{16:0}$）、十八酸（$C_{18:0}$）、壬酸（$C_{7:0}$）、辛酸（$C_{8:0}$）、1-辛烯酸（$C_{8:1}$）、庚酸（$C_{8:0}$）、1- 庚烯酸（$C_{8:1}$）、己酸（$C_{8:0}$）、1- 辛烯酸（$C_{8:1}$）等一元饱和与不饱和羧酸，以及壬二酸（$2C_9$）、辛二酸（$2C_8$）等二元羧酸，都是植物油特征裂解组分，因此推测三个样品中都含有植物油[3]。此外，在 M3 两个样品中还检测到二十二碳酸（$C_{22:0}$）、二十三碳酸（$C_{23:0}$）、二十四碳酸（$C_{24:0}$）、二十六碳酸（$C_{26:0}$）、二十八碳酸（$C_{28:0}$）等长链羧酸，其来源有可能是蜡或其他油脂，具体判断有待更多考古信息的探索。

在 M3 墓底北二层台上部偏西部位红色漆皮、M4 二层台西北角出土红色漆皮两个样品中均检测到大量朱砂，表明两者所用红色颜料为朱砂（图四至六）。在这两个样品中还检测到多糖类材料的组分（在图五、六中编号 U1~U4），由于含量较低，难以准确判断其类别，但考虑到漆皮所属漆器为木胎漆器的可能性，推测多糖类组分来源于植物纤维。

---

[1] 何秋菊、张雪鸽、许璇:《出土漆器起翘漆皮回软用多元醇类材料筛选研究》,《中国文物科学研究》2020 年第 2 期。

[2] Na Wang, Jing Liu, Ling He, Tie Zhou, Bo Rong, Liang Wang, Xiang Zhao. Characterization of Chinese lacquer in historical artwork by on-line Methylation pyrolysis-gas chromatography/mass spectrometry. *Analytical Letters*, 47:15, 2488-2507.

[3] Na Wang, Ling He, Xiang Zhao, Stefan Simon. Comparative analysis of eastern and western drying-oil binding media used in polychromic artworks by pyrolysis-gas chromatography/mass spectrometry under the influence of pigments. *Microchemical Journal*, 2015, 123: 201-210.

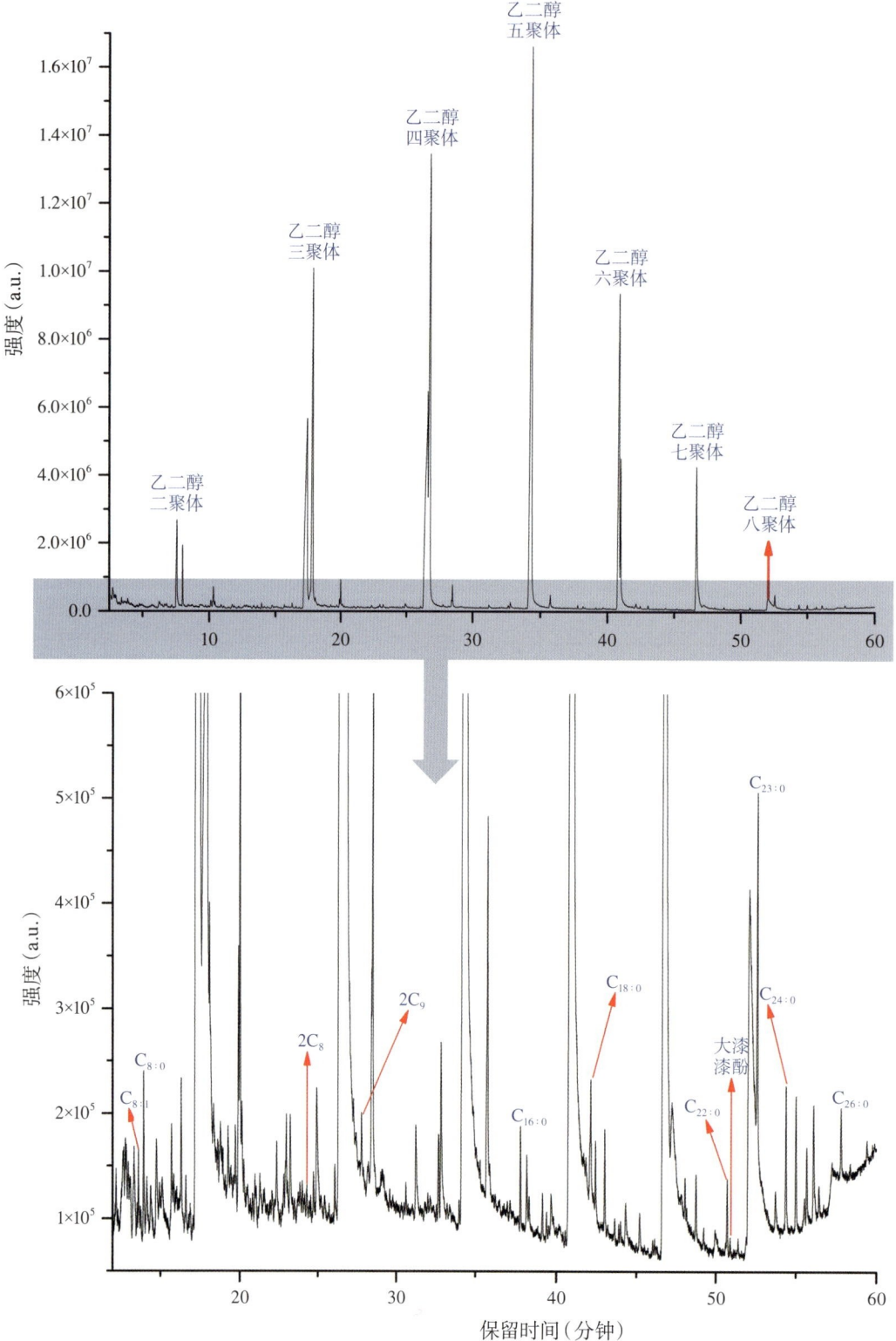

图四 M3 东二层台漆盾漆皮样品热裂解—气相色谱／质谱分析结果

（图中 $C_{X:Y}$ 表示碳原子数为 X、不饱和双键数为 Y 的直链脂肪酸；$2C_X$ 表示碳原子数为 X 的二元羧酸

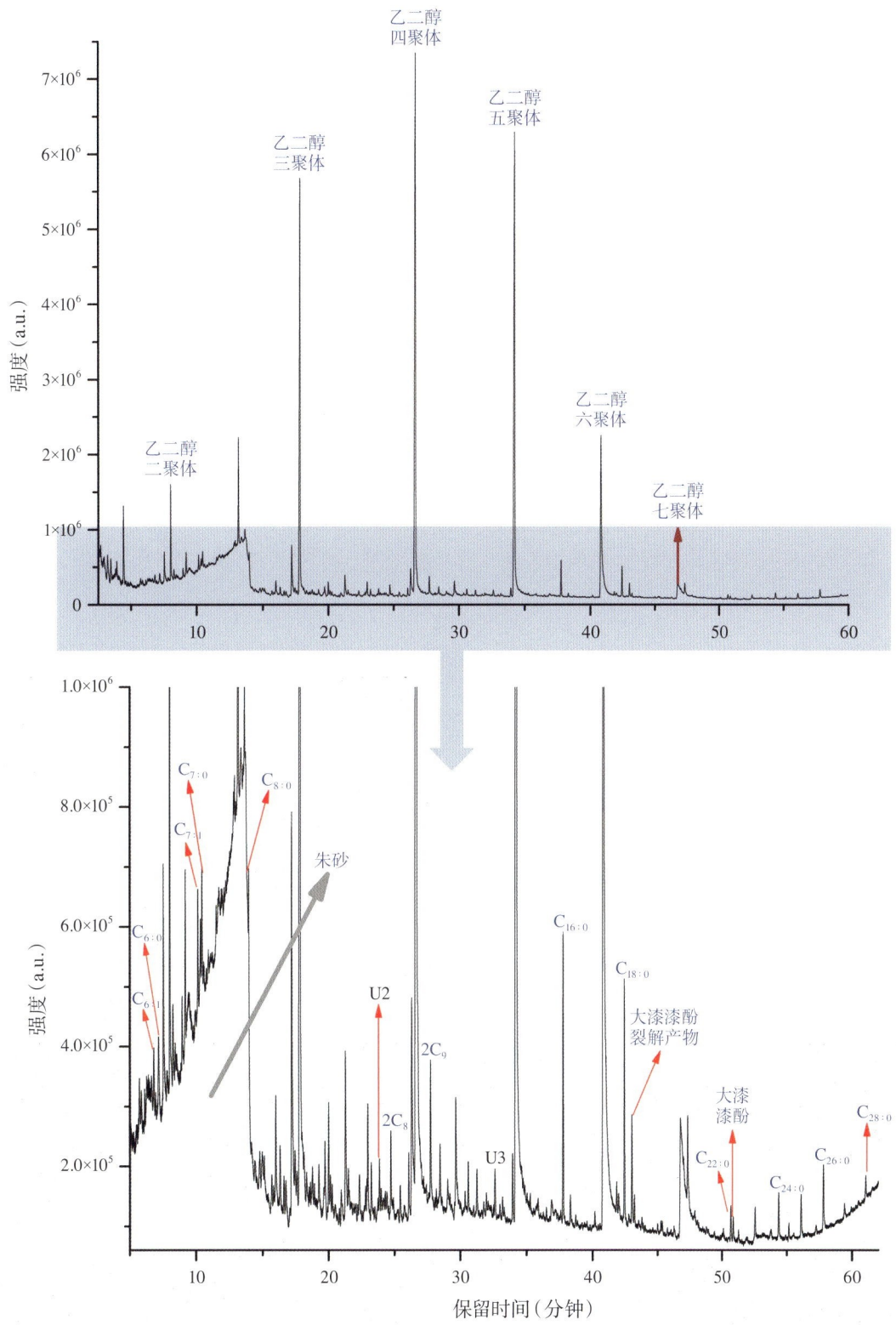

图五　M3 墓底北二层台上部偏西部位漆器样品热裂解—气相色谱 / 质谱分析结果

（图中 $C_{X:Y}$ 表示碳原子数为 X、不饱和双键数为 Y 的直链脂肪酸；$2C_X$ 表示碳原子数为 X 的二元羧酸；U2～U3 表示未准确识别出类别的多糖材料）

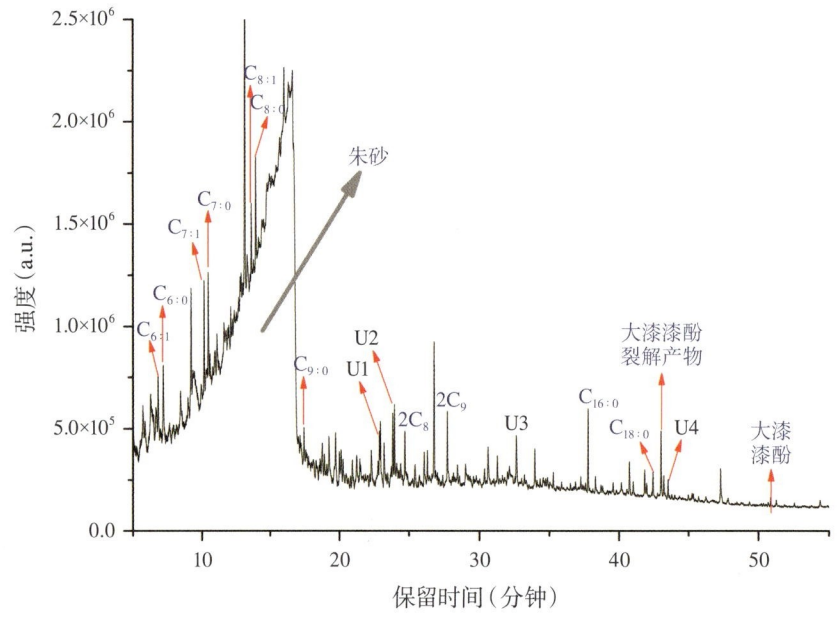

图六　M4 二层台西北角红色漆皮样品热裂解—气相色谱 / 质谱分析结果

（图中 $C_{X:Y}$ 表示碳原子数为 X、不饱和双键数为 Y 的直链脂肪酸；$2C_X$ 表示碳原子数为 X 的二元羧酸；U1~U4 表示多糖材料）

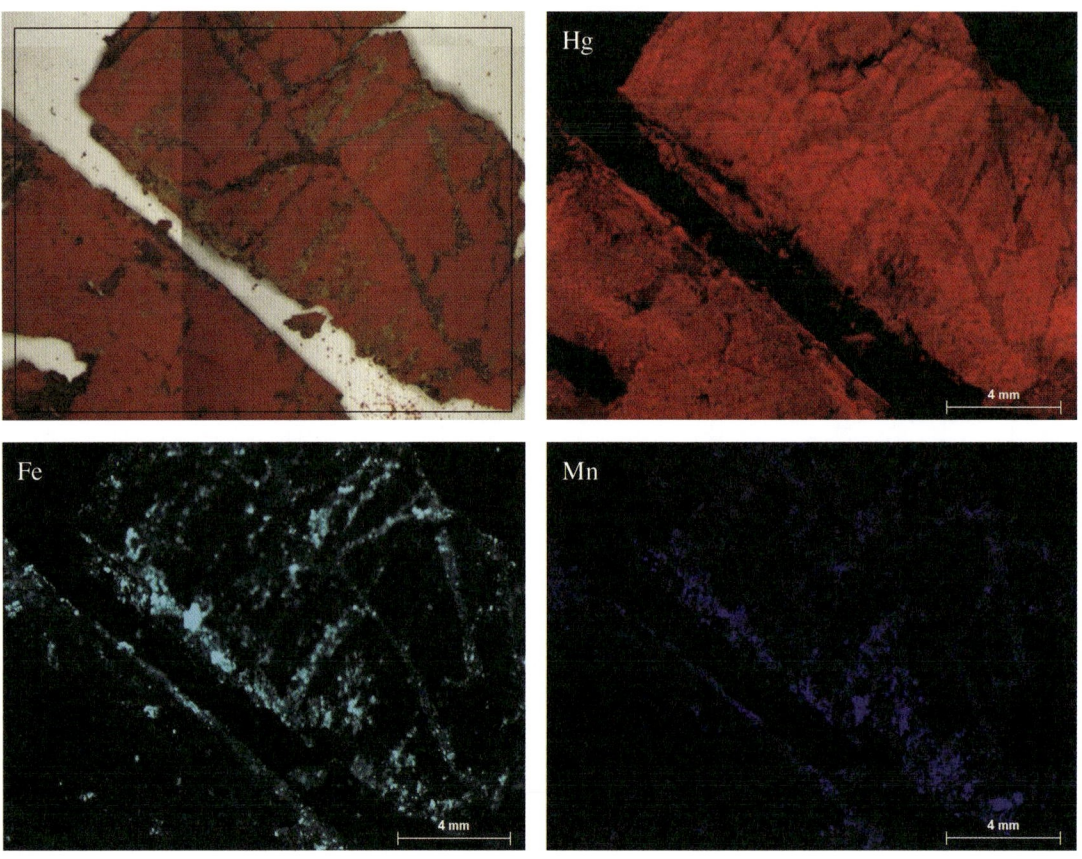

图七　M3 墓底北二层台上部偏西部位红色漆皮及其 XRF 面扫描分析结果

2. XRF 面扫描分析结果

M3 墓底北二层台上部偏西部位红色漆皮、M4 二层台西北角出土红色漆皮 XRF 面扫描实验结果见图七、八。

从图七、八可看出两个样品元素分布情况接近。根据实验结果，可确定两个样品表面红色

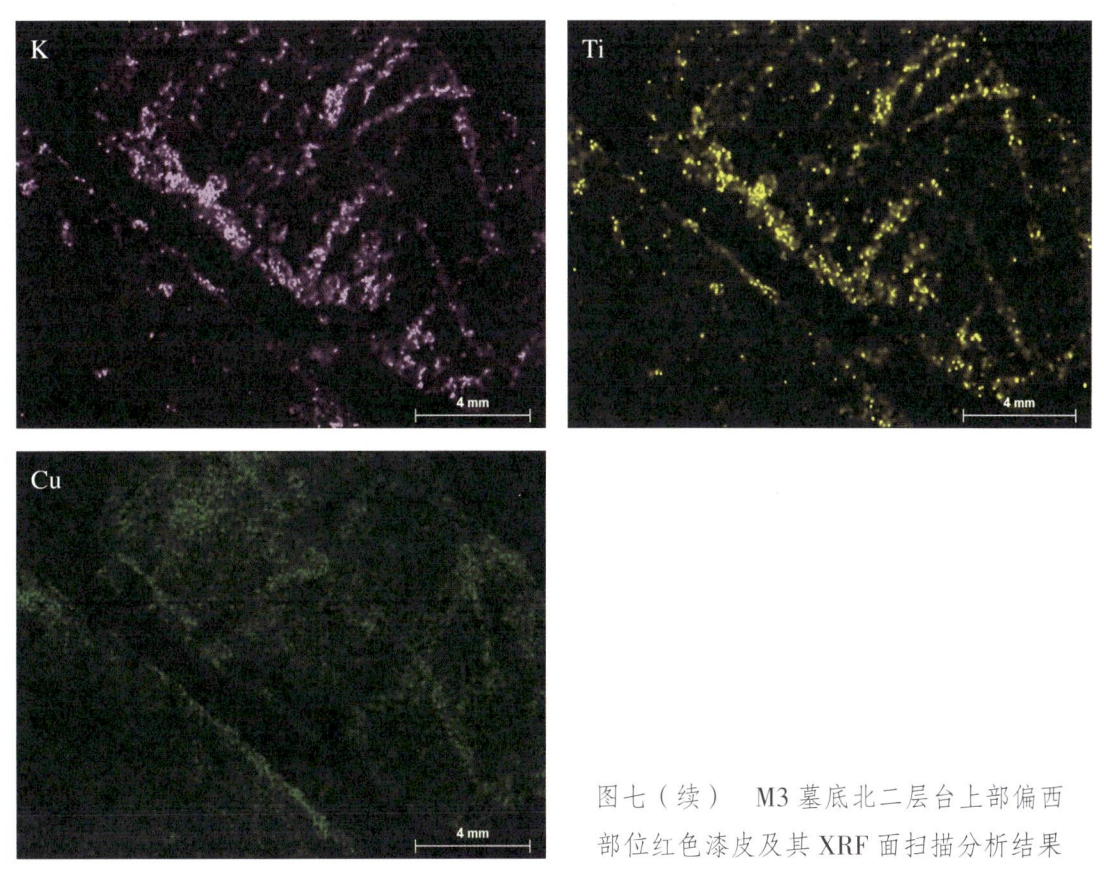

图七（续）　M3 墓底北二层台上部偏西部位红色漆皮及其 XRF 面扫描分析结果

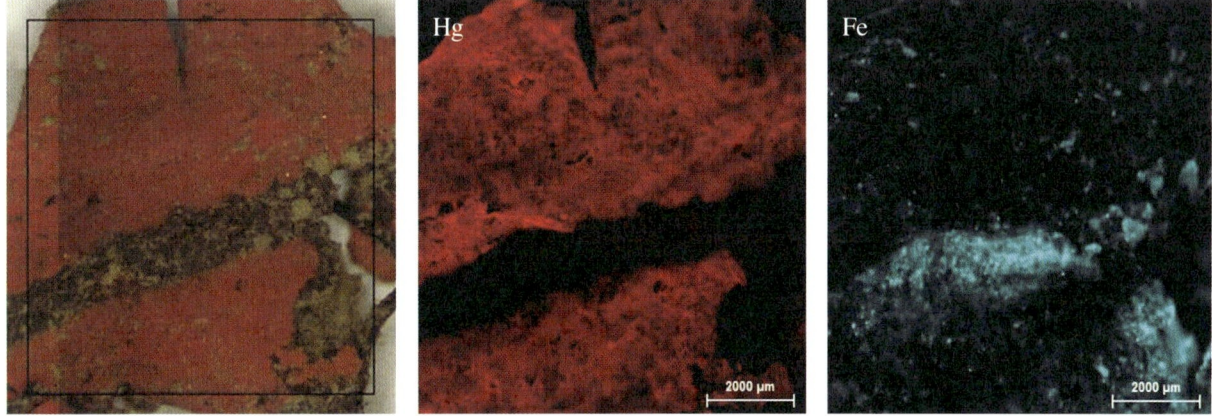

图八　M4 二层台西北角出土红色漆皮及其 XRF 面扫描分析结果

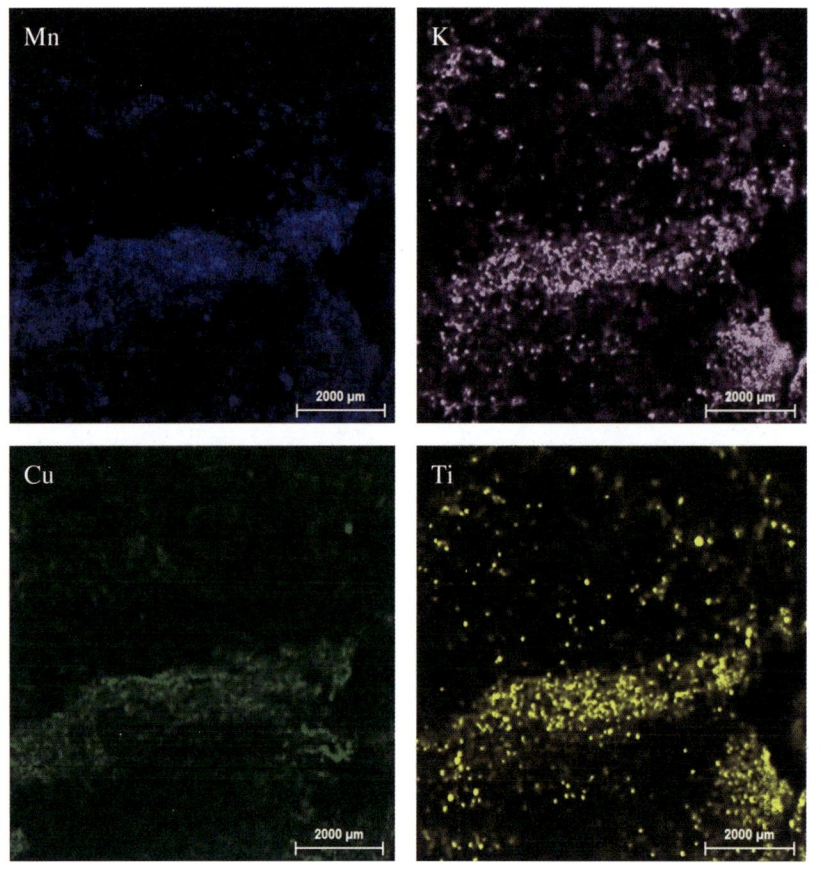

图八（续）　M4 二层台西北角出土红色漆皮及其 XRF 面扫描分析结果

区域均含有大量汞（Hg）元素，应来源于红色颜料朱砂（硫化汞，HgS）；两个样品中铁（Fe）、锰（Mn）、钾（K）、钛（Ti）等元素分布区域基本一致，且主要集中在红色颜料层缺失的部位，应来源于土壤；此外，在样品中还检测到铜（Cu）元素，这可能与两个墓葬中出土的铜器有关。

四　结论

综合宝鸡旭光西周墓葬出土漆器样品的 Py–GC/MS 及 XRF 分析结果，可以确定，两个墓葬所出漆皮的主要有机原材料都是中国大漆和植物油，且 M3 的两个样品都曾被聚乙二醇处理过。两个墓葬中红色漆皮所用颜料都是朱砂，漆皮上所附着的土壤中含有铜元素，可能来源于同墓葬中所出土的铜器。此外，两个墓葬红色漆皮上还可能有植物纤维的残留，推测来源于漆器木质胎体。

宝鸡旭光 M3、M4 西周墓葬距今 3000 年左右，长时间的埋藏导致墓葬出土漆皮老化严重，目前虽能检测到中国大漆及植物油的特征裂解产物，但相较于新鲜大漆及植物油，检测到的裂解产物不管是种类还是含量都很少，且样品中还有部分裂解产物无法具体推测其来源，有待后续深入研究。

后　记

　　2018 年 11 月 14 日，宝鸡高新区旭光村出土了 1 件西周青铜器，宝鸡市考古研究所专业人员及时赶到现场，不经意间发现了深藏在闹市区地下的一处古代墓地。考古发掘工作从 2018 年 11 月开始，2020 年 3 月结束，期间得到了陕西省、市各级政府部门的大力支持和亲切关怀。

　　《宝鸡旭光墓地》是集体研究的成果，故宫博物院、西北大学、山东大学、安徽大学、北京科技大学、宝鸡青铜器博物院、陕西历史博物馆、陕西省考古研究院、河南博物院的学者也参与了报告的初步研究工作。人骨测年是由中国科学院广州地球化学研究所同位素国家重点实验室 AMS–^{14}C 前处理制样实验室与有机地球化学国家重点实验室 AMS 实验室联合完成。

　　报告的初稿分工如下：第一章概述，由辛怡华执笔；第二章先周、西周墓葬，由胡望林、郭龙执笔（其中 84M1、84M2 由王竑执笔）；第三章东周墓葬，由辛宇、郭龙执笔；第四章结语，由辛怡华、胡望林、辛宇执笔；附表一先周、西周墓葬登记表，由王俏、李怡彤执笔；附表二东周墓葬登记表，由王含、李怡彤执笔；绘图由陈恩乾、刘军户、胡望林完成；摄影由龙剑辉、王颢、胡望林完成；拓片由杨富科完成；英文摘要由谭静仪翻译。最后由辛怡华负责统稿、定稿。

　　文物出版社的责任编辑为本报告的编辑、出版付出了大量的心血和汗水，他们一丝不苟，兢兢业业的工作精神令人感动。特此致谢！

编者

2023 年 5 月

Abstract

The excavation of Xuguang cemetery began in November 2018 and concluded in March 2020, with a total of 77 burials cleared. These include 3 from the pre-Zhou period, 42 from the Western Zhou period, 28 from the Spring and Autumn period and the Warring States period, 1 from the Han dynasty, 1 from the Tang dynasty, and 2 from the Song dynasty. In the pre-Zhou, Western Zhou, and Eastern Zhou periods, 521 items/groups of artifacts were unearthed, including pottery, primitive ceramics, bronze, iron, gold, jade, stone, lacquer, bone, clams, and shells. Burials from the pre-Zhou and Western Zhou periods were vertical shaft pits without waist pits, primarily oriented from north to south. Most of these burials had a two-layer clay platform at the bottom. Except for M19, which is a vertical shaft stone coffin burial with a supine position from the Spring and Autumn period, the rest of the Eastern Zhou period burials are from the Warring States period. The Warring States period burials are flexed burials, with the majority being vertical shaft pits, and a small number of them being vertical shaft chamber tombs with niches. These burials also lack waist pits and are mostly oriented from east to west.

Western Zhou period cemetery is a relatively complete public cemetery with burials arranged on both sides, centered around the central ridge of the terrace from east to west. Most of the burials date back to the Early Western Zhou, representing the period of prosperity for the corresponding settlement. The burials at Xuguang cemetery are relatively concentrated, with no disruption among burials in both Western Zhou period and Eastern Zhou period. The Western Zhou burials can be divided into four zones, labeled as Zones I, II, III, IV, extending from south to north. Each burial zone contains a relatively high-status burial, possibly associated with a central figure in that area.

The study of human bones indicates that the ancient residents of Xuguang were in a relatively advanced agricultural society. The average age of death for the population in Xuguang's Western Zhou burials was about 34 years old. The health condition of the population at that time was not very good. Among the nobles in the Western Zhou burials, there were relatively low rates of enamel hypoplasia and high rates of porous bone thickening, periostitis, and hip joint arthritis. The population in Xuguang cemetery exhibit varying degrees of kneeling facets. Kneeling as a sitting position was a widely accepted social behavior pattern among the Western Zhou residents. The deceased in Warring States Period burials had simple dietary structures, which led to malnutrition and anemia. The analysis of stable isotopes of carbon (C) and nitrogen (N) in the Xuguang ancient population revealed that from the Western Zhou to the Warring States period, the Xuguang people primarily consumed C4 Plants in their diet, and they had relatively limited access to meat resources.

The excavated bronze artifacts from the pre-Zhou and Western Zhou burials were primarily composed of tin-lead alloys. The average lead content decrease in the order of containers, chariots, and weapons. When compared to contemporaneous burial sites in the neighboring regions, the bronze alloy composition of these artifacts is closer to that of the Guanzhong region. Notably, the items unearthed from M74 exhibit some unique characteristics, including high-lead containers, post-casting cold crafted weapons, and artifacts containing iron elements.

The interstitial glass matrix of the Western Zhou beads unearthed from M4 is high-sodium glass with almost no MgO. This is different from the traditional Chinese use of enamel fluxing agents. It can be speculated that the manufacturing process of M4 beads have been influence by or imported from the Egypt Faience technique.

The main organic materials in the lacquer skins unearthed from Western Zhou burials are Chinese lacquer and vegetable oil. Two samples from M3 had been treated with polyethylene glycol. The red pigments used in the lacquer skins from the burial are all cinnabar. The soil attached to lacquer skins contains copper elements, possibly originating from the bronze artifacts buried together. Additionally, there may be remnants of plant fiber on the red lacquer skins, which are speculated to come from the wooden core of the lacquerware.

1. 位置示意图

2. 发掘现场俯视

彩版一　旭光墓地位置及发掘现场

彩版二　M1出土铜提梁卣（M1∶1）

彩版三　M1出土铜提梁卣（M1：1）

1. 马镳（M1:2）

3. 马衔（M1:4）

2. 当卢（M1:3）

4. M2墓室（东—西）

彩版四　M1出土铜器、M2墓室

彩版五　M2出土铜鼎（M2：2）

彩版六　M2出土铜簋（M2：1）

彩版七　M2出土铜簋（M2∶1）

彩版八　M2出土铜觯（M2：3）

1. 陶鬲（M2：5）　　　　　　　　　　　2. 陶罐（M2：6）

3. 原始瓷瓿（M2：4）

彩版九　M2出土器物

1. 璜（M2：17）

2. 鱼（M2：8、M2：9）（上—下）

3. 鱼（M2：12、M2：13）（上—下）

4. 鱼（M2：14、M2：15）（左—右）

5. 蚕（M2：10）

彩版一〇　M2出土玉器

1. 玉璧（M2：7）　　　　　　　　　　　　2. 蚌泡（M2：11）

3. 串饰（M2：18）

彩版一一　　M2出土器物

彩版一二　M3墓室（东—西）

彩版一三　M3出土铜鼎（M3：2）

彩版一四　M3出土铜簋（M3：3）

彩版一五　M3出土铜簋（M3∶3）

彩版一六　M3出土铜簋（M3∶3）

1. 车害（M3：01、M3：02）（左一右）　　　　　　　　2. 马镳（M3：6）

3. 车辖（M3：14）

4. 当卢（M3：7）

彩版一七　　M3出土铜器

1. 车轴饰（M3：04）

2. 扣形器（M3：06）

3. 尖状器（M3：8）

彩版一八　M3出土铜器

1. M3：15

2. M3：9

3. M3：10

4. M3：11

彩版一九　M3出土圆铜泡

1. 方铜泡（M3：03）

2. 兽头形铜泡（M3：05）

3. 方铜泡（M3：16）

4. 铜戈（M3：5）

5. 漆器上蚌泡（M3：12）

彩版二〇　M3出土器物

1. 陶鬲（M3：4）

2. 玉璧（M3：17）

3. 玉手握（M3：20、M3：19）（左一右）

4. 玉斧（M3：18）

5. 漆盾（M3：1）出土情况

彩版二一　M3出土器物

1. M4墓室（南—北）

2. M4二层台东北角

彩版二二　M4墓室及随葬品出土情况

1. M4北二层台中部

2. M4北二层台中部

彩版二三　M4随葬品出土情况

1. M4北二层台西部

2. M4骨器及金箔片出土情况

3. 管状金箔片（M4：6）

彩版二四　M4随葬品出土情况及管状金箔片

彩版二五　M4出土铜鼎（M4：1）

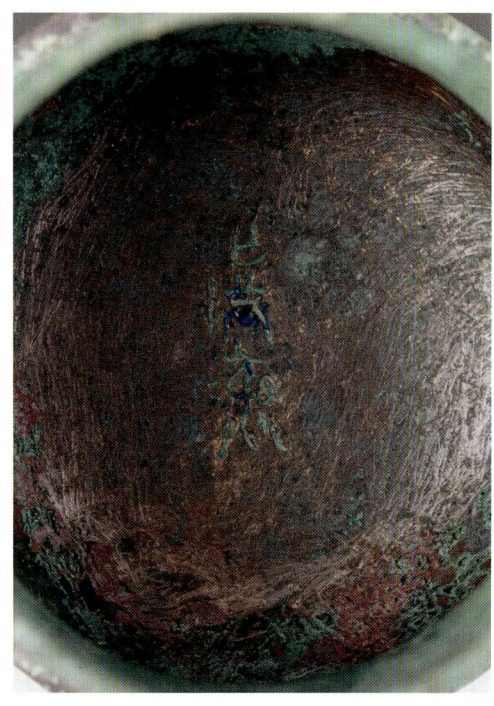

彩版二六　M4出土铜壶（M4：2）

彩版二七　　M4出土铜觯（M4∶3）

1. 陶鬲（M4：4）

2. 陶罐（M4：5）

3. 玉璧（M4：12）

4. 玉璜（M4：10）

5. 玉戈（M4：9）

6. 玉戈（M4：13）

彩版二八　M4出土器物

1. 玉戈（M4∶20）　　　　　　　　　　2. 玉鱼（M4∶14）

3. 玉蝉（M4∶11）

4. 漆器上蚌泡（M4∶24）　　　　　　　5. 砺石（M4∶19）

彩版二九　　M4出土器物

1. 漆器上蚌泡（M4：25）

2. 蚌鱼（M4：16）

彩版三〇　M4出土器物

1. M4：15

2. M4：23

彩版三一　M4出土串饰

1. M4：21

2. M4：22

彩版三二　M4出土串饰

1. M8墓室（西—东）

2. 鬲（M8：2）

3. 罐（M8：3）

彩版三三　M8墓室及出土陶器

1. 铜斗（M8：1）

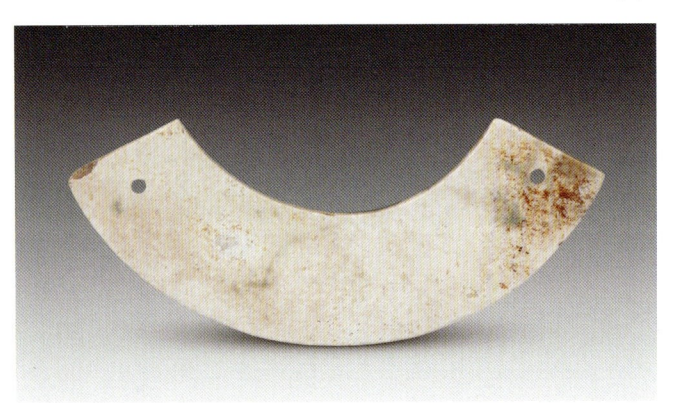

2. 玉璜（M8：8）

5. 玉凤鸟（M8：4）

3. 玉鱼（M8：6）

4. 玉鱼（M8：7）

6. 玉鸟（M8：14）

彩版三四　M8出土器物

1. 圆饼形玉饰（M8：5）

2. 长条形玉饰（M8：13）

3. 漆器上蚌泡（M8：11）

4. 柱状石器（M8：12）

5. 串饰（M8：9）

彩版三五　M8出土器物

1. 陶鬲（M9：1）

2. 陶鬲（M10：1）

3. 蚌器（M9：2）

4. 蚌壳（M10：2-1、M10：2-2）（左一右）

5. 铜泡（M10：3）

彩版三六　M9、M10出土器物

1. M11墓室（南—北）

2. 陶罐（M11：2）

3. 骨器（M11：3）

彩版三七　M11墓室及出土器物

1. M16墓室（东—西）

2. 戈（M16：2）

3. 戈（M16：3）

4. 泡（M16：1）

彩版三八　M16墓室及出土铜器

彩版三九　M17墓室（东—西）

彩版四〇　**M17出土铜鼎**（M17∶1）

1. 铜戈（M17：4）

3. 陶鬲（M17：2）

2. 铜泡（M17：5）

5. 蚌泡（M17：6）

4. 陶鬲（M17：3）

6. 蚌泡（M17：8）

7. 蚌壳（M17：7）

彩版四一　M17出土器物

1. M20墓室（东—西）

2. M20西北角填土

彩版四二　M20墓室及随葬品出土情况

1. M20西侧二层台

2. M20墓主颈部出土串饰

彩版四三　M20墓室及随葬品出土情况

彩版四四　M20出土铜鼎（M20：6）

1. 铜觯（M20：5）

2. 玉琮（M20：3）

3. 串饰（M20：8）

彩版四五　M20出土器物

1. 陶鬲（M20：1）

3. 海贝（M20：7）

4. 蛤蜊（M20：10）

2. 陶鬲（M20：2）

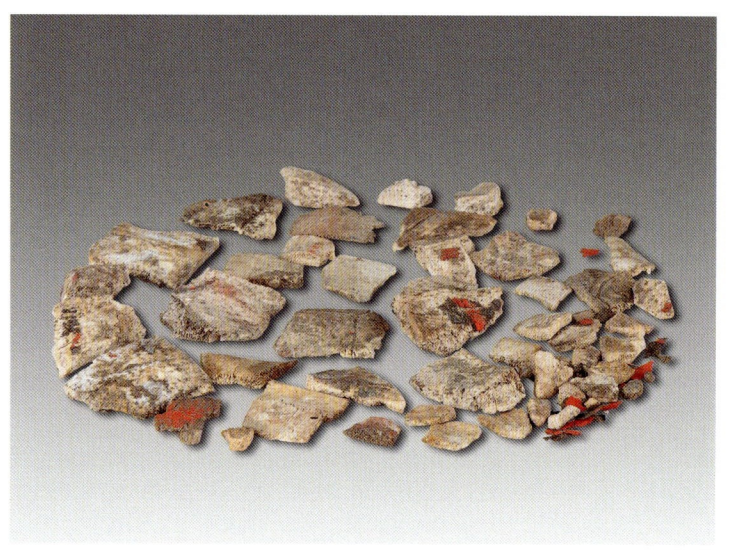

5. 龟甲（M20：9）

彩版四六　M20出土器物

1. 铜戈（M22：1）

2. 蛤蜊（M24：5）

3. 陶鬲（M22：3）

4. 陶鬲（M23：1）

5. 陶鬲（M24：4）

6. 陶罐（M24：3）

彩版四七　M22、M23、M24出土器物

彩版四八　M22出土陶罐（M22：2）

1. 簋（M24：1）

2. 壶（M24：2）

3. 鬲（M25：1）

彩版四九　M24、M25出土陶器

1. M26墓室（东—西）

2. M26二层台东北角

彩版五〇　M26墓室及随葬品出土情况

彩版五一　M26出土铜鬲（M26：3）

彩版五二　M26出土铜簋（M26：1）

彩版五三　M26出土铜簋（M26∶1）

1. 觯（M26：2）

2. 銮铃（M26：20）

3. 銮铃（M26：21）

彩版五四　M26出土铜器

1. 戈（M26：6）

2. 戈（M26：8）

3. 戈（M26：9-2、M26：9-1）（上—下）

4. 戈（M26：11）

5. 弓形器（M26：16）

彩版五五　M26出土铜器

1. M26：7

2. M26：12

3. M26：13

4. M26：24

5. M26：15

彩版五六　M26出土铜泡

1. 铜当卢（M26：17）

2. 铜当卢（M26：19）

3. 陶鬲（M26：4）

4. 陶鬲（M26：5）

彩版五七　M26出土器物

1. 玉鸭（M26：18）

2. 骨器（M26：23）

3. 海贝（M26：10）

4. 蚌泡（M26：22）

5. 蚌壳（M26：14）

彩版五八　M26出土玉器、骨器、蚌器

1. 罐（M27：1）

2. 鬲（M28：2）

3. 罐（M28：1）

4. 鬲（M29：3）

5. 罐（M29：1）

6. 簋（M29：2）

彩版五九　M27、M28、M29出土陶器

1. 铜鱼（M29：5）

2. 铜鱼（M29：9）

彩版六〇　M29出土铜器

1. 陶纺轮（M29：4）　　　　　　　　　　　　　　2. 串饰（M29：11）

3. 蚌鱼（M29：6）

4. 蚌泡（M29：8）

彩版六一　M29出土器物

1. 海贝（M29：7）

2. 螺壳（M29：13-2）、蛤蜊（M29：13-1）（左一右）

3. 蛤蜊（M29：13-1）

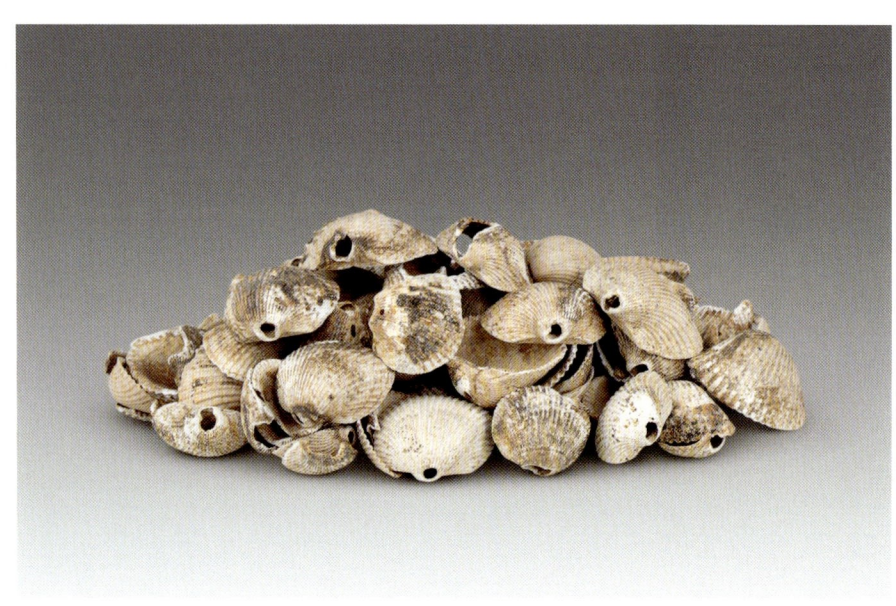

4. 蛤蜊（M30：3）

彩版六二　M29、M30出土贝蚌器

1. 陶鬲（M30：2）

3. 陶纺轮（M30：01）

2. 陶罐（M30：1）

4. 铜泡（M31：01）

5. 铜泡（M31：15）

彩版六三　M30、M31出土器物

彩版六四　M31墓室（东—西）

1. M31棺内墓主头部

2. M31墓室西侧

彩版六五　M31随葬品出土情况

彩版六六　M31出土铜鬲（M31∶1）

1. 戈（M31：02）

2. 戈（M31：03）

3. 车軎（M31：7、
M31：6）（左一右）

4. 车辖（M31：10、
M31：11）（左一右）

彩版六七　M31出土铜器

1. M31：4

2. M31：5

3. M31：8

4. M31：9

彩版六八　M31出土铜銮铃

1. 陶鬲（M31：2）　　　　　　2. 陶鬲（M31：3）

3. 蚌泡（M31：12）

4. 蚌泡（M31：17）　　　　　　5. 蛤蜊（M31：04）

彩版六九　M31出土器物

彩版七〇　M32墓室（西—东）

1. M32二层台西南角

2. M32二层台东北角

彩版七一　M32随葬品出土情况

彩版七二　M32出土铜鼎（M32：1）

1. 鼎（M32：2）

2. 面具（M32：12）

彩版七三　M32出土铜器

1. 戈（M32：3）　　　　　　　　2. 戈（M32：7）

3. 戈（M32：14）　　　　　　　　4. 戈（M32：9）

5. 戟（M32：5）

1. 钖（M32：13）   2. 泡（M32：4）

3. 泡（M32：8）   4. 车害（M32：01、M32：011）

5. 车害（M32：08、M32：09）

彩版七五　　M32出土铜器

M32：02～M32：07、M32：010（左一右）

彩版七六　M32出土铜銮铃

1. 泡（M32：15）

2. 泡（M32：19）

3. 旋玑状饰（M32：11-1）

4. 旋玑状饰（M32：11-2）

彩版七七　M32出土铜器

1. 陶鬲（M32：10）

2. 陶鬲（M33：3）

3. 玉饰（M32：16）

4. 石杵（M32：17）

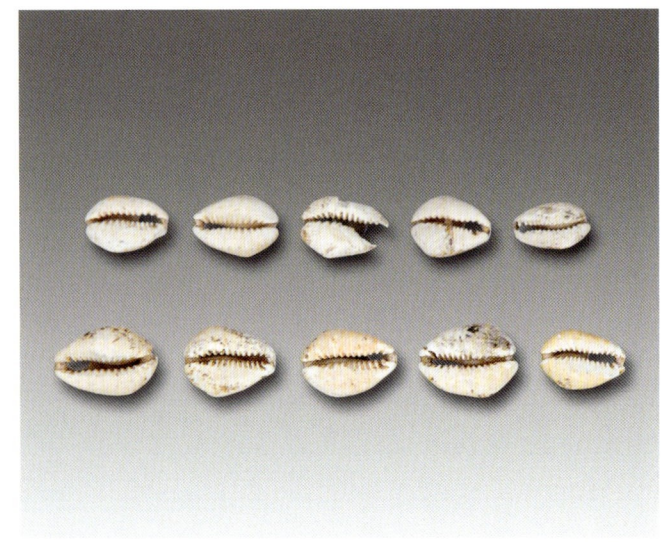

5. 海贝（M32：6）

6. 海贝（M32：18）

彩版七八　M32、M33出土器物

1. M33墓室（西—东）

2. 陶鬲（M33：4）

5. 铜戈（M33：6）

3. 铜戈（M33：2）

4. 蚌壳（M33：5）

6. 铜泡（M33：1）

彩版七九　M33墓室及出土器物

1. 罐（M34：1）

2. 鬲（M39：1）

3. 鬲（M40：1）

4. 罐（M40：2）

彩版八〇　　M34、M39、M40出土陶器

1. 串饰（M34：2）

2. 铜戈（M36：1）

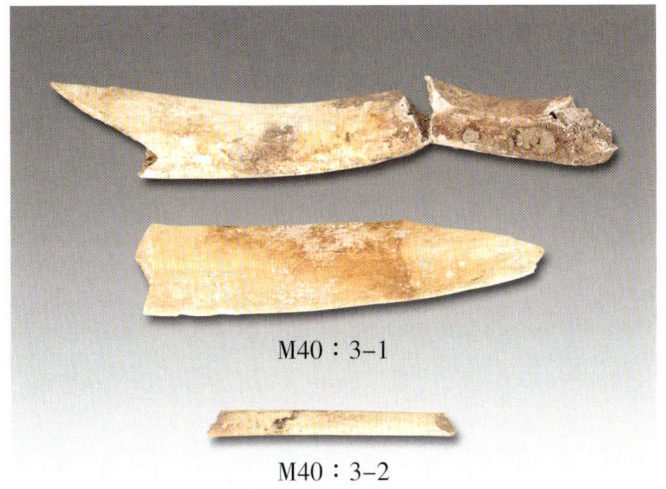

M40：3-1

M40：3-2

3. 骨器（M40：3-1、M40：3-2）

4. 铜戈（M41：2）

5. 陶鬲（M35：1）

6. 陶鬲（M41：1）

彩版八一　M34～M36、M40、M41出土器物

1. 陶鬲（M43：2）

2. 陶罐（M43：1）

3. 串饰（M43：3）

4. 铜戈（M44：1）

5. 蚌壳（M44：2-1）

6. 骨饰（M45：10）

7. 骨器（M45：11）

彩版八二　M43 ~ M45出土器物

彩版八三　M45墓室（东—西）

1. M45二层台西北部

2. 鬲（M45：3）

3. 鬲（M45：4）

彩版八四　M45随葬品出土情况及出土陶器

彩版八五　M45出土铜鼎（M45：2）

彩版八六　M45出土铜簋（M45∶1）

1. 陶罐（M45：5）

2. 串饰（M45：9）

3. 蚌壳（M45：6）

4. 蛤蜊（M45：7）

彩版八七　M45出土器物

1. 陶鬲（M46：1）

2. 陶鬲（M51：1）

3. 铜戈（M46：2）

4. 铜戈（M50：1）

5. 玉戈（M50：2）

6. 串饰（M51：2）

彩版八八　M46、M50、M51出土器物

1. 陶鬲（M53：1）

2. 陶罐（M53：2）

4. 蛤蜊（M53：3）

3. 串饰（M53：4）

5. 玉片（M55：9）

6. 玉玲（M55：10）

7. 海贝（M55：11）

彩版八九　M53、M55出土器物

彩版九〇　M55墓室（东—西）

1. M55棺内南部

2. M55二层台南部

彩版九一 M55随葬品出土情况

彩版九二　M55出土铜鼎（M55：1）

彩版九三　M55出土铜簋（M55：2）

1. 陶鬲（M55：3）

2. 陶鬲（M55：4）

3. 串饰（M55：7）

4. 串饰（M55：8）

彩版九四　M55出土器物

1. M55：6

2. M55：12

彩版九五　M55出土串饰

1. 陶罐（M55：5）

4. 骨器（M60：6-1、M60：6-2）（上一下）

2. 陶鬲（M59：1）

5. 骨器（M60：3）

6. 蚌泡（M60：2）

3. 陶罐（M60：1）

7. 蛤蜊（M60：4）

彩版九六　M55、M59、M60出土器物

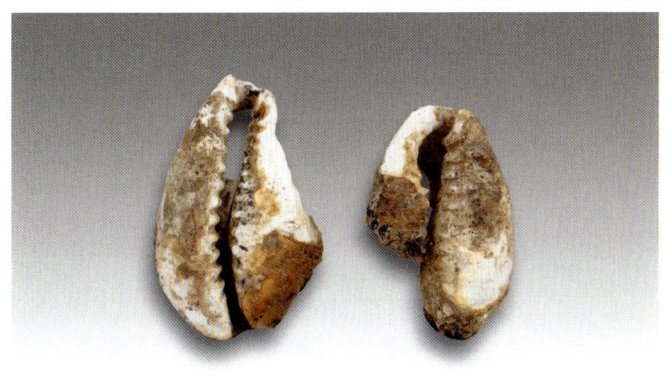

1. 海贝（M60：5）

2. 铜戈（M63：3）

3. 铜当卢（M63：1）

4. 铜泡（M63：2）

彩版九七　M60、M63出土器物

1. 陶鬲（M73：2）

2. 陶罐（M73：1）

3. M74墓室（北—南）

彩版九八　M73出土器物、M74墓室

彩版九九　M74出土铜鼎（M74：18）

1. 鼎（M74：23）　　　　　　　　2. 鼎（M74：24）

3. 簋（M74：25）

彩版一〇〇　M74出土铜器

彩版一〇一　M74出土铜簋（M74：19）

1. M74：20

2. M74：20    3. M74：21

彩版一〇二　M74出土铜簋

彩版一○三　M74出土铜簋（M74∶22）

1. M74：3

2. M74：5

3. M74：14

4. M74：10

彩版一〇四　M74出土铜戈

1. 戈（M74：9）

2. 戟（M74：1）

3. 戟（M74：4）

4. 戟（M74：13）

彩版一〇五　M74出土铜器

1. 钺（M74：8）

2. 镜（M74：2）

3. 镜（M74：16）

4. 泡（M74：11）

彩版一〇六　M74出土铜器

1. 刀（M74：12）

2. 弓形器（M74：7）

3. 策柄（M74：6）

4. 策柄（M74：17）

彩版一〇七　M74出土铜器

彩版一〇八　84M1出土铜甗（84M1：2）

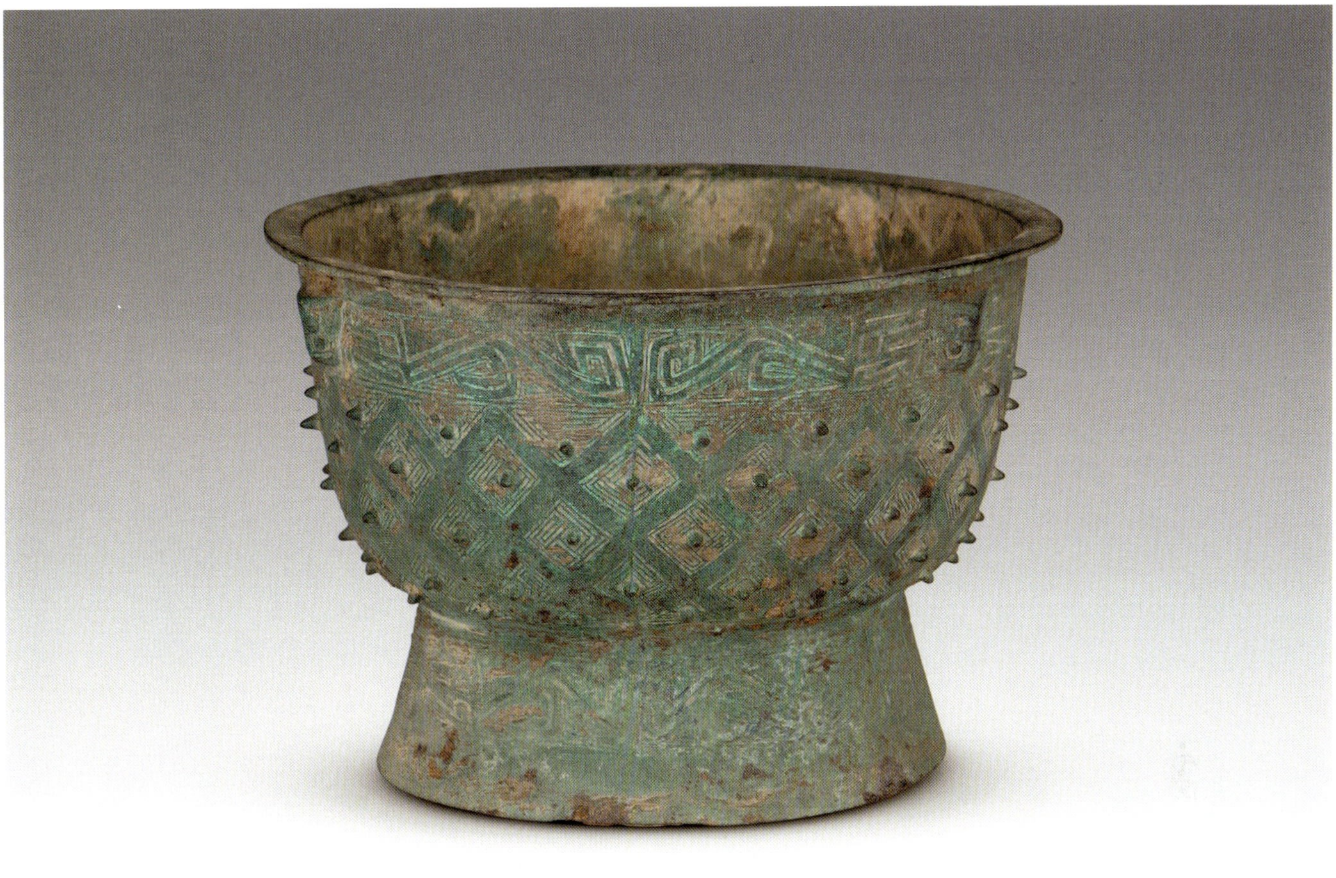

1. 簋（84M1∶1）

2. 甗（84M1∶2）

3. 簋（84M1∶1）

彩版一○九　84M1出土铜器

1. 鬲（84M1：3）

2. 鬲（84M1：3）

3. 鬲（84M1：4）

4. 鬲（84M1：4）

5. 罐（84M1：5）

彩版一一〇　84M1出土陶器

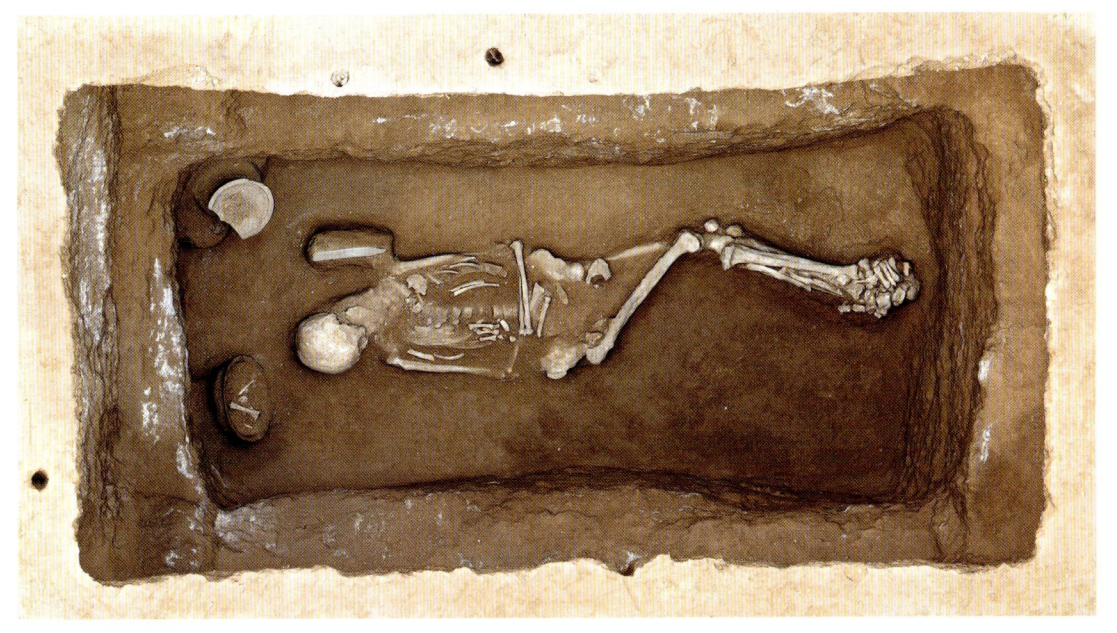

1. M5墓室（南—北）

2. 陶鬲（M5：2）

3. 陶盆（M5：3）

4. 陶罐（M5：1）

5. 石圭（M5：5）

彩版一一一　M5墓室及出土器物

1. M6墓室（北—南）

2. 陶鬲（M6：2）

3. 陶盆（M6：1）

4. 铜带钩（M5：4）

5. 铜带钩（M6：3）

彩版一一二　M6墓室及M5、M6出土器物

1. M7墓室（南—北）

2. 鬲（M7：1）

3. 罐（M7：2）

彩版一一三　M7墓室及出土陶器

1. 陶盆（M7：3）

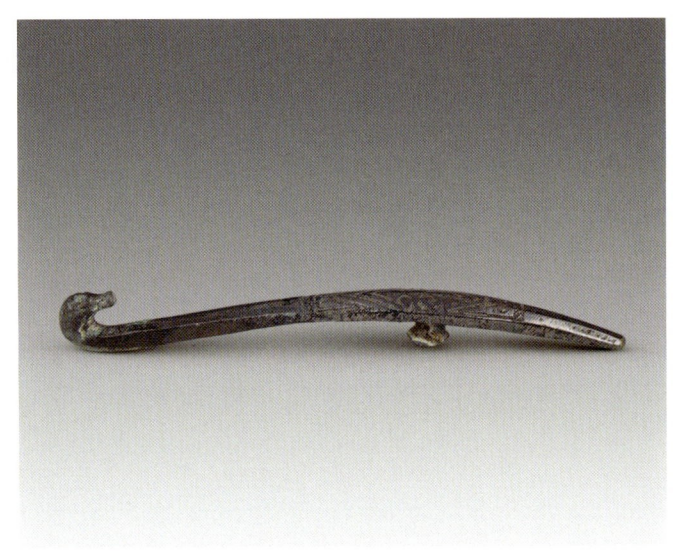

2. 铜带钩（M13：6）

3. 铜锛（M13：5）

4. 陶鬲（M13：2）

5. 陶罐（M13：3）

6. 陶盆（M13：1）

彩版一一四　M7、M13出土器物

1. M14墓室（北—南）

2. 陶圭（M13：4-1）、
石圭（M13：4-2）（左—右）

3. 石圭（M14：5、4、6、8）（左—右）

彩版一一五　　M14墓室及M13、M14出土器物

1. 铜带钩（M14：7）

2. 陶罐（M14：1）

3. 陶瓯（M14：2）

4. 陶盆（M14：3）

5. 陶罐（M15：2）

彩版一一六　M14、M15出土器物

1. M15墓室（南—北）

2. 鬲（M15：1）

3. 盆（M15：3）

彩版一一七　M15墓室及出土陶器

彩版一一八　M19墓室（西—东）

1. M19墓室东北部及二层台

2. M19棺内东北部

彩版一一九　M19随葬品出土情况

1. 铃（M19：17～M19：28）（图下数字为器物编号）

2. 马衔（M19：29）

3. 马衔（M19：30）

彩版一二〇　M19出土铜器

1. 铜泡（M19：36-1～M19：36-37）

2. 小铜泡（M19：34-1～M19：34-4）

3. 铜珠（M19：35）

4. 管具（M19：31）

5. 环（M19：33、M19：32）（左一右）

彩版一二一　M19出土铜器

2. 螺旋金盘丝（M19：2、M19：3）（左一右）

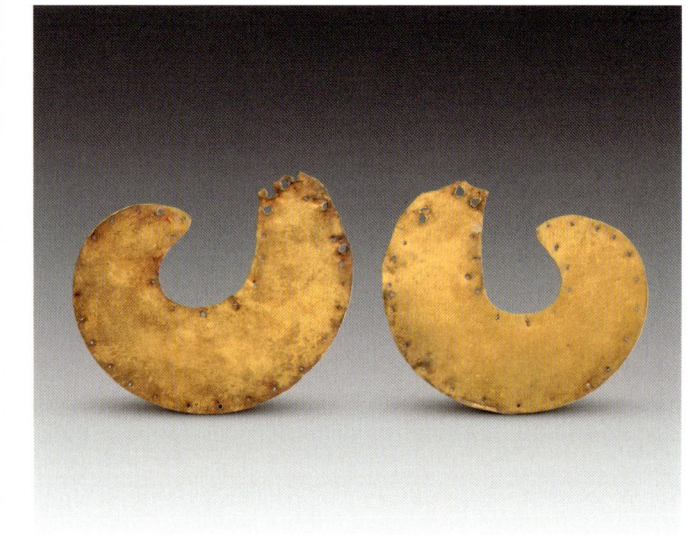

3. "C"字形金箔（M19：4、M19：5）

1. 帽顶饰（M19：1）

彩版一二二　M19出土金器

1. 长条形金箔（M19：6、M19：7）（左—右）　　　　2. 玛瑙饰（M19：16）

3. 绿松石饰（M19：8、M19：9）（左—右）

4. 绿松石饰（M19：10、M19：11）（左—右）

彩版一二三　　M19出土器物

彩版一二四　M19出土串饰（M19：12）

彩版一二五　M19出土串饰（M19：13）

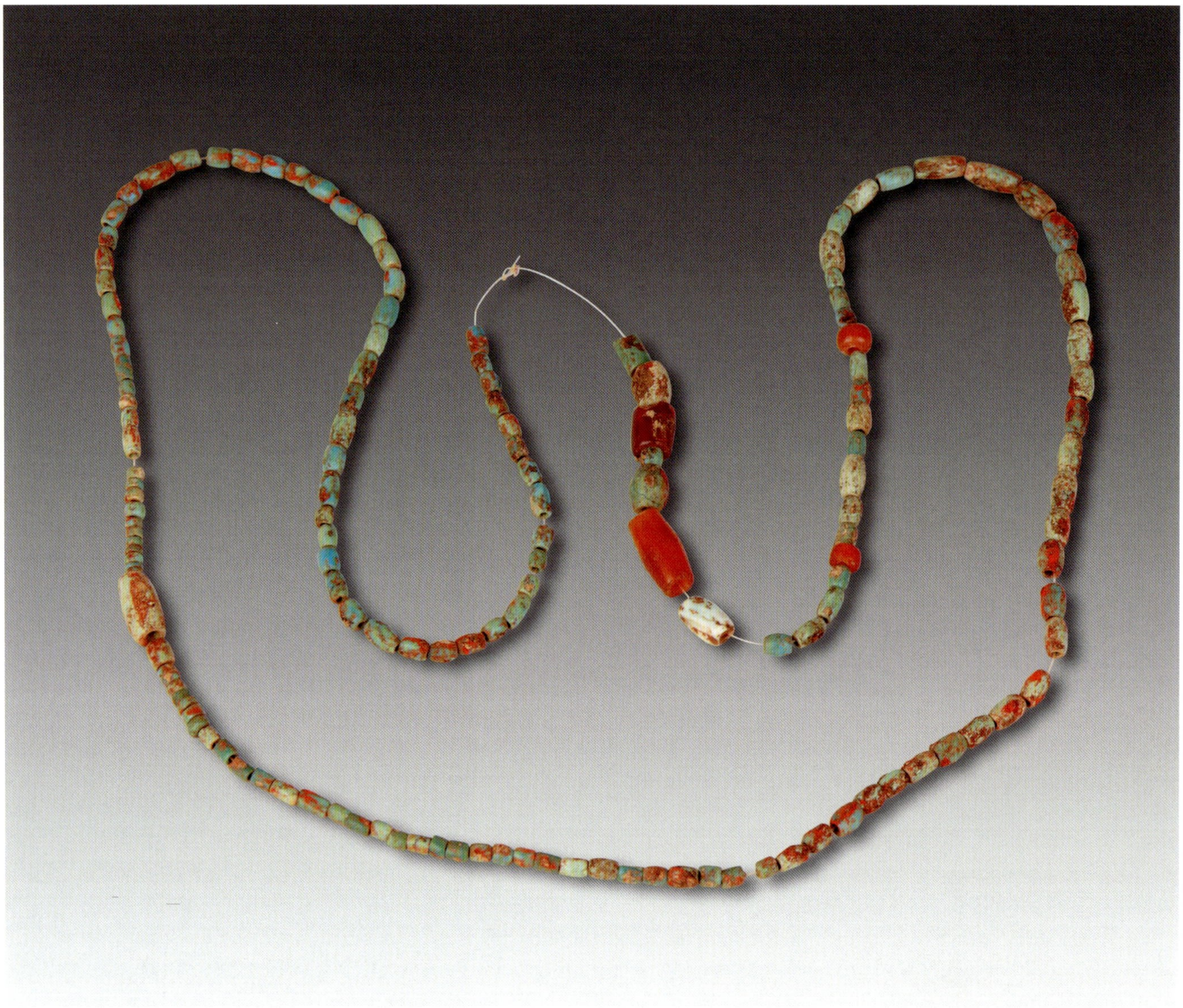

1. M19∶14

2. M19∶15

彩版一二六　M19出土串饰

1. M38墓室（北—南）

2. 罐（M38：2）

3. 釜（M38：1）

彩版一二七　M38墓室及出土陶器

1. 铜带钩（M38：6）

2. 铜镯（M38：5）

3. 铜带饰（M38：4）

4. 骨扣饰（M38：7）

5. 陶盆（M38：3）

彩版一二九　　M42墓室（东—西）

1. 铜带钩（M42:7）

2. 陶釜（M42:2）

3. 陶罐（M42:6）

彩版一三〇　M42出土器物

1. 罐（M42：1）

2. 罐（M42：3）

3. 罐（M42：4）

4. 罐（M42：5）

彩版一三一　M42出土陶器

1. M47墓室（西—东）

2. 剑（M47：10）

彩版一三二　M47墓室及出土铜器

1. 陶鬲（M47：3）

2. 陶壶（M47：1）

3. 陶盆（M47：2）

4. 圆陶片（M47：9）

5. 铁削刀（M47：7）

6. 铁镯（M47：8）

彩版一三三　　M47出土器物

1. M47：5-1～M47：5-12（左一右）

2. M47：6-1～M47：6-10（左一右）

彩版一三四　M47出土石圭

1. M48墓室（北—南）

2. 鬲（M48：1）

3. 豆（M48：8）

彩版一三五　M48墓室及出土陶器

1. 鼎（M48：9）

2. 罐（M48：2）

3. 罐（M48：3）

彩版一三六　M48出土陶器

1. 罐（M48：4）

2. 罐（M48：5）

3. 罐（M48：6）

4. 壶（M48：7）

彩版一三七　M48出土陶器

1. M48：10-1～M48：10-11（左一右）

2. M48：10-12～M48：10-21（左一右）

彩版一三八　M48出土石圭

1. M48：11-1～M48：11-9（左—右）

2. M48：11-10～M48：11-18（左—右）

彩版一三九　M48出土石圭

彩版一四〇　M52墓室（南—北）

1. 陶罐（M52：1）

2. 石圭（M52：4、M52：5）（左一右）

3. 陶盆（M52：2）

4. 陶盆（M52：3）

彩版一四一　M52出土器物

1. M54墓室（南—北）

2. 石圭（M54：8-1～M54：8-6）（左—右）

彩版一四二　M54墓室及出土石器

1. 鼎（M54：4）

2. 罐（M54：3）

3. 豆（M54：6）

彩版一四三　M54出土陶器

1. 盆（M54：5）　　　　　　　　　　　　2. 釜（M54：2）

3. 壶（M54：1）　　　　　　　　　　　　4. 壶（M54：7）

彩版一四四　　M54出土陶器

1. 铜带钩（M56：4）

2. 陶鬲（M56：2）

3. 陶罐（M56：1）

4. 陶盆（M56：3）

彩版一四五　M56出土器物

1. 罐（M57：1）

2. 罐（M57：2）

3. 罐（M57：3）

4. 釜（M57：4）

5. 盆（M57：5）

彩版一四六　M57出土陶器

1. M57：6-1～M57：6-9（左一右）

2. M57：6-10～M57：6-18（左一右）

彩版一四七　M57出土石圭

1. M58墓室（南—北）

2. M61墓室（北—南）

彩版一四八　　M58、M61墓室

1. 铜带钩（M58：7）

2. 铜削刀（M58：6）

3. 陶釜（M58：2）　　　　　　　　　　　　4. 陶壶（M58：1）

彩版一四九　　M58出土器物

1. M58：3-1～M58：3-3（左一右）

2. M58：4-1～M58：4-4（左一右）

3. M58：5-1～M58：5-5（左一右）

彩版一五〇　M58出土石圭

1. 罐（M62：1）

2. 罐（M62：2）

3. 罐（M62：4）

4. 壶（M62：3）

彩版一五一　M62出土陶器

1. 陶釜（M62：5）

2. 石圭（M62：8）

3. 陶盆（M62：6）

4. 环首铁削刀（M62：7）

5. 陶罐（M64：2）

彩版一五二　M62、M64出土器物

1. 釜（M64：1）   2. 盆（M64：3）

3. M65墓室（南—北）

彩版一五三　M64出土陶器及M65墓室

1. 铜带钩（M65：6）　　　　　　　　　　　2. 陶鬲（M65：2）

3. 石圭（M65：7-1～M65：7-9）（左—右）

彩版一五四　M65出土器物

1. 罐（M65：1）　　　　　　　　　　　2. 罐（M65：3）

3. 罐（M65：4）　　　　　　　　　　　4. 盆（M65：5）

彩版一五五　　M65出土陶器

1. M66墓室（南一北）

2. 罐（M66：2）

3. 釜（M66：1）

彩版一五六　M66墓室及出土陶器

1. 铜带钩（M66：3）

2. 铜带钩（M66：4）

3. 陶罐（M67：2）

4. 陶鬲（M67：3）

5. 陶盆（M67：1）

彩版一五七　M66、M67出土器物

1. M68墓室（西—东）

2. 罐（M68：1）

3. 盆（M68：3）

彩版一五八　M68墓室及出土陶器

1. 带钩（M68：4）　　　　　　　　　　　　　　2. 带钩（M68：5）

3. M70墓室（东—西）

彩版一五九　　M68出土铜器及M70墓室

1. 罐（M70∶3）

2. 釜（M70∶1）

3. 盆（M70∶2）

4. 罐（M71∶1）

彩版一六〇　M70、M71出土陶器

1. M71墓室（北—南）

2. 釜（M71：2）

3. 盆（M71：3）

彩版一六一　　M71墓室及出土陶器

1. M72墓室（北—南）

2. 铜带钩（M72：5）

3. 陶鼎（M72：3）

彩版一六二　　M72墓室及出土器物

1. 陶罐（M72：1）

2. 陶罐（M72：2）

3. 陶盆（M72：4）

4. 石圭（M72：7）

彩版一六三　M72出土器物

1. 铜带钩（M75：8）

2. 铜带钩（M75：9）

3. 陶鼎（M75：6）

4. 陶罐（M75：4）

5. 陶瓿（M75：2）

6. 陶豆（M75：5）

彩版一六四　M75出土器物

1. 陶壶（M75：1）

2. 陶壶（M75：3）

3. 石圭（M75：7-1～M75：7-8）（左一右）

彩版一六五　M75出土器物

1. 铜带钩（M76：5）

2. 陶鬲（M76：3）

3. 陶盆（M76：1）

彩版一六六　M76出土器物

1. 陶罐（M76：2）

2. 陶罐（M76：4）

3. 石圭（M76：6-1～M76：6-6）（左一右）